Springer-Lehrbuch

Springer
Berlin
Heidelberg
New York
Barcelona
Budapest
Hongkong
London
Mailand
Paris
Santa Clara
Singapur
Tokio

Friedrich Breyer
Peter Zweifel

Gesundheitsökonomie

Zweite, überarbeitete
und erweiterte Auflage

Mit 52 Abbildungen
und 41 Tabellen

Springer

Prof. Dr. Friedrich Breyer
Universität Konstanz
Fakultät für Wirtschaftswissenschaften
und Statistik
Postfach 5560 D 135
D-78434 Konstanz

Prof. Dr. Peter Zweifel
Universität Zürich
Institut für Empirische Wirtschaftsforschung
Blümlisalpstraße 10
CH-8006 Zürich

Die Deutsche Bibliothek - CIP-Einheitsaufnahme

Breyer, Friedrich:
Gesundheitsökonomie : mit 41 Tabellen / Friedrich Breyer ;
Peter Zweifel. - 2., überarb. und erw. Aufl. - Berlin ;
Heidelberg ; New York ; Barcelona ; Budapest ; Hong Kong ;
London ; Milan ; Paris ; Santa Clara ; Singapore ; Tokyo :
Springer, 1997
(Springer-Lehrbuch)
ISBN 3-540-61727-2
NE: Zweifel, Peter:

ISBN 3-540-61727-2 Springer-Verlag Berlin Heidelberg New York
ISBN 3-540-55756-3 1. Auflage, Springer-Verlag Berlin Heidelberg New York

SPIN 10517295 43/2202-5 4 3 2 1 0 - Gedruckt auf säurefreiem Papier

Vorwort

1. Zur Thematik

Seit den sechziger Jahren ist die Gesundheitsökonomie als Teildisziplin der Wirtschaftswissenschaften in den angelsächsischen Ländern wohletabliert, und im letzten Jahrzehnt sind in englischer Sprache mindestens ein Dutzend Gesamtdarstellungen dieses Gebiets, meist als Lehrbücher, erschienen. Im deutschen Sprachraum ist der Beginn etwa ein Jahrzehnt später anzusetzen, und eine umfassende Lehrbuch-Darstellung der Gesundheitsökonomie fehlt noch. Die Abhandlung gesundheitsökonomischer Probleme in Lehrbüchern der Sozialpolitik ist in der Regel recht kurz und beschränkt sich fast aussschließlich auf eine Beschreibung des Systems der Gesetzlichen Krankenversicherung.

Mit diesem Lehrbuch wird also in **doppelter Hinsicht Neuland betreten**: Zum einen werden immer wieder alternative denkbare institutionelle Arrangements - ob sie in der Realität bereits vorkommen oder nicht - miteinander verglichen. Zum anderen steht die problemorientierte Anwendung des mikroökonomischen Instrumentariums auf Fragen des Gesundheitswesens im Vordergrund, wobei auch immer wieder empirische Evidenz zur Überprüfung der Ergebnisse herangezogen wird.

2. Zu den Lernzielen

Unter Gesundheitsökonomie verstehen die Autoren dieses Lehrbuches die systematische Anwendung ökonomischer Analysekonzepte - vor allem aus der mikroökonomischen Theorie - auf Probleme der Aufteilung von knappen Produktionsfaktoren innerhalb des Gesundheitswesens sowie zwischen diesem und anderen Wirtschaftsbereichen. Es soll gezeigt werden, wie man mit ökonomischen Begriffen wie Angebot und Nachfrage, Geldwert oder Produktionsfunktion auch Phänomene wie Gesundheit und Länge des Lebens erfassen kann, von denen vielfach geglaubt wird, daß sie sich ökonomischen Kategorien entziehen.

Damit sind gleichzeitig auch die **Lernziele dieses Lehrbuches** umrissen: Nach der Lektüre soll der Leser in der Lage sein, durch Anwendung des in der (mikro)ökonomischen Theorie erlernten Instrumentariums auf Entscheidungssituationen, die mit Gesundheit und Gesundheitsleistungen zu tun haben, die Besonderheiten der betreffenden Güter und Märkte herauszuarbeiten, aber auch das Vergleichbare zu erkennen und entsprechende Wohlfahrtsaussagen abzuleiten.

Der systematische Einsatz der mikroökonomischen Theorie verlangt dabei auch die Kenntnis der entsprechenden formal-mathematischen Hilfsmittel, wie sie in den Lehrbüchern zur Mathematik für Wirtschaftswissenschaftler dargestellt werden.

3. Zu den Autoren

Wie ein Blick ins Inhaltsverzeichnis dem Leser sofort deutlich macht, hat sich die Gesundheitsökonomie inzwischen zu einem recht großen und heterogenen Gebiet entwikkelt. Daher ist es für den einzelnen Wissenschaftler heute schwer, auf jedem einzelnen der Teilbereiche ein Experte zu sein. Aus diesem Grund erwies es sich als hilfreich, daß dieses Lehrbuch von zwei Autoren mit unterschiedlichen Forschungsschwerpunkten in Kooperation verfaßt wurde. Prof. Dr. Peter Zweifel (Universität Zürich) hat die Kapitel 3, 4, 8, 10 und 11 geschrieben, Prof. Dr. Friedrich Breyer die Kapitel 2, 5, 6, 7 und 9, und die Kapitel 1 und 12 sind Ergebnis einer echten Gemeinschaftsarbeit. Jeder Autor hat jedoch auch die Kapitel des anderen mehrmals sorgfältig und kritisch gelesen, und der hier präsentierte Text ist das Ergebnis intensiver Diskussionen darüber. Insofern fühlen sich **beide Autoren für das gesamte Lehrbuch verantwortlich**, während die Reihenfolge ihrer Nennung im Titel des Werks das Ergebnis eines Zufallsmechanismus ist.

Die gemeinsame Produktion durch einen schweizerischen und einen deutschen Autor bringt es auch mit sich, daß statistische Daten und institutionelle Details vorwiegend aus dem Gesundheitswesen dieser beiden Länder entnommen wurden. Die österreichischen (und alle übrigen) Leser dieses Lehrbuches mögen uns dies nicht als Geringschätzung ihres Landes auslegen.

4. Verdankungen

Zahlreiche Personen haben maßgeblich am Entstehen dieses Lehrbuchs mitgewirkt. Unser Kollege Prof. Dr. J.-Matthias Graf v. d. Schulenburg (Hannover) hat sich die Mühe genommen, das ganze Manuskript im letzten Stadium vor dem Erscheinen gründlich durchzusehen und zahlreiche Verbesserungsvorschläge zu formulieren. Wertvolle Hinweise zu Teilen des Werks erhielten wir von Frau Dipl.-Vw. Anette Boom (Konstanz), Herrn Dr. Peter F. Clever (Hagen), Herrn lic.oec. Matteo Ferrari (Zürich), Herrn Dr. Massimo Filippini (Zürich), Prof. Dr. Robert E. Leu (Bern), Prof. Dr. Carl Hampus Lyttkens (Lund) und Frau Dipl.-Kffr. Birgit Sudhoff (Hagen). Die mühselige Arbeit der technischen Herstellung des mit FrameMaker® auf einer NeXTstation druckfertig vorbereiteten Textes oblag Herrn lic.oec. Luca Crivelli, Herrn Dipl.-Kfm. Stefan Illmer, Frau Hanni Jeggli, Herrn stud.oec. Markus B. Meier, Frau lic.oec. Sandra Nocera und Herrn stud.oec. Jean-Robert Tyran, (alle Zürich).

Ihnen allen gilt unser herzlicher Dank.

Konstanz und Zürich, im Mai 1992 F.B.

P.Z.

Vorwort zur 2. Auflage

Die Resonanz auf die erste Auflage dieses Lehrbuchs war überraschend positiv. Zum einen war die Auflage knapp drei Jahre nach ihrem Erscheinen vergriffen; zum anderen erhielten wir eine Fülle von Kommentaren von Kollegen, die das Buch in der Lehre eingesetzt haben, mit vielen wertvollen Hinweisen zur Verbesserung einzelner Kapitel. Parallel zur Erstellung der ersten englischsprachigen Auflage, die im Herbst 1996 bei Oxford University Press erscheinen wird, nahmen wir die Überarbeitung vor, die zu wesentlichen Veränderungen gegenüber der 1. Auflage vor allem in den Kapiteln 2 (Abschnitt 2.2: Verfahren der Evaluation im Gesundheitsbereich), 3 (Abschnitt 3.2.2: Ausführliche Darstellung des Grossman-Modells), 8 (Abschnitt 8.2: verbesserte Darstellung der Sachwalterbeziehungen) und 10 (Abschnitt 10.5: Preiswettbewerb bei Arzneimitteln) führten.

Unser Dank gilt an erster Stelle Herrn Priv.-Doz. Dr. Volker Ulrich (Universität Mannheim), Frau Prof. Dr. Dr. Ursula Breyer (Universität Tübingen) und Herrn lic. oec. Bernhard Keller (Universität Zürich), die das gesamte Manuskript sorgfältig und kritisch gelesen haben. Hinweise zu den einzelnen Kapiteln erhielten wir u.a. von Herrn Prof. Dr. Reiner Leidl (Universität Ulm) und Herrn Priv.-Doz. Dr. Stefan Felder (Universität Zürich). Maßgeblichen Anteil an der Erstellung des Manuskripts der 2. Auflage hatten lic. oec. Dario Bonato, lic. oec. Luca Crivelli, Dipl.-Vw. Christoph Zaborowski (alle Universität Zürich) sowie stud. rer. pol Stefanie Grimm, Ulrich Engelke, Ashok Kaul, Ulf von Lilienfeld-Toal und Volker Reinthaler (alle Universität Konstanz).

Konstanz und Zürich, im Juli 1996 F.B., P.Z.

Inhaltsverzeichnis

Abbildungsverzeichnis

Tabellenverzeichnis

KAPITEL 1 Einleitung

1.1 Gesundheit - ein unbezahlbares Gut?

Wenn man versucht, zwischen den Begriffen "Gesundheit" und "Ökonomie" eine Verbindung herzustellen, so fallen einem wohl als erstes zwei Allgemeinplätze ein:

1. "**Gesundheit** ist das höchste Gut, und um die Gesundheit zu erhalten, ist nichts zu teuer."

2. "Das **Gesundheitswesen** ist in einer Krise: Wenn die Kosten weiter im bisherigen Tempo steigen, können wir uns die Gesundheit bald nicht mehr leisten."

Beide Aussagen, so konträr sie auf den ersten Blick erscheinen, stimmen doch in einem Punkt überein, denn beide behaupten, daß Gesundheit "unbezahlbar" sei. Nun hat das Wort "unbezahlbar" zwei Bedeutungen, und in jeder der beiden Aussagen steht eine andere Bedeutung im Vordergrund, nämlich a) "unendlich wertvoll" und b) "sehr teuer".

Wenn man fragt, warum sich Ökonomen mit dem Thema "Gesundheit" beschäftigen sollten, dann steht vermutlich bei den meisten der zweite Aspekt im Vordergrund, und in der Tat liefert dieser allein schon ausreichenden Anlaß, das Gesundheitswesen näher unter die Lupe zu nehmen: In allen westlichen Industrieländern haben die **Ausgaben für Gesundheit** in den beiden zurückliegenden Jahrzehnten (also den 70er und 80er Jahren) stark expandiert - nicht nur in absoluten Zahlen, sondern auch als Anteil am jeweiligen Bruttosozialprodukt (vgl. Tab. 1.1). Eine 1975 in Deutschland vom damaligen rheinland-pfälzischen Sozialminister Heiner Geißler vorgenommene Modellrechnung zeigte, daß bei ungebrochenem Wachstumstrend noch vor Ende des 21. Jahrhunderts das gesamte deutsche Sozialprodukt vom Gesundheitswesen aufgezehrt werden würde.

Diese sogenannte "Kostenexplosion" hat in der Folgezeit in Deutschland zu einer Reihe von gesetzgeberischen Maßnahmen - vom "Kostendämpfungsgesetz" (1977) bis zum "Gesundheitsreformgesetz" (1989) - geführt, die alle das erklärte Ziel hatten, den Anstieg des "Beitragssatzes", also des Anteils des Lohneinkommens, den abhängig Beschäftigte zur sozialen Krankenversicherung abführen müssen, zu bremsen. Das Problem eines rasanten Anstiegs der Ausgaben für Gesundheit und das Bewußtsein einer "Krise" des Gesundheitswesens mit der Konsequenz staatlicher Maßnahmen zur Bekämp-

Tab. 1.1: Gesundheitsausgaben als Anteil am Bruttosozialprodukt (in Prozent)

Jahr	1960	1970	1980	1990
Bundesrepublik Deutschland	4,7	5,9	8,4	8,1
Frankreich	4,2	5,8	7,6	8,9
Großbritannien	3,9	4,5	5,6	6,1
Italien	3,3	5,2	6,8	7,6
Niederlande	3,9	6,0	8,0	8,1
Schweden	4,7	7,2	9,4	8,7
Schweiz	3,3	5,2	7,3	7,4
USA	5,3	7,4	9,3	12,4
Kanada	5,5	7,1	7,4	9,0
Japan	3,0	4,4	6,4	6,5
Alle OECD-Staaten	4,2	5,8	7,0	7,3

Quellen: *OECD (1987)*, Tab 18; *OECD (1990)*, Tab. 1.

fung dieser Entwicklung hat aber auch vor anderen Ländern wie den USA nicht haltgemacht, in denen eine soziale Krankenversicherung für die Gesamtbevölkerung gar nicht existiert[1].

Nun ist die Gesundheitsversorgung nicht das einzige Beispiel für Güter, die sich in den vergangenen Jahrzehnten stark verteuert haben. Man denke etwa an ein Paar Schuhe oder an einen Haarschnitt. Dennoch hat man bis heute noch nichts von einer "Krise in der Haarpflege" gehört, und die Medien haben der Gefahr, daß wir vielleicht eines Tages barfuß laufen müssen, längst nicht die gleiche Aufmerksamkeit gewidmet wie dem Schrekkensbild, daß wir uns die Krankenhausbehandlung nicht mehr leisten können.

Versucht man, das **Besondere an der Gesundheitsversorgung** aufzuspüren, das solche Vergleiche (zumindest bisher) verhindert hat, so stößt man vor allem auf die folgenden drei Merkmale.

1. ***Größe des Gesundheitswesens:*** Das Gesundheitswesen ist ein Wirtschaftszweig von beträchtlicher Größe. Sein Anteil am Bruttosozialprodukt liegt (abhängig vom Meßverfahren und von der Abgrenzung) in den meisten westlichen Industrieländern heute bei knapp 10% (vgl. Tab. 1.1 und Abb. 1-1). Dies bedeutet auf der anderen Seite, daß eine große Zahl von Menschen diesem Wirtschaftszweig ihr Einkommen verdanken (vgl. Tab. 1.2). Diese Tatsache allein mag schon als Argument dafür gelten, daß einige Ökonomen sich auf diesem Gebiet Fachkenntnisse erwerben und diesen Wirtschafts-

1. In den USA existieren dafür direkt aus dem Staatshaushalt finanzierte Programme für die medizinische Versorgung der Rentner ("Medicare") und der Sozialhilfeempfänger ("Medicaid").

zweig näher untersuchen. Vorbilder hierfür sind etwa die Agrar-, Energie-, Verkehrs- und neuerdings die Tourismusökonomik.

Abb. 1-1: Die Entwicklung des Gesundheitswesens als Anteil am Bruttosozialprodukt in ausgewählten OECD Staaten (in Prozent)

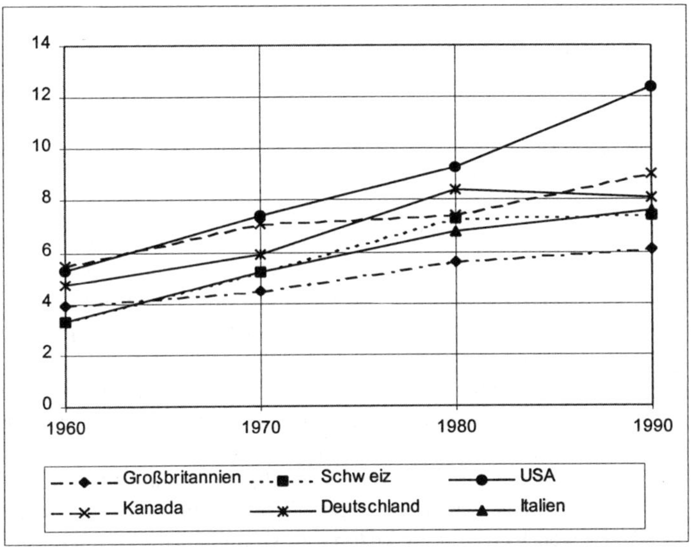

Quelle: *OECD (1990)*

2. ***Staatliche Regulierung des Gesundheitswesens:*** Wichtiger noch als der Hinweis auf die schiere Größe scheint uns der Umstand zu sein, daß dieser Wirtschaftszweig in erheblichem Umfang staatlich reguliert ist. Man denke an die in vielen Ländern bestehende Versicherungspflicht, an die durch den Gesetzgeber vorgeschriebenen Leistungskataloge der sozialen Krankenversicherung, an die z.T. staatlich verordneten Gebührenordnungen sowie an die in Großbritannien und Italien existierenden nationalen Gesundheitsdienste, wo nahezu sämtliche Gesundheitsleistungen von festbesoldeten Angestellten des Staates erbracht werden. Diese weitgehende Ausschaltung der Marktkräfte wirft unmittelbar die Frage auf, ob auf diese Weise eine optimale Allokation knapper Ressourcen erreicht werden kann.

3. ***Konflikte zwischen verschiedenen Betrachtungsweisen:*** Schließlich erweckt Gesundheit und alles, was mit ihr zusammenhängt, in weit größerem Maße Emotionen als andere menschliche Bedürfnisse, womit wiederum die erste der beiden oben genannten Bedeutungen des Begriffs "unbezahlbar" angesprochen ist. Damit sind Ökonomen aufgefordert zu untersuchen, welche Allokationsregeln dem speziellen Charakter dieser Gruppe von Bedürfnissen am ehesten gerecht werden. Insbesondere

geht es hier um die Frage, ob es einen Konflikt zwischen der ökonomischen und der ethischen Betrachtungsweise gibt, wenn die Aufteilung knapper Ressourcen innerhalb des Gesundheitswesens sowie zwischen Gesundheit und anderen Bedürfnissen entschieden werden muß.

Man sollte sich dennoch durch den Begriff der "Kostenexplosion" im Gesundheitswesen - zutreffender wäre "Ausgabenexplosion", da es sich nicht um ein immer gleiches Güterbündel handelt - den Blick nicht zu stark verengen lassen. Nicht die **Entwicklung** der Ausgaben in diesem Wirtschaftssektor ist das aus wohlfahrtstheoretischer Sicht Problematische, sondern allenfalls ihre absolute Höhe, eher noch ihre **Struktur**: Das ökonomische Prinzip verlangt allgemein, daß ein gegebenes Maß an Bedürfnisbefriedigung mit möglichst geringem Aufwand an knappen Ressourcen erreicht wird. Wenn nun die Bedürfnisse nach einer Gruppe von Gütern oder Leistungen stark steigen - wie es bei Dienstleistungen in den letzten Jahrzehnten ganz allgemein der Fall war -, so ist es möglich, daß trotz eines hohen Grades an Wirtschaftlichkeit der Gesamtaufwand an Ressourcen und damit die Gesamtausgaben stark expandieren. Umgekehrt folgt aus dem Schrumpfen eines Wirtschaftssektors noch lange nicht, daß dort effizient produziert wird.

Folgerung 1.1: Aus ökonomischer Perspektive wird man sich weniger mit Ausgabengrößen beschäftigen als mit den Regeln, nach denen die Mittelverteilung im Gesundheitswesen erfolgt. Denn diese lassen Schlüsse darauf zu, ob die beteiligten Akteure - sowohl Anbieter als auch Nachfrager von Gesundheitsgütern - Anreize zur wirtschaftlichen Verwendung knapper Ressourcen haben.

Tab. 1.2: Beschäftigte im Gesundheitswesen als Anteil der Gesamtbeschäftigung (in Prozent)

Jahr	1970	1980	1986
Bundesrepublik Deutschland	2,9	4,5	5,5
Großbritannien	3,1	4,7	4,7
Italien	1,6	3,9	4,3
Niederlande	4,0	6,4	7,1
Schweiz	2,8	4,6	n.a.
USA	3,7	5,3	6,3

Quelle: *OECD (1990)*, Health Data File

Einer der Gründe, die häufig für die Betrachtung der Ausgaben**entwicklung** angeführt werden, hat mit dem in Europa verbreiteten **System der Sozialversicherung** zu tun, bei dem dem Arbeitnehmer u.a. ein Beitrag zur Krankenversicherung als Zwangsabgabe vom Gehalt abgezogen wird. Bei diesem Verfahren wird unterstellt, daß mit zunehmender Abgabenbelastung der Widerstand des Lohnempfängers gegen das System der sozialen

Sicherung wächst und ein Anreiz zur Abwanderung in die "Schattenwirtschaft" entsteht bzw. verstärkt wird.

Diesem auf den ersten Blick einleuchtenden Argument kann entgegengehalten werden, daß es bei einer solchen Betrachtung immer auf das Verhältnis von Leistung zu Gegenleistung ankommt. Solange dem Sozialversicherungsbeitrag ein aus der Sicht des einzelnen gleichwertiger Leistungsanspruch gegenübersteht, entsteht der beschriebene Anreiz nicht - auch dann nicht, wenn der Beitragssatz über die Zeit angehoben wird.

1.2 Mikro- und makroökonomische Betrachtungsweisen der Gesundheit

In diesem Lehrbuch wird das Schwergewicht auf die mikroökonomische Betrachtungsweise gelegt: Das Verhalten des einzelnen Versicherten, eines Arztes, der Leitung eines Krankenhauses oder eines pharmazeutischen Unternehmens steht im Vordergrund. Demgegenüber herrscht in der öffentlichen Diskussion die makroökonomische Betrachtungsweise vor, wobei die Gesundheitsquote, d.h. der Anteil der Gesundheitsausgaben am Sozialprodukt, häufig als Referenzgröße dient. Deshalb erscheint es angebracht, die Verbindung zwischen beiden Betrachtungsweisen herzustellen und die oben formulierte Kritik an einer Festschreibung solcher Quoten zu verdeutlichen.

1.2.1 Eine vereinfachte mikroökonomische Sicht der Gesundheit

Für den einzelnen hat gute Gesundheit eine doppelte Funktion. Einerseits stellt sie einen Wert an sich dar, ein **Ziel**, das man in möglichst hohem Maße erreichen möchte. Nun gibt es aber auch andere Ziele im Leben, und allein schon das Verhalten des Gourmets, der die (fette) Gänseleber einem bekömmlichen Salat vorzieht, läßt vermuten, daß auch im Umgang mit der Gesundheit ein Abwägen zwischen verschiedenen Zielen stattfindet. Und wer hat nicht schon eine befahrene Straße überquert, statt die Fußgänger-Unterführung zu benutzen, nur um ein wenig Zeit zu sparen? Diese Verhaltensweisen strafen die Behauptung von der Gesundheit als höchstem Gut Lügen (vgl. Aussage Nr. 1 zu Beginn des Abschnitts 1.1).

Der Widerspruch tritt deshalb selten offen zu Tage, weil niemand seine Gesundheit in einem unmittelbaren Sinne opfert, sondern lediglich zuläßt, daß die Wahrscheinlichkeit, nachfolgende Zeitperioden gesund zu verleben, etwas kleiner ist, als sie sein könnte. Diese Besonderheit des Gesundheitsverhaltens wird im 3. Kapitel zur Sprache kommen. Für eine erste Einführung genügt es festzuhalten, daß die Individuen letztlich zwischen "Gesundheit" (G) und allen anderen Zielen, die kurzerhand unter dem Schlagwort "Konsum" (C) zusammengefaßt werden sollen, abwägen. Dieses Abwägen wird - wie in der Mikroökonomik üblich - durch ein Indifferenzkurvenschema symbolisiert (vgl. den I. Quadranten der Abb. 1-2).

Gesundheit hat jedoch zwei weitere Eigenschaften, die sie in den Augen der meisten Menschen zu einem besonders wichtigen **Mittel** machen:

1. Nur wer gesund ist, kann auf dem Arbeitsmarkt ein **Einkommen** erzielen, und

2. der **konsumtive Nutzen**, den man aus seinem Einkommen ziehen kann, hängt vom Gesundheitszustand ab: So macht es die Depression als die am meisten verbreitete psychische Krankheit dem Betroffenen unmöglich, die schönen Dinge des Lebens zu genießen; im Falle einer Erkrankung der Verdauungsorgane wird auch der Gourmet mit einer Gänseleber nicht viel anfangen können.

Diese zweite Eigenschaft läßt sich im I. Quadranten der Abbildung 1-2 durch die Form der Indifferenzkurven abbilden: Ist das Verhältnis von Gesundheit zu Konsum gering, so stiftet zusätzlicher Konsum keinen positiven Grenznutzen mehr, so daß im linken oberen Bereich dieses Quadranten die Indifferenzkurven keine negative Steigung mehr aufweisen, sondern senkrecht verlaufen.

Die erstgenannte Eigenschaft wiederum läßt sich im III. Quadranten darstellen, wo gezeigt wird, wie das Individuum sein **Budget** (verfügbares Einkommen, Y) auf medizinische Leistungen (M) und Konsumgüter (X) aufteilen kann. Dabei sind die Preise für medizinische Leistungen (Nettopreis q nach Abzug der Versicherungsleistungen) und Konsumgüter (p) exogen gegeben. Die Besonderheit an der **Budgetrestriktion** des III. Quadranten,

$$Y(G) = p \cdot X + q \cdot M \tag{1.1}$$

besteht darin, daß das zur Verfügung stehende Einkommen Y vom Gesundheitszustand G abhängt. Wäre das Einkommen vom Gesundheitszustand unabhängig, so verliefe die Budgetgerade linear, wie die gestrichelte Linie $A'B$ zeigt. Punkt B ist dabei der Punkt, an dem das gesamte Einkommen für medizinische Leistungen ausgegeben wird. Der II. Quadrant zeigt, welche Menge medizinischer Leistungen M die Gewährleistung eines bestimmten Gesundheitszustandes benötigt: je mehr medizinische Leistungen (kurativer Art), desto besser die Gesundheit. Die eigenen Anstrengungen der Individuen zur Erhaltung ihrer Gesundheit (Prävention) werden hier nicht berücksichtigt und im 3. Kapitel vereinfachend nur mit einem Aufwand an Zeit, nicht aber an Geld in Verbindung gebracht.

Werden nun, von Punkt B ausgehend, die Ausgaben für medizinische Leistungen verringert, so geht gemäß der Beziehung $G = G(M)$ der Gesundheitszustand G und somit auch das Einkommen $Y(G)$ im III. Quadranten zurück. Damit steigt die Menge an Konsumgütern, die sich das Individuum kaufen kann, mit abnehmenden Raten bis zum Punkt A. An diesem Wendepunkt senkt jede weitere Reduktion der Menge medizinischer Leistungen das Einkommen über den verschlechterten Gesundheitszustand in genau dem Umfang der Einsparung von Gesundheitsausgaben, so daß kein Mehr an Konsumgütern daraus resultiert. Oberhalb von Punkt A sinkt das Einkommen bei einer weiteren Senkung von M sogar so stark, daß für den Konsum immer weniger übrigbleibt, bis schließlich bei einer Menge $M = 0$ das Einkommen auf $Y = 0$ sinken würde und somit auch kein Konsum möglich wäre (Punkt O).

Der IV. Quadrant zeigt schließlich den positiven Zusammenhang zwischen Konsumgütern (X) und konsumierbarer Leistung ("Konsum", C) gemäß der Gleichung $C = C(X)$. Diese Beziehung und die im II. Quadranten dargestellte Beziehung $G = G(M)$ erlauben es nun, jedem Punkt auf der Budgetkurve einen Punkt im (C,G)-Diagramm des I. Quadran-

Abb. 1-2: Gesundheit, Konsum und optimale Gesundheitsquote am Einkommen

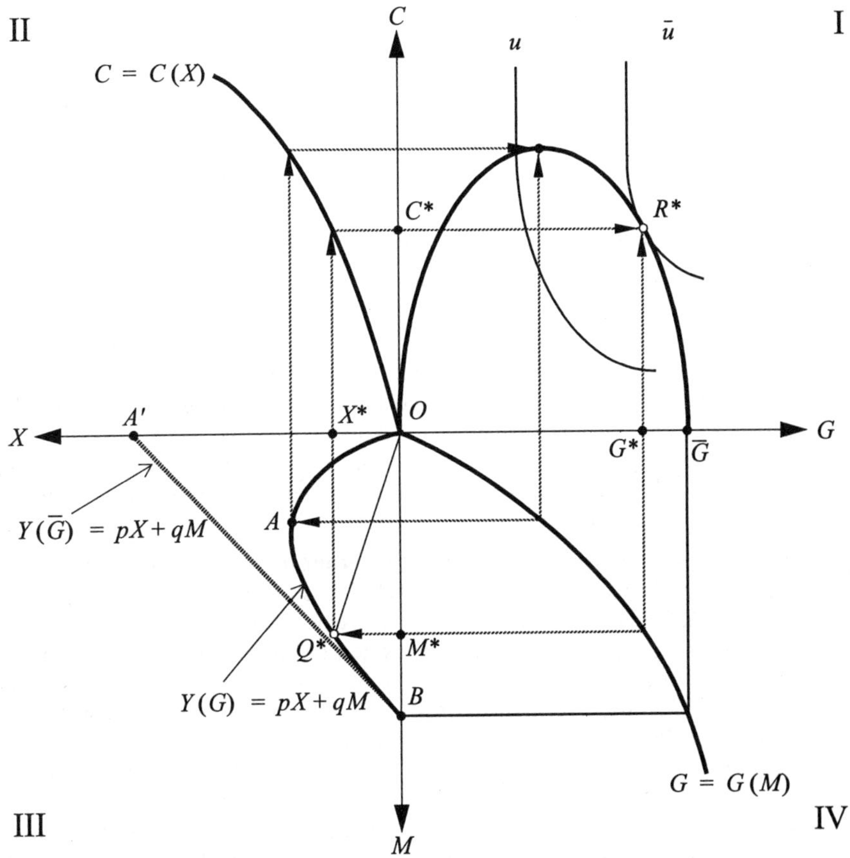

ten zuzuordnen (vgl. die gestrichelten Pfeile in Abbildung 1-2). Die Menge aller dieser Punkte gibt dann die **Grenze der Wahlmöglichkeiten** des Individuums an. Diese verläuft - anders als wir es aus anderen ökonomischen Anwendungen kennen - durch den Ursprung, weil, wie oben begründet worden ist, ein ganz schlechter Gesundheitszustand ($G = 0$) mit einem Einkommen von Null und damit auch mit einem Konsum von $C = 0$ verbunden ist. Mit zunehmendem Wert von G steigt diese Grenze zunächst an, d.h. verbesserte Gesundheit ermöglicht anfänglich mehr und nicht weniger Konsum (eine ausführliche Begründung dafür wird im 3. Kapitel gegeben).

Der Tangentialpunkt der höchsten erreichbaren Indifferenzkurve an diese Kurve der Wahlmöglichkeiten gibt dann das individuelle Nutzenmaximum (C^*,G^*) an. In Quadrant II kann der zugehörige **optimale Aufwand für medizinische Leistungen,** M^*, gefunden werden, und in Quadrant IV die optimalen Konsumgüterkäufe X^*. Schließlich zeigt der Punkt Q^* auf der Budgetkurve in Quadrant III die für das betrachtete Individuum optimale Aufteilung seines Budgets an. Verbindet man ihn mit dem Ursprung, so läßt sich die Steigung dieser Geraden als seine "optimale Gesundheitsquote" interpretieren: Je steiler sie verläuft, desto größer ist der Anteil an seinem Einkommen, den er im Optimum für medizinische Leistungen ausgibt. Diese Betrachtungen lassen sich zusammenfassen in der

Folgerung 1.2: Das Abwägen zwischen "Konsum" und "Gesundheit" als Ziel einerseits und der Trade-off in der individuellen "Produktion" dieser beiden Güter mit Gesundheit als einen der Inputs andererseits, läßt sich als konventionelles mikroökonomisches Optimierungsproblem darstellen.

1.2.2 Das Gesundheitswesen auf der makroökonomischen Ebene

Die in der Abbildung 1-2 gezeigten Größen und Zusammenhänge lassen sich grundsätzlich aggregieren. Sie haben deshalb auch auf makroökonomischer Ebene Gültigkeit, lassen sich aber nur noch zum Teil beobachten. Ausgerechnet jene beiden Größen, die für das Individuum von zentraler Bedeutung sind, der Gesundheitszustand G und die Konsumleistungen C, werden von den amtlichen Statistiken höchstens rudimentär erfaßt. Recht gut bekannt sind hingegen die durch die individuellen Entscheidungen induzierten medizinischen Leistungen (M^* bzw. deren Geldwert $p \cdot M^*$) und Käufe von Konsumgütern (X^* bzw. $p \cdot X^*$). Versuche, das Gesundheitswesen zu steuern, setzen denn auch regelmäßig an diesen Größen an.

Wie kommt es denn überhaupt zu einem **Steuerungsbedarf im Gesundheitswesen**, der soeben als gegeben vorausgesetzt wurde? Auf diese Frage wird im 5. Kapitel eine Antwort gegeben. Begründet wird dort vor allem eine staatliche Subventionierung der Krankenversicherung, ggf. ein Versicherungszwang der Individuen und ein Kontrahierungszwang der Versicherer. Vorgaben wie die Stabilisierung des Anteils der Gesundheitsausgaben am Bruttosozialprodukt (BSP), die Begrenzung des Kostenanstiegs auf einen bestimmten Prozentwert oder die Festschreibung des Beitragssatzes in der deutschen Gesetzlichen Krankenversicherung (GKV)[2] lassen sich demgegenüber nur begründen, wenn man bereit ist, eine kollektive Wohlfahrtsfunktion zu postulieren. Ein "wohlwollender Diktator" hätte dann die Aufgabe, diese Funktion auch gegen die Interessen mancher Individuen zu maximieren [*Frey (1981)*, Kap. 3]. Von einer solchen Annahme wird im folgenden Abstand genommen, weil sie nicht mit der Grundhypothese der ökonomischen Theorie vereinbar ist, wonach alle Individuen (also auch politische Entscheidungsträger) ihre eigenen Ziele verfolgen. Im folgenden soll im Gegenteil der Nachweis erbracht werden, daß die **Vorgabe eines festen Anteils** der Gesundheitsausgaben an einer Referenzgröße wie dem BSP oder dem Lohneinkommen mit **Effizienzverlusten** verbunden sein kann, die sich im Verlauf der Zeit kumulieren.

Sobald sich der Staat in irgendeiner Weise an den Kosten des Gesundheitswesens beteiligt, haben die individuellen Entscheidungen im Umgang mit der Gesundheit **Rückwirkungen auf das öffentliche Budget**. Je mehr der Einzelne medizinische Leistungen in Anspruch nimmt, desto größere Ausgaben fallen zumindest längerfristig für den Staat an:

2. In der Bundesrepublik Deutschland werden die Beiträge zur Gesetzlichen Krankenversicherung in Prozenten des Lohneinkommens festgelegt, dies im Gegensatz zu den schweizerischen Krankenkassen, die einkommensunabhängige Beiträge erheben. Ein wichtiges Ziel des deutschen Gesundheitsreformgesetzes, das 1989 in Kraft trat, besteht darin, den Beitragssatz auf rd. 13% zu stabilisieren.

Neue Ausbildungsplätze für Medizinstudenten, erhöhte Zuschüsse für Investitionsvorhaben der Krankenhäuser, erhöhte Subventionen der Gemeinden (und der Kantone in der Schweiz) zur Deckung der Betriebsdefizite der Krankenhäuser, Anpassung der Zahlungen für die Gesundheitsversorgung der Rentner im Falle Deutschlands, um nur einige der Rückwirkungen auf das öffentliche Budget zu nennen. Diese Rückwirkungen existieren auch beim Kauf und der Nutzung von Konsumgütern (Müllabfuhr, Straßenbau), doch fallen sie dort weniger ins Gewicht als im Falle des Gesundheitswesens.

Andererseits bringen öffentliche Ausgaben auch **Wählerstimmen** und sind insofern für die Politiker ein Mittel zur Sicherung ihrer Wiederwahl. Auf diese Zusammenhänge wird im 11. Kapitel näher eingegangen; an dieser Stelle ist lediglich die Einsicht von Bedeutung, daß Politiker eine bestimmte Aufteilung des öffentlichen Budgets allen anderen Aufteilungen vorziehen, so wie das Individuum der Abbildung 1-2 die Aufteilung seines Budgets gemäß Punkt Q^* den anderen Aufteilungen vorzieht. Setzt aber eine Regierung ihre Präferenzen in Bezug auf das öffentliche Budget durch, so legt sie damit näherungsweise auch die makroökonomische Gesundheitsquote fest. Die Konsequenzen dieser Festlegung werden im nachfolgenden Teilabschnitt herausgearbeitet.

1.2.3 Die Problematik der Globalsteuerung: Das Beispiel der makroökonomischen Gesundheitsquote

In ihrem Kampf gegen die "Kostenexplosion" im Gesundheitswesen argumentieren die Regierungen bevorzugt mit den Angaben der Tabelle 1.1, um zu begründen, daß die nationale Gesundheitsquote am Bruttosozialprodukt zu hoch sei. Angenommen, es würde nun gelingen, diese Quote auf einem bestimmten Prozentsatz zu stabilisieren: Was wäre damit gewonnen?

Zur Beantwortung dieser Frage wird der Schritt von der mikro- zur makroökonomischen Ebene auf einfachste Art vollzogen, indem die Zusammenhänge der Abbildung 1-2 für die Gesamtheit aller Menschen eines Landes gelten sollen, die zudem identisch seien. In der Abbildung 1-3 steht dann G für die Zahl gesund verbrachter Personen-Jahre, $q \cdot M$ für die gesamtwirtschaftlichen Gesundheitsausgaben und $p \cdot X$ für die Konsumausgaben. Die Aufteilung des BSP auf die beiden Ausgabenkategorien sei in der Ausgangssituation durch den Punkt Q^* im III. Quadranten gegeben, der das aggregierte Ergebnis der individuellen Entscheidungen symbolisiert. Einfachheitshalber soll in der Ausgangssituation die von der Regierung angestrebte Gesundheitsquote gerade mit dem Optimalwert Q^* übereinstimmen.

Diese Übereinstimmung werde nun aber durch eine Veränderung, beispielsweise eine **Verbesserung der medizinischen Technologie**, gestört. Entsprechend verschiebt sich im II. Quadranten der Abbildung 1-2 die Funktion $G(M)$ zu $G'(M)$, d.h. eine gegebene Versorgung mit medizinischen Leistungen gewährleistet im oberen Bereich jetzt einen besseren Gesundheitszustand als zuvor. Dadurch verschiebt sich die Budgetkurve nach außen, und unter Berücksichtigung der Zusammenhänge im III. und IV. Quadranten verschiebt sich auch die Grenze der Wahlmöglichkeiten im I. Quadranten nach außen, so daß die Gesamtheit der Individuen neue, rechts und oberhalb vom alten Optimum R^* liegende (C,G)-Kombinationen erreichen könnte.

Angenommen, die Regierung erhalte Kenntnis von der verbesserten medizinischen Technologie, wolle aber die **Gesundheitsquote konstanthalten**. Dies bedeutet, daß sie

Abb. 1-3: Technologischer Wandel in der Medizin und Veränderung der optimalen Gesundheitsquote

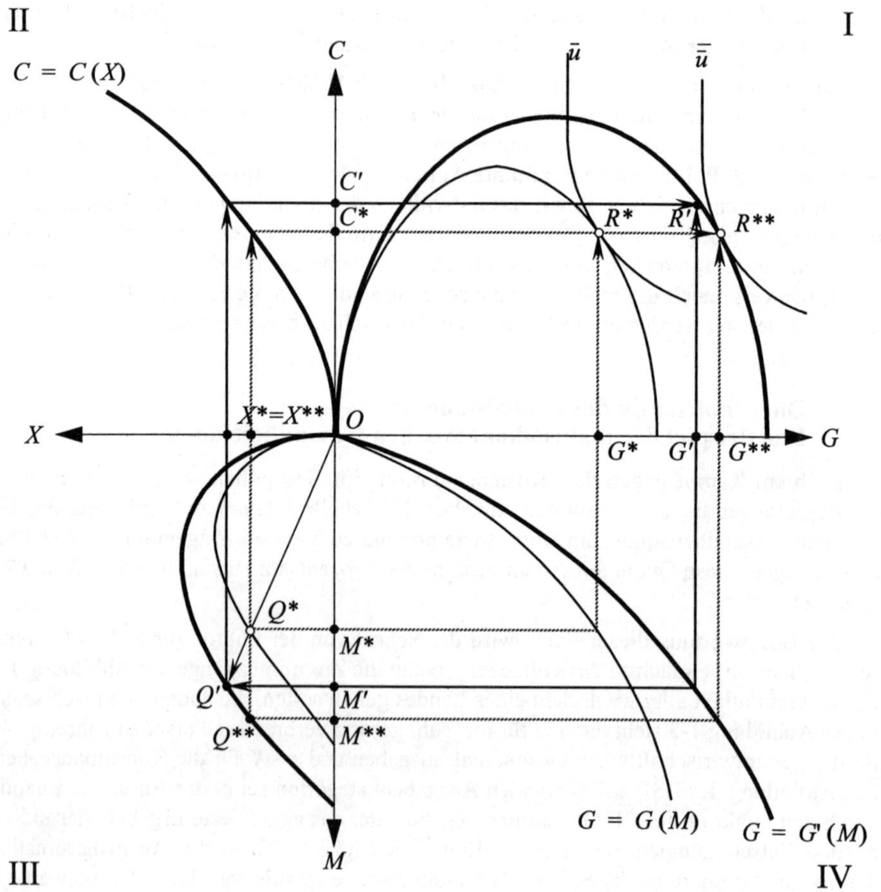

anstrebt, die Aufteilung des Budgets nicht zu ändern, so daß im III. Quadranten eine Verschiebung von Punkt Q^* zu Q' resultieren würde, der auf demselben Fahrstrahl vom Ursprung liegt wie Q^*. Dadurch würde eine (C,G)-Kombination erreicht, die durch Punkt R' in Quadrant I symbolisiert wird (vgl. die durchgezogenen Pfeile in Abbildung 1-2).

Falls die (identischen) Mitglieder der betrachteten Gesellschaft jedoch ihrer Gesundheit einen so hohen Wert beimessen, wie es die im I. Quadranten eingezeichneten relativ steilen Indifferenzkurven andeuten, so wünschen sie stattdessen die Realisierung des Punktes R^{**}, mit dem die folgenden Änderungen verbunden sind:

1. Die Ausweitung des Wahlmöglichkeitsraumes wird ausschließlich für eine **Verbesserung des Gesundheitszustandes genützt** (vgl. den Übergang von R^* zu R^{**})[3].

2. Dazu wird die **Inanspruchnahme** medizinischer Leistungen (jetzt: M^{**}) **verstärkt**, nicht nur im Vergleich zum Ausgangsoptimum M^*, sondern auch im Vergleich zum vom Staat festgelegten Wert M'.

3. Dank des verbesserten Gesundheitszustands nehmen die **Arbeitseinkommen** und damit die verfügbaren Einkommen zu, so daß diese Ausweitung von M bei unveränderten Konsumausgaben $X^{**} = X^*$ möglich ist.

4. Die neue für die Individuen optimale Budgetaufteilung Q^{**} (in Quadrant III) entspricht einer **Steigerung der optimalen Gesundheitsquote**, denn verbindet man Q^{**} mit dem Ursprung, so ist diese Gerade steiler als die Linie OQ^*Q'.

Wenn jetzt die Politiker an der vorherigen Aufteilung des öffentlichen Budgets festhalten, so zwingen sie die Individuen als Gruppe, den Punkt Q' bzw. R' zu realisieren. Das heißt konkret, daß z.B. ärztliche Leistungen nicht zur Verfügung stehen, weil der numerus clausus im Medizinstudium nicht gelockert wird, oder daß Krankenhausleistungen nicht angeboten werden, weil die Investitionsmittel in diesem Bereich nicht ausgeweitet werden. Dadurch erreichen die Individuen, wie in Quadrant I ersichtlich, ein geringeres Nutzenniveau als das maximal mögliche, das sie in Punkt R^{**} haben könnten.

Das Beispiel des technologischen Wandels in der Medizin steht jedoch nur für **eine von vielen möglichen Veränderungen**, die zu Diskrepanzen zwischen der optimalen Gesundheitsquote aus der Sicht der Individuen und einer politisch festgeschriebenen Gesundheitsquote führen können. Geht man die vier Quadranten der Abbildung 1-3 der Reihe nach durch, so stößt man auf die folgenden Punkte:

(I) Die **Präferenzen** zwischen Gesundheit und Konsum können sich ändern, z.B. im Zuge einer Fitnesswelle.

(II) Der Zusammenhang zwischen Konsumgütereinsatz und konsumierbaren Leistungen bleibt nicht konstant. Je besser z.B. die Ausbildung eines Individuums, desto höher ist die **Ausbeute an Konsumleistungen** aus einem gegebenen Quantum von Konsumgütern.

(III) Die Budgetrestriktion ist immer wieder Veränderungen unterworfen. **Steigende Lohnsätze** und Vermögenseinkommen verschieben sie nach außen, steigende Preise der Konsumgüter lassen sie steiler verlaufen.

(IV) Der Zusammenhang zwischen der Inanspruchnahme medizinischer Leistungen und dem Gesundheitszustand wird nicht nur durch technologischen Wandel in der Medizin modifiziert. Zu denken ist an **Umwelteinflüsse**, aber auch an eine Verstärkung oder Abschwächung der präventiven Anstrengungen auf seiten der Individuen selbst,

---

3. Dieser Fall wird hier einzig und allein mit dem Ziel vorausgesetzt, die Zeichnung nicht noch mehr zu komplizieren. Die gleichen Folgerungen ergeben sich auch bei einer nur überwiegenden Nutzung zur Verbesserung der Gesundheit.

insbesondere in Abhängigkeit von der Versicherungsdeckung (vgl. dazu das 6. Kapitel). Außerdem bleiben die Leistungen der Ärzte und Krankenhäuser je nach Ausgestaltung des Honorierungssystems mehr oder weniger **unterhalb des effizienten Niveaus**, so daß sich der realisierte Zusammenhang $G = G(M)$ mit dem Honorierungssystem wandelt (vgl. dazu das 7. und 9. Kapitel).

Diese Überlegungen zeigen, daß es viele Gründe dafür gibt, daß eine politisch angestrebte Gesundheitsquote von der optimalen abweicht. Sie geben Anlaß zur

Folgerung 1.3: Die Vorgabe einer bestimmten Quote der Gesundheitsausgaben am Bruttosozialprodukt müßte sich auf eine theoretisch nicht fundierte soziale Wohlfahrtsfunktion stützen. Sie läuft darüber hinaus Gefahr, Effizienzverluste zu verursachen, die im Verlauf der Zeit zunehmen dürften.

1.3 "Ökonomie der Gesundheit" versus "Ökonomie des Gesundheitswesens": Ein erster Überblick

Bis zu diesem Punkt wurde begründet, warum es eine spezielle "Gesundheitsökonomie" gibt. Zudem wurde die Beziehung zwischen der mikro- und der makroökonomischen Betrachtungsweise von Gesundheit und Gesundheitswesen beleuchtet. Jetzt wollen wir eine ganz grobe Klassifikation dieses Gebiets vornehmen, die uns später dazu dienen wird, einige der wichtigsten Fragestellungen zu erwähnen und einzuordnen.

1.3.1 Ökonomie der Gesundheit

Betrachtet man die Titel der inzwischen schon recht zahlreichen englischsprachigen Gesamtdarstellungen dieses Gebiets (in Lehrbüchern und Sammelbänden), so fällt auf, daß in manchen von der Ökonomie der Gesundheit ("economics of health"), in anderen wiederum von der Ökonomie des Gesundheitswesens bzw. der medizinischen Leistungen ("economics of health care", "economics of medical care") die Rede ist[4]. Diese Unterscheidung weist darauf hin, daß zunächst **Gesundheit als solche** ein interessantes Anwendungsfeld für die Wirtschaftswissenschaften ist und daß es eine Reihe von Fragestellungen im Zusammenhang mit der Gesundheit gibt, die noch gar nichts mit dem zu tun haben, was wir das "Gesundheitswesen" nennen, also mit der Erbringung medizinischer Leistungen durch Ärzte und andere professionelle Anbieter. Darunter sind sowohl positive als auch normative Problemstellungen.

Zu den wichtigsten normativen Fragen der Ökonomik der Gesundheit dürfte die nach der Bewertung der Gesundheit in Geld, d.h. der Abwägung zwischen Gesundheit und anderen menschlichen Zielsetzungen, z.B. dem Konsum "sonstiger" Güter zählen. Diese **normative** Frage ("Auf wieviel Konsum sollte die Gesellschaft bereit sein zu verzichten

4. Beispiele hierfür sind *Feldstein (1993)*, *Folland, Goodman und Stano (1993)*, *Fuchs (1986)*, *Jacobs (1980)*, *Klarman*, Hrsg. *(1970)*, *McGuire, Henderson und Mooney (1988)*, *Mooney (1992)*, *Newhouse (1978)*, *Perlman*, Hrsg. *(1974)*, *Phelps (1992)*, *Van der Gaag und Perlman*, Hrsg. *(1981)*, *Zweifel und Frech*, Hrsg. *(1992)*.

dafür, daß die Lebenserwartung um durchschnittlich ein Jahr erhöht wird? Wieviel sollte ihr eine Verbesserung des Gesundheitszustands, gemessen durch einen geeigneten Indikator, wert sein?") stellt sich vor allem im Zusammenhang mit öffentlichen Projekten, die aus Steuern oder Sozialversicherungsbeiträgen, also Zwangsabgaben, finanziert werden und die Auswirkungen auf die Lebenserwartung oder die Gesundheit von Bürgern haben. Da es in diesen Situationen typischerweise nicht möglich ist, daß jeder eine Abwägung zwischen Gesundheit und Konsum für sich selbst vornimmt, sondern Regierung und Parlament **Entscheidungen für die Bürger** treffen müssen, ist es eine Aufgabe der Gesundheitsökonomie, ihnen sinnvolle, d.h. wohlfahrtstheoretisch begründete Regeln für diese Entscheidungen in die Hand zu geben. Dies wird Gegenstand von Kapitel 2 sein.

Der **positive** Zweig der Gesundheitsökonomie beschäftigt sich dagegen damit, das Gesundheitsverhalten der Konsumenten mit Hilfe des Instrumentariums der modernen mikroökonomischen Theorie zu erklären. Dabei wird das Grundparadigma des Rationalverhaltens angewandt, d.h. das Individuum wird als rationaler Nutzenmaximierer angesehen, in dessen Nutzenfunktion u.a. materieller Konsum und Gesundheit eingehen. Im Rahmen eines solchen Modells (vgl. Kap. 3) kann dann untersucht werden, wie sich z.B. eine Änderung der Budgetrestriktion, d.h. des Einkommens, oder eine Änderung der relativen Preise - etwa durch Änderungen im Krankenversicherungsschutz - auf die "Nachfrage" des Individuums nach Gesundheit, sprich: auf sein Gesundheitsverhalten auswirken.

1.3.2 Gesundheit und Konsum von Gesundheitsleistungen

Die Brücke zwischen der "Ökonomie der Gesundheit" und der "Ökonomie des Gesundheitswesens" bilden die Beziehungen, die zwischen dem Gesundheitszustand eines Individuums (oder der Bevölkerung insgesamt) und seiner (bzw. ihrer) Inanspruchnahme medizinischer Leistungen bestehen. Man kann zwei solcher Beziehungen unterscheiden, für die die Stichworte "Gesundheits-Produktionsfunktion" und "Nachfragefunktion nach medizinischen Leistungen" stehen.

Im ersten Fall geht es um die Fragestellung, welchen **Beitrag medizinische Leistungen** zur Erhaltung bzw. Verbesserung der Gesundheit leisten. Diese zunächst trivial klingende Frage erscheint durchaus berechtigt, wenn man etwa die enormen Ausgabensteigerungen im Gesundheitswesen über die vergangenen Jahrzehnte mit dem gleichzeitig beobachteten und relativ bescheiden anmutenden Zuwachs der Lebenserwartung vergleicht. So ist auch nicht verwunderlich, daß immer mehr Menschen gegenüber der Schulmedizin skeptisch werden und sich alternativen Richtungen wie der Heilpraktik oder der Laienmedizin zuwenden[5]. Eine empirische Erfassung und Quantifizierung des Einflusses der medizinischen Versorgung auf die Gesundheit (vgl. Kap. 4) fällt ebenfalls in das Arbeitsgebiet von Ökonomen, Statistikern und Ökonometrikern.

Trotz der genannten Einwände wird man bei dieser Wirkungsrichtung allgemein unterstellen können,

a) daß es sich um einen **positiven** Zusammenhang handelt: Ein höherer Konsum medizinischer Leistungen führt zu besserer Gesundheit. Ferner gilt aus logischen Gründen,

5. Besonders vehement wird die Kritik an der Schulmedizin von *Ivan Illich (1975)* vorgetragen.

b) daß diese Wirkung mit einer **zeitlichen Verzögerung** eintritt: In empirischen Arbeiten ist daher zu erwarten, daß der Konsum von medizinischen Leistungen in einer Periode t sich erst in einer späteren Periode (etwa t+1) in einer besseren Gesundheit bemerkbar macht.

Eine zweite Wirkungsrichtung geht vom Gesundheitszustand zur Inanspruchnahme medizinischer Leistungen, der sog. **Nachfragefunktion nach medizinischen Leistungen**. In dieser Funktion erscheint der Gesundheitszustand als erklärende Variable, wobei

a) die theoretisch plausible Wirkungsrichtung **negativ** ist (schlechtere Gesundheit - höhere Inanspruchnahme medizinischer Leistungen) und

b) diese Beziehung für **gleichzeitig** gemessene Werte der beiden Größen gilt[6].

1.3.3 Ökonomie des Gesundheitswesens

Die zuletzt genannte Beziehung ist bereits Gegenstand der Ökonomie des Gesundheitswesens: Sie nimmt die Produktivität der medizinischen Leistungen als gegeben hin und fragt - in ihrem positiven Zweig - danach, wodurch die Menge und Qualität medizinischer Leistungen determiniert werden, die in einer Gesellschaft erbracht werden. In ihrem normativen Zweig geht es dann darum, Mechanismen der **Erbringung dieser Leistungen** und ihrer Aufteilung auf die Nachfrager zu untersuchen, die angesichts der Knappheit der zu ihrer Herstellung benötigten Ressourcen **ökonomisch zweckmäßig** sind. Damit ist das System der Organisation und der Finanzierung von medizinischen Leistungen angesprochen, und die mikroökonomische Analyse ist geeignet, mit ihrem Instrumentarium der Anreize die Wirkungen alternativer Regelungen zu untersuchen.

Dabei sind die Begriffe "Finanzierung" und "Anreize" mit einer Medaille zu vergleichen, die zwei Seiten hat:

1. Auf der einen Seite geht es darum, auf welche Weise die **Empfänger medizinischer Leistungen** (die "Patienten") für diese Leistungen **zahlen**. Hier ist das System der Krankenversicherung mit seinen Anreizwirkungen auf die Versicherten angesprochen, das uns in den Kapiteln 5 und 6 beschäftigen wird.

2. Auf der anderen Seite geht es darum, auf welche Weise das Geld **an die Leistungserbringer weiterverteilt** wird. Die ökonomische Analyse beschäftigt sich also mit den Anreizwirkungen alternativer Honorierungssysteme für Ärzte (Kap. 7, 8), Krankenhäuser (Kap. 9) sowie die Hersteller von Arzneimitteln (Kap. 10).

---

6. Wenn es möglich wäre, angestrebten und realisierten Gesundheitszustand stets in Übereinstimmung zu halten, so wäre allerdings die Nachfragefunktion nach medizinischen Leistungen lediglich die Umkehrfunktion der Gesundheits-Produktionsfunktion, so wie eine Faktor-Nachfragefunktion aus einer Produktionsfunktion hergeleitet werden kann (vgl. dazu Abschnitt 4.4).

1.4 Eine Systemanalyse des Gesundheitswesens

Zum Abschluß dieser Einleitung sollen die meisten der Fragestellungen, die in diesem Buch behandelt werden, noch einmal an einem Ablaufdiagramm verdeutlicht werden, das als eine stark vereinfachte Systemanalyse angesehen werden kann (Abb. 1-3). Am Anfang dieses Diagramms steht das Individuum mit seinen Zielen, möglichst lange und gesund zu leben und dabei möglichst viel zu konsumieren. Es wird in seinem gesundheitsrelevanten Verhalten von einer Reihe von Anreizen geleitet, die insbesondere von der Ausgestaltung seiner Krankenversicherung (vgl. Kap. 5 und 6) determiniert werden.

Zwar wird der Gesundheitszustand vom Individuum nicht völlig festgelegt; der Zufall spielt auch hinein (vgl. Kap. 3). Doch das schließt nicht aus, daß sich bei der Betrachtung ganzer Bevölkerungsgruppen systematische Einflüsse herausschälen, welche die Individuen für mehr oder weniger Gesundheit optieren lassen. Denn ein zusätzlicher gesund verbrachter Tag hat seinen "Preis", auch wenn er nicht auf dem Markt gehandelt wird. Dieser Preis besteht in dem **Verzicht auf eine Alternative**, welche ebenfalls Kosten verursacht und die in dem Mehr an Konsum zusammengefaßt ist, das sich das Individuum leisten könnte.

Gleichzeitig mit der Option für einen bestimmten Gesundheitszustand muß auch eine Entscheidung fallen, wie man diesen Zustand erreichen will (vgl. Kap. 3; empirische Evidenz dazu in Kapitel 4). Sehr oft entscheiden sich die Leute dafür, eine Krankheitsepisode mit einem minimalen Einsatz von Medikamenten, im übrigen jedoch ohne medizinische Leistungen, sondern vielmehr mit Hilfe eigener Zeit durchzustehen, und unsere Vermutung geht dahin, daß auch materielle Anreize die Wahl zwischen eigenen und fremden Inputs beeinflussen. Geht diese Wahl immer mehr in Richtung fremder Inputs, also zum Einsatz von Leistungen des Gesundheitswesens, so kann das Ergebnis eine Ausgabenexplosion im Gesundheitswesen sein.

Wie stark etwaige Änderungen im individuellen Gesundheitsverhalten auf die Ausgabenentwicklung im Gesundheitswesen durchschlagen, hängt jedoch nicht zuletzt vom **Arzt** ab, der in Abbildung 1-3 unmittelbar unter dem Patienten steht, also eine Funktion als **"Türhüter" zum Gesundheitswesen** wahrnimmt. Seine Entscheidung für ambulante oder stationäre Behandlung hat massive Folgen für die aufgewendeten Kosten, da ein Krankenhausaufenthalt heute typischerweise mit dem Einsatz sehr teurer Technologie verbunden ist. Wiederum werden wir nach materiellen Anreizen suchen, welche das Verhalten des Arztes im Hinblick auf den Einsatz seiner eigenen Leistungen (Kap. 7) sowie derjenigen anderer Anbieter (Kap. 8) steuern. Diese Auffassung steht natürlich in einem eklatanten **Widerspruch** zur traditionellen ärztlichen Ideologie, wonach die Wahl der Behandlungsmethode allein nach medizinischen Erfordernissen erfolge.

Durch eine Überweisung ins **Krankenhaus** gibt der Arzt einen Teil der Nachfrage nach medizinischen Leistungen an dieses weiter. Auch im Krankenhaus existieren bei näherem Hinsehen eine ganze Reihe von **materiellen Anreizen**, die das Verhalten besonders der Chefärzte steuern können (Vgl. Kap. 9). Über die Art und Weise, wie gewinnstrebige Unternehmungen auf Änderungen der Außenwelt reagieren, ist von der traditionellen ökonomischen Theorie her einiges bekannt. Wir werden sehen, in welchem Maße sich diese Erkenntnisse auf die in der Regel nicht gewinnorientierten Krankenhäuser übertragen lassen.

Schließlich bestimmen sowohl Ärzte als auch Krankenhäuser die Nachfrage des Pati-

Abb. 1-4: Eine Systemanalyse des Gesundheitswesens

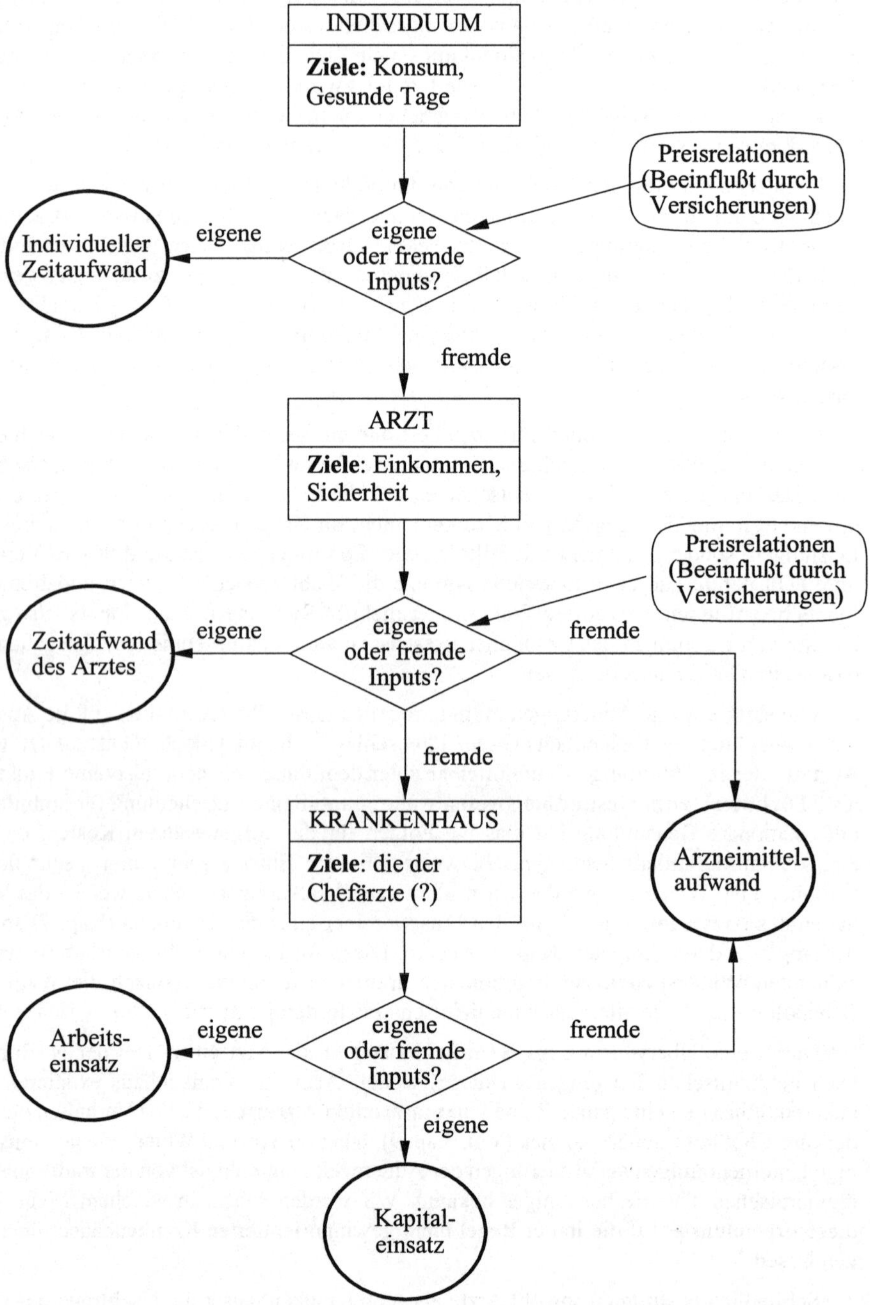

enten nach **Arzneimitteln** als weitere Inputs in den Behandlungsprozeß. In diesem Zusammenhang wird uns (in Kapitel 10) vor allem interessieren, wie die Preise auf den Märkten für Arzneimittel zustandekommen, mit welchen Mitteln vor allem der Preiswettbewerb gefördert werden kann und welchen Einfluß dies auf den technischen Fortschritt, also auf die Erweiterung der Therapiemöglichkeiten hat. Neben den Märkten für Arzneimittel könnten an dieser Stelle auch **andere nachgeordnete Märkte** untersucht werden, so beispielsweise jene für Hilfsmittel, psychiatrische Beratung, medizinische Apparate, aber auch die Arbeitsmärkte im Gesundheitswesen. Um den Umfang dieses Werkes in Grenzen zu halten, wird auf eine Behandlung dieser nachgeordneten Märkte verzichtet.

Die Kreise in unserem Ablaufdiagramm stehen für den **Ressourcenaufwand**, der im Gesundheitswesen verursacht wird. Wenn die Steuerung so funktioniert, daß individueller Zeitaufwand zugunsten der Gesundheit immer mehr durch ärztliche Arbeitszeit, Arzneimittel und Leistungen der Krankenhäuser ersetzt wird, so ist das nicht zu gleichbleibenden Kosten möglich. Ein Mehr an Leistungen ist in allen Wirtschaftsbereichen typischerweise mit einem Zuwachs der Kosten verbunden. Das Besondere am Gesundheitswesen nicht nur in der Schweiz und in der Bundesrepublik Deutschland ist die Tatsache, daß auch die einzelne Arztstunde und der einzelne Krankenhaustag so viel teurer geworden sind, wodurch die Kostensteigerung erst zu einer eigentlichen "Explosion" geworden ist. Auch dieser Aspekt des Problems geht auf die **Eigenheiten der Steuerung im Gesundheitswesen** zurück, die wir in diesem Buch darstellen möchten. Die zukünftigen Herausforderungen an diese Steuerung wie Alterung der Bevölkerung und rascher technologischer Wandel in der Medizin kommen im Kapitel 11 zur Sprache. Das Buch schließt mit einigen eher grundsätzlichen Empfehlungen zur Gesundheitspolitik (Kap. 12).

1.5 Literaturhinweise

zu Abschnitt 1.1:

OECD (1987), Financing and Delivery of Health Care, *OECD Social Policy Studies*, 4, Paris: OECD.

OECD (1990), Health Care Systems in Transition, *OECD Social Policy Studies*, 7, Paris: OECD.

OECD (1991), Health Data File, Paris: OECD.

zu Abschnitt 1.2:

Frey, B.S. (1981), *Theorie demokratischer Wirtschaftspolitik*, München: Vahlen.

zu Abschnitt 1.3:

Feldstein, P.J. (1993), *Health Care Economics*, , 3.A., New York: J. Wiley.

Folland, S., Goodman, A.C. und Stano, M. (1993), *The Economics of Health and Health Care*, New York: Macmillan Publishing.

Fuchs, V.R., (1986), *The Health Economy*, Cambridge: Harvard University Press.

Gäfgen, G. (1990), *Gesundheitsökonomie: Grundlagen und Anwendungen,* Baden-Baden: Nomos, insbes. Kapitel 1, 2, 5.

Illich, I. (1975), *Medical Nemesis*, London: Calder & Boyars.

Jacobs, P. (1980), *The Economics of Health and Medical Care: An Introduction*, Baltimore: University Park Press.

Klarman, H.E., Hrsg. (1970), *Empirical Studies in Health Economics*, Baltimore: Johns Hopkins Press.

McGuire, A., Henderson, J. und Mooney, G. (1988), *The Economics of Health Care*, London/New York: J. Wiley.

Mooney, G. (1992), *Economics, Medicine and Dealth Care*, 2.A., London/New York: Harvester Wheatsheaf.

Newhouse, J.P. (1978), *The Economics of Medical Care*, Cambridge MA: Addison-Wesley.

Perlman, M., Hrsg. (1974), *The Economics of Health and Medical Care*, London: Macmillan.

Phelps, C.E. (1992), *Health Economics*, New York: Harper Collins.

Van der Gaag, J. und Perlman, M., Hrsg. (1981), *Health, Economics, and Health Economics*, Amsterdam: North Holland.

Zweifel, P. und Frech, H.E. III Hrsg. (1992), *Health Economics Worldwide*, Boston/ Dordrecht: Kluwer.

KAPITEL 2

Zur ökonomischen Bewertung von Leben und Gesundheit

2.1 Anwendungsbereiche der Bewertung von Leben und Gesundheit

"Das Leben ist das höchste Gut und läßt sich nicht in Geld aufwiegen." Dies ist ein Grundsatz, dem wohl die meisten Menschen zustimmen würden. Auf der anderen Seite werden (notwendigerweise!) nicht nur von Individuen, sondern auch von Parlamenten und Behörden regelmäßig Entscheidungen getroffen, die eine Abwägung zwischen der Erhaltung und Verlängerung menschlichen Lebens und dem Einsatz knapper Mittel (Geld) beinhalten. Beispiele für solche Entscheidungen im öffentlichen Bereich lassen sich sowohl im Gesundheitswesen selbst finden als auch in vielen anderen Bereichen, vor allem in der Verkehrs- und in der Umweltpolitik.

In allen Ländern, in denen entweder ein nationaler Gesundheitsdienst oder eine gesetzliche Krankenversicherung besteht, entscheiden politische oder zumindest politisch legitimierte Gremien von Zeit zu Zeit über die Aufnahme neuer Arzneimittel, neuer Heilverfahren und neuer medizintechnischer Geräte in den Katalog der innerhalb dieses Gesundheitssystems finanzierten Leistungen. In aller Regel sind solche neuen Verfahren mit **zusätzlichem finanziellem Aufwand** verbunden - es handelt sich also nicht um kostensparende "Prozeßinnovationen" - und versprechen therapeutische Vorteile, oft in Form einer Reduktion der Gefahr vorzeitigen Todes einer bestimmten Risikopopulation.

So kann die Bereitstellung einer mobilen Herzinfarkt-Einheit mit Gesamtkosten von mehreren Millionen DM dazu dienen, bei Herzinfarkt-Patienten bereits an Ort und Stelle Maßnahmen zur Wiederherstellung der Herzfunktion zu ergreifen und somit das Risiko, noch vor Erreichen des nächstgelegenen Krankenhauses zu sterben, erheblich vermindern. Ebenso kann eine medikamentöse Dauertherapie von Hypertonikern mit blutdrucksenkenden Präparaten dem Risiko eines Herzinfarkts wirksam vorbeugen. Auch hier stehen dem verminderten Todesrisiko erhebliche volkswirtschaftliche Kosten der Entwicklung und Herstellung der Medikamente gegenüber. Ein nicht weniger bekannter Anwendungsbereich ist die Vorhaltung und der Betrieb von Dialysegeräten für Patienten mit chronischem Nierenversagen.

Außerhalb des Gesundheitsbereichs sind die Beispiele, in denen "Leben" gegen "Kosten" abgewogen werden müssen, nicht weniger zahlreich. So müssen Gemeinden und

Landkreise entscheiden, ob sie bestimmte notorische Unfallschwerpunkte (z.B. enge, unübersichtliche Kurven) durch Begradigung oder Verbreiterung der Straße entschärfen sollen. In Wohngebieten kann umgekehrt gerade durch das Pflanzen von Bäumen und das Einziehen von Schwellen und anderen Hindernissen das Fahrtempo gesenkt und somit die Lebensgefahr für spielende Kinder verringert werden. Alle diese Maßnahmen sind mit zusätzlichen Ausgaben für die öffentlichen Haushalte verbunden.

Auch im **Umweltbereich** ist es nicht schwer, ähnliche Beispiele zu finden. So vermindert der Einbau kostspieliger "redundanter" Sicherheitssysteme in Kernkraftwerken nicht nur die Gefahr einer Katastrophe mit Hunderten von Todesfällen, wie sie sich 1986 in Tschernobyl ereignet hat, sondern reduziert auch die Abgabe radioaktiver Strahlung, die die exponierte Bevölkerung einem erhöhten Risiko, an Leukämie zu erkranken, aussetzt. Aufwendige Filteranlagen zur Rückhaltung von Schwefeldioxid und anderen Schadstoffen aus Kohlekraftwerken verbessern die Luftqualität und senken damit u.a. das Risiko, an Atemwegsleiden zu erkranken.

In allen genannten Anwendungsgebieten kann eine rationale Entscheidung der öffentlichen Instanzen nur dann getroffen werden, wenn eine umfassende und präzise **Bewertung** der mit einer Maßnahme verbundenen zukünftigen Vorteile (und gegebenenfalls Nachteile) vorgenommen wird, damit diese den Projekt- und Folgekosten gegenübergestellt werden können. Dabei leuchtet es sofort ein, daß eine derartige Kosten-Nutzen-Analyse die Entscheidungsbildung vor allem dann erleichtern kann, wenn die in die Berechnung eingehenden Größen kommensurabel sind, d.h. in einer gemeinsamen Recheneinheit ausgedrückt werden können. Da die Projektkosten generell in Geldeinheiten gemessen werden, erscheint es wünschenswert, auch alle Vorteile in Geldwerten auszudrücken. Dies gilt dann natürlich auch für die Verlängerung menschlichen Lebens oder die Verbesserung des Gesundheitszustandes, die mit der Realisierung eines Projekts verbunden sind.

Da einer monetären Bewertung der Gesundheit und erst recht des Lebens vielfältige Bedenken entgegengebracht werden, sind von Ökonomen alternative Evaluationsverfahren entwickelt worden, die ohne eine solche monetäre Bewertung auskommen. Auch diese Ansätze sollen im folgenden auf ihre Möglichkeiten und Grenzen untersucht werden.

Dieses Kapitel ist wie folgt gegliedert. In Abschnitt 2.2 wird ein allgemeiner Überblick über verschiedene Ansätze der Evaluation im Gesundheitsbereich gegeben. Abschnitt 2.3 ist dann speziell der **monetären** Bewertung der **Dauer** menschlichen Lebens gewidmet. Dabei werden zunächst (Abschnitt 2.3.1) moralische Bedenken gegen die Bewertung von Leben und Gesundheit in Geldgrößen diskutiert und anschließend (Abschnitt 2.3.2) zwei Grundkonzeptionen einer monetären Bewertung dargestellt, nämlich der Humankapital-Ansatz und der Ansatz der individuellen Zahlungsbereitschaft. Die mit dem zuletzt genannten Ansatz verbundenen Meßprobleme werden in Abschnitt 2.3.3 behandelt. In Abschnitt 2.4 wird die Fragestellung dann auf eine monetäre Bewertung der Lebens**qualität,** d.h. der Gesundheit, erweitert.

2.2 Verfahren der Evaluation im Gesundheitsbereich

Die unterschiedlichen Verfahren der Evaluation im Gesundheitsbereich lassen sich danach unterscheiden, in welchen Einheiten die positiven bzw. negativen Wirkungen einer medizinischen oder sonstigen Maßnahme gemessen werden. Zur Übersichtlichkeit der Darstellung diskutieren wir die in Frage kommenden Alternativen am Beispiel einer medizinischen Intervention, deren "negative Wirkungen" einzig und allein darin bestehen, daß bei ihrer Durchführung knappe Ressourcen (Arbeitsstunden, Rohstoffe etc.) verbraucht werden. Es sei weiter angenommen, daß diese Ressourcen einen Marktpreis haben, so daß die entstehenden Kosten in Geldgrößen meßbar sind.

Bezüglich der positiven Wirkungen werden die drei folgenden Möglichkeiten der Messung unterschieden:

a) in natürlichen Einheiten auf einer eindimensionalen Skala,

b) in Einheiten einer kardinalen Nutzenfunktion, mit der das mehrdimensionale Konzept der Gesundheit in einen skalaren Index abgebildet wird,

c) in Geldeinheiten.

Ad a): Bei der angesprochenen "natürlichen" Skala kann es sich (1) um einen klinischen Parameter handeln, z.B. die Senkung des Blutdrucks um x mm Hg, oder (2) um die Länge des Lebens in Jahren. Diese Meßmethode ist nur dann sinnvoll anwendbar, wenn die zu vergleichenden Alternativen (z.B. Durchführung einer bestimmten Intervention oder Verzicht auf sie) lediglich eine einzige, qualitativ identische spezifische Wirkung und keine Nebenwirkungen haben. Im ersten Beispiel könnte es sich um zwei verschiedene (nebenwirkungsfreie) Medikamente zur Senkung des Blutdrucks handeln, im zweiten Beispiel um zwei sicherheitstechnische Maßnahmen zur Vermeidung tödlicher Verkehrsunfälle.

Das zugehörige Evaluationsverfahren lautet **Kosten-Effektivitäts-Analyse** (engl. "cost-effectiveness analysis", CEA). Es ist prinzipiell nur für den Vergleich zweier sich gegenseitig ausschließender Maßnahmen geeignet, und das Vergleichskriterium lautet für das erste Beispiel:

$$t_{CEA} = \frac{\textit{Kosten in Geldeinheiten}}{\textit{Erträge in mm Hg}}$$

bzw. für das zweite Beispiel:

$$t_{CEA} = \frac{\textit{Kosten in Geldeinheiten}}{\textit{Erträge in gewonnenen Lebensjahren}}$$

Von den beiden Maßnahmen ist dann diejenige vorzuziehen, die einen geringeren t_{CEA}-Wert aufweist.

Die Grenzen dieses Ansatzes sind offensichtlich:

1. Seine Anwendung setzt voraus, daß es ethisch nicht von Bedeutung ist, bei welchen Personen die Lebensverlängerung eintritt und wie sich die Gesamtzahl von gewonnenen Lebensjahren auf Individuen verteilt. Dieser Kritikpunkt trifft allerdings auf alle hier und im folgenden dargestellten Evaluationsverfahren zu.

2. Er ist nicht geeignet zur Bewertung von Maßnahmen mit mehreren verschiedenartigen Wirkungen. Wenn etwa durch die angesprochene sicherheitstechnische Maßnahme

nicht nur Todesfälle, sondern auch Körperverletzungen vermieden werden, versagt die CEA, weil sie keine Möglichkeit der Aggregation mehrdimensionaler Effekte vorsieht.

3. Er liefert zwar eine Rangordnung der relativen Vorzugswürdigkeit von sich gegenseitig ausschließenden Maßnahmen, gibt aber keine Antwort auf die Frage, welche Maßnahmen überhaupt durchgeführt werden sollten. Insbesondere erfolgt keine Bewertung der einzelnen Maßnahmen. Der einzige praktikable Fall, für den die CEA eine sinnvolle Antwort liefert, ist der eines fest vorgegebenen Budgets, das auf eine ebenfalls fest vorgegebene Menge möglicher Maßnahmen aufgeteilt werden soll. In diesem Fall ist mit jener Maßnahme zu beginnen, die den niedrigsten t_{CEA}-Wert aufweist, und so lange fortzufahren, bis das Budget aufgebraucht ist. Die Problematik dabei liegt aber darin, daß die Frage offenbleibt, wie die Höhe des Budgets selbst auf rationale Weise bestimmt werden kann.

Ad b): Hierbei trägt man der Mehrdimensionalität des Gesundheitsbegriffs Rechnung und versucht, alle Wirkungen einer Maßnahme - Lebensverlängerung und Änderung des Gesundheitszustands - durch ein geeignetes Gewichtungsschema bei der Bewertung zu berücksichtigen. Das wichtigste Instrument dazu ist eine normierte kardinale Nutzenfunktion, mit der alle denkbaren Gesundheitszustände auf einer Skala bewertet werden, auf der der Tod den Nullpunkt und der Zustand vollkommener Gesundheit den Wert 1 einnimmt. Die Werte dieser Nutzenfunktion sind so definiert, daß ein repräsentatives Individuum z.B. zwischen den beiden folgenden Szenarien indifferent wäre: "Überlebe ein Jahr lang einem Zustand mit dem Nutzenwert ½" und "Überlebe ein halbes Jahr lang im Zustand vollkommener Gesundheit" (zu den Einzelheiten der Bewertung vgl. Abschnitt 2.4). Auf diese Weise werden alle gesundheitlichen Auswirkungen einer Maßnahme vergleichbar gemacht, so daß man sie zu einem Index aufsummieren kann. Den Wert dieses Indexes kann man als "Zuwachs an qualitätsbereinigten Lebensjahren" (kurz: *QALYs* für quality-adjusted life years) interpretieren.

Das darauf aufbauende Evaluationsverfahren wird als Kosten-Nutzwert-Analyse (engl. "cost-utility analysis", CUA) bezeichnet. Es ist wie die Kosten-Effektivitäts-Analyse (CEA) zunächst nur für den Vergleich zweier sich gegenseitig ausschließender Maßnahmen geeignet,[1] und das Vergleichskriterium lautet hier:

$$t_{CUA} = \frac{Kosten\ in\ Geldeinheiten}{Erträge\ in\ gewonnenen\ qualitätsbereinigten\ Lebensjahren\ (QALYs)}$$

Von zwei Maßnahmen ist diejenige vorzuziehen, die einen geringeren t_{CUA}-Wert aufweist. Gegenüber der CEA besitzt die CUA den Vorteil, daß der Vergleich auch auf medizinische Interventionen unterschiedlicher Art und darüber hinaus auf medizinische und sonstige anwendbar ist. Denn jetzt werden Wirkungen auf unterschiedlichen (z.B. klinischen) Ebenen durch die Nutzenbewertung kommensurabel gemacht.

Kosten-Nutzwert-Analysen können dazu dienen, sog. "Hitlisten" (engl. "league tables") medizinischer Interventionen aufzustellen, die dem Betrachter - und dem politischen Entscheidungsträger, der für die Ressourcenvergabe im Gesundheitswesen

1. Die Ausschließung kann auch durch eine Budgetbeschränkung begründet sein.

verantwortlich ist - vor Augen führen sollen, mit welch unterschiedlichem Aufwand ein vergleichbarer Zuwachs an Lebensqualität in verschiedenen Bereichen der Medizin erkauft wird. Ein Beispiel für eine solche Hitliste findet sich in Tabelle 2.1.

Tab. 2.1: Hitliste medizinischer Interventionen: Kosten je gewonnenem *QALY* (Großbritannien, Preise in £ von 1983/4)[2]

Rat des Hausarztes, das Rauchen einzustellen	170
Schrittmacherimplantation wegen eines Atrioventrikulärblocks	700
Hüftendoprothese	750
Koronare Bypass-Operation wegen schwerer Angina Pectoris mit Linksherzinsuffizienz	1.040
Kontrolle des Gesamt-Serumcholesterins durch den Hausarzt	1.700
Koronare Bypass-Operation wegen schwerer Angina Pectoris mit Zwei-Gefäße-Leiden	2.280
Nierentransplantation (toter Spender)	3.000
Brustkrebs-Reihenuntersuchung	3.500
Herztransplantation	5.000
Koronare Bypass-Operation wegen leichter Angina Pectoris mit Zwei-Gefäße-Leiden	12.600
Hämodialyse im Krankenhaus	14.000

Auch dieser Ansatz hat jedoch seine Grenzen, zusätzlich zu dem oben unter 1. genannten Einwand, daß es von Bedeutung sein könnte, wie sich die gewonnene Lebensqualität auf die Individuen verteilt:

1. Es muß festgelegt werden, **wessen** Nutzenfunktion zur relativen Bewertung der verschiedenen Gesundheitszustände herangezogen werden soll.
2. Auch die CUA liefert lediglich eine Rangordnung der relativen Vorzugswürdigkeit von sich gegenseitig ausschließenden Maßnahmen, trifft aber keine Aussage darüber, bis zu welchem t_{CUA}-Wert eine Maßnahme noch durchgeführt werden sollte. Diese Frage läßt sich wiederum bei vorgegebenem Budget beantworten, wobei wie bei der CEA die Frage nach der optimalen Höhe des Budgets offen bleibt.

Ad c): Hier geht man noch einen Schritt weiter als bei der unter b) behandelten Analyse: Jeder Verlängerung des Lebens und jeder Änderung des Gesundheitszustands wird

2. Quelle: *H. Adam/K.-D. Henke*, Ökonomische Grundlagen der gesetzlichen Krankenversicherung, in: *B. Schulin* (Hrsg.), Handbuch des Sozialversicherungsrechts, Band 1, Krankenversicherungsrecht, München 1993, S.140.

ein monetäres Äquivalent zugeordnet (zur Problematik und den Methoden dieser Bewertung vgl. Abschnitt 2.3).

Hat man auf diese Weise sowohl die negativen als auch die positiven Wirkungen einer Maßnahme in Geldwerten ausgedrückt, so läßt sich die **Kosten-Nutzen-Analyse** (engl. "cost-benefit analysis", CBA) anwenden. Als einzige der hier betrachteten Evaluationsverfahren ist sie dazu geeignet, jede einzelne in Frage stehende Maßnahme für sich genommen zu bewerten. Das Entscheidungskriterium lautet dabei:

$$t_{CBA} = \frac{Kosten\ in\ Geldeinheiten}{Nutzen\ in\ Geldeinheiten}$$

und eine Maßnahme wird zur Durchführung empfohlen, sofern $t_{CBA} < 1$ gilt. Äquivalent dazu ist die Regel, eine Maßnahme zu empfehlen, sofern $T_{CBA} > 0$ gilt, wobei T_{CBA} durch

$$T_{CBA} = geldwerter\ Nutzen\ -\ Kosten$$

definiert ist. Die Anwendung dieser Regel wird wohlfahrtsökonomisch durch das Kriterium der "potentiellen Pareto-Verbesserung" ("Kaldor-Hicks-Kriterium") gestützt.

Man erkennt, daß die Kosten-Nutzen-Analyse Fragen beantwortet, welche die beiden zuerst genannten Instrumente offen lassen, insbesondere die Frage danach, welche Mittel insgesamt für Maßnahmen zur Erhöhung der Lebensdauer und -qualität ausgegeben werden sollen. Da man dieser Frage nicht dauerhaft ausweichen kann, wenn man - auch bei öffentlichen Entscheidungen - rational handeln will, ist letztlich eine Kosten-Nutzen-Analyse, die die negativen und die positiven Auswirkungen jeder Maßnahme kommensurabel macht, unumgänglich. Man könnte sich insbesondere bei der Kosten-Nutzwert-Analyse fragen, warum man den Aufwand der Bewertung mittels einer kardinalen Nutzenfunktion treiben soll, wenn ohnehin eine monetäre Bewertung vorgenommen werden muß.

Folgerung 2.1: Anders als die Kosten-Nutzen-Analyse (CBA) umgehen die Kosten-Effektivitäts-Analyse (CEA) und die Kosten-Nutzwert-Analyse (CUA) das Problem der monetären Bewertung von Leben und Gesundheit. Sie leisten jedoch lediglich eine **relative Bewertung** sich gegenseitig ausschließender Maßnahmen, während die CBA die Bewertung jedes einzelnen Projekts ermöglicht.

Die offenkundige Problematik bei der Kosten-Nutzen-Analyse besteht darin, Änderungen des Gesundheitszustands und sogar der Lebensdauer monetär zu bewerten. Der Problematik dieser Aufgabenstellung ist der Rest dieses Kapitels gewidmet.

2.3 Zur monetären Bewertung der Lebensdauer

2.3.1 Ethische Einwände und Rechtfertigungen

Ökonomen gelten gemeinhin als Leute, "die von allem den Preis kennen, aber von nichts den Wert". Dementsprechend begegnet die Idee, auch dem menschlichen Leben einen in Geld gemessenen Wert zuzuordnen, einer weitverbreiteten Ablehnung. Die dagegen erhobenen Einwände liegen auf zwei verschiedenen Ebenen: Auf einer grundsätzlichen Ebene wird allein schon der Versuch, Leben mit Geld zu vergleichen, als moralisch verwerflich angesehen. Auf einer mehr pragmatischen Ebene wird die Notwendigkeit solcher Bewertungen zwar akzeptiert, es werden aber Zweifel daran geäußert, ob eine akzeptable Vorgehensweise einen anderen Wert als "unendlich" liefern könne. Im folgenden setzen wir uns zunächst mit der ersten und dann mit der zweiten Argumentationslinie auseinander.

2.3.1.1 Einwände gegen die Aufrechnung des Lebens in Geld

Moralischen Rigoristen, seien sie durch den christlichen Glauben, durch den Eid des Hippokrates oder durch die humanistische Weltanschauung inspiriert, erscheint es als frevelhaft, das Leben und die Unversehrtheit von Menschen gegen profane Dinge wie Geld oder den dadurch symbolisierten Konsum von Gütern abzuwägen. Im extremsten Fall werden ökonomische Ansätze zu einer derartigen Bewertung mit Euthanasie-Programmen der Nationalsozialisten in einen logischen Zusammenhang gebracht: Folgt nicht aus einer solchen Bewertung notwendigerweise, daß es gesellschaftlich akzeptabel wäre, diejenigen Menschen zu töten, deren "Wert" die Kosten der Erhaltung des Lebens durch Ernährung und medizinische Versorgung nicht mehr deckt?

Diese Schlußfolgerung verkennt zunächst den auch **moralisch relevanten Unterschied** zwischen Tun und Unterlassen, zwischen dem "Töten" und dem "Verzicht auf künstliche Lebensverlängerung" etwa bei unheilbar Kranken durch zunehmend komplizierte Medizintechnik - eine Unterscheidung, die auch in der Diskussion über "humanes Sterben" eine wichtige Rolle spielt. Es kann zwar durchaus argumentiert werden, daß die Weigerung, einem Menschen die zum Überleben notwendige Nahrung kostenlos zur Verfügung zu stellen, dem "Töten" moralisch gleichkommt. Diese Gleichsetzung ist aber umso weniger gerechtfertigt, je größere Aufwendungen erforderlich sind, um das betrachtete Menschenleben zu erhalten. Nehmen wir etwa an, der Geldaufwand zur Rettung einiger nach einem Grubenunglück eingeschlossener Bergleute betrüge 2000 Mrd. DM (also etwas weniger als das Bruttosozialprodukt der Bundesrepublik Deutschland im Jahre 1989 - gerade so viel, daß alle übrigen Bürger "bei Wasser und Brot" überleben könnten.) Kann dann die Weigerung der Rettung mit der Aufforderung gleichgesetzt werden, die Betroffenen umzubringen?

Weiterhin ist zu berücksichtigen, daß bei vielen öffentlichen Entscheidungen nicht "identifizierte", sondern "**statistische Leben**" auf dem Spiel stehen. Im Falle einer akuten Lebensgefahr für bestimmte, also identifizierte Menschen wie in dem Grubenunglück-Beispiel wird von den verantwortlichen Politikern allgemein verlangt, keinen Aufwand zur Rettung der Verunglückten zu scheuen - vermutlich in dem Bewußtsein, daß selbst der maximal mögliche (erfolgversprechende) Aufwand nur einen geringen Prozentsatz des

Sozialprodukts aufzehren kann. Nehmen wir an, er betrage 10 Millionen DM pro Eingeschlossenen. Dann folgt daraus nicht zwingend, daß die Bevölkerung damit einverstanden wäre, daß die Regierung den gleichen Betrag ausgibt, um z.B. ein Risiko von 1 zu einer Million von einer exponierten Einwohnerzahl von einer Million Personen abzuwenden. "Statistische" Leben erregen nämlich weitaus weniger Emotionen als identifizierte.

Einen weiteren Beitrag zum Abbau von Emotionen könnte auch die Überlegung leisten, daß es hier nicht darum geht, "das Leben" mit Geld aufzuwiegen, sondern vielmehr dessen **Dauer**. Es entspricht zwar dem üblichen Sprachgebrauch, daß medizinische Eingriffe oder öffentliche Sicherheitsmaßnahmen Menschenleben "retten", in Wahrheit verlängern sie sie jedoch lediglich (bei manchen heroischen Anstrengungen der hochtechnisierten Medizin bisweilen nur um wenige Monate), da jeder Mensch schließlich einmal sterben muß. Berücksichtigt man ferner, daß sich hinter dem Konzept des "Geldes" eine Erweiterung der Konsummöglichkeiten und damit eine Erhöhung der Lebensqualität verbergen, so geht es eigentlich um die Abwägung von Lebensdauer und Lebensqualität, und da ist die moralische Unzulässigkeit schon weit weniger offensichtlich.

Das wichtigste Argument **für** die Erarbeitung und Anwendung eines expliziten ökonomischen Bewertungskalküls basiert jedoch auf der Beobachtung, daß politische Entscheidungen, wie sie in Abschnitt 2.1 aufgeführt wurden, ohne dies **regelmäßig getroffen werden** (und getroffen werden müssen) - sei es in Form eines Tuns oder eines Nicht-Tuns. Implizit werden damit auch immer wieder Abwägungen zwischen (der Verlängerung von statistischen) Menschenleben und Geld getroffen, und das ökonomische Kalkül ermöglicht es erst, diese Entscheidungen den Politikern bewußt zu machen und damit mehr Konsistenz in ihre Entscheidungen zu bringen.

Verzichtet man auf eine ökonomische Bewertung des "Lebens", so besteht die Gefahr, daß im gleichen Land Maßnahmen (wie die Einführung neuer medizinischer Geräte) ergriffen werden, durch die mit einem Kostenaufwand von 1 Million DM pro "Leben" vorzeitige Todesfälle vermieden werden, andere mögliche Maßnahmen (z.B. im Straßenbau) jedoch unterbleiben, mit denen die erwartete Zahl von Unfallopfern für 50.000 DM pro "Leben" reduziert werden könnten. Damit begibt sich die betrachtete Gesellschaft der Möglichkeit, sowohl eine längere durchschnittliche Lebenserwartung als auch mehr Konsum zu erreichen[3].

Zudem ist es seit einigen Jahrzehnten in zahlreichen Ländern einschließlich der Bundesrepublik Deutschland üblich, daß öffentliche Großprojekte von den Parlamenten erst nach einer eingehenden Kosten-Nutzen-Bewertung bewilligt werden. In Ermangelung eines anerkannten Verfahrens zur Bewertung menschlichen Lebens in Geldgrößen hat es sich dabei eingebürgert, solche als "intangibel" bezeichneten Kosten und Benefits allenfalls zu erwähnen, nicht aber in das eigentliche Kalkül der Netto-Vorteile einzubeziehen. Die Konsequenz ist, daß Projekte, die die Sicherheit von Menschen gefährden, zu leicht bewilligt und solche, die sie erhöhen, zu leicht abgelehnt werden. Ironischerweise führt damit die Ablehnung einer Bewertung des Lebens in Geld zu dem Gegenteil dessen, was diejenigen intendieren, die sich gegen sie sträuben.

Schließlich kann man von öffentlichen Entscheidungen in einem **demokratischen** Gemeinwesen nicht nur verlangen, daß sie im oben genannten Sinne in sich konsistent

3. Diese Aussage setzt allerdings voraus, daß es bei gewonnenen Lebensjahren bzw. vermiedenen vorzeitigen Todesfällen nicht darauf ankommt, **wer** sie erhält. Vgl. dazu Abschnitt 2.3.2.2.3.

sind, sondern auch, daß sie die Präferenzen der von ihnen betroffenen Bürger widerspiegeln. Der moralischen Verurteilung einer Abwägung zwischen Leben und Geld steht also das demokratische Prinzip entgegen, daß eine solche Abwägung insofern geboten ist, als sie den Präferenzen der Betroffenen Ausdruck verleiht[4]. Zielsetzung der ökonomischen Analyse muß es demnach sein, die Präferenzen der Bürger bezüglich der Dauer und der Qualität ihres Lebens zu ermitteln.

Diese Überlegungen führen zu der

Folgerung 2.2: Da viele öffentliche Entscheidungen zwangsläufig eine Abwägung zwischen der Verlängerung statistischer Menschenleben und anderen Gütern implizieren, ist es für die Wohlfahrt der Gesellschaft besser, wenn eine Bewertung explizit vorgenommen wird. Diese sollte die Präferenzen der Bürger widerspiegeln.

2.3.1.2 Argumente gegen die Endlichkeit des Wertes des Lebens

An dem zuletzt genannten Punkt, den Präferenzen der Individuen, knüpft eine weitere Kritik an, die zwar nicht die Idee einer ökonomischen Bewertung des Lebens an sich ablehnt, sondern lediglich die Möglichkeit leugnet, daß dabei ein anderer Wert als "unendlich" resultieren kann. Sie geht von der Überlegung aus, daß es im Prinzip nur zwei denkbare Definitionen dafür gibt, wieviel Geld einem Individuum sein eigenes Leben wert ist, nämlich[5]

a) den Geldbetrag, den es bereit wäre zu bezahlen, um den sicheren (und sofortigen) Tod zu vermeiden, und

b) den Geldbetrag, den man ihm als Entschädigung dafür bieten müßte, daß es seinen eigenen (sofortigen) Tod freiwillig in Kauf nimmt.

Der unter a) genannte Betrag ist jedoch wenig informativ, da die meisten Menschen zur Abwendung einer unmittelbaren Lebensgefahr bereit sein dürften, ihr gesamtes Vermögen einschließlich ihres verpfändbaren zukünftigen Einkommens - vielleicht abzüglich einer geringen Reserve zur Aufrechterhaltung des Existenzminimums - zu opfern, und daher sagt er mehr über ihr Vermögen und ihre Verschuldungsmöglichkeiten aus als über ihre Präferenzen.

Die Regel b) wird dagegen bei den meisten Menschen - zumindest in Abwesenheit eines Vererbungsmotivs - kein endlicher Betrag erfüllen, und zwar allein schon deshalb, weil man, wenn man tot ist, mit Geld nichts mehr anfangen kann. Die beiden **alternativen**

4. Unter den Betroffenen sind nicht (nur) jene zu verstehen, die eine bestimmte Krankheit haben, sondern die Gesamtheit der handlungsfähigen Personen, die mit einer positiven Wahrscheinlichkeit an der Krankheit leiden bzw. leiden werden. Für nicht handlungsfähige Personen (Jugendliche, Geisteskranke) gelten die Präferenzangaben geeigneter Sachwalter. Dieser Abgrenzung zufolge wären z.B. die Präferenzen von Männern bezüglich der Behandlung von Frauenkrankheiten irrelevant; vgl. aber auch die Ausführungen über externe Effekte in Abschnitt 2.3.2.2.4.
5. Beides sind alternative Formulierungen im Rahmen des Ansatzes der Zahlungsbereitschaft, auf den Abschnitt 2.3.2.2 im Detail eingeht.

Definitionen der Zahlungsbereitschaft unterscheiden sich voneinander in der Verteilung der "Eigentumsrechte", denn (nur) der Fragestellung in b) liegt der Gedanke zugrunde, daß das Individuum ein Anrecht zu leben hat, das es freiwillig aufgeben kann. Bejaht man ein solches Recht auf Leben, so ist der korrekte "Wert eines identifizierten Lebens" unendlich groß.

John Broome, von dem diese Argumentation stammt, wendet sich nun gegen die oben angedeutete Unterscheidung zwischen identifiziertem und statistischem Leben, da das zweite Konzept lediglich auf der unvollkommenen Information darüber basiere, welche Person ihr Leben verlieren werde. Ist etwa (aufgrund von Erfahrungswerten) bekannt, daß bei einer staatlichen Baumaßnahme ein Arbeiter getötet werden wird und steht es lediglich noch nicht fest, welcher, so ist dieses "statistische Leben" unendlich hoch zu bewerten, denn sobald der Schleier der Unwissenheit gelüftet und der Name des Opfers preisgegeben würde, würde dieses gemäß Regel b) eine unendlich hohe Kompensation für den Verlust seines Lebens verlangen.

Der Makel an der *Broome*schen Argumentation liegt darin, daß der von ihm geschilderte Fall sich bei näherem Hinsehen als konstruiert erweist. Es ist schwer, sich ein Risiko vorzustellen, bei dem die Anzahl der Opfer vorher mit Sicherheit bekannt ist. Nicht einmal, daß es überhaupt Todesopfer geben wird, kann typischerweise als sicher gelten. Betrachten wir etwa eine Straßenkurve, der in der Vergangenheit im Durchschnitt jährlich ein Menschenleben zum Opfer gefallen ist. Hier kann man **keinesfalls** sicher sein, daß die Zahl der Opfer im kommenden Jahr wieder **genau 1** betragen wird. Vielmehr unterliegt jeder Verkehrsteilnehmer, der diese Straße benutzt, einem gewissen (kleinen) Risiko, dort tödlich zu verunglücken, sagen wir es seien 100.000 Personen mit einem Risiko von 1 zu 100.000 für jeden. Diese Wahrscheinlichkeiten zu addieren, hieße jedoch, eine (perfekte) **negative Korrelation** zwischen den Einzelrisiken zu unterstellen[6]. Nimmt man dagegen realistischerweise stochastische Unabhängigkeit oder gar - was bei Unfällen plausibler ist - positive Korrelation an, so bewirken die Gesetze des Zufalls, daß mit gewisser, strikt positiver Wahrscheinlichkeit niemand, mit einer ebenfalls positiven, wenn auch extrem kleinen Wahrscheinlichkeit sogar alle 100.000 Personen verunglücken werden. Die Gesamtzahl ist also unbekannt, und daher ist das "statistische Leben" das relevante Konzept für eine ökonomische Bewertung des Nutzens von Sicherheitsmaßnahmen.

Geht es für jeden einzelnen jedoch um die Beseitigung (oder Inkaufnahme) **kleiner Risiken** für das eigene Leben, so ist durchaus damit zu rechnen, daß endliche Geldbeträge ausreichen, das Individuum für die Übernahme des Risikos zu kompensieren. So gibt es genügend Beispiele dafür, daß Menschen um ihres Genusses, ihrer Bequemlichkeit oder sogar um des Nervenkitzels willen Lebensgefahren freiwillig auf sich nehmen und damit zeigen, daß ihnen die Ausschaltung kleiner Risiken nicht unendlich viel wert ist. Bekannte Beispiele sind Rauchen, Autofahren ohne Sicherheitsgurt, Reisen mit Auto oder Flugzeug anstatt mit der Bahn, das Fahren mit Looping-Bahnen auf dem Rummelplatz.

Verhalten sich jedoch Individuen in ihrem Privatleben so, als ob sie ihrem Leben einen

6. Perfekte positive Korrelation zwischen zwei Einzelrisiken (exponierten Personen) *a* und *b* bedeutet, daß der Fall "Tod" für Person *a* genau dann eintritt, wenn er auch für *b* eintritt. Perfekte negative Korrelation bedeutet, daß ein Tod von *a* den von *b* ausschließt wie z.B. beim "Russischen Roulette". Dies würde hier bedeuten: Wenn in diesem Jahr schon eine Person tödlich verunglückt ist, sind alle anderen bis zum Jahresende sicher.

endlich hohen Wert beimessen, dann sollte auch der Staat bei öffentlichen Entscheidungen keinen (implizit oder explizit) unendlichen Wert des Lebens zugrundelegen. Andernfalls würden sich, wenn man von externen Effekten der staatlichen Entscheidung absieht, Ineffizienzen durch eine Diskrepanz zwischen den Grenzkosten der Sicherheit im privaten und im öffentlichen Bereich ergeben.

2.3.2 Theoretische Grundkonzeptionen

Hat man sich grundsätzlich darauf geeinigt, daß es erforderlich ist, menschlichem Leben einen Wert zuzuordnen, so ist als nächstes zu klären, wie dieser Wert bestimmt werden soll. Dazu sind in der Literatur zwei vollkommen unterschiedliche theoretische Konzeptionen entwickelt worden, nämlich der Humankapital-Ansatz und der Ansatz der Zahlungsbereitschaft. Beide sollen in diesem Abschnitt zunächst bezüglich ihrer Definition, ihrer ideologischen Fundierung und der damit verbundenen Probleme dargestellt und diskutiert werden. Konkrete Probleme der Messung sowie empirische Meßergebnisse sind Gegenstand des Abschnitts 2.3.3.

2.3.2.1 Der Humankapital-Ansatz

Den Wert einer Sache kann man daran bemessen, welche finanzielle Einbuße der Eigentümer erleidet, wenn er sie verliert. Diese wiederum bemißt sich an der Summe der Erträge, die er mit ihrer Hilfe hätte erwirtschaften können. Eine Anwendung dieser einfachen buchhalterischen Regel ("Ertragswertprinzip") auf den Menschen führt zur Definition des Wertes des Lebens, basierend auf dem Verlust an Humankapital, der mit dem Tod des Menschen verbunden wäre: Der Wert des Lebens ist demnach gleich der diskontierten Summe seiner zukünftigen (marginalen) **Beiträge zum Sozialprodukt** oder, was bei einer Entlohnung nach dem Wertgrenzprodukt gleichbedeutend ist, seiner zukünftigen Arbeitseinkommen.

Diese Definition ergibt einen Sinn, wenn man sich vorstellt, daß ein Mensch Opfer eines Arbeitsunfalls wurde und nun die Schadenersatzansprüche seiner Angehörigen festgestellt werden sollen. Noch einen Schritt weiter als diese Aufrechnung der gesamten entgangenen Verdienste ("Brutto-Humankapital") geht die Berechnung des "Netto-Humankapitals", bei dem von den Verdiensten der zukünftige Konsum des Verstorbenen selbst abgezogen wird. Es verbleibt dann der materielle Verlust, den **andere** durch seinen Tod erleiden.

Implizit verbergen sich in dem Humankapital-Ansatz zwei Postulate:

1. Die Wertschätzung des einzelnen wird durch den Beitrag bestimmt, den er zum Wohlergehen seiner Mitbürger leistet.

2. Das geeignete Kriterium für das Wohlergehen der Gesellschaft ist das Bruttosozialprodukt.

Postulat 1 paßt eher zu einer **Sklavenhalter-Gesellschaft** als zu einer freiheitlichen Demokratie des 20. Jahrhunderts. Zwischen einem Menschen und einer Maschine wird hier kein fundamentaler Unterschied gemacht. Darüber hinaus impliziert der Netto-Ansatz, daß das Individuum selbst nicht einmal als Mitglied der Gesellschaft gezählt wird, da sein eigener Verlust (an zukünftigem Konsum) nicht in die Berechnung des Wertes seines Lebens einbezogen wird.

Der Humankapital-Ansatz hat zwar den Vorzug relativ leicht operationalisierbar zu sein[7], und ist daher bei Kosten-Nutzen-Untersuchungen in der Vergangenheit häufig angewendet worden. Er stellt jedoch in der ökonomischen Theorie, die sonst durchweg auf individuelle Wertungen abstellt, einen Fremdkörper dar. Zudem ist seine ethische Fundierung sehr angreifbar. Eine Stoßrichtung der Kritik setzt dabei am Ergebnis einer solchen Berechnung an, das viele für unakzeptabel halten: Danach wäre der Wert des Lebens von Rentnern und anderen Nicht-Arbeitsfähigen immer Null (nach der Netto-Methode sogar negativ)! Von noch grundsätzlicherer Natur ist der Einwand gegen das 2. Postulat, daß die **Freude am Leben** als solchem vollkommen vernachlässigt wird. Dieser Einwand hat den Humankapital-Ansatz nach der Auffassung der meisten Experten trotz seiner Anwendungsvorteile diskreditiert. Zusammenfassend ziehen wir die

Folgerung 2.3: Nach dem Humankapital-Ansatz ist der Wert des Lebens durch den Beitrag gegeben, den der Mensch noch zum Sozialprodukt leisten könnte. Seiner relativ leichten Anwendbarkeit stehen jedoch schwerwiegende ökonomische wie auch ethische Mängel gegenüber.

2.3.2.2 Der Ansatz der Zahlungsbereitschaft

2.3.2.2.1 Definition

Anders als der Humankapital-Ansatz ist der Zahlungsbereitschafts-Ansatz fest in der subjektiven Wertlehre verankert, indem er auf die Präferenzen des Betroffenen und gegebenenfalls seiner Angehörigen rekurriert. Wie oben in Abschnitt 2.3.1 angedeutet, führt die Frage, welcher Geldbetrag einem Individuum ebensoviel wert ist wie sein eigenes Leben, zu Zweideutigkeiten, da die Antwort davon abhängt, ob der Verlust oder die Bewahrung des Lebens der relevante Ausgangspunkt ist. Diese Schwierigkeiten kann man vermeiden, wenn man alternativ

a) kleine Änderungen der **Wahrscheinlichkeit** π, in einem bestimmten Zeitraum zu sterben, oder

b) kleine Änderungen der erwarteten **Lebensdauer** betrachtet.

Im Fall a) definiert man - im Einklang mit der mikroökonomischen Theorie - den Geldbetrag Z, den das Individuum bereit ist zu zahlen, wenn dafür das Risiko zu sterben um einen kleinen Wert $\Delta\pi$ (z.B. 1 Prozentpunkt) **gesenkt** wird, als äquivalente Variation der entsprechenden Risikoänderung. Der Betrag K, der erforderlich wäre, um das Individuum

7. Es verbleiben allerdings die bekannten Probleme der Berechnung des Beitrags von Hausfrauen und -männern zum Sozialprodukt sowie etwaige Diskrepanzen zwischen Lohn und Grenzproduktivität der Arbeit aufgrund unvollkommener Arbeitsmärkte.

für eine **Erhöhung** von π um $\Delta\pi$ zu kompensieren, nennt man "kompensierende Variation" für die Risikoänderung. Läßt man $\Delta\pi$ gegen Null gehen, so werden sich die beiden Quotienten einander annähern, und den gemeinsamen Grenzwert, die Grenzrate der Substitution zwischen Vermögen und Sterberisiko, kann man als "marginale Zahlungsbereitschaft" des Individuums für infinitesimal kleine Risikoänderungen interpretieren.

Im Fall b) könnte man den Geldbetrag, den das Individuum für eine Verlängerung des Lebens um 1 Jahr zu opfern bereit wäre, als Zahlungsbereitschaft bzw. "Wert" eines gewonnenen Lebensjahres deuten.

Beide Modellrahmen haben ihre spezifische Berechtigung. So ergibt aus einer Ex-post-Betrachtung heraus das Konzept der gewonnenen Lebensjahre mehr Sinn als das einer Risikoänderung. Andererseits ist für den einzelnen angesichts der Ungewißheit des Todeszeitpunkts der Begriff der Lebenserwartung weniger greifbar und weniger eindeutig als der einer Risikoänderung für die unmittelbar bevorstehende Periode, da die Lebenserwartung durch die gesamte Wahrscheinlichkeitsverteilung des Sterberisikos über den restlichen Zeithorizont determiniert wird. Daher werden wir uns im folgenden auf den unter a) angeführten Modelltyp beschränken.

2.3.2.2.2 Entscheidungstheoretische Fundierung

Das Ziel der folgenden theoretischen Analyse ist es, die Zahlungsbereitschaft eines Individuums aus dem Kalkül der Maximierung des Erwartungsnutzens eines rationalen Individuums abzuleiten und daraus gewisse Gesetzmäßigkeiten zu ermitteln. Wie hängt z.B. die Zahlungsbereitschaft

- von der Höhe des Ausgangsniveaus des Sterberisikos,
- von der Höhe des Vermögens,
- vom Alter des Betroffenen ab?

Zur Beantwortung dieser Fragen betrachten wir ein einfaches Modell[8], in welchem der Nutzen des betrachteten Individuums nur von zwei Faktoren abhängt: davon, ob es die kommende Periode überlebt oder sofort stirbt, und von der Höhe seines Vermögens (bzw. im Todesfall seines Nachlasses) y. Der zuerst genannte Faktor läßt sich in einer Dummy-Variablen L ausdrücken, die nur die Werte 1 ("Leben") und 0 ("Tod") annehmen kann. Seine Präferenzrelation sei dann über alle Vektoren (L, y) mit $L \in \{0, 1\}$ und $y \in R$ definiert und lasse sich durch eine kardinale Nutzenfunktion u repräsentieren, über die die folgenden Annahmen getroffen werden:

Annahme 2.1: $u\,(L, y)$ sei in y zweimal stetig differenzierbar, strikt zunehmend und strikt konkav, d.h. es gelte $u_y\,[L, y] > 0$, $u_{yy}\,[L, y] < 0$ für alle (L, y)[9].

Annahme 2.2: Für alle y gelte: $u\,[1, y] > u[0, y]$.

8. Diese Darstellung folgt *Weinstein et al. (1980)*.

Annahme 2.3: Für alle y gelte: $u_y[1, y] > u_y[0, y]$.

Abb. 2-1: Zustandsabhängige Nutzenfunktion des Vermögens

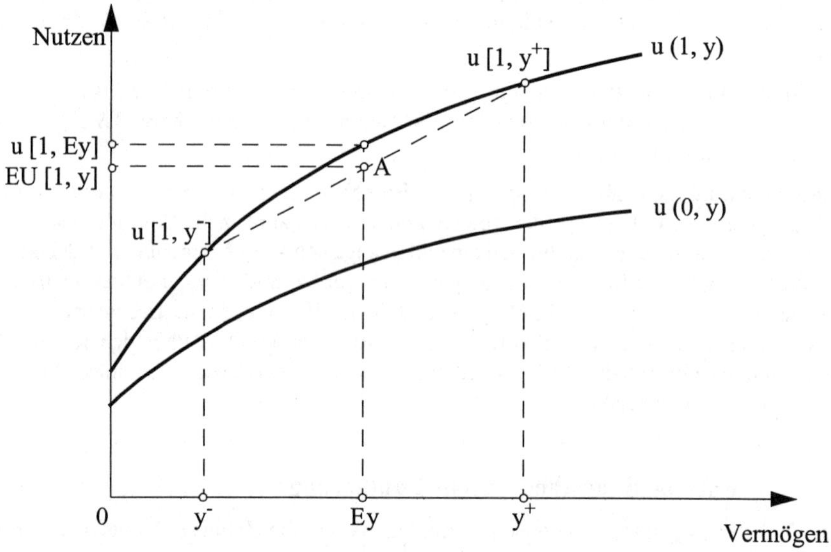

Annahme 2.1 wird durch Abbildung 2-1 illustriert. Während ihr erster Teil rein technischer Natur ist, drückt ihr zweiter Teil einen im Vermögen steigenden Nutzen aus und ihr dritter Teil Risikoaversion in Bezug auf das Vermögen. Dies wird für den Fall $L = 1$ wie folgt gezeigt: Angenommen, das Vermögen nehme mit je 50% Wahrscheinlichkeit einen niedrigeren Wert y^- und einen hohen Wert y^+ an, so daß die Werte der Nutzenfunktion entsprechend $u[1, y^-]$ und $u[1, y^+]$ sind. Der erwartete Nutzen als die mit den Wahrscheinlichkeiten gewichtete Linearkombination dieser Nutzenwerte kann an der Verbindungsgeraden dieser beiden Punkte abgelesen werden. Für den Fall der Wahrscheinlichkeiten (½,½) ist dies der Punkt A mit dem Ordinatenwert $\frac{1}{2} u[1, y^+] + \frac{1}{2} u[1, y^-] \equiv EU[1, y]$. Ein risikoaverses Individuum zieht diesem immer die Alternative eines sicheren Vermögens $Ey = \frac{1}{2} y^+ + \frac{1}{2} y^-$ vor: $u[1, Ey]$ ist größer als $EU[1, y]$. Gilt dies für jedes Paar von Vermögenswerten (y^-, y^+) und für jede Wahrscheinlichkeit zwischen 0 und 1, so muß der Graph der Funktion $u(1, y)$ konkav sein $[u_{yy}(1, y) < 0]$, wodurch Risikoaversion ausgedrückt wird.

Annahme 2.2 sagt aus, daß das Individuum es bei jedem Vermögen vorzieht, zu leben, als zu sterben: die $u(1, y)$-Kurve liegt überall oberhalb der $u(0, y)$-Kurve in Abbildung 2-1. Annahme 2.3 verlangt, daß der Grenznutzen des Vermögens im Überlebensfall überall

---

9. Der Ausdruck $u_y[L, y]$ steht für $\partial u[L, y]/\partial y$, die partielle Ableitung der Funktion u nach dem Argument y an der Stelle (L, y), und analog steht u_{yy} für $\partial^2 u[L, y]/\partial y^2$. Die eckigen Klammern sind dabei als "an der Stelle" zu lesen.

höher ist als der Grenznutzen der Vererbung im Todesfall: In Abb. 2-1 ist die $u(1, y)$-Kurve bei jedem y-Wert steiler als die $u(0, y)$-Kurve.

Annahme 2.2 ist plausibel; ohne sie wäre die gesamte Analyse der Zahlungsbereitschaft paradox. Annahme 2.3 ist jedoch restriktiver, als sie auf den ersten Blick erscheint: Gäbe es perfekte Märkte für Lebensversicherungen und Leibrenten, würde ein rationales risikoscheues Individuum so viel Versicherung kaufen, daß sein Grenznutzen aus Vermögen bzw. Vererbung in beiden Zuständen der Welt gleich groß wäre. Annahme 2.3 setzt somit implizit die Unvollkommenheit von Versicherungsmärkten voraus.

Die Nutzenfunktion $u(L, y)$ kann äquivalent auch durch die beiden **bedingten** Nutzenfunktionen $u_1(y)$ und $u_0(y)$ ausgedrückt werden, wobei

$$u_1(y) \equiv u[1, y] , \qquad u_0(y) \equiv u[0, y] \tag{2.1}$$

und folglich

$$u(L, y) \equiv L \cdot u_1(y) + (1 - L) \cdot u_0(y) \tag{2.2}$$

gilt. Ist π die Wahrscheinlichkeit zu sterben, so erhält man den **erwarteten Nutzen** des Individuums, wenn man die beiden Nutzenwerte in den Situationen "Leben" und "Tod" mit den zugehörigen Wahrscheinlichkeiten gewichtet und daraus die Summe bildet. Wir verwenden für den erwarteten Nutzen das Symbol EU und erhalten daher:

$$EU(\pi, y) \equiv (1 - \pi) \cdot u_1(y) + \pi \cdot u_0(y) . \tag{2.3}$$

Um nun die Grenzrate der Substitution zwischen Risiko- und Vermögensänderungen zu ermitteln, differenziert man den Erwartungsnutzen an der Stelle (π, y) total und setzt das Differential gleich Null:

$$\begin{aligned} 0 = dEU[\pi, y] &= \frac{\partial EU}{\partial y} \cdot dy + \frac{\partial EU}{\partial \pi} \cdot d\pi \\ &= \{ (1 - \pi) \cdot u'_1[y] + \pi \cdot u'_0[y] \} \cdot dy + \{ u_0[y] - u_1[y] \} \cdot d\pi . \end{aligned} \tag{2.4}$$

Die Auflösung dieser Gleichung nach der Steigung $dy/d\pi$ ergibt die gesuchte Grenzrate der Substitution:

$$m[\pi, y] \equiv \left. \frac{dy}{d\pi} \right|_{dEU = 0} = \frac{u_1[y] - u_0[y]}{(1 - \pi) \cdot u'_1[y] + \pi \cdot u'_0[y]} > 0 \tag{2.5}$$

wegen Annahme 2.2.

Diese Grenzrate der Substitution, $m(\pi, y)$, drückt aus, um wieviel das Vermögen des

Individuums zunehmen müßte, damit es bereit wäre, eine infinitesimal kleine Erhöhung des Sterberisikos, ausgehend vom Niveau π, in Kauf zu nehmen. Im Zähler steht die Nutzendifferenz zwischen "Tod" und "Leben" bei gleichem Vermögen, die wegen Annahme 2.2 positiv ist, und im Nenner der (wegen Annahme 2.1 ebenfalls positive) Erwartungswert des Grenznutzens des Vermögens.

Wir fassen die bisherigen Ergebnisse aus dem entscheidungstheoretischen Modell (vgl. auch Tab. 2.2) zusammen in der

Folgerung 2.4: Der Ansatz der Zahlungsbereitschaft basiert auf dem subjektiven Nutzenkonzept. Demnach entspricht der Geldwert einer marginalen Reduktion des Sterberisikos der Grenzrate der Substitution des betroffenen Individuums zwischen seinem Vermögen und seiner Überlebenswahrscheinlichkeit.

Wie ändert sich nun diese Grenzrate der Substitution m, wenn sich das Ausgangsniveau des Sterberisikos π erhöht? Um diese Frage zu beantworten, differenzieren wir $dy/d\pi$ nach π und erhalten

$$\frac{\partial m}{\partial \pi} \equiv \left.\frac{d^2 y}{d\pi^2}\right|_{dEU=0} = \frac{-\{u_1[y] - u_0[y]\} \cdot \{u'_0[y] - u'_1[y]\}}{\{(1-\pi) \cdot u'_1[y] + \pi \cdot u'_0[y]\}^2} > 0 \,. \tag{2.6}$$

Dieser Ausdruck ist größer als null, da die erste geschweifte Klammer im Zähler wegen Annahme 2.2 positiv und die zweite wegen Annahme 2.3 negativ ist. Die Grenzrate der Substitution und somit die marginale Zahlungsbereitschaft für **infinitesimal kleine Veränderungen** des Sterberisikos nimmt also mit einer Erhöhung von dessen Ausgangsniveau zu. Die ökonomische Erklärung hierfür ist einfach: Je höher das Sterberisiko schon ist, desto größer ist die Wahrscheinlichkeit, daß die Kompensation für eine etwaige Erhöhung nicht das Vermögen im Erlebensfall, sondern den Nachlaß im Todesfall erhöht und daher mit dem geringeren Grenznutzen des Geldes bewertet werden muß.

Bis hierher wurde nur die Zahlungsbereitschaft für infinitesimal kleine Änderungen des Sterberisikos behandelt. In der Praxis stehen aber in der Regel **endlich große Änderungen** des Sterberisikos zur Debatte. Wie verhalten sich hier die entsprechenden Kompensationsforderungen, etwa für eine Erhöhung von π auf $\pi + \delta$ (mit $\pi + \delta \leq 1$)? Um die Kompensationsforderung K in Abhängigkeit von y, π und δ zu definieren, setzen wir den Erwartungsnutzen **vor** und **nach** der Risikoänderung gleich:

$$\begin{aligned}&(1-\pi) \cdot u_1[y] + \pi \cdot u_0[y] \\ &\quad = (1-\pi-\delta) \cdot u_1[y + K(y,\pi,\delta)] + (\pi+\delta) \cdot u_0[y + K(y,\pi,\delta)] \,.\end{aligned} \tag{2.7}$$

Analog definieren wir die Zahlungsbereitschaft für eine Senkung des Risikos von π auf $\pi - \delta$, nämlich $Z(y, \pi, \delta)$ durch die Gleichung

Tab. 2.2: Das entscheidungstheoretische Modell der Zahlungsbereitschaft

$$u(L, y) \equiv L \cdot u_1(y) + (1 - L) \cdot u_0(y) \tag{2.2}$$

$$EU(\pi, y) \equiv (1 - \pi) \cdot u_1(y) + \pi \cdot u_0(y) \tag{2.3}$$

$$m[\pi, y] \equiv \left.\frac{dy}{d\pi}\right|_{dEU = 0} = \frac{u_1[y] - u_0[y]}{(1 - \pi) \cdot u'_1[y] + \pi \cdot u'_0[y]} \tag{2.5}$$

$$\frac{\partial m}{\partial \pi} \equiv \left.\frac{\mathrm{d}^2}{\mathrm{d}\pi^2}(y)\right|_{dEU = 0} = \frac{-\{u_1[y] - u_0[y]\} \cdot \{u'_0[y] - u'_1[y]\}}{\{(1 - \pi) \cdot u'_1[y] + \pi \cdot u'_0[y]\}^2} > 0 \tag{2.6}$$

$$\frac{\partial K}{\partial \pi} = \frac{\{u_1[y + K] - u_1[y]\} - \{u_0[y + K] - u_0[y]\}}{(1 - \pi - \delta) \cdot u'_1[y + K] + (\pi + \delta) \cdot u'_0[y + K]} \tag{2.9}$$

$$\lim_{\substack{\delta \to 0 \\ K \to 0}} \frac{K}{\delta} = \lim_{\substack{\delta \to 0 \\ K \to 0}} \frac{\partial K}{\partial \delta} = \lim_{\substack{\delta \to 0 \\ K \to 0}} \frac{u_1[y + K] - u_0[y + K]}{(1 - \pi - \delta) \cdot u'_1[y + K] + (\pi + \delta) \cdot u'_0[y + K]} = m(\pi, y) \tag{2.12}$$

$$\frac{\partial m(\pi, y)}{\partial y} = \frac{EU_y \cdot \{u'_1[y] - u'_0[y]\} - \{u_1[y] - u_0[y]\} EU_{yy}}{(EU_y)^2} > 0 \tag{2.13}$$

$$B = \sum_{i=1}^{n} \left[\delta_i \cdot \frac{Z_i}{\delta}\right] \approx \sum_{i=1}^{n} \delta_i \cdot m_i \tag{2.14}$$

y:	Vermögen des Individuums
L:	[0,1]-Variable für "Tod" bzw. "Überleben"
π:	Sterberisiko
$u(L, y)$:	Nutzen des Individuums
EU:	Erwartungswert des Nutzens
$m(\pi, y)$:	Grenzrate der Substitution zwischen Vermögen und Sterberisiko
δ :	Ausmaß einer endlichen Variation des Sterberisikos
Z:	Zahlungsbereitschaft für (endliche) Reduktion des Sterberisikos
K:	Kompensationsforderung für (endliche) Erhöhung des Sterberisikos
C:	Kosten eines Projekts
B:	Nutzen eines Projekts

$$(1-\pi)\cdot u_1[y]+\pi\cdot u_0[y]$$
$$= (1-\pi+\delta)\cdot u_1[y-Z(y,\pi,\delta)] + (\pi-\delta)\cdot u_0[y-Z(y,\pi,\delta)]\ . \qquad (2.7a)$$

Zur Ermittlung der Änderung der Kompensationsforderung K mit einem Anstieg von π wird Gleichung (2.7) als implizite Funktion von π aufgefaßt, und ihre Differenzierung nach π ergibt:

$$-u_1[y]+u_0[y] = -u_1[y+K]+u_0[y+K]$$
$$+\{(1-\pi-\delta)\cdot u'_1[y+K]+(\pi+\delta)\cdot u'_0[y+K]\}\cdot\frac{\partial K}{\partial\pi}\ . \qquad (2.8)$$

Nach Auflösung nach $\partial K/\partial\pi$ erhält man

$$\frac{\partial K}{\partial\pi}=\frac{\{u_1[y+K]-u_1[y]\}-\{u_0[y+K]-u_0[y]\}}{(1-\pi-\delta)\cdot u'_1[y+K]+(\pi+\delta)\cdot u'_0[y+K]}\ . \qquad (2.9)$$

Der Nenner von (2.9) ist wegen Annahme 2.1 positiv. Um das Vorzeichen des Zählers zu bestimmen, beachte man, daß sich die Nutzendifferenz in der ersten geschweiften Klammer als Fläche (Integral) unter der Grenznutzenkurve zwischen den Vermögenswerten y und $y+K$ ausdrücken läßt (vgl. Abb. 2-2) und daß das Analoge auch für die zweite Nutzendifferenz gilt. Somit erhalten wir:

$$\{u_1[y+K]-u_1[y]\}-\{u_0[y+K]-u_0[y]\}$$
$$=\int_y^{y+K}u'_1(z)\,dz-\int_y^{y+K}u'_0(z)\,dz$$
$$=\int_y^{y+K}\{u'_1(z)-u'_0(z)\}\,dz>0 \qquad (2.10)$$

wegen Annahme 2.3. Damit ist gezeigt, daß auch die Kompensationsforderung für gegebene **endliche** Erhöhungen des Sterberisikos mit dem Ausgangsniveau zunimmt. Das Analoge gilt für die Zahlungsbereitschaft $Z(y,\pi,\delta)$ für eine Verringerung des Sterberisikos.

Welche Beziehung besteht nun zwischen der durchschnittlichen Zahlungsbereitschaft Z bzw. Kompensationsforderung K "je Risikoeinheit" für endlich große Änderungen des Sterberisikos $\delta = \Delta\pi$ einerseits und der marginalen Zahlungsbereitschaft für infinitesimal kleine Änderungen von π andererseits? Darüber gibt der folgende Satz Auskunft.

Abb. 2-2: Nutzendifferenzen als Flächen unter den Grenznutzenkurven

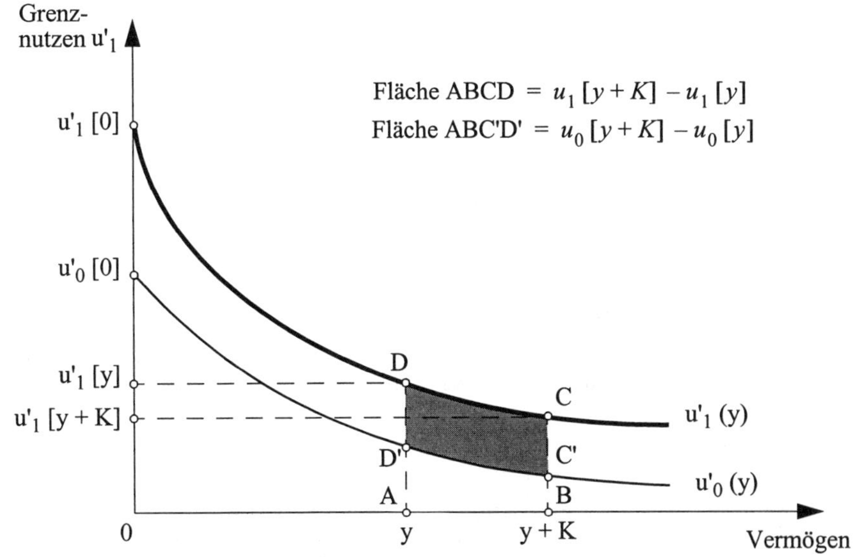

Satz 2.1: Geht δ gegen Null, so konvergieren sowohl $K(y, \pi, \delta)/\delta$ als auch $Z(y, \pi, \delta)/\delta$ gegen die Grenzrate der Substitution $m(\pi, y)$.

Beweis: Gezeigt werden soll der nur erste Teil der Behauptung. Für $\delta = 0$ folgt aus (2.7) offensichtlich $K(\delta) = 0$. Daher ist die Berechnung des Grenzwerts K/δ mit $\delta \to 0$ nicht direkt, sondern nur mit Hilfe der **Regel von l'Hôpital** möglich:

$$\lim_{\substack{\delta \to 0 \\ K \to 0}} \frac{K}{\delta} = \lim_{\substack{\delta \to 0 \\ K \to 0}} \frac{\partial K}{\partial \delta} .$$

Die Gleichung (2.7) wird nunmehr als implizite Funktion von δ aufgefaßt, so daß durch ihre Differenzierung nach δ ein Ausdruck für $\partial K / \partial \delta$ ermittelt werden kann:

$$0 = -u_1[y+K] + (-u_0[y+K]) + \{(1-\pi-\delta) \cdot u'_1[y+K] + (\pi+\delta) \cdot u'_0[y+K]\} \cdot \frac{\partial K}{\partial \delta} \tag{2.11}$$

Die Auflösung dieser Gleichung nach $\partial K/\partial\delta$ sowie die Anwendung der Regel von l'Hôpital ergibt für K/δ

$$\lim_{\substack{\delta\to 0\\ K\to 0}} \frac{K}{\delta} = \lim_{\substack{\delta\to 0\\ K\to 0}} \frac{\partial K}{\partial\delta}$$

$$= \lim_{\substack{\delta\to 0\\ K\to 0}} \frac{u_1[y+K] - u_0[y+K]}{(1-\pi-\delta)\cdot u'_1[y+K] + (\pi+\delta)\cdot u'_0[y+K]}$$

$$= \frac{u_1[y] - u_0[y]}{(1-\pi)\cdot u'_1[y] + \pi\cdot u'_0[y]} = m(\pi, y) \tag{2.12}$$

wegen (2.5). **QED**.

Als nächstes wollen wir untersuchen, wie sich die Grenzrate der Substitution $m(\pi, y)$ mit dem **Ausgangsniveau des Vermögens** y ändert. Dazu differenzieren wir (2.5) nach y und erhalten

$$\frac{\partial m(\pi, y)}{\partial y} = \frac{EU_y\cdot\{u'_1[y] - u'_0[y]\} - \{u_1[y] - u_0[y]\}\, EU_{yy}}{(EU_y)^2} > 0\,, \tag{2.13}$$

mit

$$EU_y \equiv \partial EU_y/\partial y = \{(1-\pi)\cdot u'_1[y] + \pi\cdot u'_0[y]\} > 0$$

und

$$EU_{yy} \equiv \partial^2 EU/\partial y^2 = \{(1-\pi)\cdot u''_1[y] + \pi\cdot u''_0[y]\} < 0\,.$$

Wegen der Annahmen 2.2 und 2.3 ist der Zähler der rechten Seite von (2.13) eindeutig positiv; der Nenner ist es ebenfalls. Die marginale Zahlungsbereitschaft für eine Reduktion des Sterberisikos **steigt** also mit dem Vermögen. Dies ist plausibel, da mit zunehmendem Vermögen der Grenznutzen des Geldes sinkt und sich somit die Grenzrate der Substitution zwischen Geld und Überlebenswahrscheinlichkeit zugunsten der letzteren verändert.

Dabei umfaßt das Vermögen natürlich sowohl das Sach- und Geldvermögen als auch zukünftige Arbeitseinkommen, d.h. das Humankapital. Insofern besteht in der Tat eine Beziehung zwischen dem "Wert des Lebens" und dem Humankapital, wenn auch nicht - wie beim Humankapital-Ansatz - eine definitorische Identität.

Folgerung 2.5: Die marginale Zahlungsbereitschaft eines Individuums für eine Verringerung seines Sterberisikos nimmt zu, wenn - ceteris paribus - das Ausgangsniveau des Sterberisikos oder sein Vermögen erhöht wird.

Schließlich ist zu berücksichtigen, daß sich die gesamte Analyse nur auf das Sterberisiko der unmittelbar folgenden Periode bezieht. Dabei muß man die Verteilung der Überlebenswahrscheinlichkeit über den gesamten restlichen (potentiellen) Lebenszeitraum als gegeben unterstellen. Natürlich wird diese auch eine Rolle für die hier untersuchte Zahlungsbereitschaft spielen. Nimmt das Individuum z.B. an, daß es auch bei einem Überleben in dieser Periode in der darauf folgenden mit hoher Wahrscheinlichkeit sterben wird (z.B. weil es auch noch unter einer **zweiten** lebensverkürzenden Krankheit leidet), so wird seine Zahlungsbereitschaft vermutlich geringer sein, als wenn seine weitere Lebenserwartung bei Ausschaltung des unmittelbaren Risikos noch sehr hoch ist. Das Alter und das Vorliegen (weiterer) lebensbedrohender Krankheiten dürften also Beispiele für weitere Argumente sein, die Unterschiede in der Zahlungsbereitschaft zwischen verschiedenen Personengruppen erklären können.

2.3.2.2.3 Konsequenzen für den Wert eines statistischen Lebens

Bei den meisten der in Abschnitt 2.1 aufgeführten Anwendungsbereiche, in denen eine Bewertung des Lebens erforderlich ist, handelt es sich um Projekte mit Kollektivgutcharakter. Das bedeutet, daß sie das Sterberisiko von vielen Menschen gleichzeitig (und möglicherweise um unterschiedliche Beträge) verändern. Nehmen wir an, die Anzahl der Betroffenen sei n, und das Sterberisiko des i-ten Individuums werde um δ_i gesenkt ($i = 1,..., n$). Sei nun für einen festen Wert von δ (z.B. $\delta = 10^{-6}$) Z_i die Zahlungsbereitschaft des i-ten Individuums für eine Senkung von π um δ. Dann ist seine Zahlungsbereitschaft für eine Reduktion seines Sterberisikos um δ_i gleich $Z_i \cdot \delta_i/\delta$.

Nun kann man im Einklang mit der Theorie der Kollektivgüter den "Wert" des Projekts, B, durch die **Summe der Zahlungsbereitschaften** der n Individuen definieren, also

$$B = \sum_{i=1}^{n} \left[\delta_i \cdot \frac{Z_i}{\delta}\right] \approx \sum_{i=1}^{n} \delta_i \cdot m_i \,. \tag{2.14}$$

Die Approximation beruht darauf, daß, wenn δ gegen Null geht, der Quotient Z_i/δ gegen die Grenzrate der Substitution m_i konvergiert (vgl. **Satz 2.1**).

Die Berechnung der Summe auf der rechten Seite von (2.14) setzt aber umfangreiche Informationen voraus, denn die Projektplaner müssen dazu von jedem einzelnen potentiell Betroffenen (d.h. von jedem $i = 1,..., n$) wissen,

1. um welchen Betrag δ_i sein individuelles Sterberisiko gesenkt wird und

2. wie hoch seine Grenzrate der Substitution m_i ist.

Diese Informationen werden jedoch äußerst schwer zu beschaffen sein. Stattdessen wird man in der Regel

1'. die Anzahl der geretteten statistischen Leben, also die **Summe** der δ_i abschätzen und

2'. die **durchschnittliche** marginale Zahlungsbereitschaft, $(1/n)\sum_{i=1}^{n} m_i = \bar{m}$, ermitteln können (zu den Meßverfahren vgl. Abschn. 2.3.3).

Zwischen der gesuchten Größe auf der rechten Seite von (2.14) und den beiden soeben genannten Größen besteht aber der folgende statistische Zusammenhang[10]:

$$\sum_{i=1}^{n} [\delta_i \cdot m_i] = \bar{m}_i \cdot \sum_{i=1}^{n} \delta_i + n \cdot Cov(\delta_i, m_i) \ . \qquad (2.15)$$

D.h. das Produkt aus der erwarteten Anzahl der geretteten Leben und der durchschnittlichen marginalen Zahlungsbereitschaft unterscheidet sich von der gesuchten Größe genau um das n-fache der Kovarianz zwischen den individuellen Größen "Risikoreduktion" und "Zahlungsbereitschaft". Nimmt man an, daß diese beiden Größen miteinander unkorreliert sind, so fällt die Kovarianz weg, und der Nutzen B ergibt sich gemäß (2.15) einfach aus dem Produkt der durchschnittlichen marginalen Zahlungsbereitschaft, $\bar{m}$, und der Anzahl der geretteten "statistischen Leben", $\sum\delta_i$.

Folgerung 2.6: Ein Näherungswert für den Nutzen eines Projekts, der mit der Reduktion tödlicher Gefahren verbunden ist, läßt sich aus dem Produkt der Anzahl der geretteten statistischen Leben mit der durchschnittlichen marginalen Zahlungsbereitschaft der betroffenen Individuen gewinnen.

Sehen wir der Einfachheit halber davon ab, daß mit dem in Frage stehenden Projekt noch weitere wünschenswerte Aspekte verbunden sind, so kann der bei dieser Rechnung resultierende Nutzen B dann mit den Projektkosten C verglichen werden: Übersteigt der Nutzen die Kosten, so läßt sich mit der Realisierung des Projekts eine **potentielle** Pareto-Verbesserung erreichten. Die Verbesserung ist potentiell und nicht real, solange die errechneten Ausgleichszahlungen für eine Verringerung des Sterberisikos nicht auch tatsächlich eingesammelt und zur Finanzierung des Projekts verwendet werden. Somit können gegen den Zahlungsbereitschafts-Ansatz die üblichen Einwände geltend gemacht werden, die gegen das Kriterium der potentiellen Pareto-Verbesserung generell erhoben werden[11].

Aus den im vorangegangenen Abschnitt abgeleiteten Ergebnissen bezüglich der Abhängigkeit der individuellen Zahlungsbereitschaft für eine Risikoreduktion von diversen Faktoren folgt nun, daß der Nutzen eines Projekts nicht einfach von der **Zahl** der

---

10. Bekanntlich gilt: $Cov(\delta, m) = E(\delta \cdot m) - E(\delta) \cdot E(m)$, woraus folgt $E(\delta \cdot m) = E(m) \cdot E(\delta) + Cov(\delta, m)$. Vgl. dazu etwa *Bamberg und Baur (1987)*, S. 126.

11. Nach diesem Kriterium liegt eine Erhöhung der gesellschaftlichen Wohlfahrt bereits dann vor, wenn eine Pareto-Verbesserung durch Ausgleichszahlungen von den Gewinnern einer Maßnahme an die Verlierer erreicht werden **könnte**, auch wenn die Ausgleichszahlungen nicht wirklich gezahlt werden.

"geretteten" statistischen Leben ($\sum_i \delta_i$) abhängt.

Zunächst wurde gezeigt, daß die Zahlungsbereitschaft *Z* bzw. *K* mit dem **Ausgangsniveau des Risikos** zunimmt. Die Reduktion des Risikos bei (im Ausgangsstadium) höher exponierten Menschen ist also **mehr** wert als die bei geringer exponierten. Um es an einem Zahlenbeispiel zu illustrieren, seien zwei Maßnahmen betrachtet: Maßnahme *A* reduziere bei 1500 Menschen das Sterberisiko von 1:1000 auf Null, Maßnahme *B* reduziere es bei 100 besonders gefährdeten Menschen von 50% auf 49%. Obwohl die erste Maßnahme 1,5, die zweite nur 1 statistisches Menschenleben rettet, ist es sehr wohl vorstellbar, daß die aggregierten m_i -Werte im zweiten Fall um soviel höher sind, daß das Produkt größer ist als im ersten Fall.

Ob auch das durchschnittliche Alter der von der Risikoänderung Betroffenen zu berücksichtigen ist, sofern die Zahlungsbereitschaft mit sinkender Restlebenserwartung abnimmt, oder ob das **Alter** als für öffentliche Entscheidungen "ethisch irrelevante Information" angesehen wird, darüber gibt es sicher geteilte Auffassungen. Um das Problem zu verdeutlichen, betrachte man das Beispiel zweier Krebspatienten mit der gleichen Wahrscheinlichkeit von 50%, ohne eine Tumoroperation innerhalb von einem Monat zu sterben. Die Operation reduziere diese unmittelbare Lebensgefahr bei beiden auf Null. Einer der Patienten sei 20 Jahre alt, und die Operation biete bei ihm die Chance von 90%, die Krankheit restlos zu heilen und ihm die übliche Lebenserwartung seines Alters zu erhalten. Der andere Patient sei 80 Jahre alt und könne aufgrund von Metastasen höchstens noch weitere drei Monate überleben. Aufgrund beschränkter Kapazität könne nur einer die Operation erhalten. Ist es in diesem Fall ethisch gerechtfertigt, davon zu sprechen, daß der Wert der Verminderung der unmittelbaren Lebensgefahr **für den Betroffenen** beim ersten Patienten höher ist als beim zweiten? Bejaht man diese Frage, so stimmt man implizit der Aussage zu, daß die restliche Lebenserwartung und als Indikator dafür eventuell das Alter für den "Wert" des Lebens relevante Informationen darstellen.

Leichter scheint die Entscheidung zu fallen, daß der Wert des Lebens vom **Reichtum** der Betroffenen unabhängig sein soll. Zwar nimmt, wie in Abschnitt 2.3.2.2.2 gezeigt wurde, die individuelle Zahlungsbereitschaft mit dem Vermögen zu, aber die fraglichen Kompensationen werden ja in der Realität nicht wirklich gezahlt, und daher profitiert die Gesellschaft ceteris paribus von der "Rettung" eines Reichen ebenso wie von der "Rettung" eines Armen. Einer Entscheidung über ein Projekt mit Risikowirkungen zugrundezulegen ist also die Zahlungsbereitschaft von Personen mit durchschnittlichem Vermögen.

Diese scheinbar eindeutige Schlußfolgerung wird aber wieder relativiert, wenn man den Fall betrachtet, daß ein öffentliches Sicherheitsprojekt entweder von einer über- oder - in reduziertem Niveau - von einer untergeordneten Gebietskörperschaft (z.B. Bezirk, Landkreis oder Gemeinde) beschlossen werden könnte. Es sei ferner angenommen, daß der Landkreis aus nur zwei Gemeinden mit sehr unterschiedlichem Pro-Kopf-Einkommen bestehe. Die durchschnittliche Zahlungsbereitschaft im Kreis sei zu gering, um die Kosten des Projekts, die zur Anzahl der geretteten statistischen Leben proportional seien, zu rechtfertigen. In der Gemeinde mit dem hohen Einkommen allein sei sie jedoch groß genug, um das Projekt auf reduziertem Niveau durchzuführen, während dies für die "arme" Gemeinde nicht gilt. Im Ergebnis hat die Vergabe der Entscheidungsbefugnis an die Gemeinden die Konsequenz, daß sich die Abhängigkeit des "Wertes des Lebens" vom Vermögen der Betroffenen doch durchsetzt. Diese Wirkung mag dem ethischen Betrachter unerwünscht erscheinen, ist aber der Preis des Föderalismus.

2.3.2.2.4 Die Einbeziehung der Zahlungsbereitschaft anderer

Bislang wurde der Wert einer Risikoreduktion mit der individuellen Zahlungsbereitschaft des Betroffenen gleichgesetzt. Der Tod eines Menschen hat jedoch auch **externe Effekte**, da er dessen Angehörigen und Freunden Schmerz und Kummer bereitet. Sehr häufig wären diese bereit, ebenfalls erhebliche Summen aufzubringen, um die Wahrscheinlichkeit des Todes für den erstgenannten zu senken, und es wird in der Literatur vorgeschlagen, diese Summen zur Zahlungsbereitschaft des Betroffenen, *i*, selbst zu addieren, um den Wert seines Lebens zu ermitteln.

Gegen die Addition wurde wiederum eingewendet, daß die Zahlungsbereitschaft des *j* für die Erhöhung der Sicherheit des *i* Ausdruck seines Altruismus sei. Ist jemand jedoch wirklich altruistisch, so gönnt er dem anderen nicht nur sein Leben, sondern auch sein Vermögen y_i, und im Idealfall (Abwesenheit von Paternalismus) geht der **Nutzen** des *i* in die Nutzenfunktion des *j* ein:

$$u_j = u_j \{L_j, y_j, u_i(L_i, y_i), \ldots\} . \tag{2.16}$$

In diesem Fall gilt jedoch für die Grenzrate der Substitution des *j* bezüglich Leben und Konsum des *i*:

$$-\left.\frac{dL_i}{dy_i}\right|_{du_j = 0} \equiv \frac{\partial u_j/\partial u_i \cdot \partial u_i/\partial y_i}{\partial u_j/\partial u_i \cdot \partial u_i/\partial L_i} = \frac{\partial u_i/\partial y_i}{\partial u_i/\partial L_i} \equiv -\left.\frac{dL_i}{dy_i}\right|_{du_i = 0} . \tag{2.17}$$

Die Grenzrate der Substitution von *j* stimmt demnach mit *i*'s eigener Grenzrate der Substitution überein, und somit verwendet der "Begünstigte", *i*, auch ohne Subvention seine Mittel genau so, wie es dem Altruisten *j* recht ist. Eine spezifische Subvention des "Gutes" Risikoreduktion führt also nicht zu einer Pareto-Verbesserung.

Anders scheint es auszusehen, wenn die Zahlungsbereitschaft des *j* nicht Altruismus gegenüber dem "Opfer" *i* widerspiegelt, sondern Schmerz über den Verlust, den er selbst durch den Tod des *i* erleiden würde. Aber auch in diesem Fall kann man argumentieren, daß diese Gefühle anderer (z.B. der eigenen Kinder) in der Zahlungsbereitschaft des *i* berücksichtigt sind.

Neben diesen grundsätzlichen Einwänden gegen die **Addition** der Zahlungsbereitschaft anderer stünden dieser auch praktische Schwierigkeiten entgegen. So wäre zu klären, ob sie nur dann angebracht ist, wenn der andere selbst am Leben bleibt. Dafür spräche das Argument, daß ein Toter keine Trauer empfinden kann. Wird diese Einschränkung aber vorgenommen, so erschwert dies die Bewertung eines risikoändernden Projekts, denn es kann dann nicht mehr lediglich um die Zahl der bewahrten statistischen Leben gehen, sondern zusätzlich muß berücksichtigt werden, ob die Betroffenen in verwandtschaftlicher oder freundschaftlicher Beziehung zueinander stehen oder nicht. Eine Lebensgefahr, die mehrere einzelne Personen aus verschiedenen Familien bedroht, müßte dann wegen der externen Effekte cet. par. eher bekämpft werden als eine Gefahr für eine Familie oder einen Freundeskreis (mit der gleichen Anzahl von Menschen) als Ganzes.

2.3.3 Die Messung der Zahlungsbereitschaft

Wie bei allen übrigen Kollektivgütern tritt auch bei öffentlichen Projekten zur Erhöhung der Sicherheit (bzw. bei Projekten, die die Sicherheit verringern) das Problem der Messung der Präferenzen, hier: der Zahlungsbereitschaft bzw. der Kompensationsforderungen, auf. Generell gibt es zwei alternative Ansätze der Erfassung von Präferenzen: Man kann die Individuen befragen, oder man kann - im Sinne einer "revealed preference" - ihr Verhalten beobachten. Beide Methoden haben ihre spezifischen Vorzüge und Probleme, die im folgenden für unsere Fragestellung erörtert werden sollen.

2.3.3.1 Die direkte Methode: Fragebogenstudien

Die Befragung ist nicht nur die direkteste, sondern auch die transparenteste Methode zur Ermittlung von Präferenzen. So hat es schon umfangreiche und sorgfältige Fragebogenstudien mit über 1.000 Interviewten zum Thema "Zahlungsbereitschaft für Risikoänderungen" gegeben (vgl. dazu Abschnitt 2.3.3.3). Mögliche Schwierigkeiten können allerdings in dem Maße bestehen, wie die Befragten entweder die Fragen nicht richtig verstehen oder - da es sich ja um hypothetische Situationen handelt - Gründe haben, sich entweder nicht ernsthaft genug über ihre Antwort Gedanken zu machen oder sogar absichtlich mit ihren wahren Präferenzen hinter dem Berg zu halten. Im einzelnen treten bei dem hier behandelten Thema folgende Probleme auf.

1. ***Umgang mit kleinen Wahrscheinlichkeiten:*** Sollen die in den Fragebögen dargestellten Szenarien reale Entscheidungen annähernd widerspiegeln, so müssen sie sehr kleine Wahrscheinlichkeiten und -differenzen enthalten. Der explizite Umgang mit kleinen Wahrscheinlichkeiten ist jedoch für die meisten Menschen vollkommen ungewohnt, und es besteht die Gefahr, daß die Befragten zwischen mehreren Zehnerpotenzen keinen (wesentlichen) Unterschied machen[12]. Die Antworten sind in diesem Fall wenig verläßlich, und es fällt dem Interviewer nicht schwer, bei Konstruktion mehrerer ähnlicher Fragen mit unterschiedlichen Wahrscheinlichkeiten Widersprüche gegen die Transitivität der Präferenzen oder gegen die Axiome der Erwartungsnutzen-Maximierung zu entdecken. Liegen diese jedoch vor, so ist der in Abschnitt 2.3.2.2.2 entwickelte theoretische Rahmen nicht mehr anwendbar.

2. ***Emotionale Abwehr gegenüber der Fragestellung:*** Ein weiteres Problem besteht in der Bereitschaft, Fragen zu beantworten, die ein so heikles Thema wie den Vergleich von Leben und Vermögen berühren. Allein schon die offene Weigerung eines Teils der (in der Regel zufällig ausgewählten) Testpersonen, die Fragen zu beantworten, könnte die Repräsentativität der Ergebnisse gefährden, wenn dies z.B. überwiegend Personen mit besonders hoher Einschätzung des Wertes des eigenen Lebens sind. Die emotionale Abwehr gegen eine solche Befragung könnte sich natürlich auch in einer bewußten oder unbewußten Verfälschung der Präferenzen äußern.

3. ***Fehlende Motivation der Befragten:*** Auch bei grundsätzlicher Bereitschaft, die Fragen zu beantworten, fehlt - wie generell bei der Befassung mit hypothetischen

12. Dies wurde in anderem Zusammenhang bereits von *Kahnemann und Tversky (1979)* festgestellt.

Situationen - die Motivation, sich ernsthaft genug darüber Gedanken zu machen, wie man sich verhalten würde, wenn die hypothetische Situation eine reale wäre, und diese Präferenzen auch zu äußern. Die Individuen könnten versucht sein, stattdessen etwas zu äußern, wovon sie glauben, daß der Interviewer es gern als Antwort erhält, oder das ihnen selbst ein erwünschtes "Image" verleiht.

2.3.3.2 Die indirekte Methode: Auswertung von Marktdaten

Das zuletzt genannte Problem der Motivation zum Verhalten gemäß der wahren Präferenzen besteht natürlich dann nicht, wenn es sich nicht um hypothetische, sondern um reale Situationen handelt. Daher ist es prinzipiell möglich, die Risikopräferenzen von Individuen aus ihren Entscheidungen bezüglich der Vermeidung von Risiken abzulesen. Das bekannteste Beispiel hierfür ist die Wahl bzw. Nichtwahl eines Berufs, dessen Ausübung mit einer erhöhten Gefährdung von Leben und Gesundheit verbunden ist (z.B. Rennfahrer, Lkw-Fahrer, Stuntman, Bergmann, Elektriker). Aber auch alltägliche Situationen, in die jeder kommt, wie das Anlegen von Sicherheitsgurten, können der Ableitung von Risikopräferenzen aus beobachtetem Verhalten dienen.

Jedoch ist auch die Methode der **Messung "offenbarter Präferenzen"** mit einer Reihe von Problemen behaftet, die hier am Beispiel der Berufswahl aufgezeigt werden sollen. Grundidee ist es, die Kompensationsforderungen von Individuen für die Übernahme eines erhöhten Risikos für das eigene Leben an der Differenz der Lohnsätze eines Berufes mit und eines ohne berufsbedingte Lebensgefahr abzulesen. Die dabei auftretenden Schwierigkeiten sind die folgenden.

1. ***Trennung des Risikos von anderen Einflüssen:*** Anders als bei der Skizzierung hypothetischer Situationen in Fragebögen spielen bei realen Entscheidungen immer mehrere Aspekte eine Rolle, und der Einfluß einer einzelnen Größe läßt sich im nachhinein nicht leicht isolieren. Denn man wird keine zwei Berufe finden, die sich nur im Risiko für Leben oder Gesundheit unterscheiden, ansonsten aber völlig gleich sind. So spiegeln Lohnsatzdifferenzen sicher auch Unterschiede in den Anforderungen an die Ausbildung, in der körperlichen und seelischen Belastung und in vielen anderen Merkmalen der Tätigkeiten wider. Solange man diese übrigen Charakteristika nicht konstant halten kann, ist es sehr gewagt, die Lohndifferenz allein als Risikoprämie zu interpretieren.

2. ***Diskrepanz zwischen subjektivem Risiko und relativer Häufigkeit:*** Selbst wenn die Lohndifferenz eine reine Risikoprämie wäre, ist daraus die Grenzrate der Substitution des Arbeitnehmers zwischen Risiko und Vermögen nur dann ablesbar, wenn man dessen subjektive Einschätzung der relevanten Wahrscheinlichkeiten kennt, denn nach der Erwartungsnutzen-Theorie geht diese in seine Entscheidung ein. Was man stattdessen in der Regel beobachten kann, sind relative Häufigkeiten von berufsbedingten Todesfällen (z.B. Arbeitsunfällen). Gerade bei relativ geringen Werten dieser Größen ist keinesfalls sichergestellt, daß die betroffenen Arbeitnehmer diese Häufigkeiten kennen, geschweige denn, daß sie sie als Grundlage ihrer eigenen Wahrscheinlichkeits-Schätzungen verwenden. So ist aus Umfragen bei Autofahrern bekannt, daß nahezu jeder sein eigenes Unfallrisiko geringer einschätzt als die entsprechende relative Häu-

figkeit der Gesamtbevölkerung.

Hinzu kommt die Frage, ob das beobachtete Verhalten tatsächlich als Maximierung des Erwartungsnutzens gedeutet werden kann, wie es die Theorie verlangt. Empirische Beobachtungen [z.B. schon von *Eisner und Strotz (1961)*] deuten darauf hin, daß Individuen beim Umgang mit relativ kleinen Risiken - ähnlich wie bei der Beantwortung hypothetischer Fragen - auch in realen Situationen systematisch gegen diese Handlungsmaxime verstoßen.

3. ***Repräsentativität von Personen mit riskanten Berufen:*** Schließlich muß man in Zweifel ziehen, ob Personen in riskanten Berufen für die Gesamtbevölkerung repräsentativ sein können. Allein schon die Tatsache, daß sie einen solchen Beruf gewählt haben und die anderen nicht, impliziert, daß selbst bei Außerachtlassung der unter 1. und 2. genannten Einwände die Lohnsatzdifferenz gleichzeitig eine **Obergrenze** für die Grenzrate der Substitution zwischen Leben und Vermögen (d.h. für die Zahlungsbereitschaft für eine Risikoreduktion) bei den betreffenden Personen und eine **Untergrenze** bei der restlichen (im Prinzip für den Beruf geeigneten) Bevölkerung darstellt. Eine solche Aussage hilft aber vor allem dann nicht weiter, wenn sich die "kompensierende Lohnsatzdifferenz" als sehr klein oder sogar negativ erweist. Dann bleibt nur der Schluß, daß die Angehörigen dieses Berufes eine besondere Vorliebe für riskante Situationen (etwa den damit verbundenen Nervenkitzel) haben, die in der Bevölkerung insgesamt nicht verbreitet ist[13].

Wir fassen unsere Überlegungen zusammen zur

Folgerung 2.7: Die Zahlungsbereitschaft der Bürger für eine Reduktion ihres Sterberisikos kann man entweder durch Umfragen oder durch Beobachtung ihres Verhaltens messen. Beide Methoden haben ihre spezifischen Probleme: Im ersten Fall ist es fraglich, ob man auf eine hypothetische Frage seine wahren Präferenzen äußert; im zweiten Fall muß u.a. sichergestellt sein, daß dem Individuum die relevanten Risiken genau bekannt waren und daß dies das einzige Motiv für sein beobachtetes Verhalten war.

2.3.3.3 Meßergebnisse

2.3.3.3.1 Ergebnisse aus Fragebogenstudien

In den beiden letzten Jahrzehnten wurde in der Literatur über ein gutes Dutzend von Fragebogenstudien mit unterschiedlichem Stichprobenumfang (30 bis über 1.000 Testpersonen) - meist aus den USA oder aus Großbritannien - berichtet. In einigen Fällen wurden Studenten befragt, die die Kurse der Autoren besucht hatten, in anderen handelte es sich

13. Es ist allerdings fraglich, ob Personen, die beruflich oder privat wegen des "Nervenkitzels" hohe Risiken eingehen (Stuntmen, Drachenflieger), denselben Nervenkitzel auch bei einem gleich hohen, aber weniger spektakulären Risiko (z.B. einer Vergiftung durch Schadstoffe) verspüren.

um repräsentative Stichproben der Wohnbevölkerung im betreffenden Land. Alle Fragebögen waren mit realistischen "Szenarien" versehen, d.h. den hypothetischen Risikoänderungen wurden plausible Begründungen wie zusätzliche Sicherheitsvorkehrungen im Straßenverkehr, beim Betrieb von Kernkraftwerken oder bei der Beseitigung gefährlicher Abfälle beigefügt. Damit sollte den Testpersonen eine Motivation vermittelt werden, sich ernsthaft mit den Fragen auseinanderzusetzen.

Auffällig an den Ergebnissen ist die außerordentlich **große Streuung** der aus den Mittelwerten errechneten "Werte des Lebens" und ein recht enger Zusammenhang zwischen diesen Werten und der Größenordnung der unterstellten Risikoänderung: Für vergleichsweise beträchtliche Risikosenkungen in der Größenordnung von $1{:}10^3$ ist die mittlere geäußerte Zahlungsbereitschaft nicht wesentlich höher als für Reduktionen im Bereich von $1{:}10^5$ bis $1{:}10^6$, so daß sich aus den Studien des ersten Typs ein um mehrere Zehnerpotenzen geringerer Wert des "statistischen Lebens" errechnen läßt. So ermittelte *Acton* im Jahre 1973 einen Wert zwischen 59.000 und 91.000 US-Dollar, *Frankel (1979)* einen Wert von 57.000 Dollar. Aus Fragen des zweiten Typs (minimale Risikoreduktion) dagegen ergibt sich in **derselben** Studie von *Frankel* ein Wert von 3,37 Mio. US-Dollar und in einer Studie von *Jones-Lee, Hammerton und Phillips (1985)* ein Wert von 1,5 Mio. brit. Pfund.

Diese Ergebnisse bestätigen die in Abschnitt 2.3.3.1 genannte Vermutung, daß die meisten Befragten im Umgang mit sehr kleinen Wahrscheinlichkeiten Schwierigkeiten haben, und daher auch bei hypothetischen Fragen mit explizit genannten Größen Werte unterhalb einer bestimmten Schwelle (die etwa bei 1:1.000 liegen könnte) im Geiste nach oben "korrigieren".

Jones-Lee et al. (1985) berichten allerdings auch, daß der von ihnen gefundene (arithmetische) Mittelwert stark durch einige Ausreißer nach oben beeinflußt worden ist. Würde man statt des Mittelwerts den Median nehmen, so läge der Wert nicht mehr bei 1,5 Mio., sondern nur noch bei 800.000 Pfund. Das nach dem potentiellen Pareto-Kriterium (vgl. Abschnitt 2.3.2.2.3) korrekte Vorgehen verlangt zwar als Basis den Mittelwert, aber der Median läßt sich durch das Mehrheitsprinzip rechtfertigen, wenn man sich vorstellt, daß über eine staatliche Maßnahme zur Risikoreduktion demokratisch abgestimmt werden soll.

Neben dem aufgezeigten Zusammenhang zwischen dem Meßergebnis und der Größenordnung der hypothetischen Risikoänderung geben eine ganze Reihe weiterer bemerkenswerter Feststellungen Anlaß, an der Deutung dieser Resultate als "wahre" Zahlungsbereitschaft zu zweifeln:

- Ein beträchtlicher Prozentsatz der Befragten gibt für **unterschiedlich** hohe Risikoänderungen beim selben Ausgangsniveau den **gleichen** Betrag für ihre Zahlungsbereitschaft an;

- einige geben sogar für **größere** Risikosenkungen **geringere** Beträge an [vgl. *Jones-Lee et al. (1985)*].

- In einer Studie von *Smith und Desvouges (1987)* nimmt bei gleicher Risikoreduktion bei einer Mehrheit der Befragten die Zahlungsbereitschaft **ab**, wenn das Ausgangsniveau zunimmt, obwohl die Erwartungsnutzentheorie das Gegenteil verlangt (vgl. Abschnitt. 2.3.2.2.2);

- ferner bestehen in derselben Studie beträchtliche Unterschiede zwischen der Zahlungsbereitschaft für kleine Risikominderungen und den Kompensationsforderungen für kleine Risikoerhöhungen.

Schließlich scheint auch die Art des in den Szenarien beschriebenen Todes (z.B. durch Krebserkrankung versus Verkehrsunfall) für die Höhe der geäußerten Zahlungsbereitschaft eine Rolle zu spielen. Da im ersten Beispiel in dem Gesamtbetrag auch die Zahlungsbereitschaft für die Vermeidung des mit Krebs assoziierten langen Leidens enthalten sein dürfte, ist bei der Interpretation der Ergebnisse solcher Fragebogenstudien zusätzliche Vorsicht geboten.

Wir ziehen daraus die

Folgerung 2.8: Die erhebliche Streubreite in den Ergebnissen und die verbreiteten Inkonsistenzen in den Antworten auf hypothetische Fragen bestätigen die in ***Folgerung 2.7*** geäußerten Zweifel an der Verläßlichkeit der "direkten Methode" der Messung der Zahlungsbereitschaft für Risikoreduktionen.

2.3.3.3.2 Ergebnisse aus der Beobachtung von Verhalten

Die erste umfangreiche empirische Untersuchung von Lohnsatzdifferenzen zwischen Berufen mit unterschiedlicher Lebensgefahr stammt von *Thaler und Rosen (1975)*, und die zugrundeliegenden Daten beziehen sich auf 900 Arbeiter in 37 **risikoträchtigen Berufen**. In einer multiplen Regressionsanalyse versuchen die Autoren, das Lohneinkommen dieser Arbeiter auf seine diversen Bestimmungsgründe zurückzuführen und dabei den Einfluß des berufsspezifischen Risikos zu isolieren. Die Risikowerte stammen aus Statistiken von Lebensversicherungen. Aus dem entsprechenden Regressionskoeffizienten läßt sich - je nach Spezifikation der Schätzgleichung - ein "Wert des statistischen Lebens" zwischen 136.000 und 260.000 US-Dollar (bezogen auf das Jahr 1967) ablesen.

Spätere Studien mit Daten aus den USA oder Großbritannien ermittelten größere Lohnsatzdifferenzen, bezogen auf das gleiche zusätzliche Risiko, wobei die Größenordnung des daraus errechneten Werts eines statistischen Lebens oftmals über 1 Mio. Dollar liegt. Jedoch liefert auch dieser Typ von Studien eine recht breite Streuung der Ergebnisse um bis zu zwei Zehnerpotenzen.

Eine weitere Gruppe von empirischen Untersuchungen zielt darauf ab, den "Wert des Lebens" aus beobachtetem **Verhalten von Konsumenten** abzuleiten. Die verwendeten Daten beziehen sich u.a.

- auf den erhöhten Marktpreis von Häusern in Gegenden mit besserer Luftqualität,
- auf den Kauf und Einbau von Rauch-Detektoren in Holzhäusern,
- auf die Benutzung von Sicherheitsgurten und die Wahl der Geschwindigkeit beim Autofahren oder

- auf die Benutzung von Fußgängertunnels zur Überquerung vielbefahrener Straßen.

Erstaunlicherweise liegen die Ergebnisse dieser völlig unterschiedlichen Studien dichter beisammen als diejenigen aus dem Vergleich von Lohnsätzen und implizieren einen Wert des Lebens zwischen **200.000 und 600.000 US-Dollar, bezogen auf 1983** [vgl. *Jones-Lee et al. (1985)*]. Aufgrund der oben (in Abschnitt 2.3.3.2) diskutierten Vorbehalte sowohl gegen direkte als auch gegen indirekte Methoden der Messung der Zahlungsbereitschaft für Änderungen des Todesrisikos läßt sich daraus jedoch keineswegs der Schluß ziehen, der "Wert des statistischen Lebens" falle mit Sicherheit in den angegebenen Bereich.

2.4 Bewertung der Lebensqualität

Die bislang in diesem Kapitel behandelten Bewertungsmethoden bezogen sich einzig und allein auf das Risiko des vorzeitigen Todes. Dabei wurde noch völlig offengelassen, wie eine Bewertung vorgenommen werden kann, wenn sich durch ein medizinisches Programm oder eine sonstige staatliche Maßnahme der Gesundheitszustand von (identifizierten oder nicht identifizierten) Personen ändert, wenn es also - global gesprochen - nicht um Änderungen der Mortalität, sondern der **Morbidität** geht. Diese können isoliert oder im Zusammenhang mit gleichzeitigen Änderungen der Mortalität auftreten.

Viele medizinische Programme wie z.B. Kampagnen zur Erhaltung der Zahngesundheit oder Entwicklung und Implantation künstlicher Gelenke haben ausschließlich, primär oder zumindest auch das Ziel, das **gesundheitliche Wohlbefinden** der betroffenen Menschen bzw. deren Fähigkeit, ihre soziale Rolle wahrzunehmen, zu verbessern. Entsprechend gilt auch für zahlreiche sonstige öffentliche Projekte, daß sie als Nebeneffekt eine Auswirkung auf den Gesundheitszustand einer Bevölkerungsgruppe haben. So kann der Bau von Lärmschutzwällen an Straßen das Auftreten von (z.B. durch Schlafmangel hervorgerufenen) physischen und psychischen Störungen verhindern, und Maßnahmen zur Reinhaltung der Luft können Atemwegserkrankungen eindämmen.

Schließlich stehen Änderungen des Gesundheitszustands mitunter auch direkt mit Maßnahmen zur Verlängerung des Lebens in Verbindung, wenn es z.B. möglich ist, Infarktpatienten durch eine neu entwickelte Operation zwar am Leben zu halten, aber irreversible gesundheitliche Schäden dabei zurückbleiben werden. Ist es in einem solchen Fall zulässig, bei einer Nutzenbewertung nur die Länge des Lebens zu bewerten und die Lebensqualität ganz außer acht zu lassen?

Diese Beispiele sollten verdeutlicht haben, daß eine Messung und Bewertung sowohl des "Outputs" im Gesundheitswesen selbst als auch gesundheitsrelevanter Nebenwirkungen sonstiger öffentlicher Projekte es erforderlich macht, nicht nur Änderungen der Länge des Lebens (bzw. der Überlebenswahrscheinlichkeit), sondern auch Änderungen seiner Qualität monetär zu bewerten. Dazu müssen alle relevanten Gesundheitszustände operational beschrieben und ein Verfahren zu ihrer monetären Bewertung angegeben werden.

2.4.1 Das Konzept der *QALYs*

Bei der Lösung dieser Aufgabe kann man sich auf die Ergebnisse der zuvor beschriebenen monetären Bewertung einer Lebensverlängerung stützen. In Abschnitt 2.3.2.2.1 wurde angedeutet, wie man mit Hilfe des Ansatzes der Zahlungsbereitschaft den "Wert" einer Verlängerung der Lebenserwartung um ein Jahr für ein repräsentatives Individuum ermitteln kann. Dieser Wert (DM pro gewonnenem Lebensjahr) kann mit der erwarteten Anzahl der durch ein Projekt hinzugewonnenen Lebensjahre multipliziert werden, um den durch die Lebensverlängerung erzielten Nutzen des Projekts (in Geldeinheiten) zu ermitteln.

Bei dieser Analyse muß aber der **Gesundheitszustand**, in dem die gewonnenen Lebensjahre verbracht werden, als bekannt und gegeben vorausgesetzt werden. Resultiert der Wert aus einer Befragung potentiell Betroffener nach ihrer Zahlungsbereitschaft, so ist davon auszugehen, daß diese unterstellt haben, die zusätzlichen Lebensjahre in ihrem augenblicklich gültigen Gesundheitszustand (gegebenenfalls mit alterspezifisch üblichen Veränderungen) zu verbringen. Ein Vergleich "gewonnener Lebensjahre" zwischen verschiedenen Projekten würde jedoch voraussetzen, daß ein und derselbe Gesundheitszustand der Bewertung zugrundeliegt. Hierfür kommt wohl in erster Linie der Idealzustand "vollkommenen körperlichen, seelischen und sozialen Wohlbefindens" in Frage.

Sei nun $\{G_h;\ h = 1,2,...\}$ die (noch nicht unbedingt geordnete) Menge möglicher Gesundheitszustände mit G^* als Idealzustand. Sei ferner Z der - mittels der in Abschnitt 2.3.2.2.2 beschriebenen Methodik ermittelte - monetäre Wert einer Verlängerung des Lebens um ein Jahr in diesem idealen Gesundheitszustand G^*. Zu bewerten ist aber entweder

a) eine Lebensverlängerung um x Jahre, die in einem **schlechteren** Gesundheitszustand, z.B. G_1, verbracht werden müssen, oder

b) eine für x Jahre andauernde **Veränderung des Gesundheitszustands**, z.B. von G_2 zu G_3.

Zur Behandlung dieser Probleme haben *Zeckhauser und Shepard (1976)* das Konzept der "qualitätsbereinigten Lebensjahre" oder *QALYs* (vom englischen "quality adjusted life years") entwickelt. Es dient - bezogen auf Problem a) - der Umrechnung einer Anzahl x von Jahren, die in einem bestimmten Gesundheitszustand G_1 verbracht werden, in eine (geringere) Anzahl $t\ (x, G_1)$ von Jahren im Idealzustand G^*, die aus der Sicht der betroffenen Individuen ebensoviel "wert" sind. Diese Umrechnung ist in Abbildung 2-3a illustriert. Der Nutzen daraus, x Jahre im Gesundheitszustand G_1 zu verbringen, ist durch die Fläche des Rechtecks $0xAB$ gegeben. Der gleiche Nutzen kann dadurch erreicht werden, daß $t\ (x, G_1)$ Jahre in vollkommener Gesundheit durchlebt werden ($0CDG^* = 0xAB$). Die Anzahl der *QALYs*, die x Jahren im Zustand G_1 entsprechen, ist somit durch $t\ (x, G_1) < x$ gegeben. Allgemein ausgedrückt, ermöglicht es das Konzept der *QALYs* somit, gewonnene Lebensjahre in verschiedenen Gesundheitszuständen unter Berufung auf die Bewertung durch die Betroffenen so zu gewichten, daß sie miteinander vergleichbar sind.

Zur Lösung eines Problems vom Typ b) ist es dann nur noch ein kleiner Schritt: Sei

$t(x, G_2)$ die Anzahl der *QALYs*, die x Jahren in Zustand G_2 entsprechen, und $t(x, G_3)$ die entsprechende Anzahl für Zustand G_3, dann gibt die Differenz $t(x, G_3) - t(x, G_2)$ die Anzahl von gewonnenen Lebensjahren im Idealzustand an, die der zugrundeliegenden Änderung des Gesundheitszustands für x Jahre von G_2 auf G_3 **wertmäßig äquivalent** sind. Abbildung 2-3b illustriert diese Beziehung: Zunächst werden x im Zustand G_2 verbrachte Jahre in $t(x, G_2)$ *QALYs* umgerechnet, wobei die Gleichheit der Flächen $0xFE$ und $0JKG^*$ verwendet wird. Anschließend werden x Jahre im Zustand G_3 in $t(x, G_3)$ *QALYs* umgerechnet $(0xF'E' = 0J'K'G^*)$. Die Differenz an *QALYs* gibt dann die Änderung des Gesundheitszustandes an, wie das betroffene Individuum sie bewertet.

Abb. 2-3:*QALYs* als Bindeglied zwischen Lebenslänge und -qualität

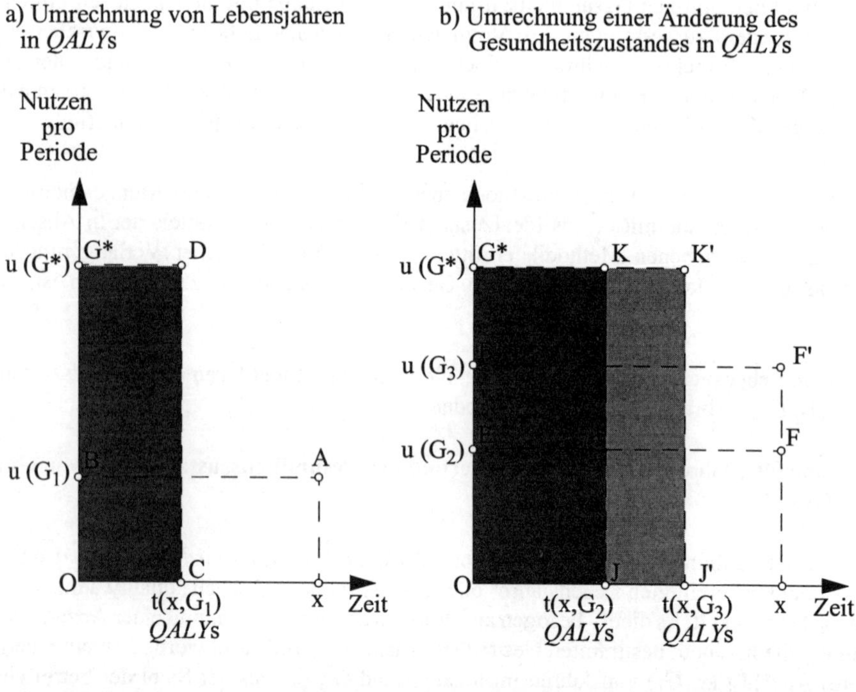

Somit läßt sich das Instrumentarium der Bewertung der Lebensverlängerung auch auf Änderungen des Gesundheitszustands übertragen, sobald die oben angesprochene Nutzenbewertung unterschiedlicher Gesundheitszustände vorgenommen und mittels der Funktion t in Jahre perfekter Gesundheit umgerechnet worden ist. Wir ziehen somit die

Folgerung 2.9: Das Konzept der "qualitätsbereinigten Lebensjahre" (*QALYs*) erlaubt es, Änderungen der Lebensqualität mit Änderungen der Lebensdauer vergleichbar zu machen. Damit wird es möglich, eine monetäre Bewertung von Änderungen im Gesundheitszustand aus dem "Wert eines statistischen Lebens" abzuleiten.

2.4.2 Zur Nutzenbewertung des Gesundheitszustands

Gesundheit ist naturgemäß ein mehrdimensionales Konzept. So umfaßt es Aspekte der Organfunktionen, der Fähigkeit des Menschen, physische Aktivitäten auszuüben und seine "normale" soziale Rolle auszufüllen, sowie seines subjektiven Wohlbefindens. Somit ist bereits der Begriff des "Gesundheitszustands" problematisch, denn seine vollständige Beschreibung erfordert die Angabe von zahlreichen Meßwerten für die einzelnen genannten Komponenten der Gesundheit.

In den sechziger und frühen siebziger Jahren war unter Gesundheitsstatistikern die Ansicht verbreitet, man müsse und könne die Komplexität des Problems der Outputmessung im Gesundheitswesen dadurch reduzieren, daß man versucht, den Gesundheitszustand in einer **eindimensionalen Maßzahl**, dem sogenannten "Gesundheitszustands-Index" zu erfassen[14]. Dieser sollte jedem durch die verschiedenen oben genannten Komponenten definierten Gesundheitszustand G_h einen Wert $I(G_h)$ zwischen 0 ("sofortiger Tod") und 1 ("Idealzustand nach der WHO-Definition"[15]) zuordnen. Anschließend müßte dann eine Bewertungsfunktion ermittelt werden, die jedem Indexwert I entweder einen Nutzen $u(I)$ oder besser gleich einen Geldwert $Y(I)$ zuweist, so daß sich aus der Differenz der Geldwerte zweier Zustände G_h und $G_{h'}$ die Zahlungsbereitschaft für einen Übergang von G_h auf $G_{h'}$ ergibt:

$$Z(G_h \to G_{h'}) \equiv Y[I(G_{h'})] - Y[I(G_h)] \ . \qquad (2.18)$$

Bei der Konstruktion eines solchen Indexes I aus einer mehrdimensionalen Beschreibung des Gesundheitszustands müssen zahlreiche Detailfragen geklärt werden:

1. Es muß spezifiziert werden, welche **Einzelaspekte** der Gesundheit in die Bewertung einbezogen werden sollen.

2. Für jeden der Einzelaspekte muß eine **Skala** der zu unterscheidenden Niveaus festgelegt werden (z.B. bei der "Rollenfunktion" verschiedene Niveaus der Einschränkung von Fähigkeiten wie derjenigen, zu arbeiten, sich selbst ein Essen zuzubereiten, sich ohne Hilfe anzukleiden etc.).

3. Für jede dieser Teilskalen muß festgelegt werden, **wer** die Bewertung der verschiedenen Niveaus auf der Skala vornimmt (Ärzte, andere Experten oder potentiell Betroffene?).

4. Schließlich müssen **Gewichtungsfaktoren** bestimmt werden, mit denen die einzelnen daraus resultierenden Teilindizes zu einem Gesamtindex zusammengefaßt werden können.

---

14. Als Standardwerk dieser Forschungsrichtung kann der Aufsatz von *Fanshel und Bush (1970)* angesehen werden. Ein neuer Index stammt von *Kind, Rosser und Williams (1982)*.

15. Nach dieser ist Gesundheit "der Zustand vollkommenen körperlichen, seelischen und sozialen Wohlbefindens und nicht nur die Abwesenheit von Krankheit oder Behinderung", vgl. *World Health Organisation (1948)*.

Diese Überlegungen führen uns zur

Folgerung 2.10: Die monetäre Bewertung der Gesundheit könnte sich eines zweistufigen Verfahrens bedienen, dessen erste Stufe aus der Konstruktion eines kardinalen "Gesundheits-Indexes" und dessen zweite aus einer Umrechnung dieser Skala in Geldwerte besteht. Dieses Verfahren ist jedoch mit erheblichem Aufwand verbunden.

Inzwischen hat sich mehr und mehr die Erkenntnis durchgesetzt, daß die Konstruktion eines solchen dimensionslosen Gesundheitszustands-Indexes auf dem Weg zu einer monetären Bewertung von Morbiditätsveränderungen eher einen Umweg darstellt[16]. Stattdessen ist es möglich, unter Verwendung der oben genannten Schritte 1. und 2. direkt zu einer **nutzenmäßigen** Bewertung unterschiedlicher Gesundheitszustände und damit zu einer Ermittlung der Bewertungsfunktion t zu gelangen, die die Berechnung von *QALYs* ermöglicht. Genaugenommen ist für jeden Zustand G_h der Wert $t\ (1, G_h)$ gesucht, der die Zeitspanne in idealer Gesundheit wiedergibt, die einem Jahr in Zustand G_h nutzenmäßig äquivalent ist. Im folgenden soll dazu ein Verfahren beschrieben werden, das der Ermittlung der Zahlungsbereitschaft zur Reduktion von Risiken durch Befragungen analog ist [zur Frage der Allgemeingültigkeit der Analogie vgl. *Torrance (1986)*].

In einem ersten Schritt müssen die relevanten Gesundheitszustände in ihren wesentlichen Aspekten vollständig beschrieben werden. Dabei ist allerdings im Interesse der Validität und Reliabilität der Befragungsergebnisse darauf zu achten, daß die Beschreibung einerseits keine wichtige Komponente ausläßt, andererseits den Interviewten jedoch nicht mit Detailinformationen überfüttert. Anschließend wird der Befragte für jeden einzelnen Gesundheitszustand G_h mit einem spezifischen hypothetischen Auswahlproblem konfrontiert, das entweder

a) dem Typ der zeitlichen Abwägung oder

b) dem Typ der "Standard-Lotterie" entspricht.

Methode der zeitlichen Abwägung: Hier lautet die Frage: "Nehmen Sie an, Sie hätten eine Krankheit, die Sie ohne Behandlung für ihre restliche Lebensdauer von T Jahren in den Zustand G_h versetzt. Die einzige mögliche Behandlung ist für Sie kostenlos und würde Sie vollständig heilen, verkürzt aber Ihre Restlebensdauer auf t Jahre." Der Wert der **Restlebensdauer** t wird so lange variiert, bis der Befragte zwischen den Alternativen "Behandlung" und "keine Behandlung" **indifferent** ist. Wie in Abbildung 2-4 gezeigt wird, ist dieses Problem äquivalent zur Umrechnung von Jahren in einem nicht perfekten Gesundheitszustand in *QALYs* (vgl. Abbildung 2-3a), mit nur zwei Modifikationen: Als Vergleichszeitraum x wird die restliche Lebensdauer T gewählt, und die Nutzenwerte werden so normiert, daß $u\ (G^*) = 1$ und u (Tod) = 0 gilt. Der Wert $t^*\ (T, G_h)$ in Abbildung 2-4 wird so bestimmt, daß die Flächen $0TAB$ und $0t^*DG^*$ gleich groß sind. Die Relation

16. Damit soll nicht bestritten werden, daß in einer Situation, in der das verfügbare Budget bereits feststeht, die Ermittlung der Kosten je gewonnenen Punkt des Gesundheitszustands-Index für verschiedene Behandlungsalternativen sinnvoll sein kann. Ein solcher Index erscheint als latente Variable im 4. Kapitel (Abschnitt 4.2.2 und 4.4.2); für einen Vergleich solcher Indices vgl. *Leu, Gerfin und Spycher (1992)*.

$t^*(T, G_h)/T$ wird dann als Nutzengewicht $u_a(G_h)$ interpretiert, mit dem der Gesundheitszustand G_h gewichtet wird[17]:

$$u_a(G_h) := \frac{t^*(T, G_h)}{T} .$$

Abb. 2-4: Zeitliche Abwägung zur Bewertung von Gesundheitszuständen

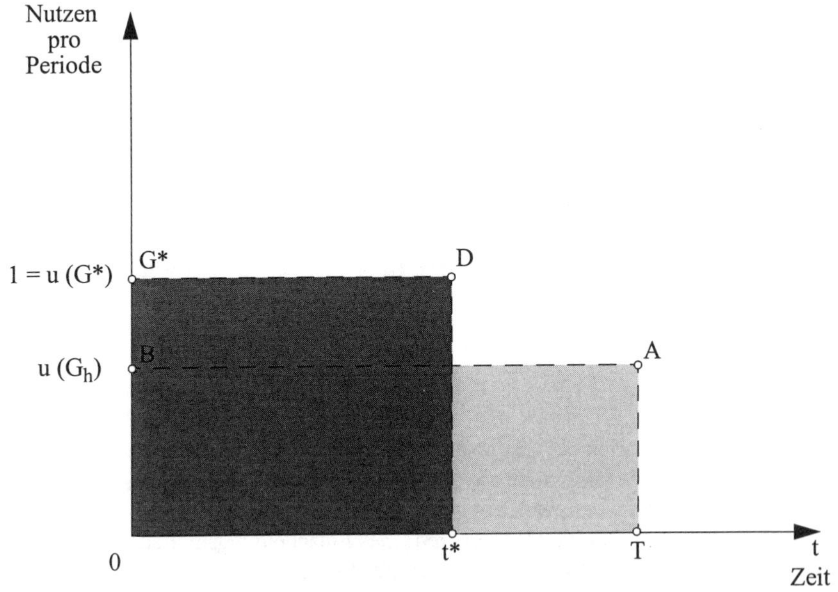

***Methode der Standard-Lotterie*:** Hier lautet das Szenario: "Nehmen Sie an, Sie hätten eine Krankheit, die Sie ohne Behandlung permanent in den Zustand G_h versetzt. Die einzige mögliche Behandlung ist für Sie kostenlos und würde Sie mit Wahrscheinlichkeit π vollständig heilen, mit Wahrscheinlichkeit $1 - \pi$ jedoch zum sofortigen Tod führen." (vgl. Abbildung 2-5). Der Wert der **Wahrscheinlichkeit** π wird so lange variiert, bis der Befragte zwischen den Alternativen "Behandlung" und "keine Behandlung" **indifferent** ist. Der dabei resultierende Wert $\pi^*(G_h)$ wird als die gesuchte relative Gewichtung $u_b(G_h)$ für den Gesundheitszustand G_h interpretiert[18]:

17. Das Subskript a bei der Größe $u_a(G_h)$ weist darauf hin, daß dieser Wert mit der Methode a) ermittelt wurde.
18. Eine Beantwortung dieser Frage setzt allerdings voraus, daß der Befragte den beschriebenen Gesundheitszustand G_h dem sofortigen Tod vorzieht. Für Zustände, die das Individuum schlimmer findet als den Tod, kann eine leicht veränderte Lotterie konstruiert werden. Vgl. dazu *Torrance (1986*, S. 21f.*)*.

$$u_b(G_h) := \pi^*(G_h) \ . \tag{2.19}$$

Abb. 2-5: Standard-Lotterie zur Bewertung von Gesundheitszuständen

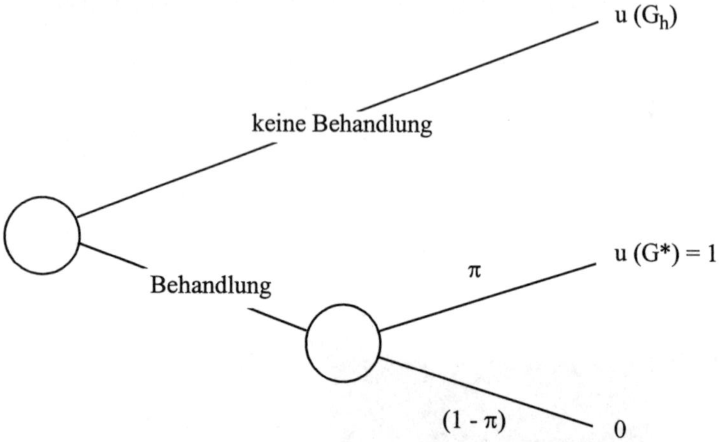

Da die beiden Szenarien auf den ersten Blick recht verschieden angelegt sind, drängt sich die Frage auf, ob sie tatsächlich etwas **unterschiedliches messen**. Wenn das der Fall wäre, müßte man entscheiden, welches der gefundenen Maße das "adäquate" ist. Es läßt sich jedoch zeigen, daß ein plausibles theoretisches Entscheidungsmodell existiert, in dessen Rahmen beide Szenarien miteinander **kompatibel** sind, d.h. daß für einen beliebigen Zustand G_h die gefundenen Maße $u_a(G_h)$ und $u_b(G_h)$ immer übereinstimmen.

In diesem Modell wird ein Individuum mit einer maximal denkbaren restlichen Lebensdauer von T Jahren betrachtet. Es wird unterstellt, daß es H mögliche Gesundheitszustände (einschließlich des Todes) gibt und daß der Zustand G_h mit einer Wahrscheinlichkeit π_h innerhalb dieses Zeitraums auftritt und, wenn dies der Fall ist, genau t_h Jahre anhält ($h = 1,..., H$). Natürlich müssen, da das Individuum sich zu jedem Zeitpunkt in genau einem Gesundheitszustand befindet, die Werte die folgende Gleichung erfüllen:

$$\sum_{h=1}^{H} \pi_h \cdot t_h = T \ . \tag{2.20}$$

Ferner wird angenommen, daß der Befragte seinen erwarteten Nutzen maximiert und daß sich dieser in der Form

$$EU = \sum_{h=1}^{H} \pi_h \cdot u(G_h) \cdot t_h \tag{2.21}$$

mit der Normierung

$$u(G^*) = 1 \quad \text{und} \quad u(\text{Tod}) = 0 \tag{2.22}$$

ausdrücken läßt. Die angenommene Funktion des erwarteten Nutzens ist insofern einschränkend, als der Gesamtnutzen hierbei eine lineare Funktion der Dauer und der Nutzengewichte der einzelnen Gesundheitszustände ist und z.B. nicht von deren zeitlicher Reihenfolge abhängt. Zu beachten ist, daß die Nutzengewichte $u\ (G_h)$ zunächst nur dem Individuum selbst bekannt sind und der Fragesteller sie durch hypothetische Variationen der t_h bzw. der π_h zu ermitteln versucht.

Bei der **Methode der zeitlichen Abwägung** (Szenario a) werden nun die Erwartungswerte für die **sicheren** Optionen A: T Jahre in Zustand G_h zu leben bzw. B: t^* Jahre in Zustand G^* zu leben, gleichgesetzt. In beiden Optionen nimmt π also nur die Werte 1 (für die tatsächlich eintretenden Zustände) und 0 (für alle übrigen Zustände) an. Die Variable t erhält die Werte

$$\text{in Option } A\text{:} \quad \begin{cases} T & \text{für Zustand } G^* \\ 0 & \text{für "Tod"} \end{cases}$$

$$\text{in Option } B\text{:} \quad \begin{cases} t^* & \text{für Zustand } G^* \\ T - t^* & \text{für "Tod".} \end{cases}$$

Setzt man diese Werte in (2.22) ein, so ergibt sich unter Beachtung von (2.23) eine Gleichheit der Erwartungsnutzen genau dann wenn

$$1 \cdot u(G_h) \cdot T + 1 \cdot 0 \cdot 0 \equiv EU^A = EU^B \equiv 1 \cdot 1 \cdot t^* + 1 \cdot 0 \cdot (T - t^*)$$

$$\Leftrightarrow u(G_h) = t^*(T, G_h)/T \tag{2.23}$$

Die mit Szenario a) in (2.19) ermittelte Zeitrelation t^*/T entspricht gerade dem Nutzengewicht $u\ (G_h)$ für den Gesundheitszustand G_h in der unter (2.22) genannten Erwartungsnutzenfunktion des Individuums.

Bei der **Methode der Standard-Lotterie** (Szenario b) wird jeder der Gesundheitszustände als permanent gültig angenommen, d.h. der Faktor t_h in Formel (2.21) ist grundsätzlich gleich T. Gleichheit der Erwartungsnutzen der Alternativen A "Behandlung" und B "keine Behandlung" bedeutet dann analog zu (2.24):

$$\pi^* \cdot 1 \cdot T + (1 - \pi^*) \cdot 0 \cdot T = \pi^* \cdot T \equiv EU^A = EU^B \equiv 1 \cdot u(G_h) \cdot$$

$$\Leftrightarrow \pi^*(G_h) = u(G_h) , \tag{2.24}$$

und daraus folgt wegen (2.19), (2.20) und (2.24) sofort die Behauptung

$$u_a(G_h) = u(G_h) = u_b(G_h) . \tag{2.25}$$

Daraus ergibt sich die

Folgerung 2.11: Falls sich die Befragten nach dem in (2.22) und (2.23) dargestellten Erwartungsnutzen-Modell verhalten, so führen sowohl die Methode der zeitlichen Abwägung als auch die der Standard-Lotterie zu demselben Ergebnis, indem sie das Nutzengewicht des betreffenden Gesundheitszustands auf einer Skala zwischen 0 (Tod) und 1 (perfekte Gesundheit) messen.

In der tatsächlichen Anwendung führen die Methode der zeitlichen Abwägung und der Standard-Lotterie allerdings zu **unterschiedlichen** Ergebnissen. Einerseits gelingt es nicht immer, die Gesundheitszustände G_h so zu definieren, daß alle Befragten darunter das Gleiche verstehen. Andererseits gibt es eine ganze Reihe experimenteller Forschungsergebnisse, welche die Gültigkeit der Erwartungsnutzen-Regel in Frage stellen [*Kahneman und Tversky (1979)*, *Pommerehne, Schneider und Zweifel (1982)*]. Die Schwierigkeiten bei der Anwendung der beiden Methoden dürfen demnach nicht unterschätzt werden, obschon die direkte Ermittlung des Nutzengewichts von Gesundheitszuständen die theoretisch überzeugende Alternative darstellt.

2.5 Übungsaufgaben

Übungsaufgabe 2.1:

Betrachtet sei ein Individuum, dessen Nutzen davon abhängt, ob es die kommende Periode überlebt oder sofort stirbt, sowie von seinem Vermögen y ($y > 1$). Die Wahrscheinlichkeit zu sterben sei 0,2. Der Nutzen im Überlebensfall wird beschrieben durch $u_1 = 100 \cdot y^{3/4}$, für den Nutzen im Todesfall gelte $u_0 = 100 \cdot y^{1/4}$.

a) Begründen Sie, warum der Zeithorizont in diesem Modell über die Lebensdauer eines Individuums hinausgehen muß.

b) Ermitteln Sie die Grenzrate der Substitution (*GRS*) zwischen Risiko- und Vermögensänderungen, und interpretieren Sie diese.

c) Zeigen Sie, wie sich die *GRS* ändert, wenn sich das Ausgangsniveau des Sterberisikos marginal erhöht, und erläutern Sie das Ergebnis.

d) Zeigen Sie, wie sich die *GRS* mit dem Ausgangsniveau des Vermögens ändert, und erklären Sie das Ergebnis.

Übungsaufgabe 2.2:

Ein Individuum habe die zustandsabhängige Nutzenfunktion

$$u(L, y) = (L + 1) \cdot \ln y \quad ,$$

wobei y das Vermögen angibt und $L = 0$ "Tod" und $L = 1$ "Leben" bedeutet. Das Todesrisiko sei mit π bezeichnet.

a) Ermitteln Sie die marginale Zahlungsbereitschaft für eine Verringerung des Todesrisikos in Abhängigkeit vom Vermögen und vom Ausgangswert des Risikos. Wie verändert sich der gesuchte Wert mit einer Variation der beiden exogenen Variablen?

b) Nehmen Sie an, das Ausgangsrisiko betrage $\pi = 0{,}1$. Berechnen Sie die absolute Zahlungsbereitschaft des Individuums für eine Verringerung von π um $d\pi = 0{,}1$ (0,05; 0,01). Zeigen Sie, daß die Zahlungsbereitschaft **pro Einheit** der Risikoreduktion gegen die marginale Zahlungsbereitschaft geht, wenn $d\pi$ gegen 0 geht.

c) Von einer tödlichen Gefahr seien 10 Individuen bedroht, die alle das gleiche Einkommen und die gleiche Nutzenfunktion haben. Ist es zulässig, den Wert einer Aktion zur Verringerung des Risikos durch das Produkt aus der erwarteten Zahl der "geretteten" Menschenleben und der durchschnittlichen marginalen Zahlungsbereitschaft für eine Risikoveränderung in der Gruppe zu messen?

2.6 Literaturhinweise

Zum gesamten Kapitel 2:

Acton, J. (1976), Measuring the Monetary Value of Lifesaving Programs, in: *Law and Contemporary Problems*, 40, 46-72.

Zeckhauser, R.J. (1975), Procedures for Valuing Lives, in: *Public Policy*, 23, 419-464.

Zu Abschnitt 2.2:

Adam, H. und Henke, K.-D. (1993), Ökonomische Grundlagen der gesetzlichen Krankenversicherung, in: Schulin, B., (Hrsg.), *Handbuch des Sozialversicherungsrechts*, Band 1, Krankenversicherungsrecht, München.

Luce, B.R., und Elixhauser, A. (1990), Standards for Socioeconomic Evaluation of Health Care Products and Services, Berlin u.a.: Springer.

Sloan, F.A., Hrsg. (1995), Valuing Health Care. Costs, Benefits, and Effectiveness of Pharmaceutical and other Medical Technologies, Cambridge: Cambridge University Press.

Zu Abschnitt 2.3:

Acton, J. (1973), Evaluating Public Programs to Save Lives: The Case of Heart Attacks, *Rand Corporation Research Report* R-73-02, Santa Monica: Rand Corporation.

Arthur, W.B. (1981), The Ecomics of Risks to Life, in: *American Economic Review*, 71, 54-64.

Bamberg, G. und Baur, F. (1987), *Statistik*, 5. Aufl., München: Vahlen.

Bergstrom, T.C. (1982), When is a Man's Life Worth More than his Human Capital?, in: Jones-Lee, M.W. (Hrsg.), *The Value of Life and Safety*, Amsterdam: North Holland, 3-26.

Blomquist, G. (1982), Estimating the Value of Life and Safety: Recent Developments, in: Jones-Lee, M.W. (Hrsg.), *The Value of Life and Safety*, Amsterdam: North Holland, 27-40.

Broome, J. (1982), Trying to Value a Life, in: *Journal of Public Economics*, 9, 91-100.

Broome, J. (1982), Uncertainty in Welfare Economics and the Value of Life, in: Jones-Lee, M.W. (Hrsg.), *The Value of Life and Safety*, Amsterdam: North Holland, 201-216.

Dehez, P. und Drèze, J.H. (1982), State-Dependent Utility, the Demand for Insurance and the Value of Safety, in: Jones-Lee, M.W. (Hrsg.), *The Value of Life and Safety*, Amsterdam: North Holland, 41-65.

Eisner, R. und Strotz, R.H. (1961), Flight Insurance and the Theory of Choice, in: *Journal of Political Economy*, 69, 355-368.

Frankel, M. (1979), *Hazard, Opportunity and the Valuation of Life*, mimeo, Urbana-Champaign IL: Department of Economics, University of Illinois.

Henke, K.-D. (1989), Direkte und indirekte Kosten zur Beurteilung von Arzneimitteltherapien, in: Medizinisch-Pharmazeutische Studiengesellschaft e.V. (Hrsg.), *Mehr Lebensqualität - was können Arzneimittel leisten?*, Bonn, 25-42.

Jones-Lee, M.W. (1974), The Value of Changes in the Probability of Death or Injury, in: *Journal of Political Economy*, 82, 835-849.

Jones-Lee, M.W. (1985), The Value of Life and Safety: a Survey of Recent Developments, in: *Geneva Papers of Risk and Insurance*, 36, 141-173.

Jones-Lee, M.W., Hammerton, M. und Phillips, P.R. (1985), The Value of Safety: Results of a National Sample Survey, in: *Economic Journal*, 95, 49-72.

Kahneman, D. und Tversky, A. (1979), Prospect Theory: An Analysis of Decision under Risk, in: *Econometrica*, 47, 263-291.

Linnerooth, J. (1979), The Value of Human Life: A Review of the Models, in: *Economic Inquiry*, 17, 52-74.

Linnerooth, J. (1982), Murdering Statistical Lives?, in: Jones-Lee, M.W. (Hrsg.), *The Value of Life and Safety*, Amsterdam: North Holland, 229-261.

Marshall, J.M. (1984), Gambles and the Shadow Price of Death, in: *American Economic Review*, 74, 73-86.

Mishan, E.J. (1971), Evaluation of Life and Limb: A Theoretical Approach, in: *Journal of Political Economy*, 79, 637-705.

Shepard, D.S. und Zeckhauser, R.J. (1982), Life-Cycle Consumption and Willingness to Pay for Increased Survival, in: Jones-Lee, M.W. (Hrsg.), *The Value of Life and Safety*, Amsterdam: North Holland, 95-141.

Smith, V.K. und Desvouges, W.H. (1987), An Empirical Analysis of the Economic Value of Risk Changes, in: *Journal of Political Economy*, 95, 89-114.

Thaler, R. und Rosen, S. (1975), The Value of Saving a Life: Evidence from the Labor Market, in: Terleckyji, N.E. (Hrsg.), *Household Production and Consumption*, New York: Columbia University Press, 265-302.

Torrance, G.W. (1986), Measurement of Health State Utilities for Economic Appraisal, in: *Journal of Health Economics*, 5, 1-30.

Weinstein, M.C., Shepard, D.S. und Pliskin, J.S. (1980), The Economic Value of Changing Mortality Probabilities: A Decision-Theoretic Approach, in: *Quarterly Journal of Economics*, 94, 373-396.

World Health Organisation (1948), *Official Records*, No. 2, Genf: WHO.

Zu Abschnitt 2.4:

Fanshel, S. und Bush, J.W. (1970), A Health-Status Index and its Application to Health Services Outcomes, in: *Operations Research*, 18, 1021-1066.

Kahneman, D. und Tversky, A. (1979), Prospect Theory: An Analysis of Decision under Risk, in: *Econometrica*, 47, 263-291.

Kind, P., Rosser, R. und Williams, A. (1982), Valuation of Quality of Life: Some Psychometric Evidence, in: Jones-Lee, M.W. (Hrsg.), *The Value of Life and Safety*, Amsterdam: North Holland, 159-170.

Leu, R.E., Gerfin, M. und Spycher, S. (1992), The Validity of the MIMIC Health Index - Some Empirical Evidence, in: Zweifel, P. und Frech, H.E. III (Hrsg.), *Health Economics Worldwide*, Dordrecht: Kluwer, 109-142.

Pommerehne, W.W., Schneider, F. und Zweifel, P. (1982), Economic Theory of Choice and the Preference Reversal Phenomenon: A Reexamination, in: *American Economic Review*, 72 (June), 569-573.

Torrance, G.W. (1986), Measurement of Health State Utilities for Economic Appraisal, *Journal of Health Economics*, 5, 1-30.

Zeckhauser, R.J. und Shepard, D.S. (1976), Where now for Saving Lives?, in: *Law and Contemporary Problems*, 40, 5-45.

KAPITEL 3

Das Individuum als Produzent seiner Gesundheit

3.1 Problemstellung

Als Ausgangspunkt der Überlegungen eignet sich das bekannte Sprichwort: "Gesundheit ist nicht alles im Leben, doch ohne Gesundheit ist alles Nichts". Dieses Sprichwort weist nämlich auf eine doppelte Besonderheit der Gesundheit hin:

- ***Gesundheit als besonders hoch geschätztes Gut:*** Manchmal wird sogar behauptet, nur die Gesundheit zähle im Leben. Das Sprichwort erinnert in seinem ersten Teil daran, daß es doch auch andere Güter und Ziele im Leben gibt, die allerdings im Vergleich mit der Gesundheit ein kleineres Gewicht in der **Präferenzstruktur** der allermeisten Leute haben. Diese Ansicht soll im folgenden als ein Faktum akzeptiert werden, schließt sie doch nicht aus, daß zumindest Gesundheitsrisiken (also die erhöhte Wahrscheinlichkeit einer schlechten Gesundheit) in Kauf genommen werden, um andere Ziele zu erreichen.

- ***Gesundheit als Voraussetzung für andere Aktivitäten:*** Der zweite Teil des Sprichworts stellt Gesundheit als zentrale Vorbedingung für den Erfolg anderer Aktivitäten heraus. Eine schlechte Gesundheit beschränkt die **Produktionsmöglichkeiten** des Betroffenen in einem umfassenden Sinn. Dazu gehören letztlich auch die Möglichkeiten, andere schöne Dinge des Lebens zu genießen, geben doch Konsumgüter ihre Leistungen nicht automatisch ab. Ihre Nutzung erfordert vielmehr Zeit, Wissen und Können, alles Dinge, die von einem schlechten Gesundheitszustand beeinträchtigt werden.

Nicht im Sprichwort enthalten ist dagegen die Idee, daß Gesundheit "machbar" sei, die auch der Gesundheitsökonomie nahezuliegen scheint, ist doch in der Überschrift des Kapitels von einem "Produzenten der Gesundheit" die Rede. Tatsächlich ist die Zeit noch nicht lange her, da man gute Gesundheit als Gottesgabe und schlechte Gesundheit als Schicksal auffaßte. Die Erfolge der modernen Medizin haben demgegenüber der Überzeugung Vorschub geleistet, beinahe jedermann könne bei entsprechendem Aufwand von Mitteln einen beinahe beliebig guten Gesundheitszustand erreichen. Wenn aber Gesundheit grundsätzlich als herstellbar aufgefaßt wird, so stellt sich umgehend die Frage nach dem **Hersteller**. Auch wenn heute noch vielfach von einer Heilung des Patienten durch seinen Arzt gesprochen wird, so setzt sich in letzter Zeit vermehrt die Erkenntnis durch, daß jeder Gesundungsprozeß letztlich in der Psyche und im Körper des betroffenen Individuums abläuft. Allein schon die Tatsache, daß viele Krankheiten von selbst ausheilen, weist darauf hin, daß der Einzelne selber als Produzent seiner Gesundheit aufgefaßt werden muß.

Die Kurzformel "Produzent seiner Gesundheit" oder sogar "Gesundheitsproduktion" soll allerdings nicht über die Tatsache hinwegtäuschen, daß der einzelne (mit oder ohne Beizug eines Arztes) seinen Gesundheitszustand zwar beeinflussen, nicht aber effektiv bestimmen kann. Vererbung und Umwelteinflüsse üben stets ihre Wirkungen aus, und zwischen den Anstrengungen zur Erhaltung bzw. Verbesserung der Gesundheit und den Ergebnissen steht der Zufall, der jederzeit massive Veränderungen des Gesundheitszustandes bewirken kann.

Wenn auch beides, Gesundheit und Konsumleistungen, als produzierte Güter aufgefaßt werden können, so erinnert der zweite Teil des eingangs zitierten Sprichworts an eine **zweite Besonderheit** der Gesundheit: Eine gute Gesundheit ist eine wichtige Voraussetzung für den Erfolg anderer Tätigkeiten; "ohne sie ist alles Nichts". Insbesondere trägt die Gesundheit ihrerseits zur Herstellung konsumierbarer Leistungen bei. Je besser der Gesundheitszustand, desto mehr Zeit steht für produktive Tätigkeiten - darunter die Pflege der Gesundheit - zur Verfügung. Die Gesundheit erinnert hier an ein Kapitalgut: Je größer der Bestand an Kapitalgütern, desto mehr Güter und Leistungen lassen sich herstellen, die ihrerseits wieder für Investitionszwecke verwendet werden können.

Das Ziel dieses Kapitels besteht darin, die besonderen Bedingungen herauszuarbeiten, unter denen das Individuum als Produzent seiner Gesundheit handelt. Insbesondere geht es darum, die situationsbedingten Trade-offs zu bestimmen, d.h. herauszufinden, was an andern Gütern aufgegeben werden muß, um eine Verbesserung der Gesundheit zu erreichen. Die Beantwortung der folgenden Fragen steht im Vordergrund:

1. Was sind aus der Sicht des Individuums die Bedingungen, die eine **optimale Aufteilung** seiner Ressourcen auf Gesundheit und andere Güter bestimmen?

2. Können die oft sprunghaft erscheinenden Verhaltensweisen ("Sündigen gegen die Gesundheit" so lange es gut geht, extreme Opferbereitschaft im Krankheitsfall) noch mit **rationaler Entscheidungsfindung** in Übereinstimmung gebracht werden? Oder sind die Präferenzen der Individuen inkonsistent, so daß vielleicht medizinische Experten z.B. den richtigen Umfang präventiver Anstrengungen festlegen sollten?

3. Läßt sich das ökonomische Konzept der **Substitution** auf die Gesundheitsproduktion übertragen, daß also medizinische Leistungen zumindest teilweise durch andere Leistungen ersetzt werden können, auch wenn man sich leicht Situationen vorstellen kann, in denen einzig medizinische Leistungen Aussicht auf Heilung gewähren?

Vor dem Hintergrund dieser Fragen soll in diesem Kapitel versucht werden, eine Produktionsfunktion für Gesundheit zu entwickeln, die dann im 4. Kapitel als Grundlage zur Interpretation von empirischen Untersuchungen dient. Der nächste Abschnitt geht auf kritische Einwendungen gegen die Übertragung des ökonomischen Produktionskonzepts auf die Gesundheit ein. In einem Versuch, diese Bedenken zu vermindern, wird ein Konzept vorgeschlagen, bei dem sich dem Individuum (und seinem Arzt) nicht mehr Möglichkeiten bieten, als die Übergangwahrscheinlichkeit von einem Gesundheitszustand zu einem anderen nur marginal zu beeinflussen. In Abschnitt 3.3 wird hergeleitet, daß eine Bereitschaft, für Änderungen zur Verbesserung der Gesundheit zu zahlen, in der kurzen Frist existiert. Im Abschnitt 3.4 kommt ein Modell der situationsabhängigen Produktion zur Darstellung. Ist das Individuum in der laufenden Periode gesund, steht ihm die Möglichkeit eigener gesundheitsfördender Tätigkeiten offen; ist es dagegen krank, bleiben nur medizinische Leistungen zur Verbesserung der Genesungschancen. Dabei stellt sich heraus, daß die Alternativkosten von "mehr Gesundheit" ausgesprochen situationsabhängig sind, was auch die oben angesprochene Wechselhaftigkeit im Gesundheitsverhalten erklären könnte.

3.2 Zum Konzept der Gesundheitsproduktion

3.2.1 Grundsätzliche Betrachtungen

Für den ökonomischen Laien ist es zumindest seltsam, vielleicht sogar anstößig, von einer Produktion der Gesundheit zu sprechen. Er bringt den Begriff der Produktion mit Anbaumethoden in der Landwirtschaft und insbesondere Herstellungsverfahren in der Industrie in Verbindung und stellt sofort mindestens zwei schwerwiegende Unterschiede fest, die einer Übertragung des Produktionsbegriffs auf die Gesundheit entgegenstehen.

- ***Mangelnde Steuerbarkeit:*** Produktionsprozesse in Landwirtschaft und Industrie lassen sich in hohem Maße steuern. Erwartet der Produzent eine Zunahme der Nachfrage in der Zukunft, so kann er auf Lager produzieren; rechnet er mit einem Nachfragerückgang, so wird er die Produktion einschränken oder Lagerbestände abbauen. Diese Möglichkeiten scheint es im Falle der Gesundheit nicht zu geben.

- ***Mangelnde Handelbarkeit:*** Das Ergebnis der Produktion wird an Dritte verkauft. Ein solcher Verkauf wäre im Falle der Gesundheit höchstens in einer Wirtschaft mit Sklavenhaltung denkbar, indem ein gesunder Sklave auf dem Markt einen höheren Preis erzielt als ein kranker. In der heutigen Gesellschaft kann ein gesunder Erwerbstätiger zwar ein höheres Arbeitseinkommen erzielen (vgl. *Bartel und Taubman, 1979*), doch spielen dabei auch andere Eigenschaften, wie beispielsweise seine Fähigkeiten, eine wichtige Rolle. Diese Fähigkeiten sind ihrerseits auch nicht handelbar, und so widerstrebt es dem Nicht-Ökonomen auch, von Bildungsproduktion zu sprechen.

Diese Einwendungen lassen sich wenn nicht vollständig entkräften, so doch erheblich relativieren. Zum einen bedeutet eine unvollständige Kontrolle über den Produktionsprozeß noch nicht, daß kein systematischer Zusammenhang zwischen Inputs und Outputs besteht. Die Tatsache, daß der Ernteertrag in der Landwirtschaft in einem gegebenen Jahr erheblich vom Wetter abhängt, schließt ja auch nicht aus, daß der Mehreinsatz von Dünger den Ertrag in der Regel steigert, und die Bauern verhalten sich auch danach. Ebenso kann man Vorkehrungen zur Erhaltung der Gesundheit als Inputs in einem Produktionsprozeß betrachten, die zwar nicht immer Krankheiten vermeiden helfen, aber doch übers Ganze gesehen zu einem besseren Gesundheitszustand beitragen.

Auch die mangelnde Lagerfähigkeit des Fertigprodukts "Gesundheit" tut dem Konzept eines Produktionsprozesses keinen Abbruch. Man könnte Gesundheit und Bildung als **unsichtbare Kapitalbestände** auffassen, in die investiert wird, die Leistungen abgeben und die einem Kapitalverzehr unterliegen [vgl. dazu folgenden Unterabschnitt] Die Leistung des Gesundheitskapitals kann man sich beispielsweise als die Quality-Adjusted Life Years (*QALYs*) des Abschnitts 2.4.1 vorstellen, diejenige des Bildungskapitals als erhöhtes Arbeitseinkommen. Der jährliche Urlaub, aber auch ein gesundheitsfördernder allgemeiner Lebensstil würden Investitionen in einen erhöhten Vorrat an Gesundheit entsprechen. Tritt danach ein Verlust an Gesundheitskapital ("Abschreibung") infolge einer Krankheit auf, so ist der Restvorrat an Gesundheit bei einem Individuum, das zuvor investiert hat, immer noch größer als bei einem andern. Und tatsächlich überstehen erholte Menschen die meisten Krankheiten besser als übermüdete, Nichtraucher besser als Raucher, Normalgewichtige besser als Übergewichtige. "Gesundheit auf Vorrat" läßt sich zwar nicht direkt beobachten und auch nicht an einen Dritten veräußern, ist aber dennoch als Konzept nicht von vorneherein von der Hand zu weisen.

Ebensowenig stellt die mangelnde Handelbarkeit des produzierten Gutes einen Hinderungsgrund dar, vom Konzept eines Produktionsprozesses bzw. einer Produktionsfunktion auszugehen. Das Individuum handelt sozusagen mit sich selbst, insofern als es zur Erreichung eines verbesserten Gesundheitszustandes auf andere Dinge verzichten muß. Zugegebenermaßen sind in den meisten Industrieländern von heute dank umfassender Krankenversicherung medizinische Leistungen beinahe gratis; dennoch stellen sie aus ökonomischer Sicht Inputs dar, und ihre Inanspruchnahme kostet Zeit, die im Haushalt fehlt. Umgekehrt hat die Anwendung des Konzepts der Produktion und konkret der Produktionsfunktion im Bereich der Gesundheit ganz erhebliche Vorteile.

1. ***Eindeutige Optimalbedingungen als Referenzpunkt:*** Produktion kostet etwas, und die Kosten zusätzlich produzierter Gesundheit stehen in einem bestimmten Verhältnis zu den Grenzkosten anderer Leistungen, insbesondere von Konsumleistungen. In einem optimalen Zustand müßten die Grenzkosten der Gesundheit im Vergleich zu den Grenzkosten des Konsums der marginalen Zahlungsbereitschaft für Gesundheit im Vergleich zu jener für Konsum entsprechen. Die relative (marginale) Zahlungsbereitschaft für Gesundheit läßt sich aber mit Hilfe der in Abschnitt 2.3.3 dargestellten Instrumente grundsätzlich ermitteln und mit den relativen Grenzkosten vergleichen. Es besteht einiger Anlaß dazu, hier eine Diskrepanz zu erwarten, wird doch die marginale Zahlungsbereitschaft im Gesundheitswesen durch den Versicherungsschutz und das Dazwischentreten von Ärzten verzerrt, während die ausgehandelten Tarife für medizinische Leistungen mit ihren wahren Grenzkosten nicht viel gemein haben.

2. ***Frage nach der relativen Grenzproduktiviät der Inputs:*** Das Konzept der Produktionsfunktion erinnert daran, daß verschiedene Inputs unterschiedliche Beiträge zum Produktionsergebnis leisten. Einerseits gibt es die medizinischen Leistungen, deren wahre Grenzkosten im heutigen Gesundheitswesen sehr hoch sind. Der große Aufwand zugunsten der Medizin läßt sich aus gesamtwirtschaftlicher Sicht nur dann rechtfertigen, wenn ihm eine entsprechend hohe Grenzproduktivität im Vergleich zu alternativen Inputs der Gesundheitsproduktion gegenübersteht. In diesem Zusammenhang ist daran zu denken, daß z.B. eine Verbesserung der Umweltqualität heute vielleicht eine größere Grenzproduktivität [gemessen beispielsweise in *QALYs*, vgl. Abschnitt 2.4.1] aufweisen könnte als ein weiter zunehmender Aufwand an medizinischen Leistungen.

Insgesamt scheinen diese gewichtigen Vorteile für die theoretische Analyse den Versuch zu rechtfertigen, das ökonomische Konzept der Produktionsfunktion auf die Gesundheit zu übertragen.Diese Überlegungen lassen sich zusammenfassen in der

Folgerung 3.1: Die Tatsache, daß der Gesundheitszustand des Menschen mit vom Zufall bestimmt ist, sowie die mangelnde Lagerfähigkeit und Handelbarkeit der Gesundheit schließen nicht aus, den Gesundheitszustand als Ergebnis eines Produktionsprozesses aufzufassen. Darüber hinaus ist das Konzept einer Produktionsfunktion der Schlüssel zur Bewertung der Optimalität des Verhaltens eines Individuums sowie des effizienten Einsatz von knappen Ressourcen.

3.2.2 Die Gesundheit als Teil des Humankapitals

Akzeptiert man die ökonomische Sicht der Gesundheit als eines produzierten Aktivums, so liegt eine Verallgemeinerung auf zwei weitere Aktiva nahe: Wissen und Fähigkeiten als zweite Komponente des Humankapitals sowie schließlich die auf Märkten gehandelten Aktiva, die neben den Finanzaktiva auch reale Vermögensbestandteile wie Immobilien umfassen. Die Gesundheitsproduktion läßt sich dann als eine Investition auffassen, die den Kapitalverzehr infolge von Erkrankungen wieder wettmacht und sogar zu einem Nettoanstieg des Kapitalbestandes "Gesundheit" führen kann [vgl. *Grossman (1972), Muurinen (1982)* und *Wagstaff (1986)*]. Die Investition kommt durch den Einsatz (kurativer) medizinischer Leistungen zustande, deren Produktivität als zeit- und damit altersabhängig angenommen wird. Der Bestand an Gesundheitskapital ist einer **Abschreibung** unterworfen, wobei deren Rate nicht nur von der Zeit, sondern auch von anderen, insbesondere vom Verbrauch von Konsumgütern (z.B.Alkohol oder Zigaretten) herrührenden Einflüssen abhängt.

3.2.2.1 Das Grossman-Modell: Darstellung

Im folgenden wird das Modell von Grossman dargestellt, und zwar in der von *Wagstaff (1986)* formulierten Fassung. Betrachtet wird ein Individuum, dessen Planungshorizont bis zur Periode T, seinem Lebensende, reicht. In jeder Periode τ verbringt es eine nichtnegative Zeitspanne t^k im Zustand der Krankheit. Diese Spanne ist umso kürzer, je größer sein Bestand an Gesundheitskapital, H, ist. Anders ausgedrückt, ist die Zeitspanne der Gesundheit eine nicht handelbare Leistung, die der (unbeobachtbare) Gesundheits-Kapitalstock abgibt. Das Individuum zieht positiven Nutzen aus dem Konsum von Gütern, X, und negativen aus der Dauer der krank verbrachten Zeit, $t^k(\tau)$. Die Nutzenfunktion mit diesen Argumenten bleibt über die Zeit dieselbe, d.h. die Grenzrate der Substitution zwischen Gesundheit(szeit) und Konsum ändert sich nicht mit dem Lebensalter. Bei stetiger Diskontierung eines zukünftigen Nutzenstroms mit der subjektiven Zeitpräferenzrate ρ ergeben sich exponentiell abnehmende Gewichte. Folglich ist die vom Individuum zu maximierende Zielgröße gegeben durch (einen Überblick über sämtliche Modellgleichungen gibt Tabelle 3.1):

$$W = \int_0^T e^{-\rho t} U\{t^k(\tau); X(\tau)\}\, d\tau,$$

$$\partial U / \partial t^k(\tau) \leq 0 \quad , \quad \partial U / \partial X(\tau) \geq 0 \, , \quad \partial t^k(\tau) / \partial H(\tau) < 0 \qquad \forall \tau \qquad (3.1)$$

Das entscheidende Element des Grossman-Modells ist die folgende Gleichung, die die Veränderung des Gesundheits-Kapitalbestands über die Zeit beschreibt. Einerseits schreibt sich das Gesundheits-Kapital mit der Rate δ ab, was, für sich genommen, zu einer ständigen Verringerung des Bestands H führt, so daß das Individuum mit der Zeit immer kranker wird. Andererseits kann das Individuum in seine Gesundheit investieren, indem es medizinische Leistungen kauft, die wie eine Investition wirken und daher mit I bezeichnet werden. Die Abschreibungsrate δ ist übrigens keine Konstante, sondern hängt zum einen, je nach dem Lebensstil, positiv oder negativ vom Konsum ab und nimmt zum anderen mit dem Lebensalter τ zu. Die beschriebene Gleichung für die Veränderung des Gesundheitskapitals stellt für das Individuum eine Restriktion dar, die in die Lagrangefunktion für sein Maximierungsproblem mit dem zeitabhängigen Multiplikator $\mu(\tau)$ eingeht:

$$\dot{H}(\tau) = I(\tau) - \delta\{\tau, X(\tau)\} \cdot H(\tau), \qquad \{\mu(\tau)\}$$
$$\partial\delta(\tau)/\partial\tau > 0, \qquad \partial\delta(\tau)/\partial X(\tau) \gtrless 0 \qquad (3.2)$$

Trotz des Bestehens einer Krankenversicherung haben medizinische Leistungen einen positiven Effektiv-Preis q, während eine Einheit des Konsumguts p kostet. (Das Preisniveau wird als konstant unterstellt.) Diese Ausgaben werden aus Arbeits- und Vermögenseinkommen finanziert. Das Arbeitseinkommen Y ist umso höher, je weniger Krankheitszeit anfällt, und das Vermögenseinkommen fließt mit der Rate r, dem realen Zinssatz, aus dem Vermögensbestand A. Insgesamt lautet die Gleichung für die Veränderung des Vermögensbestandes [mit dem Lagrange-Multiplikator $\lambda(\tau)$]:

$$\dot{A}(\tau) = rA(\tau) + Y\{t^k(\tau)\} - q(\tau) \cdot I(\tau) - p(\tau) \cdot X(\tau) \, , \qquad \{\lambda(\tau)\}$$
$$\partial Y(\tau)/\partial t^k(\tau) < 0 \qquad (3.3)$$

Dynamische Optimierungsprobleme dieses Typs erfordern Randbedingungen sowohl für die Anfangs- als auch für die Endperiode [dazu genauer *Intriligator (1971, Kap 14)* oder *Léonard und Van Long (1992, Kap. 2 und 3)*]. Im hier betrachteten Problem darf der Bestand an Gesundheitskapital am Ende des Planungshorizonts eine untere Grenze H', die den Tod symbolisiert, nicht unterschreiten, und der Vermögensbestand darf nicht negativ sein:

$$H([T] \geq H'), \quad A([T] \geq 0) \qquad (3.4)$$

Das durch die Gleichungen (3.1) bis (3.4) beschriebene Maximierungsproblem kann mit Verfahren der Kontrolltheorie gelöst werden. Dazu werden die Nebenbedingungen (3.2) und (3.3), gewichtet mit ihren Lagrange-Multiplikatoren $\mu(\tau)$ bzw. $\lambda(\tau)$, zur Zielfunktion (3.1) addiert. Anders als in statischen Optimierungsproblemen ändern sich die Werte der Multiplikatoren im Zeitablauf, was die Tatsache widerspiegelt, daß die **Entscheidungen der einzelnen Perioden die betreffenden Nebenbedingungen verschärfen oder lockern können**. Beispielsweise erhöht eine Investition in die Gesundheit ceteris paribus sowohl den gegenwärtigen als auch den zukünftigen Gesundheits-Bestand, so daß zusätzliche Erhöhungen von H sich auf den (optimalen) Wert der Zielfunktion weniger stark auswirken - was sich wiederum in einem geringen Wert des Lagrange-Multiplikators $\mu(\tau)$ äußert. Die Lagrange-Funktion wird an einem bestimmten Zeitpunkt τ durch Wahl von I, H, X und A maximiert, wobei die Optimierung im Hinblick auf den gesamten in (3.1) beschriebenen Nutzenstrom vorgenommen wird. Dieser Strom wird zum Zeitpunkt $\tau = 0$ bewertet, was an der unteren Integrationsgrenze in Gleichung (3.1) sichtbar wird. Aus den notwendigen Maximalbedingungen bezüglich der beiden Gesundheits-Variablen H und $\dot{H}$ ergibt sich [vgl. *Wagstaff (1986)*, Appendix]:

$$\left[\frac{\partial U/\partial t^k(\tau)}{\lambda[0]} \cdot e^{-(\rho-r)\tau} + \frac{\partial Y(\tau)}{\partial t^k(\tau)}\right]\frac{\partial t^k(\tau)}{\partial H(\tau)} = \left[r + \delta(\tau) - \frac{\dot{q}(\tau)}{q(\tau)}\right]q(\tau) \tag{3.5}$$

Diese Bedingung verlangt, daß der Grenznutzen einer Investition in die Gesundheit ihren Grenzkosten entspricht. Die linke (Grenznutzen-)Seite der Gleichung kann wie folgt interpretiert werden:

- **Effektivität als Vorbedingung:** Damit eine Investition in die Gesundheit einen positiven Ertrag hat, muß sie die krank verbrachte Zeit verringern. Ein negativer Wert von $\partial t^k(\tau)/\partial H(\tau)$ ergibt, in Verbindung mit negativen Werten der Ausdrücke in der Klammer, einen positiven Wert der linken Seite von (3.5) und damit einen positiven Grenznutzen.

- **Bewertung der Gesundheit als Konsumgut:** Die Verringerung der krank (und somit die Zunahme der gesund) verbrachten Zeit erhöht den Nutzen zum einen direkt wegen $\partial U/\partial t^k(\tau) < 0$. Mittels der Diskontierung auf den Entscheidungszeitpunkt $\tau = 0$ beläuft sich dieser Nutzen auf $\partial U/\partial t^k(\tau) \cdot e^{-(\rho-r)\tau}$. Daneben kann der Gewinn an gesund verbrachter Zeit auch dazu verwendet werden, die Nebenbedingungen für die Entwicklung des Vermögens, (3.3), zu lockern. Der Gegenwartswert dieser Lockerung zum Zeitpunkt $\tau = 0$ ist durch $\lambda[0] \cdot e^{(\rho-r)\tau}$ gegeben, wobei $\lambda[0]$ den Effekt einer Lockerung der Vermögensrestriktion (3.3) auf den Zielwert im Anfangspunkt mißt. Der Faktor $e^{-(\rho-r)\tau}$ hingegen erfaßt die Wirkung der beiden Diskontierungsprozesse, wobei der eine gesundheitsbezogen und subjektiv, der andere vermögensbezogen und objektiv ist. Versionen der Bedingung (3.5), die nur die erste Komponente des Grenznutzens einer Investition in Gesundheit enthalten, werden üblicherweise "reine Konsumgut-Modelle" genannt.

- **Bewertung der Gesundheit als Investitionsgut:** Die Verringerung der krank verbrachten Zeit hat einen unmittelbaren Einfluß auf das Arbeitseinkommen in Höhe von $\partial Y(\tau)/t^{k}(\tau)$ [1]. Daher hätte eine Investition in die Gesundheit auch dann einen Ertrag, wenn krank verbrachte Zeit als solche nicht nutzenvermindernd wäre. Da in diesem Fall Gesundheit ein Gut wäre, das nicht um seiner selbst willen geschätzt würde, sondern lediglich aufgrund eines Effektes auf das Vermögen des Individuums, sind Versionen der Bedingung (3.5), die nur diese zweite Komponente enthalten, als "reine Investitionsgut-Modelle" bekannt.

Tab. 3.1: Das Grossman-Modell

$$W = \int_0^T e^{-\rho t} U\{t^k(\tau);X(\tau)\}\, d\,,$$

$$\partial U/\partial t^k(\tau) \le 0\,,\quad \partial U/\partial X(\tau) \ge 0\,,\quad \partial t^k(\tau)/\partial H(\tau) < 0 \qquad \forall\tau \tag{3.1}$$

$$\dot H(\tau) = I(\tau) - \delta\{\tau, X(\tau)\}\cdot H(\tau)\,, \qquad \{\mu(\tau)\}$$

$$\partial\delta(\tau)/\partial\tau > 0, \qquad \partial\delta(\tau)/\partial X(\tau) \gtrless 0 \tag{3.2}$$

$$\dot A(\tau) = rA(\tau) + Y\{t^k(\tau)\} - q(\tau)\cdot I(\tau) - p(\tau)\cdot X(\tau),\quad \{\lambda(\tau)\}$$

$$\partial Y(\tau)/\partial t^k(\tau) < 0 \tag{3.3}$$

$$H([T] \ge H')\,,\quad A([T] \ge 0) \tag{3.4}$$

$$\left[\frac{\partial U/\partial t^k(\tau)}{\lambda[0]}\cdot e^{-(\rho-r)\tau} + \frac{\partial Y(\tau)}{\partial t^k(\tau)}\right]\frac{\partial t^k(\tau)}{\partial H(\tau)} = \left[r + \delta(\tau) - \frac{\dot q(\tau)}{q(\tau)}\right]q(\tau) \tag{3.5}$$

$\dot{}$	Veränderung der Variablen über die Zeit, z.B. $\dot H = \partial H/\partial\tau$
W:	Wohlfahrt des einzelnen
U:	Nutzen pro Periode
H:	Kapitalbestand Gesundheit
δ:	Abschreibungsrate des Gesundheits-Kapitalbestandes
A:	finanzieller Vermögensbestand
r:	Zinssatz

1. Dieser finanzielle Ertrag kann auch dadurch in Grenznutzen transformiert werden, daß man Gleichung (3.5) mit $\lambda[0]$ multipliziert, dem Zuwachs im Wert der Zielfunktion, der auf eine Lockerung der Vermögensrestriktion in der Anfangsperiode zurückgeht.

Tab. 3.1: Das Grossman-Modell

Y:	Arbeitseinkommen
X:	Konsumgüter
p:	Preis der Konsumgüter pro Einheit
I:	Investitionen in Gesundheit
q:	Netto-Preis der medizinischen Leistungen, pro Einheit
τ :	Zeit
t^k	Zeit, die im Zustand der Krankheit verbracht wird
ρ :	Zeitpräferenzrate
λ , μ	Lagrange - Multiplikatoren

Die rechte Seite der Bedingung (3.5) mißt die Grenzkosten, die mit dem Halten einer zusätzlichen Einheit des Gesundheitskapitals verbunden sind. Da der Gesundheitsbestand als dauerhaft angesehen wird, sind diese Grenzkosten geringer als die Ausgaben für die dazu notwendige Investition in die Gesundheit [nämlich deren Einheitspreis $q(\tau)$]. Vielmehr umfassen die Grenzkosten entgangene Zinsen (in Höhe von r je Geldeinheit) und Abschreibung (in Höhe von $\delta(\tau)$ je Einheit). Schließlich nehmen in einem dynamischen Kontext die Kosten des Haltens eines Kapitalguts ab, wenn sein Marktpreis über die Zeit zunimmt [$\dot{q}(\tau) > 0$]. In diesem Fall ist der Konsument froh, das Gut frühzeitig gekauft zu haben. Umgekehrt kann das Halten des Kapitalguts teuer werden, wenn sein Wert im Zeitablauf abnimmt [$\dot{q}(\tau) > 0$]. Diese überlegungen gelten auch für das Kapitalgut "Gesundheit", dessen marginaler Wert durch den Preis des Investitionsguts zu dessen Auffüllung bestimmt ist, der wiederum vom **Effektivpreis der medizinischen Leistungen** abhängt. Er könnte auch vom Preis der Zeit des Individuums, d.h. von seinem Lohnsatz abhängen, sofern dessen eigenen präventiven Anstrengungen als ein Input in die Produktion der Investition I zugelassen wären.

Folgerung 3.2: Im Grossman-Modell stellen Gesundheit und Vermögen zwei miteinander verbundene Aktiva dar, deren Werte im Zeitablauf vom Individuum optimal gesteuert werden. In Bezug auf die Gesundheit gilt, daß der Grenznutzen des Haltens einer zusätzlichen Einheit seines Bestands eine konsumtive und eine investive Komponente enthält, die wiederum aus Zins, Abschreibung und einer möglichen Wertänderung des Kapitalguts "Gesundheit" im Zeitablauf bestehen.

3.2.2.2 Kritische Würdigung

Um das Grossman-Modell umfassend würdigen zu können, werden im folgenden die testbaren Hypothesen herausgearbeitet, die aus ihm abgeleitet werden können, und mit den vorhandenen empirischen Ergebnissen verglichen. Die von einem Modell der dynamischen Optimierung generierten Hypothesen lassen sich zwei Typen zuordnen. Der erste

Typ betrifft die **Entwicklung der endogenen Variablen über die Zeit** bzw. die **Beziehung zweier endogener Variablen** zueinander. So könnte das Grossman-Modell beispielsweise eine bestimmte Entwicklung des Gesundheitskapitals mit zunehmendem Alter des Individuums vorhersagen. Der zweite Typ von Hypothesen bezieht sich dagegen darauf, wie das Verhalten des Individuums auf **Veränderungen in den exogenen Variablen** reagiert. Dazu wird die Optimalitätsbedingung (3.5) nach der interessierenden Variablen total differenziert [vgl. Abschnitt 2.3.2.2.2 des vorhergehenden Kapitels], um zu ermitteln, welche Anpassungen erforderlich sind, um die dynamische Optimalität wiederherzustellen. Theoretische Vorhersagen beider Typen wurden von *Muurinen (1982)* und *Wagstaff (1986)* sowohl für die "reine Konsumgut" - als auch für die "reine Investitionsgut-Variante" des Grossman-Modells hergeleitet (vgl. Tabelle 3.2). Diese Vorhersagen werden im folgenden im Lichte vorliegender empirischer Beobachtungen diskutiert.

Tab. 3.2: Hypothesen aus dem Grossman-Modell

partielle Korrelation mit	**Nachfrage nach Gesundheit** $H(\tau)$				**Nachfrage nach medizinischen Leistungen** $I(\tau)$			
	reines Konsumgut (1)		reines Investitionsgut (2)		reines Konsumgut (1)		reines Investitionsgut (2)	
Gesundheit	..		..		+ a)	[NC]	? (+)	[NT]
Alter	- b)	[C]	- b)	[C]	+ b)	[NC]	+ b)	[NT]
Bildungsniveau	+ a)	[NT]	+ a)	[NC]	+ a)	[NC]	- a)	[NT]
Lebenseinkommen	- a)	[NC]	+ b)	[NT]	? (-)	[NT]	+ b)	[NC]

+:positiver Partialeffekt vorhergesagt, -: negativer Partialeffekt vorhergesagt,
..:keine theoretische Vorhersage
c: bestätigt, NC: nicht bestätigt, NT: nicht getestet

Quellen: a) *Muurinen* (1982); b) *Wagstaff* (1986)

- **Gesundheit:** Es ist anzumerken, daß ein besserer Gesundheitszustand nicht unabhängig von der **Nachfrage nach Gesundheit** definiert werden kann, da im Grossman-Modell der erwünschte Gesundheitszustand immer dem tatsächlichen entspricht. Ein besserer Gesundheitszustand kann dagegen als separate Größe in der Bestimmung der **Nachfrage nach medizinischen Leistungen** behandelt werden. In diesem Sinne geben die Einträge in Tabelle 8.2, Zeile 1, Spalten (3) und (4) die partielle Korrelation der beiden endogenen Variablen $I(\tau)$ und $H(\tau)$ an. Daß diese Korrelation positiv sein muß, ist in der Literatur für den Fall eines reinen Konsumguts eindeutig gezeigt worden. Die Logik der Arguments, daß eine Investition in Gesundheit ceteris paribus das Gesundheitskapital erhöht, bleibt aber auch im Fall eines reinen Investitionsguts gültig. Bedauerlicherweise wird diese wichtige Implikation des Modells in empirischen

Untersuchungen konsistent widerlegt [*Wagstaff* (1986), *Leu und Gerfin* (1992)]: Wenn der Gesundheitszustand mittels simultaner Indikatoren als latente Variable eingeführt wird, [2] so weisen alle Komponenten der medizinischen Leistungen eine ausgeprägte und hochsignifikante **negative** partielle Korrelation mit der Gesundheit auf.

- **Alter:** In beiden Versionen des Modells wird vorhergesagt, daß die Nachfrage nach Gesundheit mit dem Lebensalter abnimmt. Wie bereits gesagt, kann die Rendite aus einem gegebenen Bestand an Gesundheitskapital in Form von gesund verbrachter Zeit im Alterungsprozeß abnehmen. Zusätzlich nimmt die Abschreibungsrate $\delta(\tau)$ zu und erhöht damit die Grenzkosten des Haltens einer zusätzlichen Einheit des Gesundheitskapitals [rechte Seite der Bedingung (3.5)]. Die Nachfrage nach medizinischen Leistungen dürfte typischerweise zunehmen, da es für das Individuum nicht optimal sein wird, das Gesundheitskapital parallel zum Anstieg der Abschreibung absinken zu lassen, so daß die Investition aufgestockt werden muß. Was die Empirie angeht, so wird die Vorhersage eines Absinkens des Gesundheitskapitals im Alter bestätigt [*Leu und Doppmann* (1986), *Leu und Gerfin* (1992)]. Die Vorhersage bezüglich einer steigenden Nachfrage nach medizinischen Leistungen wird jedoch im Falle ambulanter ärztlicher Leistungen durchgängig widerlegt, vor allem wenn man die **Wahrscheinlichkeit eines Arztkontakts** als Indikator patienten-initiierter Nachfrage heranzieht, die noch nicht durch den medizinischen Rat eines eigennützigen Arztes verzerrt ist [*Duan u.a.* (1984), *Newhouse und Phelps* (1974), *Zweifel* (1985)].

- **Bildung:** Nach beiden Versionen des Modells sollte der Gesundheits-Kapitalbestand positiv mit der Schulbildung zusammenhängen. Einerseits könnte ein höherer Grad an Schulbildung das Individuum dazu befähigen, ein Konsumbündel $X(\tau)$ auszuwählen, das der Gesundheit dienlicher ist und daher die Abschreibungsrate $\delta(\tau)$ senkt. Andererseits kann sie ihn zu einem effektiveren Produzenten von Investitionen in die Gesundheit machen, sofern man das Modell dahingehend erweitert, daß nicht nur medizinische Leistungen, sondern auch das persönliche Gesundheitsverhalten in die Investitionen $I(\tau)$ eingeht. In Bezug auf die Nachfrage nach medizinischen Leistungen sollte ein Zuwachs an Schulbildung die Nachfrage nach Gesundheits-Investitionen senken, da eine geringere Abschreibung auszugleichen ist. Die erste Vorhersage wird in *Wagstaffs* Test des reinen Investitionsgutmodells (1986) empirisch **bestätigt**, während sie in seinem Test des reinen Konsumgutmodells ziemlich durchgängig **widerlegt** wird. Als Determinante der Nachfrage nach medizinischen Leistungen hat Schulbildung entweder keinen statistisch signifikanten Effekt [*Leu und Gerfin* (1992)], oder sie kurbelt die Nachfrage sogar an - im Gegensatz zu den Vorhersagen in den Spalten (3) oder (4) der Tabelle 3.2 [*Wagstaff* (1986)].

- **Lebenseinkommen:** Da das Einkommen der Beobachtungsperiode vermutlich mit dem Gesundheitszustand variiert, ist es nicht völlig exogen. Dieses Problem kann durch die Schätzung des Lebenseinkommens oder eines permanenten Einkommens gemildert werden. Die vorhergesagte Beziehung mit dem Gesundheits-Kapitalbestand ist aus dem folgenden Grunde negativ: Das Lebeneinkommen entspricht annähernd $\lambda[0]$, dem

2. vgl. Abschnitt 4.4.2 des folgenden Kapitels für eine Beschreibung der Modellierung von latenten Variablen.

Nutzenwert einer Lockerung der Vermögensrestriktion (die durch eine zusätzliche Einheit gesund verbrachter Zeit ermöglicht wird, in der man arbeiten kann). Wie an der Optimalitätsbedingung (3.5) aufgezeigt wurde, deflationiert $\lambda[0]$ jedoch den Nutzenzuwachs $\partial U/\partial t^k(\tau)$, der vom Halten einer zusätzlichen Einheit des Gesundheits-Kapitalstocks herrührt. Je höher daher das Lebenseinkommen, desto geringer ist folglich der Anreiz, Gesundheit als ein Aktivum für konsumtive Zwecke zu halten. Im Gegensatz dazu führt im reinen Investitionsgut-Modell ein höheres Lebenseinkommen zu einem Anstieg des Terms $\partial Y(\tau)/\partial t^k(\tau)$ in (3.5), so daß der Anreiz, Gesundheit als ein Aktivum zu halten, verstärkt wird. Die Vorhersage hinsichtlich der Nachfrage nach medizinischen Leistungen ist in der Konsumgut-Version des Modells nicht eindeutig, sobald das Individuum mit seiner eigenen Zeit als einem Input zur Investition beitragen kann, dessen Opportunitätskosten mit dem Lohnsatz zunehmen. Im reinen Investitionsgut-Modell sollte der direkte Effekt verringerter Krankheitszeit auf das Arbeitseinkommen groß genug sein, den Kauf zusätzlicher medizinischer Leistungen zu erlauben. Auch hier sind die empirischen Befunde gemischt. *Wagstaff* (1986) findet - entgegen der Vorhersagen in Spalte (1) der Tabelle 3.2 - einen positiven Einfluß des Lohnes auf den Gesundheitszustand im reinen Konsumgut-Modell, während er sich in der Arbeit von *Leu und Gerfin* (1992) als insignifikant erweist. In der reinen Investitionsgut-Version des Grossman-Modells ist das Lebenseinkommen - im Einklang mit Spalte (2) von Tabelle 3.2 - positiv mit der Gesundheit verbunden. Dagegen gehört es in keiner der Gleichungen für die Nachfrage nach medizinischen Leistungen zu den signifikanten Erklärungsgrößen [vgl. Spalten (3) und (4) der Tabelle 3.2 sowie *Wagstaff* (1986)].

Folgerung 3.3: Viele der Implikationen des Grossman-Modells sind von der verfügbaren empirischen Evidenz widerlegt worden. Insbesondere die Vorstellung, daß Ausgaben für medizinische Leistungen eine abgeleitete Nachfrage darstellen, die auf eine zugrundeliegende Nachfrage nach Gesundheit zurückgeht, kann nicht aufrechterhalten werden, da der Gesundheitszustand und die Nachfrage nach medizinischen Leistungen negativ und nicht positiv korreliert sind.

Das letzte Wort ist jedoch über das Grossman-Modell noch nicht gesprochen. Mehr Aufschluß kann man von der Analyse von Panel-Daten versprechen, in denen Individuen über die Zeit in ihrem Versuch verfolgt werden, ihren Gesundheits-Kapitalstock auf dem Zeitpfad der dynamischen Optimallösung zu halten. Gegenwärtig kann man allerdings sagen, daß die Betonung der langfristigen Optimierung ganz allgemein die **Unsicherheit vernachlässigt,** die mit dem Überleben und dem Gesundheitszustand verbunden ist. Daher läuft man mit ihr Gefahr, die Steuerbarkeit des Gesundheitszustands durch das Individuum selbst zu übertreiben. Insbesondere scheint die Mißachtung der Unsicherheit für zwei Schwächen des Grossman-Modells verantwortlich zu sein:

(1) Die Abschreibungsrate $\delta(\tau)$ ist in Gleichung (3.2) als **deterministisch definiert**. Folglich gibt es keine stochastischen Schocks wie z.B. Unfälle oder schwere Erkrankungen, die für sehr große Werte von $\delta(\tau)$ verantwortlich sein können. Tatsächlich kann $\delta(\tau)$ einen so großen Wert annehmen, daß das Individuum in der laufenden Periode nicht mehr zum Optimalwert des Gesundheits-Kapitalstocks zurückkehren

kann, weil die medizinischen Leistungen einfach nicht wirkungsvoll genug sind, um einen so großen Verlust an Gesundheitskapital auszugleichen. Daher könnte der momentane Gesundheitszustand **vom optimalen nach unten abweichen** - ein Fall, der im Grossman-Modell ausgeschlossen ist.

(2) Die Abschreibungsrate und folglich der Verlust an Gesundheitskapital kann so lebensbedrohlich werden, daß er **Planungshorizont *T*** auf wenige Tage oder sogar Stunden **zusammenschrumpfen** kann. In einem solchen Fall verlieren Regeln der optimalen langfristigen intertemporalen Optimalität, wie sie durch Bedingungen (3.5) beschrieben sind, viel von ihren Relevanz.

Aus diesen Gründen wird im folgenden ein alternativer Ansatz vorgeschlagen, der im Gegensatz zum Grossman-Modell gerade die **mangelnde Kontrolle des Individuums über seinen Gesundheitszustand** betont. Dazu wird angenommen, daß der Gesundheitszustand durch einen stochastischen Prozeß bestimmt wird. Das einzige, was das Individuum an diesem Prozeß beeinflussen kann, sind die Übergangswahrscheinlichkeiten von einem Zustand zum anderen. Diese Sichtweise eröffnet die Möglichkeit, die Zahlungsbereitschaft für Gesundheit als zustandsabhängig zu erklären (Abschnitt 3.3). Darüber hinaus können auch die Produktionsmöglichkeiten des Individuums als zustandsabhängig dargestellt werden, wobei eine Technologie, die auf Präventionsanstrengungen beruht, im Zustand der Gesundheit gültig ist und eine andere, die auf kurativen Leistungen beruht, im Zustand der Krankheit. Das betreffende Modell wird in den Abschnitten 3.4 und 3.5 dargestellt. Ein Überblick über die empirische Erforschung der Gesundheits-Produktion im Lichte der beiden hier besprochenen Ansätze wird in Kapitel 4 gegeben.

3.2.3 Gesundheitsproduktion als Einflußnahme auf einen Zufallsprozeß

Der Gesundheitszustand einer bestimmten Periode (z.B. eines Tages) kann als Ausschnitt aus einer langen Abfolge von Zuständen aufgefaßt werden. Das Individuum ist grundsätzlich dem Zufall ausgeliefert, kann also nicht zwischen zwei Abfolgen wählen. Unterscheidet man einfachheitshalber lediglich zwischen "gesund" (g) und "krank" (k), so besteht keine Freiheit der Wahl zwischen den Sequenzen

gggggkkkgggggggggggggk . . . und ...*ggkkkkkgggggkgggggg* . . .

Das Individuum kann lediglich auf die Übergangswahrscheinlichkeiten Einfluß nehmen und insofern das Eintreten einer gewünschten Abfolge begünstigen. Aus einer solchen Kette sollen im folgenden nur gerade zwei aufeinanderfolgenden Perioden herausgegriffen werden. Beim Übergang von einer Periode 1 zur nachfolgenden Periode 2 sind vier Möglichkeiten denkbar: *gg*, *gk*, *kg*, *kk* (vgl. Tab. 3.3). Entsprechend steht beispielsweise ϕ_{gk} für die Wahrscheinlichkeit, die Periode 2 krank zu verbringen, nachdem man in der Periode 1 gesund war. Bleiben die in der Tabelle 3.3 eingetragenen Wahrscheinlichkeiten im Verlauf der Zeit konstant, spricht man von einem Markov-Prozeß. Im folgenden interessiert vor allem die Wahrscheinlichkeit, in der Periode 2 gesund zu sein, $\pi_{g,2}$. Sie ist gemäß Tabelle 3.3 gegeben durch

Tab. 3.3: Übergangswahrscheinlichkeiten und Zustandswahrscheinlichkeiten

Periode 1	Periode 2	
	gesund *(g)*	**krank *(k)***
gesund *(g)*	$1-\phi_{gk}$	ϕ_{gk}
krank *(k)*	$1-\phi_{kk}$	ϕ_{kk}
$\pi_{g,2}$ (=1-π)	$\pi_{g,1}\cdot(1-\phi_{gk})+\pi_{k,1}\cdot(1-\phi_{kk})$	
$\pi_{k,2}$ (=π)		$\pi_{g,1}\cdot\phi_{gk}+\pi_{k,1}\cdot\phi_{kk}$

ϕ_{gk}: Wahrscheinlichkeit, beim Übergang zu Periode 2 krank zu werden

ϕ_{kk}: Wahrscheinlichkeit, beim Übergang zu Periode 2 krank zu bleiben

$\pi_{g,2}$: Wahrscheinlichkeit, in der Periode 2 gesund zu sein; "Gesundheitschance"

$\pi_{k,2}$: Wahrscheinlichkeit, in der Periode 2 krank zu sein; "Krankheitsrisiko" (vereinfachte Notation ab Abschnitt 3.5: π)

$$\pi_{g,2}=\pi_{g,1}\cdot(1-\phi_{gk})+\pi_{k,1}\cdot(1-\phi_{kk}). \tag{3.6}$$

Der erste Summand steht für die Möglichkeit, den Zustand guter Gesundheit in die Periode 2 hinüberzuretten; dabei symbolisiert $(1-\phi_{gk})$ die Wahrscheinlichkeit, gesund zu bleiben. Der zweite Summand erinnert daran, daß es eine Gegenwahrscheinlichkeit $(1-\phi_{kk})$ zur Wahrscheinlichkeit ϕ_{kk} gibt, krank zu bleiben, so daß ein in Periode 1 Kranker die Chance hat, in der Periode 2 wieder gesund zu sein.

Im folgenden soll dem Individuum zu Beginn der Periode 1 bekannt sein, in welchem Gesundheitszustand es sich befindet. Ist es gesund, so gilt $\pi_{k,1}=0$, und es kann nur über ϕ_{gk} auf $\pi_{g,2}$ Einfluß nehmen. Dabei stehen ihm die Mittel eines Gesunden zur Verfügung, also eine breite Palette von präventiven Maßnahmen von der Ernährung bis hin zum entspannenden Urlaub. Diese Alternativen haben gemeinsam, daß sie **Zeitaufwand zugunsten der Gesundheit** kosten, die mit t^G symbolisiert wird. Im Krankheitsfalle hingegen ist $\pi_{g,1}=0$, und lt. Annahme können nur medizinische Leistungen (mit M bezeichnet), die Wahrscheinlichkeit ϕ_{kk} senken und so die Wahrscheinlichkeit $\pi_{g,2}$ erhöhen. Damit hängt die Wahrscheinlichkeit, die Periode 2 gesund zu verbringen, von jeweils unterschiedlichen Faktoren ab, je nach dem in Periode 1 gegebenen Gesundheitszustand.

$$\pi_{g,2}=\begin{cases}\pi_{g,2}[\phi_{gk}(t^G,\ldots)] & \text{bei Gesundheit in Periode 1.}\\ \pi_{g,2}[\phi_{kk}(M,\ldots)] & \text{bei Krankheit in Periode 1.}\end{cases} \tag{3.7}$$

Folgerung 3.4: In einem Konzept, das mit der alltäglichen Erfahrung übereinzustimmen scheint, ist die Produktionsfunktion für Gesundheit von dem Gesundheitszustand abhängig, der während der Entscheidungsperiode vorherrscht. Die Gesundheitsproduktion besteht in der Einflußnahme auf die Übergangswahrscheinlichkeiten in einer Abfolge von Gesundheitszuständen, die im wesentlichen durch den Zufall bestimmt wird.

Im Gegensatz zu dem Grossman-Modell ist die Produktion von Gesundheit also nicht durch Ausdrücke der medizinischen Leistung (möglicherweise in Verbindung mit Vorsorge) uneingeschränkt bestimmt. Sie umfaßt eher nur einen der zwei Inputs, in Abhängigkeit von dem vorherrschenden Gesundheitszustand. Hinzu kommt, daß der Output dieses Prozesses kein Bestand an Gesundheit ist, sondern nur eine erhöhte Wahrscheinlichkeit, in der nächsten Periode sich in einem besseren Gesundheitszustand zu befinden.

3.2.4 Unabhängigkeit von Nachfrage und Angebot?

Für die Gesundheitspolitik ist die Frage, ob die Nachfrage nach Gesundheit vom (selbstproduzierten) Angebot getrennt werden kann, von grundlegender Bedeutung. Als Beispiel diene die Diskussion um eine "Rationierung medizinischer Leistungen" [vgl. *Callahan (1987)*]. Eine solche Rationierung läuft darauf hinaus, teure medizinische Eingriffe jenseits einer bestimmten Altersgrenze nicht mehr zu Lasten der Sozialversicherung zuzulassen. Damit würden die Produktionsmöglichkeiten der Betagten im kranken Zustand, der für sie eine erhebliche Wahrscheinlichkeit hat, erheblich eingeschränkt. Sollte mit zunehmendem Alter lediglich der eigene Einfluß auf das Krankheitsrisiko abnehmen, so sind Vorkehrungen wie z.B. die Betreuung im eigenen Heim denkbar, welche diese Tendenz zumindest abschwächen. Der durch die Rationierung erlittene Wohlfahrtsverlust kann so wenigstens im Erwartungswert in Grenzen gehalten werden. Sollte sich aber auch die Präferenz für Gesundheit mit zunehmendem Alter verstärken, so würde man den Betroffenen einen besonders schwerwiegenden Wohlfahrtsverlust aufbürden.

Die aus ökonomischer Sicht **wünschbare Trennung der Nachfrage- von der Angebotsseite** wird allerdings durch den Umstand erschwert, daß im Krankheitsfalle der Patient häufig auf Informationen des Arztes angewiesen ist. Der Arzt könnte jedoch versucht sein, seinen Informationsvorsprung auszunützen und durch entsprechende Schilderung der Krankheitsrisiken $\pi_{k,2}$ mit und ohne Behandlung die marginale Zahlungsbereitschaft des Patienten für Gesundheit (und damit auch für seine eigenen Leistungen) zu erhöhen. Aus der Gleichung (2.6) des 2. Kapitels geht insbesondere hervor, daß eine Erhöhung des Sterberisikos die marginale Zahlungsbereitschaft für eine Reduktion dieses Risikos erhöhen müßte. Die angebotene Leistung des Arztes besteht aber gerade in einer solchen Risikoreduktion, senkt sie doch im Krankheitsfall die Wahrscheinlichkeit einer (weiteren) Verschlechterung des Gesundheitszustandes. Indem er diese Wahrscheinlichkeit dem Patienten gegenüber überzeichnet, kann der Arzt mithin Nachfrage nach seinen Leistungen schaffen. Insofern diese anbieterinduzierte Nachfrage auf eine Beeinflussung der Präferenz für Gesundheit hinausläuft, lassen sich **Nachfrage- und Produktionsseite überhaupt nicht mehr voneinander trennen** [vgl. *Evans (1974); Reinhardt (1985)*].

Eine andere Interpretation der anbieterinduzierten Nachfrage geht allerdings dahin, daß es dem Arzt gelingt, seinen Beitrag zur Wiederherstellung der Gesundheit zu übertreiben;

ob er zu diesem Mittel greift, wird im Abschnitt 7.2 näher untersucht. Dabei würden die zugrundeliegenden Präferenzen des Patienten nicht verändert, sondern es entstünde eine Diskrepanz zwischen wahrgenommener und tatsächlicher Form der in Abbildung 3-3 gezeigten Transformationskurven. In diesem Kapitel soll nur diese zweite Spielart der anbieterinduzierten Nachfrage zugelassen sein, so daß wenigstens im Grundsatz eine Analyse der Gesundheitsproduktion losgelöst von den Präferenzen möglich bleibt.

3.3 Kurzfristige Optimierung und Zahlungsbereitschaft für Gesundheit

Im 2. Kapitel kamen Methoden zur Abschätzung der (marginalen) Zahlungsbereitschaft für Verbesserungen des Gesundheitszustandes zur Sprache. Diese Zahlungsbereitschaft bedeutet nicht anderes als die Bereitschaft, zugunsten der Gesundheit auf andere Güter zu verzichten. Faßt man diese anderen Güter zu den Konsumleistungen oder kurz zum "Konsum" zusammen, so spiegelt diese Zahlungsbereitschaft das Grenznutzenverhältnis zwischen Konsum C und Gesundheit G wider und würde somit über die Steigung der Indifferenzkurven in einem (G, C)-Raum Auskunft geben, so wie dies im 1. Kapitel summarisch dargestellt wurde.

Die Betrachtungen des vorhergehenden Abschnitts führten zum Ergebnis, daß sich die Gesundheit selbst nicht steuern läßt, sondern lediglich die Wahrscheinlichkeit, in der nächstfolgenden Periode einen bestimmten Gesundheitszustand zu erreichen. In Analogie zur Gleichung (3.7), welche die Produktionsfunktion zustandsabhängig macht, kann man auch den Nutzen aus der Versorgung mit Konsumleistungen **zustandsabhängig** machen. Die Zielfunktion eines langfristig planenden Individuums könnte mithin lauten

$$EU = \sum_{t=0}^{T} (1-\delta)^{t} \cdot \left[(1-\pi_t) \cdot u[C_{g,t}, g] + \pi_t \cdot u[C_{k,t}, k]\right]. \tag{3.8}$$

Die Gleichung besagt, daß das Individuum zukünftige Nutzenströme mit einer subjektiven Rate der Gegenwartspräferenz δ diskontiert und addiert. Der in jeder Periode erreichbare Erwartungsnutzen hängt dabei ab vom Konsum ($C_{g,t}$ bzw. $C_{k,t}$), wobei $u[C_{g,t}, g] > u[C_{k,t}, k]$ mit $C_{g,t} = C_{k,t} \equiv C$ für alle Werte von C und t gelten soll: Ein gegebener Umfang von Konsumleistungen stiftet in gesundem Zustand stets einen größeren Nutzen als bei Krankheit. Dies bedeutet, daß die Nutzenfunktion je nach Gesundheitszustand eine andere ist. Dies wird durch den Einschluß einer Klassifikationsvariablen bewerkstelligt, welche die Werte g und k annehmen kann. Schließlich steht π_t für die Wahrscheinlichkeit, die Periode t krank zu verbringen.

Im folgenden soll der Planungszeitraum auf die Perioden 1 und 2 eingeschränkt werden. Weil die Periode sehr kurz definiert ist als jener Zeitraum, in welchem eine Einflußnahme auf die Übergangswahrscheinlichkeiten der Tabelle 3.3 möglich wird, kann man von einer Diskontierung absehen ($\delta = 0$) und Gleichung (3.8) vereinfachen zu

$$\begin{aligned} EU = {} & (1-\pi_1) \cdot u[C_{g,1}, g] + \pi_1 \cdot u[C_{k,1}, k] \\ & + (1-\pi_2) \cdot u[C_{g,2}, g] + \pi_2 \cdot u[C_{k,2}, k]. \end{aligned} \tag{3.9}$$

Wie bei der Herleitung der Gleichung (3.7) soll in der Periode 1 der Gesundheitszustand schon feststehen, so daß beispielsweise $\pi_1 = 0$ (gesund in der Periode 1). Damit bleibt nur gerade der Konsum dieser Periode $C_{g,1}$ als Entscheidungsvariable übrig. Wie im Abschnitt 3.4 gezeigt werden wird, bewirkt ein Verzicht auf Konsum in der Periode 1, daß die Wahrscheinlichkeit π_2, die Folgeperiode krank zu verbringen, zurückgeht. Insofern ist es sinnvoll, nach jener Reduktion von π_2 zu fragen, die einen Verzicht auf eine Einheit von $C_{g,1}$ bzw. $C_{k,1}$ (Konsum in Periode 1) kompensieren würde. Dabei wird außer dem Gesundheitszustand der Periode 1 auch der Konsum der Periode 2 konstantgehalten, also $C_{g,2} = C_{k,2} = C_2$ gesetzt.

Diese Kompensationsbeziehung kann dazu verwendet werden, die marginale Zahlungsbereitschaft für verbesserte Gesundheit im Sinne einer Reduktion des Krankheitsrisikos π_2 herzuleiten. Die Konstanz des Erwartungsnutzens bedingt

$$dEU = 0 = \frac{\partial u[C_{g,1}, g]}{\partial C_{g,1}} \cdot dC_{g,1} - \{u[C_2, g] - u[C_2, k]\} \cdot d\pi_2. \tag{3.10}$$

Diese Gleichung definiert eine Indifferenzkurve im $(C_{g,1}, \pi_2)$-Raum. Um das subjektive Abwägen zwischen Konsum und verbesserten Gesundheitschancen als zwei Gütern darzustellen, wird π_2 durch die Gegenwahrscheinlichkeit ersetzt und aus der Gleichung (3.5) die Steigung der Indifferenzkurve im $(C_{g,1}, 1-\pi_2)$-Raum hergeleitet:

$$\frac{dC_{g,1}}{d(1-\pi_2)} = -\frac{dC_{g,1}}{d\pi_2} = -\frac{u[C_2, g] - u[C_2, k]}{\dfrac{\partial u[C_{g,1}, g]}{\partial C_{g,1}}}. \tag{3.11}$$

Der Ausgangspunkt dieser Überlegung hätte auch die Situation eines Individuums sein können, das in Periode 1 krank ist. Es würde sich dann die Frage stellen, welche Veränderung $d(1-\pi_2)$ einen Verzicht auf Konsum in krankem Zustand $dC_{k,1}$ kompensieren könnte. Indem man in der Gleichung (3.9) $\pi_1 = 1$ setzt, erhält man über die Bedingung $dEU = 0$ die Steigung dieser Indifferenzkurve:

$$\frac{dC_{k,1}}{d(1-\pi_2)} = -\frac{dC_{k,1}}{d\pi_2} = -\frac{u[C_2, g] - u[C_2, k]}{\dfrac{\partial u[C_{k,1}, k]}{\partial C_{k,1}}}. \tag{3.12}$$

Die Gleichungen (3.11) und (3.12) lassen sich wie folgt interpretieren:

- Beide Gleichungen geben **Grenzraten der Substitution** (GRS) zwischen Konsum und der Wahrscheinlichkeit, gesund zu sein, an. Das Individuum ist bereit, für eine marginale Verbesserung der Chance, den folgenden Tag gesund zu verleben, mit einem Verzicht auf Konsum während des laufenden Tages zu bezahlen.

- Die GRS ist wie üblich durch das Verhältnis zweier Nutzendifferenzen (die im Grenzübergang zum marginalen Nutzen werden) gegeben. Je größer der nutzenmäßige **Unterschied zwischen "gesund" und "krank"** im Zähler der Gleichungen (3.11) und (3.12), desto größer der Absolutwert der GRS und damit die marginale Zahlungsbereitschaft für Gesundheit. Je größer umgekehrt der **Nutzenverlust**, der mit dem Verzicht auf Konsumleistungen jetzt und heute einhergeht (im Nenner der Gleichungen), desto geringer fällt die Zahlungsbereitschaft für eine Verbesserung der Gesundheitschancen aus.

- Die GRS ist **möglicherweise zustandsabhängig**. Der Grund dafür ist darin zu sehen, daß der Grenznutzen des Konsums je nach Gesundheitszustand einen anderen Wert annehmen könnte: Hoch bei guter Gesundheit [Nenner der Gleichung (3.11)], niedrig im Krankheitsfall [Nenner der Gleichung (3.12)].

Dieser letzte Punkt wird in der Abbildung 3-1 illustriert. Zur Vereinfachung wird die Periodenunterscheidung fallengelassen und eine Einheit zusätzlicher Konsumleistungen zustandsunabhängig mit demselben Symbol C gekennzeichnet. Entsprechend verlaufen die eingetragenen Indifferenzkurven in einem $[C, (1 - \pi)]$ -Raum, die eine mit Index g, die andere mit Index k. Beide spiegeln durch ihren steilen Verlauf hohe marginale Zahlungsbereitschaft für Gesundheit. Die Kurve mit Index k (kranker Ausgangszustand) hat aber eine noch größere (negative) Steigung, reflektiert also eine nochmals **gesteigerte Zahlungsbereitschaft für Gesundheit**, weil der Grenznutzen zusätzlichen Konsums im Nenner der Gleichung (3.12) geringer ausfällt als in Gleichung (3.11). Damit kann das Verhalten abgebildet werden, das viele Ärzte ihren Patienten ankreiden: "Sich mäßig um die Gesundheit kümmern, solange es gut geht, alles für die Gesundheit hergeben wollen, wenn sie verlorengegangen ist".

Im Rest dieses Kapitels soll aber von dieser möglichen Instabilität der Präferenzen abstrahiert werden, vor allem aus drei Gründen:

1. Das Argument, daß der Grenznutzen des Konsums im **kranken Zustand kleiner** sei als im gesunden, ist zwar einleuchtend, aber **nicht zwingend**. Möglicherweise ist gerade der Kranke auf gute Unterbringung und Verpflegung besonders angewiesen, so daß zusätzliche Konsumleistungen für ihn einen besonders großen Nutzen haben (vgl. dazu Abschnitt 6.3.2).

2. Die **Krankenversicherung** ermöglicht es dem Individuum, das verfügbare Einkommen auf die beiden Zustände zu verteilen, so daß sich der jeweilige Grenznutzen zusätzlichen Einkommens bzw. Konsums **angleicht** und unter gewissen Bedingungen sogar gleich groß wird (vgl. dazu wieder Abschnitt 6.3.2).

3. Die GRS variiert auch entlang einer **unveränderten Indifferenzkurve**: Es genügt, daß bei guter Gesundheit ein Punkt wie in Q_g^* Abbildung 3-1 realisiert wird, im Krankheitsfall dagegen ein Punkt wie Q_k^*, um den Eindruck einer schwankenden Wertschätzung der Gesundheit hervorzurufen.

Abb. 3-1: Marginale Zahlungsbereitschaft für Gesundheit (kurzfristig)

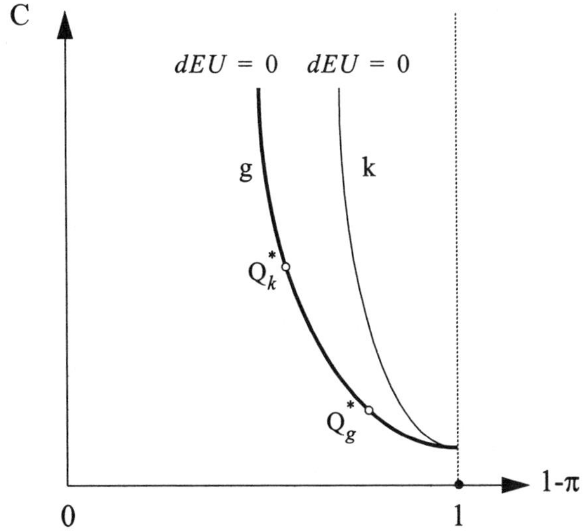

C: Konsum in der Periode 1 (= $C_{g,1}$, $C_{k,1}$)
1 - π: Wahrscheinlichkeit, die Periode 2 gesund zu verbringen (= 1 - π_2)

Die vorstehenden Gedankengänge lassen sich zusammenfassen in der

Folgerung 3.5: Die kurzfristige marginale Zahlungsbereitschaft für Gesundheit läßt sich darstellen als ein subjektives Abwägen von "Konsum in der laufenden Periode" gegen "Wahrscheinlichkeit, in der Folgeperiode gesund zu sein". Sie kann, muß aber nicht als zustandsabhängig und somit instabil aufgefaßt werden.

Da sich dieses Kapitel vorwiegend mit dem Individuum als Produzenten und weniger als Nachfrager von Gesundheit befaßt, soll im folgenden der Nachweis erbracht werden, daß die scheinbar instabile Wertschätzung der Gesundheit auf die objektiven, unter dem Einfluß des Zufalls schwankenden Produktionsmöglichkeiten des Individuums zurückgeführt werden kann.

3.4 Ein Modell mit zustandsabhängigen Produktionsmöglichkeiten: Die kurze Frist

3.4.1 Zustandsabhängige Optimierung im Zufallsprozeß

Im Teilabschnitt 3.2.3 wurde Gesundheitsproduktion als Einflußnahme auf Wahrscheinlichkeiten in einem zufallsgesteuerten Prozeß definiert und dann die subjektive Wertung verbesserter Gesundheitschancen eingeführt. Dabei kamen Begriffe wie Übergangswahrscheinlichkeiten, Zustandswahrscheinlichkeiten und Erwartungsnutzen zur Sprache. Diese Begriffe sollen hier nochmals mit der kurzfristigen Entscheidungssituation eines Individuums in Verbindung gebracht werden. Vor diesem Hintergrund lassen sich dann die zustandsbedingten Handlungsmöglichkeiten als Trade-offs untersuchen.

Der betrachtete Ausschnitt aus einer Abfolge von Gesundheitszuständen ist in der Abbildung 3-2 dargestellt. In einer Vorperiode 0 entscheidet sich, ob das Individuum gesund oder krank ist. Damit sind seine Möglichkeiten festgelegt, während der Periode 1 auf die Übergangswahrscheinlichkeiten Einfluß zu nehmen und damit die Zustandswahrscheinlichkeiten in der Periode 2 zu steuern. Ist das Individuum gesund (oberer Ast der Abbildung 3-2), so kann es über den Aufwand von Zeit zugunsten der Gesundheit (t^G) selbst auf die Erkrankungswahrscheinlichkeit ϕ_{gk} einwirken und so die Wahrscheinlichkeit π festlegen, in der Periode 2 krank zu sein (vgl. Tab. 3.2). Mit Wahrscheinlichkeit $[1-\pi(t^G)]$ kann es dann bei guter Gesundheit das Nutzenniveau $u(C_g, g)$ erreichen, mit Wahrscheinlichkeit $\pi(t^G)$ hingegen das niedrigere Niveau $u(C_k, k)$. Das **kurzfristige Ziel** besteht darin, t^G so zu wählen, daß der Erwartungsnutzen *EU*, gebildet aus den bedingten Nutzenwerten der Periode 2, maximal wird

Ist der Zustand zu Beginn der Periode 1 "krank", so geht es darum, die Wahrscheinlichkeit ϕ_{kk} zu senken, um möglichst die Periode 2 nicht auch in krankem Zustand zu verbringen. Damit die Unterschiede zwischen den beiden Zuständen in der Periode 1 klar zutage treten, soll dies nicht durch eigenen Zeitaufwand t^G, sondern nur **durch die Inanspruchnahme medizinischer Leistungen** M möglich sein. Entsprechend beträgt die Wahrscheinlichkeit $[1-\pi(M)]$, daß in der Periode 2 dennoch ein Nutzen in der Höhe von $u(C_g, g)$ erreicht werden kann. Mit Wahrscheinlichkeit $\pi(M)$ dagegen winkt am Ende der Periode 2 lediglich der Nutzen aus Konsum in krankem Zustand, $u(C_k, k)$. Das Bestreben des Individuums soll wiederum dahingehen, durch Inanspruchnahme medizinischer Leistungen in optimalem Umfang den Erwartungsnutzen zu maximieren.

Abb. 3-2: Abfolge von Gesundheitszuständen als beeinflußbarer Zufallsprozeß

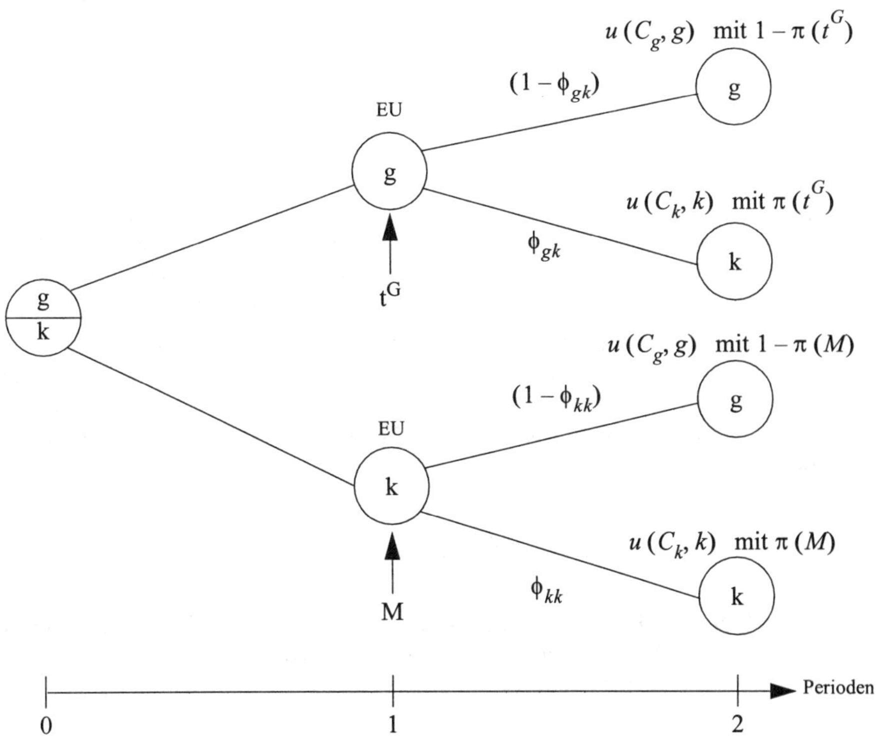

Die Besonderheiten des in Abbildung 3-2 dargestellten Produktionsprozesses können in den folgenden drei Punkten gesehen werden:

- Die Rolle des Individuums als des Produzenten seiner Gesundheit beschränkt sich auf die Beeinflussung von **Wahrscheinlichkeiten**.

- Nur im **gesunden Zustand** kann es diesen Einfluß durch den Einsatz eigener Mittel ausüben; im Krankheitsfall ist es auf Leistungen Dritter angewiesen.

- Der Gesundheitszustand ist nicht nur ein Ergebnis des Produktionsprozesses, sondern wirkt auch wie ein **zufallsbestimmter Inputfaktor**, der die jeweils gültige Produktionsfunktion festlegt.

Damit läßt sich die "Andersartigkeit" der Gesundheit aus der Sicht des Individuums in ökonomischen Begriffen darstellen. Zusammenfassend ergibt sich die

Folgerung 3.6: Das Besondere an der Gesundheit kann darin gesehen werden, daß sie einerseits das vom Zufall beeinflußte Ziel eines Produktionsprozesses darstellt, andererseits aber die Möglichkeiten des Individuums festlegt, zu diesem Produktionsprozeß beizutragen.

3.4.2 Die Bestandteile des Modells

Das Individuum soll grundsätzlich zwei Zustände, "gesund" und "krank" kennen und beschränkt seinen Planungshorizont auf die laufende und eine Folgeperiode beschränken. Während sich die Produktionsmöglichkeiten zwischen den Situationen erheblich unterscheiden, wird eine gemeinsame, die beiden Zustände übergreifende Zielfunktion postuliert, wie sie in der Gleichung (3.9) hergeleitet wurde. Damit steht das in Tabelle 3.4 formulierte Modell in der Tradition der "bedingten Güter" (contingent claims), deren Analyse von *Arrow (1951)* und *Debreu (1959*, Kap. 7) entwickelt wurde.

Solange das Individuum **gesund** ist, hat es selbst Einfluß auf die Gesundheitschancen, während annahmegemäß medizinische Leistungen keine Wirkung haben. Insbesondere kann es durch den Aufwand von Zeit zugunsten der Gesundheit t^G die Erkrankungswahrscheinlichkeit π senken (symbolisiert durch das Minuszeichen in Klammern). Dabei bleibt π allerdings strikt positiv:

$$\pi = \pi(t^G) \qquad \text{mit } \partial\pi/\partial t^G < 0 \text{ und } \pi > 0 \tag{3.13}$$

Die **produzierten Konsumleistungen** hängen ihrerseits vom Zeitaufwand für den Konsum t^C, daneben aber natürlich auch vom Einsatz von Konsumgütern X ab. Das Modell folgt hier den Gedanken insbesondere von *Becker (1965)*:

$$C_g = C_g(X, t^C), \quad \text{mit } \partial C_g/\partial X > 0,\ \partial C_g/\partial t^C > 0\,. \tag{3.14}$$

Im gesunden (und erwerbstätigen) Zustand erzielt das Individuum ein **Arbeitseinkommen**, das sich durch Multiplikation seiner Arbeitszeit t^W mit dem Lohnsatz w ergibt und gerade für die Finanzierung der Käufe von Konsumgütern (deren Preis p beträgt) ausreichen soll:

$$w \cdot t^W = p \cdot X_g\,. \tag{3.15}$$

Schließlich steht insgesamt ein **Zeitbudget** im Umfang einer (1) Periode zur Verfügung, das durch den Zeitaufwand zugunsten des Konsums t^C, der Gesundheitserhaltung t^G und der Arbeit t^W gerade ausgeschöpft wird:

$$1 = t_g^C + t^G + t^W\,. \tag{3.16}$$

Tab. 3.4: Ein Modell der zustandsabhängigen Gesundheitsproduktion (kurzfristig)

Ausgangssituation *gesund* (1-π):		Ausgangssituation *krank* (π):	
$\pi = \pi(t^G)$, mit $\partial\pi/\partial t^G < 0$ und $\pi > 0$	(3.13)	$\pi = \pi(M)$, mit $\partial\pi/\partial M < 0$ und $\pi > 0$.	(3.17)
$C_g = C_g(X, t^C)$, mit $\partial C_g/\partial X > 0$, $\partial C_g/\partial t^C > 0$.	(3.14)	$C_k = C_k(X, t^C)$, mit $\partial C_k/\partial X > 0$, $\partial C_k/\partial t^C > 0$.	(3.18)
$w \cdot t^W = p \cdot X_g$.	(3.15)	$\bar{Y} = p \cdot X_k + q \cdot M$.	(3.19)
$1 = t_g^C + t^G + t^W$.	(3.16)	$1 = t_k^C + \mu \cdot M$.	(3.20)

C:	Konsumleistungen
g:	Zustand der Gesundheit (Subskript)
k:	Zustand der Krankheit (Subskript)
M:	Medizinische Leistungen
μ:	Zeitaufwand je Einheit medizinischer Leistungen
p:	Preis der Konsumgüter
π:	Wahrscheinlichkeit, die Folgeperiode krank zu verbringen
q:	Nettopreis der medizinischen Leistungen
t^C:	Zeitaufwand zugunsten des Konsums
t^G:	Zeitaufwand zugunsten der Gesundheit
t^W:	Arbeitszeit
w:	Lohnsatz
X:	Konsumgüter
$\bar{Y}$:	Durch Sozialversicherung gewährleistetes Einkommen im Krankheitsfall

Anmerkung: Die Vorzeichen unter den Funktionsargumenten geben das Vorzeichen der jeweiligen partiellen Ableitung an.

Demgegenüber gestalten sich die **Produktionsmöglichkeiten im Krankheitsfalle** deutlich anders. Als erstes wird unterstellt, daß die Wahrscheinlichkeit π, die Folgeperiode krank zu verbringen, nicht mehr durch eigene Mittel, sondern nur durch den Einsatz medizinischer Leistungen M verringert werden kann, wobei es wiederum nicht gelingt, die zugrundeliegende Wahrscheinlichkeit π auf Null zu reduzieren:

$$\pi = \pi(M) , \quad \text{mit} \quad \partial\pi/\partial M < 0 \text{ und } \pi > 0 . \tag{3.17}$$

Was die **Konsumleistungen** anbetrifft, so sind sie wie im gesunden Zustand das Ergebnis von Zeit- und Güteraufwand, doch ist damit zu rechnen, daß sie einen niedrigeren Wert annehmen, weil die Krankheit die produktiven Fähigkeiten gerade auch im Haushaltbereich beeinträchtigt:

$$C_k = C_k(X, t^C) , \quad \text{mit} \quad \partial C_k/\partial X > 0 , \partial C_k/\partial t^C > 0 . \tag{3.18}$$

Ganz entscheidend ist der Umstand, daß das **Einkommen bei Krankheit** in den heutigen Industrieländern nicht mehr von der Arbeitszeit abhängt, sondern aufgrund der Leistungen der Sozialversicherungen einen festen Wert $\bar{Y}$ annimmt. Aus diesem Ersatzeinkommen muß andererseits nicht nur der Aufwand für Konsumgüter, sondern auch für medizinische Leistungen (deren Preis q beträgt) gedeckt werden.

$$\bar{Y} = p \cdot X_k + q \cdot M . \tag{3.19}$$

Das **Zeitbudget** umfaßt nur noch den Zeitaufwand für den Konsum und für die Inanspruchnahme medizinischer Hilfe, wobei das Individuum als Patient je Arztstunde oder Krankenhaustag selber μ Stunden bzw. Tage aufwenden muß. Die Arbeitszeit (t^W) wie auch der eigene Zeitaufwand zugunsten der Gesundheit (t^G) fallen dahin, erstere wegen der Sozialversicherung, letzterer wegen mangelnder Wirksamkeit:

$$1 = t_k^C + \mu \cdot M . \tag{3.20}$$

Diese Annahmen (3.13 - 3.16, 3.17 - 3.20) **überzeichnen** zugegebenermaßen die Unterschiede zwischen den beiden Zuständen. So suchen auch Gesunde den Arzt auf, um eine mögliche Gefährdung ihrer Gesundheit möglichst früh zu entdecken. Die Erkrankungswahrscheinlichkeit ϕ_{gk} und damit π hängt ihrer Einschätzung zufolge auch im gesunden Zustand von den medizinischen Leistungen M ab. Umgekehrt ist der Kranke öfters in der Lage, mit eigenen Anstrengungen t^G zur Verbesserung der Genesungsaussichten (Senkung von ϕ_{kk} und damit π) beizutragen. Vielfach arbeiten auch Selbständigerwerbende trotz Krankheit weiter, so daß in ihrem Zeitbudget t^W unabhängig vom Gesundheitszustand erscheint. Auf diese Differenzierung wird aber im folgenden verzichtet, um die Kernaussagen um so klarer hervortreten zu lassen in der

Folgerung 3.7: Die produktiven Möglichkeiten eines Individuums erscheinen in verschiedener Hinsicht vom gerade herrschenden Gesundheitszustand abhängig. Bei guter Gesundheit kann es selber einen Beitrag zur Verlängerung der gesunden Phase leisten und erzielt ein Arbeitseinkommen, das für den Kauf von Konsumgütern verwendet werden kann. Bei schlechter Gesundheit ist es auf medizinische Hilfe angewiesen, arbeitet nicht und erhält ein Transfereinkommen, das nicht nur die Ausgaben für Konsumgüter, sondern auch die Nettoaufwendungen für medizinische Leistungen decken muß.

3.4.3 Bedingte Grenzen der kurzfristigen Produktionsmöglichkeiten

Dieser Abschnitt ist der Untersuchung der beiden folgenden Grenzen der Produktionsmöglichkeiten (Trade-offs) gewidmet:

1. Trade-off zwischen Konsum und Wahrscheinlichkeit, die Folgeperiode gesund zu verbringen; **guter** Gesundheitszustand in der laufenden Periode.

2. Trade-off zwischen Konsum und Wahrscheinlichkeit, die Folgeperiode gesund zu verbringen; **Krankheit** in der laufenden Periode.

3.4.3.1 Der kurzfristige Trade-off bei guter Gesundheit (Nr. 1)

Den Trade-off zwischen Konsum und Gesundheit kann man sich am Beispiel eines Fußgängers, der bei Rot über die Straße geht, vorstellen. Er oder sie optiert damit nicht unmittelbar für einen schlechteren Gesundheitszustand, sondern für eine Verteilung mit **erhöhter Wahrscheinlichkeit ungünstiger Zustände**, im einfachsten Fall mit einer erhöhten Erkrankungs- bzw. Unfallwahrscheinlichkeit ϕ_{gk}, die gemäß Tabelle 3.3 eine kleinere Wahrscheinlichkeit (1-π) zur Folge hat, die nächste Periode gesund zu verleben. Dafür steht die eingesparte Wartezeit vor dem Rotlicht t^G den Individuen für zusätzlichen Konsum C_g zur Verfügung. Dieser Trade-off läßt sich als Transformationskurve in einem (C_g, 1-π)-Raum darstellen, vgl. Abbildung 3-3a. Die Form der Transformationskurve ist durch ihre Steigung, die Grenzrate der Transformation (GRT) gegeben. Mittels totaler Differenzierung der Gleichungen (3.13) bis (3.16) kann diese Steigung hergeleitet werden [vgl. den Anhang 3.A.1 zu diesem Kapitel, Gleichung (3.A.6)]:

$$\frac{dC_g}{d(1-\pi)} = \frac{\dfrac{\partial C}{\partial t^C}}{\dfrac{\partial \pi}{\partial t^G}} < 0\,. \tag{3.21}$$

Der in der Abbildung 3-3a gezeigte, von unten konkave Verlauf der Grenze der Produktionsmöglichkeiten wird im Anhang [Gleichung (3.A.7)] nachgewiesen.

Die beiden eingezeichneten Indifferenzkurven könnten grundsätzlich unterschiedlichen Familien entstammen, vgl. die Gleichungen (3.11) und (3.12). Um die Auswirkungen der bedingten Produktionsmöglichkeiten hervorzuheben, sollen sie jedoch der **gleichen** Familie entstammen und überdies **homothetisch** sein, d.h. an einem Strahl durch den Ursprung jeweils gleiche Steigung (GRS) haben. Ist das Individuum gesund, wird es den Punkt Q_g* als bestmögliche Lösung anstreben, wo die Grenzraten der Transformation GRT und der Substitution GRS gleich groß sind.

Die folgenden Parameter der Gleichung (3.21) sollen kurz zur Sprache kommen.

Abb. 3-3: Trade-offs zwischen Konsum und Gesundheit unter dem Einfluß exogener Veränderungen

a. gesunder Zustand (Nr. 1) b. kranker Zustand (Nr. 2)

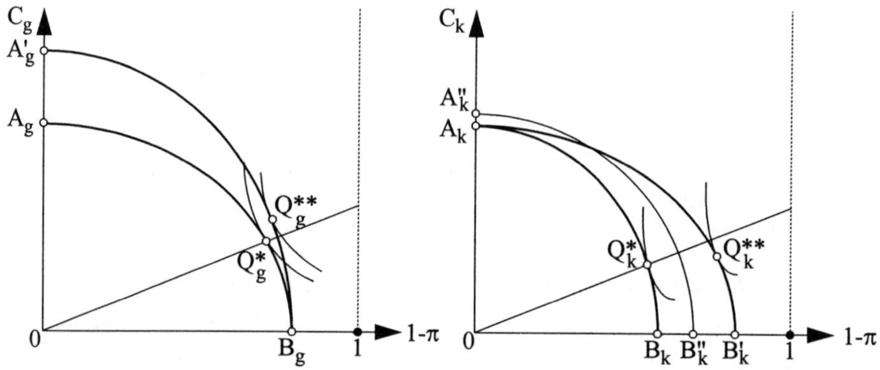

- ***Zunahme des Reallohnsatzes (w/p):*** In erster Näherung hat diese Veränderung keinen unmittelbaren Einfluß auf die Transformationskurve [vgl. die Erklärung zur Gleichung (3.A.6) im Anhang für eine Begründung]. Grundsätzlich treibt eine Zunahme des Reallohnsatzes sowohl Arbeitseinkommen als auch die Zeitkosten des Konsums in diesem vereinfachten Modell in die Höhe, was zur Folge hat, daß sich beide Effekte aufheben[3]. Der Trade-off zwischen Konsum und gesund verlebter Zeit stellt sich in diesem Modell für "Arm" und "Reich" gleich dar.

- ***Technologischer Wandel im Haushaltsbereich:*** Er ist in der Hauptsache arbeitssparend, führt also zu einer Zunahme von $\partial C/\partial t^C$. Unter der Annahme, daß dadurch die Grenzproduktivität $\partial\pi/dt^G$ davon nicht berührt wird, fällt die Transformationskurve steiler ab, von A'_g zu B_g (vgl. Abb. 3-3a). Falls die marginale Zahlungsbereitschaft für verbesserte Gesundheitschancen hoch ist, befindet sich das Optimum vor der Veränderung nahe beim Punkt B_g. Der Bereich der Produktionsmöglichkeiten wird sich somit von $Q_g{}^*$ vergleichsweise wenig in horizontaler Richtung ausweiten. Als neues Optimum ergibt sich z.B. $Q_g{}^{**}$. Die Ausbreitung zeitsparender Konsumtechnologie dürfte demnach keine durchgreifende Wirkung auf das Gesundheitsverhalten der Individuen haben - solange sie gesund sind.

3.4.3.2 Der kurzfristige Trade-off bei schlechter Gesundheit (Nr. 2)

Aufgrund der Gleichungen (3.17) bis (3.20) ergibt sich für die Grenze der Produktionsmöglichkeiten [vgl. Gleichung (3.A.13) im Anhang 3.A.2]

3. Dies steht im Gegensatz zu dem Grossman-Modell, das einen negativen Effekt des Lohnsatzes auf die Nachfrage nach dem Bestand an Gesundheitskapital in seinem reinen "Konsumgut-Modell" von einem positiven Effekt des Lohnsatzes in seinem "reinen Investitionsgut-Modell" unterscheidet.

$$\frac{dC_k}{d(1-\pi)} = \frac{\overset{(+)}{\dfrac{\partial C_k}{\partial t^C}} \cdot \mu}{\underset{(-)}{\dfrac{\partial \pi}{\partial M}}} + \frac{\overset{(+)}{\dfrac{\partial C_k}{\partial X}} \cdot \dfrac{q}{p}}{\underset{(-)}{\dfrac{\partial \pi}{\partial M}}} < 0 . \tag{3.22}$$

Die Gleichung (3.22) macht klar, daß eine Verbesserung der Chancen, die Folgeperiode gesund zu verbringen, wiederum nur über den Verzicht auf Konsumleistungen zu haben ist, indem beide Summanden eindeutig ein negatives Vorzeichen haben. Einerseits kostet der Einsatz medizinischer Leistungen einigen Zeitaufwand und schränkt von daher die Konsummöglichkeiten ein (erster Summand); andererseits konkurrieren die beiden Güter um das fest vorgegebene Einkommen (zweiter Summand). Die Opportunitätskosten verbesserter Gesundheitschancen hängen maßgeblich von $\partial C_k / \partial t^C$ und $\partial C_k / \partial X$ ab. Die erste Größe (Eigenproduktivität bei der Bereitstellung von Konsumleistungen) ist im kranken Zustand klein, dafür ist möglicherweise die zweite (Produktivität eingekaufter Güter bzw. Dienstleistungen) um so größer.

Der Verlauf der Transformationskurve ist in der Abbildung 3-3b dargestellt. Er wird von den folgenden Parametern beeinflußt.

- ***Technologischer Wandel im Haushaltsbereich:*** Er bewirkt wie im Zustand "gesund" einen steileren Verlauf der Transformationskurve (in der Abbildung 3-3b nicht eingezeichnet).

- ***Behandlungsfortschritte in der Medizin:*** Sie können durch einen erhöhten Absolutwert von $\partial \pi / \partial M$ dargestellt werden. Beide Summanden der Gleichung (3.22) nehmen dadurch im Absolutwert ab, was zur Folge hat, daß die Grenze der individuellen Produktionsmöglichkeiten flacher verläuft, dargestellt durch Veränderung von $A_k B_k$ nach $A_k B'_k$ in Abb. 3-3b. Der Extrempunkt auf der C-Achse bleibt dabei der gleiche, weil die Konsummöglichkeiten der laufenden Periode vom technologischen Wandel in der Medizin nicht berührt werden. Der Extrempunkt auf der (1-π)-Achse hingegen **verschiebt sich nach außen**, da angenommen werden kann, daß sich auch die maximal erreichbare Wahrscheinlichkeit, die Folgeperiode gesund zu verbringen, erhöht. Insgesamt ergibt sich die Verschiebung zur Grenze $A_k B'_k$, i.d.R. verbunden mit einer fühlbaren Verbesserung der Gesundheitschancen, wie in der Abbildung durch den neuen Optimalpunkt Q_k^{**} dargestellt.

- ***Erhöhte Anbieterdichte:*** Sie schlägt sich in einem Rückgang von μ, dem vom Patienten zu leistenden Zeitaufwand für die Inanspruchnahme medizinischer Leistungen, nieder. Aufgrund des Zeitbudgets (3.22) können t^C und/oder M höhere Werte annehmen, so daß sich beide Extrempunkte nach außen verschieben. Der Mehreinsatz medizinischer Leistungen bei unverändertem Stand der medizinischen Technik stößt jedoch an **abnehmende Grenzerträge**, so daß der neue Endpunkt der Grenze bei B''_k , innerhalb von B'_k (Fall des Behandlungsfortschritts) liegt. Da gemäß Gleichung (3.22) die neue

Transformationskurve flacher verläuft, entspricht die neue Grenze der Produktionsmöglichkeiten der Kurve $A_k''B_k''$ in Abbildung 3-3b. Es wird eine gewisse Verbesserung der Gesundheitschancen erreicht, verbunden mit einem Mehraufwand medizinischer Leistungen.

- ***Ausweitung des Krankenversicherungsschutzes:*** Sie bewirkt einen Rückgang von q / p, weil der Versicherte einen geringeren Anteil der Kosten einer Arztstunde, eines Arzneimittels oder eines Krankenhaustages selbst tragen muß. Sein Einkommen reicht also für mehr Konsumgüter und/oder medizinische Leistungen aus, was ebenfalls eine Verschiebung der Transformationskurve nach außen bewirkt (Abb. 3-3b). Da aber bei unverändertem Stand der medizinischen Technik abnehmende Grenzerträge gleich rasch einsetzen wie zuvor, verläuft die neue Grenze der Produktionsmöglichkeiten wiederum wie $A_k'' B_k''$.

Diese Gedankengänge führen zur

Folgerung 3.8: Sowohl im Zustand "gesund" wie "krank" verläuft die kurzfristige Transformationskurve fallend und von unten konkav. Technologischer Wandel im Haushaltsbereich läßt sie in beiden Zuständen steiler verlaufen. Medizinisch-technologischer Wandel, erhöhte Anbieterdichte in der Medizin sowie der Ausbau des Krankenversicherungsschutzes verflachen sie und verschieben sie nach außen, verbunden mit einer Verbesserung der Gesundheitschancen im Zustand "krank".

3.4.3.3 Zur Instabilität des Gesundheitsverhaltens

Im Abschnitt 3.3 wurde die vermutete Instabilität des Gesundheitsverhaltens angesprochen und dabei die Behauptung aufgestellt, diese gehe nicht auf eine wechselhafte Wertschätzung der Gesundheit zurück, sondern liege in der Zufallsbestimmtheit der individuellen Produktionsmöglichkeiten begründet. Diese Behauptung soll jetzt unter zwei Annahmen bewiesen werden:

Annahme 3.1: Die Indifferenzkurven haben gleiche GRS (vgl. die Erwägungen zu Folgerung 3.5) und sind homothetisch.

Annahme 3.2: Der Unterschied zwischen "gesund" und "krank" wirkt sich stärker auf die maximal erreichbare Wahrscheinlichkeit $(1-\pi)$ aus, die Folgeperiode gesund zu verbringen, als auf das maximal erreichbare Niveau der Konsumleistungen (C).

Unter diesen beiden Annahmen erreicht das Individuum im Zuge seiner kurzfristigen Optimierung z.B. den Punkt Q_g^* der Abbildung 3-4, wenn es gesund ist; in diesem Punkt sind GRS_g und GRT_g einander gleich. Im Krankheitsfalle wird es zurückgeworfen auf Punkt Q_k^*, wo GRS_k und GRT_k wiederum gleich groß sind. Das neue Optimum muß allerdings in der Mehrzahl der Fälle **oberhalb** des Fahrstrahls $0Q_g^*$ liegen (wie in Abbildung 3-4 eingetragen), weil die Transformationskurve A_kB_k gemäß Annahme 3.2 im Durch-

Abb. 3-4: "Instabilität" des Gesundheitsverhaltens

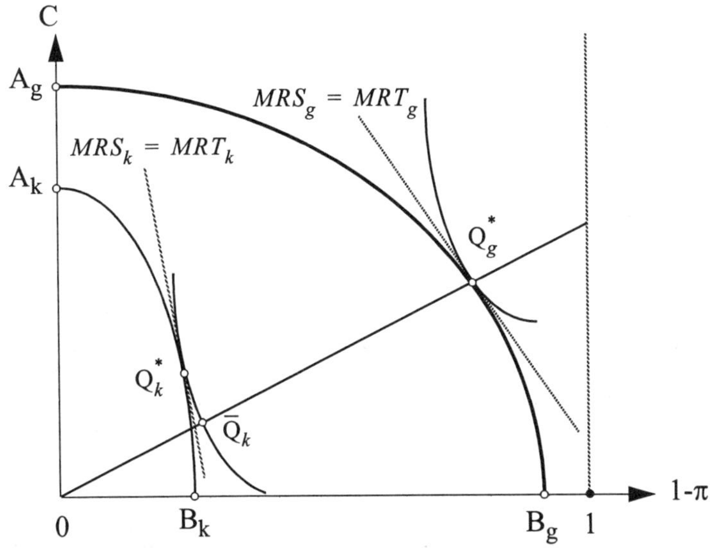

schnitt steiler verläuft als A_gB_g. Der Punkt $\overline{Q}_k$ mit gleicher GRS wie Punkt Q_g^* kommt als Optimum nicht in Frage; die GRS muß einen **höheren Wert** annehmen, um die Bedingung $GRS_k = GRT_k$ zu erfüllen. **QED**.

Diese Gegenüberstellung der zustandsabhängigen Produktionsmöglichkeiten führt also zum Ergebnis, daß im **Krankheitsfalle oft ein höherer Wert** sowohl der Grenzrate der Substitution GRS wie auch der Transformation GRT realisiert wird. Das beobachtbare Gesundheitsverhalten der Individuen würde somit den Schluß nahelegen, daß eine Verbesserung der Gesundheitschancen im Krankheitsfall höher bewertet wird als bei guter Gesundheit. Diese Instabilität konnte im Abschnitt 3.3 durchaus ökonomisch begründet werden. Die gewöhnliche Erklärung der Ärzte, die von den meisten Ökonomen geteilt wird, weist auf die bereits erwähnte **Inkonsistenz der Präferenzen** hin. Man kümmere sich zuwenig um die Gesundheit, solange man gesund sei und dann würde man plötzlich alles für die Gesundheit hingeben, sobald eine Krankheit eingetreten ist.

Die erhöhte beobachtbare Wertschätzung der Gesundheitschance im Krankheitsfall ist in Abbildung 3-4 jedoch **nicht Ausdruck einer Inkonsistenz der Präferenzen**, sondern geht auf die objektiven Produktionsmöglichkeiten und letztlich auf die durch den Einfluß des Zufalls bedingte Instabilität der Gesundheit selber zurück. Genaugenommen beobachten die Ärzte überdies nur die Zahlungsbereitschaft für medizinische Leistungen. Wenn es näherungsweise zutreffen sollte, daß **medizinische Leistungen** zur Verbesserung der Gesundheitschancen wenig oder nichts beitragen, solange der Gesundheitszustand gut ist, bleibt auch die Zahlungsbereitschaft für solche Leistungen gering. Die Nachfrage nach medizinischen Leistungen wird so zustandsabhängig, auch wenn die Nachfrage nach Gesundheit selber stabil ist, ein Umstand, der für die empirischen Untersuchungen der Inanspruchnahme von Gesundheitsleistungen von zentraler Bedeutung ist, wie im Abschnitt 4.4 dargelegt wurde. Diese Überlegungen münden in die

Folgerung 3.9: Die von den Ärzten vermutete Instabilität des individuellen Gesundheitsverhaltens erlaubt keinen Rückschluß auf einen Mangel an Rationalität auf Seiten des einzelnen, sondern kann ebenso gut unterschiedliche zustandsabhängige Produktionsmöglichkeiten spiegeln.

Diese Folgerung ist deshalb von Bedeutung, weil die Gesundheit ein nicht handelbares Gut darstellt, bei dem die Trennung der subjektiven Präferenzen von den objektiven Produktionsmöglichkeiten besonders schwer fällt. Könnten Gesundheitschancen zwischen Käufern und Verkäufern gehandelt werden, so wären nicht nur Optimalpunkte wie Q_g^* und Q_k^* der Abbildung 3-4, sondern auch das jeweilige Austauschverhältnis (also ein Preisverhältnis) zu **beobachten**. Solche Preisverhältnisse könnten unmittelbar mit der GRT, also dem Grenzkostenverhältnis in der Produktion von Gesundheit und Konsum verglichen werden, um herauszufinden, ob sich die Individuen in der Nähe des Optimums befinden und welche Faktoren für systematische Abweichungen davon verantwortlich sind. Die mangelnde Handelbarkeit der Gesundheit verhindert jedoch die Beobachtung solcher Preisverhältnisse, die eine objektive Information darstellen und Anhaltspunkte für die Beurteilung gesundheitspolitischer Maßnahmen abgeben würden.

3.5 Ein Modell mit zustandsabhängigen Produktionsmöglichkeiten: Die längere Frist

Wenn es einem Individuum gelingt, seine Gesundheitschancen bleibend zu verbessern, so hat dies wichtige Konsequenzen für die Zeit, die ihm zur Verfügung steht. Eine erhöhte Wahrscheinlichkeit, die jeweils folgende Periode gesund zu verbringen, schlägt sich nämlich längerfristig in einer Häufung gesunder Perioden nieder. Die so **gewonnene gesunde Zeit** kann ihrerseits dazu verwendet werden, mehr Konsumleistungen zu produzieren und/ oder weiterhin zugunsten der Gesundheit aufzuwenden. Diese Vorstellung liegt auch dem Grossman Modell zugrunde (vgl. Gl.(3.2) im Abschnitt 3.2.2.1). Umgekehrt führt eine Zunahme der Wahrscheinlichkeit, die Folgeperiode krank zu verbringen, zu einer erhöhten Zahl von Perioden mit schlechter Gesundheit.

Zur Vereinfachung wird im folgenden angenommen, das Individuum extrapoliere seinen derzeitigen Gesundheitszustand und richte sich auf die entsprechenden Produktionsmöglichkeiten ein. Seine Optimierung bleibe aber insofern **kurzsichtig**, als es sich keine Strategie zurechtlegt für den Fall, daß sich nach Ablauf der gegenwärtigen Gesundheits- bzw. Krankheitsphase der Gesundheitszustand wieder ändert. Ein Kranker würde dieser Annahme zufolge keine Vorsätze darüber fassen, wieviel Präventionsaufwand er treiben werde, sobald seine Gesundheit wiederhergestellt ist. Entsprechend geht es hier lediglich darum, durch Extrapolation der beiden kurzfristigen zwei längerfristige Trade-offs herzuleiten:

1'. Trade-off zwischen Konsum und mittlerer Dauer einer anschließenden Phase der Gesundheit; laufende Periode "**gesund**".

2'. Trade-off zwischen Konsum und mittlerer Dauer einer anschließenden Krankheitsphase; laufende Periode "**krank**".

3.5.1 Der längerfristige Trade-off bei guter Gesundheit (Nr. 1')

Für eine langfristige Analyse soll der in Tabelle 3.3 beschriebene Markoff-Prozeß jetzt über mehr als zwei Perioden ablaufen. Nimmt man an, die Zustandswahrscheinlichkeit π (das Krankheitsrisiko) bleibe nach einer einmaligen Beeinflussung durch das Individuum eine Konstante, so wird der Markoff-Prozeß mit nur zwei Zuständen zum Binomialprozeß. Der Binomialprozeß [krank mit Wahrscheinlichkeit π, gesund mit Wahrscheinlichkeit $(1-\pi)$] kann auch als sog. geometrische Verteilung formuliert werden, die darüber Auskunft gibt, **wieviele Perioden man durchschnittlich warten muß**, bis das Ereignis "Krankheit" eintritt. Da diese Perioden gesund verlebt werden, gilt [vgl. *Bhattacharyya und Johnson (1977)*, S. 154]

$$T_g = \frac{1}{\pi} \qquad T_g\text{: mittlere Zahl der gesund verlebten Perioden.} \tag{3.23}$$

Damit ändert sich aber zumindest längerfristig die Zeitrestriktion: t_g^C, t^G und t^W werden nicht mehr durch die eine laufende Periode begrenzt wie in der Gleichung (3.16) der Tabelle 3.2, sondern durch T_g:

$$T_g = t_g^C + t^G + t^W . \tag{3.24}$$

Mittels totaler Differenzierung der Gleichungen (3.13) bis (3.15) sowie (3.24) läßt sich die Steigung der Transformationskurve bestimmen, die jetzt nicht mehr im (C_g, 1-π)-Raum, sondern im (C_g, T_g)-Raum verläuft [vgl. den Anhang 3.A.3 zu diesem Kapitel, Gleichung (3.A.19)]:

$$\frac{dC_g}{dT_g} = \frac{\overset{(+)}{\dfrac{\partial C_g}{\partial t^C}} \cdot \overset{(+/-)}{\left[\dfrac{\partial T_g}{\partial \pi} \cdot \dfrac{\partial \pi}{\partial t^G} - 1\right]}}{\underset{(-)}{\dfrac{\partial T_g}{\partial \pi}} \cdot \underset{(-)}{\dfrac{\partial \pi}{\partial t^G}}} \gtrless 0 . \tag{3.25}$$

Diese Transformationskurve hat für niedrige Werte von T_g eine **positive Steigung**. Dann ist der Zeitaufwand zugunsten der Gesundheit noch gering, seine Grenzproduktivität $\partial\pi/\partial t^G$ dagegen (im Absolutwert) groß. Das Produkt aus $\partial T_g/\partial\pi$ und $\partial\pi/\partial t^G$ in der Klammer der Gleichung (3.25) zeigt nun an, ob eine zusätzliche Stunde Zeitaufwand im Erwartungswert mehr oder weniger als eine Stunde gesund verbrachter Zeit einbringt. Solange sie mehr als eine Stunde gesund verbrachter Zeit einbringt, ist der Zähler und damit der Wert der Gleichung (3.25) positiv, und die Transformationskurve hat positive Steigung. Anstrengungen zur Erhaltung der Gesundheit haben den Charakter eines **Investitionsgutes**: Sie machen gleichzeitig mehr Gesundheit und mehr Konsum möglich. Dies entsprach übrigens der ursprünglichen Sichtweise der Gesundheitsökonomie, besonders im Falle der Entwicklungsländer [vgl. *Mushkin (1962)*].

Der in Abbildung 3-5a gezeigte Verlauf der Transformationskurve kann auch als jener Trade-off gelten, der **auf aggregierter Ebene** zutrifft. Denn in jedem Zeitpunkt ist die Mehrheit der Bevölkerung gesund und hat die Möglichkeit, durch Einsatz von Zeit für präventive Anstrengungen während der laufenden Periode die Dauer der Gesundheitsphase zu verlängern. Dadurch erhöht sich die gesamtwirtschaftliche Produktivität, und somit können zunächst sowohl Gesundheit als auch Konsum gesteigert werden. Aus diesem Grunde entspricht der im 1. Kapitel charakterisierte Trade-off zwischen Konsum und Gesundheit dem in der Abbildung 3-5a dargestellten.

Entlang dieser Transformationskurve wird sich allerdings das Gesetz des abnehmenden Grenzertrags früher oder später durchsetzen und die Grenzproduktivität zusätzlicher Zeit zugunsten der Gesundheit unter den Grenzwert 1 zurückgehen. Dieser Punkt läßt sich bestimmen, indem man den Zähler der Gleichung (3.25) gleich Null setzt und aus Gleichung (3.18) den Ausdruck für $\partial T_g / \partial \pi$ herleitet:

$$\frac{\partial T_g}{\partial \pi} = \frac{\partial}{\partial \pi}\left[\frac{1}{\pi}\right] = -\frac{1}{\pi^2}, \qquad \text{bzw.} \quad \frac{\partial T_g}{\partial (1-\pi)} = \frac{1}{\pi^2}. \tag{3.26}$$

Eingesetzt in Gleichung (3.25) ergibt sich ein **kritischer Wert** für die Grenzproduktivität $\partial \pi / \partial t^G$:

$$\frac{dC_g}{dT_g} \gtrless 0, \quad \text{falls} \quad \left|\frac{\partial \pi}{\partial t^G}\right| \gtrless |-\pi^2|. \tag{3.27}$$

Dieser kritische Wert entspricht dem Maximumpunkt A_g der Abbildung 3-5a: Jenseits von A_g ist ein Einfluß auf die Erkrankungswahrscheinlichkeit zwar noch vorhanden, aber zu gering (zu nahe bei Null), um zusätzlich aufgewendete Zeit zugunsten der Gesundheit noch durch eine Verlängerung der mittleren Gesundheitsphase wettzumachen. Der von unten konkave Verlauf der Grenze der Produktionsmöglichkeiten wird im Anhang [Gleichung (3.A.7)] begründet.

Was die Darstellung der Präferenzen betrifft, so können die Indifferenzkurven der Abbildung 3-1 bzw. 3-3 in den (C_g, T_g)-Raum der Abbildung 3-5a überführt werden, nimmt doch T_g mit (1-π) monoton zu [vgl. Gleichung (3.26)]. Dies bedeutet, daß ein Optimalpunkt Q_g^* notwendig jenseits des Maximumpunkts A_g liegt: Die Gesundheit wird zum **Konsumgut**. Eine Situation, in der Gesundheit immer noch ein Investitionsgut darstellt, kann mithin kein Optimum sein (Punkt $\bar{Q}_g$ in Abbildung 3-5a kommt nicht in Frage): Niemand strebt freiwillig eine kurze Phase der Gesundheit mit $T_g < A'_g$ an.

Schließlich müßte die Bedingung (3.27) $|\partial \pi / \partial t^G| < |-\pi^2|$ auch für den **kurzfristigen Trade-off Nr. 1** des Abschnittes 3.4.3.1 gelten: Dies bedeutet, daß die Grenzproduktivität präventiver Anstrengungen in gesundem Zustand im allgemeinen einen niedrigen Wert annehmen wird. Die Opportunitätskosten einer zusätzlichen Verbesserung der Gesundheitschancen erscheinen dann wegen Gleichung (3.21) hoch. Entsprechend wurde für das kurzfristige Optimum Q_g^* der Abbildung 3-3a eine Lage gewählt, die durch einen hohen Absolutwert der GRT und damit der Opportunitätskosten der Gesundheitschancen gekennzeichnet ist. Insgesamt kommt man zur

Folgerung 3.10: Auf individueller Ebene hat gesund verbrachte Zeit den Charakter eines Konsumguts, nicht eines Investitionsguts. Zugleich führt ihre Eigenschaft als Input in die Produktion von Konsumleistungen und Gesundheit dazu, daß stets lange Phasen der Gesundheit angestrebt werden.

Abb. 3-5: Längerfristige Trade-offs zwischen Konsum und gesund verbrachter Zeit

a. in der lfd. Periode gesund (Nr.1') b. in der lfd. Periode krank (Nr.2')

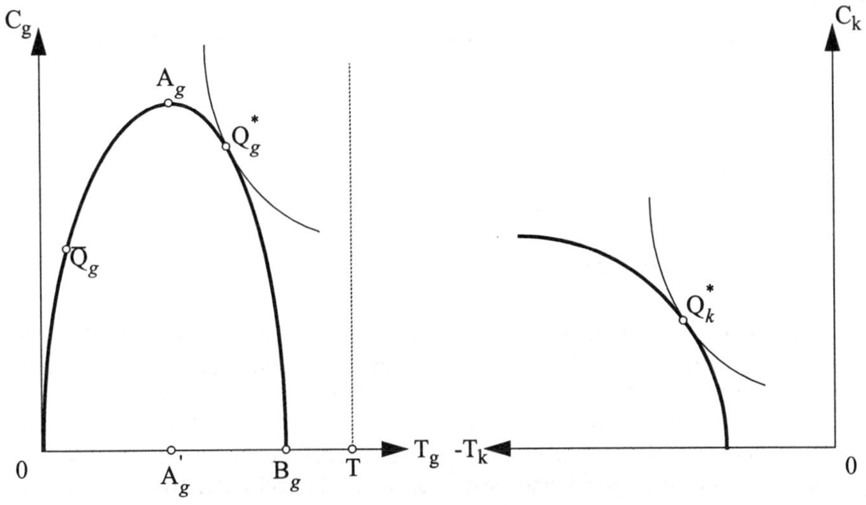

Die Tatsache, daß die Transformationskurve in Abbildung 3-5a ein Maximum wie den Punkt A_g aufweist, hat noch eine andere Konsequenz. Präferenzunterschiede dürften tendenziell **weniger Einfluß** auf das beobachtete Gesundheitsverhalten haben als Unterschiede in den Produktionsmöglichkeiten. Denn Präferenzunterschiede können nur zu Verschiebungen der Optimalpunkte zwischen A_g und B_g (und damit zwischen A'_g und B_g auf der T_g-Achse) führen, während unterschiedliche individuelle Produktionsmöglichkeiten die Punkte A'_g und B_g selber verschieben. Da die Obergrenze von T_g durch "Gesundheit für die gesamte restliche Lebensdauer" (T in Abbildung 3-5a) gegeben ist, bestehen hier erhebliche Unterschiede zwischen den einzelnen Menschen, die unmittelbar von ihrem Alter herrühren.

3.5.2 Der längerfristige Trade-off bei schlechter Gesundheit (Nr. 2')

Ist das Individuum in der laufenden Periode krank, so muß es sich auf eine Krankheitsphase einstellen, deren Dauer im Erwartungswert analog zur Gleichung (3.25) gegeben ist durch

$$T_k = \frac{1}{1-\pi} \qquad T_k\text{: mittlere Zahl der krank verlebten Perioden.} \tag{3.28}$$

Das auf eine Periode bezogene Zeitbudget der Gleichung (3.20) der Tabelle 3.4 muß entsprechend ersetzt werden durch

$$T_k = t_k^C + \mu \cdot M \,. \tag{3.29}$$

Das Interesse des Individuums wird sich darauf richten, diese Krankheitsphase möglichst abzukürzen. Deshalb wird der nachstehende Trade-off in einem (C_k, T_k)-Raum eingetragen (vgl. Abb. 3-5b). Seine Steigung ist entsprechend gegeben durch [vgl. Anhang 3.A.4, Gleichung (3.A.23)]

$$\frac{dC_k}{-dT_k} = -\frac{\dfrac{\partial C_k}{\partial t^C} \cdot \left[\dfrac{\partial T_k}{\partial \pi} \cdot \dfrac{\partial \pi}{\partial M} - \mu\right]}{\dfrac{\partial T_k}{\partial \pi} \cdot \dfrac{\partial \pi}{\partial M}} + \frac{\dfrac{\partial C_k}{\partial X} \cdot \dfrac{q}{p}}{\dfrac{\partial T_k}{\partial \pi} \cdot \dfrac{\partial \pi}{\partial M}} < 0 \,. \tag{3.30}$$

Diese Steigung ist durchweg negativ, und die Transformationskurve der Abb. 3-5b verläuft **strikt fallend**. Eine Verbesserung der Gesundheitschancen hat in dieser Situation nie Investitionscharakter, denn sie kann nur durch den Einsatz medizinischer Leistungen bewerkstelligt werden. Diese tragen zwar in durchaus erwünschter Weise zur Verkürzung der Krankheitsphase bei, schmälern dadurch jedoch das Zeitbudget, das für Konsumleistungen zur Verfügung steht und kosten überdies ihrerseits Zeit [nach Maßgabe des Parameters μ im Zähler des ersten Summanden der Gleichung (3.30)]. Je nach Höhe des relativen Preises ($q\,/\,p$) kosten die medizinischen Leistungen auch mehr oder weniger viel Geld, das beim Kauf von Konsumgütern fehlt [zweiter Summand der Gleichung (3.30)]. Im übrigen entspricht die Gleichung (3.30) weitgehend der Gleichung (3.22), und aus diesem Grunde müssen die im Teilabschnitt 3.4.3.2 besprochenen Einflüsse auf Lage und Form der Transformationskurve nicht nochmals erörtert werden.

3.6 Komplementarität oder Substitutionalität in der Gesundheitsproduktion?

3.6.1 Bedeutung der Fragestellung

Wichtige Aussagen der Produktionstheorie beziehen sich auf die Beziehungen zwischen den Inputs: Wenn ein Faktor teurer wird und deshalb sparsamer eingesetzt werden muß, führt dies notwendigerweise zu einem Mehreinsatz aller andern Produktionsfaktoren? Bei **nur zwei Produktionsfaktoren** und der Annahme der Gewinnmaximierung durch eine Unternehmung lautet die Antwort auf diese Frage eindeutig ja, d.h. es herrscht **Substitutionalität**. Bei drei und mehr Produktionsfaktoren hingegen werden immer mehr auch Komplementaritätsbeziehungen möglich. So spricht einiges dafür, daß die Verteuerung der Energie in den siebziger Jahren einerseits zu einer ceteris paribus etwas arbeitsintensiveren Produktionsweise geführt hat, gleichzeitig aber die Einführung neuer Technologien und die damit verbundenen Investitionen behinderte, so daß zwischen Energie und Arbeit eine Substitutionsbeziehung, zwischen Energie und Kapital dagegen eher Komplementarität herrscht [vgl. *Magnus (1979)*].

Eine analoge Fragestellung ist auch im Bereich der Gesundheitsproduktion von erheblichem politischen Interesse. Eine Möglichkeit, die Kostenexpansion im Gesundheitswesen einzudämmen, besteht darin, die Nachfrage nach medizinischen Leistungen zu reduzieren, indem man ihren Nettopreis durch eine Verstärkung der Kostenbeteiligung in der Krankenversicherung anhebt. Da diese Maßnahme auf den Widerstand insbesondere älterer Bevölkerungsgruppen stößt, die in den heutigen Industrieländern die Mehrheit der Stimmbürger ausmachen, bietet sich als möglicher Ausweg die **Substitution medizinischer Leistungen** durch eigene (insbesondere präventive) Anstrengungen an. Eine Verbilligung dieser Anstrengungen kommt unmittelbar nicht in Frage, müßte sie doch bei der erwerbstätigen Bevölkerung auf eine Senkung des Lohnsatzes hinauslaufen, was einer Umkehr des bisherigen Wirtschaftswachstums gleichkäme. Zudem würde dieses Instrument bei den Rentnern nicht wirken, obschon gerade sie zu den wichtigen Nachfragern medizinischer Leistungen gehören. Der Einsatz eines Produktionsfaktors kann jedoch nicht nur durch eine Verbilligung seines Preises, sondern auch durch eine Erhöhung seiner (marginalen) Produktivität gefördert werden. Es stellt sich also die Frage, ob mit einer **verbesserten Produktivität eigener Anstrengungen** zur Erhaltung der Gesundheit medizinische Leistungen eingespart werden könnten.

Auf den ersten Blick scheint das im Abschnitt 3.5 entwickelte Modell auf eine solche Fragestellung keine Antwort zu liefern. Durch die Annahme, daß die

Konsumgüter X keinen Einfluß auf den Gesundheitszustand haben, bleibt in der Gesundheitsproduktion **jeweils nur ein einziger Faktor** übrig: Bei guter Gesundheit der Einsatz eigener Zeit t^G, bei schlechter Gesundheit die Inanspruchnahme medizinischer Leistungen M [vgl. Tab. 3.4, Gleichungen (3.13) und (3.17)]. Zwischen den beiden Inputs scheint mithin überhaupt keine Beziehung zu bestehen. Indirekt besteht jedoch sehr wohl eine Beziehung, die zudem je nach Ausgangssituation einen anderen Charakter annimmt.

3.6.2 Substitutionalität im gesunden Zustand

Im vorhergehenden Unterabschnitt wurde davon ausgegangen, daß es möglich sei, gezielt die marginale Produktivität eigener Anstrengungen zur Verbesserung der Gesundheitschancen zu erhöhen. Traditionell steht dabei eine verbesserte Ausbildung als Maßnahme im Vordergrund. Sie erhöht aber typischerweise die Produktivität im Markt- wie im Nichtmarktbereich. Auch wenn es gelingen würde, die Wirkung der Maßnahme auf den Nichtmarktbereich zu beschränken, so macht die Zeitrestriktion (3.16) des Modells darauf aufmerksam, daß das Zeitbudget nicht so sehr zugunsten von t^G, sondern von t^C, d.h. zugunsten der Produktion von Konsumleistungen umgestellt werden könnte. Sobald zudem auch marktfähige Kenntnisse vermittelt werden, kann das erwerbstätige Individuum auf dem Arbeitsmarkt einen höheren Lohnsatz erzielen, was den Eintritt z.B. von Frauen in den Arbeitsmarkt begünstigt und insofern zu einer Umstellung des Zeitbudgets zugunsten von t^W und möglicherweise zu Lasten von t^G führt.

Sollte es aber trotz dieser Vorbehalte zu einer Erhöhung von t^G kommen, sinkt die Krankheitswahrscheinlichkeit π und damit die Wahrscheinlichkeit, in Zukunft medizinische Leistungen in Anspruch zu nehmen. Zudem würden die Phasen der Gesundheit verlängert und insofern die Nachfrage nach medizinischen Leistungen zeitlich hinausgeschoben. Weil aber damit die **Lebenserwartung** insgesamt vergrößert wird, braucht über den ganzen Lebenszyklus betrachtet die Summe der konsumierten medizinischen Leistungen dadurch nicht notwendig abzunehmen, ein Effekt, der an das sog. Sisyphus-Syndrom im Gesundheitswesen erinnert (vgl. dazu das 11. Kapitel). Kurz- bis mittelfristig hingegen würde die Nachfrage nach medizinischen Leistungen gedämpft, und es kommt zur angestrebten Substitution.

3.6.3 Komplementarität im kranken Zustand

Bildet Krankheit die Ausgangssituation, so fruchtet die Verbesserung der eigenen Produktivität annahmegemäß nichts. Man kann sich aber umgekehrt fragen, was für längerfristige Auswirkungen eine Intensivierung der medizinischen Behandlung hätte. Sie würde die Genesungswahrscheinlichkeit erhöhen und damit die Voraussetzungen schaffen, daß das Individuum nachher seinen eigenen Beitrag t^G zur Erhaltung der Gesundheit leisten kann. In zeitlicher Hinsicht würde die Dauer der Erkrankung im Mittel reduziert, so daß die eigenen Anstrengungen zur Gesundheitserhaltung rascher zum Zuge kommen können. Aus dieser Sicht erweisen sich t^G und M plötzlich als Komplemente und nicht Substitute. Diese Überlegungen münden in die

Folgerung 3.11: Die Beziehung zwischen eigenen und medizinischen Inputs in die Gesundheitsproduktion ist zustandsabhängig. In gesundem Zustand sind die beiden Inputs Substitute und werden sehr langfristig zu Komplementen. In krankem Zustand sind sie Komplemente.

Mit Blick auf die im 4. Kapitel darzustellende empirische Untersuchungen der Gesundheitsproduktion ergeben sich hieraus sehr differenzierte Voraussagen. Für grundsätzlich gesunde, junge Gruppen müßte sich zwischen eigenen präventiven Anstrengungen und der Nachfrage nach medizinischen Leistungen eine einigermaßen klare Substitutionsbeziehung ergeben. Je mehr aber eine Stichprobe auch ältere und weniger gesunde Individuen enthält, desto mehr dürften sich Komplementaritätsbeziehungen zwischen den beiden Inputs durchsetzen. Auch auf der regionalen und nationalen Aggregationsebene müßte die Komplementarität überwiegen, enthalten doch die ausgewiesenen Zahlen auch Fälle höchst intensiver Behandlung, die in Stichproben mit Individualdaten fehlen.

Anhang zu Kapitel 3

In diesem Anhang soll der Verlauf der Grenze der Produktionsmöglichkeiten dargestellt werden. Dies geschieht zuerst kurzfristig für den Zustand der Gesundheit, dann für den der Krankheit, und schließlich längerfristig unter der Annahme einer Extrapolation des geltenden Zustands.

3.A.1 Produktion im gesunden Zustand, kurzfristig (Trade-off Nr. 1)

In diesem Abschnitt geht es um die Bestimmung des Vorzeichens von $dC_g/d(1\text{-}\pi)$. Zu diesem Zweck wird zuerst die Gleichung (3.13) differenziert:

$$d(1-\pi) \;=\; -d\pi \;=\; -\frac{\partial\pi}{\partial t^G}\cdot dt^G \tag{3.A.1}$$

Die totale Differenzierung der Konsum-Produktionsfunktion (3.14) ergibt (einfachheitshalber z.T. ohne das Subskript *g*)

$$dC_g \;=\; \frac{\partial C_g}{\partial X}\cdot dX \;+\; \frac{\partial C_g}{\partial t^C}\cdot dt^C\,. \tag{3.A.2}$$

Aus der Budgetbedingung der Gleichung (3.15) geht hervor, daß zusätzliche Konsumgüter nur durch zusätzliche Arbeitszeit finanziert werden können:

$$dX = \frac{w}{p}\cdot dt^W\,. \tag{3.A.3}$$

Was die Änderung der für den Konsum verfügbaren Zeit (dt^C) betrifft, so ergibt sich aufgrund der Zeitrestriktion (3.16) der Ausdruck

$$dt^C \;=\; -dt^G - dt^W\,. \tag{3.A.4}$$

Setzt man die Ausdrücke (3.A.3) und (3.A.4) in die Gleichung (3.A.2) für dC_g ein, erhält man

$$dC_g = \frac{\partial C_g}{\partial X} \cdot \left[\frac{w}{p} \cdot dt^W\right] - \frac{\partial C_g}{\partial t^C}(dt^G + dt^W)$$

$$= -\frac{dC_g}{dt^C} \cdot dt^G + \left[\frac{\partial C_g}{\partial X} \cdot \frac{W}{p} - \frac{\partial C_g}{\partial t^C}\right] dt^W . \tag{3.A.5}$$

Falls das Individuum Zeit und Güter in der Herstellung von Konsumleistungen optimal einsetzt, entspricht das Verhältnis der Grenzproduktivitäten $[\,(\partial C/\partial t^C)\,/\,(\partial C/\partial X)\,]$ dem Preisverhältnis *w/p*, wobei *w* den sog. Schattenpreis der Zeit (die zur Vergrößerung des Arbeitseinkommens verwendet werden könnte) angibt. Unter dieser Annahme beträgt der zweite Summand von (3.A.5) Null, und nach Division durch dt^G und Gleichung (3.A.1) folgt der im Text [Gleichung (3.21)] besprochene Ausdruck

$$\frac{dC_g}{d(1-\pi)} = \frac{\dfrac{\partial C_g}{\partial t^C}}{\dfrac{\partial \pi}{\partial t^G}} < 0 . \tag{3.A.6}$$

Die Krümmung der Transformationskurve ist durch das Vorzeichen der zweiten Ableitung $d^2C_g \,/\, d(1 - \pi)^2$ gegeben. Behandelt man $\partial C/\partial t^C$ als Konstante, erhält man mit Hilfe von (3.A.1) und (3.A.6)

$$\frac{d^2C_g}{d(1-\pi)^2} = \frac{d}{dt^G}\left[\frac{dC_g}{d(1-\pi)}\right] \cdot \frac{dt^G}{d(1-\pi)} = \frac{d}{dt^G}\left[\frac{\dfrac{\partial C_g}{\partial t^C}}{\dfrac{\partial \pi}{\partial t^G}}\right] \cdot \frac{(-1)}{\dfrac{\partial \pi}{\partial t^G}}$$

$$= \frac{0 \cdot \dfrac{\partial C_g}{\partial t^C} - \left(\dfrac{\partial C_g}{\partial t^C} \cdot \dfrac{\partial^2 \pi}{\partial t^{G2}}\right)}{\dfrac{\partial \pi}{\partial t^G}} \cdot \frac{(-1)}{\dfrac{\partial \pi}{\partial t^G}} = \frac{\overset{(+)}{\dfrac{\partial C_g}{\partial t^C}} \cdot \overset{(+)}{\dfrac{\partial^2 \pi}{(\partial t^G)^2}}}{\underset{(-)}{\left[\dfrac{\partial \pi}{\partial t^G}\right]^3}} < 0 . \tag{3.A.7}$$

Damit ist der von unten konkave Verlauf der Transformationskurve nachgewiesen.

3.A.2 Produktion im kranken Zustand, kurzfristig (Trade-off Nr. 2)

Annahmegemäß kann die Genesungswahrscheinlichkeit nur durch den Einsatz medizinischer Leistungen erhöht werden. Die Differenzierung der Gleichung (3.17) ergibt somit

$$d(1-\pi) = -d\pi = -\frac{\partial\pi}{\partial M}\cdot dM . \tag{3.A.8}$$

In der Konsum-Produktionsfunktion ergeben sich keine Änderungen, außer daß die marginalen Produktivitäten sowohl der Konsumgüter wie auch der eingesetzten Zeit im Vergleich zur Situation im gesunden Zustand kleinere Werte annehmen dürften.

$$dC_k = \frac{\partial C_k}{\partial X}\cdot dX + \frac{\partial C_k}{\partial t^C}\cdot dt^C . \tag{3.A.9}$$

Aufgrund der krankheitsbedingten Budgetrestriktion der Gleichung (3.19) bedingt der Kauf zusätzlicher Konsumgüter einen Verzicht auf medizinische Leistungen:

$$dX = \frac{-q}{p}\cdot dM . \tag{3.A.10}$$

Die totale Differenzierung der Zeitrestriktion (3.20) ergibt schließlich:

$$dt^C = -\mu\cdot dM . \tag{3.A.11}$$

Jetzt können die beiden Ausdrücke (3.A.10) und (3.A.11) in die Gleichung (3.A.9) eingesetzt werden, mit dem Ergebnis

$$dC_k = \frac{-\partial C_k}{\partial X}\cdot\frac{q}{p}\cdot dM - \mu\cdot\frac{\partial C_k}{\partial t^C}\cdot dM . \tag{3.A.12}$$

Die Division durch Gleichung (3.A.8) ergibt die Gleichung (3.17) im Text:

$$\frac{dC_k}{d(1-\pi)} = \frac{\overset{(+)}{\dfrac{\partial C_k}{\partial t^C}\cdot\mu}}{\underset{(-)}{\dfrac{\partial\pi}{\partial M}}} + \frac{\overset{(+)}{\dfrac{\partial C_k}{\partial X}\cdot\dfrac{q}{p}}}{\underset{(-)}{\dfrac{\partial\pi}{\partial M}}} < 0 . \tag{3.A.13}$$

Das Vorzeichen dieses Ausdrucks ist eindeutig negativ. Behandelt man $\partial C/\partial X$, q/p und $\partial C/\partial t^C$ als von M unabhängig, so kann analog zur Gleichung (3.A.7) gezeigt werden, daß

$$\frac{d^2 C_k}{d(1-\pi)^2} < 0\,; \tag{3.A.14}$$

die Transformationskurve verläuft wiederum konkav von unten.

3.A.3 Produktion im gesunden Zustand, längerfristig (Trade-off Nr. 1')

In längerfristiger Betrachtung wird die Zeitrestriktion (3.16) durch (3.24) ersetzt, die ausgeschrieben lautet

$$T_g\{\pi(t^G)\} = t_g^C + t^G + t^W\,. \tag{3.A.15}$$

Die mittlere Dauer der Phase in gutem Gesundheitszustand kann durch einen Mehraufwand von Zeit t^G verlängert werden. Diese Verlängerung ist gegeben durch

$$dT_g = \frac{\partial T_g}{\partial \pi} \cdot \frac{\partial \pi}{\partial t^G} \cdot dt^G\,. \tag{3.A.16}$$

Die totale Differenzierung der Gleichung (3.A.15) und ihre Auflösung nach dt^C (mit Subskript g zur Vereinfachung weggelassen) ergibt aufgrund von (3.A.16)

$$dt^C = dT_g - dt^G - dt^W = dT_g - \frac{1}{\frac{\partial T_g}{\partial \pi} \cdot \frac{\partial \pi}{\partial t^G}} dT_g - dt^W$$

$$= \left[\frac{\frac{\partial T_g}{\partial \pi} \cdot \frac{\partial \pi}{\partial t^G} - 1}{\frac{\partial T_g}{\partial \pi} \cdot \frac{\partial \pi}{\partial t^G}}\right] dT_g - dt^W\,. \tag{3.A.17}$$

Setzt man die Ausdrücke (3.A.3) und (3.A.17) in die Gleichung (3.A.2) für dC_g ein, erhält man

$$dC_g = \frac{\partial C_g}{\partial X}\left[\frac{w}{p}\cdot dt^W\right] + \frac{\partial C_g}{\partial t^C}\cdot\left[\frac{\frac{\partial T_g}{\partial \pi}\cdot\frac{\partial \pi}{\partial t^G} - 1}{\frac{\partial T_g}{\partial \pi}\cdot\frac{\partial \pi}{\partial t^G}} dT_g - dt^W\right]$$

$$= \left[\frac{\frac{\partial C_g}{\partial t^C}\cdot\left[\frac{\partial T_g}{\partial \pi}\cdot\frac{\partial \pi}{\partial t^G} - 1\right]}{\frac{\partial T_g}{\partial \pi}\cdot\frac{\partial \pi}{\partial t^G}}\right] dT_g + \left[\frac{\partial C_g}{\partial X}\cdot\frac{w}{p} - \frac{\partial C_g}{\partial t^C}\right] dt^W \tag{3.A.18}$$

In der Umgebung eines Optimums kann der Summand in dt^W vernachlässigt werden [vgl. die Begründung zu Gleichung (3.A.6)], so daß das Ergebnis lautet [vgl. Gleichung (3.25) im Text]

$$\frac{dC_g}{dT_g} = \frac{\overset{(+)}{\frac{\partial C_g}{\partial t^C}}\cdot\overset{(+/-)}{\left[\frac{\partial T_g}{\partial \pi}\cdot\frac{\partial \pi}{\partial t^G} - 1\right]}}{\underset{(-)}{\frac{\partial T_g}{\partial \pi}}\cdot\underset{(-)}{\frac{\partial \pi}{\partial t^G}}} \lesseqgtr 0 . \tag{3.A.19}$$

Die Krümmung dieser Transformationskurve ist durch das Vorzeichen von d^2C_g/dT_g^2 gegeben. Behandelt man trotz der Veränderung der Zeitrestriktion $\partial C/\partial t^C$ als unabhängig von t^G, verwendet Gleichung (3.A.16) und setzt gemäß Gleichung (3.26) $\partial T_g/\partial \pi = -1/\pi^2$ ein, so erhält man

$$\frac{d^2C_g}{dT_g^2} = \frac{d}{dt^G}\left[\frac{dC_g}{dT_g}\right] \cdot \frac{dt^G}{dT_g}$$

$$= \frac{d}{dt^G}\left[\frac{\frac{\partial C_g}{\partial t^C} \cdot \left[\frac{-1}{\pi^2} \cdot \frac{\partial \pi}{\partial t^G} - 1\right]}{\frac{-1}{\pi^2} \cdot \frac{\partial \pi}{\partial t^G}}\right] \cdot \frac{1}{\frac{\partial T_g}{\partial \pi} \cdot \frac{\partial \pi}{\partial t^G}}$$

$$= \frac{\partial C_g}{\partial t^C} \cdot \frac{d}{dt^G}\left[1 + \frac{\pi^2}{\frac{\partial \pi}{\partial t^G}}\right] \cdot \frac{1}{\frac{\partial T_g}{\partial \pi} \cdot \frac{\partial \pi}{\partial t^G}}$$

$$= \underset{(+)}{\frac{\partial C_g}{\partial t^C}}\left[\underset{(-)}{2\pi \frac{\partial \pi}{\partial t^G}} - \underset{(+)}{\pi^2 \frac{\partial^2 \pi}{\partial t^{G2}}}\right]\underset{(+)}{\left[\frac{1}{\frac{\partial \pi}{\partial t^G}}\right]^2} \cdot \underset{(-)}{\frac{1}{\frac{-1}{\pi^2} \cdot \frac{\partial \pi}{\partial t^G}}} < 0 . \tag{3.A.20}$$

Damit ist der von unten konkave Verlauf auch dieser Transformationskurve nachgewiesen.

3.A.4 Produktion im kranken Zustand, längerfristig (Trade-off Nr. 2)

Da die Zeitrestriktion (3.20) durch (3.25) ersetzt wird, ergibt ihre Differenzierung

$$dT_k = \frac{\partial T_k}{\partial \pi} \cdot \frac{\partial \pi}{\partial M} \cdot dM . \tag{3.A.21}$$

Die zweite Modifikation betrifft die für den Konsum verfügbare Zeit; hier wird die Gleichung (3.A.11) unter Verwendung von (3.A.21) ersetzt durch

$$\begin{aligned} dt^C &= dT_k - \mu \cdot dM \\ &= \left[\frac{\partial T_k}{\partial \pi} \cdot \frac{\partial \pi}{\partial M} - \mu\right] dM . \end{aligned} \tag{3.A.22}$$

Im Verein mit (3.A.10) für dX ergibt sich für den Konsum [vgl. Gleichung (3.A.9)]:

$$dC_k = \frac{-\partial C_g}{\partial X} \cdot \frac{q}{p} \cdot dM + \frac{\partial C_g}{\partial t^C} \cdot \left[\frac{\partial T_k}{\partial \pi} \cdot \frac{\partial \pi}{\partial M} - \mu \right] dM . \tag{3.A.23}$$

Die Division dieses Ausdrucks durch die Gleichung (3.A.21) ergibt

$$\frac{dC_k}{-dT_k} = \frac{\overset{(+)}{\frac{\partial C_g}{\partial t^C}} \cdot \overset{(-)}{\left[\frac{\partial T_k}{\partial \pi} \cdot \frac{\partial \pi}{\partial M} - \mu \right]}}{\underset{(+)}{\frac{\partial T_k}{\partial \pi}} \cdot \underset{(-)}{\frac{\partial \pi}{\partial M}}} + \frac{\overset{(+)}{\frac{\partial C_g}{\partial X} \cdot \frac{q}{p}}}{\underset{(+)}{\frac{\partial T_k}{\partial \pi}} \cdot \underset{(-)}{\frac{\partial \pi}{\partial M}}} < 0 . \tag{3.A.24}$$

Im Nenner erscheint der Negativwert von T_k, um den Vergleich mit dem Ausdruck (3.A.19) für den Fall der Gesundheit zu erleichtern.

3.7 Übungsaufgaben

Übungsaufgabe 3.1:

a) Bitte geben Sie die Bedingung dafür an, daß die in der Abbildung 3-1 gezeigte Indifferenzkurve vollkommen senkrecht verläuft. Ist es auch denkbar, daß sie vollkommen waagrecht verläuft?

b) Was für Konsequenzen hätten diese beiden Extremfälle für das beobachtete Verhalten?

Übungsaufgabe 3.2

Ein Sozialpolitiker macht den Vorschlag, durch einen Abzug vom Lohn der Erwerbstätigen das Krankengeld zu erhöhen. Was sind die zu erwartenden Auswirkungen in Bezug auf das Gesundheitsverhalten und die Gesundheit der Bevölkerung?

3.8 Literaturhinweise

Zu Abschnitt 3.2:

Bartel, A. und Taubman, P. (1979), Health and Labor Market Success: The Role of Various Diseases, in: *Review of Economics and Statistics*, LXI(1), 1-8.

Callahan, D. (1987), *Setting Limits*, New York: Simon & Schuster.

Duan, N., Manning, W.G., Morris, C.N. and Newhouse, J.P. (1984), Choosing between the sample-selection model and the multi-part model, in: *Journal of Business & Economic Statistics 2(3), July,* 283-289.

Evans, R.G. (1974), Supplier-Induced Demand: Some Empirical Evidence and Implications, in: Perlman, M. (ed.), *The Economics of Health and Medical Care*, London: MacMillan, 162-173.

Grossman, M. (1972), On the Concept of Health Capital and the Demand for Health, in: *Journal of Political Economy*, Vol. 80/2, 223-255.

Intrilligator, M.D. (1971), Mathematical Optimization and Economic Theory. Englewood Cliffs: Prentice-Hall.

Léonard, D. and Van Long, N. (1992), Optimal Control Theory and Static Optimization in Economics, Cambridge MA: Cambridge University Press.

Leu, R.E. and Doppmann, R.J. (1986), Gesundheitszustand und Nachfrage nach Gesundheitsleistungen, in Wille, E. (ed.), *Informations- und Planungsprobleme in öffentlichen Aufgabenbereichen,* Bern: P. Lang, 1-90.

Leu, P.E. and Gerfin, M. (1992), Die Nachfrage nach Gesundheit - Ein empirischer Test des Grossman-Modells, in Oberender, P. (ed), Steuerungsprobleme im Gesundheitswesen, Baden-Baden: Nomos, 61-78.

Muurinen, J.-M. (1982), Demand for Health: A Generalised Grossman Model, in: *Journal of Health Economics*, 1 (1), 5-28.

Newhouse, J.P. and Phelps, C.E. (1974), New Estimates of Price and Income Elasticities of Medical Care Services, in Rosett, R.N. (ed.), The Role of Health Insurance in the Health Services Sector, New York: National Bureau of Economic Reseach, 261-312.

Reinhardt, U.E. (1985), The Theory of Physician-Induced Demand. Reflections After a Decade, in: *Journal of Health Economics*, 4, 187-193.

Wagstaff, A. (1986), The Demand for Health: Some New Empirical Evidence, in: *Journal of Health Economics,* 5(3), 195-233.

Zweifel, P. (1985), The Effect of Aging on the Demand and Utilization of Medical Care, in: Tilquin, C. (ed.), Systems Science in Health and Social Services for the Elderly and Disabled, Toronto: Pergamon Press, 313-318.

Zu Abschnitt 3.4:

Arrow, K.J. (1951), Alternative Approaches to the Theory of Choice in Risk-Taking Situations, in: *Econometrica*, 19, 404-437.

Becker, G.S. (1965), A Theory of the Allocation of Time, in: *Economic Journal*, 75, 493-517.

Debreu, G. (1959), *Theory of Value: An Axiomatic Analysis of Economic Equilibrium*, London: Wiley.

Zu Abschnitt 3.5:

Bhattacharyya, G.K. und Johnson, R.A. (1977), *Statistical Concepts and Methods*, New York: J. Wiley & Sons.

Mushkin, S.J. (1962), Health as an Investment, in: *Journal of Political Economy*, 70(5), Part 2 (Suppl.).

Zu Abschnitt 3.6:

Magnus, J.R. (1979), Substitution Between Energy and Non-energy Inputs in the Netherlands 1950-1976, in: *International Economic Review*, 20(2), 465-483.

KAPITEL 4

Empirische Untersuchungen zur Gesundheits-produktion

4.1 Überblick über die Fragestellungen

Das im vorhergehenden Kapitel eingeführte Konzept der Transformationskurve für Konsumleistungen und Gesundheit legt eine Reihe von Fragestellungen nahe, die für die Gesundheitspolitik von erheblicher Bedeutung sind. Zur Illustration sei die Zunahme der Lebenserwartung in verschiedenen Industrieländern herausgegriffen (vgl. Tab. 4.1).

Während zwischen 1900 und 1930 die mittlere Lebenserwartung (gemessen am Alter der damals Verstorbenen) z.B. in Deutschland jedes Jahr beinahe um 0,5 Jahre zunahm, betrug der Zugewinn zwischen 1930 und 1950 bereits nur noch etwa 0,25 Jahre. Interessanterweise nimmt seither die Lebenserwartung der Frauen in den alten Bundesländern Deutschlands wieder etwas beschleunigt zu - eine Beobachtung, die unter den Industrieländern nur noch für die Frauen Neuseelands zutrifft. Alle andern Industrieländer weisen eine teils erhebliche **Verlangsamung der Zunahme der Lebenserwartung** auf. In den USA beispielsweise wächst sie jährlich nur noch um 0,166 Jahre bei den Männern und 0,225 Jahre bei den Frauen.

Da in allen OECD-Ländern in der Zeit zwischen 1950 und 1980 die realen Gesundheitsaufwendungen je Kopf der Bevölkerung angestiegen sind, haben viele Beobachter aus diesen Daten den Schluß gezogen, daß der marginale Beitrag der Medizin zur Gesundheit gegen Null gehe ("Flat of the curve medicine"). Läßt sich dieser Schluß aufrechterhalten, wenn das ökonomische Konzept der Gesundheitsproduktion zur Anwendung gelangt?

Insbesondere die Transformationskurve erinnert daran, daß für die eingetretene Entwicklung auch andere Gründe verantwortlich sein könnten, und zwar auf Output- wie auch auf Inputseite.

1. ***Wahl des Outputindikators:*** Weder die Lebenserwartung noch die Sterblichkeit der Bevölkerung (ein anderer häufig verwendeter Indikator) gibt unmittelbar Auskunft über den Gesundheitszustand, d.h. jene Größe, die den einzelnen in diesem Zusammenhang interessiert. Nimmt man die im Abschnitt 2.1 beschriebenen *QALYs* zum Maßstab, so tragen zusätzliche Lebensjahre nur dann in vollem Ausmaß zur Zielerreichung bei, wenn sie bei guter Gesundheit verlebt werden. Genau dies wird von manchen Epidemiologen bestritten, indem sie auf den Vormarsch chronischer Krankheiten bei zunehmender Lebensdauer verweisen [vgl. *Verbrugge* (*1984*)].

Tab. 4.1: Entwicklung der Lebenserwartung bei Geburt in einigen Ländern

		Jährliche Zunahme (in Jahren)		
		1900-1930	1930-1950	1950-1980
Deutschland (alte Bundesländer)	M	0,503	0,225	0,203
	F	0,483	0,275	0,303
Frankreich	M	0,300	0,480	0,226
	F	0,343	0,535	0,303
Grossbritannien	M	0,343	0,385	0,150
	F	0,350	0,420	0,188
Japan	M	0,027	0,635	0,509
	F	0,057	0,715	0,585
Schweiz	M	0,330	0,385	0,203
	F	0,363	0,410	0,279
USA	M	0,327	0,395	0,166
	F	0,343	0,510	0,225

Quelle: *OECD (1987)*, Financing and Delivering Health Care, S. 39.

Rheumatische Erkrankungen beispielsweise verlaufen selten tödlich, vermindern aber die Lebensqualität und verursachen darüber hinaus viele Absenzen vom Arbeitsplatz und damit erhebliche gesamtwirtschaftliche Kosten. Umgekehrt kann sich nach der gleichen Überlegung auch dann, wenn die Lebenserwartung nicht mehr oder nur mehr verlangsamt zunimmt, der Gesundheitszustand der Bevölkerung dennoch verbessert haben.

2. ***Konsum und Gesundheit als Output:*** Falls die Individuen ihre Präferenzen auch nur einigermaßen durchsetzen können, müssen zusätzliche Konsumleistungen letztlich zu Lasten der Gesundheit gehen (vgl. Abbildung 3-5 im Abschnitt 3.5). Dieser Zusammenhang wird in jenen Fällen besonders deutlich, wo die zusätzliche Konsumleistung mit einem Mehreinsatz von gesundheitsschädigenden Gütern wie Alkohol und Tabak einhergeht[1]. Falls beim Vergleich verschiedener Zeitperioden oder Individuen die Struktur der Präferenzen mitvariiert, besteht die Gefahr der falschen Zurechnung: Eine beobachtete Verschlechterung des Gesundheitszustands kann die Folge einer verstärkten Hinwendung zu Konsumzielen sein, deren negative Auswirkungen nicht vollständig durch eine Zunahme der Produktivität der medizinischen Leistungen ausgeglichen werden konnte.

3. ***Relative Produktivität der Inputs:*** Auch wenn die Verlangsamung der Zunahme der Lebenserwartung mit erheblichem Mehraufwand zugunsten der Medizin einherging,

1. Im Modell des Abschnitts 3.4 sind die Konsumgüter ohne Wirkung auf die Gesundheit. Diese Annahme vereinfacht die mathematische Analyse beträchtlich.

ist der Rückschluß auf eine abnehmende Grenzproduktivität medizinischer Leistungen nicht zwingend. Nachlassende eigene Anstrengungen zur Krankheitsvermeidung oder andere, bislang noch nicht betrachtete Faktoren (insbesondere Umwelteinflüsse) können für das beobachtete Gesamtergebnis verantwortlich sein. Dieses Argument erinnert daran, daß die **relative** Grenzproduktivität (zusammen mit den relativen Grenzkosten) über den optimalen Faktoreinsatz in der Produktion entscheidet: In den letzten Jahren könnte insbesondere die Grenzproduktivität einer verbesserten Verkehrssicherheit oder Luftqualität zugenommen haben.

4. ***Zusammensetzung der Bevölkerung:*** Je größer der Anteil von betagten Personen mit einer vergleichsweise hohen Erkrankungswahrscheinlichkeit, desto mehr setzen sich die für den Zustand der Krankheit gültigen Trade-offs durch, in denen die Produktivität medizinischer Leistungen relativ zu ihren Alternativen sehr hoch, absolut jedoch eher gering ist. Im Zuge der Alterung der Bevölkerung ist eine verstärkte Konzentration der medizinischen Aufwendungen in den oberen Altersklassen die Folge, also gerade dort, wo zumindest der in zusätzlicher Lebenserwartung gemessene Ertrag gering sein dürfte.

Im folgenden sollen anhand einiger empirischer Untersuchungen diese Fragestellungen wenigstens zum Teil beantwortet werden. Dabei kommen zuerst die Untersuchungen mit Hilfe aggregierter Daten zur Darstellung, weil sie früher entstanden sind, aber auch weil sie einige Fragen aufwerfen, die dann an individuellen Daten besser abgeklärt werden können.

4.2 Untersuchungen anhand von aggregierten Daten

4.2.1 Mortalitätsraten als Erfolgsmaßstab?

Weil die amtliche Bevölkerungsstatistik Sterbefälle, aber keine Krankheitsfälle zählt, ist die Auswahl an Indikatoren zur Beschreibung des aggregierten "Outputs" der Gesundheitsproduktion gering: Es handelt sich um (alters- und geschlechtsspezifische) Sterblichkeits- bzw. Mortalitätsraten sowie Lebenserwartungen, die aus der Absterbeordnung berechnet werden können.

Aus der Sicht des Individuums macht eine Mortalitätsrate als Outputgröße wenig Sinn, ist doch die **Sterbewahrscheinlichkeit langfristig gleich Eins**. Bezogen auf ein Kollektiv und eine bestimmte Zeitperiode ist sie nur wenig informativer: Die Wahrscheinlichkeit, daß ein beliebig herausgegriffener Einwohner eines Gebiets das Ende des laufenden Jahres nicht mehr erleben wird, hat für die Mehrheit der Bevölkerung kaum Relevanz, weil fast jeder in einem oder mehreren persönlichen Merkmalen vom statistischen Durchschnitt abweicht. Dieser Einwand trifft auf Säuglinge weniger zu als auf ältere Gruppen der Bevölkerung, weil ihre Merkmale noch nicht ausgeprägt sind. Insofern entbehrt die Gewohnheit, die Säuglingssterblichkeit für den Vergleich nationaler Gesundheitssysteme heranzuziehen, nicht einer gewissen Logik.

Die Definition des Gesundheitszustandes mit Hilfe von ***QALYs*** gemäß Gleichung (3.2) macht aber - auch für den Fall des Säuglings - klar, daß eine Mortalitätsrate stets nur einen extremen "Gesundheitszustand" herausgreift und überdies lediglich über das Wahrscheinlichkeitsgewicht π_i dieses Zustands Auskunft gibt. Trotz dieser Mängel dienen Mortalitätsraten immer wieder als Outputindikator für empirische Untersuchungen zur Gesundheitsproduktion, weil sie von der amtlichen Statistik erhoben werden und zwischen Regionen und Ländern vergleichbar sind.

Als Alternative bietet sich die **Lebenserwartung**, insbesondere im Zeitpunkt der Geburt, an. Dieser Indikator faßt alle möglichen Gesundheitszustände mit Ausnahme des Todes zu einem einzigen zusammen und mißt die Zeitdauer, während der sich das Individuum in diesen Zuständen befindet. Er widerspiegelt also die Tatsache, daß das Erleben eines bestimmten Alters nicht von der aktuellen Überlebenswahrscheinlichkeit, sondern von der gesamten Folge von Überlebenswahrscheinlichkeiten seit der Geburt abhängt. Die Lebenserwartung unterliegt damit notwendigerweise auch weit zurückliegenden Einflüssen auf den Gesundheitszustand, und bei ihrer Bestimmung müssen in besonderem Maße verzögerte Ursache-Wirkungs-Beziehungen berücksichtigt werden.

4.2.2 Die Grenzproduktivität des Gesundheitswesens insgesamt

Für die ökonomischen Klassiker lag es auf der Hand, daß der Gesundheitszustand sowie insbesondere die Mortalität einer Bevölkerung ganz maßgeblich von wirtschaftlichen Einflüssen abhängen [vgl. *Malthus* (*1803*)]. Erst gegen Ende des neunzehnten Jahrhunderts erhielt die Medizin die wissenschaftliche Grundlegung, welche ihre ersten Erfolge bei der Bekämpfung von Infektionskrankheiten ermöglichte. Doch erst in den dreißiger Jahren dieses Jahrhunderts, als mit den Sulfanomiden die ersten kausal wirkenden Arzneimittel auf den Markt kamen und innerhalb weniger Jahre die Tuberkulose weitgehend zum Verschwinden brachten, begann sich die Auffassung durchzusetzen, daß medizinische Maßnahmen den Gesundheitszustand breiter Bevölkerungsschichten zu verbessern vermögen.

4.2.2.1 Erste Evidenz aus den USA

Der Glaube an den entscheidenden Einfluß der Medizin wurde erstmals von *Auster et al. (1969)* einer Überprüfung aus gesundheitsökonomischer Sicht unterzogen. Die Autoren wählten den amerikanischen Bundesstaat als Beobachtungseinheit und ersetzten vorab die gemessenen Mortalitätsraten durch jene Werte, die sich ergeben würden, wenn ein Bundesstaat die für die ganzen USA gültige Alters- und Geschlechtsstruktur aufweisen würde. Damit trugen sie dem 4. Punkt (Zusammensetzung der Bevölkerung), der im Abschnitt 4.1 genannt wurde, Rechnung. Ohne eine solche **Standardisierung** würde z.B. Florida mit seinem großen Anteil von Rentnern an der Bevölkerung von vorneherein schlecht abschneiden. Insgesamt wurden vier Gruppen von Faktoren (*Z, X, M, D*) herangezogen, um im Rahmen einer erweiterten Cobb-Douglas-Produktionsfunktion die verbleibenden Unterschiede der Sterblichkeit (*S*) zu erklären. Die Autoren unterstellen, daß die standardisierte Sterblichkeitsrate des *i*-ten Bundesstaates gegeben sei durch (vgl. Tab. 4.2):

$$S_i = c \cdot Z_i^{\alpha} \cdot X_i^{\beta} \cdot M_i^{\gamma} \cdot e^{D_i \cdot \delta} \cdot e^{u_i} . \tag{4.1}$$

Darin steht Z_i für wirtschaftliche, X_i für konsumbezogene und M_i für medizinische Inputfaktoren, während D_i zusätzliche Einflußgrößen symbolisiert, die mit der Organisation der Gesundheitsversorgung zu tun haben (eine Konkretisierung dieser Faktoren folgt in Tabelle 4.2). Die Variable u_i schließlich ist eine Zufallsvariable, die die Gesamtheit aller derjenigen Einflüsse auf den "Output" S_i in einem bestimmten Bundesstaat widerspiegelt, die vom Forscher nicht erfaßt wurden. Die kompliziert erscheinende Form der Funktion (4.1) löst sich nach Logarithmierung auf in die lineare Gleichung

$$S_i = \ln c + \alpha \cdot \ln Z_i + \beta \cdot \ln X_i + \gamma \cdot \ln M_i + \delta \cdot D_i + u_i ,$$

$$\text{mit (z.B.)} \quad \frac{\partial \ln S_i}{\partial \ln Z_i} = \frac{\partial S_i / S_i}{\partial Z_i / Z_i} = \eta\,(S, Z) = \alpha . \tag{4.2}$$

Mit dem Parameter α kann die **Elastizität der Sterblichkeit** bezüglich wirtschaftlicher Einflüsse (z.B. bezüglich des Einkommens) geschätzt werden. Die Variablengruppe D_i erscheint im Gegensatz zu den übrigen in arithmetischer Form, weil sie auch eine sog. Dummyvariable oder kategorische Variable enthält, die nur die Werte 1 (Merkmal im *i*-ten Bundesstaat vorhanden) und 0 (Merkmal nicht vorhanden) annehmen kann.

Die Variablen der Gleichung (4.2) wurden von *Auster et al. (1969)* weiter differenziert in insgesamt zwölf erklärende Variablen, auch Regressoren genannt (vgl. Tab. 4.2).

- ***Wirtschaftliche Faktoren Z_i (Variablen Nr. 1-4):*** Das Einkommen pro Kopf (Variable Nr. 1) steht für ein Bündel von Einflußfaktoren. Einerseits könnte es Präferenzunterschiede, d.h. einkommensabhängige Grenzraten der Substitution zwischen Konsum und Gesundheit, abbilden. Andererseits beeinflußt das Einkommen auch die aggregierte Grenzrate der Transformation zwischen Konsum und Gesundheit (vgl. Abschnitt 1.2.2). Die mittlere Zahl der Schuljahre (Variable Nr. 2) spielt deshalb eine Rolle, weil eine verbesserte Ausbildung vermutlich die Produktivität der Individuen nicht nur im Marktbereich, sondern auch im nichtmarktlichen Bereich, und dort insbesondere in der Erhaltung ihrer Gesundheit, steigert. Mit dem Grad der Verstädterung und der Industrialisierung (Variablen Nr. 3 und 4) werden zwei Indikatoren der Umwelteinflüsse auf die Gesundheit in der Gleichung aufgenommen.

- ***Konsumbezogene Faktoren X_i (Variablen Nr. 5 und 6):*** Aus der Menge der konsumierbaren Güter und Leistungen werden jene beiden herausgegriffen, deren gesundheitsschädigende Auswirkungen auf der Aggregatebene am meisten ins Gewicht fallen: Alkoholkonsum und Zigarettenkonsum je Kopf der Bevölkerung[2].

- ***Medizinische Faktoren M_i (Variablen Nr. 7-10):*** Aufgrund der in den dreißiger Jahren einsetzenden Erfolge der Chemotherapie wäre zu erwarten, daß die Arzneimittelausga-

2. Damit wird versucht, dem Punkt Nr. 2 des Abschnitts 4.1 Rechnung zu tragen: Konsum (und damit Konsumgüter X_i) und Gesundheit sind zwei vom Individuum gleichzeitig festgelegte Größen. Dies bedeutet aber auch, daß die X_i strenggenommen keine exogenen, sondern wie S_i selbst endogene, von einem zufälligen Fehler abhängige Variablen darstellen. Diese Komplikation wird im Teilabschnitt 4.3.4 aufgegriffen.

ben je Kopf der Bevölkerung zu einer besonders niedrigen Mortalitätsrate des Bundesstaates beitragen (Variable Nr. 7). Der zweite Faktor ist die Ärztedichte, der international gebräuchlichste Indikator der (potentiellen) Versorgung mit medizinischen Leistungen (Variable Nr. 8). Die Autoren führen zudem das medizinische Hilfspersonal als Input in die Produktionsfunktion ein, werden doch viele Verrichtungen in den Praxen und Krankenhäusern von Schwestern und Pflegern wahrgenommen (Variable Nr. 9). Der vierte Faktor besteht im Pro-Kopf-Wert von Kapital, das den Krankenhäusern des betreffenden Bundesstaates zur Verfügung steht. Nach weitverbreiteter Auffassung entscheidet die Ausrüstung mit Kapitalgütern über die Möglichkeit, Spitzenmedizin zu betreiben und damit qualitativ hochstehende Behandlung anzubieten.

- ***Organisatorische Faktoren D_i (Variablen Nr. 11 und 12):*** Neben den vier medizinischen Inputs werden auch zwei Aspekte der Organisation der medizinischen Versorgung berücksichtigt. Insbesondere verspricht man sich von Gruppenpraxen einen verbesserten Austausch der Information zwischen den Ärzten verschiedener Fachgebiete und auch eine gewisse gegenseitige Qualitätskontrolle. Entsprechend erscheint ihr Anteil am Total der Praxen als erklärende Variable Nr. 11. Der letzte Regressor (Variable Nr. 12) ist eine Dummyvariable und zeigt an, ob im betreffenden Bundesstaat eine medizinische Fakultät existiert (= 1) oder nicht (= 0).

Eine Kleinstquadrate-Schätzung der in dieser Weise erweiterten Gleichung (4.2) ergab erstaunliche Resultate (vgl. erste Spalte der Tabelle 4.2; für Erläuterungen zu den statistischen Tests vgl. Tabellen 4.3a und b):

- Entgegen herkömmlichen Vorstellungen aus der Entwicklungsökonomie trägt ein erhöhtes **Durchschnittseinkommen** möglicherweise nicht zu einer niedrigeren, sondern im Gegenteil zu einer **höheren** Sterblichkeit bei. Die Elastizität ist mit 0,105 vergleichsweise bedeutend, läßt sich aber auf Grund des Standardfehlers von 0,079 nicht eindeutig von Null unterscheiden.

- Eine verlängerte **schulische Ausbildung** scheint mit einer Elastizität von -0,16 zur Reduktion der Sterblichkeit beizutragen; auch diese Schätzung ist allerdings nicht gut gegen Null gesichert. Die beiden anderen Variablen, die zu den Umwelteinflüssen im weiteren Sinne gezählt werden können, der Grad der Verstädterung und der Industrialisierung, ergeben sich widersprechende Resultate.

- Man könnte erstaunlicherweise behaupten, daß im "Kampf gegen den Tod" nur gerade das medizinische Hilfspersonal mit einer Elastizität von -0,19 erkennbar Erfolg hat, während eine erhöhte **Ärztedichte** die Sterblichkeit im betreffenden Bundesstaat unter sonst gleichen Umständen nicht niedriger, sondern **höher** ausfallen läßt.

Solche überraschenden Schätzresultate geben Anlaß zu kritischen Einwendungen. Ein Einwand ergibt sich unmittelbar aus dem Teilabschnitt 4.2.1, wo darauf hingewiesen wurde, daß die in der laufenden Periode gemessene Lebenserwartung (und damit auch die aktuelle Mortalitätsrate) von Einflüssen abhängen, die mehr oder weniger weit zurück im Lebenslauf der Verstorbenen zu suchen sind. Die Mortalitätsraten eines amerikanischen

Tab. 4.2: Bestimmungsgründe der Sterblichkeit in 48 US-Bundesstaaten, 1960[a)]

Erklärende Variable[b)]	Kleinste Quadrate[c)]		Zweistufige Schätzung[c)]	
Konstante	-0,065	(0,157)	0,037	(0,251)
1. Pro-Kopf-Einkommen	0,105	(0,079)	0,183	(0,116)
2. Mittlere Zahl der Schuljahre	-0,161	(0,121)	-0,288	(0,216)
3. Bevölk.anteil in städt. Agglomerationen	-0,001	(0,005)	-0,001	(0,005)
4. Beschäftigungsanteil Industrie	0,051*	(0,023)	0,042	(0,040)
5. Alkoholkonsum pro Kopf	-0,002	(0,037)	0,013	(0,044)
6. Zigarettenkonsum pro Kopf	0,094	(0,053)	-0,097	(0,058)
7. Arzneimittelausgaben je Kopf[d)]	-0,070	(0,040)	-0,076	(0,066)
8. Zahl der Ärzte je Kopf[d)]	0,143*	(0,064)	0,044	(0,111)
9. Medizinisches Hilfspersonal je Kopf[d)]	-0,190**	(0,076)	-0,031	(0,195)
10. Kapitalbestand der Krankenhäuser je Kopf[d)]	0,004	(0,048)	-0,109	(0,141)
11. Anteil der Gruppenpraxen	0,007	(0,012)	0,007	(0,021)
12. Existenz einer med. Fakultät (1=ja, 0=nein)	-0,034**	(0,012)	-0,024	(0,019)
R^2	0,639		0,586	
Elastizität in Bezug auf med. Leistungen (Variablen Nr. 7-10)	-0,121		-0,172	

*(**): Koeffizient mit Irrtumswahrscheinlichkeit von 5% (1%) von Null verschieden

a) Natürlicher Logarithmus der alters- und geschlechtsstandartisierter Mortalitätsraten

b) Natürlicher Logarithmus, ausgenommen Variable Nr. 12; die ausgewiesenen Koeffizienten sind also Elastizitäten [vgl. auch Gleichung (4.2)]

c) Die Werte in Klammern geben die Standardfehler der geschätzten Koeffizienten an

d) Diese Regressoren gelten als endogen und werden im zweistufigen Verfahren durch ihre geschätzten Werte ersetzt (vgl. auch Tab. 4.3b).

***Quelle**: Auster, Leveson und Sarachek (1969).*

Bundesstaates des Jahres 1960 dürften mithin von Verhältnissen bestimmt sein, die **viele Jahre zurückliegen** (über die jedoch kaum Daten vorhanden sind).

Ein zweiter wichtiger Einwand betrifft die angenommene Richtung der **Kausalität**. Die Kleinstquadrate-Schätzung der Tabelle 4.2 legt die Interpretation nahe, daß zusätzliche Ärzte die Mortalität erhöhen, beispielsweise durch eine zu hohe Behandlungsintensität im Sinne der anbieterinduzierten Nachfrage (vgl. dazu Abschnitt 7.2). Die Kausalität könnte aber ebenso gut **umgekehrt** verlaufen: Dort, wo sich die Menschen einem erhöhten Sterberisiko ausgesetzt sehen, ist die Nachfrage nach ärztlichen Leistungen besonders groß, was die Ärzte veranlaßt, sich vermehrt im betreffenden Bundesstaat niederzulassen. Eine ähnliche Umkehr der Kausalitätsbeziehung könnte auch auf die übrigen drei Komponenten der medizinischen Leistungen zutreffen.

Tab. 4.3a: Eine einfache Produktionsfunktion für Gesundheit und ihre empirische Schätzung

Kleinstquadrate-Schätzung (ordinary least squares, OLS)

$$s_i = c' + \alpha \cdot z_i + \beta \cdot x_i + \gamma \cdot m_i + \delta \cdot D_i + u_i, \quad \text{mit } s_i \equiv lnS_i, c' \equiv lnc, z_i \equiv lnZ_i \text{ und } m_i \equiv lnM_i. \tag{4.2}$$

u_i: Zufallsvariable. **Annahme**: u_i ist normalverteilt mit Erwartungswert $E(u_i)=0$ und konstanter Varianz $Var(u_i)$ in jedem Bundesstaat i, **unabhängig von** allen Regressoren (z_i, x_i, m_i, D_i).

- Die gesuchten Parameterwerte $\hat{c}, \hat{\alpha}, \hat{\beta}, \hat{\gamma}, \hat{\delta}$ werden so bestimmt, daß die Summe der quadrierten Abweichungen zwischen beobachteten (s_i) und berechneten Werten $(\hat{s}_i)$ der abhängigen Variablen minimal wird:
$$\sum_i \hat{u}_i^2 = \sum_i (s_i - \hat{s}_i)^2 = \sum_i (s_i - \hat{c}' - \hat{\alpha} \cdot z_i - \hat{\beta} \cdot x_i - \hat{\gamma} \cdot m_i - \hat{\delta} \cdot D_i)^2 \rightarrow \text{min.}$$
- Da s_i die Zufallsvariable u_i enthält, sind auch die Schätzwerte $\hat{c}', \hat{\alpha}, \hat{\beta}, \hat{\gamma}, \hat{\delta}$ Zufallsvariablen und haben eine Varianz bzw. einen Standardfehler $(\sigma_{\hat{\alpha}})$, der seinerseits geschätzt werden kann.
Beispiel in Tab. 4.2: $\hat{\alpha} = 0,105, \hat{\sigma}_{\hat{\alpha}} = 0,079$ für Variable Nr.1.
- Die normierten Schätzkoeffizienten (z.B. $\hat{\alpha}/\hat{\sigma}_{\hat{\alpha}}$) sind t-verteilt. Dies bedeutet, daß eine Abweichung vom Nullwert im Betrage von $|\hat{\alpha}/\hat{\sigma}_{\hat{\alpha}} - 0| \geq 1,96$ höchstens in 5% aller Fälle vorkommen wird, wenn tatsächlich zutrifft, daß $\alpha = 0$. Abweichungen im Betrag von $|\hat{\alpha}/\hat{\sigma}_{\hat{\alpha}} - 0| \geq 2,58$ sollten sogar höchstens in 1% und solche von $|\hat{\alpha}/\hat{\sigma}_{\hat{\alpha}} - 0| \geq 3,29$ in 1‰ aller Fälle auftreten (Signifikanzniveau von 5%, 1%, 1‰).
Beispiel in Tab. 4.2: $\hat{\alpha}/\hat{\sigma}_{\hat{\alpha}} = 0,105/0,079 < 2$; der Koeffizient der Variablen Nr. 1 ist (mit einer Irrtumswahrscheinlichkeit von 5%) nicht von Null verschieden.
- Die Güte der erreichten Anpassung an die beobachteten Werte der abhängigen Variablen wird ausgedrückt durch den **Bestimmtheitskoeffizienten** R^2, d.h. den Anteil an der Varianz der abhängigen Variablen, der nicht der Zufallsvariablen u_i zugeschrieben werden muß (= 0,639 oder 64% in Tab. 4.2).

Für die Variablen Nr. 7-10 sind also zusätzliche Regressionsgleichungen zu postulieren, die - unter anderen Faktoren - auch die Mortalitätsrate als erklärende Variable enthalten. Diese Regressoren werden damit vom gleichen zufälligen Störterm beeinflußt, der in der zu schätzenden Gleichung erscheint. Sie können mit Hilfe einer Vorregression auf sämtliche exogenen Größen der Tabelle 4.2 (und einige zusätzliche als exogen aufgefaßte Größen) von ihrem sog. Endogenitätsfehler bereinigt werden (vgl. dazu Tabellen 4.3a und b). Erst nach dieser Bereinigung gehen sie in einer zweiten Stufe als erklärende Variable in die Schätzgleichung ein (rechte Spalte der Tabelle 4.2). Dieses zweistufige Schätzverfahren führt zu den folgenden Ergebnissen:

- Der Unterschied zwischen dem (gesundheitsschädigenden) Einkommen und der (gesundheitsfördernden) schulischen Ausbildung tritt noch stärker zu Tage, wobei beide

Tab. 4.3b: Eine einfache Produktionsfunktion für Gesundheit und ihre empirische Schätzung

Zweistufige Schätzung (two stage least squares, 2SLS)

$$m_i = c'' + \alpha' \cdot z_i + \kappa \cdot r_i + \tau \cdot s_i(u_i) + u'_i$$

- Diese Gleichung stellt den vermuteten umgekehrten Einfluß der Sterblichkeit auf m_i (z.B. die Ärztedichte) dar, wobei r_i für andere Bestimmungsfaktoren von m_i und u'_i für eine andere Zufallsvariable steht.

- Damit ist m_i ein Regressor, der über s_i vom **Störterm** u_i der Gleichung (4.2) **abhängt** und damit endogen ist.

- Eine Fehlerbereinigung von m_i kann mit einer Vorregression (1. Stufe) erfolgen, die OLS-geschätzten Parameterwerte $\hat{c}''$, $\hat{\alpha}$ und $\hat{\kappa}$ ergibt. Die bereinigten Werte von m_i sind dann gegeben durch

$$\hat{m}_i = \hat{c}'' + \hat{\alpha}' \cdot z_i + \hat{\kappa} \cdot r_i \,. \tag{4.3}$$

- Die Gleichung (4.2) wird in der 2. Stufe mit $\hat{m}_i$ statt m_i als Regressor geschätzt, wiederum mit OLS.

Weitergehende Erläuterungen finden sich in Lehrbüchern der Ökonometrie [vgl. z.B. *Schneeweiss* (*1974*)].

Elastizitäten die üblichen Signifikanzgrenzen nicht ganz erreichen.

- Die beiden Umweltvariablen (Verstädterung, Industrialisierung) bleiben ohne statistisch gesicherten Einfluß.

- Die am stärksten mit dem individuellen Gesundheitsverhalten verbundenen Größen, der Alkoholkonsum und der Zigarettenkonsum, tragen nach wie vor nicht statistisch erkennbar zur Erklärung der Mortalitätsunterschiede bei.

- Drei von vier Komponenten der medizinischen Infrastruktur stehen in einer negativen Beziehung zur Mortalität, **mit Ausnahme wiederum der Ärztedichte**, deren Elastizität allerdings nicht von Null unterscheidbar ist.

- Auf Grund der Summe der Koeffizienten der Variablen Nr. 7-10 würde eine durchgängige Verstärkung der medizinischen Infrastruktur um 10% die Sterblichkeit um rund 1,7% reduzieren (gegenüber nur 1,2% in der Kleinstquadrate-Schätzung), während man mit einer 10% längeren Schulungsdauer die Sterblichkeit um bis zu 2,9% senken könnte. Die "Gefahr" dieser zweiten Alternative bestünde darin, daß die verbesserte Ausbildung zu einem erhöhten Einkommen führt, was dem Koeffizienten der Variablen Nr.1 zufolge einem gesunden Lebensstil abträglich ist.

Die bisherigen Erkenntnisse lassen sich zusammenfassen in der

Folgerung 4.1: Mißt man den Beitrag verschiedener Inputs zur Gesundheitsproduktion an der Senkung der Mortalitätsrate, so gibt es Anzeichen dafür, daß die Grenzproduktivität der medizinischen Infrastruktur in den USA kleiner sein könnte als diejenige einer verlängerten Schulbildung.

Einschränkend ist allerdings festzuhalten, daß diese Folgerung auf Beobachtungen basiert, die mindestens dreißig Jahre zurückliegen und somit die Entwicklung der Spitzenmedizin noch nicht wiedergeben.

4.2.2.2 Evidenz aus dem Vergleich von Industrieländern

Die Arbeit von *Auster et al. (1969)* führte zu ähnlichen Untersuchungen an Daten der in der OECD (Organization for Economic Co-operation and Development) zusammengeschlossenen Industrieländer. Unter ihnen ist diejenige von *Cochrane et al. (1978)* besonders erwähnenswert, weil sie statt altersbereinigter globaler Mortalitätsraten altersspezifische Mortalitätsraten als abhängige Variablen verwendet, was die statistischen Testmöglichkeiten vervielfacht. Die sieben in Tabelle 4.4 aufgeführten erklärenden Variablen sind aus siebzehn Regressoren aufgrund von Einfachkorrelationen ausgewählt worden: Sie wiesen stabile und statistisch signifikante Korrelationskoeffizienten in den meisten Altersgruppen und bezüglich dreier spezifischer Sterblichkeiten (Mütter, Geburten, Säuglinge) auf.

Tabelle 4 basiert also auf Regressionen des Typs

$$S_i = C + \alpha \cdot X_{1,i} + \beta \cdot X_{2,i} + \ldots + \varphi \cdot X_{7,i} + u_i \ , \tag{4.4}$$

wobei S_i die gruppenspezifische Mortalitätsrate im OECD Land i, $X_{1,i}, X_{2,i}, \ldots, X_{7,i}$ die sieben ausgewählten Regressoren in Tabelle 4.4 und $\alpha, \beta, \ldots, \varphi$ zu schätzende Parameter darstellen.

Um die relative Wichtigkeit von Einflüssen zu berechnen, müssen Veränderungen in X normiert werden. Eine Möglichkeit besteht darin, prozentuale Änderungen zu vergleichen. Beginnend mit

$$\frac{\partial S_i}{\partial X_{1,i}} = \alpha \text{ , also } \frac{\partial S_i / S_i}{\partial X_{1,i} / X_{1,i}} = \alpha \cdot \frac{X_{1,i}}{S_i} = \eta_i (S, X_1)$$

kann man den Koeffizienten α der Regression in eine Elastizität $\eta_i (S, X_1)$ transformieren. Im Gegensatz zur konstanten Elastizität, die aus der doppelt logarithmierten Formulierung von Gleichung (4.2) abgeleitet wurde, variiert diese Elastizität über die Beobachtungen. Um eine Schätzung $\hat{\eta} (S, X_1)$ der Elastizität zu bekommen, die für die gesamte Stichprobe repräsentativ ist, wird häufig mit den Stichprobenmittelwerten

Tab. 4.4: Bestimmungsgründe spezifischer Mortalitätsraten in 18 Industrieländern, um 1970

Einflussfaktor (Erhöhung um 1 Standard-abweichung)	Veränderung der Mortalitätsrate in %			Altersgruppen						
	Mütter	Geburten	Säuglinge	1-4	5-14	15-24	25-34	35-44	45-54	55-64
1. Ärzte[a)]	1	8*	17*	3	1	0	-4	-3	-3	-1
2. BSP[a)]	-15	-11*	-16*	-8*	1*	0	1	-5	-7	-9*
3. Zigaretten[a)]	25	8*	10*	1	5	2	5	4	7	7
4. Alkohol[a)]	18	0	5*	1	-1	0	0	-1	-3	-3
5. Bev. Dichte	-3	0	-2	1	-2	-7*	-7	-9*	-4	-1
6. Öff. Anteil[b)]	2	-2	0	-6	-2	-16*	-10*	-9	-4	-3
7. Zucker[a)]	-29	-8*	-4	-5	-6	-8	-11	-8	-3	-3
R^2	0,72	0,90	0,97	0,55	0,42	0,79	0,65	0,57	0,55	0,62

*: Schätzung beruht auf einem Regressionskoeffizienten mit einem Signifikanzniveau von mindestens 5%

a) Werte je Kopf der Bevölkerung

b) Anteil der öffentlichen Gesundheitsausgaben am Total, "Interventionsindex".

Quelle: *Cochrane, St. Leger und Moore (1978).*

$\{\bar{S}, \bar{X}_1\}$ gearbeitet. Damit ergibt sich:

$$\frac{\partial S_i}{\bar{S}} = \hat{\alpha} \cdot \frac{\partial X_{1,i}}{\bar{S}} = \left(\hat{\alpha} \cdot \frac{\bar{X}_{1,i}}{\bar{S}}\right) \cdot \frac{\partial X_{1,i}}{\bar{X}_1} = \hat{\eta}\,(S, X_1) \cdot \frac{\partial X_{1,i}}{\bar{X}_1} \tag{4.5}$$

Hat man also z.B. ein OLS-Schätzung von α, so kann man die Elastizität $\hat{\eta}\,(S, X_1)$ an der Stelle $\{\bar{S}, \bar{X}_1\}$ berechnen. Sie gibt eine Schätzung dafür an, um wieviel Prozent sich die Mortalität verändert, wenn sich X_1 um ein Prozent verändert. Eine andere Möglichkeit, die in der Psychologie und in der Soziologie häufig angewandt wird, besteht darin, die Variablen durch ihre Standardabweichungen zu normieren. Man erhält dann, indem man nicht wie in Gleichung (4.5) durch $\bar{S}$ sondern durch $\hat{\sigma}_S$ dividiert:

$$\frac{\partial S_i}{\hat{\sigma}_S} = \hat{\alpha} \cdot \frac{\partial X_{1,i}}{\hat{\sigma}_S} = \left(\hat{\alpha} \cdot \frac{\bar{X}_{1,i}}{\hat{\sigma}_S}\right) \cdot \frac{\partial X_{1,i}}{\hat{\sigma}_{X_1}} \tag{4.6}$$

mit $\hat{\sigma}_S = [Var(S)]^{1/2}$ und $\hat{\sigma}_{X_1} = [Var(X_1)]^{1/2}$.

Der Regessionskoeffizient, um das Verhältnis der Standardabweichung des Regressors und der abhängigen Variablen (auch "Beta Koeffizient" genannt) bereinigt, gibt dann an, um das wievielfache der Standardabweichung sich die Schätzung der Mortalität ändert, wenn X_1 um eine Standardabweichung verändert wird.

Wie in Tabelle 4.4 gezeigt, benutzt Cochrane et al. (1978) eine Mischung der beiden in Gleichung (4.5) bzw. (4.6) definierten Ansätze. Während Veränderungen der erklärenden Variablen normalisiert wurden, um Zunahmen in Form einer Standardabweichung auszudrücken (z. B. durch Setzen von $\partial X_{1,i}/\hat{\sigma}_{X_1}=1$), wird die induzierte Veränderung der abhängigen Variablen in Prozent ausgedrückt ($\partial S_i/\partial \bar{S}$ aus Gleichung (4.), was durch Multiplikation von $\partial S_i/\partial \hat{\sigma}_s$ mit $\hat{\sigma}_S/\bar{S}$ erreicht wird).

Die erklärenden Variablen Nr. 5 und 6 sind gegenüber der Untersuchung von *Auster et al. (1969)* für die USA neu. Bei Infektionskrankheiten insbesondere der Atemwege geht man traditionell von der Vermutung aus, daß eine hohe Bevölkerungsdichte (Variable Nr. 5) die Ausbreitung von Epidemien begünstige (vgl. auch Teilabschnitt 4.3.4). Die fast durchwegs negativen Vorzeichen der entsprechenden Zeile weisen allerdings darauf hin, daß diese Erwartung durch die Erfahrung der Industrieländer um 1970 nicht bestätigt wird. Der Anteil der durch **öffentliche Mittel** gedeckten Gesundheitsaufwendungen (Variable Nr. 6; von den Autoren Interventionsindex genannt), beruht auf der Vorstellung, daß die Öffentliche Hand ihren finanziellen Einfluß zugunsten von Gesundheitsleistungen geltend macht, die weniger bloßen Komfortansprüchen genügen, sondern zur Senkung der Sterblichkeit beitragen. Die Schätzresultate lassen sich wie folgt charakterisieren:

- Die Rolle des realen Sozialprodukts je Kopf (BSP) entspricht den herkömmlichen Vorstellungen. Eine Erhöhung des BSP um eine Standardabweichung ist mit einem **Rückgang der Sterblichkeit** bei der Geburt (11%), in den ersten vier Lebensjahren und in den letzten zehn Jahren des Erwerbslebens (9%) verbunden (Zeile 2 der Tabelle 4.4).

- Im internationalen Vergleich ergeben sich vermehrt Hinweise auf **mortalitätssteigernde** Wirkungen von Zigarettenkonsum und Alkoholkonsum (Zeilen 3 und 4).

- Ein hoher Anteil der von der Öffentlichen Hand finanzierten Gesundheitsausgaben scheint mindestens in den Altersklassen der 15-24-jährigen und der 25-34-jährigen, möglicherweise auch in den übrigen Altersklassen, die Sterblichkeit zu senken.

- Von den geprüften **ernährungsbezogenen Variablen** (Aufnahme von Kalorien, von Protein, von Fett und Zucker pro Kopf und Tag) entfaltet am ehesten der Zuckerverbrauch eine Wirkung auf die Mortalität, die erstaunlicherweise negativ ausfällt (Zeile 7).

Doch eines der "Rätsel" aus der Studie von *Auster et al. (1969)* bleibt bestehen: Länder mit einer hohen **Ärztedichte** weisen unter sonst gleichen Umständen eine **höhere** Geburten- und Säuglingssterblichkeit auf (Zeile 1 der Tabelle 4.4). Die These von der Umkehr der Kausalitätsrichtung, wonach höhere Sterblichkeit die Einkommenschancen im Gesundheitswesen verbessert und so eine höhere Ärztedichte nach sich zieht, kann in diesem Zusammenhang kaum überzeugen. Zum einen fallen Migrationen von Ärzten zwischen den OECD-Ländern im Gegensatz zu den Bundesstaaten der USA (mit Ausnahme britischer Ärzte in die USA) kaum ins Gewicht. Zum anderen müßten hohe Sterblichkeitsraten in den einkommensstarken mittleren Altersklassen die Ärzte besonders stark anziehen - gerade dort ist aber der geschätzte partielle Zusammenhang eher negativ statt positiv.

Eine alternative Erklärung könnte auf der **Substitutionsbeziehung** zwischen eigenen gesundheitsfördernden Leistungen und medizinischen Leistungen beruhen. Entgegen den in Abschnitt 3.4 entwickelten Modellvorstellungen ist denkbar, daß z.B. im "kranken" Zustand der ersten Monate des Lebens nicht die medizinische Betreuung (M), sondern die Fürsorge der Mutter für das Wohlergehen des Kindes entscheidend ist. Dann kann ein hoher Wert von M (ermöglicht durch eine entsprechend hohe Ärztedichte) das Zeichen einer Substitution mütterlicher Zuwendung sein, die der Gesundheit des (vielleicht unerwünschten) Säuglings abträglich ist [vgl. die Untersuchung von *Grossman und Jacobowitz (1981)* für Hinweise in diese Richtung].

4.2.2.3 Evidenz aus dem Vergleich von zwei Nachbarregionen

Manchmal läßt sich aus dem direkten Vergleich zweier Gebiete, die in fast allen Merkmalen übereinstimmen, viel lernen [vgl. *Fuchs* (*1974*)]. Utah und Nevada eignen sich für einen solchen Vergleich, sind sie doch zwei aneinandergrenzende Bundesstaaten der USA, beide dünn besiedelt und mit demselben Wüstenklima, so daß Umwelteinflüsse auf die Gesundheit von Anfang an vernachlässigt werden können. Trotzdem unterscheiden sich ihre Mortalitätsraten des Jahres 1970 ganz erheblich: Schon die Säuglingssterblichkeit liegt in Nevada um 42% (Knaben) bzw. 35% (Mädchen) über dem Wert Utahs (vgl. Teil A der Tabelle 4.5). In der Altersklasse der 40-49-jährigen erreicht die Übersterblichkeit in Nevada sogar 54% (Männer) bzw. 69% (Frauen).

Anstelle der globalen Sterblichkeit können die Mortalitäten infolge bestimmter Todesursachen betrachtet werden (Teil B der Tabelle 4.5). Dabei fällt auf, daß 30-39-jährige Männer in Nevada beinahe siebenmal so häufig an den Folgen einer Leberzirrhose oder eines Lungenkrebses (sog. "bösartiger Neubildungen in den Atemwegen") sterben.

An einer Unterversorgung mit medizinischen Leistungen in Nevada kann es kaum liegen, weisen doch die beiden Gebiete eine vergleichbare Ausstattung mit Ärzten und anderen Beschäftigten im Gesundheitswesen auf (Variablen Nr. 1 und 2, Teil C der Tabelle 4.5).

Was die wirtschaftlichen Faktoren betrifft, so ist zwar das durchschnittliche Einkommen (Variable Nr. 3) in Nevada 16% höher als in Utah, doch auf Grund der in Tabelle 4.2 vorgestellten Elastizitätsschätzungen könnte dieser Umstand die Mortalitätsrate um 16 bis höchstens 29% anheben, was bei weitem nicht genügen würde, um den Unterschied zwischen Utah und Nevada zu erklären. Die Dauer der schulischen Ausbildung schließlich ist in beiden Bundesstaaten die gleiche (Variable Nr. 4), und von den Vorzügen des Lebens auf dem Lande profitieren die Bewohner der beiden Bundesstaaten in gleichem Maße (Variable Nr. 5).

Auf der Suche nach Erklärungen stößt man schließlich auf Dinge, die einen sehr unterschiedlichen **Lebensstil** in den beiden Bundesstaaten verraten. So war Nevada offenbar zumindest bis in die siebziger Jahre von einer außerordentlich starken Zuwanderung geprägt, beträgt doch der Anteil der Erwachsenen, die in Nevada selbst geboren sind, nur

Tab. 4.5: Sterblichkeit und einige mögliche Einflußfaktoren in Nevada und Utah, 1970

		Altersklassen						
		<1	1-19	20-29	30-39	40-49	50-59	60-69
A. Sterblichkeit in Nevada (Utah=100)	M	142	116	144	137	154	138	126
	F	135	126	142	148	169	128	117
B. Sterblichkeit infolge Leberzirrhose und Lungenkrebs (Utah=100)	M				690	211	306	217
	F				543	396	305	327

C. Mögliche Einflußfaktoren	**Nevada**	**Utah**
1. Ärzte je 10.000 Einwohner	11,3	13,8
2. Nichtärztliches Personal je 10.000 Einwohner	161	180
3. Medianwert des Pro-Kopf-Einkommens (Dollar)	10.942	9.356
4. Medianwert der Schuljahre	12,4	12,5
5. Anteil der ländlichen Bevölkerung in %	19,1	19,4
6. Anteil der über 20-jährigen, die im gleichen Staat geboren sind, in %	10	63
7. Anteil der über 5-jährigen, die 1970 den gleichen Wohnort hatten wie 1965, in %	36	54
8. Anteil der 35-64-jährigen, die ledig, geschieden oder wiederverheiratet waren, in %	47,4	25,5

Quelle: *Fuchs (1974).*

gerade 10%, in Utah immerhin 63% (vgl. Variable Nr. 6). Nach fünf Jahren wohnen in Nevada lediglich 36% am selben Ort (Variable Nr. 7), beinahe die Hälfte der 35-64-jährigen Männer ist dort ledig oder aber nicht mehr mit der ersten Ehefrau verheiratet (Variable Nr. 8). Diese Angaben zeichnen das Bild einer außerordentlich **mobilen, ja unstabilen Gesellschaft in Nevada** - und tatsächlich liegen ja Las Vegas und Reno mit ihren Spielkasinos in Nevada, während im benachbarten Utah die Mormonen mit ihren Abstinenzgeboten den Ton angeben. Daraus läßt sich der Schluß ziehen, daß die Lebensgewohnheiten einen vielfach größeren Einfluß auf die Sterblichkeit haben als die medizinische Versorgung.

4.2.2.4 Gesundheitsproduktion in den schweizerischen Kantonen

Auf regionalen Daten beruht auch eine Untersuchung über die Produktion der Gesundheit in der Schweiz, welche den Gesundheitszustand als **theoretische**, nicht unmittelbar meßbare Größe auffaßt, die mithin auch durch mehrere Indikatoren repräsentiert werden kann. Durch die gleichzeitige Verwendung mehrer (wenn auch für sich genommen jedesmal ungenauer) Indikatoren lassen sich insbesondere die Nachteile der Sterblichkeit als Maß der Gesundheit auf aggregierter Ebene etwas mildern, auf die im Teilabschnitt 4.2.1 hingewiesen wurde. Im Rahmen der sog. strukturellen Kovarianzanalyse [vgl. *Jöreskog* (*1973*)] wird zusätzlich zum strukturellen Kern ein lineares Meßmodell mitgeschätzt.

Eine frühe Anwendung der strukturellen Kovarianzanalyse ist in Abbildung 4-1 illustriert. Im Zentrum der Abbildung befindet sich eine sehr rudimentäre Produktionsfunktion, welche die Gesundheit (*G*) von der Produktivität der Individuen (*P*) einerseits und dem Einsatz medizinischer Mittel (*M*) andererseits abhängig macht. Alle drei Größen (*G, P, M*) sind **latente Variablen**, die sich in **Indikatoren** niederschlagen, welche ihrerseits durch **Meßfehler** verwischt sind.

Abb. 4-1: Produktionsfunktion mit latenten Inputs und Outputs, 25 Schweizer Kantone

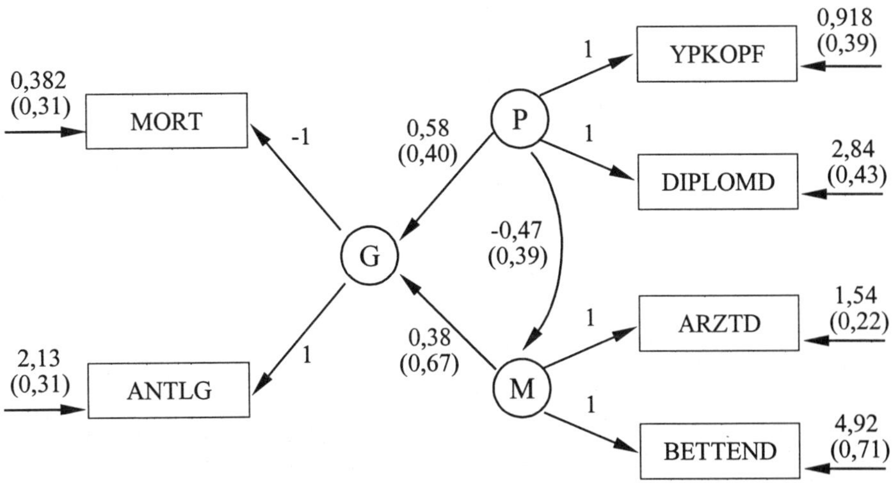

Der Gesundheitszustand der Bevölkerung eines Kantons (*G*) wird zum einen durch die Mortalitätsrate, standardisiert auf die Altersstruktur der gesamtschweizerischen Bevölkerung (*MORT*) repräsentiert[3]. Den zweiten Indikator bilden die Ergebnisse der Gesundheitsprüfung bei der militärischen Musterung. Es handelt sich um den Anteil der

3. So wie in den USA der Bundesstaat Florida, so zeichnet sich in der Schweiz z.B. der Kanton Tessin durch eine besonders hohe Sterblichkeit aus, die zum Teil auf seine Eigenschaft als "Rentnerparadies" zurückzuführen ist.

Stellungspflichtigen ohne negativen Befund (*ANTLG*). Da sich dieser Indikator ausschließlich auf knapp 20-jährige Männer bezieht, müßte er im Rahmen des postulierten Zusammenhangs weniger zuverlässig sein, d.h. einen **größeren Meßfehleranteil** an der Gesamtvarianz als *MORT* aufweisen. Auch zur Messung der Produktivität der Individuen (*P*) stehen nur gerade zwei Indikatoren zur Verfügung, einerseits das Pro-Kopf-Einkommen (*YPKOPF*), andererseits die Zahl der Diplomempfänger von höheren Fach- und Berufsprüfungen je Kopf der Wohnbevölkerung (*DIPLOMD*). Besonders der Indikator (*YPKOPF*) könnte auf Grund der Ergebnisse von *Auster et al. (1969)* und des Vergleichs zwischen Nevada und Utah auch Aspekte des Lebensstils abbilden, die nicht unbedingt gesundheitsfördernd zu sein brauchen. Auch hier ist also mit Meßfehlern im Rahmen des zugrundegelegten Modells zu rechnen. Die medizinischen Leistungen (*M*) schließlich werden durch die gesamte Ärztedichte ohne Unterscheidung zwischen Allgemein- und Fachärzten (*ARZTD*) sowie durch die Bettendichte im Kanton (*BETTEND*) gespiegelt.

Die Modellbildung mit latenten Variablen wirft oft Probleme der statistischen Identifikation auf [vgl. *Goldberger* (*1974*)]. Im vorliegenden Fall lassen die Pfade der Abbildung 4-1 vermuten, daß z.B. ein besonders hoher Wert von *MORT* auf **vier verschiedene Arten** zustandekommen kann, zwischen denen sich nicht von vornherein unterscheiden läßt: (1) ein hoher positiver Meßfehler (Pfeil von links); (2) eine Verbindung zwischen latenter Variable und Indikator (Pfeil von *G* auf *MORT*), die Unterschiede in *G* überzeichnet; (3) ein starker Einfluß auf die latente abhängige Variable (z.B. Pfeil von *M* auf *G*); (4) ein hoher Wert der latenten exogenen Variablen (z.B. *M*), der anhand der Indikatoren nicht als solcher erkannt zu werden braucht. Die hier gewählte Normierung besteht darin, die Beziehungen zwischen latenten Größen und Indikatoren auf 1:1 festzulegen und sie lediglich durch Meßfehler verfälschen zu lassen. Auf diese Weise entspricht eine Logarithmierung der Indikatoren zwingend einem Kernmodell von der Form

$$\ln G = \alpha \cdot \ln P + \beta \cdot \ln M, \qquad \text{mit} \quad \alpha = \eta(G,P) \quad \text{und} \quad \beta = \eta(G,M). \tag{4.7}$$

Da zu jedem geschätzten Parameter Standardfehler gehören (in der Abbildung 4-1 in Klammern eingetragen), lassen sich die Schätzergebnisse wie folgt interpretieren:

- Am ehesten in die Nähe statistischer Signifikanz kommt $\hat{\alpha} = \hat{\eta}(G,P) = 0,58$, während zwischen *M* und *G* ein statistisch gesicherter Zusammenhang fehlt, ist doch $\hat{\beta} = \hat{\eta}(G,M) = 0,38$ kleiner als sein Standardfehler.

- Das Verhältnis von $\hat{\eta}(G,P)$ zu $\hat{\eta}(G,M)$ fällt mit 0,58/0,38 = 1,5 etwa **gleich hoch** aus wie das Verhältnis der Produktivitäten zusätzlicher Ausbildung und medizinischer Inputs bei *Auster et al. (1969)* von 1,6 (= 0,288/0,172, vgl. Tabelle 4.2).

- Die negative Kovarianz zwischen den latenten Größen *P* und *M* von -0,47 deutet darauf hin, daß auf aggregierter Ebene die **Substitutionalität** zwischen eigenen und medizinischen Aufwendungen zur Erhaltung der Gesundheit den Ausschlag geben könnte (vgl. Abschnitt 3.5.4).

Abschließend muß im Falle der Schweizer Kantone auf die unbefriedigende Qualität der zur Verfügung stehenden Indikatoren hingewiesen werden. Die Varianz von *MORT* beträgt insgesamt 0,33 in der Stichprobe, diejenige des Meßfehlers 0,146 (= $0{,}382^2$, vgl. den auf *MORT* gerichteten Meßfehlerpfeil in Abbildung 4-1). Etwa 44% der Varianz von *MORT* sind im Rahmen dieses einfachen Modells demnach auf Meßfehler zurückzuführen; dieser Anteil steigt sogar auf über 90% im Falle von *ANTLG*, dem sehr partiellen, für militärische Zwecke geschaffenen Indikator. Ähnlich ungünstig liegen auch die Verhältnisse bei den Indikatoren der exogenen Variablen, erweisen sich doch die Meßfehlereinflüsse auf deren Varianz als die Parameter mit der höchsten statistischen Signifikanz.

Versuche, vor allem auch **Veränderungen des Lebensstils** durch Indikatoren zu erfassen und mit der Veränderung der Lebenserwartung in Verbindung zu bringen, wurden von *Wolfe (1986)* sowie *Wolfe und Gabay (1987)* unternommen. Die Beobachtungseinheiten bildeten 7 bzw. 22 OECD-Länder, deren Daten ebenfalls der strukturellen Kovarianzanalyse unterworfen wurden. Da die Koeffizienten des Kernmodells durchwegs die üblichen Signifikanzgrenzen nicht erreichen, müssen Fragen bezüglich des Zusammenhangs zwischen wirtschaftlicher Entwicklung und den dazugehörigen Anpassungen des Lebensstils einerseits und dem Gesundheitszustand andererseits immer noch als nicht vollständig geklärt gelten. Untersuchungen anhand von Individualdaten könnten dazu weitergehende Aufschlüsse liefern (vgl. Abschnitt 4.3). Die Ergebnisse der drei letzten Teilabschnitte lassen sich zusammenfassen in der

Folgerung 4.2: Untersuchungen sowohl mit nationalen wie auch kleinräumlichen regionalen Daten bestätigen die Auffassung, daß Unterschiede in den Mortalitätsraten vergleichsweise wenig auf die medizinische Infrastruktur (und insbesondere die Ärztedichte) zurückgeführt werden können. Entscheidend scheint vielmehr die Produktivität der Individuen bei der Sicherung ihrer Gesundheit zu sein.

4.2.3 Die Grenzproduktivität einzelner medizinischer Maßnahmen

Die gesundheitsökonomische Forschung hat sich vergleichsweise wenig mit dem Beitrag einzelner medizinischer Maßnahmen zum Gesundheitszustand der Behandelten befaßt, wohl aus zwei Gründen. Erstens gab die international beobachtete "Kostenexplosion" Anlaß zum Verdacht, daß der Aufwand im Gesundheitswesen ganz generell ein das Optimum übersteigendes Ausmaß angenommen habe. Zweitens erhielten die Ökonomen selten Zugang zu klinischen Daten, es sei denn, das Ziel der Untersuchung bestand darin, für eine bestimmte pharmazeutische oder medizintechnologische Innovation den Nachweis eines vorteilhaften Kosten-Nutzen-Verhältnisses zu erbringen.

Die Lücke zwischen der Betrachtung auf Makroebene und spezifischen, jedoch nicht produktbezogenen Untersuchungen ist überwiegend von Epidemiologen und Medizinsoziologen geschlossen worden. Sie untergliedern die globale Mortalität nach **Sterbeursachen**, schätzen den jeweils möglichen Beitrag einzelner medizinischer Maßnahmen zu ihrem Rückgang ab und aggregieren die so erhaltenen Effekte zu einer Gesamtwirkung. So hat beispielsweise *McKeown (1976)* insbesondere den historischen Verlauf der Sterblichkeit infolge von Infektionskrankheiten untersucht und nachgewiesen, daß zu einer Zeit, als die entsprechenden Krankheiten (Typhus, Pocken, Scharlach bis hin zur Tuberkulose und Lungenentzündung) noch gar nicht medizinisch behandelt werden konnten, die entsprechenden Mortalitätsraten in einer Reihe von Industrieländern bereits im Sinken begriffen waren. *McKinlay et al. (1989)* beschränken ihre Untersuchung auf die USA, weiten sie dafür auf eine Reihe von Krankheitskategorien aus.

- ***Infektionskrankheiten:*** Ihre Eindämmung ist für ungefähr 40% der Gesamtreduktion der Mortalitätsrate zwischen 1900 und 1973 verantwortlich. Von zehn in dieser Kategorie zusammengefaßten Krankheiten gelingt es nur bei dreien (Grippe, Keuchhusten und Kinderlähmung), namhafte Reduktionen der spezifischen Mortalitätsraten von 25% oder mehr mit einer medizinischen Innovation (Impfung) in Verbindung zu bringen. Aggregiert man diese drei Kategorien, so lassen sich etwa 3,5% des Rückgangs der Gesamtmortalität der Vereinigten Staaten seit 1900 medizinischen Fortschritten bei der Bekämpfung von Infektionskrankheiten zuschreiben.

- ***Chronische Krankheiten:*** Hier sind zwei Hauptgruppen zu unterscheiden, Herz-Kreislauf-Krankheiten (die z.Z. ein Drittel der Todesfälle überhaupt ausmachen) und Krebs. In der ersten Gruppe geht die Mortalitätsrate seit etwa 1978 in den USA zurück, während sie beispielsweise in den alten Bundesländern Deutschlands bis Mitte der achtziger Jahre weiterhin anstieg [vgl. *Kannel und Thom* (*1984*)]. Der Umstand, daß die Mortalitätsrate vor allem außerhalb des Krankenhauses zurückgegangen ist, läßt einen Erfolg präventiver Anstrengungen vermuten; entsprechend konnten nur rund 9% der Mortalitätsreduktion auf die Behandlung von Bluthochdruck zurückgeführt werden. Bei den Krebserkrankungen beschränkten sich die medizinischen Erfolge auf den Hodenkrebs bei jungen Männern und die lymphozytische Leukämie bei Kindern, die aber zusammen nur etwa 8% der Erkrankungen ausmachen. Dagegen geht ein steigender Anteil der Sterbefälle auf Lungenkrebs zurück, bei dem nachgewiesenermaßen das Rauchen insbesondere von Zigaretten den entscheidenden Risikofaktor ausmacht. Der Rückgang der Mortalität infolge des Herzschlags schließlich scheint zur Hauptsache eine geringere **Häufigkeit** von Herz-Kreislauf-Erkrankungen und weniger den Erfolg der Behandlung zu widerspiegeln.

McKinlay et al. (1989) ergänzen das Bild einer nur bedingt erfolgreichen modernen Medizin durch zwei überraschende Tatsachen. Erstens nahm die Zahl der verlorenen Arbeitstage je Person sowie die Häufigkeit langfristiger gesundheitsbedingter Einschränkungen der üblichen Tätigkeit in den USA seit den fünfziger Jahren zu[4]. Zweitens verlängerte sich zwar zwischen 1964 und 1985 in den USA die Lebenserwartung bei Geburt um 4,4 Jahre bei den Männern und 4,5 Jahre bei den Frauen, nicht aber die **Lebensdauer frei von Behinderung**, die sich dann ergibt, wenn man die Überlebenswahrscheinlichkeit mit der bedingten Wahrscheinlichkeit multipliziert, ohne Behinderung weiterzuleben. Die so bereinigte Lebenserwartung ging im Zeitraum von 1964 bis 1985 um nicht weniger als 7,3 Jahre (Männer) bzw. 7,6 (Frauen) zurück. Gewinne von 3,9 bzw. 3,2 Jahren ergeben sich allerdings bei den über 65-jährigen.

Insgesamt legen diese Abschätzungen die Vermutung nahe, daß der auf nationale

4. Ein Teil dieser Zunahme ist allerdings auf die verbesserte soziale Sicherung im Krankheitsfalle zurückzuführen. Es handelt sich dabei um die in den Abschnitten 6.4 und 6.5 diskutierten Moral Hazard-Effekte, die allerdings von *McKinlay et al. (1989)* als geringfügig eingeschätzt werden.

Ebene kaum erkennbare oder sogar perverse Zusammenhang zwischen Indikatoren des Gesundheitszustandes und medizinischen Aufwendungen seine Entsprechung in der Sterblichkeitsentwicklung bei wichtigen Krankheitskategorien hat. In einer überwiegend gesunden Bevölkerung dürften andere Inputs bei der Produktion von Gesundheit eine entscheidendere Rolle spielen (vgl. dazu die Ausführungen in Abschnitt 3.4 und 3.5).

4.2.4 Umwelt- und Konjunktureinflüsse auf den Gesundheitszustand

Auf der Ebene aggregierter Daten hat es seit *Auster et al. (1969)* kaum mehr Versuche gegeben, Umwelteinflüsse auf den Gesundheitszustand aufzuspüren, möglicherweise weil in jener Untersuchung weder der Urbanisierungsgrad noch der Industrialisierungsgrad systematisch mit den Mortalitätsraten in den Bundesstaaten der USA in Verbindung gebracht werden konnten (vgl. Teilabschnitt 4.2.2.1). Eine Ausnahme bildet die Untersuchung von *Lopez et al. (1992)*, die zwischen der Wasserqualität und Sterblichkeit an Magen- und Darmkrebs in den 50 Gemeinden von Nuevo-León in Mexiko eine Verbindung nach der Art einer Transformationskurve der Abschnitte 3.4 und 3.5 herstellen. Die Individuen müssen **Konsum** und **Wasserverschmutzung** gegeneinander abwägen; zugleich haben sie auf beide Größen Einfluß:

- einerseits erweitert die Schaffung von Arbeitsplätzen in der Industrie die Konsummöglichkeiten und verschärft dafür das Problem der Wasserverschmutzung;
- andererseits entschärft die Installation von fliesendem Wasser und einer Kanalisation zwar das Problem der Wasserverschmutzung, schränkt dafür aber die Konsummöglichkeiten ein.

Die Autoren finden empirische Belege für die Existenz eines Trade-offs zwischen Konsum und Lebenserwartung. Dabei stellt sich überraschenderweise heraus, daß eine höhere Analphabetenquote und eine höhere Bevölkerungsdichte mit einer niedrigeren Krebssterblichkeit einhergehen.

Auf der Ebene aggregierter Daten hat die Frage der Auswirkungen konjunktureller Schwankungen auf den Gesundheitszustand besondere Beachtung gefunden. Den Ausgangspunkt der Debatte bildete eine Untersuchung von *Brenner (1979)*, die anhand von Jahresdaten 1936 - 1976 einen signifikanten statistischen Zusammenhang zwischen der **Mortalitätsrate** und der **Arbeitslosenquote** in England und Wales fand. Die beiden wichtigsten anderen erklärenden Variablen waren der Trendwert des realen Pro-Kopf-Einkommens sowie die Abweichung des laufenden Einkommens von diesem Trend. Diese Zusammenhänge werden damit begründet, daß Arbeitslosigkeit den Betroffenen zu einer Neuaufteilung seines Zeitbudgets und die damit verbundene Einkommensreduktion zu einer Anpassung seines finanziellen Budgets zwingt. Beide Anpassungen stellen erhebliche Belastungen dar, die sich in einem schlechten Gesundheitszustand bis hin zu einer erhöhten Sterbewahrscheinlichkeit niederschlagen.

Im Rahmen des im 3. Kapitel entwickelten Modells läßt sich der Einfluß der wirtschaftlichen Instabilität durch eine plötzliche Veränderung mehrerer Produktivitäten darstellen. Im gesunden Zustand könnte durch die plötzliche Einkommensreduktion sowohl der Beitrag der eigenen Zeit zur Versorgung mit Konsumleistungen ($\partial C_g/\partial t^C$) wie auch zur

Tiefhaltung des Erkrankungsrisikos ($\partial\pi/\partial t^G$) zurückgehen [vgl. Abschnitt 3.5.1, Gleichung (3.25)]. Beide Veränderungen lassen den längerfristig gültigen Bereich der Produktionsmöglichkeiten im (C_g,T_g)-Raum schrumpfen; die zweite verschiebt zudem den Maximumpunkt A_g der Transformationskurve nach innen, was cet. par. zu einer besonders ausgeprägten Verkürzung der Gesundheitsphase führt (vgl. Abb. 3-5). Im kranken Zustand könnten die verschlechterten wirtschaftlichen Rahmenbedingungen insbesondere den Beitrag medizinischer Leistungen zur Genesung mindern [$\partial\pi/\partial M$ absolut kleiner in Gleichung (3.22)], mit dem Ergebnis einer erhöhten minimalen Krankheitsdauer. Diese Auswirkung **kann im Extremfall in eine erhöhte Sterblichkeit umschlagen**; insofern haben die von Brenner gefundenen Zusammenhänge durchaus eine theoretische Grundlage.

Die Tabelle 4.6 enthält eine Schätzung für die globalen Mortalitätsraten in England und Wales, Schottland sowie eine gemeinsame Schätzung für beide Länder, die somit auf einer verdoppelten Zahl der Beobachtungen beruht [vgl. *Brenner (1983)*]. Die wichtigsten Ergebnisse sind die folgenden:

- Es gibt statistische Hinweise dafür, daß die gesamtwirtschaftliche Arbeitslosenquote (Variable Nr. 3) und noch ausgeprägter die Arbeitslosenquote der über 20-jährigen Männer (Nr. 4) mit Verzögerungen von bis zu zwei Jahren die **Mortalitätsrate ansteigen** läßt.

- Der Zigarettenkonsum und (in Schottland) der Spirituosenkonsum (Variablen Nr. 7, 8) tragen statistisch erkennbar zur Erklärung der Mortalitätsrate bei.

- Die Gesundheitsausgaben (für den National Health Service) scheinen eine sterblichkeitssenkende Wirkung zu entfalten, ähnlich wie in der länderübergreifenden Studie von *Cochrane et al. (1978)* im Teilabschnitt 4.2.2.2. Nicht ganz einsichtig ist allerdings, weshalb die Gesundheitsausgaben nicht in ihrer absoluten Höhe eine Rolle spielen sollen, sondern nur als **Anteil** der öffentlichen Ausgaben.

- Die in Tabelle 4.6 gezeigte Schätzgleichung bewährt sich auch bei der Analyse der Sterblichkeit infolge von Herz-Kreislauf-Erkrankungen, Herzerkrankungen durch Hirnschlag, Leberzirrhose, Selbstmord, Mord, Autounfällen und bei Säuglingssterblichkeit, indem durchwegs sehr hohe Bestimmtheitskoeffizienten R^2 erreicht werden.

Die Untersuchungen von *Brenner* sind von *Gravelle (1984)* einer umfassenden Kritik unterzogen worden, bei der drei Punkte im Vordergrund stehen.

1. ***Ungenaue theoretische Grundlegung:*** Eigentlich gehen gemäß Tabelle 4.6 die Wirkungen auf die Gesundheit vom Konsum von Konsumgütern wie Tabak und Alkohol aus, die nach Maßgabe des verfügbaren Einkommens beschafft werden können. Dann gehört aber das Einkommen selber nicht in die Gleichung, außer es werde als Indikator des allgemeinen Lebensstils verwendet, etwa in der Art von *Auster et al. (1969)*, vgl. Teilabschnitt 4.2.2.1.

2. ***Simultaneitätsproblem:*** Veränderungen des Gesundheitszustandes (die sich teilweise in der Sterblichkeit niederschlagen) beeinflussen das Arbeitseinkommen. Das Ein-

Tab. 4.6: Mortalitätsraten in England und Wales sowie Schottland, 1954-76

	[V][a)]	England und Wales	Schottland	Zusammen (N=50)
Konstante		-3,53	32,8***	15,4***
1. Reales Einkommen p. Kopf, Trend		-0,013***	-0,025***	-0,013**
2. Reales Einkommen, Δ zum Vorjahr		-0,003*	0	0
3. Arbeitslosenquote[b)]	[1-2]	0,355**	31,6**	0,035**
4. Arbeitslosenquote, 20-40j. Männer	[0-2]	5,10***	0,704*	0,986**
5. Arbeitslosenquote, 40+j. Männer	[0-2]	7,25***	0,840*	0,981*
6. Wöchentl. Arbeitszeit, Industrie		0	-0,344**	0
7. Zigarettenkonsum je Kopf	[2-5]	0,0027***	0,0030***	0,001*
8. Spirituosenkonsum je Kopf		0	10,1***	0
9. Gesundheitsausg./öff. Ausgaben	[1]	-20,6***	-14,0	-4,5*
10. Mittlere Februartemperatur		---	---	-0,016*
R^2		0,97	0,95	0,96
DW (nach Cochran/Orcutt-Transformation)[c)]		1,90	2,68	2,08

*(**,***): Koeffizient mit Irrtumswahrscheinlichkeit von 5% (1%, 0,1%) von Null verschieden
---: Nicht geschätzt
0: Wegen t-Wert bei Null aus der Regression ausgeschlossen
a) [V] = Verzögerung in Jahren, je nach Schätzgleichung
b) Die Arbeitslosenquote Schottlands ist nicht durchwegs bekannt; sie wird durch diejenige des Vereinigten Königreichs ersetzt
c) Die Cochran/Orcutt-Transformation ist ein Verfahren, um die Schätzgleichung von allfälliger sog. Autokorrelation in den Störgrössen zu befreien. Ein hoher Wert von $\hat{\rho} = Corr(\hat{u}_t, \hat{u}_{t-1})$, d.h. eine hohe Korrelation der Residuen über die Zeit hinweg, ist ein Indikator solcher Autokorrelation. Das Testmass von Durbin und Watson (*DW*) nimmt im Falle $\rho = 0$ den Wert 2 an. Ist der DW-Wert signifikant von 2 verschieden, kann die Schätzgleichung mit $(1 - \hat{\rho})$ durchmultipliziert werden (Cochran/Orcutt-Transformation), um dann von der Autokorrelation bereinigte Schätzwerte für die Regressionskoeffizienten und ihre Standardfehler zu erhalten [vgl. *Schneeweiss (1974)*, Abschnitt 5.2].

Quelle: *Brenner (1983).*

kommen kann insofern nicht als vorherbestimmt aufgefaßt werden, sondern enthält seinerseits eine stochastische Komponente, die mit der Mortalität positiv korreliert ist. Der Einfluß von Einkommensschwankungen auf die Mortalitätsrate wird dadurch **überschätzt**. Auch der Einfluß der Arbeitslosenquote wird überzeichnet, weil Einkommensentwicklung und Arbeitslosigkeit eng miteinander verbunden sind.

3. ***Funktionelle Form:*** Da der Trendwert des Einkommens als Funktion der Zeit regelmäßig und auf Grund eines angenommenen Exponentialtrends sogar beschleunigt zunimmt, ist der Zeitpunkt absehbar, wo das Modell **negative** Mortalitätsraten voraussagt. Schließlich wird gänzlich vernachlässigt, daß die abhängige Variable nicht die Mortalitätsrate der Arbeitslosen, sondern eine Linearkombination der Raten von Arbeitslosen und dem Rest der Bevölkerung darstellt. Da die Gewichte dieser Linearkombination näherungsweise durch die Arbeitslosenquote (UN_t) und ihr Komplement ($1-UN_t$) gegeben sind[5], müßte die Schätzgleichung korrekterweise Regressoren wie UN_t^2 und $UN_t \cdot \Delta Y_t$ (ΔY_t: Veränderung des Realeinkommens) enthalten, deren Variation im Verlaufe des Konjunkturzyklus besonders ausgeprägt ist. Dadurch würde der Zusammenhang zwischen der Mortalitätsrate und der Arbeitslosenquote UN_t vom jeweiligen Betrag von UN_t und ΔY_t abhängig gemacht.

Besonders dieses letztgenannte Argument läßt die von Brenner geschätzten Regressionsgleichungen als mangelhaft erscheinen und erklärt, weshalb *Gravelle et al. (1981)* zeitliche Instabilitäten der geschätzten Koeffizienten gefunden hatten. Zu diesem Bild passen auch die **sehr unterschiedlichen Wirkungsverzögerungen**, die z.B. beim Zigarettenkonsum mit zwei bis fünf Jahren ausgewiesen werden (vgl. Tab. 4.6). In einer vergleichenden Untersuchung von vier Industrieländern [vgl. *Brenner (1985)*] gehen die Verzögerungen sogar von Null Jahren (Schweden) über 16 (Frankreich) bis hin zu 18 Jahren (Dänemark). Eine Nachschätzung mit den Variablen Nr. 1, 2, 3 und 7 der Tabelle 4.6 mit Daten der BR Deutschland (1955-79) ergab schließlich wiederholt negative geschätzte Effekte der Arbeitslosigkeit auf altersspezifische Mortalitätsraten, vermutlich weil in Rezessionsphasen viele (kränkliche) ausländische Arbeitskräfte ihre Stelle verloren und das Land verlassen mußten [vgl. *John (1983)*]. Diese Feststellungen geben Anlaß zur

Folgerung 4.3: Daß wirtschaftliche Instabilität sowohl die Eigenproduktivität des Individuums wie auch die Produktivität der medizinischen Leistungen mindern könnte, ist theoretisch plausibel. Die statistische Evidenz für einen solchen Zusammenhang ist jedoch zur Zeit noch nicht sehr überzeugend, nicht zuletzt deshalb, weil sie sich auf die globale Sterblichkeit statt auf die Sterblichkeit der von Arbeitslosigkeit Betroffenen stützt.

---

5. Die Arbeitslosenquote bezieht sich üblicherweise auf die erwerbstätige Bevölkerung und nicht auf die Gesamtbevölkerung. Dieser Unterschied wird einfachheitshalber hier vernachlässigt.

4.3 Untersuchungen anhand von Individualdaten

4.3.1 Zur Messung des Gesundheitszustandes

Während auf aggregierter Ebene die Wahl der Outputgröße bei der Gesundheitsproduktion aus Gründen der Verfügbarkeit statistischer Daten stark eingeschränkt ist, eröffnen die meist auf Befragung beruhenden individuellen Messungen eine breite Palette von Möglichkeiten. Die theoretische Grundlage bildet nach wie vor die Gleichung (2.21) des Abschnitts 2.5.2, die den (subjektiv wahrgenommenen) Gesundheitszustand als eine Verteilung über verschiedene mögliche Zustände darstellt. Doch **welche** Realisierung wird gemessen - jene vor oder nach dem Aufwand medizinischer und anderer Mittel zugunsten der Gesundheit?

Wie bereits im Abschnitt 1.3 sowie in der Folgerung 3.6 herausgestellt, hat der Gesundheitszustand eine **doppelte Funktion**: Einerseits ist er eine zentrale Größe, um die Inanspruchnahme medizinischer Leistungen zu erklären, andererseits stellt er auch das Resultat eines Produktionsprozesses dar. Diese Doppelfunktion schafft solange keine Probleme, als die Inputs als Potentiale wie Ärztedichte, Bettendichte usw. definiert sind. Sobald aber die Inputs effektiven medizinischen Verrichtungen entsprechen, müßte bei der Messung des Gesundheitszustandes Anfang und Ende des Produktionsprozesses auseinandergehalten werden. Eine solche Trennung ist am ehesten möglich, wenn die Messung jeweils auf eine Phase der Gesundheit bzw. der Krankheit bezogen würde, was bislang jedoch [mit Ausnahme etwa von *Keeler et al. (1987)*] kaum geschehen ist.

Abgesehen vom Zeitpunkt der Messung stellt sich bei Individualdaten auch viel unmittelbarer als bei aggregierten Daten die Frage nach der Quelle der Messung. Zu unterscheiden ist insbesondere zwischen

(1) Angaben des Individuums selbst und

(2) Angaben von Dritten, insbesondere von Ärzten und Pflegepersonen.

Die erste Kategorie von Angaben wird oft als subjektiv und damit wenig zuverlässig eingestuft. Für manche Zwecke ist aber die Antwort des Hypochonders auf die Frage "Wie geht es Ihnen zur Zeit?" durchaus **informativ**. Sie kann nämlich seine besonders hohe marginale Zahlungsbereitschaft für bessere Gesundheit verraten und so den Rückschluß auf eine erhöhte Wahrscheinlichkeit der Inanspruchnahme medizinischer Leistungen erlauben. Die Angaben der zweiten Kategorie sind zwar objektiv, weil sie wenigstens teilweise auf klinischen Messungen beruhen. Ausgedrückt in der Symbolik der Abbildung 4-1 führen sie zu Indikatoren mit geringem Meßfehleranteil an der Varianz. Dafür besteht vielfach eine schwache, wenig signifikante Beziehung zwischen diesen Indikatoren und der theoretischen, latenten Größe "Gesundheit".

Ganz allgemein ist jedoch die Suche nach einem "objektiven", von der Zahlungsbereitschaft (und mithin auch Zahlungsfähigkeit) des Individuums unabhängigen Outputmaß in diesem Zusammenhang wenig sinnvoll. Denn sie geht von der (von den Ökonomen in Frage gestellten) Prämisse aus, daß unabhängig von konkurrierenden Zielen die **Maximierung des Gesundheitszustandes** angestrebt werden soll[6]. Läßt man hingegen konkurrierende Ziele zu, würde man wie im Abschnitt 2.5 auf die marginale Zahlungsbereitschaft für eine Verbesserung des Gesundheitszustands abstellen wollen. Insofern diese Zahlungsbereitschaft vom aktuellen subjektiven Gesundheitszustand abhängt, erscheinen

Angaben der Kategorie (1) als vergleichsweise zweckmäßig.

4.3.2 Die Grenzproduktivität der medizinischen Infrastruktur auf individueller Ebene

In den USA wurde um 1960 eine Erhebung (Health Examinations Survey) durchgeführt, in deren Verlauf über 6.000 Individuen aus zufällig ausgewählten 39 Regionen auf verschiedene physiologische Aspekte des Gesundheitszustandes untersucht wurden. Die Gesundheitsmessungen gehören mithin zur Kategorie (2) der im Teilabschnitt 4.3.1 genannten Indikatoren. Sie wurden von *Newhouse und Friedlander (1980)* mit der örtlich vorhandenen medizinischen Infrastruktur einerseits sowie Eigenschaften des Individuums und seiner Umwelt andererseits in Verbindung gebracht. Neben den in der Tabelle 4.7 aufgeführten erklärenden Variablen wurden in die Regressionsgleichungen auch kategorische Variablen für den Beruf, die Branche, den Familienstatus, die Familiengröße, selbständige Erwerbstätigkeit und das Geschlecht aufgenommen; das Alter erscheint in linearer und quadrierter Form.

Die klinischen Indikatoren Nr. 1 - 4 beziehen sich auf Blutdruck und Blutfettspiegel, die nach den Erkenntnissen großangelegter epidemiologischer Untersuchungen (vgl. den nachstehenden Teilabschnitt 4.3.3) maßgeblich zur Mortalität infolge Herz-Kreislauf-Erkrankungen beitragen. Aus der Tabelle 4.7 geht insbesondere folgendes hervor:

- Auf die Indikatoren Nr. 1 - 4 haben weder die **medizinische Infrastruktur noch Ausbildung und Einkommen** des untersuchten Individuums einen statistisch nachweisbaren Einfluß.

- Im Falle der Indikatoren Nr. 6, 8 und 9 (Röntgenbild, Paradontose, Alterungsindex) scheint **verlängerte Ausbildung** die Individuen zu besseren Produzenten ihrer Gesundheit zu machen, ohne daß ein erhöhtes Einkommen kontraproduktiv wirken würde. Am Alterungsindex gemessen, führt eine um 10% verlängerte Ausbildungsdauer dazu, daß das Individuum unter sonst gleichen Umständen physiologisch 0,5% jünger ist als sein Kalenderalter.

- Mit dem Urbanisierungsgrad steht lediglich das Vorkommen eines abnormalen Röntgenbilds (Indikator Nr. 6) in einer positiven, statistisch erkennbaren Beziehung.

- Die **Rassenzugehörigkeit** ist die Variable mit den meisten statistisch signifikanten Einflüssen. Die Nichtweißen erweisen sich gegenüber den Weißen überwiegend als weniger gesund, wobei die blutdruck- und blutfettbezogenen Indikatoren Nr. 1 - 4 eher auf genetische, der Paradontose-Index Nr. 8 dagegen auf verhaltens-, ja sogar präferenzbedingte Unterschiede schließen lassen.

---

6. Damit soll nicht bestritten werden, daß nichtmonetäre (medizinische) Maße des Gesundheitszustandes z.B. bei der Wahl zwischen verschiedenen Behandlungsalternativen innerhalb eines bereits festgelegten Gesundheitsbudgets einen Beitrag zur optimalen Allokation im Gesundheitswesen leisten.

Tab. 4.7: Geschätzte Einflüsse auf klinische Gesundheitsindikatoren, USA um 1960[a)]

Klinische Indikatoren	Medizinische Infrastruktur[b)]			Eigene Produktivität[c)]		Umwelteinflüsse[d)]	
	ALLG	*AND*	*BETT*	*AUSB*	*EINK*	*URB*	*RASSE*
1. Bluthochdruck[e)]	-0,06	0,20	0,32	-0,25	-0,006	-0,001**	0,12*
2. Diastol.Blutdruck, bedingt[f)]	-0,02	-0,003	0,009	0,01	-0,003	-0,007	2,48*
3. Überhöhter Blutfettspiegel[e)]	0,39	-0,03	-0,13	-0,08	0,05	-0,000	-0,02*
4. Blutfettspiegel, bedingt[g)]	0,02	-0,02	0,03	0,02	-0,003	0,031	-1,0,01
5. Abnormales EKG[e)]	0,03	-0,06	0,06	-0,02	-0,04	0,000	0,15**
6. Abnormales Röntgenbild[e)]	-0,04	-0,07**	0,07*	-0,09**	-0,03*	0,002**	-0,082
7. Vorkommen von Krampfadern[e)]	0,13	0,002	-0,44	-0,19	-0,04	0,003	-0,05*
8. Paradontose-Index	---	---	---	-0,77**	-0,21**	-0,002	0,19**
9. Alterungsindex[h)]	-0,004	0,001	0,01	-0,05**	-0,01**	0,002	0,72*

*(**): Signifikant bei einer Irrtumswahrscheinlichkeit von 5% (1% oder weniger). N=4.769.

a) Die angegebenen Werte sind Elastizitäten, berechnet aufgrund der Stichprobenmittelwerte, außer bei *URB* und *RASSE*, wo Regressionskoeffizienten erscheinen.

b) *ALLG* = Allgemeinpraktiker, Internisten und Frauenärzte, *AND* = andere Ärzte, *BETT* = Krankenhausbetten, alle je 100.000 Einwohner.
Zwei zusätzliche Regressoren (Betten in vom Bundesstaat geführten Krankenhäusern und Zahnärztedichte) sind nicht aufgeführt. Alle Regressionen enthalten überdies Alter, $(\text{Alter})^2$ und eine kategorische Variable für das Geschlecht.

c) *AUSB* = Zahl der Schuljahre, *EINK* = Familieneinkommen.

d) *URB* = Anteil der Bevölkerung des untersuchten Gebiets, die in Orten mit mehr als 2.500 Einwohnern lebt; *RASSE* = 1 für Nichtweiße, = 0 für Weiße.

e) Logit-Schätzung, da die abhängige Variable nur die Werte 0 und 1 annehmen kann.

f) Nur Fälle mit Bluthochdruck.

g) Nur Fälle mit überhöhtem Blutfettspiegel.

h) Beruht auf Regressionen des Alters auf die Variablen Nr. 2, 4 - 8; jedem Individuum kann mit Hilfe des Mittelwertes aus den acht errechneten Erwartungswerten ein "klinisches Alter" zugeordnet werden.

Quelle: *Newhouse und Friedlander (1980).*

4.3.3 Der Einfluß medizinischer Interventionen auf individueller Ebene

In den sechziger Jahren stellten in den USA Herz-Kreislauf-Erkrankungen die wichtigste Kategorie der Todesursachen dar, und es bestand die Vermutung, daß Bluthochdruck, hoher Blutfettspiegel und Tabakkonsum die maßgebenden Risikofaktoren sein könnten. Damals wurden mehrere Langzeitstudien begonnen, von denen diejenige von **Framingham** (Massachusetts) mit einer Beobachtungsdauer von bis zu achtzehn Jahren die berühmteste ist. Die Ergebnisse dieser Studien vermitteln Einblick in das Wesen der "Gesundheitsproduktion" in einem sehr konkreten, beinahe technischen Sinn. Als Output sei eine bestimmte Reduktion des Cholesterinspiegels im Blut vorgegeben mit dem Ziel, Bluthochdruck abzubauen. Der medizinische Input besteht aus der Behandlung mit einem einschlägigen Arzneimittel, der Eigenbeitrag des Patienten in der Einhaltung einer Diät. Genügt nun das Einhalten einer Diät für sich allein, um den Cholesterinspiegel im Blut zu senken, oder bedarf es dazu der Kombination mit einem Arzneimittel?

Weil Bluthochdruckpatienten ihr normales Leben wie Gesunde weiterführen können, führt das Modell der bedingten Produktionsmöglichkeiten mit der Folgerung 3.11 (vgl. Abschnitt 3.6) zur Vermutung, daß die eigenen Anstrengungen die Arzneimittel **substituieren** könnten. Die beobachteten Individuen machen allerdings im Verlauf der Jahre einige Krankheitsphasen durch und dürften dabei auf die Arzneimittel zurückgreifen. Insofern wäre mit einem erkennbaren Beitrag des medizinischen Inputs zum Überleben zu rechnen. Überraschenderweise kommt *Houston (1989*, S. 928) in seiner umfassenden Überblicksstudie zum Schluß, daß die medikamentöse Therapie keinen gesicherten Einfluß auf die Sterblichkeit infolge Herz-Kreislauf-Erkrankungen hat, ja daß gewisse Therapieformen **den Erfolg der Diät untergraben** (ebenda, S. 929). Diese Schlußfolgerung paßt ausgezeichnet zu der im Abschnitt 3.4 entwickelten Auffassung von der Produktion der Gesundheit durch das Individuum, wonach zwar im Krankheitsfall medizinische Leistungen nicht durch eigene gesundheitsfördernde Anstrengungen substituiert werden können, längerfristig hingegen schon. Somit geben die bisherigen Ergebnisse der Untersuchungen mit Individualdaten Anlaß zu einer vorläufigen

Folgerung 4.4: Das Konzept der Gesundheitsproduktion mit dem Eigenbeitrag des Individuums und medizinischen Leistungen als Inputs bewährt sich auch an Individualdaten, bis hin zu einem beträchtlichen Ausmaß von Substitutionalität bei spezifischen Erkrankungen.

4.3.4 Umweltqualität und Gesundheitszustand

In den bisher dargestellten Studien wurden Umwelteinflüsse weitgehend vernachlässigt, oder sie erwiesen sich als statistisch vernachlässigbar. Der erste systematische Versuch, die Auswirkungen zumindest der Luftverschmutzung auf die menschliche Gesundheit zu erfassen, geht auf *Lave und Seskin (1977)* zurück. Allerdings bildet in der Regel eine englische Grafschaft die Beobachtungseinheit, und es fehlen Indikatoren zur Beschreibung der individuellen Produktivität wie z.B. das Ausbildungsniveau oder das durchschnittliche Arbeitseinkommen. Üblicherweise muß [wie bei *Lopez et al. (1991)* im Teilabschnitt 4.2.4] die Bevölkerungsdichte die Rolle sowohl eines (inversen) Einkommensindikators wie auch eines die Ausbreitung von Krankheiten begünstigenden Faktors übernehmen, was entsprechend häufig zur Unstabilität von Koeffizienten bis hin zu unplausiblen Resultaten führt.

4.3.4.1 Luftqualität und Rauchen als exogene Faktoren

Die mit der Verwendung von aggregierten Daten verbundenen Schwierigkeiten konnten erstmals von *Ostro (1983)* überwunden werden, der die **individuellen Angaben** der Gesundheitsbefragung 1976 in den USA mit Messungen der Luftqualität in 84 Agglomerationen kombinierte. Auf Grund ihrer konsistenten Erhebung und ihrer Vergleichbarkeit mit früheren Untersuchungen wurden *TSP* (Total Suspended Particles, Konzentration aller Schwebstoffe in der Luft) und *SULF* (Konzentration aller Schwefelverbindungen in der Luft) aus einer größeren Zahl von Meßgrößen ausgewählt und als Regressoren verwendet. Als Indikatoren des Gesundheitszustandes dient einerseits die Zahl der Tage mit eingeschränkter Aktivität aus gesundheitlichen Gründen, andererseits die Zahl der verlorenen Arbeitstage, beide bezogen auf den Zeitraum der beiden Wochen vor der Erhebung (vgl. Tab. 4.8).

Die in der Spalte A der Tabelle 4.8 eingetragenen Regressionskoeffizienten lassen vermuten, daß die Schwebestoffe-Konzentration (Variable Nr. 1) auf die Zahl der Tage mit eingeschränkter Aktivität den erwarteten positiven Einfluß hat, während die Konzentration der Schwefelverbindungen (Variable Nr. 2) keine signifikante Wirkung zeitigt. Wirtschaftlich relevant im engeren, traditionellen Sinne ist die Zahl der verlorenen Arbeitstage (Spalte B). Wiederum spielt die *TSP*-Konzentration eine statistisch erkennbare Rolle, mit einer an den Mittelwerten berechneten Elastizität von 0,45: Eine um 10% erhöhte *TSP*-Konzentration geht demnach mit einer um 4,5% erhöhten Zahl der verlorenen Arbeitstage einher - ein Wert, der *Ostro (1983)* zufolge das Zehnfache früherer Schätzungen beträgt.

Bei der Analyse des Zusammenhangs zwischen Luftqualität und Gesundheitszustand kommt einmal mehr das Konzept der Gesundheitsproduktion durch das Individuum zum Tragen. Durch einen **Verzicht auf den Konsum von Tabak** kann der Einzelne die für ihn maßgebliche Luftqualität verbessern. Die Zahl der gerauchten Zigaretten erscheint aus diesem Grunde (als Variable Nr. 14) in den Schätzgleichungen der Spalten A und B der Tabelle 4.8. Der dazugehörige Regressionskoeffizient erweist sich jedoch beidesmal als statistisch nicht signifikant. Allerdings belegen die niedrigen Bestimmtheitskoeffizienten von 0,09 und 0,01, daß viele Faktoren, welche die Zahl der Tage mit eingeschränkter Aktivität und die Dauer der Arbeitabsenzen beeinflussen, noch nicht erfaßt wurden. Zu diesen Faktoren gehören möglicherweise auch Unterschiede zwischen Rauchern und Nichtrauchern, die mit der Zahl der gerauchten Zigaretten (*ZIGARETTEN*) nicht genügend abgebildet sind. So könnte beispielsweise die Zahl chronischer Gesundheitsprobleme (*CHRONISCH*) bei Rauchern infolge häufiger Atemwegserkrankungen eine ganz andere (und wahrscheinlich geschlechtsspezifische) Bedeutung haben als bei Nichtrauchern, mit dem Effekt, daß auch der Einfluß der Luftqualität auf den Gesundheitszustand verzerrt geschätzt würde.

Damit die Auswirkungen der Luftverschmutzung auf die Zahl der verlorenen Arbeitstage möglichst unverzerrt und unabhängig vom individuellen Verhalten ermittelt werden können, beruhen die Schätzungen der Spalten C und D der Tab. 4.8 ausschließlich auf Daten von männlichen, erwerbstätigen Nichtrauchern. Die Aufspaltung in zwei Schätzgleichungen soll überdies dem Umstand Rechnung tragen, daß 94% der Befragten in den beiden Wochen vor der Erhebung keine Arbeitsabsenz aufwiesen und nur 6% einen oder

Tab. 4.8: Einfluß der Luftqualität auf den Gesundheitszustand, USA 1976

Variable[a)]	Tage mit eingeschr. Aktivität (A)[b)]	Verlorene Arbeitstage (B)[c)]	Wahrsch., daß B > 0 (C)[d)]	Verlorene Arbeitstage, falls B > 0 (D)[d)]
Konstante	-0,83***	-0,47**	-3,66***	-0,39
1. *TSP*	0,00282**	0,00145*	0,0071*	0,002
2. *SULF*	-0,00008	-0,001	-0,051	-0,009
3. *CHRONISCH*	1,25***	0,25***	0,48***	0,93*
4. *ALTER*	0,0063***	0,0033**	-0,0048	0,075*
5. *EINKOMMEN*	-0,009***	-0,002	-0,004	0,012
6. *VERHEIRATET*	-0,011	-0,011	0,227	-1,24**
7. *RASSE*	0,17**	0,045	-0,04	-0,46
8. *TEMPERATUR*	0,013***	0,0065*	0,003	0,097*
9. *ARBEITER*	---	-0,046	0,29	-1,26**
10. *ERW.TÄTIG*	-0,114*	0,---	---	---
11. *BEV.DICHTE*	0,0057	0,0056	0,030	-0,050
12. *NIEDERSCHLAG*	-0,0004	-0,0004	0,0097	-0,040
13. *GESCHLECHTW*	0,093*	0,067*	---	---
14. *ZIGARETTEN*	0,0032	-0,0006	---	---
R^2	0,09	0,01	---	0,17
Chi^2			25,8***	
N	13.230	8.294	4.473	263

*(**,***): Koeffizient ist mit einer Irrtumswahrscheinlichkeit von 5% (1%, 0,1%) von Null verschieden.

a) *TSP* = Konzentration aller Schwebestoffe in der Luft, Jahresmittel (in Mikrogramm/m^3); *SULF* = Konzentration aller Schwefelverbindungen in der Luft, Jahresmittel (in Mikrogramm/m^3); *CHRONISCH* = Zahl der chronischen Beschwerden; *ALTER* = Alter in Jahren; *EINKOMMEN* = Familieneinkommen (in tausend Dollar); *VERHEIRATET* = 1, falls Individuum verheiratet, = 0 sonst; *RASSE* = 1, falls Nichtweiß, = 0 sonst; *TEMPERATUR* = Temperatur im Jahresmittel (in Fahrenheit); *ERW.TÄTIG* = 1, falls erwerbstätig, = 0 sonst; *ARBEITER* = 1, falls Arbeiter, = 0 sonst; *BEV.DICHTE* = Bevölkerungsdichte in der Agglomeration (in 1.000 je Quadratmeile); *NIEDERSCHLAG* = Niederschlag im Jahresmittel; *GESCHLECHTW* = 1, falls weiblich, = 0 sonst; *ZIGARETTEN* = Zahl der gerauchten Zigaretten pro Tag.

b) Stichprobe umfaßt 18-65-jährige Personen in 84 Agglomerationen.

c) Stichprobe umfaßt nur Erwerbstätige (*ERW.TÄTIG* = 1).

d) Stichprobe umfaßt nur männliche, erwerbstätige Nichtraucher.

Quelle: *Ostro (1983),* Tabellen I und III.

mehrere Arbeitstage verloren hatten[7]. Dies spricht dafür, zuerst die **Wahrscheinlichkeit** zu schätzen, daß es überhaupt zu einer Arbeitsabsenz kommt (Spalte C der Tabelle 4.8), und dann die Dauer einer allfälligen Absenz zu untersuchen (Spalte D). Dementsprechend ist die abhängige Variable der Spalte C eine Dummyvariable, die den Wert 1 dann annimmt, wenn mindestens ein Arbeitstag aus gesundheitlichen Gründen verlorenging, und den Wert 0 sonst. Diese Einschränkung des Wertebereichs der abhängigen Variablen kann durch die sog. Logit-Transformation aufgehoben werden, allerdings mit der Folge, daß die in der Spalte C eingetragenen Werte Koeffizienten einer logistischen Regression sind, die nicht als partielle Einflüsse auf die Wahrscheinlichkeit interpretiert werden dürfen [vgl. dazu *Pindyck und Rubinfeld (1981)*, S. 299]. Die Werte der Spalte D hingegen entstammen einer Kleinstquadrate-Schätzung.

Die in den Spalten C und D der Tabelle 4.8 eingetragenen Schätzergebnisse sollten demnach weitgehend unabhängig vom Verhalten des Einzelnen Aufschluß über die Einflüsse der Luftqualität auf die Erwerbsfähigkeit geben. Die folgenden Bemerkungen erscheinen angebracht:

- Die Luftqualität hat über die *TSP*-Konzentration einen statistisch gesicherten Einfluß auf die **Wahrscheinlichkeit einer Arbeitsabsenz**, nicht aber auf deren **Dauer**. Ein Einfluß der anderen Komponente der Luftqualität, der Schwefelverbindungen, läßt sich nicht nachweisen.

- Andere Umweltfaktoren wie die Lufttemperatur oder die Niederschlagsmenge im Jahresmittel scheinen **keinen Einfluß** auf die Arbeitsabsenzen (Wahrscheinlichkeit des Auftretens oder Dauer) zu haben.

4.3.4.2 Rauchen als endogener Faktor

Alle bisher vorgestellten Untersuchungen (darin eingeschlossen jene anhand von aggregierten Daten des Abschnitts 4.2) kranken an dem Umstand, daß sie lediglich den Aspekt "Gesundheit" analysieren, während das im Abschnitt 3.4 entwickelte Modell des Gesundheitsverhaltens sowohl den **Konsum** als auch die **Gesundheit** erklärt. Dieses Vorgehen wird dann problematisch, wenn die Konsumentscheidung unmittelbare gesundheitliche Konsequenzen hat wie im Falle des Rauchens (vgl. den 2. Punkt des Abschnitts 4.1). Aus diesem Grunde erschien denn auch die Zahl der gerauchten Zigaretten in der Tabelle 4.8 als Regressor. Die bloße Aufnahme eines solchen Regressors in die Schätzgleichung genügt *Rosenzweig und Schultz (1983)* zufolge jedoch noch nicht, um dem Verhaltensmodell in der empirischen Analyse gerecht zu werden. Es ist nämlich gut denkbar, daß nicht erfaßte Größen sowohl auf die Gesundheit (insbesondere der Atemwege) als auch auf den Tabakkonsum einwirken. Wenn beispielsweise ängstliche Leute zwar kaum rauchen, aber dennoch vergleichsweise viel krank sind, entsteht eine **künstliche positive Korrelation** zwischen Gesundheit und Tabakkonsum in den Daten. Dieser Effekt schwächt die an sich gegebene negative Korrelation (d.h. die gesundheitsschädige Wirkung des Tabaks) ab und könnte der Grund für die mangelnde statistische Signifikanz des Regressors *ZIGARETTEN* in der Tabelle 4.8 sein.

---

7. Dies bedeutet, daß die abhängige Variable extrem linkssteil ist, was schlecht zur üblichen Annahme einer normalverteilten Störterms paßt, ist doch die Normalverteilung eine um den Erwartungswert symmetrische Verteilung (vgl. auch Tabellen 4.3a und b im Teilabschnitt 4.2.2.1).

Offenbar muß die erklärende Variable *ZIGARETTEN* von ihrem sog. Endogenitätsfehler bereinigt werden. Dies ist möglich mit Hilfe einer Vorregression (analog zur ersten Stufe des zweistufigen Verfahren, vgl. Tabelle 4.3b), in deren Zuge die beobachteten Werte von *ZIGARETTEN* durch geschätzte ersetzt werden.

Mullahy und Portney (1990) haben ein solches Schätzverfahren, die sog. Generalized Method of Moments (GMM) auf die gleiche Stichprobe wie *Ostro (1983)*, jedoch mit Daten des Jahres 1979 statt 1976 angewendet. Die abhängige Variable ist die Zahl der Tage mit eingeschränkter Aktivität während der beiden Wochen vor dem Befragungszeitpunkt, **bedingt durch Atemwegserkrankungen**. Sie müßte damit in einer engeren Beziehung mit der Luftqualität stehen als die abhängige Variable der Tabelle 4.8, die Zahl der Tage mit eingeschränkter Aktivität aus (allen) gesundheitlichen Gründen. Weil 96% der Befragten auch hier Null solcher Tage aufweisen, wird in der Spalte A der Tabelle 4.9 vorab die Wahrscheinlichkeit untersucht, überhaupt Tage mit gesundheitsbedingten Einschränkungen der Tätigkeit verbracht zu haben. In der Spalte B erscheinen dann die Parameterschätzungen einer Gleichung, welche die Dauer dieser Einschränkungen erklären soll. Um zu veranschaulichen, wie wichtig die Bereinigung der Variablen *ZIGARETTEN* von ihrer endogenitätsbedingten Fehlerkomponente sein kann, erscheinen OLS- und GMM-geschätzte Parameterwerte in der Tabelle 4.9 nebeneinander.

Diese in der Tabelle 4.9 aufgeführten Ergebnisse lassen sich in den folgenden Aussagen zusammenfassen.

- ***Einfluß des Tabakkonsums:*** Wird der Tabakkonsum als eine exogene, vom Individuum nicht beeinflußbare Größe wie etwa die Ozonkonzentration in der Luft behandelt, so fehlen wie schon in der Untersuchung von *Ostro (1983)* [aber im Gegensatz zu *Leu und Doppmann (1986)*, vgl. Tabelle 4.10] sämtliche Hinweise auf einen signifikanten Zusammenhang mit dem Gesundheitszustand, auch wenn er wie hier speziell auf die Atemwege bezogen wird (vgl. OLS-Schätzungen der Variablen Nr. 1 und 2). Wird die Variable *ZIGARETTEN* hingegen von ihrem Endogenitätsfehler bereinigt, so erweist sie sich als **hochsignifikanter** Bestimmungsgrund des Gesundheitzustandes (vgl. MMG-Schätzungen der Variablen Nr. 1 und 2). Zwar scheint das Rauchen einiger weniger Zigaretten pro Tag zunächst gesundheitsfördernde Wirkung zu haben (negative Koeffizienten der Variablen Nr. 1), doch jenseits von etwa 16 Zigaretten überwiegen eindeutig die negativen Auswirkungen auf die Gesundheit der Atemwege.

- ***Einfluß der Luftqualität:*** Ozon muß als relevanter Luftschadstoff anerkannt werden. Seine gesundheitsschädigende Wirkung nimmt jedoch im Gegensatz zum Tabakkonsum bei hohen Konzentrationswerten (d.h. jenseits von etwa 0,06 Mikrogramm/m^3 bei einem Durchschnittswert der Stichprobe von 0,043) eher ab; dies geht aus den negativen Koeffizienten der Variablen Nr. 4 hervor. Eine hohe Ozonkonzentration **erhöht die Wahrscheinlichkeit**, eine Phase mit eingeschränkter Aktivität durchzumachen, verlängert aber deren Dauer nicht (vgl. Teil B der Tabelle 4.9). Dieser Befund entspricht den Erwartungen, sind doch erhöhte Ozonkonzentrationen (noch) vorübergehender Natur.

- ***Schwefelkonzentration als Indikator der Luftqualität:*** Trotz eng gefaßter abhängiger Variable und verbesserter Schätzverfahren läßt sich kein Einfluß der Schwefelverbindungen (*SULF*) auf den Gesundheitszustand nachweisen (vgl. Variablen Nr. 5 und 6).

Tab. 4.9: Luftqualität und Rauchen in der Gesundheitsproduktion, USA 1979

Variable[a)]	Wahrscheinlichkeit von Tagen mit eingeschränkter Aktivität[b)] A		Zahl der Tage mit eingeschränkter Aktivität, gegeben A > 0 B	
	OLS	GMM[c)]	OLS	GMM[c)]
Konstante	0,035	0,185**	0,0078	0,789**
1. *ZIGARETTEN*	-0,060	-1,91***	-0,034	-8,44**
2. (*ZIGARETTEN*)^2	0,25	5,81***	1,09	27,95***
3. *OZON*	0,064	0,51	4,25*	6,64*
4. (*OZON*)^2	-1,60	-3,97	-23,7*	-35,8*
5. *SULF*	-0,20	-0,20	-1,52	-1,77
6. (*SULF*)^2	0,65	0,56	4,87	5,07
7. *TEMPERATUR*	-0,055	-0,090	-0,44**	-0,61**
8. *NIEDERSCHLAG*	-0,017	-0,034	0,033	-0,028
9. *ALTER*	0,35	-0,16	2,14*	-0,90
10. (*ALTER*)^2	-0,48	0,077	-2,82*	0,60
11. *DCHRONISCH*	0,011	-0,0066	0,19	0,094
12. *GESCHLECHTM*	-0,00089	-0,032**	-0,045	-0,17**
N	2.331	2.331	89	89

*(**,***): Koeffizient mit einer Irrtumswahrscheinlichkeit von 5% (1%, 0,1%) verschieden von Null.

a) *ZIGARETTEN* = Zahl der gerauchten Zigaretten pro Tag (/100); (*ZIGARETTEN*)^2 = Quadrat von *ZIGARETTEN*; *OZON* = Ozonkonzentration, gebildet aus den täglichen Maximalwerten der 14 Tage vor dem Erhebungszeitpunkt (in PPM, parts per million); (*OZON*)^2 = Quadrat von *OZON*; *SULF* = Konzentration von Schwefelverbindungen, Mittelwert aus den 14 täglichen Messungen vor dem Erhebungszeitpunkt; (*SULF*)^2 = Quadrat von *SULF*; *TEMPERATUR* = Mittlere Temperatur, gebildet aus 14 täglichen Maximalwerten (in Fahrenheit, /100); *NIEDERSCHLAG* = Mittelwert, gebildet aus den 14 täglichen Meßwerten (in Zoll); *ALTER* = Alter in Jahren; (*ALTER*)^2 = Quadrat von *ALTER*; *DCHRONISCH* = 1, falls der Befragte wegen einer chronischen Krankheit nicht ungehindert seinen üblichen Tätigkeiten nachgehen kann, = 0 sonst; *GESCHLECHTM* = 1, falls der Befragte männlich ist, = 0 sonst.

b) Obschon die abhängige Variable nur die Werte 0 und 1 annehmen kann, wird sie hier wie eine beliebige kontinuierliche Variable behandelt. Die ausgewiesenen Koeffizienten können deshalb als geschätzte partielle Effekte des jeweiligen Regressors auf die Wahrscheinlichkeit interpretiert werden.

c) GMM = Generalized Method of Moments; Schätzverfahren, das eine Verallgemeinerung der in der Tabelle 4.3b skizzierten zweistufigen Schätzung darstellt.

Quelle: *Mullahy und Portney (1990),* Tabelle 3.

In diesem Punkt wird die frühere Untersuchung von *Ostro (1983)* voll bestätigt (vgl. Tab. 4.8, Variable Nr. 2).

- ***Vergleich der Einflußstärken:*** Auf Grund der mit dem GMM-Verfahren geschätzten Parameterwerte lassen sich die Elastizitäten an den Mittelwerten berechnen wie folgt: Mit einer Zunahme des täglichen Zigarettenkonsums um 10% steigt cet. par. die Wahrscheinlichkeit einer Phase mit eingeschränkter Aktivität um 33%, gegenüber lediglich 13% bei einer Zunahme der Ozonkonzentration um 10%. Die Dauer einer solchen Phase nimmt infolge zusätzlichen Rauchens um 44% zu, infolge zusätzlichen Ozons etwa um 28%. Damit verschieben sich die geschätzten relativen Produktivitäten bei der Sicherung der Gesundheit der Atemwege vom exogenen Einfluß der Luftqualität **hin zu dem Inputfaktor Rauchen**, der vom Individuum frei festgelegt werden kann.

Die aus den beiden Untersuchungen zum Einfluß von Umweltfaktoren auf den Gesundheitzustand gewonnenen Erkenntnisse lassen sich zusammenfassen in der

Folgerung 4.5: Mit Hilfe neu verfügbarer Individualdaten lassen sich Zusammenhänge zwischen der Luftqualität und dem Gesundheitszustand erkennen. Eine mindestens ebenbürtige Rolle spielt jedoch der Input "Tabakkonsum" in die gleichzeitige Produktion von Konsumleistungen und Gesundheit der Atemwege.

Diese Folgerung spricht für die Vermutung, daß die Verlangsamung der Zunahme der Lebenserwartung vorderhand zu einem eher geringen Teil auf eine umweltbedingte Veränderung der relativen Produktivität der Inputfaktoren in der Gesundheitsproduktion zurückgeführt werden kann (3. Punkt des Abschnitts 4.1).

4.4 Nachfrage nach Gesundheit, Nachfrage nach Gesundheitsleistungen

Das im Abschnitt 3.4 vorgestellte Modell des Gesundheitsverhaltens geht von der Vorstellung aus, daß das Individuum gleichzeitig Nachfrager und Anbieter bzw. Produzent von Gesundheit sei. Bis zu diesem Punkt wurde stillschweigend unterstellt, daß die empirisch ermittelten Zusammenhänge die Produktionsseite des individuellen Verhaltens widerspiegeln. In diesem Abschnitt soll die Frage abgeklärt werden, ob die Unterscheidung der Angebots- von der Nachfrageseite überhaupt notwendig ist, wie sie gegebenenfalls bewerkstelligt werden kann und welche Probleme sich bei der Schätzung der Produktionsfunktion für die Gesundheit ergeben.

4.4.1 Wie sind individuelle Beobachtungen zu interpretieren?

Man kann sich auf den Standpunkt stellen, eine Erfassung der Nachfrage nach Gesundheit getrennt von den Produktionsmöglichkeiten sei nicht nötig. Werden nämlich "durchschnittlich gültige", zustandsunabhängige Präferenzen und Produktionsmöglichkeiten bezüglich Konsum und Gesundheit vorausgesetzt, so läßt sich von der beobachteten Grenzrate der Transformation (GRT) auf die Grenzrate der Substitution (GRS) schließen.

Wie beispielsweise die Abbildung 1-1 des Abschnitts 1.2 zeigt, stimmen die beiden Größen im Optimum (Punkt R^*) überein. Die Lage dieses Optimumpunktes hängt zwar durchaus von den Präferenzen des betrachteten Individuums ab, doch solange die Präferenzunterschiede zwischen den Individuen **zufällig** sind, gehen sie in den Störterm der Schätzgleichung ein (vgl. die Variable u_i der Tabellen 4.3a und b) und verschlechtern die statistische Anpassung, haben aber sonst keine Konsequenzen. Dies ist die "klassische" Sicht, die sich an *Grossman (1972)* anlehnt [vgl. auch *Rosenzweig und Schultz (1983)*].

Diese Auffassung hält allerdings der genaueren Betrachtung auf der Grundlage der im Abschnitt 3.4 entwickelten Modellvorstellungen nicht stand. Diesen Vorstellungen zufolge ist das Individuum nicht in der Lage, seinen Gesundheitszustand zu wählen; seine Handlungsmöglichkeiten beschränken sich auf die **Beeinflussung der Wahrscheinlichkeit**, mit der ein bestimmter Gesundheitszustand eintritt. Dementsprechend wählt es eine bestimmte optimale Wahrscheinlichkeit $(1-\pi_i^*)$, gesund zu bleiben bzw. zu werden, mit $0 < (1-\pi_i^*) < 1$. In einer gegebenen Periode ist es aber (bei nur zwei Zuständen) entweder gesund $[h_i = 1]$ **oder** krank $[h = 0]$. Dies bedeutet nichts anderes, als daß das angestrebte Optimum von den meisten Personen in der überwiegenden Zahl der Perioden verfehlt wird. Diese Abweichungen heben sich erst im Durchschnitt einer größeren Gruppe oder einer längeren Abfolge von Perioden auf.

Auf der Ebene des einzelnen Individuums und während einer kürzeren Beobachtungsdauer bilden die Abweichungen zwischen realisierter Gesundheit h_i und angestrebter Gesundheitschance $(1-\pi_i^*)$ eine zusätzliche Fehlergröße $\tilde{u}_i$, die in der "klassischen" Sicht nicht vorkommt. Diese Fehlergröße wirkt allerdings auf die Inputs der Produktionsfunktion für Gesundheit zurück:

- $h_i = 1 > (1-\pi_i^*) \rightarrow \tilde{u}_i > 0$: Das Individuum ist gesund, während es eine Gesundheitschance von lediglich $(1-\pi_i^*) < 1$ anstrebt. Es wird zustandsgemäß seine eigenen Anstrengungen zur Erhaltung der Gesundheit (t_i^G in der Symbolik der Tabelle 3.4 des Abschnitts 3.4.2) reduzieren. Die Korrelation zwischen t_i^G und $\tilde{u}_i$ ist **negativ** ("zu gesund geht einher mit Vernachlässigung der Prävention").

- $h_i = 0 < (1-\pi_i^*) \rightarrow \tilde{u}_i < 0$: Das Individuum ist krank, obschon es die Gesundheitschance $(1-\pi_i^*) > 0$ anstrebt. Es wird zustandsgemäß medizinische Leistungen (M_i in der Tab. 3.2) nachfragen. Die Korrelation zwischen M_i und $\tilde{u}_i$ ist **negativ** ("zu wenig gesund geht einher mit viel Medizin").

Diese Überlegungen zeigen, daß nicht nur mit Diskrepanzen zwischen GRT und GRS in den Beobachtungen auf individueller Ebene zu rechnen ist, sondern damit, daß diese Diskrepanzen auf die Produktion der Gesundheit **zurückwirken**: Die Kausalität geht nicht mehr eindeutig von M_i und t_i^G auf $(1-\pi_i^*)$ sondern von den Diskrepanzen $\{h_i - (1-\pi_i^*)\}$ zurück auf M_i und t_i^G. Um Verzerrungen in der Schätzung der Produktionsfunktion zu vermeiden, bieten sich zwei Wege an:

1. **Bereinigung der Regressoren** M_i und t_i^G vom sog. Endogenitätsfehler, z.B. durch ein zweistufiges Verfahren (vgl. Tab. 4.3b).

2. **Bereinigung des Störterms** von seiner mit den Regressoren korrelierten Komponente $\tilde{u}_i = \{h_i - (1 - \pi_i^*)\}$. Dieses Verfahren bedingt offensichtlich eine Messung des "angestrebten Gesundheitszustandes" $(1 - \pi_i^*)$ unabhängig vom "realisierten Gesundheitszustand" h_i[8].

Da immer bessere Messungen des Gesundheitszustandes verfügbar werden, soll die zweite Möglichkeit näher untersucht werden. Zu schätzen ist demnach eine Gleichung von der Form

$$h_i = c + \alpha \cdot M_i + \beta \cdot t_i^G + (u_i + \tilde{u}_i) \,, \qquad \text{mit} \quad \tilde{u}_i = \{h_i - (1 - \pi_i^*)\} \,, \tag{4.8}$$

deren Komponente $\tilde{u}_i$ des Störterms mit den Regressoren M_i und t_i^G korreliert ist. Sind Messungen von $\tilde{u}_i$ verfügbar, so kann $\tilde{u}_i$ aus dem Störterm herausgenommen und wie ein **zusätzlicher Regressor** behandelt werden:

$$h_i = c + \alpha \cdot M_i + \beta \cdot t_i^G + \gamma \cdot \{h_i - (1 - \pi_i^*)\} + u_i \,, \qquad \text{mit} \quad \gamma = 1 \,. \tag{4.9}$$

Diese Gleichung läßt sich nach dem Inputfaktor M_i auflösen, mit dem Ergebnis

$$M_i = \frac{-c}{\alpha} - \frac{\beta}{\alpha} \cdot t_i^G - \frac{1}{\alpha}\{h_i - (1 - \pi_i^*)\} + \frac{1}{\alpha} \cdot h_i - \frac{1}{\alpha} \cdot u_i \,. \tag{4.10}$$

Die Schätzung dieser Gleichung kann zu sehr unterschiedlichen Resultaten führen:

- Falls es wirklich gelingt, den angestrebten Gesundheitszustand $(1 - \pi_i^*)$ zu messen, so genügt $(1/\alpha) \cdot (1 - \pi_i^*)$ als erklärende Variable; der tatsächliche Gesundheitszustand h_i fällt aus der Gleichung (4.6) heraus. Da $\alpha > 0$, müßte die Beziehung zwischen medizinischen Leistungen und Gesundheitszustand **positiv** sein, wie von der Produktionsfunktion für Gesundheit vorausgesagt.
- Falls die Gesundheitsmessung so ausfällt, daß die Befragten ihren Gesundheitszustand als "gut" einstufen, wenn es ihnen besser geht als an sich zu erwarten war, enthält die geschätzte Gleichung (4.6) den Term $(-1/\alpha) \cdot \{h_i - (1 - \pi_i^*)\}$. Zwischen dem erhobenen Gesundheitszustand und medizinischen Leistungen wird es in der Stichprobe zu einer **negativen** geschätzten Beziehung kommen[9].

---

8. Sobald das Individuum nur noch die Wahrscheinlichkeiten verschiedener Zustände steuern kann, wird der als optimal angestrebte Gesundheitszustand durch diese Wahrscheinlichkeit definiert, vgl. Abschnitt 2.5.2 oder Abb. 3-3 des Abschnitts 3.4.3. Deshalb kann $(1 - \pi_i^*)$ mit dem angestrebten und h_i mit dem realisierten Gesundheitszustand gleichgesetzt werden.

- Falls die Befragung nur gerade den realisierten Gesundheitszustand erfaßt, geht der Term $(1/\alpha) \cdot h_i$ als erklärende Variable in die Gleichung (4.6) ein, und der Zusammenhang zwischen medizinischer Leistung und Gesundheit müßte positiv sein. Allerdings wird $(-1/\alpha) \cdot \{h_i - (1 - \pi_i^*)\}$ zum Störterm geschlagen, so daß wieder der Zustand der Gleichung (4.4) erreicht ist und α bzw. $(1/\alpha)$ nicht ohne Verzerrung geschätzt werden kann.

Diese verschiedenen Möglichkeiten sollen am Beispiel einer Schätzung mit schweizerischen Daten veranschaulicht werden.

4.4.2 Nachfrage nach medizinischen Leistungen als abgeleitete Nachfrage

Falls es tatsächlich gelingt, den angestrebten Gesundheitszustand im Sinne der Wahrscheinlichkeit $(1 - \pi_i^*)$, gesund zu bleiben bzw. zu werden, zu erfassen, hängt Gleichung (4.6) zufolge die Nachfrage nach medizinischen Leistungen **positiv** von $(1 - \pi_i^*)$ ab: Je größer der angestrebte Output, desto größer der notwendige Input. Die in Anspruch genommenen medizinischen Leistungen lassen sich dann als abgeleitete Nachfrage interpretieren, wie dies von *Leu und Doppmann (1986)* in Anlehnung an das Modell von *Grossman (1972)* getan wurde.

In ihrer Untersuchung zum Gesundheitszustand der schweizerischen Bevölkerung haben *Leu und Doppmann (1986)* erhebliche Anstrengungen unternommen, die Nachfrage nach Gesundheit separat zu erfassen. Sie definieren die **nachgefragte Gesundheit als latente Variable**, in einem sog. MIMIC (Multiple Indicators Multiple Causes) Modell. Diese Definition paßt gut zur Größe $(1 - \pi_i^*)$, die ja ihrerseits als Wahrscheinlichkeit eine latente Variable darstellt. Diese Nachfrage nach Gesundheit wird vom Einkommen abhängig gemacht (vgl. Abbildung 4-2), auch dies theoretisch gut begründet, hängt doch die Lage des angestrebten Optimumpunktes vom Einkommen ab (vgl. Abbildung 3-3 im Abschnitt 3.4.3). Zugleich trägt verbesserte Gesundheit zu einem erhöhten Erwerbseinkommen bei, ganz im Sinne des längerfristigen Trade-offs zwischen "Konsum" und gesund verbrachter Zeit (vgl. Abschnitt 3.5.1). Die Eigenanstrengungen zur Erhaltung der Gesundheit t_i^G werden durch sechs Indikatoren des Lebensstils (vom Tabakkonsum bis zur sportlichen Betätigung) erfaßt. Darüber hinaus werden Umweltbelastungen wie Lärm und Staub sowie persönliche Belastungen (Verlust von Angehörigen, Wohnortswechsel) berücksichtigt.

Vier Gesundheitsindikatoren sollen den angestrebten Gesundheitszustand $(1 - \pi_i^*)$ widerspiegeln. Jeder einzelne stellt das statistische Aggregat einer Vielzahl von durch Befragung erhobenen Teilindikatoren dar. Als Referenzindikator [unterstellte Beziehung zur latenten Größe 1:1, von Meßfehlern (ε_j in Abbildung 4-2) abgesehen] dient der **selbst eingeschätzte allgemeine Gesundheitszustand**. Die übrigen drei Indikatoren stehen für die physischen, psychischen und sozialen Komponenten des Gesundheitszustands. Gerade der selbst eingeschätzte Gesundheitszustand könnte aber sehr wohl auf einem impliziten

9. Um unverzerrte Parameterschätzungen zu erhalten, müßte überdies der realisierte Gesundheitszustand als zusätzlicher Regressor erscheinen. Wird er zum Störterm u_i geschlagen, so ist der kombinierte Störterm $(1/\alpha) \cdot (h_i + u_i)$ wiederum mit den erklärenden Variablen M_i und t_i^G korreliert.

Abb. 4-2: Der Gesundheitszustand als latente, endogene Bestimmungsgröße der Nachfrage nach medizinischen Leistungen

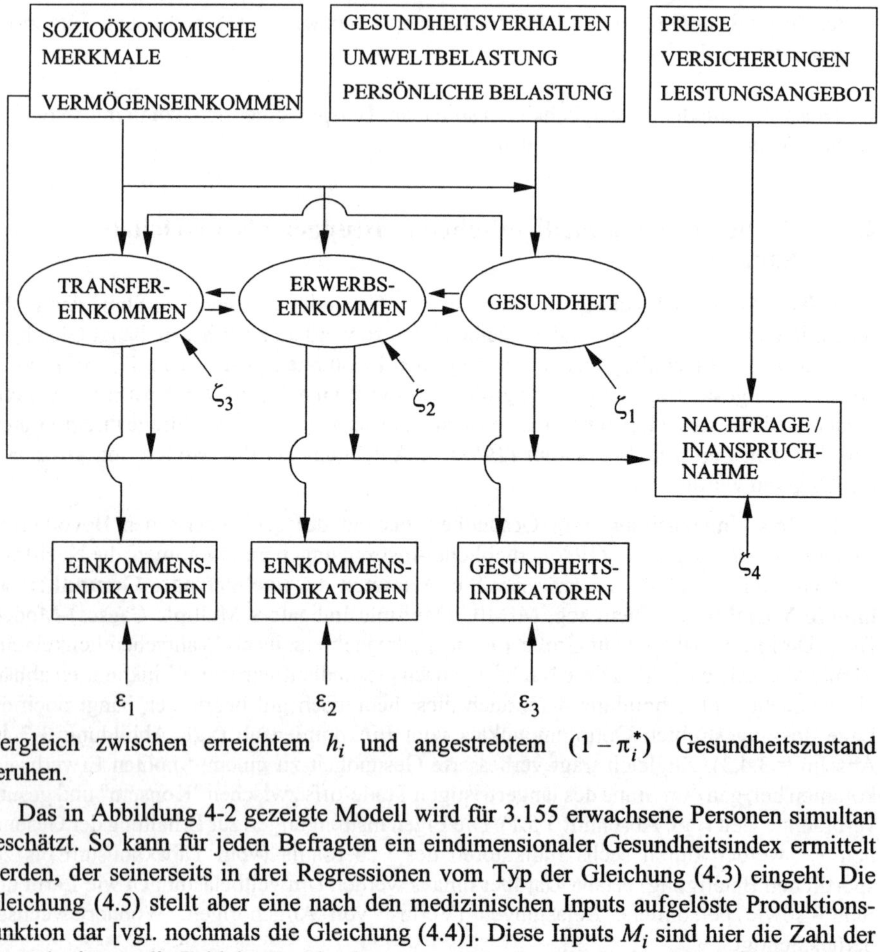

Vergleich zwischen erreichtem h_i und angestrebtem $(1 - \pi_i^*)$ Gesundheitszustand beruhen.

Das in Abbildung 4-2 gezeigte Modell wird für 3.155 erwachsene Personen simultan geschätzt. So kann für jeden Befragten ein eindimensionaler Gesundheitsindex ermittelt werden, der seinerseits in drei Regressionen vom Typ der Gleichung (4.3) eingeht. Die Gleichung (4.5) stellt aber eine nach den medizinischen Inputs aufgelöste Produktionsfunktion dar [vgl. nochmals die Gleichung (4.4)]. Diese Inputs M_i sind hier die Zahl der Konsultationen, die Zahl der Krankenhaustage sowie die Zahl der Kurtage des Jahres 1980 (vgl. Tab. 4.10). Neben erklärenden Variablen, welche eigene Anstrengungen zur Erhaltung der Gesundheit t_i^G und deren Produktivität abbilden (Alter, Ausbildung, Familiengröße), erscheinen auch solche, die die relativen Kosten dieser Anstrengungen und der Inanspruchnahme medizinischer Leistungen M_i wiedergeben (Beschaffungszeitpreis, Distanz zum Krankenhaus, Versicherungsstatus). Diese ergänzenden Regressoren erinnern daran, daß der zu schätzende Zusammenhang Teil eines kontrolltheoretischen Optimierungsproblems ist, mindestens so lange, als nicht zwischen gesundheitsbedingten Zuständen unterschieden wird oder werden kann[10].

Die in der Tabelle 4.10 eingetragenen Schätzergebnisse geben zu folgenden Erläuterungen Anlaß:

Tab. 4.10: Gesundheitsproduktion in der Schweiz, 1980 (3.155 Erwachsene)

		Konsul-tationen ***(ln)***	**Spital-tage** ***(ln)***	**Kur-tage** ***(ln)***
1.	Gesundheit[a)]	-0,675***	-0,140***	-0,114***
2.	Erwerbseinkommen[a)] *(ln)*	0,002	0,006	-0,005
3.	Transfereinkommen[a)] *(ln)*	0,007	0,012	-0,001
4.	Vermögenseinkommen[b)] (_10^4)	0,022*	0,018*	0,002
5.	Versicherung (=1 : vorhanden)	0,525***	0,014	0,119*
6.	Beschaffungszeitpreis (_10^{-3})	-0,006**	---	---
7.	Behandlungszeitpreis (_10^{-3})	0,034**	---	---
8.	Distanz Wohnsitz-Krankenhaus	---	0,002	---
9.	Schattenpreis der Zeit	---	-0,000	0,000
10.	Geschlecht (=1 : Mann)	-0,221***	-0,047*	0,056***
11.	Alter	-0,009***	-0,001	0,002*
12.	Ausbildung	0,007	0,003	0,003
13.	Familiengrösse	-0,023*	0,004	-0,006
14.	Ärztedichte	0,183***	-0,048	-0,002
15.	Bettendichte	-0,100	0,011*	-0,004
16.	Konsultationen *(ln)*	---	0,163***	0,017
17.	Spitaltage *(ln)*	---	---	0,105***
	Konstante	1,603***	0,131	-0,110
	R^2	0,27	0,11	0,08

*(**,***): Koeffizient mit Irrtumswahrscheinlichkeit von 5% (2,5%, 1%) von Null verschieden
a) Latente Variable
b) Extern geschätzte permanente Einkommenskomponente.

Quelle: *Leu und Doppmann (1986).*

- ***Rolle des Gesundheitszustandes:*** Der Einsatz medizinischer Leistungen aller drei Kategorien hängt negativ vom latenten Gesundheitszustand ab (vgl. die signifikant negativen Koeffizienten der Variablen Nr. 1), wie aus Tabelle 3.2 im Abschnitt 3.2.2.2 (Spalten 3 und 4) ersichtlich, widerspricht dies dem Grossmann Modell. Dieses Ergebnis wurde auch von *Leu und Gerfin* (1992) erzielt. Die Ausführungen des vorhergehenden Teilabschnitts legen somit die Vermutung nahe, daß die Autoren entgegen ihrer Absicht nicht den angestrebten Gesundheitszustand $(1-\pi_i^*)$, sondern mit Hilfe der aus der Befra-

10. In der (etwas extremen) Modellwelt des Abschnitts 3.4 stellt sich kurzfristig das Problem das Abwägens zwischen medizinischen Leistungen und eigenen Anstrengungen nicht, da im kranken Zustand nur der erste und im gesunden Zustand nur der zweite Faktor zur Erhöhung der Wahrscheinlichkeit (1-π) beiträgt, die Folgeperiode gesund zu verleben.

gung gewonnenen Indikatoren vielmehr die **Abweichung vom angestrebten Gesundheitszustand** $\{h_i - (1-\pi_i^*)\}$ erhoben hatten. Wie die Gleichung (4.6) zeigt, müßte in diesem Fall der tatsächlich erreichte Gesundheitszustand als erklärende Variable in die Regression aufgenommen werden, um Verzerrungen bei der Schätzung von $(1/\alpha)$ zu vermeiden. Eine entsprechende Variable fehlt jedoch in der Tabelle 4.10, so daß dem nachstehenden Rückschluß auf α bzw. die Elastizität der Gesundheit in Bezug auf M $[\eta(G,M)]$ nur der Stellenwert einer Überschlagsrechnungen zukommen kann:

$$\eta(G,M) = \frac{\partial \ln G}{\partial \ln M} = \frac{\partial G}{\partial M} \cdot \frac{M}{G} = \alpha \cdot \frac{M}{G}$$

$$= \frac{\partial \ln G}{\partial \ln M} = \frac{\partial G}{\partial \ln M} \cdot \frac{\partial \ln G}{\partial G} = \frac{1}{b} \cdot \frac{1}{G} \qquad (4.11)$$

b: Regressionskoeffizient von G in einer Schätzgleichung wie (4.5), jedoch mit $\ln M$ (statt M) als abhängiger Variablen.

Wenn man im Durchschnitt der Stichprobe den angestrebten mit dem erreichten Gesundheitszustand gleichsetzt und einen Mittelwert von $(1-\pi^*) = 0{,}95$ unterstellt, so folgen aus den drei Koeffizienten der Variablen Nr. 1 die Werte $\eta(G,M) = \{1{,}56; 7{,}52; 9{,}23\}$ [11]. Diese Werte stellen wahrscheinlich Überschätzungen dar, ihre Rangordnung ist aber plausibel, indem sie den Schluß zuläßt, daß 10% **mehr Konsultationen einen geringeren Einfluß** auf die Gesundheit haben als 10% mehr Krankenhaus- oder Kurtage. Der Vergleich mit den in der Tabelle 4.2 im Teilabschnitt 4.2.2.1 und der Abbildung 4-1 im Teilabschnitt 4.2.2.4 vorgestellten Elastizitätsschätzungen ist frappant: Offenbar macht es einen Unterschied, ob der Gesundheitszustand lediglich an der Sterblichkeit oder an speziellen Indikatoren gemessen wird (Punkt Nr. 1 des Abschnitts 4.1).

- ***Einfluß des Alters:*** Entgegen weit verbreiteter Vorstellungen ist ein erhöhtes Alter nicht notwendig mit einer erhöhten Nachfrage nach medizinischen Leistungen verbunden. Sobald die Abweichung vom angestrebten Gesundheitszustand als **separate** erklärende Variable berücksichtigt ist, nimmt in den drei Gleichungen für die Nachfrage nach medizinischen Leistungen der Tabelle 4.10 nur gerade die Zahl der Kurtage statistisch signifikant mit dem Alter zu, und die Elastizität ist sehr klein. Wenn A für das Alter steht, erscheint der Koeffizient des Regressors Nr. 11 in der Elastizitätsformel wie folgt:

$$\eta(M,A) = \frac{\partial \ln M}{\partial \ln A} = \frac{\partial \ln M}{\partial A} \cdot \frac{\partial A}{\partial \ln A} = a \cdot A \qquad (4.12)$$

a: Regressionskoeffizient von A in einer Schätzgleichung wie (4.6), doch mit $\ln M$ (statt M) als abhängiger Variablen.

11. Der erste Wert errechnet sich aus Gleichung (4.7) und Tabelle 4.10 wie folgt: $\eta(G,M) = (1/0{,}675) \cdot (1/0{,}95) = 1{,}56$.

Bei einem mittleren Alter von $\bar{A} = 45$ Jahren betragen die zur Variablen Nr. 11 gehörenden Elastizitäten mithin $\eta\,(M, A) = \{-0{,}405; -0{,}045; -0{,}09\}$. Ähnliche Ergebnisse von *Newhouse und Phelps (1976)* und *Zweifel (1986)* lassen den Schluß zu, daß nicht das Alter, sondern vielmehr die **Abweichung vom angestrebten Gesundheitszustand** die Nachfrage nach medizinischen Leistungen beeinflußt. Der Zusammensetzung der Bevölkerung nach Altersgruppen dürfte damit eine eher untergeordnete Bedeutung für die Entwicklung der Gesundheitsausgaben zukommen (vgl. Punkt 4 des Abschnitts 4.1 sowie Abschnitt 11.4).

- ***Einfluß der Opportunitätskosten:*** Ist ein Kranker versichert, so kostet ihn die Heilungschance ein geringes Opfer an Konsumleistungen [vgl. Gleichung (3.24) des Abschnitts 3.4.3]. Diesen Vorteil kann er durch die Inanspruchnahme der durch die Krankenversicherung "verbilligten" medizinischen Leistungen ausnutzen. Die positiven Koeffizienten der Variablen Nr. 5 (Versicherungsdeckung vorhanden) in den Gleichungen für Konsultationen und Kurtage bestätigen diese Vermutung. Hingegen gelingt es **nicht, einen Versicherungseinfluß auf die Krankenhaustage** nachzuweisen, möglicherweise weil im Krankenhaus der Einfluß der Ärzte besonders wirksam ist (vgl. Kapitel 7).
  Zu den Opportunitätskosten gehören auch die Zeitkosten, wobei zwischen Beschaffungszeit (d.h. Wege- und Wartezeit) und Behandlungszeit (Variablen Nr. 6 und 7 der Tabelle 4.10) unterschieden wird. Die Zeitkosten spielen aber im kranken Zustand keine Rolle [vgl. Gleichung (3.22) im 3. Kapitel]. Deshalb kommt die mangelnde statistische Signifikanz der beiden Variablen sowie insbesondere des Schattenpreises der Zeit (Variable Nr. 9) in den Gleichungen für die Kur- und Krankenhaustage nicht überraschend. Der Behandlungszeitaufwand schließlich hat eine ambivalente Bedeutung, spiegelt er neben den Zeitkosten des Patienten doch auch das Ausmaß der ärztlichen Zuwendung und insofern die Behandlungsqualität aus der Sicht des Patienten (vgl. den positiven Koeffizienten der Variable Nr. 7).

- ***Nachweis von anbieterinduzierter Nachfrage:*** In der Tabelle 4.10 werden statistisch signifikante positive Beziehungen zwischen der Ärztedichte (Variable Nr. 14) und der Zahl der Konsultationen sowie zwischen der Bettendichte (Nr. 15) und der Zahl der Krankenhaustage auf der Ebene individueller Beobachtungen ausgewiesen. Individuen in Wohnregionen mit hoher Anbieterdichte nehmen demnach mehr medizinische Leistungen in Anspruch. Dieser Effekt läßt sich hier **nicht** mit dem Hinweis erklären, daß eine erhöhte Anbieterdichte reduzierte Wege- und Wartekosten zur Folge hat, denn diese **Zeitkosten** sind mit den Variablen Nr. 6 und 7 (Beschaffungszeitpreis, Behandlungszeitpreis) bereits berücksichtigt. Es scheint tatsächlich so, daß die schweizerischen Ärzte bei erhöhter Anbieterdichte zusätzliche Nachfrage nach ihren Leistungen induzieren [zur sog. anbieterinduzierten Nachfrage vgl. Abschnitt 7.2].

Insgesamt ist der in Tabelle 4.10 ausgewiesene Anteil der erklärten an der beobachteten Varianz mit maximal 27% eher gering. Andere Untersuchungen mit Individualdaten schneiden aber in dieser Hinsicht auch nicht besser ab. Dafür lassen sich insbesondere die beiden folgenden Gründe anführen.

1. ***Situationsbedingte Möglichkeiten der Gesundheitsproduktion:*** Dieses Argument beruht auf der Unterschiedlichkeit der Trade-offs je nach Gesundheitszustand (vgl. dazu den Abschnitt 3.5.3). Eine Analyse, die sich auf den Mittelwert von Phasen der Gesundheit und der Krankheit während eines Jahres bezieht, leidet in dieser Sicht unter einem Aggregationsproblem. Je nach Mischung der verschiedenen Trade-offs im Verlauf der Beobachtungsperiode variiert auf individueller Ebene die Grenzproduktivität der medizinischen Leistungen, so daß die Beziehungen zwischen der Nachfrage nach medizinischen Leistungen und ihren ökonomischen Bestimmungsgründen von erheblichen Parameterinstabilitäten geprägt sein dürften, die zu einem niedrigen Bestimmtheitskoeffizienten beitragen.

2. ***Delegation der Entscheidungskompetenz:*** Im Krankheitsfall wird das Behandlungsgeschehen in vieler Beziehung nicht mehr vom Patienten, sondern vom Arzt gesteuert. Die Delegation von Kompetenzen an den Arzt geht jedoch im ambulanten weniger weit als im stationären Bereich. Der niedrige Bestimmtheitskoeffizient für die Zahl der Krankenhaustage in der Tabelle 4.10 widerspiegelt die Schwierigkeit, das Geschehen im Krankenhaus mit Hilfe von Faktoren zu erklären, die den Patienten charakterisieren oder von ihm gesteuert werden.

Die aus den Untersuchungen mit Individualdaten gewonnenen Einsichten lassen sich abschließend zusammenfassen in der

Folgerung 4.6: Auch auf der Stufe desaggregierter Beobachtungen bewährt sich das Konzept einer situationsbedingten Produktionskorrespondenz mit Konsumleistungen und Gesundheit als Outputs. Die Nachfrage nach medizinischen Leistungen hängt nicht nur von Größen ab, die mit einem "Bedarf" verbunden sind, sondern auch von Faktoren, welche die Produktivität und die Kosten eigener Anstrengungen zugunsten der Gesundheit spiegeln. Die Situationsbedingtheit kommt darin zum Ausdruck, daß diese Faktoren zur Erklärung der Inanspruchnahme von medizinischen Leistungen in eindeutig krankem Zustand kaum mehr beitragen.

Da im Zustand der Krankheit der Produktions- bzw. Behandlungsprozeß nur noch in wenigen Aspekten vom Individuum gesteuert wird (Wahl des Arztes, Präferenz für ein Arzneimittel, Abbruch der Behandlung), erhält der Arzt einen Freiraum zur Verfolgung seiner eigenen Ziele.

Diese Überlegung spricht für eine Untersuchung der Entscheidungssituation des Arztes, die im 7. Kapitel geleistet wird. In einem gewissen Sinne werden natürlich diese Partialanalysen unbefriedigend bleiben, weil sie die Interaktion zwischen Arzt und Patienten nicht gesamthaft abzubilden vermögen. Durch einen Vergleich und die Kombination von statistisch einigermaßen gesicherten Implikationen solcher Partialmodelle läßt sich aber trotz allem ein gewisses Bild von den Wirkungen gesundheitspolitischer Maßnahmen gewinnen.

4.5 Übungsaufgaben

Übungsaufgabe 4.1

Bei der Kritik von *Brenners (1983)* Schätzgleichung wird geltend gemacht, sie müßte Regressoren wie $UN_t \cdot \Delta Y_t$ und UN_t^2 enthalten, weil die abhängige Variable nicht die Mortalitätsrate der Arbeitslosen, sondern der (erwerbstätigen) Bevölkerung überhaupt sei. Dies habe zur Folge, daß der Zusammenhang zwischen der Mortalitätsrate und der Arbeitslosenquote nicht mehr konstant, sondern variabel sein müßte.

Beweisen Sie bitte diese Aussagen, indem Sie zwei vereinfachte Schätzgleichungen [eine für S^u (die Mortalitätsrate der Arbeitslosen) und eine für S^e (die Mortalitätsrate der Beschäftigten)] je mit den Regressoren Nr. 1-3 der Tabelle 4.6 aufstellen und dann die im Text genannte Linearkombination bilden.

Übungsaufgabe 4.2

Im Kommentar zur Untersuchung von *Mullahy und Portney (1990)* wird ausgeführt, daß jenseits von 16 Zigaretten pro Tag zusätzlicher Tabakkonsum gesundheitsschädigend wirke, während jenseits von 0,06 Mikrogramm/m^3 eine erhöhte Ozonkonzentration keinen nachteiligen Einfluß mehr habe.

a) Bitte erklären Sie nochmals anhand der Koeffizienten der Tabelle 4.9, wie es zu solchen Aussagen kommen kann. Zeichnen Sie den Verlauf der partiellen Funktionen *P = f(ZIGARETTEN)* und *P = g(OZON)* auf, mit *P* = Wahrscheinlichkeit einer Phase mit eingeschränkter Aktivität.

b) Schreiben Sie die Schätzgleichung auf, die der Tabelle 4.9 zugrundeliegt, und bestimmen Sie mittels partieller Differenzierung den Wert von *ZIGARETTEN*, wo zusätzlicher Konsum von einer gesundheitsfördernden in eine gesundheitsschädigende Wirkung umschlägt.

c) Setzen Sie die GMM-geschätzten Koeffizienten der Tabelle 4.9 ein und berechnen Sie diesen Extrempunkt algebraisch. Berücksichtigen Sie dabei, daß *ZIGARETTEN* die effektive Zahl geteilt durch 100 ist. Bestimmen Sie analog den Extrempunkt im Falle von *OZON*.

4.6 Literaturhinweise

Zu Abschnitt 4.1:

OECD (1987), *Financing and Delivering Health Care. A Comparative Analysis of OECD Countries*, Paris: OECD.

Verbrugge, L.M. (1984), Longer Life But Worsening Health? Trends in Health and Mortality of Middle-aged and Older Persons, in: *Milbank Memorial Fund Quarterly*, 62, 475-519.

Zu Abschnitt 4.2:

Auster, R., Leveson, I., und Sarachek, D. (1969), The Production of Health, an Exploratory Study, in: *The Journal of Human Resources*, 4(4) (Winter), 411-436.

Brenner, H.M. (1979), Mortality and the National Economy: A Review and the Experience of England and Wales, 1936-76, in: *Lancet*, II (Sept.), 568-573.

Brenner, H.M. (1983), Mortality and Economic Instability: Detailed Analyses for Britain, in: John, J. et al. (Hrsg.), *Influence of Economic Instability on Health*, Berlin: Springer, 28-84.

Brenner, H.M. (1985), Economic Change and Mortality in Selected European Countries: Special Reference to Behavioral Health Risks, Emphasizing Alcohol Consumption, in: Westcott, G. et al. (Hrsg.), *Health Policy Implications of Unemployment*, Kopenhagen: WHO, 143-180.

Cochrane, A.L., St. Leger, A.S. und Moore, F. (1978), Health Service "Input" and Mortality "Output" in Developed Countries, in: *Journal of Epidemiology and Community Health*, 32, 200-205.

Fuchs, V.R. (1974), Some Economic Aspects of Mortality in Developed Countries, in: Perlman, M. (Hrsg.), *The Economics of Health and Medical Care*, London: Macmillan, 174-193.

Fuchs, V.R. (1975), Who Shall Live? *Health, Economics and Social Choice*, New York: Basic Books.

Goldberger, A.S. (1974), Unobservable Variables in Econometrics, in: Zarembka, P. (Hrsg.), *Frontiers in Econometrics*, New York: Academic Press, 193-213.

Gravelle, H.S.E., Hutchinson, G. und Stern, J. (1981), Mortality and Unemployment: A Critique of Brenner's Time Series Analysis, in: *Lancet*, II, 675-679.

Gravelle, H.S.E. (1984), Editorial: Time Series Analysis of Mortality and Unemployment, in: *Journal of Health Economics*, 3(3), 297-306.

Greene, W.H. (1993), *Econometric Analysis,* New York: Macmillan Publishing Company.

Grossman, M. und Jacobowitz, S. (1981), Variations in Infant Mortality Rates Among Countries of the United States: The Roles of Public Policies and Programs, in: *Demography*, 18(4), (Nov.).

Jöreskog, K.G. (1973), A General Method for Estimating a Linear Structural Equation System, in: Goldberger, A.S. und Duncan, O.D. (Hrsg.), *Structural Equation Models in the Social Sciences*, New York: Seminar Press, 85-112.

John, J. (1983), Economic Instability and Mortality in the Federal Republic of Germany, in: John, J., Schwefel, D. und Zöllner, H. (Hrsg.), *Influence of Economic Instability on Health*, Berlin: Springer, 113-138.

Kannel, W.B. und Thom, T.J. (1984), Declining Cardiovascular Mortality, in: *Circulation*, 70, 331-336.

Lopez, E., Phillips, L. und Silos, M. (1992), Deaths from Gastro-intestinal Cancer in Mexico: Probable Cause for Water Sampling, in: Zweifel, P. und Frech, H.E.III (Hrsg.), *Health Economics Worldwide*, Dordrecht: Kluwer, 331-347.

Malthus, T.R. (1803), *Essay on Population*, New York: Random House, 1960.

McKeown, T. (1976), *The Modern Rise of Population*, London: Edward Arnold.

McKinlay, J.B., McKinlay, S.M., and Beaglehole, R. (1989), A Review of the Evidence Concerning the Impact of Medical Measures on Recent Mortality and Morbidity in the United States, in: *International Journal of Health Services*, 19(2), 181-208.

Pindyck, R.S. and Rubinfeld, J.L. (1991), *Econometric Models and Economic Forecasts,* 3rd ed., New York: Mc Graw-Hill.

Theil, H. (1971), *Principles of Econometrics,* J. Wiley & Sons: New York.

Schneeweiss, H. (1974), *Ökonometrie*, 2. Aufl. Würzburg: Physica.

Wolfe, B.L. (1986), Health Status and Medical Expenditures: Is there a Link?, in: *Social Science and Medicine*, 22(10), 993-999.

Wolfe, B.L. und Gabay, M. (1987), Health Status and Medical Expenditures: More Evidence of a Link, in: *Social Science and Medicine* 25(8), 883-888.

Zu Abschnitt 4.3:

Houston, M.C. (1989), New Insights and New Approaches for the Treatment of Essential Hypertension: Selection of Therapy Based on Coronary Heart Disease Risk Factor Analysis, Hemodynamic Profiles, Quality of Life, and Subsets of Hypertension, in: *American Heart Journal*, 117 (April), 911-951.

Keeler, E.B. et al. (1987), *The Demand for Episodes of Treatment*, Santa Monica: Rand Corporation.

Lave, L.B. und Seskin, E. (1977), *Air Pollution and Human Health*, Baltimore: Johns Hopkins University Press.

Leu, R.E. and Doppmann, R.J. (1986), Die Nachfrage nach Gesundheit und Gesundheitsleistungen (Demand for Health and Health Care Services), in: Gäfgen, G. (ed.), *Ökonomie des Gesundheitswesens,* Berlin: Duncker & Humbolt, 161-175.

Lopez, E., Phillips, L. und Silos, M. (1992), Deaths from Gastro-intestinal Cancer in Mexico: Probable Cause for Water Sampling, in: Zweifel, P. und Frech, H.E.III (Hrsg.), *Health Economics Worldwide*, Dordrecht: Kluwer, 331-347.

Mullahy, J. und Portney, P.R. (1990), Air Pollution, Cigarette Smoking, and the Production of Respiratory Health, in: *Journal of Health Economics*, 9(2), 193-206.

Newhouse, J. und Friedlander, L.J. (1980), The Relationship Between Medical Resources and Measures of Health: Some Additional Evidence, in: *Journal of Human Resources*, XV(2), 201-217.

Ostro, B.D. (1983), The Effects of Air Pollution on Work Loss and Morbidity, in: *Journal of Environmental Economics and Management*, 10, 371-382.

Pindyck, R.S. und Rubinfeld, J.L. (1981), *Economic Models and Econometrics*, 2nd ed., New York: McGraw-Hill.

Rosenzweig, M.R. und Schultz, P.T. (1983), Estimating a Household Production Function: Heterogeneity, the Demand for Health Imputs, and their Effects on Birth Weight, in: *Journal of Political Economy*, 91(5), 723-746.

Zu Abschnitt 4.4:

Grossman, M. (1972), On the Concept of Health Capital and the Demand for Health, in: *Journal of Political Economy*, 80(2), 223-225.

Leu, R.E. and Gerfin, M. (1992), Die Nachfrage nach Gesundheit - Ein empirischer Test des Grossman-Modells, in: Oberender, P. (ed.), *Steuerungsprobleme im Gesundheitswesen,* Baden-Baden. Nomos, 61-78.

Leu, R.E. und Doppmann, R.J. (1986), Die Nachfrage nach Gesundheit und Gesundheitsleistungen, in: Gäfgen, G. (Hrsg.), *Ökonomie des Gesundheitswesens*, Berlin: Duncker & Humblot, 161-175.

Newhouse, J. und Phelps, Ch.E. (1976), New Estimates of Price and Income Elasticities of Medical Care Services, in: Rosett, R.N. (Hrsg.), *The Role of Health Insurance in the Health Services Sector*, New York: National Bureau of Economic Research, 261-312.

Pohlmeier, W. and Ulrich, V. (1995), An Econometric Model of the Two-part Decisionsmaking Process in the Demand for Health Care, *Journal of Human Resources,* 30(2), 339 - 360.

Rosenzweig, M.R. und Schultz, P.T. (1983), Estimating a Household Production Function: Heterogeneity, the Demand for Health Imputs, and their Effects on Birth Weight, in: *Journal of Political Economy*, 91(5), 723-746.

Zweifel, P. (1986), Die Kosten-Versicherungs-Spirale im schweizerischen Gesundheitswesen, in: *Schweiz. Zeitschrift für Volkswirtschaft und Statistik*, 122(3), 555-583.

KAPITEL 5

Besonderheiten von Gesundheitsgütern und ihre allokativen Konsequenzen

5.1 Problemstellung

Auch in westlichen Industrieländern, die sich ansonsten marktwirtschaftlichen Prinzipien verschrieben haben, können wir bei der Allokation von Gesundheitsgütern, d.h. insbesondere medizinischen Leistungen, erhebliche Abweichungen von diesen Prinzipien feststellen. Anders als etwa bei Kühlschränken wird im allgemeinen weder die Entscheidung, eine medizinische Leistung (z.B. Blinddarm-Operationen) anzubieten oder nachzufragen, von souverän entscheidenden und mit den vollen finanziellen Konsequenzen konfrontierten Individuen bzw. Firmen getroffen, noch werden die resultierenden einzelwirtschaftlichen Pläne durch den Preismechanismus koordiniert.

So haben beispielsweise Großbritannien und Italien nationale Gesundheitsdienste mit fest angestellten Ärzten, die ihre Leistungen für die Patienten kostenlos erbringen, da die Finanzierung voll aus allgemeinen Steuermitteln erfolgt. In anderen Ländern unterliegen alle oder zumindest die Mehrzahl der Bürger einem **gesetzlichen Zwang zur Mitgliedschaft** in einer Krankenversicherung, wobei oft noch die Wahl einer Krankenkasse eingeschränkt ist. Daneben sind in manchen Ländern die Leistungskataloge der Krankenversicherung gesetzlich vorgeschrieben und die Preise für medizinische Leistungen durch staatlich verordnete Gebührenordnungen reguliert[1].

Diese Abweichungen vom marktwirtschaftlichen System werden allgemein damit gerechtfertigt, daß Gesundheitsgüter besondere, mit anderen Gütern nicht vergleichbare Merkmale aufwiesen, die ein "**Marktversagen**" begründeten, d.h. dazu führten, daß das Gleichgewicht auf nicht-regulierten Märkten keine Pareto-optimale Allokation darstellt. Daneben wird auch die Verletzung allgemein anerkannter Kriterien der Gerechtigkeit als Begründung für die Ablehnung des Marktmechanismus angeführt.

Ausgangspunkt für die These vom Marktversagen ist der erste Hauptsatz der Wohlfahrtstheorie. Dieser sagt aus, daß bei Abwesenheit externer Effekte und öffentlicher Güter

1. Dies gilt in der Bundesrepublik Deutschland unmittelbar für die "Gebührenordnung Ärzte" (GOÄ), nach der privatärztliche Leistungen vergütet werden, während der "Einheitliche Bewertungsmaßstab" (EBM) für kassenärztliche Leistungen durch einen Ausschuß aus Ärzte- und Kassenvertretern verabschiedet wird, dessen Zusammensetzung wiederum gesetzlich geregelt ist. In der Schweiz sind nur die Tarife der SUVA (Schweiz. Unfallversicherungs-Anstalt) gesetzlich festgelegt; im übrigen handeln kantonale Kassenverbände und Ärztegesellschaften die Tarife miteinander aus.

jedes Gleichgewicht bei vollkommener Konkurrenz - d.h. eine Allokation, bei der jeder Konsument seinen Nutzen und jeder Produzent seinen Gewinn maximiert, alle Akteure den Marktpreis als gegeben hinnehmen und die daraus resultierenden Pläne miteinander vereinbar sind - ein Pareto-Optimum darstellt. Die Behauptung eines Marktversagens erfordert also zunächst einmal den Nachweis, daß mindestens eine der im **ersten Hauptsatz der Wohlfahrtstheorie** genannten Voraussetzungen im Falle der Gesundheitsgüter nicht erfüllt ist oder daß ein Preisnehmerverhalten nicht unterstellt werden kann. Mögliche Ursachen hierfür sind, daß

- Gesundheitsgüter mit zunehmenden Skalenerträgen produziert werden,
- Gesundheitsgüter den Charakter **öffentlicher Güter** aufweisen,
- der Konsum von Gesundheitsgütern mit **externen Effekten** verbunden ist oder
- die Merkmale eines vollkommenen Marktes, d.h. **Markttransparenz** und **Konsumentensouveränität** nicht erfüllt sind.

Im folgenden werden wir die wichtigsten in der Literatur genannten Besonderheiten von Gesundheitsgütern rekapitulieren und daraufhin untersuchen, ob sie das Vorliegen eines dieser Gründe von Marktversagen nahelegen. Soweit dies der Fall ist, gilt es dann zu diskutieren, welche **alternativen** sozialen Institutionen (z.B. staatliche Bereitstellung der Güter, gesetzlicher Versicherungszwang) geeignet sind, einen höheren Grad an Effizienz herbeizuführen als der Markt. In diesem Zusammenhang ist allerdings stets zu berücksichtigen, daß Gesundheitsgüter in sich nicht homogen sind, so daß der Markt für die einen eine passende Allokationsform darstellt, während er im andern Falle versagen mag.

Dabei wird sich eine weitere Unterscheidung möglicher Typen von Marktversagen als nützlich herausstellen:

a) ein Versagen der Märkte für **medizinische Leistungen** selbst, das eine Begründung für staatliche Bereitstellung der Güter liefern könnte, bzw.

b) ein Versagen **privater Versicherungsmärkte**, auf denen sich der einzelne gegen das mit Krankheit verbundene finanzielle Risiko absichern kann.

Es sollte betont werden, daß wir uns ausschließlich mit den Kriterien für statische Effizienz beschäftigen und somit die existierende Technologie in der Herstellung von Gesundheitsgütern als gegeben voraussetzen. Damit klammern wir das Problem der dynamischen Effizienz aus, das etwa mit dem Einfluß des Finanzierungssystems auf die Medizintechnologie verbunden ist.

Entsprechend der oben unterschiedenen Teilprobleme ist dieses Kapitel gegliedert: Abschnitt 5.2 ist Merkmalen von Gesundheitsgütern gewidmet, die ein Versagen der Märkte für diese Güter selbst begründen könnten. In Abschnitt 5.3 werden dann Eigenschaften behandelt, die ein Versagen privater Märkte für Krankenversicherungen nahelegen. Während in beiden Fällen Effizienzkriterien für die Beurteilung der Marktergebnisse herangezogen werden, werden in Abschnitt 5.4 Kriterien der Gerechtigkeit auf ihre Implikationen für die Regulierung der Märkte für Gesundheitsgüter bzw. Krankenversicherungen überprüft. In Abschnitt 5.5 werden die Ergebnisse zur Beurteilung der heute bestehenden Systeme sozialer Krankenversicherung herangezogen.

5.2 Marktversagen auf den Märkten für Gesundheitsgüter

5.2.1 Externe Effekte, Kollektivgutproblematik und zunehmende Skalenerträge

Werden durch den Konsum eines Gutes *h* durch einen Haushalt *i* Nutzenwirkungen bei einem anderen Haushalt *j*, also "externe Effekte", ausgelöst, so führt der Marktmechanismus bei vollkommener Konkurrenz i.a. nicht zu einer Pareto-optimalen Allokation: Denn hier bezieht in einem Gleichgewicht der Konsument *i* eine solche Menge von Gut *h*, daß sein eigener (in Geldeinheiten bewerteter) Grenznutzen aus der letzten Einheit des Gutes dem Güterpreis und damit den Grenzkosten der Herstellung des Gutes entspricht. Dagegen ist ein Pareto-Optimum dadurch gekennzeichnet, daß auf der Nutzenseite auch noch der Grenznutzen, den Haushalt *j* aus dem Konsum des Gutes *h* durch Haushalt *i* zieht, addiert und die **Summe** daraus den Grenzkosten gegenübergestellt wird.

Positive externe Effekte sind daher in der Regel mit einer Unterkonsumption des Gutes auf dem Markt verbunden, negative externe Effekte mit einer Überkonsumption, jeweils verglichen mit einer Pareto-optimalen Lösung. Dabei wird allerdings noch keine Aussage darüber getroffen, ob es institutionelle Regelungen gibt, mit deren Hilfe eine solche Lösung erreicht werden könnte.

Bei Gesundheitsgütern ist eher der Fall **positiver externer Effekte** relevant; und zwar kann der Konsum des Gesundheitsguts *h* durch Individuum *i*:

- direkt die Gesundheit von Individuum *j* erhöhen [*Culyer (1971)* nennt dies einen "physischen externen Effekt"] oder aber

- einfach zu einer höheren Zufriedenheit bei *j* führen ("psychischer externer Effekt").

Physischer externer Effekt: Physische externe Effekte entstehen durch die Behandlung oder Vorbeugung gegen ansteckende Krankheiten bei Individuum *i*, durch die sich die Wahrscheinlichkeit verringert, daß sich *j* (ebenfalls) diese Krankheit zuzieht. Im Zwei-Personen-Fall, wo *j* der einzige ist, der außer *i* selbst einen Vorteil von *i*'s Konsum, z.B. einer Impfung, hat, ließe sich ein Pareto-Optimum leicht durch einen freiwilligen Zuschuß von *j* zu *i*'s Impfkosten herstellen. In der Realität verteilen sich allerdings die externen Vorteile auf sehr viele Nutznießer, und da tritt als eine weitere Komplikation der **Kollektivgutcharakter** des externen Effekts hinzu, der im folgenden erläutert werden soll.

Ein "Kollektivgut" oder auch "öffentliches Gut" ist durch Nicht-Rivalität im Konsum gekennzeichnet: Bezieht ein Haushalt *i* eine Einheit von Gut *h*, so kann ein anderer Haushalt *j* dieselbe Einheit mitnutzen, ohne daß dies den Genuß des Gutes durch *i* schmälert. Diese Eigenschaft ist bei dem externen Vorteil einer Impfung von Individuum *i* ("Gut *h*") in idealer Weise erfüllt, denn er betrifft mehrere andere Individuen und verringert sich für den einzelnen keineswegs mit der Zahl der weiteren Nutznießer.

Da bei Kollektivgütern überdies in der Regel das **Ausschlußprinzip** nicht anwendbar ist, d.h. niemand von ihrer Nutzung ausgeschlossen werden kann, auch wenn er zu ihrer Bereitstellung nichts beigetragen hat, ist auf einem reinen Wettbewerbsmarkt mit einer Unterversorgung mit diesen Gütern zu rechnen. Denn der einzelne Konsument hat keinen Anreiz, sich an der Finanzierung (hier: an der Aufbringung eines Zuschusses zur Impfung des Individuums i) zu beteiligen, kann er die Vorteile einer reduzierten Ansteckungsgefahr doch genauso nutzen, wenn andere Nutznießer die Finanzierung übernehmen.

Diese Überlegungen sprechen dafür, daß vom Staat bereitgestellte und aus allgemeinen Steuermitteln finanzierte Reihenimpfungen gegen Ansteckungskrankheiten (wie Kinderlähmung oder gefährliche Grippeviren) ebenso wie andere, z.B. hygienische Maßnahmen gegen die Ausbreitung von Epidemien (wie Typhus oder Cholera) zu einer Pareto-Verbesserung führen können. Auf welcher Ebene des Staates (Gemeinde, Land oder Bund) dies zweckmäßigerweise zu geschehen hat, sollte von der geographischen Ausbreitung des externen Vorteils abhängig gemacht werden.

Angesichts des bis heute stark gesunkenen Anteils, den Infektionskrankheiten an den Gesamtausgaben für medizinische Leistungen einnehmen, kann diese Argumentation **nicht** mehr dazu herhalten, eine **generelle kostenlose Bereitstellung** medizinischer Versorgung durch den Staat zu rechtfertigen. Darüber hinaus sind nicht alle Bürger durch alle Infektionskrankheiten in gleichem Maße gefährdet. Ein positiver externer Effekt der Bekämpfung der Ausbreitung einer Epidemie entfällt z.B. bereits dann, wenn sich der einzelne - wie bei AIDS - durch individuelle Vorsichtsmaßnahmen wirksam und kostengünstig vor einer Ansteckung schützen kann. Wird jedoch jemand, der selbst nicht gefährdet ist, durch Steuerfinanzierung gezwungen, zu den Kosten der staatlichen Bekämpfung einer Epidemie beizutragen, so führt die staatliche Bereitstellung bereits nicht mehr zu einer Pareto-Verbesserung gegenüber der reinen Marktlösung.

Psychische externe Vorteile: Für sie ist auch der Begriff des "Altruismus" gebräuchlich. Das Nutzenniveau des altruistischen Individuums j hängt nicht nur von seinem eigenen Güterkonsum, sondern auch (ebenfalls in positiver Richtung) von dem des Individuums i ab. Ein positiver externer Effekt besteht in der Regel nur solange, wie der Konsum eines Mitbürgers als "unerträglich" niedrig empfunden wird. So bereitet es wohl den meisten Menschen Kummer, mitansehen zu müssen, daß andere aus Hunger oder Mangel an medizinischer Versorgung sterben, vor allem wenn sie "unverschuldet" in diese Notlage geraten sind.

Die Existenz altruistischer Einstellungen in der Gesellschaft wirft nun die Frage auf, ob die entsprechenden positiven externen Effekte

1. auch allein durch private Hilfsmaßnahmen internalisiert werden können oder **staatliches** Eingreifen erfordern, und ob sie

2. die Subventionierung oder sogar kostenlose Bereitstellung bestimmter Güter (z.B. medizinische Behandlung) erfordern oder durch Geldtransfers geregelt werden könnten, d.h. ob **Sachtransfers** ("transfers in kind") gegenüber **Geldtransfers** ("transfers in cash") nach Wohlfahrtskriterien überlegen sind.

Für die staatliche Organisation der Hilfe spricht wieder - wie im Falle der Infektionskrankheiten - ihr Kollektivgutcharakter. Denn in einer Gesellschaft mit vielen wohlhabenden Mitgliedern profitiert jeder davon, wenn ein anderer die Ärmsten unterstützt, und in Abwesenheit staatlicher Organisation würde es damit zu einer Unterversorgung mit Hilfsmaßnahmen für Bedürftige kommen.

Gütertransfers durch kostenlose Bereitstellung scheinen gegenüber Geldtransfers auf den ersten Blick den Nachteil zu haben, daß sie für den Bedürftigen die relativen Preise verzerren und ihn zu einer Überkonsumption der subventionierten (hier: medizinischen) Güter relativ zu einem Pareto-Optimum verleiten. Diese Argumentation übersieht allerdings die spezifischen Wirkungen des Konsums des Transferempfängers auf den Geber: Ist dieser daran interessiert, nicht allgemein den Nutzens des Empfängers, sondern speziell dessen Konsum eines bestimmten Gutes zu erhöhen[2], so steigt seine Bereitschaft zum Transfer, wenn er diesen **zweckgebunden** geben kann. Durch den erhöhten Umfang des Transfers kann damit auch der Nutzen des Empfängers über das Maximum bei Erhalt eines (kleineren) Einkommenstransfers steigen und somit diese Lösung Pareto-superior sein.

Dabei dürften Ernährung, ausreichender Wohnraum und medizinische Grundversorgung zu den am ehesten als unterstützungswürdig angesehenen Bedürfnissen zählen, für die solche Zweckbindung den Interessen der Geber entspricht. Mit der kostenlosen Bereitstellung medizinischer Versorgung für besonders Bedürftige ist jedoch noch keineswegs impliziert, daß diese generell aus Steuermitteln finanziert werden sollte. Auf geeignete Institutionen zu ihrer Finanzierung wird in Teilabschnitt 5.3.1 näher eingegangen. Noch weniger begründen die hier diskutierten Besonderheiten von Gesundheitsgütern ein staatlich organisiertes Angebot, wie es ein nationaler Gesundheitsdienst darstellt, denn das mit externen Effekten und Kollektivgütern verbundene "Marktversagen" betrifft ausschließlich die Nachfrageseite, nicht jedoch die Angebotsseite von Märkten.

Schließlich gibt es keinen Grund für die Vermutung, die Produktion von Gesundheitsgütern sei **in überwiegendem Maße** durch zunehmende Skalenerträge gekennzeichnet. Während Vorteile der Massenproduktion bei einigen Leistungen (z.B. Labortests) bei niedrigem Aktivitätsniveau vorliegen, bleiben diese nicht auf jedem Niveau bestehen, da bei der Erstellung von Gesundheitsleistungen - anders als etwa bei der Bahn oder bei der Elektrizität - Netze keine bedeutende Rolle spielen.

5.2.2 Optionsgutcharakter medizinischer Leistungen

Ein weiteres Charakteristikum der meisten medizinischen Leistungen besteht darin, daß der Bedarf nach ihnen vom einzelnen Haushalt zum einen nicht voraussagbar ist, zum anderen aber, wenn er eintritt, oft höchste Dringlichkeit aufweist. Andererseits können Kapazitäten zur medizinischen Versorgung, vor allem im Krankenhaus, nicht so kurzfristig geschaffen werden. Das Bestehen einer gewissen Reservekapazität hat damit den Charakter eines Optionsgutes. Das bedeutet, daß bereits die **Existenz** des Gutes dem Konsumenten Nutzen stiftet. Um nun den Krankenhäusern einen Anreiz zur Vorhaltung von Reservekapazität zu geben, muß diese für sich vergütet werden, d.h. die Einnahmen des Krankenhauses dürfen nicht nur von der Bettennutzung abhängen.

Impliziert dies die Notwendigkeit einer **staatlichen Bereitstellung**? Diese Frage ist zu verneinen, da die Optionsnachfrage durchaus im Rahmen von (privaten) Krankenversicherungsverträgen befriedigt werden kann, durch die sich die Versicherung verpflichtet, dafür

2. Demgemäß spricht man hier von einer "Güterexternalität" im Gegensatz zu einer "Nutzenexternalität".

zu sorgen, daß für den Versicherten im Bedarfsfall ein freies Krankenhausbett zur Verfügung steht. Ein Teil des Prämienaufkommens wird dann dazu verwendet, einem Krankenhaus im Einzugsgebiet des Versicherten ein Entgelt für die Vorhaltung von Reservekapazität zu zahlen. Einen solchen "Sicherstellungsauftrag" für die medizinische Versorgung haben die Gesetzlichen Krankenkassen in der Bundesrepublik Deutschland tatsächlich vom Gesetzgeber erhalten, aber er könnte durchaus auch durch private Verträge abgesichert sein[3].

Lediglich insofern, als die Option selbst wieder den Charakter eines Kollektivgutes hat, wäre eine Finanzierung der Bettenvorhaltung aus Steuermitteln angebracht. In der Tat ist die Bedingung der Nicht-Rivalität erfüllt, da ein und dasselbe freie Krankenhausbett mehreren potentiellen Patienten gleichzeitig den Nutzen der Versorgungssicherheit verschaffen kann. Zu prüfen ist aber, ob darüber hinaus auch ein Verstoß gegen das **Ausschlußprinzip** vorliegt, welches fordert, daß im Fall eines Versorgungsengpasses derjenige Nachfrager diskriminiert werden muß, der keinen entsprechenden Versicherungs-vertrag abgeschlossen hat, mit dem die Vorhaltung finanziert wird. Da im Notfall vermutlich aus vermeintlich humanitären Gründen gegen dieses Prinzip verstoßen werden dürfte, ist es gerechtfertigt, durch Steuerfinanzierung alle Bürger zu zwingen, zur Finanzierung der Option beizutragen[4].

Wir fassen unsere bisherigen Überlegungen zusammen in der

Folgerung 5.1: Der Markt "versagt" bei der Allokation von Gesundheitsgütern insoweit, als diese Kollektivguteigenschaften aufweisen (Impfungen, Bereithaltung von Kapazitäten) oder mit Güterexternalitäten verbunden sind. In allen diesen Fällen sind geeignete, gegebenenfalls staatlich organisierte Institutionen der Finanzierung zu finden. Auf keinen Fall folgt jedoch aus dem Marktversagen die Notwendigkeit eines staatlich organisierten Angebots von Gesundheitsleistungen.

5.2.3 Gründe für das Fehlen von Konsumentensouveränität

Ein weiterer, neben externen Effekten und der Kollektivguteigenschaft häufig angeführter Grund für das "Versagen" freier Märkte für Gesundheitsgüter wird in der Unfähigkeit des Konsumenten gesehen, in dieser Hinsicht rationale, d.h. seinen Nutzen maximierende Nachfrageentscheidungen zu treffen. Die verbreitetsten Argumente für diese Behauptung werden im folgenden diskutiert.

5.2.3.1 Unfähigkeit zu rationaler Entscheidung

Der Zustand der Krankheit stellt eine menschliche Ausnahmesituation dar, in der im extremsten Fall sogar sein Leben auf dem Spiel steht. Es wird daher bezweifelt, ob ein Mensch in dieser Lage in das Schema des "souveränen Konsumenten" paßt, der unter den

3. In der Schweiz ist die Vorhaltung von Kapazität Sache der Kantone, die dazu (mitunter zweckgebundene) Steuermittel einsetzen [vgl. dazu *Zweifel (1988)*].
4. Eine analoge Situation ist die Option auf die Nutzung öffentlicher Verkehrsmittel, von der auch regelmäßige Autofahrer profitieren und die die Steuerfinanzierung der Vorhaltung der Leistung (Pflege des Schienennetzes bzw. des Fuhrparks) rechtfertigen.

ihm angebotenen Alternativen mittels rationaler Abwägung dasjenige aussucht, das unter Berücksichtigung der damit verbundenen Kosten seinen Nutzen maximiert. Abstrahiert man zunächst von dem Problem der Beurteilung der Qualität der Angebote (vgl. dazu Abschnitt 5.2.4), so lassen sich bezüglich der Fähigkeit zum Treffen einer rationalen Entscheidung zumindest drei Stufen unterscheiden:

1. ***Vollkommene Unfähigkeit zu einer rationalen Entscheidung:*** Sie liegt z.B. bei Bewußtlosigkeit oder Geisteskrankheit vor. In dieser Situation nehmen aber medizinische Leistungen keine Sonderstellung ein, da der Betroffene überhaupt keine rationalen Entscheidungen treffen kann und irgendjemand für ihn mit der Maßgabe entscheiden muß, so zu handeln, wie es der Betroffene tun würde, wenn er dazu in der Lage wäre. Die Frage ist lediglich, von wem ein solches "perfektes Sachwalterverhalten" am ehesten erwartet werden kann. Vieles spricht dafür, daß ein naher Verwandter dazu besser geeignet ist als ein Angestellter der Regierungsbürokratie.

2. ***Eingeschränkte Fähigkeit zu einer rationalen Entscheidung:*** Diesen Fall stellen lebensbedrohende, aber die geistige Kapazität nicht einschränkende Krankheiten dar. Hier ist der Patient zwar gegenüber dem Anbieter von Gesundheitsleistungen in einer prinzipiell schwächeren Position, da er bereit sein wird, jeden beliebigen Geldbetrag zur Wiederherstellung seiner Gesundheit zu zahlen. So wird er wohl kaum nach kostengünstigen Angeboten Ausschau halten, sofern damit ein (auch nur vermeintlich) größeres Risiko des Mißerfolgs verbunden ist. Andererseits läßt sich für eine derartige Situation durch den Abschluß eines **Krankenversicherungsvertrags** mit umfassender Abdeckung existenzbedrohender Kosten vorsorgen. Damit schwindet zwar ebenfalls sein Interesse an kostengünstigen Behandlungsformen, aber es läßt sich auch keine strukturelle Unterlegenheit des Nachfragers gegenüber dem Anbieter feststellen.

3. ***Weitgehende Fähigkeit zu einer rationalen Entscheidung:*** Sie ist bei nicht lebensbedrohenden Krankheiten, wie sie in der größten Zahl der Behandlungsfälle vorliegen, gegeben. Da keine Bedrohung der Existenz vorliegt, ist die Fähigkeit zur rationalen Entscheidung nicht ernsthaft eingeschränkt, und die oben genannten Zweifel verlieren ihre Berechtigung.

Folglich scheint für keine der beschriebenen Stufen der Entscheidungsfähigkeit ein ausreichender Grund für die Vermutung vorzuliegen, daß eine andere Allokationsform als der Wettbewerbsmarkt zu einem höheren Grad an Effizienz führt: Entweder ist das Individuum selbst durchaus in der Lage, rationale Nachfrageentscheidungen zu treffen (2. und 3. Stufe), oder ein ihm Nahestehender muß ihm diese Entscheidung abnehmen. Staatliche Bürokraten, die seine Präferenzen nicht so gut beurteilen können, könnten diese Aufgabe vermutlich weniger befriedigend bewältigen. Noch weniger sprechen die genannten Gründe für ein staatlich organisiertes Leistungsangebot.

5.2.3.2 Minderschätzung zukünftiger Bedürfnisse

Naturgemäß ist Krankheit ein stochastisches Ereignis, dessen Häufigkeit und Schwere mit dem Alter des Menschen zunehmen, so daß (vor allem) in späteren Lebensjahren Behandlungskosten anfallen können, die aus dem laufenden Einkommen allein nicht bezahlbar sind. Ein vorausschauendes und risikoaverses Individuum wird auch in Abwesenheit jeglichen staatlichen Eingriffs für dieses Risiko entweder durch Sparen oder (besser noch) durch Abschluß eines Versicherungsvertrags Vorsorge treffen. Da die meisten Menschen jedoch zukünftigen Konsum geringer schätzen als gegenwärtigen, werden viele dieser Eventualität ein nur geringes Gewicht beimessen und eine (ausreichende) Vorsorge unterlassen. Da dann im Alter die entsprechenden Mittel fehlen, werde dies - so wird argumentiert - zu einer systematischen Unterversorgung mit Gesundheitsgütern führen.

Dieses Argument hat einen **paternalistischen Charakter**, da offensichtlich die durch Minderschätzung zukünftiger Bedürfnisse gekennzeichneten Präferenzen der Individuen nicht als deren "wahre" Präferenzen anerkannt werden. Wer soll aber das Recht haben, zu entscheiden, welches die wahren Präferenzen sind? Eine weitere Schwäche der skizzierten Argumentation ist, daß sie keine alternative institutionelle Regelung aufzeigt, bei der ein "besseres" Resultat zu erwarten ist.

Angenommen, man ließe Politiker über das richtige Maß der Vorsorge (z.B. in einer obligatorischen, nach dem Kapitaldeckungsverfahren finanzierten Krankenversicherung) entscheiden, und diese müßten sich in einem demokratischen System periodisch den Bürgern zur Wahl stellen. Dieser Prozeß ließe ein größeres Ausmaß an Zukunftsvorsorge nur dann erwarten, wenn ein entsprechendes Wahlprogramm von der Mehrheit der Bürger befürwortet würde. Eine Zustimmung seitens der jüngeren Wähler ist aber nicht zu erwarten, es sei denn sie verhielten sich insofern **schizophren**, als sie in ihrer Eigenschaft als Wähler ein geringeres Maß an Minderschätzung zukünftiger Bedürfnisse an den Tag legten als in ihrer Eigenschaft als Nachfrager auf Märkten. Ältere Wähler hingegen hätten zwar aufgrund ihrer eigenen (negativen) Erfahrungen die notwendige Einsicht in die Notwendigkeit der Vorsorge, würden aber von einem entsprechenden, auf Ersparnis aufbauenden Programm nicht mehr profitieren, so daß auch sie keine ausreichende Motivation haben, es zu unterstützen.

Aus den genannten Gründen kann die "Irrationalität" der Konsumenten die Notwendigkeit staatlicher Eingriffe in die Gesundheitsmärkte nicht stichhaltig rechtfertigen.

5.2.4 Unvollkommene Information auf Gesundheitsmärkten

Eine weitere Voraussetzung für die Gültigkeit des im Abschnitt 5.1. angesprochenen ersten Hauptsatzes der Wohlfahrtstheorie, die im Falle der Gesundheitsgüter verletzt zu sein scheint, ist die der vollkommenen Markttransparenz. Sie verlangt, daß die potentiellen Nachfrager über Qualität und Preisforderung der Angebote aller Anbieter auf dem Markt informiert sind. Insbesondere die vollkommene Kenntnis der Produktqualität ist bei Dienstleistungen, bei denen ja Erstellung und Konsum zeitlich zusammenfallen ("Uno-actu-Prinzip"), generell nicht möglich: Vor der Entscheidung über die Nachfrage können die verschiedenen Angebote nicht in Augenschein genommen und miteinander verglichen werden.

In dieser Eigenschaft sind medizinische Leistungen nicht einzigartig. Sie gilt z.B. auch für die Leistungen von Friseuren, Banken (Anlageberatung) und Restaurants sowie für die Auftritte von Künstlern. Dennoch kann man drei zusätzliche Merkmale identifizieren, durch die sich Gesundheits- von den meisten anderen Dienstleistungen unterscheiden.

1. ***Mangelnde Möglichkeit der Stichprobe:*** Die Qualität der Arbeit eines Friseurs oder auch eines Gastwirts kann man durch Ausprobieren erfahren und sich in gewissen Grenzen auch auf das Urteil anderer verlassen, die deren Leistungen bereits in Anspruch genommen haben. Dagegen konsumiert man medizinische Leistungen, vor allem die besonders wichtigen bei lebensbedrohenden Krankheiten, in der Mehrzahl unregelmäßig, so daß einem oft die eigene Erfahrung für eine Beurteilung fehlt. Ferner sind die Erfahrungen anderer nicht ohne weiteres übertragbar, da zum einen die gesundheitlichen Probleme nie ganz vergleichbar sind und zum anderen der Behandlungsprozeß eine starke individuelle Arzt-Patient-Komponente enthält. In dem letztgenannten Punkt unterscheiden sich Gesundheitsgüter auch von langlebigen Konsumgütern wie Waschmaschinen, die man zwar auch unregelmäßig kauft, bei denen aber eine objektive Qualitätsbeurteilung (z.B. durch Test-Institute) möglich ist.

2. ***Mangelnde Möglichkeit der Qualitätsbeurteilung:*** Häufig läßt sich die Qualität einer medizinischen Leistung nicht einmal nach ihrer Inanspruchnahme richtig beurteilen, da der Kausalzusammenhang zwischen der Behandlung und der Änderung des Gesundheitszustands von anderen biologischen Vorgängen wie der Selbstheilungskraft des Körpers überlagert sein kann.

3. ***Besondere Eigenschaften der Information:*** Besonders für diagnostische Leistungen ist das nachgefragte Gut eine Information. Hier ist es a priori unmöglich, daß der Patient die Qualität der Leistung unmittelbar beurteilen kann, denn das würde voraussetzen, daß er die gesuchte Information vorher schon hatte. Der in der Natur der Sache liegende Informationsvorsprung des Anbieters gibt diesem natürlich ein gewisses Maß an Macht über den Nachfrager. Gerade in diesem Aspekt sind medizinische Leistungen allerdings nicht einzigartig. Man denke etwa an die Leistungen einer Automobil-Werkstatt, die ja in den meisten Fällen mit der Diagnose eines Schadens und der Feststellung eines Reparaturbedarfs beginnt. Auch Rechtsanwälte haben ein Informationsvorsprung bezüglich der Aussichten des Klienten, einen Prozeß zu gewinnen.

Aus den genannten Gründen sind spezifische Eingriffe in Gesundheitsmärkte gerechtfertigt, die darauf abzielen, die Unterschreitung eines **Mindestniveaus der Qualität** zu verhindern. Zu denken ist hier an das staatliche Zulassungsverfahren für Ärzte und andere Heilberufe[5]. Ferner soll auch die Ausdehnung der Produkthaftung auf ärztliche Leistungen (Stichwort "Kunstfehlerprozesse") verhindern, daß die Unfähigkeit des Patienten zur Beurteilung der Leistungsqualität zur Schlamperei auf Seiten der Leistungsanbieter führt.

Auf der anderen Seite spricht keines der genannten Merkmale von Gesundheitsleistungen dafür, daß eine **staatliche** Organisation des Angebots bessere Wohlfahrtswirkungen erwarten läßt als eine Koordination durch den Markt. Wie zahlreiche Beispiele (z.B. das der Post) zeigen, ist gerade in bürokratisch strukturierten Institutionen, wie sie mit der staatlichen Organisation zwangsläufig einhergehen, die Überwachung der Leistungsqualität besonders schwierig und das Eingehen auf die Wünsche der Konsumenten nicht garantiert. Dazu kann vielmehr erst der Wettbewerbsdruck die Anbieter zwingen. Wir

5. Dazu ist allerdings anzumerken, daß eine nur einmalige Approbation bei Eintritt in das Berufsleben einen wesentlich schwächeren Schutz der Qualität beinhaltet, als es eine in bestimmten Abständen erforderliche Re-Approbation tun würde [vgl. dazu die schlagenden Argumente von *Bentham (1991)*].

kommen also zur

Folgerung 5.2: Ein weiterer Grund für "Marktversagen" wird in der Unfähigkeit der Konsumenten gesehen, rationale Entscheidungen über die Nachfrage nach Gesundheitsleistungen zu fällen. Auch dies liefert allerdings keine Rechtfertigung für staatliche Bereitstellung, sondern lediglich für staatliche Maßnahmen zur Verbesserung der Information der Konsumenten und zur Sicherung der Produktqualität.

5.3 Marktversagen auf den Märkten für Krankenversicherung

Die in Abschnitt 5.2 aufgeführten Besonderheiten von Gesundheitsgütern legen zwar einige gezielte staatliche Eingriffe in die betreffenden Märkte nahe, sie rechtfertigen jedoch weder die Monopolisierung der Angebotsseite durch einen staatlichen Gesundheitsdienst noch die generelle Steuerfinanzierung aller Leistungen. Diese müßten demnach von den einzelnen Leistungskonsumenten bezahlt werden. Da Krankheitskosten jedoch stochastisch anfallen, können sich die Haushalte durch Abschluß eines Krankenversicherungsvertrags gegen die damit verbundene Unsicherheit ihres verfügbaren Einkommens absichern. Die im folgenden zu beantwortende Frage ist, ob diese Aufgabe von privaten Versicherungsmärkten in optimaler Weise erfüllt wird oder ob es Gründe für einen gesetzlichen Versicherungszwang gibt.

5.3.1 Trittbrettfahrerverhalten

Oben (im Teilabschnitt 5.2.1) wurde mit Hilfe der Theorie der Güterexternalitäten begründet, warum in einer wohlhabenden Gesellschaft eine medizinische Grundversorgung für (unverschuldet) in Not geratene Mitbürger kostenlos zur Verfügung gestellt werden sollte. Ist dies tatsächlich der Fall, so entsteht jedoch das zusätzliche Problem, daß die Gesellschaft Kriterien definieren und nachprüfen müßte, wann eine Notlage als "unverschuldet" gelten soll. Da dies sehr schwierig ist, wird man sich wohl darauf verständigen müssen, bereits die (geringe) Höhe des Einkommens und die Abwesenheit von Vermögen als Kriterium für den Anspruch auf kostenlose Behandlung gelten zu lassen.

Diese Konsequenz wird sich allein schon aus rein praktischen Gründen kaum vermeiden lassen: Wird beispielsweise ein durch Unfall Verletzter oder ein Schwerkranker in ein Krankenhaus gebracht, so kann es sich dieses vor allem in einer reichen Gesellschaft nicht leisten, die medizinische Versorgung des Patienten von dessen Zahlungsfähigkeit abhängig zu machen, da die Verantwortlichen ansonsten eine Anklage wegen unterlassener Hilfeleistung riskieren. Stellt sich hinterher heraus, daß er keine Krankenversicherung hat und sein Vermögen nicht zur Bezahlung der Behandlungskosten ausreicht, so wird die Rechnung zwangsläufig aus Transfermitteln beglichen werden müssen.

Dies würde jedoch die Gefahr mit sich bringen, daß Individuen, die mit ihrem Einkommen und Vermögen nicht allzu weit von den oben genannten Grenzen der "Bedürftigkeit" entfernt sind, jeglichen **Anreiz verlieren**, sich durch Abschluß einer Krankenversicherung selbst gegen das Krankheitskostenrisiko abzusichern. Mit dem Verzicht auf Versicherung sparen sie die Prämienausgaben ein und können, solange sie gesund bleiben, ein höheres

Konsumniveau genießen. Werden jedoch hohe Ausgaben fällig, so erfüllen sie dann sehr rasch die Kriterien für kostenlose Behandlung, so daß sie ex ante - im Zustand der Ungewißheit über ihren zukünftigen Bedarf an Gesundheitsgütern - ohne Versicherung einen höheren Erwartungsnutzen realisieren.

Wird der Personenkreis, der die von der Gesellschaft finanzierte Gesundheitsversorgung ausnutzt, zu groß, dann wird dieses System überfordert und seinem eigentlichen Zweck, denen zu helfen, die sich nicht selbst helfen können, entfremdet. Um es vor der beschriebenen Ausbeutung durch "Trittbrettfahrer" zu bewahren, könnte das Prinzip der kostenlosen Behandlung von Bedürftigen durch dasjenige des **Versicherungszwangs** ersetzt werden. Alternativ könnte auch eine hinreichend starke staatliche Subvention der Versicherungsprämien für Bedürftige denselben Zweck erfüllen[6].

Durch beide Maßnahmen würden vor allem Individuen mit starker Minderschätzung zukünftiger Bedürfnisse, die sich ja durch geringe Vermögensbildung auszeichnen, veranlaßt, zu den Kosten für ihre spätere Gesundheitsversorgung selbst beizutragen. Anders als in der oben (im Teilabschnitt 5.2.3.2) diskutierten Begründung des Versicherungszwangs geschieht dies jedoch nicht mit dem Ziel, diesen Personen etwas Gutes zu tun, sondern, den Rest der Gesellschaft vor Ausbeutung durch sie zu schützen[7].

Den wirklich Bedürftigen als den eigentlichen Adressaten öffentlich finanzierter Transfers könnte auch in einem System der Zwangsversicherung dadurch gezielt geholfen werden, daß von ihnen keine oder geringere Versicherungsbeiträge verlangt werden. Wir kommen damit zur

Folgerung 5.3: Durch gesetzliche Versicherungspflicht und/oder Subventionierung der Versicherungsprämien für Bedürftige wird verhindert, daß karitative Einrichtungen im Gesundheitswesen von "Trittbrettfahrern" überbeansprucht werden und damit ihren eigentlichen Zweck verfehlen.

5.3.2 Asymmetrische Information über das Krankheitsrisiko

Die Einführung einer staatlichen Zwangsversicherung kann unter Umständen auch dann mit einer Wohlfahrtssteigerung verbunden sein, wenn die Bevölkerung bezüglich des zu versichernden Risikos heterogen ist und wenn asymmetrische Information vorliegt, d.h. wenn der einzelne die Höhe seines individuellen Risikos kennt, die Versicherungsgesellschaft sie jedoch nicht beobachten kann und daher alle Versicherungsnachfrager gleich behandeln muß.

Den Einfluß asymmetrischer Information auf die Funktionsfähigkeit des Marktmechanismus hat wohl als erster *Akerlof (1970)* in seinem berühmt gewordenen Aufsatz "The Market for Lemons" herausgearbeitet. Die Quintessenz dieses berühmten Aufsatzes ist die,

---

6. Dies ist die Grundkonzeption des schweizerischen Kranken- und Unfallgesetzes (KUVG, heute KVG) aus dem Jahre 1911. Die Subvention der Krankenkassenbeiträge wurde im Verlauf der Jahre allerdings so weit getrieben, daß zur Zeit rd. 97% der Bevölkerung freiwillig kassenversichert sind.
7. Damit soll nicht behauptet werden, die Begründer sozialer Krankenversicherung mit Pflichtcharakter hätten vorrangig dieses Ziel im Auge gehabt. Wir sagen lediglich, daß aus ökonomischer Sicht die Pflichtversicherung mit der genannten Argumentation gerechtfertigt werden kann.

daß ein Informationsgefälle zwischen dem Verkäufer und dem Käufer eines Gutes mit Qualitätsunterschieden dazu führt, daß die schlechte Ware die gute vom Markt verdrängt ("**adverse selection**"). Im folgenden wird gezeigt, daß eine analoge Gesetzlichkeit auch auf dem Markt für Versicherungsverträge gelten kann. (Ein formales Modell hierzu mit zwei Risikogruppen ist im Anhang zu diesem Kapitel dargestellt.)

Nehmen wir an, die Bevölkerung sei heterogen bezüglich des Risikos zu erkranken, π^j, sowie bezüglich der etwaigen Behandlungskosten im Krankheitsfall, L^j, und jedes Individuum j kenne seine entsprechenden Werte. Der Versicherungsanbieter könne jedoch zwischen Versicherungsnachfragern mit unterschiedlichen Risikowerten **nicht diskriminieren**. Er wird daher zunächst nur einen Standard-Versicherungsvertrag anbieten, der z.B. durch eine prozentuale Kostenerstattung im Krankheitsfall, k ($0 < k \leq 1$), und eine Prämienhöhe P gekennzeichnet ist. Die Werte von k und P werden dabei so gewählt werden müssen, daß die erwarteten Ausgaben der Versicherung durch die Prämieneinnahmen (mindestens) gedeckt sind. Die erwarteten Ausgaben hängen dabei - bei gegebenem Erstattungssatz k - neben den Verwaltungskosten von den Erkrankungswahrscheinlichkeiten und den Behandlungskosten der Klientel ab, die den angebotenen Vertrag tatsächlich abschließt.

Unterstellen wir, daß die Versicherungsgesellschaft nur einen Versicherungsvertrag mit voller Abdeckung aller Krankheitskosten ($k = 1$) anbietet und glaubt, einen repräsentativen Querschnitt der Bevölkerung zu ihren Kunden zählen zu können, so daß sie die erwarteten Ausgaben auf die Erwartungswerte von π und L bezieht und die Prämienforderung P entsprechend errechnet. Ein solcher Vertrag wird für alle "schlechten Risiken", also diejenigen Individuen mit hohen Werten von π^j und L^j, attraktiv sein, bei Risikoaversion[8] auch von durchschnittlichen Risiken. Sehr gute Risiken dagegen, also diejenigen Individuen mit den geringsten Werten von π^j und L^j, werden, soweit sie nicht extrem risikoscheu sind, auf den Abschluß eines solchen Vertrags **verzichten**, da für sie das Verhältnis zwischen Prämie und erwarteten Krankheitskosten sehr ungünstig ist. Andererseits kann aus den genannten Gründen (mangelnde Unterscheidungskraft seitens der Versicherung) für diese Versichertengruppe keine günstigere Prämie berechnet werden, da sonst alle anderen Versicherten auch diese besseren Konditionen in Anspruch nehmen würden.

Durch das Ausbleiben der "besten" Risiken ändern sich jedoch die Grundlagen, auf denen die Versicherung die erforderliche Prämie bestimmt hat, und diese muß nach oben korrigiert werden. Dadurch wird der angebotene Vertrag jedoch für eine weitere Gruppe von Individuen mit relativ niedrigen Werten von π^j und L^j unattraktiv, und auch diese bleiben weg, so daß sich die zur Kostendeckung erforderliche Prämie weiter erhöht. Dieser Prozeß wird sich so lange fortsetzen, bis im Gleichgewicht nur noch die **schlechtesten** Risiken im Versicherungspool verbleiben; es kommt zur sogenannten Antiselektion.

Alle übrigen müssen entweder ganz ohne einen Versicherungsschutz auskommen, oder die Versicherungsgesellschaft hält einen auf sie abzielenden Alternativ-Vertrag bereit, der zwar durch eine günstigere Relation zwischen Versicherungsleistung und Prämie, aber auch durch einen stark reduzierten Umfang des Versicherungsschutzes (k deutlich unter 1) gekennzeichnet ist. Das letztgenannte Merkmal ist notwendig, um schlechte Risiken vom Abschluß eines solchen Alternativ-Vertrags abzuhalten.

Im formalen Modell im Anhang zu diesem Kapitel wird gezeigt, daß in der geschilder-

8. Eine genaue Definition der Risikoaversion wird in Kapitel 6 gegeben.

ten Situation die Einführung einer staatlichen **Zwangsversicherung** mit einheitlicher Prämie unter Umständen eine Pareto-Verbesserung für die Gesellschaft herbeiführen kann. Allerdings darf diese nur einen Teil der Krankheitskosten abdecken ($k < 1$), der Rest muß durch private Zusatzversicherungen individuell abgedeckt werden. Der Vorteil für die schlechten Risiken besteht darin, daß sich durch die Risikomischung für sie bei gleichem Versicherungsschutz die Prämie verringert. Die guten Risiken wiederum profitieren davon, daß sie nun durch die Kombination von obligatorischer und freiwilliger Versicherung einen umfassenderen Versicherungsschutz erhalten, daß sie aber nur im obligatorischen Teil für die höheren Kosten der schlechten Risiken mit aufkommen müssen. Es gilt also die

Folgerung 5.4: Liegt "Antiselektion" vor, d.h. sind Krankheitsrisiken heterogen und vom Versicherer nicht beobachtbar, so können in einem Marktgleichgewicht gute Risiken keinen umfassenden Versicherungsschutz zu risikogerechten Konditionen erhalten. Hier kann die Einführung einer staatlichen Pflichtversicherung mit einer Pareto-Verbesserung verbunden sein.

5.4 Gerechtigkeit als Begründung für staatliche Eingriffe im Gesundheitswesen

5.4.1 Das "Anrecht" auf medizinische Behandlung

Während in diesem Kapitel bislang staatliche Eingriffe in das Gesundheitswesen unter dem Aspekt einer größeren Effizienz der Allokation diskutiert wurden, werden vielfach auch Gerechtigkeitserwägungen angeführt, um solche Eingriffe zu rechtfertigen. So wird vor allem in den angelsächsischen Ländern neben dem Wirtschaftlichkeitsziel dasjenige des **"gleichen Zugangs"** (engl. equal access) zur Gesundheitsversorgung als wesentliches Leitbild der Gesundheitspolitik angesehen[9]. Darunter ist vor allem zu verstehen, daß die Zahlungswilligkeit (und damit erst recht die Zahlungsfähigkeit) von Individuen und Gruppen (z.B. Regionen eines Landes) kein Kriterium für die Zuteilung von Gesundheitsgütern darstellen soll, weil auf diese jeder Mensch ein Anrecht besitze.

Nun kann man zunächst fragen, ob ein solches Ideal überhaupt erreichbar ist. Zwar kann eine Institution wie der National Health Service in Großbritannien medizinische Versorgung kostenlos abgeben, aber aus Gründen der Finanzierung durch allgemeine Steuermittel nicht in unbegrenzter Menge. Folglich muß eine gewisse **Rationierung** etwa über Warteschlangen bei aufschiebbaren Operationen praktiziert werden, und auch die Leistungsqualität, z.B. gemessen am Zeitaufwand pro Patient in der ambulanten ärztlichen Behandlung, wird begrenzt sein. Als Konsequenz wird sich, wie es in Großbritannien tatsächlich der Fall ist, neben dem staatlichen System ein privater Markt für Gesundheitsleistungen höherer Qualität bzw. geringerer Wartezeit für zahlungskräftige und -willige Kunden etablieren. Will man nicht zu polizeistaatlichen Mitteln greifen, die zu einer freiheitlichen Gesellschaft nicht passen, so wird man diesen Markt kaum unterbinden können.

9. Dieses Prinzip wird übrigens auch vom deutschen Verfassungsrecht unterstützt, das gleiche Lebensbedingungen in allen Ländern fordert; in der Schweiz dagegen ist es nicht gesetzlich verankert.

Ein weiteres Problem bei der "Anrechtstheorie" ist, daß sie auf der besonderen Rolle basiert, welche die Gesundheit für die Existenz des Menschen und seine Selbstverwirklichung einnimmt und diese besondere Rolle auf die medizinischen Leistungen überträgt. Nun sind, wie bereits in den Kapiteln 3 und 4 dargelegt, medizinische Leistungen durchaus nicht die einzigen Güter, von deren Konsum die Gesundheit eines Menschen abhängt und vielleicht nicht einmal die entscheidenden. Andere Güter wie eine ausreichende, vor allem aber "richtige" Ernährung sowie eine Wohnung ausreichender Größe und Qualität spielen eine vergleichbare Rolle und müßten mit der gleichen Berechtigung kostenlos verteilt werden. Eine Außerkraftsetzung des Marktmechanismus in so weiten Teilen des Güterspektrums würde jedoch wegen der damit verbundenen negativen Anreizwirkungen die Effizienz der Wirtschaft insgesamt erheblich beeinträchtigen.

Schließlich dürfen auch die **verhaltensbedingten** Einflüsse auf die Gesundheit wie die Art der Ernährung, der Konsum von Genußgiften oder das Ausmaß körperlicher Betätigung nicht negiert werden. Läßt man diese außer acht, so wird die positive Wirkung der kostenlosen Zuteilung medizinischer Versorgung auf die Gesundheit konterkariert. Konsequenterweise müßte daher als Begleitmaßnahme eine massive Beeinflussung des gesundheitsrelevanten Verhaltens der Individuen ergriffen werden. Auch dadurch würde aber ein unüberbrückbarer Konflikt mit den Grundprinzipien einer freiheitlichen Gesellschaft entstehen.

Diese Überlegungen zeigen, daß alle Versuche, die Zahlungsfähigkeit als Kriterium für die Zuteilung von Gesundheitsleistungen vollkommen auszuschalten, zum Scheitern verurteilt sind. Das dahinterstehende Gleichheitsideal läßt sich vermutlich leichter und billiger erreichen, wenn die **Zahlungsfähigkeit selbst** zum Ziel sozialpolitischen Eingreifens gemacht wird, indem an die untersten Gruppen der Einkommensskala Transfers gezahlt werden.

5.4.2 Chancengleichheit und Versicherungszwang

Prinzipien der Gerechtigkeit werden jedoch noch an einem anderen Punkt relevant, nämlich da, wo es um den Ausgleich unterschiedlicher durch die Natur vorgegebener Startchancen geht. Auf einem privaten Markt für Krankenversicherungen wird im Wettbewerbsgleichgewicht jeder Versicherte eine Prämie zu zahlen haben, die - bei gleichem Umfang des Versicherungsschutzes - dem Erwartungswert seiner zukünftigen Krankheitskosten entspricht. Personen, die von der Natur mit einer größeren Anfälligkeit für Krankheiten (z.B. einer angeborenen Krankheit oder Behinderung) ausgestattet wurden, müssen demnach eine höhere Prämie zahlen als weniger Anfällige.

Diese Marktlösung kann als "ungerecht" empfunden werden, da die beschriebene Ungleichheit ohne das Zutun der Beteiligten allein aufgrund der ungleichen Startchancen zustandekommt. Eine geeignete Maßnahme zu ihrer Korrektur wäre die Einführung eines gesetzlichen Versicherungszwangs, verbunden mit der Maßgabe, die Höhe der Prämie nicht vom Gesundheitszustand des Versicherungsnehmers abhängig zu machen. Ein **zusätzlicher Kontrahierungszwang** für die Versicherungsgesellschaften verhindert dann, daß gesundheitlich Benachteiligte bereits beim Vertragsabschluß diskriminiert werden, während die allgemeine Versicherungspflicht dafür sorgt, daß über die Gleichheit der Prämie tatsächlich eine Umverteilung zugunsten dieser Gruppe zustandekommt.

Wir ziehen aus unseren Überlegungen die

Folgerung 5.5: Ein Ausgleich unterschiedlicher gesundheitlicher Startchancen läßt sich nicht durch das Außerkraftsetzen des Marktmechanismus und durch staatliches Angebot von Gesundheitsleistungen bewerkstelligen, wohl aber durch gesetzliche Versicherungspflicht, verbunden mit Kontrahierungszwang und dem Verbot, die Versicherungsprämie vom Gesundheitszustand abhängig zu machen.

5.5 Schlußfolgerungen für die Gestaltung einer sozialen Krankenversicherung

Die Diskussion in diesem Kapitel hat eine Reihe von Besonderheiten des Gutes "medizinische Behandlung" zutage gefördert, die staatliche Eingriffe zwar nicht direkt ins System der Erbringung dieser Leistungen, aber in den Markt für Versicherungen gegen Krankheitskosten rechtfertigen: Das sogenannte **Trittbrettfahrer-Problem** kann nur durch eine gesetzliche Versicherungspflicht geregelt werden, und Gerechtigkeitsgründe sprechen für eine "soziale" Ausgestaltung dieser Versicherung. Nun existieren - wie übrigens in allen anderen Industriestaaten außer den USA und Südafrika - in der Schweiz und in der Bundesrepublik Deutschland soziale Krankenversicherungs-Systeme, und es ist daher zu untersuchen, ob diese die oben entwickelten Kriterien erfüllen, bevor etwaige Alternativen diskutiert werden.

Wenden wir uns zunächst der Gesetzlichen Krankenversicherung (GKV) in Deutschland zu: Im Jahre 1988 waren auf dem Gebiet der damaligen Bundesrepublik knapp 88% der Einwohner in einer gesetzlichen Krankenkasse versichert, davon jedoch ca. ein Zehntel auf freiwilliger Basis[10]. Von der Versicherungspflicht ausgenommen sind insbesondere die rund 20% der Erwerbstätigen am oberen Ende der Einkommensskala[11]. Daß gerade die Einkommensstärksten von der Versicherungspflicht befreit sind, ist deswegen bemerkenswert, weil die Regeln der Beitragsbemessung eine **zweifache Umverteilung** beinhalten:

- Dadurch, daß der Beitrag nicht nach dem individuellen Krankheitsrisiko differenziert ist, findet eine implizite Umverteilung zugunsten der **Krankheitsanfälligen** statt.
- Dadurch, daß der Beitrag als fester Prozentsatz vom Einkommen (bis zu einer oberen Grenze) erhoben wird, werden ceteris paribus die **Einkommensschwachen** von den Einkommensstarken subventioniert.

Die letztgenannte Eigenschaft gilt allerdings nur insoweit, als die Einkommensstarken überhaupt Mitglieder der GKV sind, und dies trifft - wie oben gezeigt - für die echten Spitzenverdiener nicht zu. Ein weiterer Gesichtspunkt ist, daß diese Umverteilung grundsätzlich nur **innerhalb** der jeweiligen Kasse vorgenommen wird. Ausgleichszahlun-

10. Zu den Zahlenangaben vgl. *Daten des Gesundheitswesens (1989)*.
11. Von den 27,4 Mio. Erwerbstätigen waren 3 Mio. privat krankenversichert, und 3,7 Mio. waren freiwillige Mitglieder der gesetzlichen Krankenversicherung. Von diesen 6,7 Mio. Erwerbstätigen ohne Versicherungspflicht entfiel wohl der weitaus kleinere Teil auf die sog. "Geringverdiener"; die meisten hatten ein Einkommen oberhalb der Versicherungspflichtgrenze.

gen zwischen den insgesamt über 1.100 Kassen kompensieren bislang nur für den unterschiedlich hohen Anteil der Rentner unter den Versicherten. Dies hat die unmittelbare Auswirkung, daß Kassen mit einer "schlechten" Risikomischung (niedriges Durchschnittseinkommen, hoher Anteil chronisch Kranker) einen höheren Beitragssatz verlangen müssen als andere Kassen; der oben angesprochene "Solidarausgleich" ist also unvollständig. Dieser Mangel ist allerdings seit 1996 mit dem "Risikostrukturausgleich" in der GKV behoben.

Eine weitergehende Konsequenz ergibt sich für den Wettbewerb zwischen den Trägern der sozialen Krankenversicherung, der nach der Auffassung mancher Experten ausgebaut werden sollte, um ganz allgemein die Effizienz der Leistungserbringung im Gesundheitswesen zu fördern[12]. Es besteht die Gefahr, daß miteinander konkurrierende Krankenkassen ihre Bemühungen weniger darauf richten werden, gegenüber den Anbietern von Gesundheitsleistungen auf ein möglichst gutes Preis-Leistungs-Verhältnis zu drängen, sondern vor allem darauf, die Zusammensetzung ihres Versichertenstamms zu beeinflussen.

Auch wenn ein allgemeiner Kontrahierungszwang besteht, d.h. wenn eine Versicherung grundsätzlich mit jedem interessierten Nachfrager einen Vertrag zu den gesetzlich vorgeschriebenen Konditionen abschließen muß, bleiben immer noch eine Reihe von Methoden, aus der Masse aller potentiellen Versicherungsnachfrager "die Rosinen herauszupicken". So können junge, gesunde und gut verdienende Leute durch attraktive Zusatzangebote besonders angelockt und chronisch Kranke durch schlechten Service zum Überwechseln zur Konkurrenz animiert werden.

Diese vom normativen Standpunkt her **unerwünschte Risikoselektion** (englisch: "cream skimming") wird für den Versicherer umso weniger lohnend, je genauer die Prämie, die er von einem Versicherten erhält, dessen erwartete Versicherungsleistungen widerspiegelt. Werden also Risikomerkmale wie Alter, Geschlecht und das Vorliegen bestimmter Vorerkrankungen bei der Prämienberechnung berücksichtigt, so ist der Versicherer indifferent, ob seine Versichertenklientel insgesamt eine eher "teure" oder eine "billige" Risikomischung darstellt, weil seine Prämieneinnahmen insgesamt dem von ihm übernommenen Risiko entsprechen.

An dieser Stelle wird der aufmerksame Leser stutzig werden, denn oben wurde gerade begründet, daß aus Gründen der Gerechtigkeit die Beiträge der Versicherten nicht risikobezogen sein sollten, da das Krankheitsrisiko zumindest zum Teil von Geburt an differiert und somit der einzelne dafür nicht verantwortlich ist. Der scheinbare Widerspruch löst sich auf, wenn man zwischen dem "Beitrag", den ein Versicherter zahlt, und der "Prämie", die sein Versicherer erhält, unterscheidet und sich vorstellt, daß sich zwischen die beiden Vertragspartner ein **Ausgleichsfonds** schiebt. Ein solcher Fonds, der z.B. in den Niederlanden im Zuge der umfassenden Reform der Krankenversicherung Ende der 80er Jahre geschaffen wurde [vgl. *Van de Ven und Van Vliet (1991)*], sammelt von den Versicherten die Beiträge in einkommensbezogener Form ein und verteilt die Gesamtsumme an die Krankenkassen gemäß den Risikomerkmalen der jeweiligen Klientel. Er sorgt damit dafür, daß die im Sinne der "Gerechtigkeit" angestrebte Umverteilung zugunsten der Einkommensschwachen und gesundheitlich von der Natur Benachteiligten auch bei Existenz von Wettbewerb zwischen verschiedenen Krankenkassen nicht durch Risikoselektion unterlau-

12. Vgl. *Wissenschaftliche Arbeitsgruppe "Krankenversicherung" (1987)*. Wir werden auf die Frage des Wettbewerbs im Gesundheitswesen in Kapitel 8 näher eingehen.

fen wird. In der GKV wird ein solcher Risikostrukturausgleich zwischen den einzelnen Kassen seit dem 1.1.1996 durchgeführt. Außer dem Alter, dem Geschlecht und der Anzahl der mitversicherten Familienangehörigen berücksichtigt er allerdings keine weiteren Risikomerkmale.

Anhang zu Kapitel 5: Märkte für Krankenversicherung mit asymmetrischer Information

5.A.1. Modellannahmen

Wir betrachten ein extrem einfaches Modell des Krankheitsrisikos, in dem es für jedes Individuum nur zwei mögliche Zustände der Natur geben kann, nämlich den Zustand der Erkrankung (Kürzel *k*), der mit einem finanziellen Verlust (Behandlungskosten und Verdienstausfall) in Höhe von *L* Geldeinheiten verbunden ist, und den Zustand der Gesundheit (Kürzel *g*), in dem das (für alle gleich hohe) Einkommen *Y* ungeschmälert bleibt[13].

Ferner gebe es zwei Bevölkerungsgruppen *A* und *B* mit unterschiedlich hohen Erkrankungswahrscheinlichkeiten π_A und π_B ($\pi_A < \pi_B$). Ein Anteil μ der Bevölkerung gehöre der Gruppe *A* an, der Anteil $(1 - \mu)$ der Gruppe *B*. Mit y_i^h werde das **verfügbare** Einkommen eines Individuums der Gruppe i ($i = A, B$) im Zustand h ($h = k, g$) bezeichnet und mit $u\,(y_i^h)$ die Funktion, die den maximal erreichbaren Nutzen in Abhängigkeit vom verfügbaren Einkommen ausdrückt. Dann lautet der (ex ante) erwartete Nutzen für jedes Mitglied der Gruppe i:

$$EU_i = \pi_i \cdot u\,(y_i^k) + (1 - \pi_i) \cdot u\,(y_i^g), \qquad i = A, B. \tag{5.A.1}$$

In diesem Modell interessiert uns, ob eine effiziente Allokation des Risikos der krankheitsbedingten Kosten durch individuelle Verträge am Markt zustandekommen kann oder ob es dazu staatlichen Zwangs bedarf. Wie sich herausstellen wird, hängt die Antwort auf die gestellte Frage entscheidend davon ab, ob die Gruppenzugehörigkeit eines Individuums **allgemein** bekannt ist ("öffentliche Information") oder nur **ihm selbst** ("private Information"). Diese beiden Fälle behandeln wir getrennt in den beiden folgenden Abschnitten, wobei der erste weniger realistisch ist, aber als Referenzsituation angesehen werden kann.

Eine Übersicht über das Modell wird in Tabelle 5.1 gegeben.

5.A.2 Heterogenes Krankheitsrisiko und öffentliche Information

Unterstellt man, daß sich gemäß dem Gesetz der großen Zahlen die individuellen Erkrankungswahrscheinlichkeiten für die Gesellschaft als ganze zu relativen Häufigkeiten werden, so lautet die Budgetbeschränkung für die betrachtete Gesellschaft insgesamt (in Pro-Kopf-Größen geschrieben):

---

13. Dieses Modell findet sich bei *Eckstein, Eichenbaum und Peled (1985)*.

Tab. 5.1: Modell eines Versicherungsmarktes mit heterogenen Krankheitsrisiken

$$EU_i = \pi_i \cdot u(y_i^k) + (1-\pi_i) \cdot u(y_i^g) \qquad (i=A, B) \qquad (5.A.1)$$

$$\mu \cdot [\pi_A \cdot y_A^k + (1-\pi_A) \cdot y_A^g] + (1-\mu) \cdot [\pi_B \cdot y_B^k + (1-\pi_B) \cdot y_B^g]$$
$$= Y - [\mu \cdot \pi_A + (1-\mu) \cdot \pi_B] \cdot L \qquad (5.A.2)$$

Vereinendes Gleichgewicht:

$$P_A = \sigma^v \cdot I_A, \quad P_B = \sigma^v \cdot I_B \qquad (5.A.7)$$

$$\sigma^v = \frac{\mu \cdot \pi_A \cdot I_A + (1-\mu) \cdot \pi_B \cdot I_B}{\mu \cdot I_A + (1-\mu) \cdot I_B} \qquad (5.A.9)$$

Trennendes Gleichgewicht:

$$y_i^k = Y - L + I_i - P_i = Y - L + (1-\sigma_i^t) \cdot I_i \qquad (5.A.12)$$

$$y_i^g = Y - P_i = Y - \sigma_i^t \cdot I_i, \qquad i = A, B \qquad (5.A.13)$$

$$\frac{\pi_i \cdot u'(y_i^k)}{u'(y_i^g)} = \sigma_i^t = \pi_i, \qquad i = A, B \qquad (5.A.14)$$

y^g, y^k:	verfügbares Einkommen des Individuums bei Gesundheit bzw. bei Krankheit
Y:	Brutto-Einkommen pro Kopf
L:	Kosten bei Krankheit
π_i:	Erkrankungswahrscheinlichkeit eines Mitgliedes der Gruppe i ($i = A, B$)
μ:	Anteil guter Risiken
$u(y)$:	Nutzen des Individuums
EU:	Erwartungswert des Nutzens
I:	Versicherungsleistung
P:	Versicherungsprämie
σ^v, σ^t:	Preis pro Einheit der Versicherungsleistung (vereinende, trennende Verträge)

$$\mu \cdot [\pi_A \cdot y_A^k + (1-\pi_A) \cdot y_A^g] + (1-\mu) \cdot [\pi_B \cdot y_B^k + (1-\pi_B) \cdot y_B^g] \\ = Y - [\mu \cdot \pi_A + (1-\mu) \cdot \pi_B] \cdot L, \tag{5.A.2}$$

wobei Y das Pro-Kopf-Einkommen der betrachteten Wirtschaft bezeichnet.

Als erstes definieren wir die Begriffe "zulässige Allokation" und "Pareto-optimale Allokation":

Definition 5.1: Eine Allokation $\{(y_i^k, y_i^g), i = A, B\}$ heißt zulässig, wenn sie die Gleichung (5.A.2) erfüllt. Sie heißt Pareto-optimal, falls es keine andere zulässige Allokation $\{(\tilde{y}_i^k, \tilde{y}_i^g), i = A, B\}$ gibt, so daß gilt:

$$EU_i(\tilde{y}_i^k, \tilde{y}_i^g) \geq EU_i(y_i^k, y_i^g), \quad i = A, B \tag{5.A.3}$$

mit strikter Ungleichung für mindestens ein i.

Es läßt sich zeigen, daß sich jede Pareto-optimale Allokation durch Maximierung einer irgendwie gewichteten Summe der Einzelnutzen,

$$EU_A(y_A^k, y_A^g) + \delta \cdot EU_B(y_B^k, y_B^g) \qquad \delta > 0,$$

unter der Nebenbedingung (5.A.2) darstellen läßt. Als notwendige Bedingung erster Ordnung für ein Pareto-Optimum ergibt sich aus der Lösung dieser Maximierungsaufgabe unter Berücksichtigung von (5.A.1):

$$\frac{u'(y_A^k)}{u'(y_A^g)} = \frac{u'(y_B^k)}{u'(y_B^g)} = 1, \tag{5.A.4}$$

d.h. die **Ex-post**-Grenzraten der Substitution zwischen Einkommen bei Gesundheit und bei Krankheit sind bei beiden Individuen gleich groß. Daraus folgt jedoch wegen $\pi_A < \pi_B$ sofort, daß in einem Pareto-Optimum die **Ex-ante**-Grenzraten der Substitution zwischen dem Einkommen in beiden Gesundheitszuständen zwischen den Gruppen **nicht** übereinstimmen:

$$\frac{\partial EU_A/\partial y_A^k}{\partial EU_A/\partial y_A^g} = \frac{\pi_A \cdot u'(y_A^k)}{(1-\pi_A) \cdot u'(y_A^g)} < \frac{\pi_B \cdot u'(y_B^k)}{(1-\pi_B) \cdot u'(y_B^g)} = \frac{\partial EU_B/\partial y_B^k}{\partial EU_B/\partial y_B^g}. \tag{5.A.5}$$

Als nächstes ist zu definieren, was unter einem Gleichgewicht auf einem privaten Markt für Krankenversicherungen verstanden werden soll. Jeder Vertrag h sei dabei durch die Höhe der im Krankheitsfall an den Versicherten zu zahlenden Leistung I_h und die von ihm in jedem Fall zu entrichtende Prämie P_h gekennzeichnet. Ferner bezeichne

$$\sigma_h = P_h / I_h \tag{5.A.6}$$

den "Preis" pro Einheit der Versicherungsleistung, und der Markt sei so organisiert, daß die Anbieter den Preis σ_h vorgeben und die Nachfrager die Menge I_h wählen.

Definition 5.2: Ein "Gleichgewicht auf dem Markt für Krankenversicherungen" ist charakterisiert durch eine Menge von Verträgen, für die gilt, daß

1. jeder dieser Verträge dem Versicherer einen nicht-negativen Erwartungsgewinn garantiert und
2. kein potentieller Vertrag außerhalb dieser Menge mit einem nicht-negativen Erwartungsgewinn verbunden wäre.

Ein solches Gleichgewicht heißt **"trennend"**, wenn Versicherungsnehmer mit unterschiedlichen Erkrankungswahrscheinlichkeiten Verträge mit verschieden hohen Preisen nachfragen; andernfalls heißt das Gleichgewicht **"vereinend"**.

Ferner macht man sich leicht klar, daß in einem Gleichgewicht auf dem Versicherungsmarkt alle tatsächlich nachgefragten Verträge zu einem erwarteten Gewinn von **Null** führen müssen, da jeder Vertrag mit strikt positivem Erwartungsgewinn von einer anderen Firma mit einem Vertrag unterboten werden kann, der dieselbe Leistung zu geringerem Beitrag anbietet und dennoch einen nicht-negativen Erwartungsgewinn erzielt.

- ***Möglichkeit eines vereinenden Gleichgewichts:*** Hier müssen per definitionem alle im Gleichgewicht angebotenen Verträge denselben Preis σ^v haben. Seien ferner I_A und I_B die nutzenmaximierenden Versicherungsleistungen für die Individuen der beiden Gruppen, so lauten die entsprechenden Prämien

$$P_A = \sigma^v \cdot I_A, \quad P_B = \sigma^v \cdot I_B, \tag{5.A.7}$$

und die Bedingung für das Verschwinden des erwarteten Gewinns eines Vertrages

$$\mu \cdot P_A + (1-\mu) \cdot P_B = \mu \cdot \pi_A \cdot I_A + (1-\mu) \cdot \pi_B \cdot I_B \,. \tag{5.A.8}$$

Setzt man die Gleichungen (5.A.7) in (5.A.8) ein und löst nach σ^v auf, so erhält man

$$\sigma^v = \frac{\mu \cdot \pi_A \cdot I_A + (1-\mu) \cdot \pi_B \cdot I_B}{\mu \cdot I_A + (1-\mu) \cdot I_B} \,. \tag{5.A.9}$$

Läßt man μ zuerst gegen Null und dann gegen eins gehen, folgt aus (5.A.9) wegen $0 < \mu < 1$ und $\pi_A < \pi_B$

$$\pi_A < \sigma^v < \pi_B \,. \qquad (5.A.10)$$

Es würde sich für einen Versicherungsanbieter also lohnen, ausschließlich Angehörigen der A-Gruppe einen Vertrag mit einem Preis σ_A^v zwischen π_A und σ^v anzubieten. Dieser Vertrag würde, da er weniger als σ^v kostet, von allen Adressaten gegenüber dem Vertrag im vereinenden Gleichgewicht vorgezogen werden; da er jedoch teurer ist als π_A, garantiert er dem Anbieter einen positiven Erwartungsgewinn, womit die Definition eines Gleichgewichts verletzt ist. Folglich ist bewiesen, daß es **kein** vereinendes Gleichgewicht geben kann, wenn die Gruppenzugehörigkeit von Individuen allgemein bekannt und Zwangsversicherung ausgeschlossen ist.

- ***Möglichkeit eines trennenden Gleichgewichts:*** Im folgenden untersuchen wir die Existenz und die Eigenschaften eines trennenden Gleichgewichts (Superskript t). Die Null-Gewinn-Bedingung muß jetzt für jede Seite der Gleichung (5.A.8) einzeln erfüllt sein. Entsprechend betragen die Preise der Verträge, die den Mitgliedern der jeweiligen Gruppen angeboten werden

$$\sigma_A^t = \pi_A \,, \quad \sigma_B^t = \pi_B \,. \qquad (5.A.11)$$

Eine Streuung des Risikos der Krankheitskosten erfolgt also jeweils innerhalb der beiden Risikogruppen: Aus den Beiträgen der A-Versicherten wird die Leistung an die Erkrankten dieser Gruppe finanziert, und entsprechendes gilt für die B-Gruppe. Die Prämien gehorchen also dem versicherungstechnischen **Äquivalenzprinzip**[14], bezogen auf die einzelnen Risikogruppen.

Die Höhe der jeweils nachgefragten Versicherungsleistungen ergibt sich aus der Maximierung der Nutzenfunktion (5.A.1) unter den Nebenbedingungen

$$y_i^k = Y - L + I_i - P_i = Y - L + (1 - \sigma_i^t) \cdot I_i \qquad (5.A.12)$$

$$y_i^g = Y - P_i = Y - \sigma_i^t \cdot I_i \,, \qquad i = A, B \,, \qquad (5.A.13)$$

wobei jeweils das zweite Gleichheitszeichen aus (5.A.6) folgt. Aus den notwendigen Bedingungen erster Ordnung für eine Lösung dieses Maximierungsproblems ergibt sich

$$\frac{\pi_i \cdot u'(y_i^k)}{u'(y_i^g)} = \sigma_i^t = \pi_i \,, \qquad i = A, B \,. \qquad (5.A.14)$$

14. Das Äquivalenzprinzip verlangt, daß die Prämie ebenso hoch ist wie der Erwartungswert der Versicherungsleistung.

Dividiert man beide Seiten der Gleichung (5.A.14) durch π_i, so erkennt man, daß die trennenden Versicherungsverträge zu einer Allokation führen, welche die Bedingung für die Pareto-Optimalität, (5.A.4), erfüllt. Ferner erfüllt die Allokation wegen (5.A.12) und (5.A.13), wie man leicht nachprüfen kann, die gesellschaftliche Ressourcenbeschränkung (5.A.2) und ist damit **zulässig**.

Bei einer im Einkommen streng konkaven Nutzenfunktion u ist die Optimalbedingung (5.A.14) für jede Risikogruppe genau dann erfüllt, wenn das verfügbare Einkommen in beiden Gesundheitszuständen **gleich hoch** ist, das Krankheitskostenrisiko also durch eine Versicherung mit der Leistung $I_i = L$ $(i = A, B)$ vollständig abgedeckt wird.

Abb. 5-1: Darstellung von Versicherungsverträgen in einem Modell mit bedingten Ansprüchen

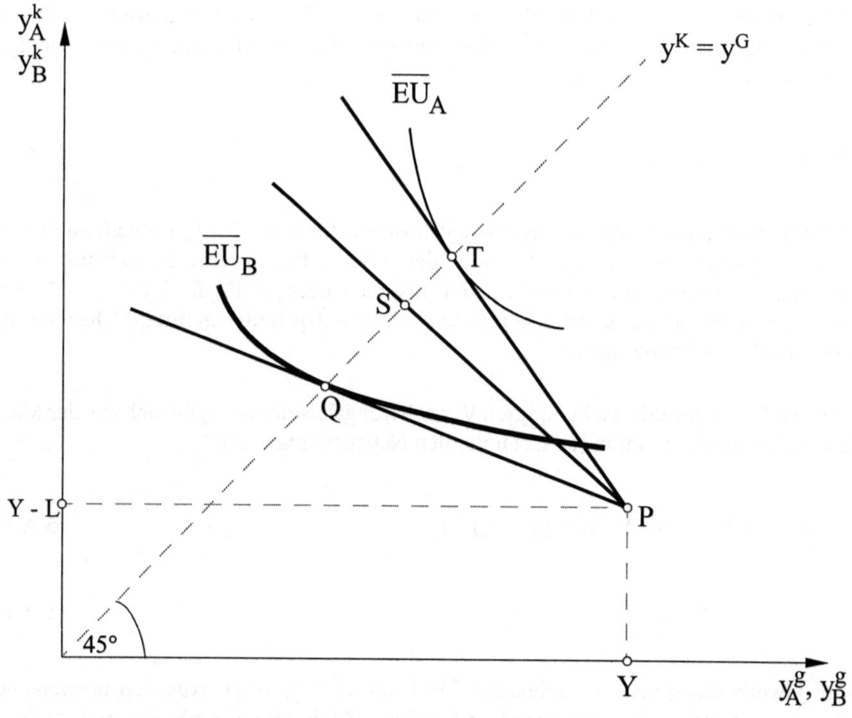

Dieses Ergebnis kann anhand eines (y^g, y^k)-Diagramms illustriert werden (vgl. Abb. 5-1), in dem jeder Punkt einem bestimmten Vertrag (I_j, P_j) entspricht; seine Koordinaten lassen sich anhand der Gleichungen in (5.A.12) und (5.A.13) berechnen. Für einen gegebenen Preis σ_j^t erhält man alle denkbaren Verträge und folglich alle zulässigen (y^g, y^k)-Kombinationen, indem man (5.A.13) nach $I_i = Y/\sigma_i^t - y_i^g/\sigma_i^t$ auflöst und in Gleichung (5.A.12) einsetzt:

$$y_i^k = \frac{1}{\sigma_j^t} \cdot Y - L - \frac{1-\sigma_j^t}{\sigma_j^t} \cdot y_i^g, \qquad i = A, B. \tag{5.A.15}$$

Man erkennt, daß alle diese Konsumvektoren auf einer Geraden mit der Steigung - (1 - σ_j^t)/σ_j^t liegen. Ferner beginnen alle derartigen Geraden mit verschiedenen σ_j^t-Werten im Punkt (Y, Y-L), der die Anfangsausstattung jedes Versicherungsnachfragers symbolisiert.

Die Geraden PQ, PS und PT der Abbildung 5-1 verdeutlichen diesen Zusammenhang: PT hat die Steigung - (1 - π_A)/π_A und stellt die Menge der gemäß (5.A.11) für Angehörige der A-Gruppe versicherungstechnisch äquivalenten Verträge dar, PQ hat die Steigung - (1 - π_B)/π_B und bewirkt dasselbe für die B-Gruppe, und PS hat die Steigung

$$-\frac{\mu(1-\pi_A) + (1-\mu)(1-\pi_B)}{\mu\pi_A + (1-\mu)\pi_B} \tag{5.A.16}$$

und ist daher der geometrische Ort der für die Bevölkerung insgesamt äquivalenten Verträge.

In einem vereinenden Gleichgewicht müßten alle Verträge auf der Geraden PS liegen. Das in (5.A.11) und (5.A.14) berechnete trennende Gleichgewicht wird durch die Punkte Q und T ausgedrückt. Beide liegen auf dem Schnittpunkt der Winkelhalbierenden aus dem Ursprung (die wegen $y^g = y^k$ volle Versicherungsdeckung bedeutet) mit der jeweiligen Äquivalenzgeraden (PQ für die B-Gruppe, PT für die A-Gruppe).

Das Ergebnis der Modellanalyse in diesem Abschnitt lautet

Folgerung 5.6: Wenn die Individuen gemäß ihres individuellen Krankheitsrisikos diskriminiert werden, d.h. ihnen unterschiedliche Versicherungsverträge angeboten werden können, so führt ein privater Versicherungsmarkt zu einer Pareto-optimalen Risikoallokation, und ein auf staatlichem Zwang basierendes Versicherungssystem ist aus allokativen Gesichtspunkten nicht erforderlich.

Falls dennoch - unter Beibehaltung des privaten Versicherungsmarktes - eine obligatorische staatliche Krankenversicherung mit versicherungstechnisch äquivalenten Beiträgen in den einzelnen Risikogruppen eingeführt wird, so reduziert dies im gleichen Umfang den Kauf privater Versicherungen, die resultierende Allokation ist aber wiederum Pareto-optimal.

Verzichtet jedoch das staatliche System auf die bei öffentlicher Information mögliche Risikoaufteilung und fordert einen einheitlichen Beitrag [auf der Basis versicherungstechnischer Äquivalenz für die Gesamtbevölkerung wie in Gleichung (5.A.9)], so verringert dies ebenfalls die Nachfrage nach privaten Versicherungen. Die Kombination aus staatlichen und privaten Versicherungen verletzt jedoch die Äquivalenzbedingung für jede einzelne Risikogruppe und führt damit nicht zu einer Pareto-optimalen Allokation.

5.A.3 Heterogenes Krankheitsrisiko und private Information

Im folgenden wird das zuletzt behandelte Modell in der Weise abgewandelt, daß die Gruppenzugehörigkeit eines Individuums als nur ihm selbst bekannt, von anderen jedoch nicht beobachtbar unterstellt wird. Dies bedeutet vor allem, daß ein Angehöriger der *A*-Gruppe, der laut Annahme ein niedrigeres Krankheitsrisiko aufweist als ein *B*-Mitglied und daher im trennenden Gleichgewicht bei öffentlicher Information dann, wenn er dieselbe Versicherungsleistung wie *B* kaufen wollte, wegen (5.A.11) eine geringere Prämie zahlen würde, seine Risikolage einem Anbieter von Krankenversicherungsverträgen nicht nachweisen kann. Ebenso kann einem *B*-Mitglied sein erhöhtes Risiko bei Abschluß eines Versicherungsvertrages nicht nachgewiesen werden.

Jeder Vertrag muß daher **beiden** Typen von Individuen angeboten werden, und im Gleichgewicht muß die Bedingung eines nicht-negativen Gewinns unter Berücksichtigung der Zusammensetzung der tatsächlichen Nachfrager des Vertrages erfüllt werden. Die Größe der Parameter π_A, π_B und μ sei jedoch allen Beteiligten einschließlich des Staates bekannt, so daß es möglich ist, eine für die Gesellschaft insgesamt äquivalente staatliche Versicherung zu berechnen.

Ferner wird angenommen, daß die Anbieter von Versicherungsverträgen nicht nur den Preis, also das Verhältnis von Leistung zu Prämie bestimmen können, sondern auch die Leistung selbst. Die Nachfrager können also - anders als im Modell des vorangegangenen Abschnitts - die Leistung I_i $(i = A, B)$ nicht frei bestimmen, sondern nur aus einem begrenzten Angebot von Preis-Mengen-Kombinationen auswählen.

Wir untersuchen im folgenden zunächst die Existenz eines Gleichgewichts auf dem privaten Versicherungsmarkt, bevor wir uns der Frage zuwenden, ob eine staatliche Krankenversicherung mit Zwangsmitgliedschaft eine Wohlfahrtsverbesserung bewirken kann.

Wie im Falle öffentlicher Information ist auch hier prinzipiell zwischen **"vereinenden"** und **"trennenden"** Gleichgewichten zu unterscheiden (vgl. Definition 5.2). Der folgende Satz besagt allerdings, daß höchstens trennende Gleichgewichte existieren können.

Satz 5.1: Bei Existenz zweier Risikogruppen mit strikt konkaven Nutzenfunktionen und privater Information über ihre Krankheitsrisiken existiert auf dem Versicherungsmarkt kein vereinendes Gleichgewicht[15].

Beweis: Angenommen, es existiere ein vereinendes Gleichgewicht. Nach der Definition dieses Begriffs müssen dann alle Individuen beider Risikogruppen denselben Versicherungsvertrag (σ^v, I^v) nachfragen, und dieser Vertrag muß dem Anbieter einen erwarteten Gewinn von Null sichern. Es gilt daher

$$I^v \cdot \sigma^v = I^v \cdot (\mu \cdot \pi_A + (1 - \mu) \cdot \pi_B) \,. \tag{5.A.17}$$

Dividiert man diese Gleichung durch I^v, so sieht man, daß σ^v zwischen dem Extrem-

15. Dieser Satz findet sich bei *Eckstein et al. (1985)* im Kontext von Märkten für Leibrenten.

werten π_A und π_B liegen muß:

$$\pi_A < \sigma^v < \pi_B \,. \tag{5.A.18}$$

Ein vereinendes Gleichgewicht kann also nur durch einen Vertrag realisiert sein, der in Abbildung 5-2 (einer Reproduktion von Abbildung 5-1) auf der Geraden *PS* dargestellt ist. Angenommen, es sei der Punkt *V*.

Ferner macht man sich leicht klar, daß die Indifferenzkurven zweier Individuen aus unterschiedlichen Risikogruppen in einem beliebigen, aber festen Punkt **unterschiedliche Steigungen** aufweisen. Denn wegen (5.A.1), (5.A.12) und (5.A.13) lautet die Grenzrate der Substitution zwischen Einkommen in beiden Gesundheitszuständen für ein Mitglied der Gruppe *i* ($i = A, B$) an einem bestimmten durch die Parameter des Vertrages v gekennzeichneten Punkt:

Abb. 5-2: Vereinendes Gleichgewicht auf einem Versicherungsmarkt

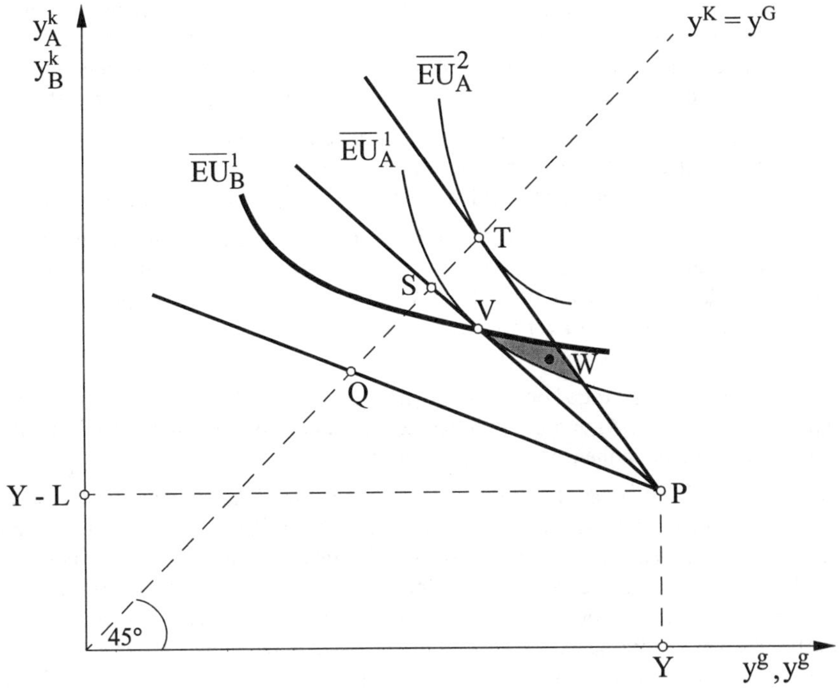

$$-\frac{dy_i^k}{dy_i^g} = \frac{(1-\pi_i)\cdot u'[Y-\sigma^v I^v]}{\pi_i \cdot u'[Y-L+(1-\sigma^v)I^v]}, \quad i = A, B. \tag{5.A.19}$$

Wegen $\pi_A < \pi_B$ ist für einen gegebenen Vertrag (σ^v, I^v) die rechte Seite von (5.A.19) für A-Mitglieder größer, ihre Indifferenzkurve $\overline{EU}_A^1$ durch den entsprechenden Punkt (vgl. Punkt V in Abb. 5-2) also **steiler** als diejenige für B-Mitglieder, $\overline{EU}_B^1$.

Daher existiert ein Punkt W rechts unterhalb von V, der wie folgt beschrieben werden kann: Er liegt

1. oberhalb der Indifferenzkurve $\overline{EU}_A^1$,
2. unterhalb der Indifferenzkurve $\overline{EU}_B^1$ und
3. unterhalb der Geraden PT.

Wird nun alternativ zu (σ^v, I^v) ein Vertrag angeboten, der durch die Parameter σ_W und I_W charakterisiert ist, so wird er folglich von allen Angehörigen der A-Gruppe und von keinem Angehörigen der B-Gruppe nachgefragt. Unter diesen Voraussetzungen sichert er seinem Anbieter einen **positiven** erwarteten Gewinn, da Punkt W unterhalb der Geraden PT liegt, bei der versicherungstechnische Äquivalenz für A-Versicherte vorliegt. Dies wiederum ist ein Widerspruch zur Definition eines Gleichgewichts im Punkt V. **QED**.

Nachdem gezeigt ist, daß unter den hier zugrundeliegenden Voraussetzungen nur ein **trennendes** Gleichgewicht auf dem privaten Versicherungsmarkt existieren kann, versuchen wir nun, dessen Eigenschaften anhand der Abbildung 5-3 zu charakterisieren.

Wie im Anschluß an Definition 5.2 begründet, muß in einem trennenden Gleichgewicht **jeder einzelne Vertrag** mit einem erwarteten Gewinn von Null verbunden sein. Daraus folgt, daß alle Verträge im Gleichgewicht, die von A-Angehörigen nachgefragt werden, in Abbildung 5-3 auf der Geraden PT liegen und alle Verträge, die von B-Angehörigen nachgefragt werden, auf PQ.

Unter allen somit in Frage kommenden Verträgen für B-Mitglieder liegt deren Nutzenmaximum wegen (5.A.14) und der strikten Konkavität der Nutzenfunktion u in Punkt Q, wo die beiden Konsumhöhen y_B^k und y_B^g identisch sind.

Der Vertrag, der von den A-Mitgliedern nachgefragt wird, kann nun auf PT nicht links oberhalb des Punktes E liegen, in dem die Indifferenzkurve $\overline{EU}_B^1$ durch Punkt Q die PT-Gerade schneidet. Denn ein solcher Vertrag würde nicht nur von A-, sondern auch von B-Angehörigen gekauft (die bei privater Information über ihr Risiko nicht diskriminiert werden können) und würde somit insgesamt seinem Anbieter einen negativen Erwartungsgewinn einbringen. Wegen der größeren absoluten Steigung der A-Indifferenzkurven wird dabei Punkt E von den A-Angehörigen gegenüber allen anderen zulässigen Punkten auf PT (also allen Punkten rechts unterhalb von E) vorgezogen.

Abb. 5-3: Trennendes Gleichgewicht mit zwei Risikogruppen

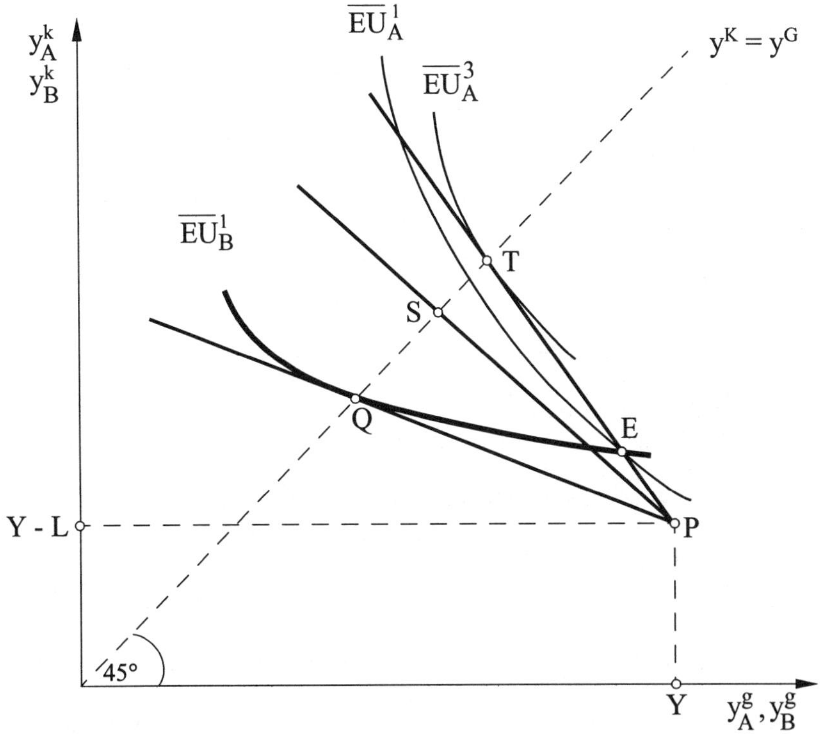

Falls ein trennendes Gleichgewicht existiert, so ist es daher durch zwei verschiedene Verträge charakterisiert: Der Vertrag (σ_B^t, I_B^t) hat die Eigenschaft der **vollen** Risikoabdeckung:

$$y_B^k = y_B^g = Y - \pi_B \cdot L \tag{5.A.20}$$

und daher

$$I_B^t = L\,; \quad \sigma_B^t = \pi_B\,. \tag{5.A.21}$$

Bezeichnen ferner I_A^t und $(\sigma_A^t = \pi_A)$ die Werte des Vertrags, den die *A*-Angehörigen nachfragen, so müssen die *B*-Angehörigen zwischen diesem und dem in (5.A.21) charakterisierten **indifferent** sein; es gilt also

$$\pi_B \cdot u\,[Y - L + (1 - \sigma_A^t) \cdot I_A^t] + (1 - \pi_B) \cdot u\,[Y - \sigma_A^t \cdot I_A^t] = u\,[Y - \pi_B \cdot L] \qquad (5.A.22)$$

Mit Hilfe dieses Ergebnisses können wir jetzt auch eine Aussage darüber treffen, unter welchen Bedingungen überhaupt ein trennendes Gleichgewicht existiert: Damit dies der Fall ist, muß die Indifferenzkurve für *A*-Mitglieder durch Punkt *E*, $\overline{EU}_A^1$, vollständig oberhalb der Äquivalenzgeraden *PS* liegen. Wenn dies nämlich nicht der Fall ist, so gibt es einen Punkt auf *PS*, so daß der zugehörige Vertrag von beiden Typen von Individuen gegenüber dem Vertrag im potentiellen trennenden Gleichgewicht (Punkt *Q* bzw. *E*) vorgezogen oder gleichgeschätzt wird und einen Gewinn von Null erzielt, so daß die Kombination *(Q, E)* kein Gleichgewicht sein kann. Die Existenzbedingung ist also umso eher erfüllt, je **niedriger** die Gerade *PS* liegt, d.h. je geringer der Anteil der *A*-Angehörigen, μ, ist.

In Abbildung 5-3 ist auch ablesbar, daß mit der Abwesenheit öffentlicher Information über die Gruppenzugehörigkeit ein negativer Effekt für die *A*-Gruppe, also für die "guten Risiken" verbunden ist: Während sie im trennenden Gleichgewicht bei öffentlicher Information Punkt *T* und damit das durch die Indifferenzkurve $\overline{EU}_A^3$ symbolisierte Nutzenniveau erreichen, kommen sie im trennenden Gleichgewicht bei privater Information nur auf Punkt *E* und damit auf Indifferenzkurve $\overline{EU}_A^1$. Die "schlechten Risiken" der Gruppe *B* dagegen erreichen in beiden Gleichgewichten dieselbe Allokation (Punkt *Q*, Indifferenzkurve $\overline{EU}_B^1$).

Das trennende Gleichgewicht bei privater Information ist somit gegenüber dem trennenden Gleichgewicht bei öffentlicher Information nach dem Pareto-Kriterium **unterlegen**, und es fragt sich, ob dieser Wohlfahrtsverlust durch eine staatliche Zwangsversicherung wenigstens teilweise wettgemacht werden kann - selbstverständlich unter der Prämisse, daß auch der Staat die Gruppenzugehörigkeit der einzelnen Bürger nicht erkennen kann, sondern nur über die Höhe der Parameter π_A, π_B und μ informiert ist.

Anhand der Abbildung 5-4 kann demonstriert werden, daß eine Pareto-Verbesserung gegenüber dem trennenden Gleichgewicht bei privater Information durch Einführung einer **staatlichen Zwangsversicherung** in der Tat möglich ist. Wegen des für alle obligatorischen Charakters muß eine kostendeckend finanzierte staatliche Krankenversicherung die versicherungstechnische Äquivalenzbedingung für die Bevölkerung insgesamt, (5.A.9), erfüllen. Graphisch bedeutet dies, daß sie durch einen Punkt auf der Geraden *PS* gekennzeichnet sein muß. Nehmen wir an, dies sei Punkt *X*, d.h. die Beitragshöhe betrage P_X und die Leistung an alle Erkrankten I_X.

Ist der Abschluß privater Versicherungsverträge weiterhin erlaubt, so stellt Punkt *X* für beide Risikogruppen die neue "Anfangsausstattung" dar, von der die Budgetlinien für versicherungstechnisch äquivalente Verträge mit den Steigungen $-(1-\pi_A)/\pi_A$ bzw. $-(1-\pi_B)/\pi_B$ (also Gerade *XC* für *A*-Angehörige und *XG* für *B*-Angehörige) ausgehen. *B*-Mitglieder kommen durch eine solche **private Zusatzversicherung** auf Punkt *G*, in dem wiederum der Konsum in beiden Gesundheitszuständen gleich hoch ist. Jedoch liegt *G* auf einer höheren Indifferenzkurve als *Q*, weil der staatlich angebotene Teil der Krankenversicherung für diese Gruppe zu günstigeren Konditionen erhältlich ist als der private.

Abb. 5-4: Pareto-Verbesserung durch staatliche Zwangsversicherung und trennende Verträge

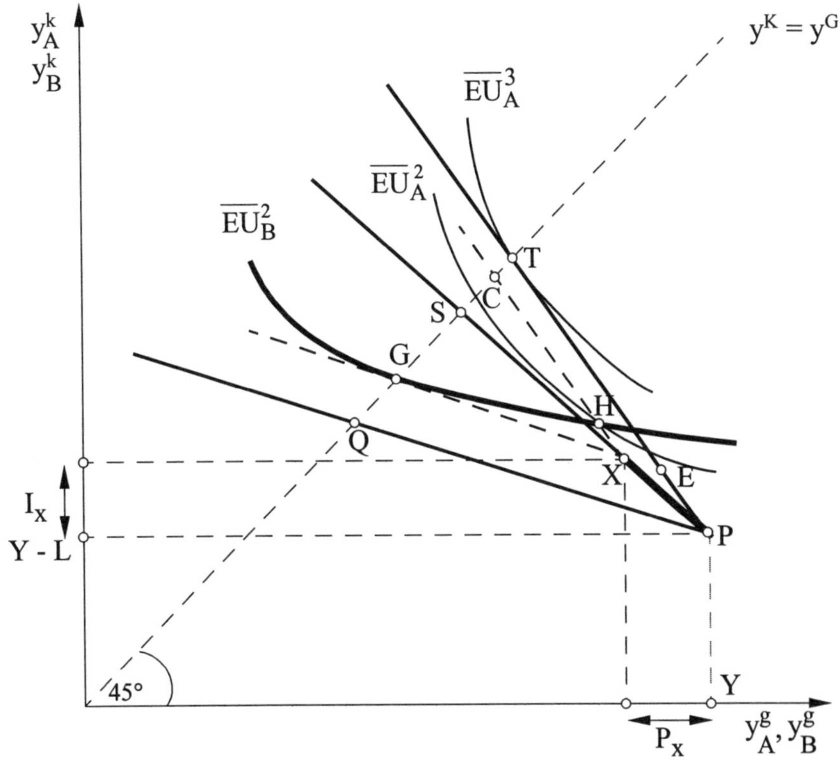

Mit der gleichen Begründung wie zuvor (bei Abwesenheit einer staatlichen Zwangsversicherung) ist für *A*-Mitglieder eine private Versicherung auf der Geraden *XC* rechts unterhalb von Punkt *H* zulässig, der auf derselben Indifferenzkurve für *B*-Mitglieder liegt wie Punkt *G*. Falls Punkt *H*, wie in Abbildung 5-4 eingezeichnet, auf einer höheren Indifferenzkurve für *A*-Mitglieder liegt als Punkt *E*, der einen entsprechenden Vertrag im trennenden Gleichgewicht ohne Staatseingriffe symbolisiert, so bringen diese eine **Pareto-Verbesserung** mit sich.

Ökonomisch kann man sich diese Pareto-Verbesserung wie folgt plausibel machen: "Schlechte Risiken" (Gruppe *B*) profitieren davon, daß für den obligatorischen Teil der Versicherung - symbolisiert durch die Strecke *PX* - ein Einheitstarif berechnet wird, in dem sie von den "guten Risiken" subventioniert werden.

"Gute Risiken" bezahlen zwar für den ersten Teil ihres Versicherungsschutzes (*PX*) eine etwas höhere als die äquivalente Prämie; zusätzlich können sie aber die Menge *XH* privat hinzukaufen, ohne daß die Konditionen durch den Verkauf der gleichen Versicherung an *B*-Mitglieder verdorben werden. Das Gesamtausmaß ihres Versicherungsschutzes steigt dadurch von *PE* auf *PH*. Bei genügend großer Risikoaversion kann dieser Effekt die Verschlechterung des Gesamtpreises wettmachen.

Es ist interessant festzustellen, daß in einem trennenden Gleichgewicht staatliche und private Krankenversicherungsverträge (für beide Risikogruppen) **nebeneinander** existieren. Bei heterogenem Krankheitsrisiko und privater Information sind also staatliche und private Krankenversicherungsverträge keine vollkommenen Substitute, sondern zumindest teilweise komplementär zueinander, und eine staatliche Zwangsversicherung ist dann im Vergleich zum trennenden Gleichgewicht ohne Staatseingriff keinesfalls Pareto-verbessernd, wenn sie einen 100prozentigen Versicherungsschutz gegen Krankheitskosten umfaßt.

Wir ziehen daraus die

Folgerung 5.7: Können die Individuen nicht gemäß ihres individuellen Krankheitsrisikos diskriminiert werden, so kann auf einem privaten Versicherungsmarkt höchstens ein trennendes Gleichgewicht existieren, und zwar nur dann, wenn der Anteil der "guten" Risiken nicht zu groß ist. In diesem Fall kann eine staatliche Zwangsversicherung, die nur einen Teil des Kostenrisikos abdeckt und dafür einen einheitlichen Beitrag verlangt, zu einer Pareto-Verbesserung führen. Staatliche und private Versicherung ergänzen sich also in diesem Fall.

5.6 Übungsaufgaben

Übungsaufgabe 5.1:

a) Erläutern Sie, welche Gründe für ein Markversagen auf den Märkten für Gesundheitsgüter verantwortlich sein können und wie der Staat jeweils angemessen intervenieren kann.

b) Mit welchen Argumenten kann eine Krankenversicherungspflicht überzeugend begründet werden?

c) Worauf kann die Forderung nach einer staatlichen Zwangsversicherung gestützt werden?

d) Diskutieren Sie vor dem Hintergrund einer sozialen Marktwirtschaft alternative Institutionen und Regelungen, mit denen "cream skimming" verhindert werden kann.

Übungsaufgabe 5.2:

Tab. 5.2: Existenz eines Gleichgewichts auf dem Versicherungsmarkt

	öffentliche Information	private Information
vereinendes Gleichgewicht	I	II
trennendes Gleichgewicht	III	IV

a) Treffen Sie für die in der obigen Tabelle dargestellten Situationen I bis IV Aussagen über die Existenz der jeweiligen Gleichgewichte auf dem Markt für Krankenversicherungen.

b) Beschreiben Sie die wesentlichen Eigenschaften der existierenden Gleichgewichte. Vergleichen Sie sie dabei hinsichtlich der Effizienz.

c) Welche Wirkungen können jeweils durch Einführung einer obligatorischen staatlichen Krankenversicherung erreicht werden?

5.7 Literaturhinweise

zu Kapitel 5 insgesamt:

Arrow, K.J. (1963), Uncertainty and the Welfare Economics of Medical Care, *in: American Economic Review*, 53, 941-973.

Cullis, J.G. und West, P.A. (1979), *The Economics of Health: An Introduction*. Oxford: M. Robertson, hier: Kap.2.

Culyer, A.J. (1971), The Nature of the Commodity 'Health Care' and its Efficient Allocation, in: *Oxford Economic Papers*, 23, 189-211.

McGuire, A., Henderson, J. und Mooney, G. (1988), *The Economics of Health Care: An Introductory Text*, London/New York: J. Wiley.

Pauly, M. (1978), Is Medical Care Different? Old Questions, New Answers, in: Greenberg, W. (Hrsg.), *Journal of Health Politics, Policy and Law*, 13 (2), special issue, 227-237.

Strassl, W. (1988), *Externe Effekte auf Versicherungsmärkten*, Tübingen: Mohr-Siebeck.

zu Abschnitt 5.2:

Benham, I. (1991), Licensure and Competition in Medical Markets, in: Frech, H.E. III (Hrsg.), *Regulating Doctors' Fees: Competition, Benefits and Controls under Medicare*, Washington DC: The AEI Press, 75-90.

Bernholz, P. und Breyer, F. (1984), *Grundlagen der Politischen Ökonomie*, 2.Aufl., Tübingen: Mohr-Siebeck, hier: Kap.4.

Herder-Dorneich, Ph. (1980), *Gesundheitsökonomik: Systemsteuerung und Ordnungspolitik im Gesundheitswesen*, Stuttgart: Enke.

Zweifel, P. (1988), Hospital Finance in Switzerland, in: Furubotn, E.G. und Richter, R. (Hrsg.), *Some Views on Hospital Finance: United States of America, West-Germany and Switzerland*, Center for the Study of New Institutional Economics, Saarbrücken: Occasional Papers, 1, 80-120.

zu Abschnitt 5.3:

Akerlof, G.(1970), The Market for Lemons: Qualitative Uncertainty and the Market Mechanism, in: *Quarterly Journal of Economics*, 84, 488-500.

Eckstein, Z., Eichenbaum, M. und Peled, D. (1985), Uncertain Lifetimes and the Welfare Enhancing Properties of Annuity Markets and Social Security, in: *Journal of Public Economics*, 26, 303-320.

Pauly, M. (1974), Overinsurance and Public Provision of Insurance: the Roles of Moral Hazard and Adverse Selection, in: *Quarterly Journal of Economics*, 88, 44-62.

Rothschild, M. und. Stiglitz, J. (1976), Equilibrium in Competitive Insurance Markets: An Essay in the Economics of Incomplete Information, in: *Quarterly Journal of Economics*, 90, 624-649.

zu Abschnitt 5.5:

Daten des Gesundheitswesens (1989), *Schriftenreihe des Bundesministeriums für Jugend, Familie, Frauen und Gesundheit*, Band 159, Stuttgart.

Van de Ven, W.P.M.M. und Van Vliet, R.C.J.A. (1992), How Can We Prevent Cream Skimming in a Competitive Health Insurance Market?, in: Zweifel, P. und Frech, H.E. III (Hrsg.), *Health Economics Worldwide*, Dordrecht: Kluwer, 23-46.

Wissenschaftliche Arbeitsgruppe "Krankenversicherung" (1987), *Vorschläge zur Strukturreform der Gesetzlichen Krankenversicherung*, Bayreuth: PCO Verlag.

KAPITEL 6

Optimale Ausgestaltung von Krankenversicherungsverträgen

6.1 Zur Problemstellung

Im 5. Kapitel sind eine Reihe von Gründen dafür aufgeführt und diskutiert worden, daß eine entwickelte Gesellschaft eine soziale Krankenversicherung mit Zwangsmitgliedschaft besitzen sollte. Dies bedeutet, daß die Individuen nicht vollkommen frei in ihrer Entscheidung sind, welchen Versicherungsschutz gegen Krankheitskosten sie abschließen wollen, da sie ein Mindestausmaß dieses Schutzes nicht unterschreiten dürfen.

Ein solcher Zwang läßt sich aber nur dann rechtfertigen, wenn der vom Gesetzgeber vorgeschriebene Versicherungsschutz nach Art und Umfang gewisse **Optimalitätseigenschaften** aufweist: Er muß so beschaffen sein, daß er von einem repräsentativen Individuum[1] auch freiwillig gewählt würde, falls dieses sich rational verhält und das oben beschriebene Trittbrettfahrer-Verhalten ausgeschlossen ist. Diese Überlegung motiviert die Frage nach der optimalen Struktur von Krankenversicherungs-Verträgen aus der Sicht des Versicherungsnehmers.

Bei der Behandlung dieser Frage sind nun zum einen allgemeine Erkenntnisse aus der Versicherungstheorie zu berücksichtigen, zum anderen ist jedoch auch den Spezifika des Risikos "Krankheit" Rechnung zu tragen. Davon seien hier zwei genannt.

1. ***Doppelter Verlust bei Erkrankung:*** Mit dem Eintritt einer Krankheit sind zwei verschiedenartige Verluste verbunden. Zum einen erleidet das Individuum den **finanziellen** Verlust in Höhe der Kosten der Behandlung, die die Krankheit erfordert, sowie des entgangenen Arbeitseinkommens. Darüber hinaus erleidet es den **nicht-finanziellen** Verlust an Gesundheit selbst, wenn die Krankheit so beschaffen ist, daß der Ausgangszustand nicht wieder erreicht werden kann. Krankheit ist also gleichzeitig mit einem versicherbaren und einem nicht-versicherbaren Risiko verbunden, und letzteres kann, wie wir sehen werden, Auswirkungen auf den optimalen Schutz gegen

---

1. Unter diesem Begriff kann man verschiedenes verstehen, z.B. ein Individuum mit "durchschnittlichen" Eigenschaften bezüglich seiner Präferenzen und Ausstattung oder auch ein Mitglied einer Gruppe, die die Mehrheit der Bevölkerung umfaßt.

das **versicherbare** Risiko haben.

2. ***Zweifache Ausprägung von "Moral Hazard":*** Das in der Versicherungstheorie bekannte Phänomen des "Moral Hazard" (ins Deutsche wenig treffend als "moralisches Risiko" übersetzt) kann im Fall des Krankheitsrisikos in zwei unterschiedlichen Formen auftreten. Der Begriff des **Moral Hazard** sagt aus, daß "das Bestehen einer Versicherung die Verhaltensanreize für das Individuum ändert und damit auch die Wahrscheinlichkeiten, mit denen die Versicherungsgesellschaft rechnen muß"[2]. Entscheidend dabei ist, daß die Versicherung die Aktionen des Versicherten und deren Veränderungen nicht beobachten kann ("hidden action"). Die beiden angesprochenen Formen im Falle der Krankenversicherung sind:

   a) Das Individuum kann durch Krankheitsvorbeugung bzw. durch seinen allgemeinen Lebenswandel die **Wahrscheinlichkeit** zu erkranken beeinflussen;

   b) selbst bei bereits eingetretener Erkrankung muß der damit verbundene **finanzielle Verlust** (Behandlungskosten) nicht eindeutig feststehen, da teurere und billigere Behandlungsstrategien zur Verfügung stehen.

   Im Fall a) handelt das Individuum gewissermaßen **vor der "Natur"**, dem personifizierten Zufall, also "ex ante", im Fall b) jedoch erst **nach ihr** ("ex post"). Während ein Ex-ante-Einfluß auf das Risiko durch Vorbeugung bei fast jeder Schadensart, von der Diebstahls- bis hin zur Lebensversicherung, möglich ist, ist der Ex-post-Einfluß eine **Besonderheit des Risikos "Krankheit"**. Er hängt damit zusammen, daß die Leistung der Versicherung im Schadensfall bei Vertragsabschluß nicht einfach in einem Geldbetrag ausgedrückt werden kann (z.B. dem Zeitwert eines gestohlenen Gegenstandes), sondern nur indirekt umschrieben werden kann ("die Kosten einer ausreichenden, zweckmäßigen und wirtschaftlichen Behandlung der Krankheit").

Eine der Kernfragen dieses Kapitels wird es sein, unter welchen Voraussetzungen die vollständige Abwälzung aller Kosten der Behandlung von Krankheiten vom Individuum auf die Krankenversicherung optimal ist und wann es sich lohnt, sich an diesen Kosten direkt zu beteiligen ("Selbstbeteiligung").

Dementsprechend ist dieses Kapitel gegliedert: Zunächst wird in Abschnitt 6.2 ein Überblick über denkbare und bereits erprobte Typen von Selbstbeteiligung sowie weitere Charakteristika von Krankenversicherungsverträgen gegeben. Dabei werden auch schon erste Überlegungen über die mit ihnen verbundenen Anreize bei der Nachfrage nach Gesundheitsleistungen angestellt. In den drei folgenden Abschnitten wird dann nach optimalen Formen der Krankenversicherung gefragt, und zwar in Abschnitt 6.3 für den Fall der Abwesenheit von Moral Hazard, also für eine vom Versicherten nicht beeinflußbare Schadensverteilung und in den Abschnitten 6.4 und 6.5 für den Fall des Auftretens von Moral Hazard in den beiden genannten Versionen (vgl. Abb. 6-1 für eine Übersicht über die behandelten Fälle[3]). Abschnitt 6.6 enthält einige zusammenfassende Schlußfolgerungen für die Gestaltung eines obligatorischen Krankenversicherungsschutzes.

2. Vgl. *Arrow (1970)*, S.142; Übersetzung von uns.
3. In Klammern sind die jeweiligen Abschnitte angegeben, in denen der betreffende Fall untersucht wird.

Abb. 6-1: Überblick über Annahmen in der Theorie optimaler Krankenversicherungsverträge

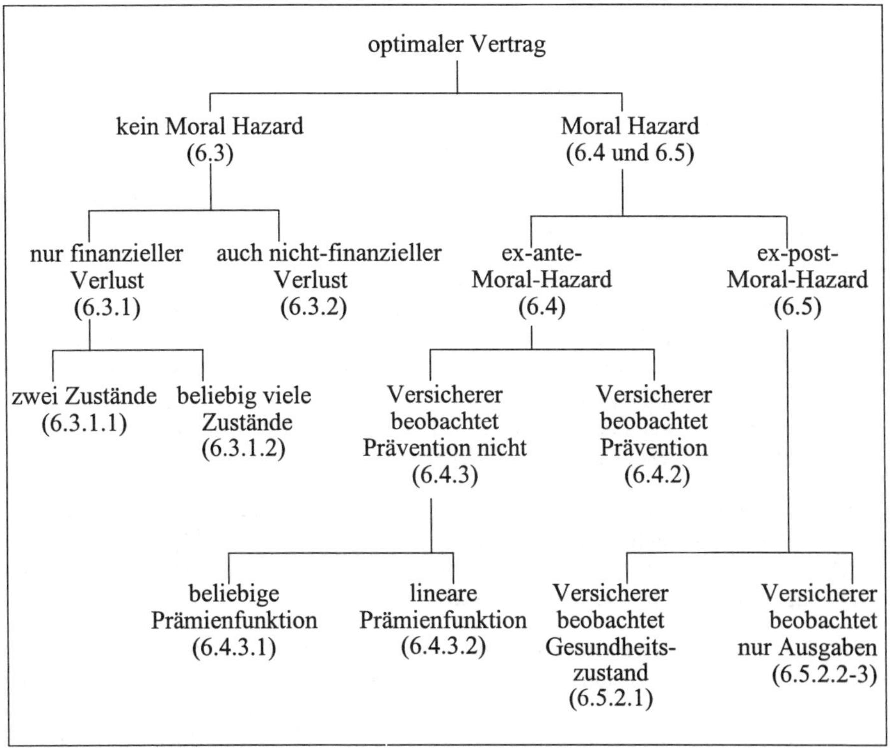

Die formalen Modelle sind - dem einführenden Charakter dieses Textes gemäß - so einfach wie möglich gehalten. So haben sie grundsätzlich **statischen** Charakter, d.h. Versicherungsabschluß, etwaige Vorbeugung und das zufällige Ereignis Krankheit spielen sich alle in derselben Periode ab. Ferner wird angenommen, daß in der betrachteten Periode nur einmal ein Schadensfall ("Erkrankung") auftreten kann. Auch wird von jeder weiteren Unsicherheit, z.B. über die Wirksamkeit von Vorbeugungs- und Behandlungsaktivitäten, abgesehen. Daher können die Modellergebnisse auch nur recht allgemeine und grundlegende Einsichten in die Struktur eines optimalen Krankenversicherungsschutzes liefern.

Als weitere grundsätzliche Annahme kommt hinzu, daß die Krankenversicherung nicht die Funktion der Einkommensumverteilung übernehmen muß. Die Versicherungsprämie steht daher für jeden Versicherten in einer wohldefinierten Beziehung zu seinen erwarteten Versicherungsleistungen.

6.2 Typen von Krankenversicherungsverträgen und ihre Anreizwirkungen

Der einfachste Versicherungstyp ist der der **Vollversicherung**. Hierbei werden dem Versicherten sämtliche Krankheitskosten von der Versicherungsgesellschaft erstattet. Gesundheitsgüter haben für ihn daher einen effektiven Preis von Null, und er hat einen Anreiz, soviel davon nachzufragen, bis sein Grenznutzen ebenfalls auf Null gefallen ist ("Sättigungsmenge").

Abweichungen von der Vollversicherung können sich (1) auf die Art des in Anspruch genommenen Gesundheitsgutes, (2) auf die Person des Leistungserbringers und (3) auf die Höhe der Erstattung durch die Versicherung beziehen.

(1) Eine Differenzierung der Versicherungsleistung nach der **Art des medizinischen Gutes** kann folgende Formen annehmen:

a) ***Beschränkungen bezüglich der globalen Leistungskategorie*** (stationäre, ambulante bzw. zahnärztliche Behandlung): So sind in der privaten Krankenversicherung separate Verträge nach Leistungskategorien üblich, in den USA deckten in der Vergangenheit viele Verträge nur Krankenhausbehandlung ab, und in der Schweiz ist zahnärztliche Behandlung nicht Gegenstand der sozialen Krankenversicherung. Solche Versicherungen bringen den Anreiz mit sich, wo irgend möglich, nicht versicherte Leistungsarten durch versicherte zu substituieren;

b) ***selektive Ausschlüsse:*** Üblicherweise werden sog. "Bagatellarzneimittel" und nicht anerkannte Behandlungsmethoden von der Versicherung ausgeschlossen. Damit entsteht auch ein Anreiz, z.B. nicht erstattungsfähige Medikamente durch erstattungsfähige mit vergleichbarer Wirkung zu ersetzen.

(2) Der Versicherungsvertrag kann vorsehen, daß eine Kostenerstattung nur dann gewährt wird, wenn die Leistung **bei einem bestimmten Anbieter** oder einer Gruppe von Anbietern in Anspruch genommen wird. So finanziert die gesetzliche Krankenversicherung in Deutschland (GKV) ärztliche Behandlung nur bei zugelassenen Kassenärzten. Ebenso ist es denkbar, daß eine Krankenkasse fest angestellte Ärzte zur ausschließlichen Behandlung ihrer Versicherten beschäftigt[4], deren Arztwahl also eingeschränkt ist. Damit wird dem Umstand Rechnung getragen, daß der Patient über seine Nachfrage nach medizinischer Behandlung nicht allein entscheidet, sondern zumindest im Zusammenwirken mit dem Arzt, so daß Anreize zu sparsamer Inanspruchnahme von Gesundheitsleistungen nicht allein beim Patienten ansetzen sollten (vgl. hier Kap. 7).

(3) Schließlich können sich Differenzierungen bezüglich der **Höhe der Versicherungsleistungen** alternativ a) auf die Menge der in Anspruch genommenen Leistung, b) auf ihren Preis oder c) auf das Produkt aus Menge und Preis, also die Ausgaben insgesamt beziehen:

---

4. Dies entspricht in etwa dem Modell der Health Maintenance Organisation (HMO) in den USA, deren Ärzte ein Gehalt und eine Gewinnbeteiligung erhalten, vgl. Kapitel 8.

a) Beschränkungen bezüglich der **Menge** einer bestimmten medizinischen Leistung pro Zeiteinheit sind z.B. bei psychotherapeutischen Behandlungen oder bei Brillengestellen üblich.

b) Beschränkungen bezüglich des **Preises** können beispielsweise in der Anwendung von Gebührenordnungen bestehen, durch die die Erstattung pro Einheit der medizinischen Leistung limitiert wird. Eine ähnliche Funktion haben die 1989 in der Gesetzlichen Krankenversicherung der Bundesrepublik (GKV) eingeführten Festbeträge für wirkstoffgleiche Arzneimittel, durch die ebenfalls der erstattungsfähige Preis festgelegt wird, während der darüber hinausgehende Betrag vom Patienten aus eigener Tasche bezahlt werden muß. Sie bringen zwar den Anreiz mit sich, Angebote wahrzunehmen, die sich im Preislimit befinden, wirken sich jedoch - falls dies getan wird - nicht auf die mengenmäßige Inanspruchnahme aus.

   Die Erhebung einer **absoluten Gebühr pro Leistungseinheit** (z.B. die feste Gebühr je Verordnung auf Rezepten) führt ebenfalls einen von Null verschiedenen Effektivpreis für den Patienten ein, wirkt aber bezüglich des Anreizes genau umgekehrt, da er hier umso mehr zahlen muß, je größer die von ihm bezogene Menge ist, während der Preis keine Rolle spielt.

c) Beschränkungen bezüglich der **Ausgaben** stellen den allgemeinsten Fall dar, der meistens gemeint ist, wenn von "Selbstbeteiligung der Versicherten an den Krankheitskosten" die Rede ist. Dies ist wiederum in vielfältigen Formen verbreitet bzw. denkbar:

   1. **proportionale Selbstbeteiligung:** Hier trägt der Versicherer generell einen Anteil k $(0 < k < 1)$ aller Behandlungskosten, der Anteil $(1-k) = c$ ("Selbstbeteiligungssatz") wird vom Patienten getragen. Dadurch ist der Effektivpreis der Behandlung für den Versicherten gleich dem Anteil c des vom Leistungsanbieter erhobenen Preises, und entsprechend nimmt mit steigendem Selbstbeteiligungssatz sein Interesse an sparsamer Inanspruchnahme zu. Die schweizerischen Krankenkassen etwa sind gesetzlich verpflichtet, für ambulante medizinische Behandlung einen Satz von 10 Prozent ($c = 0{,}1$) zu erheben.

   2. **absoluter Selbstbehalt pro Abrechnungszeitraum:** Hierbei trägt der Versicherte die ersten x Geldeinheiten (GE) seiner gesamten Gesundheitsausgaben pro Periode (Quartal oder Jahr) aus eigener Tasche. Der Effektivpreis für ihn ist also bei relativ geringen Gesamtausgaben (bis zu x GE) genauso hoch wie der Anbieterpreis, oberhalb dieser Schwelle jedoch gleich Null. Erwartet ein Versicherter, die Schwelle im Laufe der Periode ohnehin zu überschreiten, ist der Anreiz zum sparsamen Leistungskonsum von vornherein unwirksam. Dennoch ist diese Form der Kostenbeteiligung ("Jahresfranchise") bei den schweizerischen Krankenkassen wegen ihrer unmittelbaren Entlastungswirkung verbreitet.

   3. **Obergrenzen** der Versicherungsleistungen pro Periode haben die gerade entgegengesetzte Anreizwirkung, sind aber nur wenig verbreitet, da sie den Versicherungseffekt genau in den Situationen einschränken, in denen er am mei-

sten benötigt wird, nämlich bei existenzbedrohenden Krankheitskosten. Dennoch sehen z.B. in den USA viele Versicherungsverträge Obergrenzen für die Versicherungsleistung über die gesamte Lebensdauer des Versicherten vor, die typischerweise zwischen 250.000 und 1 Mio. $liegen.

4. Einen Grenzfall dieser Kategorie c) stellt der sogenannte **Indemnitätstarif** dar, bei der die Versicherungsleistung überhaupt nicht an die Behandlungskosten geknüpft ist, sondern lediglich an die Krankheit selbst und in einer nach Krankheitsart differenzierten Pauschalzahlung besteht. In diesem Fall bleiben sämtliche preislichen Anreize für den Versicherten voll intakt, da die Eigenbeteiligung an den Krankheitskosten 100% ausmacht, sobald sie die Pauschale übersteigen.

Natürlich sind auch Varianten dieser "reinen" Selbstbeteiligungsformen denkbar, z.B. eine nach der Ausgabenhöhe gestaffelte (also über- oder unterproportionale) Selbstbeteiligung, oder auch Mischformen, z.B. ein pauschaler Selbstbehalt, gekoppelt mit einer proportionalen Selbstbeteiligung an den darüber hinausgehenden Ausgaben.

Neben diesen Differenzierungen auf der Ebene der Versicherungsleistung können auch Anreize durch die Gestaltung der Versicherungsprämie vermittelt werden. Den einfachsten Fall stellt die **Beitragsrückerstattung** ("Bonus") in Höhe von x GE bei Nichtinanspruchnahme der Versicherung dar. Diese braucht jedoch nicht näher betrachtet zu werden, da sie sich in dem hier betrachteten einfachen Modell mit nur einer Zeitperiode und voll rationalem Verhalten in ihren Anreizwirkungen nicht von einem pauschalen Selbstbehalt in gleicher Höhe unterscheidet[5]. Daneben kann die Prämie jedoch auch nach bestimmten verhaltensrelevanten Merkmalen des Versicherten differenziert sein, wie z.B. nach seinem Körpergewicht oder seinen Rauchgewohnheiten, wodurch Anreize vermittelt werden, die betreffenden gesundheitsschädlichen Verhaltensweisen aufzugeben und damit das Entstehen von Krankheiten zu bekämpfen.

6.3 Optimaler Versicherungsschutz bei Abwesenheit von Moral Hazard

In diesem Abschnitt wird das Phänomen des Moral Hazard noch ausgeklammert: Der finanzielle (und gegebenenfalls auch nicht-finanzielle) Schaden aus Krankheit habe den Charakter einer reinen Zufallsvariablen, auf deren Verteilung das betrachtete Individuum keinen Einfluß habe. Weder könne es durch Vorbeugung die Krankheitswahrscheinlichkeit herabsetzen noch bei eingetretener Krankheit die Höhe der Behandlungskosten beeinflussen. Wegen dieser einschränkenden Annahmen können die Aussagen aus den hier behandelten Modellen lediglich einen ersten Anhaltspunkt liefern, der vornehmlich als

5. Die Erfahrung der Versicherer zeigt, daß der Erhalt der Beitragsrückerstattung für viele einen Wert an sich darstellt, so daß der Arzt hier mit einem besonderen Widerstand von seinem Patienten gegen überhöhte Rechnungen rechnen muß. Außerdem ermöglicht es die Beitragsrückerstattung, den Zeitpunkt der finanziellen Konsequenzen aus der Krankheitsperiode hinaus zu verschieben. Diese Unterschiede und mehr noch die Wirkungen dynamischer Bonussysteme, bei denen die Beitragsrückerstattung mit der Anzahl der "schadenfrei" verlaufenen Jahre zunimmt, sollen hier nicht weiter verfolgt werden; der interessierte Leser sei auf *Zweifel (1992)* verwiesen.

Vergleichsmaßstab für den Fall des Moral Hazard (Abschnitte 6.4 und 6.5) dienen wird.

6.3.1 Rein finanzielle Krankheitsfolgen

Eine weitere einschränkende Annahme ist, daß medizinische Behandlung die immateriellen Folgen einer Erkrankung vollkommen beseitigen kann, die verbleibenden Nachteile also ausschließlich finanzieller Art sind und durch die Höhe der "Krankheitskosten" M ausgedrückt werden können. Dies ist eine Zufallsvariable, weil ihr Wert zu Beginn der Periode noch nicht feststeht. Bezeichne ferner Y das Einkommen des betrachteten Individuums und y sein für den Konsum **verfügbares Einkommen**. Dann ergibt sich dieses bei Abwesenheit einer Krankenversicherung durch die Gleichung

$$y = Y - M \tag{6.1}$$

und ist damit selbst eine Zufallsvariable. Ein **Versicherungsvertrag** ist allgemein gekennzeichnet durch die von der Höhe des Schadens M abhängige **Versicherungsleistung** $I(M)$ und die **Prämie** P. Bei Existenz einer Krankenversicherung modifiziert sich also (6.1), die Bestimmungsgleichung für das verfügbare Einkommen, zu

$$y = Y - P - M + I(M) \ . \tag{6.2}$$

Der Nutzen des Individuums hängt in dem hier betrachteten Fall der Abwesenheit immaterieller Krankheitsfolgen nur vom Güterkonsum (und nicht vom Gesundheitszustand direkt) ab. Nimmt man die Konsumgüterpreise als konstant gegeben an und unterstellt man nutzenmaximierendes Verhalten, so kann man im Sinne der sog. indirekten Nutzenfunktion den maximal erreichbaren Nutzen u als Funktion des verfügbaren Einkommens y ausdrücken. Üblicherweise wird angenommen, daß der "Grenznutzen des Einkommens" positiv, aber abnehmend ist, d.h. die Funktion u habe die Eigenschaften

$$u = u(y), \quad u'(y) > 0, \quad u''(y) < 0 \ . \tag{6.3}$$

Die letztgenannte Eigenschaft ("strenge Konkavität") bedeutet, daß das Individuum **risikoscheu** ist (vgl. Abschnitt 2.3.2.2.2 für eine Definition von risikoscheu).

Schließlich wird unterstellt, daß das Individuum das Ziel verfolgt, seinen **erwarteten Nutzen**, $EU \equiv E[u(y)]$, zu maximieren. Das Symbol E bezeichnet dabei den Erwartungswert, der sich ergibt, wenn man die bei den einzelnen Ausprägungen der Zufallsvariablen y_s sich ergebenden Nutzenwerte u mit den zugehörigen Eintrittswahrscheinlichkeiten π_s multipliziert und davon die Summe bildet:

$$EU = \sum_{s=1}^{S} \pi_s \cdot u(y_s) \ . \tag{6.4}$$

Tabelle 6.1 gibt einen Überblick über das im folgenden behandelte Modell.

Tab. 6.1: Das Grundmodell der optimalen Krankenversicherung bei Abwesenheit von Moral Hazard

$$y = Y - P - M + I(M) \tag{6.2}$$

$$\begin{aligned} EU(I) &= EU\{y(I)\} \\ &= \pi \cdot u[Y - P(I) - L + I] + (1-\pi) \cdot u[Y - P(I)] \end{aligned} \tag{6.6}$$

$$\frac{dEU}{dI} = \pi \cdot \{1 - P'[I°]\} \cdot u'\{Y - P[I°] - L + I°\} - (1-\pi) \cdot P'[I°] \cdot u'\{Y - P[I°]\} \begin{cases} \leq 0 & \text{falls } I° = 0 \\ = 0 & \text{falls } 0 < I° < L \\ \geq 0 & \text{falls } I° = L \end{cases} \tag{6.7}$$

$$P(I) = P^n(I) + C(I) = C_0 + \mu \cdot \pi + (1+\lambda) \cdot \pi \cdot I \tag{6.10}$$

y:	verfügbares Einkommen des Individuums
Y:	Brutto-Einkommen
M:	Krankheitskosten (allgemein)
L:	Betrag der Krankheitskosten im Zustand der Krankheit
π:	Wahrscheinlichkeit krank zu sein
$u(y)$:	Nutzen des Individuums
EU:	Erwartungswert des Nutzens
I:	Versicherungsleistung
P:	Versicherungsprämie
P^n:	Nettoprämie, Erwartungswert der Versicherungsleistung
$C(I)$:	Kostenaufschlag auf die Nettoprämie in Abhängigkeit von I
C_0:	Fixkosten für Verwaltung
λ:	proportionaler Aufschlag auf die Nettoprämie
μ:	variable Kosten für Abwicklung von Schäden

6.3.1.1 Ein Modell mit nur zwei Gesundheitszuständen

Im einfachsten Fall können nur zwei verschiedene Gesundheitszustände auftreten: Mit der Wahrscheinlichkeit π $(0 \leq \pi \leq 1)$ werde das Individuum krank, und die Behandlungskosten M nehmen den Wert L an, mit der Wahrscheinlichkeit $1-\pi$ bleibe es gesund, und es gelte $M = 0$. Folglich lassen sich alle denkbaren Versicherungsverträge durch nur zwei Parameter kennzeichnen: die (in jedem Fall zu zahlende) Prämie P und die Versicherungsleistung im Krankheitsfall I $(0 \leq I \leq L)$.

Man kann I auch als Anteil von L ausdrücken und diesen Wert $k = I/L$ als "Erstattungssatz" der Versicherung interpretieren. Umgekehrt stellt $c = 1-k = (L-I)/L$ den "**Selbstbeteiligungssatz**" dar.

Die zu zahlende Prämie P wird ihrerseits von der Versicherungsleistung I abhängen:

$$P = P(I) \tag{6.5}$$

Aus diesem Grunde läßt sich unter Verwendung der Gleichung (6.2) in den beiden Zuständen "krank" $(L > 0, I > 0)$ und "gesund" $(M = 0, L = 0, I = 0)$ der Erwartungsnutzen EU in Abhängigkeit von I ausdrücken:

$$\begin{aligned} EU(I) &= EU\{y(I)\} \\ &= \pi \cdot u[Y-P(I)-L+I] + (1-\pi) \cdot u[Y-P(I)]. \end{aligned} \tag{6.6}$$

Die Wahl einer optimalen Krankenversicherung reduziert sich in diesem einfachen Fall auf die Wahl des Wertes von I, der den Erwartungsnutzen EU in (6.6) maximiert und der hier mit dem Symbol $I°$ (Optimum **ohne** Moral Hazard) gekennzeichnet wird. Eine notwendige Bedingung hierfür erhält man nach dem Kuhn-Tucker-Theorem[6] aus der ersten Ableitung von EU:

$$\begin{aligned} \frac{dEU}{dI} &= \pi \cdot \{1-P'[I°]\} \cdot u'\{Y-P[I°]-L+I°\} \\ &\quad - (1-\pi) \cdot P'[I°] \cdot u'\{Y-P[I°]\} \begin{cases} \leq 0 & \text{falls } I° = 0 \\ = 0 & \text{falls } 0 < I° < L \\ \geq 0 & \text{falls } I° = L \end{cases} \end{aligned} \tag{6.7}$$

Die Abbildung 6-2 illustriert, warum die notwendige Bedingung 1. Ordnung in einem inneren Optimum ($I°$ strikt zwischen 0 und L) anders aussieht als in einem Optimum am linken ($I° = 0$) oder rechten ($I° = L$) Rand des zulässigen Bereichs.

Man erkennt sofort, daß die Lösung dieser Gleichung, $I°$, außer von der Gestalt der Nutzenfunktion u auch vom Verlauf der Prämienfunktion $P(I)$ beeinflußt wird. Daher wollen wir im folgenden einige plausible Annahmen über die Prämie treffen: Unterstellt man

6. Vgl. z.B. *Böhm (1982)*, Abschnitt 5.2.

Abb. 6-2: Typen von Optima unter der Nebenbedingung $0 \leq I^0 \leq L$

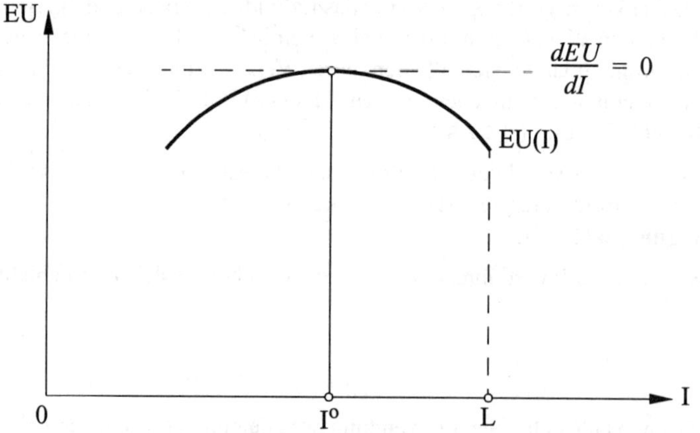

(a) Inneres Optimum: $0 < I^o < L$

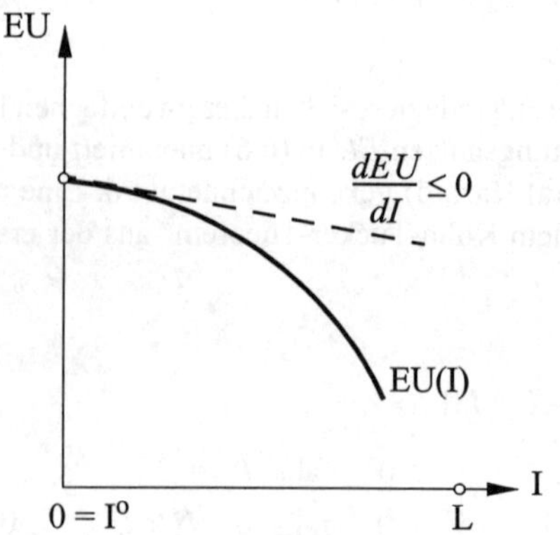

(b) Randoptimum: $I^o = 0$

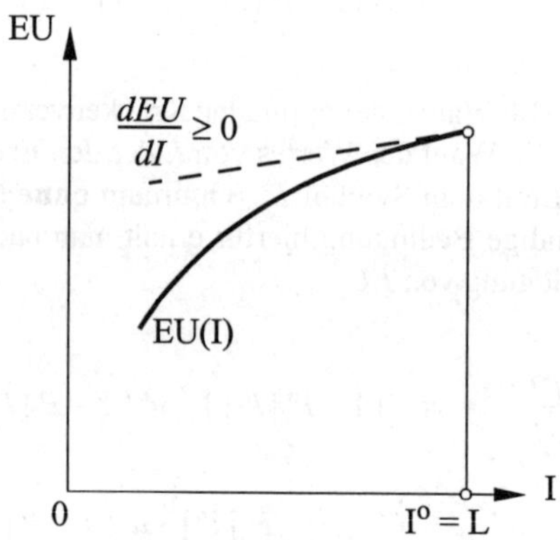

(c) Randoptimum: $I^o = L$

im Sinne einer sozialen Krankenversicherung einen nicht-gewinnorientierten Versicherungsanbieter, so muß die Prämie zum einen die (im Mittel) **erwarteten** Versicherungsleistungen, zum anderen die entstehenden Verwaltungskosten abdecken. Für die erste Komponente,

$$P^n(I) = E\{I(M)\} = \pi \cdot I, \tag{6.8}$$

ist der Begriff **"Nettoprämie"** gängig. Bezüglich der Verwaltungskosten C kann man unterstellen, daß sie ihrerseits in drei Komponenten zerfallen, von denen die erste (C_0) fix ist ("Kosten des Vertragsabschlusses"), die zweite (μ) proportional zur Wahrscheinlichkeit des Eintritts des Versicherungsfalls ("Schadensabwicklungskosten") und die dritte (λ) proportional zur Nettoprämie (z.B. Risikozuschlag oder Provisionen):

$$C(I) = C_0 + \mu \cdot \pi + \lambda \cdot \pi \cdot I, \qquad C_0, \mu, \lambda \geq 0 . \tag{6.9}$$

Für die Gesamtprämie ergibt sich deshalb:

$$P(I) = P^n(I) + C(I) = C_0 + \mu \cdot \pi + (1 + \lambda) \cdot \pi \cdot I . \tag{6.10}$$

Die Bruttoprämie nimmt für Schäden mit strikt positiver Eintrittswahrscheinlichkeit ($\pi > 0$) mit einem Ausbau der Versicherungsleistung zu:

$$P'(I) = (1 + \lambda) \cdot \pi > 0 . \tag{6.11}$$

Man nennt eine Versicherung "fair", wenn die Prämie mit der Nettoprämie übereinstimmt, d.h. wenn die Verwaltungskosten Null sind. Sie heißt "marginal fair", wenn der Kostenaufschlag nicht mit der erwarteten Auszahlung zunimmt, d.h. wenn $\lambda = 0$ ist.

Wir konzentrieren uns im folgenden auf die Frage, unter welchen Bedingungen eine **vollständige Erstattung** aller Krankheitskosten, also die Wahl von $I° = L$ optimal ist. Einsetzen dieses Werts in die Optimalitätsbedingung (6.7) und Ordnen der Terme mit $P'(L)$ ergibt die Ungleichung

$$\{\pi - P'[L]\} \cdot u'[Y - P[L]] \geq 0 . \tag{6.12}$$

Da u' wegen (6.3) immer positiv ist, wird daraus unter Verwendung von (6.11)

$$\pi - (1 + \lambda) \cdot \pi \geq 0 . \tag{6.13}$$

Diese Bedingung ist genau dann erfüllt, wenn $\lambda \leq 0$.

Die notwendige Bedingung (6.7) für einen optimalen Versicherungsschutz ist also im Falle der Vollversicherung genau dann erfüllt, wenn **keine** zur erwarteten Auszahlung proportionalen Kosten auftreten, d.h. wenn die Versicherung marginal fair ist.

Die Erfüllung der Marginalbedingung (6.7) besagt jedoch strenggenommen nur, daß das Individuum seinen Erwartungsnutzen nicht steigern kann, wenn es den Versicherungsschutz I geringfügig senkt. Damit Vollversicherung die (global) beste Lösung ist, muß **zusätzlich sichergestellt** sein, daß der Erwartungsnutzen hier mindestens so hoch ist wie bei Verzicht auf Versicherung. Es muß also gelten:

$$EU[I = L] \geq EU[I = 0] \quad \text{oder}$$

$$u[Y - P[L]] = u[Y - (C_0 + \mu\pi + \pi L)] \geq \pi \cdot u[Y - L] + (1 - \pi) \cdot u[Y] \ . \qquad (6.14)$$

Aus der Definition der Risikoscheu in (6.3) folgt unmittelbar, daß das Individuum eine **faire** Versicherung immer gegenüber der Alternative "keine Versicherung" vorzieht, d.h. es gilt

$$u[Y - \pi L] > \pi \cdot u[Y - L] + (1 - \pi) \cdot u[Y] \ . \qquad (6.15)$$

Ein Vergleich von (6.15) mit (6.14) ergibt daher, daß auf Versicherung umso eher **verzichtet** wird,

- je größer der Fixkosten-Parameter C_0 ist,
- je größer die Schadenseintrittswahrscheinlichkeit π (bei $\mu > 0$) ist.

Das letzte Ergebnis mag auf den ersten Blick überraschen. Jedoch sollte man sich überlegen, daß - bei gleichem erwarteten Schaden - die Abdeckung eines kleinen, aber ziemlich wahrscheinlichen Schadens für den Versicherten teurer ist als die eines hohen, aber sehr unwahrscheinlichen Schadens, wenn die Versicherung für die Schadenseinreichung eine fixe Gebühr erhebt.

Wir fassen die Ergebnisse aus diesem einfachen Modell zusammen in der

Folgerung 6.1: Bei Abwesenheit von Moral Hazard

- besteht eine notwendige Bedingung für die Wahl eines 100%igen Versicherungsschutzes darin, daß die angebotene Versicherung **marginal fair** ist, d.h. daß die Prämie neben der erwarteten Versicherungsleistung ("Nettoprämie") keinen Aufschlag enthält, der zu ihr proportional ist; andernfalls wird generell eine positive Selbstbeteiligung gewählt,
- besteht eine hinreichende Bedingung für die Wahl eines 100%igen Versicherungsschutzes darin, daß die **Versicherung fair** ist, d.h. daß die Prämie mit der Nettoprämie übereinstimmt,
- ist der vollständige **Verzicht auf eine Absicherung** des Krankheitskostenrisikos umso eher optimal, je größer die konstanten Kosten der Versicherung (Abschlußgebühr und Schadenseinreichungsgebühr) und je größer die Wahrscheinlichkeit der Krankheit ist.

6.3.1.2 Ein Modell mit beliebig vielen Gesundheitszuständen

Wir wenden uns nun dem realistischeren Fall zu, daß es viele verschiedene Gesundheitszustände gibt und daher die Krankheitskosten M irgendeinen beliebigen nichtnegativen Wert annehmen können. Modellmäßig kann man diesen Fall auf zweierlei Weise abbilden:

a) M ist eine stetig verteilte Zufallsvariable mit bekannter Dichtefunktion $f(M)$,

b) M kann endlich viele Werte M_s ($s = 1,..., S$) mit gegebenen positiven Wahrscheinlichkeiten π_s annehmen (darunter auch den Wert Null).

Fall a) ist ein Grenzfall von b), wenn die Anzahl S der möglichen Zustände (und daher Kostenwerte) gegen unendlich geht. Da aber Geldbeträge nicht beliebig teilbar sind und es obendrein eine Obergrenze für die Krankheitskosten eines Individuums geben wird (z.B. das Bruttosozialprodukt seines Landes), ist die Modellierung b) realitätsgerecht. Zudem erlaubt sie die Anwendung der Lagrange-Methode anstelle der mathematisch anspruchsvolleren Kontrolltheorie, ohne daß sich die Ergebnisse substantiell unterscheiden würden.

Die Versicherungsgesellschaft biete dem Individuum an, für jede Schadenhöhe M_s eine Erstattung I_s frei zu vereinbaren, wobei lediglich die Restriktion

$$0 \leq I_s \leq M_s \qquad \text{für } s = 1,\ldots, S \tag{6.16}$$

zu beachten ist. Mit jedem Vektor $(I_1,\ldots, I_S)$ ist eine entsprechende Prämienhöhe P verbunden, wobei vereinfachend angenommen wird, daß P proportional zur Nettoprämie, also zum Erwartungswert der Versicherungsleistung sei:

$$P = (1+\lambda) \cdot E(I_s) = (1+\lambda) \cdot \sum_{s=1}^{S} \pi_s \cdot I_s \qquad (\lambda \geq 0). \tag{6.17}$$

Hierbei gilt wiederum, daß die Versicherung im Falle $\lambda = 0$ fair ist. Man beachte ferner, daß $P = 0$ ist, wenn **keine** Versicherung gekauft wird, d.h. wenn alle I_s Null sind.

Die zu maximierende Erwartungsnutzen-Funktion des Individuums lautet dann in Analogie zu den Gleichungen (6.2) und (6.4):

$$EU = E[u(y)] = \sum_{s=1}^{S} \pi_s \cdot u[Y - M_s + I_s - P]. \tag{6.18}$$

Die Lagrange-Funktion für dieses Maximierungsproblem mit den Entscheidungsvariablen $I_1,\ldots,I_S$, P und dem Lagrange-Multiplikator μ für die Nebenbedingung (6.17) lautet:

$$\Phi = \sum_{s=1}^{S} \pi_s \cdot u(Y - M_s + I_s - P) + \mu \cdot \left\{ P - (1+\lambda) \cdot \sum_{s=1}^{S} \pi_s \cdot I_s \right\} . \tag{6.19}$$

Wegen der Bedingung (6.16) für die I_s ist das Kuhn-Tucker-Theorem anzuwenden, und daher lauten die notwendigen Bedingungen erster Ordnung:

$$\frac{\partial \Phi}{\partial I_s} = \pi_s \cdot u'[Y - M_s + I_s - P] - \mu \cdot (1+\lambda) \cdot \pi_s \begin{cases} \leq 0 & \text{falls } I_s = 0 \\ = 0 & \text{falls } I_s > M_s \\ \geq 0 & \text{falls } I_s = M_s \end{cases} \tag{6.20}$$

$$(s = 1, \ldots, S)$$

$$\frac{\partial \Phi}{\partial P} = -\sum_{s=1}^{S} \pi_s \cdot u'[Y - M_s + I_s - P] + \mu \qquad \begin{cases} \leq 0 & \text{falls } P = 0 \\ = 0 & \text{falls } P > 0 . \end{cases} \tag{6.21}$$

Seien nun s und t zwei Zustände mit positiver Versicherungsleistung ($I_s > 0, I_t > 0$), so folgt wegen der Annahme $\pi_s > 0, \pi_t > 0$ aus (6.20):

$$u'[Y - M_s + I_s - P] = \mu \cdot (1+\lambda) = u'[Y - M_t + I_t - P] . \tag{6.22}$$

Wegen der strengen Konkavität der Nutzenfunktion ($u'' < 0$) können jedoch die Grenznutzen in zwei Zuständen s, t nur dann übereinstimmen, wenn die verfügbaren **Einkommen y_s, y_t selbst übereinstimmen:**

$$y_s \equiv Y - M_s + I_s - P = Y - M_t + I_t - P \equiv y_t \tag{6.23}$$

und daher

$$M_s - I_s = M_t - I_t \equiv D . \tag{6.24}$$

Die Größe D entspricht der vom Versicherten selbst zu tragenden Differenz zwischen Krankheitskosten und Versicherungsleistung und ist in allen Zuständen mit positiver Versicherungsleistung gleich groß. Wegen (6.16) gilt überdies $D \geq 0$. Aus (6.24) folgt für den Vektor $I°$ der optimalen Auszahlungen allgemein: Es gibt eine Zahl D ($D \geq 0$), so daß

$$I_s^\circ = \begin{cases} M_s - D & \text{falls } M_s > D \\ 0 & \text{sonst.} \end{cases} \tag{6.25}$$

Abb. 6-3: Versicherungsleistung (*I*) und verfügbares Einkommen (*y*) im Falle eines Selbstbehalts (*D*)

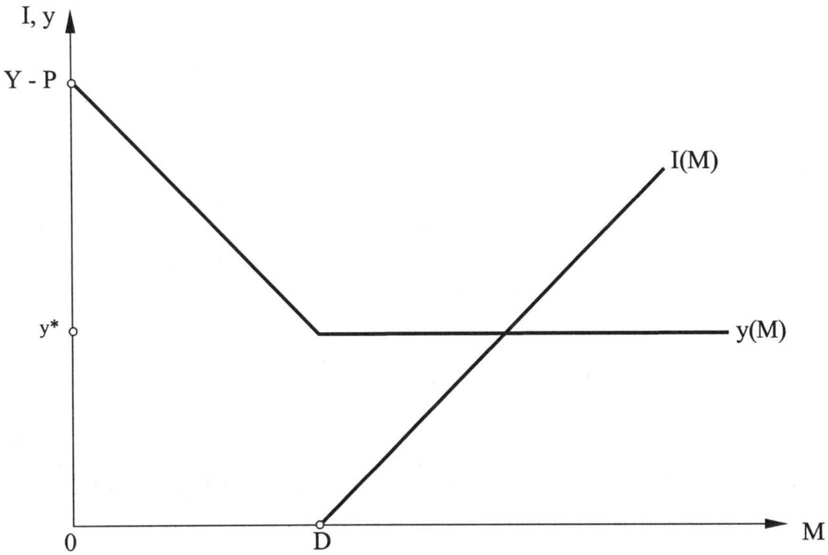

Die Größe D kann dabei als pauschaler **Selbstbehalt** (engl. "deductible") bezeichnet werden: Die Versicherung übernimmt alle Krankheitskosten, die über den Betrag D hinausgehen. In allen Fällen s, in denen die Krankheitskosten M_s mindestens D betragen, kommt das Individuum durch die Versicherungsleistung I_s° damit auf dasselbe verfügbare Einkommen y^*, während für $M_s < D$ die Versicherungsleistung Null ist und y_s größer ist als y^*:

$$y_s = \begin{cases} Y - P - D \equiv y^* & \text{falls } M_s \geq D\,, \\ Y - P - M_s > y^* & \text{falls } M_s < D\,. \end{cases} \tag{6.26}$$

Abbildung 6-3 stellt die Versicherungsleistung I und das verfügbare Einkommen y_s in Abhängigkeit von der Realisierung der Zufallsvariablen M_s bei Gültigkeit eines Selbstbehalt-Vertrags dar.

Während also durch eine solche Selbstbehalt-Regelung das verfügbare Einkommen durch y^* und damit auch der Nutzen durch $u\,[y^*]$ nach unten begrenzt wird, wird der Grenznutzen durch $u'\,[y^*] = \mu\,(1+\lambda)$ [vgl. Gleichung (6.22)] nach oben begrenzt, denn es folgt aus (6.20) und (6.23):

$$u'(y_s) \leq u'[y^*] = \mu \cdot (1+\lambda)\ . \tag{6.27}$$

Bedingung (6.21) impliziert jedoch, falls überhaupt eine Versicherung gekauft wird:

$$E[u'(y_s)] = \mu . \tag{6.28}$$

Der Grenznutzen des Einkommens ist also höchstens μ (bei marginal fairer Versicherung). Dies bedeutet, daß das Einkommen in keinem der betrachteten Zustände beliebig weit absinken kann - was ja auch der Effekt des Versicherungsschutzes sein müßte.

Als nächstes untersuchen wir, wie für positiven Kostenaufschlag λ der **optimale Selbstbehalt** D bestimmt wird. Dazu bezeichnen wir für gegebenes D mit $T(D) \subset \{1, \ldots, S\}$ die Menge der Zustände, für die die Krankheitskosten M_s den Selbstbehalt D übertreffen und daher die Versicherungsleistung positiv ist, und mit $T^c(D)$ die Menge aller übrigen Zustände. Der Erwartungsnutzen EU kann dann wie folgt als Funktion des Selbstbehalts ausgedrückt werden:

$$EU(D, \lambda) = \sum_{s \in T(D)} \pi_s \cdot u[y^*] + \sum_{s \in T^c(D)} \pi_s \cdot u[Y - M_s - P(D, \lambda)] . \tag{6.29}$$

Um EU bezüglich D zu maximieren, setzt man die erste Ableitung von (6.29) gleich Null und verwendet dabei (6.26):

$$\begin{aligned} \frac{\partial EU(D, \lambda)}{\partial D} &= \sum_{s \in T(D)} \pi_s \cdot u'[y^*] \cdot \{-1 - \frac{\partial P}{\partial D}\} \\ &\quad + \sum_{s \in T^c(D)} \pi_s \cdot u'[Y - M_s - P(D)] \cdot \{-\frac{\partial P}{\partial D}\} \\ &= -\frac{\partial P}{\partial D} \cdot \sum_{s=1}^{S} \pi_s \cdot u'[y_s] - \pi(T) \cdot u'[y^*] = 0 . \end{aligned} \tag{6.30}$$

Das Symbol $\pi(T)$ steht für die Gesamtwahrscheinlichkeit aller Zustände mit positiver Auszahlung:

$$\pi(T) \equiv \sum_{s \in T(D)} \pi_s . \tag{6.31}$$

Dies ist zwar auf den ersten Blick ein recht unhandlicher Ausdruck; seine ökonomische Interpretation ist aber intuitiv plausibel:[7] Erhöht der Versicherte seinen Selbstbehalt um eine (marginale) Geldeinheit, so mißt $\partial P / \partial D$ die dadurch bewirkte Prämiensenkung. Der erste Ausdruck auf der rechten Seite von (6.30) gibt den dadurch erzielbaren Nutzenge-

7. *Gould (1969,* S.145f.*)* gibt eine analoge Interpretation für die Höhe des optimalen Selbstbehalts bei stetiger Verteilung der Krankheitskosten.

winn an. Demgegenüber steht der Nutzenverlust $u'[Y-D-P]$ in allen den Fällen - deren Gesamtwahrscheinlichkeit in der zweiten Summe steht -, in denen M_s größer ist als D und der Versicherte jetzt eine Geldeinheit mehr an Selbstbehalt tragen muß. Wo sich die beiden Effekte gerade gegenseitig aufheben, ist der optimale Wert für D gefunden.

Dieses Ergebnis läßt sich präzisieren, wenn man zunächst (6.25), die Gleichung für die optimale Auszahlungsstruktur, in (6.17), die Gleichung zur Bestimmung der Prämie einsetzt:

$$P(D,\lambda) = (1+\lambda) \cdot \sum_{s \in T(D)} \pi_s \cdot (M_s - D) \ . \tag{6.32}$$

Durch partielle Ableitung dieser Gleichung nach D ermittelt man sodann, wie sich die Prämie bei einer marginalen Erhöhung des Selbstbehalts ändert:

$$\frac{\partial P}{\partial D} = -(1+\lambda) \cdot \pi(T) \ . \tag{6.33}$$

Setzt man (6.33) in (6.30) ein, so lautet die **Bedingung für den optimalen Selbstbehalt** $D°$ nach Division durch $\pi(T)$:

$$(1+\lambda) \cdot \sum_{s=1}^{S} \pi_s \cdot u'[y_s] - u'[y^*] = (1+\lambda) \cdot E[u'(y_s)] - u'[y^*] = 0 \tag{6.34}$$

Kann es vorkommen, daß der optimale Selbstbehalt $D° = 0$ ist? Wegen (6.25) würde dann $I_s = M_s$ und somit $y_s = Y - P[0]$ und $u'[y_s] = u'[Y-P[0]]$ für alle s gelten. Dann folgt aus (6.34) unmittelbar:

$$0 = u'[Y-P[0]] \cdot \{(1-\lambda) - 1\} \ . \tag{6.35}$$

Diese Gleichung kann wegen $u' = 0$ **nur** für $\lambda = 0$ erfüllt sein. Wir erhalten somit das Ergebnis, daß bei positiven Transaktionskosten **immer** auch ein positiver Selbstbehalt gewählt und damit auf Vollversicherung verzichtet wird.

Folgerung 6.2: Bei endlich vielen möglichen Gesundheitszuständen, proportionalem Kostenaufschlag und Abwesenheit von Moral Hazard ist der optimale Versicherungsvertrag durch einen festen Selbstbehalt gekennzeichnet. Dieser ist nur dann gleich Null, wenn der Kostenaufschlag Null beträgt, d.h. wenn die Versicherungsprämie "fair" ist.

Als nächstes untersuchen wir, wie sich der optimale Selbstbehalt gemäß (6.34) ändert, wenn der Kostenaufschlag λ erhöht wird. Dazu bilden wir das totale Differential der linken

Seite von (6.34) für den Fall, daß λ um $d\lambda$ erhöht wird und sich als Reaktion darauf der Optimalwert $D°$ um $dD°$ ändert. Bezeichnet das Kürzel EU_D die linke Seite von (6.30), so ergibt sich:

$$dEU_D = \frac{\partial^2 EU(\lambda, D)}{(\partial D)^2} \cdot dD° + \frac{\partial^2 EU(\lambda, D)}{\partial D \partial \lambda} \cdot d\lambda = 0, \tag{6.36}$$

da die Optimalitätsbedingung (6.34) auch nach der Erhöhung von λ noch gültig sein muß. Auflösen nach $dD°/d\lambda$ ergibt:

$$\frac{dD°}{d\lambda} = -\frac{\partial^2 EU(\lambda, D)/\partial D \partial \lambda}{\partial^2 EU(\lambda, D)/(\partial D)^2} = -\frac{\partial EU_D/\partial \lambda}{\partial EU_D/\partial D}. \tag{6.37}$$

Ferner muß, da $D°$ ein **Maximum** von EU darstellt, wegen der Bedingung 2. Ordnung der erste Bruch auf der rechten Seite von (6.36) - und damit der Nenner der rechten Seite von (6.37) - kleiner sein als Null, so daß das Vorzeichen des gesuchten Ausdrucks $dD°/d\lambda$ identisch ist mit dem Vorzeichen von $\partial EU_D/\partial \lambda$. Dieses letztere Vorzeichen läßt sich bestimmen, indem man die Gleichung (6.34) nach λ ableitet, mit dem Ergebnis

$$\frac{\partial EU_D}{\partial \lambda} = E[u'(y_s)] + \{u''[y^*] - (1+\lambda) \cdot E[u''(y_s)]\} \cdot \frac{\partial P}{\partial \lambda}. \tag{6.38}$$

Der erste Summand dieses Ausdrucks ist positiv wegen $u' > 0$. Desgleichen ist $\partial P/\partial \lambda$ positiv wegen (6.32). Fraglich ist noch das Vorzeichen des Terms in der geschweiften Klammer. Wegen $u'' < 0$ ist er immer dann positiv, wenn der Absolutbetrag von $E[u''(y_s)]$ mindestens so groß ist wie das $1/(1+\lambda)$ -fache des Absolutbetrags von $u''[y^*]$. Da $y^* \leq y_s$ gilt, ist eine hinreichende Voraussetzung hierfür $u''' \geq 0$, d.h. ein konvexer Verlauf der Grenznutzenfunktion.[8]

Wir ziehen daraus die

Folgerung 6.3: Der optimale Selbstbehalt nimmt unter recht allgemeinen Voraussetzungen zu, wenn die Versicherung sich verteuert.

6.3.2 Direkte Nutzenwirkungen der Krankheit

Im folgenden wird die restriktive Annahme aufgehoben, daß die Krankheit für das Individuum neben den Behandlungskosten keine weiteren Auswirkungen hat. Nun wird berücksichtigt, daß der Gesundheitszustand auch direkt als Argument in die Nutzenfunktion eingehen kann. Diese hängt also vom verfügbaren Einkommen y und vom

8. Die Voraussetzung $u''' > 0$ ist bei den gängigen Nutzenfunktionen $u(y) = \ln y$ und $u(y) = y^{\alpha}$ $(0 < \alpha < 1)$ erfüllt.

Gesundheitszustand G ab:

$$u = u(y, G) \ . \tag{6.39}$$

Um der Einfachheit der Darstellung willen gehen wir jedoch zu dem in Abschnitt 6.3.1.1 behandelten Fall zurück, daß der Gesundheitszustand nur zwei verschiedene Werte annehmen kann, nämlich $G = k$ ("krank") und $G = g$ ("gesund"). Anstelle von $u(y, k)$ und $u(y, g)$ kann man dann vereinfachend $u_k(y)$ und $u_g(y)$ schreiben. Die Variable G wird also in der Weise berücksichtigt, daß bei jeder ihrer beiden Ausprägungen eine andere Nutzen**funktion** gültig ist, diese Funktionen selbst aber nur vom verfügbaren Einkommen des Individuums abhängen.

Ist die Wahrscheinlichkeit der Krankheit wiederum durch die bekannte Größe π gegeben, so läßt sich der erwartete Nutzen durch

$$EU = E[u(y)] = \pi \cdot u_k(y) + (1-\pi) \cdot u_g(y) \tag{6.40}$$

ausdrücken. Wie im Modell des Abschnitts 6.3.1.1 sei Y das Bruttoeinkommen und L die Höhe der Krankheitskosten in Zustand k. Ferner sei I die vereinbarte Versicherungsleistung und $P(I)$ die zugehörige Prämie. Allerdings soll jetzt zugelassen werden, daß I auch größer sein kann als die Krankheitskosten L, da Krankheit auch einen immateriellen Schaden mit sich bringt. So könnte man eine etwaige über L hinausgehende Versicherungsleistung als "Schmerzensgeld" interpretieren.

Das Entscheidungsproblem des Individuums besteht darin, den Wert von I zu finden, der den Erwartungsnutzen

$$EU(I) = \pi \cdot u_k[Y - P(I) - L + I] + (1-\pi) \cdot u_g[Y - P(I)] \tag{6.41}$$

maximiert. Daher lautet die notwendige Bedingung erster Ordnung

$$\frac{dEU}{dI} = \pi \cdot \{1 - P'(I^\circ)\} \cdot u_k'[Y - P(I^\circ) - L + I^\circ] - (1-\pi) \cdot P'(I^\circ) \cdot u_g'[Y - P(I^\circ)]$$

$$\begin{cases} \leq 0 & \text{falls } I^\circ = 0 \\ = 0 & \text{falls } I^\circ > 0. \end{cases} \tag{6.42}$$

Diese Bedingung in Gleichungsform kann man in eine besser interpretierbare Form bringen, wenn man für die Argumente von u_k' und u_g' kurz y_k und y_g schreibt:

$$\begin{aligned}\pi \cdot u_k'[y_k] &= P'(I) \cdot \{\pi \cdot u_k'[y_k] + (1-\pi) \cdot u_g'[y_g]\} \\ &= P'(I) \cdot E[u'(y)]\,.\end{aligned} \tag{6.43}$$

Die linke Seite von (6.43) gibt den erwarteten Nutzengewinn bei Erhöhung der Erstattung I um eine (marginale) Geldeinheit an, die rechte Seite den erwarteten Nutzenverlust durch die damit verbundene Prämienerhöhung. Beide Effekte müssen sich in einem inneren Optimum gerade gegenseitig aufheben.

Hat die Prämienfunktion die [gegenüber Gleichung (6.9) etwas vereinfachte] Form

$$P(I) = C_0 + (1+\lambda) \cdot \pi \cdot I, \qquad (C_0, \lambda \geq 0) \tag{6.44}$$

so nimmt die Prämie mit der Versicherungsleistung dennoch wie in (6.11) zu:

$$P'(I) = (1+\lambda) \cdot \pi\,. > 0 \tag{6.45}$$

Somit reduziert sich (6.43) auf

$$u_k'[y_k] = (1+\lambda) \cdot \{\pi \cdot u_k'[y_k] + (1-\pi) \cdot u_g'[y_g]\} \tag{6.46}$$

bzw.

$$u_k'[y_k] \cdot \{1 - \pi \cdot (1+\lambda)\} = (1-\pi) \cdot (1+\lambda) \cdot u_g'[y_g]\,. \tag{6.47}$$

Aus dieser Bedingung lassen sich die folgenden Schlüsse für einen optimalen Krankenversicherungsschutz bei gesundheitsabhängiger Nutzenfunktion ziehen:

1. Ist die Versicherung **marginal fair**, d.h. gilt $\lambda = 0$, so reduziert sich (6.47) auf

$$u_k'[y_k] = u_g'[y_g], \tag{6.48}$$

d.h. die Versicherungsleistung wird gerade so hoch gewählt, daß der Grenznutzen des Einkommens in beiden Gesundheitszuständen **angeglichen** wird. Im Unterschied zu dem in Abschnitt 6.3.1.1 behandelten Modell bedeutet das jedoch **nicht**, daß auch das verfügbare Einkommen (durch Wahl von $I = L$) nivelliert wird, denn bei u_k und u_g handelt es sich ja um verschiedene Nutzenfunktionen. Wir können folgende weitere Unterscheidung treffen:

a) Setzt Krankheit die **Genußfähigkeit des Individuums herab**, d.h. gilt bei gleichem verfügbarem Einkommen y in beiden Zuständen $u_k'[y] < u_g'[y]$, so ist (6.48) wegen der Konkavität von u_k und u_g bei $y_k < y_g$ erfüllt, und es gilt $I° < L$:

Teilweise Versicherungsdeckung bzw. **Kostenbeteiligung** ist optimal. Man denke etwa an einen passionierten Tennisspieler, der in Zeiten der Gesundheit viel Geld für sein Hobby ausgibt. Kann er wegen Krankheit nicht spielen, so hat er keine gleichermaßen nutzenstiftende Verwendung für sein Geld, und daher ist er an einer vollkommenen Nivellierung des verfügbaren Einkommens nicht interessiert.

b) Umgekehrt ist es denkbar, daß der Grenznutzen des Einkommens im Krankheitsfall sogar **erhöht** ist, d.h. $u_k'[y] > u_g'[y]$. Dann erfordert (6.48) $y_k > y_g$ und somit $I° > L$: **Überversicherung** bzw. Vereinbarung eines **Schmerzensgeldes** ist optimal. Eine ökonomische Begründung für diesen Fall wäre, daß im Krankheitsfall ein zusätzliches Bedürfnis nach bestimmten, nicht im eigentlichen Sinne medizinischen Konsumgütern (wie z.B. einer behindertengerechten Wohnung) entsteht. Dieser Fall dürfte sogar der häufigere der beiden genannten sein.

2. Ist dagegen die Versicherung **nicht marginal fair**, d.h. gilt $\lambda > 0$, so ist (6.47) nur für $u_k'[y_k] > u_g'[y_k]$ erfüllt: Im Zustand der Krankheit verbleibt ein größerer Grenznutzen des Einkommens als bei Gesundheit. Dies wiederum bedeutet aufgrund der strikten Konkavität der Nutzenfunktionen $(u_k'', u_g'' < 0)$, daß eine **geringere** Versicherungsleistung $I°$ nachgefragt wird als im Fall marginal fairer Versicherung. Im Zusammenwirken mit dem oben genannten Fall b) kann dies jedoch gerade die volle Deckung bedeuten.

3. Alle diese Aussagen beziehen sich nur auf die notwendige Bedingung für ein **inneres** Optimum. Diese sind auch hinreichend, falls die Versicherungsprämie keine konstante Verwaltungskosten-Komponente enthält. Gilt dagegen $C_0 > 0$, so muß die aus (6.47) resultierende Lösung $I°$ noch mit dem Verzicht auf Versicherung ($I = 0$) verglichen werden. Verzicht auf Versicherung ist dabei besser falls

$$\begin{aligned} \pi \cdot u_k[Y-L] + (1-\pi)\cdot u_g[Y] \; > \; & \pi \cdot u_k[Y-L+(1-(1+\lambda)\pi)I° - C_0] \\ & + (1-\pi)\cdot u_g[Y-(1+\lambda)\pi \cdot I° - C_0]\,. \end{aligned} \tag{6.49}$$

Diese Bedingung ist umso eher erfüllt, je geringer die Krankheitskosten L und je größer die Verwaltungskosten C_0 sind.

Wir ziehen aus unseren Überlegungen die

Folgerung 6.4: Ist mit einer Krankheit außer dem finanziellen Schaden durch die Behandlungskosten noch ein immaterieller Schaden verbunden, so werden bei "fairer" Prämie zwar die Grenznutzen des Einkommens einander angeglichen; dies kann aber bedeuten, daß die Versicherungs-leistung größer oder kleiner ist als die Behandlungskosten.

6.3.3 Fazit

Auch bei Ausklammerung möglicher Anreizwirkungen des Bestehens einer Versicherung ("Moral Hazard") lassen sich zwei unabhängige Begründungen dafür anführen, daß der optimale Krankenversicherungsschutz nicht einfach die vollständige Abwälzung aller Krankheitskosten auf die Versicherung vorsieht, nämlich a) die Existenz von **Transaktionskosten** und b) die Tatsache, daß Krankheit neben finanziellen auch **immaterielle Schäden** für den Versicherten mit sich bringt.

Transaktionskosten können konstant oder von der (erwarteten) Versicherungsleistung abhängig sein. Konstante Kostenkomponenten können einen vollständigen Verzicht auf Abschluß einer Versicherung bewirken, nicht jedoch das Ausmaß des Versicherungsschutzes beeinflussen, wenn dieser überhaupt gewählt wird. Enthält die Versicherungsprämie einen proportionalen Aufschlag auf die erwartete Auszahlung, so ist es - bei Abwesenheit immaterieller Krankheitsfolgen - generell optimal, eine **Selbstbeteiligung** an den Krankheitskosten zu wählen, durch die das verfügbare Einkommen bei Krankheit geringer ist als bei Gesundheit. Allerdings verbleibt in allen den Gesundheitszuständen das gleiche verfügbare Einkommen, in denen überhaupt eine Versicherungsleistung gezahlt wird.

Bringt Krankheit dagegen außer dem materiellen auch noch einen immateriellen Schaden mit sich, d.h. verändert sie den Grenznutzen aus sonstigem Konsum, so kann bei transaktionskostenfreier Versicherung eine optimale Lösung sowohl **mehr** als auch **weniger** als die volle Abdeckung der Krankheitskosten vorsehen.

6.4 Optimaler Versicherungsschutz bei Ex-ante - Moral-Hazard

Die der Analyse in Abschnitt 6.3 zugrundeliegende Annahme, die Krankheitskosten seien eine Zufallsvariable, auf deren Verteilung das Individuum keinen Einfluß habe, ist recht unrealistisch, denn jeder weiß, daß man mit seiner Lebensweise die Wahrscheinlichkeit des Auftretens von Krankheiten und deren Verlauf beeinflussen kann. Diesem Umstand wird in dem im folgenden zu behandelnden Modell Rechnung getragen, und zwar konzentrieren wir uns auf den Fall des Moral Hazard in der Ex-ante-Version (zur Definition vgl. Abschnitt 6.1): Das Individuum könne zwar durch Vorbeugung Einfluß auf die **Wahrscheinlichkeitsverteilung** der Krankheitskosten nehmen, nach Eintritt des zufälligen Ereignisses "Krankheit" seien die Behandlungskosten jedoch eindeutig determiniert.

Ferner wird angenommen, daß Krankheitsvorbeugung zwar Geld kostet, aber davon abgesehen keine (direkten) Auswirkungen auf den Nutzen des Individuums hat. Damit sind sportliche Aktivitäten zur Gesunderhaltung, die dem einen Freude, dem anderen eine Last bedeuten, ebenso ausgeklammert wie etwa die Enthaltsamkeit vom Alkohol. Ferner schmälern diese präventiven Ausgaben das Einkommen des Versicherten im vollen Umfang und werden nicht von der Krankenversicherung übernommen. Dies kann man zum einen damit begründen, daß sie vom Individuum bewußt gewählt werden und daher keinen zufälligen Charakter haben, also kein "versicherbares Risiko" darstellen. Zum anderen werden Vorbeugungsausgaben nicht selten für Güter getätigt, die nicht ohne weiteres als Gesundheitsgüter identifizierbar sind, z.B. gesundheitsfördernde, aber teurere Reformkost oder Luftbefeuchter zur Verhütung von Atemwegserkrankungen. Eine Deckung solcher Ausgaben durch die Krankenversicherung läßt sich in der Realität nur schwer vorstellen.

Um die Analyse so überschaubar wie möglich zu halten, gehen wir wieder vom Modell des Abschnitts 6.3.1.1 aus, in dem nur zwei Gesundheitszustände ("krank" und "gesund") möglich sind. In diesem Modell könnte Krankheitsvorbeugung prinzipiell

a) auf die **Krankheitswahrscheinlichkeit** bei gleichbleibenden Kosten im Krankheitsfall oder

b) auf die Höhe der etwaigen **Krankheitskosten** L bei gleichbleibender Krankheitswahrscheinlichkeit π

wirken. Fall b) ist beim Risiko "Krankheit" jedoch wenig plausibel[9], so daß wir im folgenden Fall a) unterstellen werden: Die Krankheitswahrscheinlichkeit π sei eine Funktion der Vorbeugungsausgaben V mit den folgenden Eigenschaften:

$$\pi = \pi(V) \quad \text{mit} \quad \pi > 0,\ \pi'(V) < 0,\ \pi''(V) > 0 \qquad \text{für alle} \quad V \geq 0 \tag{6.50}$$

Die strikte Konvexität der Vorbeugungsfunktion (d.h. die Annahme $\pi'' > 0$) drückt aus, daß die Vorbeugung eine abnehmende Grenzproduktivität aufweist, die jedoch (wegen $\pi' < 0$) nie Null wird, so daß wegen der natürlichen Beschränkung der Wahrscheinlichkeit auf $0 \leq \pi \leq 1$ auch noch so hohe Vorbeugungsaufwendungen das Krankheitsrisiko nie ganz beseitigen können (vgl. Abb. 6-4)

.

Ein wichtiges Unterscheidungsmerkmal zwischen den verschiedenen Varianten des Modells wird es sein, ob die Versicherungsgesellschaft die Vorbeugungsmaßnahmen ihrer Klienten **beobachten** und damit in ihrer Prämiengestaltung **honorieren** kann. Zuvor (in Abschnitt 6.4.1) fragen wir jedoch nach den optimalen Vorbeugungsausgaben in Abwesenheit einer Krankenversicherung. Diese Analyse wird einen Vergleichsmaßstab dafür liefern, in welcher Beziehung Vorbeugung und Versicherungsschutz zueinander stehen.

Tabelle 6.2 gibt einen Überblick über das Modell der optimalen Vorbeugung und des optimalen Versicherungsschutzes.

6.4.1 Optimale Vorbeugung ohne Versicherungsmöglichkeit

Vorbeugungsausgaben schmälern das verfügbare Einkommen des betrachteten Individuums auf jeden Fall, da sie per definitionem bereits getätigt werden müssen, bevor das zufällige Ereignis "Erkrankung" eingetroffen ist. Daher gilt für den erwarteten Nutzen in Abwesenheit einer Versicherung gegen Krankheitskosten unter Berücksichtigung der Gleichungen (6.6) und (6.50)

---

9. Dagegen lassen sich in anderen Risikosparten leicht Beispiele hierfür finden. Man denke etwa an die Anschaffung eines Feuerlöschers: Dadurch wird die Wahrscheinlichkeit, daß ein Brand ausbricht, in keiner Weise beeinflußt, wohl aber der mögliche Schaden.

Abb. 6-4: Abnehmendes Grenzprodukt der Vorbeugung

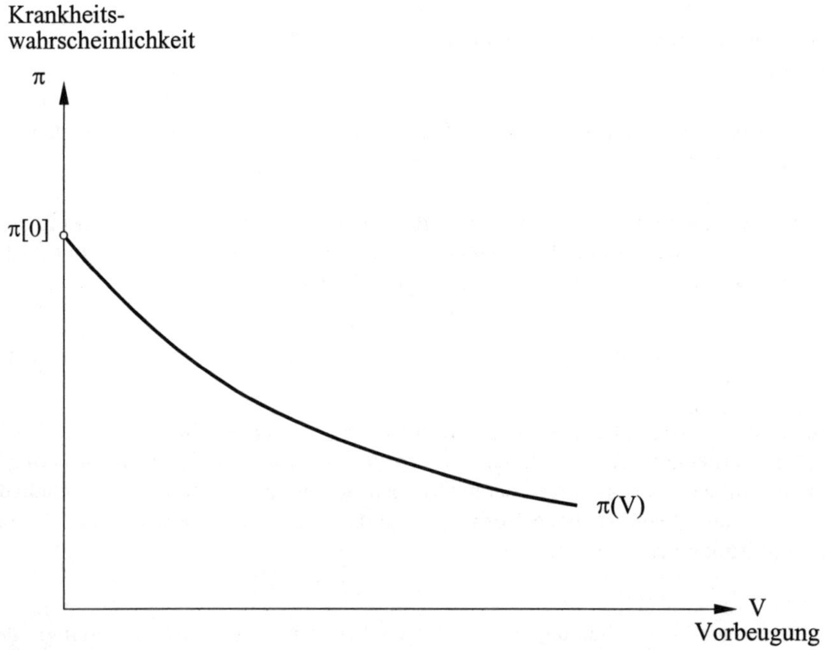

$$EU(V) = E[u(y(V))] = \pi(V) \cdot u[Y-V-L] + \{1-\pi(V)\} \cdot u[Y-V] \,. \tag{6.51}$$

Soll dieser Erwartungsnutzen durch Wahl eines geeigneten Werts der Vorbeugungsausgaben maximiert werden, so lautet die notwendige Bedingung für ein inneres Optimum ($V^* > 0$), wenn man y_k für $Y - V - L$ und y_g für $Y - V$ schreibt[10]:

$$\frac{dEU}{dV} = \pi'[V^*] \cdot u[y_k] - \pi[V^*] \cdot u'[y_k] - \pi'[V^*] \cdot u[y_g] - \{1-\pi[V^*]\} \cdot u'[y_g] = 0 \,. \tag{6.52}$$

Berücksichtigt man, daß $\pi[V^*] \cdot u'[y_k] + \{1-\pi[V^*]\} \cdot u'[y_g]$ nichts anderes als den Erwartungswert des Grenznutzens $EU'(y)$ darstellt, vereinfacht sich die Bedingung zu

10. Auf die Untersuchung der zugehörigen Bedingungen 2. Ordnung für ein Maximum wird hier verzichtet. Daß diese erfüllt sind, ist allerdings bei sehr starker Risikoaversion nicht selbstverständlich [vgl. *Ehrlich und Becker (1972)*, S.639].

Tab. 6.2: Ein Modell der optimalen Vorbeugung und des optimalen Versicherungsschutzes

$$EU(V) = E[u(y(V))] = \pi(V)\cdot u[Y-V-L] + \{1-\pi(V)\}\cdot u[Y-V] \quad (6.51)$$

$$\frac{dEU}{dV} = (\pi'[V^*]\cdot u[y_k]) - \pi[V^*]\cdot u'[y_k] - \pi'[V^*]\cdot u[y_g] - \{1-\pi[V^*]\}\cdot u'[y_g] = 0 \quad (6.52)$$

$$P(V,I) = (1+\lambda)\cdot\pi(V)\cdot I \quad (6.54)$$

$$\frac{dEU}{dI} = \pi[V^\circ]\cdot\left[1-\frac{\partial P}{\partial I}\right]\cdot u'[y_k] - \{1-\pi[V^\circ]\}\cdot\frac{\partial P}{\partial I}\cdot u'[y_g] \begin{cases} \leq 0 & \text{falls } I^\circ = 0 \quad (a)\\ = 0 & \text{falls } 0 < I^\circ < L \quad (b)\\ \geq 0 & \text{falls } I^\circ = L \quad (c)\end{cases} \quad (6.56)$$

$$\frac{dEU}{dV} = \pi'[V^\circ]\cdot u[y_k] - \pi[V^\circ]\cdot u'[y_k]\cdot\left[1+\frac{\partial P}{\partial V}\right] - \pi'[V^\circ]\cdot u[y_g] - \{1-\pi[V^\circ]\}\cdot u'[y_g]\cdot\left[1+\frac{\partial P}{\partial V}\right] \quad (6.57)$$

$$\frac{u'[y_k]}{u'[y_g]} = 1 + \frac{\lambda}{1-(1+\lambda)\cdot\pi[V^\circ]} \quad (6.60)$$

y_g:	verfügbares Einkommen im Zustand "gesund"
y_k:	verfügbares Einkommen im Zustand "krank"
Y:	Brutto-Einkommen
L:	Kosten im Zustand "krank"
V:	Vorbeugungsmaßnahmen
V^*:	optimale Vorbeugung ohne Versicherungsmöglichkeit
V°:	optimale Vorbeugung bei Beobachtbarkeit der Vorbeugungsausgaben
$\pi(V)$:	Wahrscheinlichkeit krank zu sein
$u(y)$:	Nutzen des Individuums
EU:	Erwartungswert des Nutzens
I:	Versicherungsleistung
P:	Versicherungsprämie
λ:	proportionaler Aufschlag auf die Nettoprämie

$$\pi'[V^*] \cdot \{u[y_k] - u[y_g]\} = EU'(y) . \tag{6.53}$$

Die linke Seite von (6.53) gibt den Nutzenzuwachs aus einer Senkung der **Krankheitswahrscheinlichkeit** π bei Erhöhung von V um eine (marginale) Geldeinheit an, die rechte mißt dagegen den erwarteten Nutzenverlust infolge der gleichzeitigen **Schmälerung** des verfügbaren Einkommens in **beiden** Zuständen. Um diesen zu berechnen, wird für jeden Zustand der Grenznutzen des Einkommens gebildet und dann die beiden Werte, mit den zugehörigen Wahrscheinlichkeiten π bzw. $(1-\pi)$ gewichtet, addiert.

6.4.2 Optimum des Versicherten, wenn Vorbeugung beobachtbar ist

6.4.2.1 Optimaler Versicherungsschutz

Das Individuum sei nun in der Lage, einen Versicherungsvertrag abzuschließen, der ihm im Krankheitsfall eine Erstattung in Höhe von I $(0 \leq I \leq L)$ seiner Behandlungskosten garantiert. Der Wert von I sei von ihm frei wählbar. Ferner sei der Versicherer in der Lage, die Vorbeugungsausgaben V zu **beobachten** und in der Prämiengestaltung zu berücksichtigen. Die Prämie sei dabei wie in (6.17) proportional zur erwarteten Auszahlung (mit dem Aufschlagfaktor λ), d.h. es gelte

$$P(V,I) = (1+\lambda) \cdot \pi(V) \cdot I . \tag{6.54}$$

Das Ziel des Konsumenten sei es, durch geeignete Wahl seiner Aktionsparameter V (Vorbeugung) und I (Versicherung) seinen erwarteten Nutzen

$$\begin{aligned} EU(V,I) = E[u(y)] &= \pi(V) \cdot u[Y - P(V,I) - V - L + I] \\ &\quad + \{1-\pi(V)\} \cdot u[Y - P(V,I) - V] \end{aligned} \tag{6.55}$$

zu maximieren. Angenommen, es existiere ein Optimum bei den Werten $V°$, $I°$ $(V° \geq 0, 0 \leq I° \leq L)$. Dann müssen diese nach dem Kuhn-Tucker-Theorem die folgenden **notwendigen Bedingungen** erster Ordnung erfüllen (wobei wiederum die Kürzel y_k und y_g für das verfügbare Einkommen bei Krankheit bzw. bei Gesundheit stehen):

$$\frac{dEU}{dI} = \pi[V°] \cdot \{1 - \frac{\partial P}{\partial I}\} \cdot u'[y_k] - \{1-\pi[V°]\} \cdot \frac{\partial P}{\partial I} \cdot u'[y_g]$$

$$\begin{cases} \leq 0 & \text{falls } I° = 0 \quad (a) \\ = 0 & \text{falls } 0 < I° < L \quad (b) \\ \geq 0 & \text{falls } I° = L \quad (c) \end{cases} \tag{6.56}$$

$$\frac{dEU}{dV} = \pi'[V°] \cdot u[y_k] - \pi[V°] \cdot u'[y_k] \cdot \{1 + \frac{\partial P}{\partial V}\}$$

$$- \pi'[V°] \cdot u[y_g] - \{1 - \pi[V°]\} \cdot u'[y_g] \cdot \{1 + \frac{\partial P}{\partial V}\}$$

$$\begin{cases} \leq 0 & \text{falls } V° = 0 \quad (a) \\ = 0 & \text{falls } V° > 0 \quad (b) \; . \end{cases} \tag{6.57}$$

Im folgenden suchen wir zunächst nach Lösungen, bei denen (6.56) und (6.57) in Gleichungsform erfüllt sind. Dabei gilt wegen (6.54):

$$\frac{\partial P}{\partial I} = (1+\lambda) \cdot \pi(V) \text{ und} \tag{6.58}$$

$$\frac{\partial P}{\partial V} = (1+\lambda) \cdot \pi'(V) \cdot I \, . \tag{6.59}$$

Mit Hilfe dieser beiden Bedingungen läßt sich (6.56) umformen zu

$$\pi[V°] \cdot \{1 - (1+\lambda) \cdot \pi[V°]\} \cdot u'[y_k] = \{1 - \pi[V°]\} \cdot (1+\lambda) \cdot \pi[V°] \cdot u'[y_g]$$

und daher

$$\frac{u'[y_k]}{u'[y_g]} = \frac{\{1 - \pi[V°]\} \cdot (1+\lambda) \cdot \pi[V°]}{\{1 - (1+\lambda) \cdot \pi[V°]\} \cdot \pi[V°]} = \frac{1 + \lambda - \pi[V°]\,(1+\lambda)}{1 - (1+\lambda) \cdot \pi[V°]}$$

$$= \frac{1 - (1+\lambda) \cdot \pi[V°] + \lambda}{1 - (1+\lambda) \cdot \pi[V°]} = 1 + \frac{\lambda}{1 - (1+\lambda) \cdot \pi[V°]} \, . \tag{6.60}$$

Ist die Versicherung **fair**, gilt also $\lambda = 0$, so ist die rechte Seite von (6.60) gleich 1, und es folgt unmittelbar $u'[y_k] = u'[y_g]$. Wegen der strengen Konkavität von u bedingt die Gleichheit der Grenznutzen in den beiden Zuständen

$$u[y_k] = u[y_g] \text{ bzw. } y_k = y_g \, . \tag{6.61}$$

Dies bedeutet aber wegen der Definition dieser beiden Kürzel $I° = L$. Dies ist kompatibel mit der Bedingung (6.56c). Es wird also eine **vollständige Versicherungsdeckung** gewählt.

Ist dagegen λ **positiv**, so ist die rechte Seite von (6.60) größer als 1 und folglich der Grenznutzen des Einkommens bei Krankheit größer als bei Gesundheit. Dies impliziert wegen der strengen Konkavität der Nutzenfunktion $y_k < y_g$; bei positiven Transaktionskosten ist also eine **unvollständige** Versicherungsdeckung $I° < L$ optimal (in Einklang mit (6.56b)).

Ist schließlich λ so groß, daß der Nenner des Bruches auf der rechten Seite von (6.60) gegen Null und somit der Quotient gegen ∞ gehen würde, so ist (6.56) in der Version (a) erfüllt, und der Optimalwert $I°$ liegt bei Null, d.h. es wird auf Abschluß einer Versicherung **verzichtet**.

6.4.2.2 Optimale Vorbeugung

Grundsätzlich ist damit zu rechnen, daß die präventiven Anstrengungen unter dem Einfluß des Versicherungsschutzes zurückgehen. Andererseits kann die Versicherung das Verhalten des Versicherten annahmegemäß beobachten und durch ihre Prämiengestaltung honorieren bzw. bestrafen. Deshalb ist es von Interesse, die Bedingung für die optimale Vorbeugung, (6.57), weiter zu untersuchen. Sie läßt sich in Analogie zur Herleitung von (6.53) umformen zu

$$\pi'[V°] \cdot \{u[y_k] - u[y_g]\} = \left[1 + \frac{\partial P}{\partial V}\right] \cdot E[u'(y)] \,. \tag{6.62}$$

Die linke Seite von (6.62) mißt den Nutzenzuwachs der Senkung der Krankheitswahrscheinlichkeit, wenn die Vorbeugungsausgaben V um eine (marginale) Geldeinheit erhöht werden, die rechte dagegen die gleichzeitig auftretende Nutzenminderung: Das verfügbare Einkommen sinkt nämlich in beiden Zuständen um $1 + \partial P/\partial V$ (ersteres ist die Vorbeugungsausgabe, letzteres die damit verbundene Prämiensenkung); durch Multiplikation mit dem erwarteten Grenznutzen des Einkommens wird dieser Geldbetrag dann in Nutzeneinheiten transformiert. Nutzenzuwachs und Nutzenminderung müssen sich natürlich gerade entsprechen, damit es sich um ein inneres Optimum handelt.

Wenden wir uns wieder dem Spezialfall einer **fairen** Versicherung $(\lambda = 0)$ zu. Wegen (6.61) nimmt hier die linke Seite von (6.62) den Wert Null an; es folgt also unter Berücksichtigung von (6.59) für $\partial P/\partial V$ und wegen $y_k = y_g$ sowie $I° = L$

$$0 = [1 + \pi'[V°] \cdot L] \cdot u'(y) \,. \tag{6.63}$$

Da $u' > 0$ ist, folgt daraus unmittelbar

$$-\pi'[V°] \cdot L = 1 \,. \tag{6.64}$$

Links steht hierbei der Betrag, um den die (faire) Prämie sinkt, wenn eine Geldeinheit mehr für Vorbeugung ausgegeben wird, rechts die zusätzlichen Vorbeugungsausgaben selbst.

Interessanterweise ist (6.64) gleichzeitig die notwendige Bedingung für die **Maximierung des erwarteten Einkommens** in Abwesenheit einer Krankenversicherung,

$$E(y) = \pi(V) \cdot (Y - V - L) + [1 - \pi(V)] \cdot (Y - V) . \tag{6.65}$$

Dies erkennt man aus der ersten Ableitung von $E(y)$ nach V:

$$\begin{aligned} \frac{dE(y)}{dV} &= -\pi(V) + \pi'(V) \cdot (Y - V - L) - [1 - \pi(V)] - \pi'(V) \cdot (Y - V) \\ &= \pi'(V) \cdot (Y - V - L) - \pi - \pi'(V) \cdot (Y - V) - (1 - \pi) \\ &= -\pi'(V) \cdot L - 1 \begin{cases} \leq 0 & \text{falls } V = 0 \\ = 0 & \text{falls } V > 0 \end{cases} \end{aligned} \tag{6.66}$$

Bezüglich der optimalen Kombination aus Vorbeugung und Versicherung von Krankheitskosten für das repräsentative Individuum bei Existenz einer fairen Versicherung erhalten wir somit das Ergebnis:

Folgerung 6.5: Kann der Versicherer das Ausmaß der Vorbeugung beobachten und ist die Versicherung fair, so wird gerade soviel Vorbeugung betrieben, bis das verfügbare Einkommen im Erwartungswert maximal ist. Die gleichmäßige Verteilung dieses maximalen erwarteten Einkommens auf die beiden Gesundheitszustände wird dann mit Hilfe einer Versicherung ohne Selbstbeteiligung vorgenommen.

Aus (6.66) ist weiterhin zu entnehmen, daß auf Vorbeugung nur dann verzichtet wird, wenn diese von der ersten Einheit an in dem Sinne **unproduktiv** ist, daß sie das erwartete Einkommen nicht erhöht, wenn nämlich $|\pi'(0)| \leq 1/L$ gilt. Dies wäre z.B. bei maximalen Krankheitskosten von $L = 100$ DM dann der Fall, wenn bereits die erste Mark an Vorbeugungsausgaben die Krankheitswahrscheinlichkeit um nicht mehr als einen Prozentpunkt reduziert.

6.4.3 Optimaler Versicherungsschutz, wenn Vorbeugung nicht beobachtbar ist

6.4.3.1 Beliebige Prämiengestaltung: Zweistufige Optimierung

Im folgenden wenden wir uns dem realistischeren Fall zu, daß der Versicherer die Vorbeugungsausgaben **nicht** beobachten kann. Folglich kann die Versicherungsprämie P auch nicht von der Höhe der Vorbeugung, V, sondern nur von der gewählten Erstattung I abhängen:

$$P = P(I) \tag{6.67}$$

Damit entfällt gegenüber der in (6.54) betrachteten Prämienfunktion die Möglichkeit, dem Individuum durch eine Prämienreduktion einen Anreiz zu höheren Vorbeugungsausgaben zu vermitteln. Bedeutet dies nun, daß es überhaupt keinen Anreiz zur Vorbeugung hat und diese vollkommen unterläßt, oder gibt es dennoch eine Möglichkeit, durch die Gestaltung der Funktion (6.67) Einfluß auf die Wahl von V zu nehmen?

Eine "Belohnung" höherer Vorbeugungsausgaben könnte etwa wie folgt begründet werden: Je umfassender der Versicherungsschutz, umso geringer ist der Anreiz für den Versicherten, Vorbeugung zu betreiben, umso höher ist also die Krankheitswahrscheinlichkeit π und umso teurer ist damit gemäß (6.8) eine kostendeckende Versicherung **pro Einheit** der Erstattung I. Sind dem Versicherer diese Zusammenhänge bekannt, so kann er ihnen dadurch Rechnung tragen, daß er die Prämie nicht linear, sondern progressiv mit der gewählten Erstattung steigen läßt, so daß eine Vollversicherung überproportional teurer ist als eine Versicherung mit Selbstbeteiligung. Das Individuum wird dies bei seiner Entscheidung berücksichtigen und weder eine Vollversicherung wählen noch auf Vorbeugung gänzlich verzichten.

Formal lassen sich diese Zusammenhänge in einem zweistufigen Nutzenmaximierungskalkül des Individuums aufzeigen: Auf der **unteren** Stufe betrachtet es die Versicherungssumme I als bereits feststehend und bestimmt den optimalen Wert für die Vorbeugungsausgaben V. Wird diese Rechnung hypothetisch für jedes I durchgeführt, so können die jeweils optimalen Werte V in Form einer "Reaktionsfunktion"

$$V = V(I) \tag{6.68}$$

geschrieben werden. Auf der **oberen** Stufe (die gedanklich und zeitlich der unteren vorangeht) wählt das Individuum in Kenntnis seiner eigenen Reaktion (6.68) die optimale Deckung I^+ aus, wobei I^+ für den bestmöglichen Versicherungsschutz bei beliebiger Prämiengestaltung (aber ohne Beobachtbarkeit des Verhaltens) steht.

6.4.3.2 Optimale Vorbeugung bei gegebenen Versicherungsbedingungen

Wenden wir uns zunächst der unteren Ebene zu, also der Maximierung des Erwartungsnutzens in Abhängigkeit von der Vorbeugung V bei parametrisch fest vorgegebenen Werten von I und $P(I)$:

$$\begin{aligned} EU(V) &= E[u(y(V))] \\ &= \pi(V) \cdot u[Y-V-P(I)-L+I] + \{1-\pi(V)\} \cdot u[Y-V-P(I)]\,. \end{aligned} \tag{6.69}$$

Hier ist die notwendige Bedingung erster Ordnung für ein Maximum formal identisch mit (6.52), wobei allerdings jetzt die Kürzel y_k für $[Y-V-P-L+I]$ und y_g für $[Y-V-P]$ stehen:

$$\frac{dEU}{dV} = \pi'(V) \cdot u[y_k] - \pi(V) \cdot u'[y_k] - \pi'(V) \cdot u[y_g]$$

$$- \{1 - \pi(V)\} \cdot u'[y_g] \begin{cases} \leq 0 & \text{falls } V = 0 \\ = 0 & \text{falls } V > 0 \end{cases} \tag{6.70}$$

Führt man wieder die Beziehung $\pi(V) \cdot u'[y_k] + \{1 - \pi(V)\} \cdot u'[y_g] = EU'(y)$ ein, so reduziert sich die Bedingung (6.70) für diejenigen Werte von I, welche eine innere Lösung ($V > 0$) nach sich ziehen, auf

$$\pi'(V) \cdot \{u[y_k] - u[y_g]\} = EU'(y) . \tag{6.71}$$

Ferner existiere eine (eindeutige) innere Lösung, und die hinreichende Bedingung 2. Ordnung für ein Maximum, $d^2EU/dV^2 < 0$, sei erfüllt.

Aus den Optimalitätsbedingungen (6.70) und (6.71) ist ablesbar, daß die Reaktionsfunktion $V(I)$ in (6.68) die folgenden Eigenschaften aufweist:

1. $V[0]$ entspricht der Gleichung (6.53), die implizit die optimale Vorbeugung **ohne** Versicherungsmöglichkeit, V^*, festlegt.

2. $V[L]$ hat den Wert 0, d.h. bei Vollversicherung besteht **keinerlei Anreiz** mehr, Vorbeugungsausgaben zu tätigen. Setzt man nämlich die entsprechende Bedingung $I = L$ bzw. $y_k = y_g = y$ in (6.70) ein, so reduziert sich dEU/dV zu $-u'(y) < 0$. Diese Bedingung (positiver Grenznutzen des Einkommens) ist annahmegemäß immer erfüllt. So kann (6.70) nur als Ungleichung erfüllt sein, und das Erwartungsnutzen-Maximum liegt bei $V = 0$.

3. Überraschenderweise ist der Zusammenhang zwischen I und V jedoch nicht notwendigerweise durchgängig fallend, d.h. es ist **nicht** sicher, daß mit umfassender werdendem Versicherungsschutz **immer weniger** Vorbeugung betrieben wird. Um dies zu zeigen, bilden wir das totale Differential der linken Seite von (6.70) für den Fall, daß I um dI erhöht wird und sich als Reaktion darauf der Optimalwert $V°$ um dV ändert. Bezeichnet das Kürzel EU_V die linke Seite von (6.70), so ergibt sich:

$$dEU_V = \frac{\partial^2 EU(V,I)}{(\partial V)^2} \cdot dV + \frac{\partial^2 EU(V,I)}{\partial V \partial I} \cdot dI = 0, \tag{6.72}$$

da die Optimalitätsbedingung (6.70) auch nach der Erhöhung von I noch gültig sein muß. Auflösen nach dV/dI ergibt:

$$\frac{dV}{dI} = -\frac{\partial^2 EU(V,I) / \partial V \partial I}{\partial^2 EU(V,I) / (\partial V)^2} = -\frac{\partial EU_V / \partial I}{\partial EU_V / \partial V} . \tag{6.73}$$

Ferner muß, da $V°$ ein Maximum von EU darstellt, wegen der Bedingung 2. Ordnung der erste Bruch auf der rechten Seite von (6.72) - und damit der Nenner der rechten Seite von (6.73) kleiner sein als Null. Somit ist das Vorzeichen des gesuchten Ausdrucks dV/dI identisch mit dem Vorzeichen der partiellen Ableitung der Gleichung (6.70):

$$\begin{aligned}\frac{\partial EU_V}{\partial I} &= \pi'(V) \cdot u'[y_k] - \pi \cdot u''[y_k] \\ &+ P'(I) \cdot \{\pi' \cdot u'[y_g] - \pi' \cdot u'[y_k] + \pi \cdot u''[y_k] + (1-\pi) \cdot u''[y_g]\end{aligned} \tag{6.74}$$

Das Vorzeichen dieses Ausdrucks ist aufgrund unserer Annahmen $\pi' < 0$, $u' > 0$ und $u'' < 0$ **unbestimmt**, da der erste und dritte Summand negativ sind, der zweite jedoch positiv ist.

Folgerung 6.6: Bei voller Versicherung werden überhaupt keine Ausgaben für Vorbeugung getätigt. Mit sinkendem Versicherungsschutz steigen die für den Versicherten optimalen Vorbeugungsausgaben im allgemeinen an, jedoch nicht notwendigerweise monoton.

6.4.3.3 Optimierung der Versicherungsbedingungen

Wie wirkt sich dieses Vorbeugungsverhalten auf die Gestalt der Prämienfunktion aus, wie sie in (6.67) allgemein festgelegt wurde? Zur Beantwortung dieser Frage unterstellen wir der Vereinfachung wegen eine **faire** Versicherung, d.h. die Beziehung zwischen Versicherungssumme und Prämie präzisiert sich zu

$$P(I) = \pi[V(I)] \cdot I, \qquad \text{mit} \tag{6.75}$$

$$P'(I) = \pi[V(I)] + I \cdot \pi'[V(I)] \cdot V'(I) \, . \tag{6.76}$$

Der Verlauf der Funktion läßt sich noch etwas genauer beschreiben mit Hilfe ihrer zweiten Ableitung:

$$P''(I) = 2 \cdot \pi'(V) \cdot V'(I) + I \cdot \pi'(V) \cdot V''(I) + I \cdot \pi''(V) \cdot [V'(I)]^2 \, . \tag{6.77}$$

Aufgrund unserer Annahmen $\pi' < 0$ und $\pi'' > 0$ ist die rechte Seite von (6.77) positiv, sofern $V'(I) < 0$ gilt und $V''(I)$ ebenfalls negativ ist oder, falls positiv, zumindest nicht allzu groß ist. Die Prämie steigt daher im allgemeinen **progressiv** mit dem gewählten Versicherungsschutz an.

Auf der oberen Stufe wird nun die Versicherungssumme I als Aktionsparameter behandelt und die Prämienfunktion in (6.67) und die Reaktionsfunktion des Versicherten in (6.68) als bekannt vorausgesetzt. Die zu maximierende Zielfunktion lautet dann

$$EU(I) = E[u(y(I))] = \pi[V(I)] \cdot u[Y - V(I) - P(I) - L + I] \\ + \{1 - \pi[V(I)]\} \cdot u[Y - V(I) - P(I)] \ . \tag{6.78}$$

Die notwendige Bedingung erster Ordnung für ein inneres Optimum ($0 < I^+ < L$) lautet dazu

$$\begin{aligned} \frac{dEU}{dI} &= \pi'(V) \cdot V'(I) \cdot u[y_k] - \pi \cdot u'[y_k] \cdot \{V'(I) + P'(I) - 1\} \\ &\quad - \pi'(V) \cdot V'(I) \cdot u[y_g] - (1-\pi) \cdot u'[y_g] \cdot \{V'(I) + P'(I)\} \\ &= V'(I) \cdot \Big[\pi'(V) \cdot \{u[y_k] - u[y_g]\} - E[u'(y)]\Big] \\ &\quad - P'(I) \cdot E[u'(y)] + \pi \cdot u'[y_k] = 0 \ . \end{aligned} \tag{6.79}$$

Wegen der Bedingung (6.71) ist der Ausdruck in der großen eckigen Klammer gleich 0, und (6.79) reduziert sich auf die folgende **implizite** Gleichung für den optimalen Versicherungsschutz I^+, bei gegebenen Verläufen der Prämienfunktion $P(I)$ und der Reaktionsfunktion $V(I)$:

$$P'(I^+) \cdot E[u'(y)] = \pi[V(I^+)] \cdot u'[Y - V(I^+) - P(I^+) - L + I^+] \ . \tag{6.80}$$

Auf der rechten Seite dieser Optimalbedingung steht der Nutzengewinn, der mit einer Erhöhung der Versicherungsleistung um eine marginale Geldeinheit verbunden ist. Er ergibt sich aus dem Produkt der Eintrittswahrscheinlichkeit der Krankheit mit dem Grenznutzen des Einkommens. Auf der linken Seite steht der entsprechende Nutzenverlust, der mit dem zugehörigen Anstieg der Versicherungsprämie verbunden ist. Im Optimum müssen sich beide Effekte natürlich gerade gegenseitig aufheben.

Die durch (6.80) und (6.70) determinierten Optimalwerte I^+ für die Versicherungssumme und $V^+ = V(I^+)$ für die Vorbeugungsausgaben stellen nur eine "Second-best"-Lösung dar, d.h. sie führen zu einem **geringeren** Erwartungsnutzen als die in Abschnitt 6.4.2 ermittelten "First-best"-Optimalwerte bei variabler Prämie, nämlich $I° = L$ und $V°$ aus (6.64). Dies folgt allein schon aus der Tatsache, daß die Werte I^+ und V^+ auch bei variabler Prämie schon zur Verfügung standen, aber nicht gewählt wurden. Eine (zufällige) Übereinstimmung von $\{I^+, V^+\}$ mit $\{(I° = L), V°\}$ ist ausgeschlossen, weil das Wertepaar $\{L, V°\}$ nicht mit der Reaktionsfunktion (6.68) übereinstimmt: Für diese gilt, wie oben gezeigt wurde, $V[L] = 0 < V°$, da $V°$ aus der Bedingung (6.64) im allgemeinen strikt positiv ist.

Wir kommen somit zur

Folgerung 6.7: Kann der Versicherer das Ausmaß der Vorbeugung nicht beobachten und ist die Versicherung fair, so steigt die Prämie i.a. progressiv mit dem Deckungssatz an, und der Versicherte wird weniger als volle Risikoabdeckung wählen. Dies ist eine "Second-best-Lösung", denn sein Erwartungsnutzen ist ceteris paribus geringer, als wenn seine Vorbeugungsausgaben beobachtbar wären.

Anders als in dem in Abschnitt 6.4.2 behandelten Fall setzt die in (6.75) dargestellte Prämienfunktion zwar nicht voraus, daß die Versicherungsgesellschaft die Vorbeugungsausgaben des Individuums beobachten kann. Wohl aber muß sie die **Gestalt der Funktionen** $\pi(V)$ und $V(I)$ kennen; die Informationserfordernisse sind also nach wie vor hoch.

Da sich ferner nach (6.77) die Prämie nicht proportional zum Versicherungsschutz verhält, sondern im allgemeinen progressiv, muß verhindert werden, daß sich das Individuum einen insgesamt gewünschten Versicherungsschutz durch den Abschluß mehrerer Versicherungspolicen mit jeweils kleinen Erstattungsbeträgen zusammenstückelt und damit die Progressivität der Prämie unterläuft. Das hier abgeleitete Second-best-Optimum kommt also nur dann zustande, wenn entweder nur ein einziger Anbieter von Krankenversicherungsverträgen existiert oder aber eine generelle **Meldepflicht** für solche Policen besteht, so daß die Prämie vom insgesamt abgeschlossenen Versicherungsschutz abhängig gemacht werden kann[11].

6.4.3.4 Lineare Prämienfunktion

Ist die zuletzt genannte Voraussetzung, daß der Versicherer den Gesamtbetrag des Versicherungsschutzes eines Versicherten kennt, nicht erfüllt, so bedeutet das, daß sich eine Progressivität der Prämienfunktion nicht durchsetzen läßt, weil der Versicherte sie durch Abschluß mehrerer kleiner Verträge (im flachen Teil der Prämienfunktion) unterlaufen kann. Folglich ist die für das Individuum relevante Prämienfunktion linear in I:

$$P(I) = \sigma \cdot I, \tag{6.81}$$

wobei σ die Prämie pro Erstattungseinheit angibt. Dadurch modifiziert sich die Funktion (6.69), die den Erwartungsnutzen in Abhängigkeit von Vorbeugung und Versicherung angibt, zu

$$\begin{aligned} EU(V, I) = {} & \pi(V) \cdot u[Y - V - \sigma \cdot I - L + I] \\ & + \{1 - \pi(V)\} \cdot u[Y - V - \sigma \cdot I] . \end{aligned} \tag{6.82}$$

Das Verhalten des Individuums ist durch die folgenden notwendigen Bedingungen 1. Ordnung für ein Optimum gekennzeichnet, wobei die erste formal äquivalent ist mit (6.70) bzw. (6.71):

11. Private Krankenversicherungs-Gesellschaften in Deutschland verlangen die Einreichung von Originalbelegen, um eine derartige Stückelung zu verhindern.

$$\frac{dEU}{dV} = \pi'(V) \cdot \{u[y_k] - u[y_g]\} - EU'(y) \quad \begin{cases} = 0 & \text{falls } V > 0 \\ \leq 0 & \text{falls } V = 0 \end{cases} \tag{6.83}$$

$$\frac{dEU}{dI} = -\pi(V) \cdot (\sigma - 1) \cdot u'[y_k] - \{1 - \pi(V)\} \cdot \sigma \cdot u'[y_g]$$

$$= \pi(V) \cdot u'[y_k] - \sigma EU'(y) \quad \begin{cases} = 0 & \text{falls } I < L \\ \geq 0 & \text{falls } I = L \end{cases} \tag{6.84}$$

Wir wollen nun zeigen, daß im Falle einer fairen Versicherung ($\sigma = \pi$) die Werte $I = L$ und $V = 0$ gemeinsam die in (6.83) und (6.84) enthaltenen Bedingungen für ein Randoptimum erfüllen. Setzt man nämlich $I = L$ in die Definition des verfügbaren Einkommens ein, so ergibt sich $y_k = y_g$ und folglich $u[y_k] - u[y_g] = 0$. Wegen $u' > 0$ ist somit (6.83) mit dem "<"-Zeichen erfüllt. Aus demselben Grund gilt bei $I = L$ ferner $u'[y_k] = EU'(y)$, so daß sich die Ungleichung in (6.84) auf

$$\pi(0) - \sigma \geq 0 \qquad \text{bzw.} \qquad \sigma \leq \pi[0] \tag{6.85}$$

reduziert. Die rechte Seite von (6.85) ist jedoch gerade die faire Prämie unter der Voraussetzung, daß **keine Vorbeugung** betrieben wird. Nimmt die Versicherungsgesellschaft also an, daß ihre Versicherten auf Vorbeugung verzichten werden, so wird sie in Abwesenheit von Verwaltungskosten ihre Prämie pro Einheit Versicherungsschutz, σ, auf $\pi(0)$ festlegen, so daß (6.85) erfüllt ist.

Andererseits zeigen (6.83) und (6.84), daß ein Erwartungsnutzen-Maximierer, der die Versicherungsprämie (pro Einheit) als exogen gegeben ansieht, auf Vorbeugung verzichtet und **volle Versicherung** wählt, falls diese zu "fairen" Konditionen angeboten wird. Damit erfüllt sich die der Prämienkalkulation der Versicherung zugrundeliegende Erwartung, daß keine Vorbeugung betrieben wird, und die Lösung stellt ein Gleichgewicht dar.

Es ist schließlich hervorzuheben, daß es sich bei der Kombination $\{I = L, V = 0\}$ um eine "Third-best"-Lösung handelt. Dies wird klar, wenn man berücksichtigt, daß diese Alternative auch schon bei der oben betrachteten Auswahl eines Second-best-Optimums zur Verfügung stand, dort aber nicht gewählt wurde. Es gilt also die

Folgerung 6.8: Ist die Prämie eine lineare Funktion des gewählten Deckungssatzes, so besteht bei fairer Versicherung kein Anreiz für den Versicherten, Vorbeugung zu betreiben, und er wird volle Risikoabdeckung wählen. Sein resultierender Erwartungsnutzen ist dabei noch geringer als in der oben beschriebenen "Second-best-Lösung" (vgl. Folgerung 6.7)

6.4.4 Fazit

Der Verzicht auf vollen Versicherungsschutz ist also nicht nur dann ratsam, wenn keine Versicherung zu "marginal fairen" Konditionen erhältlich ist. Er kann auch damit motiviert werden, daß der Versicherte sich selbst Anreize zur Vorbeugung gegen die Entstehung von Krankheiten vermittelt. Denn muß man später einen Teil seiner Krankheitskosten aus eigener Tasche tragen, so wird man eher bereit sein, Aufwendungen zur Krankheitsvorbeugung zu tätigen als andernfalls. Ein solcher Anreiz setzt allerdings voraus, daß die Versicherungsprämie mit dem Erstattungssatz **überproportional** zunehmen kann. Ist nur eine proportionale Prämiengestaltung möglich, so entfällt dieser Anreiz; die resultierende Lösung ist nach dem Kriterium des erwarteten Nutzens schlechter als im erstgenannten Fall.

Voller Versicherungsschutz ist nur dann mit unverminderten Anreizen zur Vorbeugung vereinbar, wenn der (unrealistische) Fall gegeben ist, daß die Versicherungsgesellschaft die Vorbeugung direkt beobachten und damit in ihrer Prämiengestaltung **honorieren** kann. Sind diese Informations-Voraussetzungen erfüllt, so wird ein höheres Wohlfahrtsniveau erreicht als ohne sie.

6.5 Optimaler Versicherungsschutz bei Ex-post-Moral-Hazard

Im Unterschied zu Abschnitt 6.4 wird im folgenden untersucht, wie sich das Vorliegen von Moral Hazard der Ex-post-Variante auf die Struktur eines optimalen Versicherungsschutzes gegen Krankheitskosten auswirkt. In diesem Modell ist es nicht möglich, durch Vorbeugung die Wahrscheinlichkeit einer Krankheit zu senken. Wohl aber verbleiben dem betrachteten Individuum Handlungsalternativen bei bereits eingetretener Erkrankung.

6.5.1 Modellannahmen

Dazu wird eine einperiodige Welt betrachtet, in der es nur zwei Güter gibt: ein homogenes Gesundheitsgut ("medizinische Behandlung") und sonstigen Konsum. Der relative Preis von medizinischer Behandlung wird als konstant angenommen und kann daher ohne Einschränkung der Allgemeinheit gleich 1 gesetzt werden, so daß die jeweiligen Güter**mengen**, die ein Haushalt konsumiert, durch die **Ausgaben** für medizinische Behandlung, M, und für sonstigen Konsum, y, ersetzt werden können. Besteht eine Krankenversicherung, so bezeichne I die Versicherungsleistung und P den Versicherungsbeitrag. Hat der Haushalt ferner ein Bruttoeinkommen in Höhe von Y, so folgt aus seiner Budgetgleichung die Beziehung

$$y = Y - P - M + I . \tag{6.86}$$

Für jeden Konsumenten gebe es zwei mögliche Zustände, deren Realisierung er vor Beginn der betrachteten Periode noch nicht kennt, und zwar trete der Zustand "krank" mit der (bekannten) Wahrscheinlichkeit π, der Zustand "gesund" mit der Wahrscheinlichkeit $1-\pi$ ein. In diesen beiden Zuständen gelten unterschiedliche Nutzenfunktionen (vgl. Abschnitt 6.3.2), da naturgemäß medizinische Leistungen für einen Kranken wertvoll, für einen Gesunden jedoch (im besten Falle) nutzlos sind. Diesem Umstand wird dadurch

Rechnung getragen, daß die Nutzenfunktion eines Kranken durch $u^k(M, y)$, die eines Gesunden durch $u^g(M, y)$ gegeben ist. Über diese Nutzenfunktionen werden die folgenden Annahmen getroffen:

Annahme 6.1: Der Nutzen eines Gesunden hängt nur vom "sonstigen" Konsum ab, d.h. es gilt generell $u_M^g = \partial u^g(M, y) / \partial M = 0$.

Annahme 6.2: Beide bedingte Nutzenfunktionen sind bezüglich des Konsumgutes strikt zunehmend und strikt konkav, d.h. es gilt für $j = g, k$:

$$u_y^j \equiv \frac{\partial u^j(M, y)}{\partial y} > 0, \qquad u_{yy}^j \equiv \frac{\partial^2 u^j(M, y)}{\partial y^2} < 0\,. \tag{6.87}$$

Annahme 6.3: Bei gegebenem Konsumniveau ist der Nutzen im Krankheitsfall eine strikt konkave Funktion der Inanspruchnahme medizinischer Behandlung.

$$u_{MM}^k \equiv \frac{\partial^2 u^k(M, y)}{\partial M^2} < 0 \tag{6.88}$$

Die Behandlungsmenge M^*, bei der der Grenznutzen der Behandlung null wird, wird fortan als "Sättigungsmenge" bezeichnet:

$$u_M^k[M^*, y] = 0 \tag{6.89}$$

Sie hängt nicht vom Konsumniveau y ab.

Annahme 6.4: Bei gegebenem Konsumniveau y ist der Grenznutzen des Konsumguts bei Gesundheit stets höher als bei Krankheit:

$$u_y^k[M, y] < u_y^g[0, y] \quad \text{für alle } y. \tag{6.90}$$

Annahme 6.5: Schließlich sind im Krankheitsfall medizinische Behandlung und Konsum **komplementär** zueinander, d.h. der Grenznutzen des Konsumguts steigt mit zunehmender Inanspruchnahme des Gesundheitsgutes, solange diese noch unter der Sättigungsmenge liegt:

$$u_{My}^k \equiv \frac{\partial^2 u^k(M, y)}{\partial M \partial y} > 0 \quad \text{für } M < M^* \tag{6.91}$$

Die Annahmen 6.1 und 6.2 bedürfen wohl keiner besonderen Rechtfertigung. In Annahme 6.3 ist M^* als das "medizinisch angezeigte" Ausmaß an medizinischen Leistungen zu verstehen. Die Annahmen 6.4 und 6.5 sagen aus, daß die Genußfähigkeit für Konsumgüter im Krankheitsfall mit der Gesundung zunimmt, jedoch niemals so hoch wird wie ohne Erkrankung.

Eine Konsequenz aus Annahme 6.1 ist es, daß im Haushaltsoptimum bei Gesundheit immer $M = 0$ gilt, also keine medizinische Behandlung nachgefragt wird. Der erwartete Nutzen des Individuums **vor** Realisierung des zufälligen Ereignisses Krankheit ist dann bei Bestehen eines Versicherungsvertrags durch

$$\begin{aligned} EU(M,I) &= \pi \cdot u^k[M, y_k] + (1-\pi) \cdot u^g[0, y_g] \\ &= \pi \cdot u^k[M, Y - P(I) - M + I] + (1-\pi) \cdot u^g[0, Y - P(I)] \end{aligned} \tag{6.92}$$

gegeben, wobei $P(I)$ die mit der Versicherungsleistung I verbundene Prämie bezeichnet. Eine Übersicht über die im folgenden betrachteten Modelle gibt Tabelle 6.3.

6.5.2 Optimale Nachfrage nach medizinischen Leistungen und optimaler Versicherungsschutz

6.5.2.1 Globale Optimierung

Zunächst sei unterstellt, das Individuum könne vor Beginn der Betrachtungsperiode, also noch unter dem "Schleier der Ungewißheit" über den zukünftigen Gesundheitszustand, sowohl seine Nachfrage nach medizinischer Behandlung im Krankheitsfall, M, als auch die Versicherungsleistung I frei wählen, und zwar so, daß sein Erwartungsnutzen (6.92) maximal wird. Die notwendigen Bedingungen erster Ordnung hierfür erhält man durch Nullsetzen der ersten partiellen Ableitungen nach M bzw. I:

$$\frac{\partial EU}{\partial M} = \pi \cdot (u_M^k - u_y^k) = 0 \tag{6.93}$$

$$\begin{aligned} \frac{dEU}{dI} &= \pi \cdot u_y^k \cdot \{1 - P'(I)\} - (1-\pi) \cdot u_y^g \cdot P'(I) \\ &= \pi \cdot u_y^k - P'(I) \cdot \{\pi \cdot u_y^k + (1-\pi) \cdot u_y^g\} = 0 \,. \end{aligned} \tag{6.94}$$

Gleichung (6.93) sagt wegen $\pi > 0$ aus, daß bei Krankheit gerade soviel medizinische Behandlung gekauft werden muß, daß der Grenznutzen einer Geldeinheit in beiden Verwendungsarten gleich hoch ist. Für den entsprechenden Lösungswert $M°$ gilt wegen Annahme 6.2 ($u_y^k > 0$) und 6.3 (abnehmender Grenznutzen der Behandlung), daß im Optimum

Tab. 6.3: Optimaler Versicherungsschutz und optimale Nachfrage nach medizinischen Leistungen

$$\frac{\partial EU}{\partial M} = \pi \cdot (u_M^k - u_y^k) = 0 \tag{6.93}$$

$$\begin{aligned}\frac{dEU}{dI} &= \pi \cdot u_y^k \cdot \{1 - P'(I)\} - (1-\pi) \cdot u_y^g \cdot P'(I) \\ &= \pi \cdot u_y^k - P'(I) \cdot \{\pi \cdot u_y^k + (1-\pi) \cdot u_y^g\} = 0\end{aligned} \tag{6.94}$$

$$\frac{du^k}{dM} = u_M^k - u_y^k \cdot \{1 - I'(M)\} = 0 \tag{6.98}$$

$$I(M) = (1-c) \cdot M \qquad (0 \le c \le 1) \tag{6.99}$$

$$\frac{du^k}{dM} \equiv u_M^k[M,\ Y-P-c \cdot M] - c \cdot u_y^k[M,\ Y-P-c \cdot M] = 0 \tag{6.100}$$

$$\begin{aligned}EU(c) &= \pi \cdot u^k[M(c),\ Y-P(c)-c \cdot M(c)] \\ &\quad + (1-\pi) \cdot u^g[0,\ Y-P(c)]\end{aligned} \tag{6.106}$$

$$(1-c^\circ) \cdot M'[c^\circ] = M[c^\circ] \cdot \left(1 - \frac{u_y^k}{(1+\lambda) \cdot \{\pi \cdot u_y^k + (1-\pi) \cdot u_y^g\}}\right) \tag{6.113}$$

y:	verfügbares Einkommen des Individuums
Y:	Brutto-Einkommen
M:	Ausgaben für medizinische Leistungen
π:	Wahrscheinlichkeit zu erkranken
$u\,(M, y)$:	Nutzen des Individuums
EU:	Erwartungswert des Nutzens
I:	Versicherungsleistung
P:	Versicherungsprämie
c:	Selbstbeteiligungssatz

weniger als die Sättigungsmenge an Behandlung gekauft wird: $M° < M^*$. Um Gleichung (6.94) interpretieren zu können, betrachten wir die (übliche) Prämienfunktion [in Analogie zu (6.17)]

$$P(I) = (1+\lambda)\cdot\pi\cdot I \tag{6.95}$$

mit der ersten Ableitung

$$P'(I) = (1+\lambda)\cdot\pi\,. \tag{6.96}$$

Ist die Versicherung fair, d.h. gilt $\lambda = 0$, so ist wegen (6.96) die Bedingung (6.94) offensichtlich genau dann erfüllt, wenn

$$u_y^k[M°, y_k] = u_y^g[0, y_g]\,, \tag{6.97}$$

d.h. wenn der Grenznutzen des Konsums in beiden Gesundheitszuständen gleich hoch ist. Wegen Annahme 6.4 und $M° < M^*$ sowie Annahme 6.5 (Komplementarität) folgt daraus zwingend $u^k > u^g$, d.h. die Versicherungsleistung $I°$ muß die Behandlungsausgaben $M°$ übersteigen.

Ist daraus zu folgern, daß bei fairer Prämie die Versicherungsleistung einfach als bestimmter (über 100 liegender) Prozentsatz der Behandlungsausgaben festgelegt werden sollte? Um diese Frage zu beantworten, betrachten wir das nutzenmaximierende Verhalten des Individuums in der Ex-post-Situation, d.h. bei bereits eingetretener Krankheit, wobei der Versicherungsschutz und die Prämie gegeben sind. Unterstellen wir, daß die Versicherungsleistung irgendwie von den Gesundheitsausgaben abhängt, d.h. daß $I = I(M)$ gilt, so maximiert das Individuum bei Krankheit seinen Nutzen $u^k\{M, Y-P-M+I(M)\}$ durch Wahl des Wertes von M, der die notwendige Bedingung erster Ordnung

$$\frac{du^k}{dM} = u_M^k - u_y^k\cdot\{1 - I'(M)\} = 0 \tag{6.98}$$

erfüllt. Die Gleichung (6.98) ist aber mit der globalen Optimalitätsbedingung (6.93) genau dann kompatibel, wenn $I'(M) = 0$ gilt, d.h. wenn die Versicherungsleistung **überhaupt nicht** von den Ausgaben des Individuums für medizinische Behandlung abhängt.

Dies setzt allerdings voraus, daß der Versicherer nicht nur die Gesundheitsausgaben des Individuums, sondern auch den Gesundheitszustand selbst beobachten kann und die Versicherungsleistung die Form einer Pauschalzahlung ("Indemnität") bei Krankheit in Höhe von $I°$ annimmt. Ist dies der Fall, so wird der Versicherte bei eingetretener Erkrankung wegen (6.93) gerade die optimale Behandlungsmenge $M°$ wählen. Die Indemnität $I°$ übersteigt die optimalen Behandlungsausgaben $M°$, hängt aber nicht von ihnen ab: Im Versicherungsvertrag wird eine **Pauschalzahlung im Krankheitsfall** vereinbart, die von den **tatsächlichen** Behandlungsausgaben unabhängig ist.

Wir ziehen daraus die

Folgerung 6.9: Kann der Versicherer den Gesundheitszustand des Versicherten beobachten, so sieht die optimale Vertragsform eine pauschale, d.h. nur vom Gesundheitszustand abhängige Versicherungsleistung vor. Diese ist im Falle einer fairen Prämie höher als die nutzenmaximierenden Behandlungsausgaben im jeweiligen Zustand.

6.5.2.2 Optimale Nachfrage nach medizinischen Leistungen

In der Realität ist die oben charakterisierte globale Optimallösung deswegen nicht erreichbar, weil der Versicherer den Gesundheitszustand des Versicherten nicht zweifelsfrei beobachten kann. Stattdessen werden die krankheitsbezogenen Ausgaben immer als Indikator für die Krankheit selbst verwendet und folglich die Versicherungsleistung im Sinne einer Erstattungsfunktion $I(M)$ von ihnen abhängig gemacht werden. Um die Suche nach einer optimalen Erstattungsfunktion (als einer "zweitbesten" Lösung) übersichtlich zu halten, seien im folgenden nur Versicherungsverträge mit prozentualer Selbstbeteiligung betrachtet, so daß die Erstattungsfunktion die Form

$$I(M) = (1-c) \cdot M \qquad \text{mit } I'(M) = 1-c \qquad (0 \le c \le 1) \tag{6.99}$$

annimmt, wobei $100 \cdot c$ den Selbstbeteiligungssatz in Prozent mißt[12].

Das Individuum steht nun vor einem **zweistufigen Optimierungsproblem**. Ex post wird im Krankheitsfall das nutzenmaximierende Güterbündel (M, y) gesucht, wobei der Selbstbeteiligungssatz c als exogen angesehen wird. Ex ante ist der Wert von c zu suchen, der unter Berücksichtigung des zuvor bestimmten Ex-post-Verhaltens den durch die Gleichung (6.92) gegebenen Erwartungsnutzen maximiert.

Wir beginnen mit der optimalen Nachfrage nach medizinischer Behandlung im Krankheitsfall (Ex-post-Optimierung), die oben bereits für allgemeine Erstattungsfunktionen betrachtet wurde. Setzt man die spezielle Form (6.99) in die entsprechende Optimalbedingung (6.98) ein, so konkretisiert sich diese zu

$$\frac{du^k}{dM} \equiv u^k_M[M, Y-P-c \cdot M] - c \cdot u^k_y[M, Y-P-c \cdot M] = 0 \,. \tag{6.100}$$

Die Bedingung 2. Ordnung für ein Maximum ist dank der Annahmen 6.2, 6.3 und 6.5 $(u^k_{My} > 0)$ erfüllt:

$$\frac{d^2u^k}{dM^2} \equiv u^k_{MM} - 2 \cdot c \cdot u^k_{My} + c^2 \cdot u^k_{yy} < 0 \,. \tag{6.101}$$

12. In Abwesenheit dieser Restriktion ist die optimale Selbstbeteiligungsfunktion i.a. nichtlinear [vgl. *Spence* und *Zeckhauser (1971)*, S.387].

Aus (6.100) läßt sich die **Nachfragefunktion nach Behandlung** in Abhängigkeit vom Selbstbeteiligungssatz c bestimmen:

$$M = M(c) \qquad \text{mit} \qquad M[0] = M^*.^{13} \tag{6.102}$$

Wir wollen nun - unter der Annahme, daß diese Funktion stetig differenzierbar ist - das Vorzeichen ihrer ersten Ableitung bestimmen, um zu ermitteln, wie sich eine Änderung des Selbstbeteiligungssatzes c um dc auf die Nachfrage nach Gesundheitsleistungen dM auswirkt. Da (6.100) auch nach dieser Veränderung erfüllt sein muß, gilt für das totale Differential dieser Gleichung:

$$d\left(\frac{du^k}{dM}\right) \equiv \frac{\partial^2 u^k}{\partial M^2} \cdot dM + \frac{\partial^2 u^k}{\partial M \partial c} \cdot dc = 0\,. \tag{6.103}$$

Nach $M'(c) \equiv dM/dc$ aufgelöst, ergibt diese Gleichung:

$$\frac{dM}{dc} = -\frac{\partial^2 u^k / \partial M \partial c}{\partial^2 u^k / \partial M^2}\,. \tag{6.104}$$

Wegen (6.100) ist der Nenner der rechten Seite kleiner als Null, so daß der gesamte Ausdruck das gleiche Vorzeichen hat wie

$$\frac{\partial^2 u^k}{\partial M \partial c} = -u^k_{My} \cdot M + c \cdot u^k_{yy} \cdot M - u^k_y < 0\,. \tag{6.105}$$

Der negative Wert des Ausdrucks (6.105) folgt aus den Annahmen 6.2 und 6.5. Damit ist gezeigt, daß $M'(c) \equiv dM/dc$ **kleiner ist als Null**. Dies führt uns zur

Folgerung 6.10: Der nutzenmaximierende Konsument fragt im Krankheitsfall umso mehr medizinische Leistungen nach, je geringer der Selbstbeteiligungssatz ist ("Moral Hazard der Ex-post-Form").

6.5.2.3 Optimale proportionale Selbstbeteiligung

Als nächstes wird der ex ante optimale Versicherungsschutz bestimmt. Dazu unterstellt man, das Individuum maximiere die in Gleichung (6.91) definierte Erwartungsnutzen-Funktion. Darin hängen die Nachfrage nach medizinischen Leistungen M sowie die Versicherungsprämie P explizit vom gewählten Selbstbeteiligungssatz c ab:

---

13. Setzt man $c = 0$, so ist (6.100) wegen (6.89) an der Stelle $M = M^*$ erfüllt.

$$EU(c) = \pi \cdot u^k [M(c),\ Y - P(c) - c \cdot M(c)] + (1-\pi) \cdot u^g [0, Y - P(c)] \ . \tag{6.106}$$

Die Prämienfunktion $P(c)$ erhält man als Spezialfall von (6.95):

$$P(c) = \pi \cdot (1+\lambda) \cdot (1-c) \cdot M(c), \tag{6.107}$$

so daß

$$P'(c) = \pi \cdot (1+\lambda) \cdot \{ (1-c) \cdot M'(c) - M(c) \} \ . \tag{6.108}$$

Setzt man die erste Ableitung von (6.106) nach c gleich Null, so erhält man die folgende implizite Bedingung für den optimalen Selbstbeteiligungssatz $c°$:

$$0 = EU'[c°] = \pi \cdot u_M^k \cdot M'[c°] - \pi \cdot u_y^k \cdot \{P'[c°] + M[c°] + c° \cdot M'[c°]\} - (1-\pi) \cdot u_y^g \cdot P'[c°] \ . \tag{6.109}$$

Dieser Ausdruck läßt sich wie folgt umformen. Zum einen gilt wegen (6.98) und (6.99)

$$u_M^k = u_y^k \cdot \{1 - (1-c°)\} = c° \cdot u_y^k \ . \tag{6.110}$$

Die Bedingung (6.109) läßt sich somit schreiben als

$$0 = M'[c°]\ \{\pi \cdot c° \cdot u_y^k - \pi \cdot c° \cdot u_y^k\} - \pi \cdot u_y^k \cdot M[c°] - \{\pi \cdot u_y^k + (1-\pi)\, u_y^g\}\ P'[c°] \ ,$$

bzw.

$$[\pi \cdot u_y^k + (1-\pi)\, u_y^g] \cdot P'[c°] = -\pi \cdot u_y^k \cdot M[c°] \tag{6.111}$$

Unter Verwendung des Kürzels $EU'(y)$ für $(\pi \cdot u_y^k + (1-\pi)\, u_y^g)$ sowie der Gleichung (6.108) wird daraus

$$EU'(y) \cdot \pi \cdot (1+\lambda)\ \{ (1-c°) \cdot M'[c°] - M[c°] \} = -\pi \cdot u_y^k \cdot M[c°] \tag{6.112}$$

Dieser Ausdruck wird nach Division durch $EU'(y) \cdot \pi \cdot (1+\lambda)$ zur folgenden impliziten Gleichung für $c°$:

$$(1-c°) \cdot M'[c°] = M[c°]\left(1 - \frac{u_y^k}{(1+\lambda) \cdot EU'(y)}\right) \tag{6.113}$$

Zur besseren Interpretation kann diese Gleichung in eine Bedingung für $c°$ überführt werden, in der die Elastizität der Nachfrage für medizinische Behandlung bezüglich der Selbstbeteiligungskosten, $\eta(M, c) = M'(c) \cdot c/M$ vorkommt. Dazu dividiert man beide Seiten von (6.113) durch $M[c°]$ und multipliziert die linke Seite mit $c°/c° = 1$ und erhält

$$\frac{(1-c°)}{c°} \cdot \eta(M, c°) = 1 - \frac{u_y^k}{(1+\lambda) \cdot EU'(y)}$$

$$= 1 - \frac{u_y^k}{(1+\lambda)\{\pi \cdot u_y^k + (1-\pi) \cdot u_y^g\}} \tag{6.114}$$

Zur Bestimmung des optimalen Selbstbeteiligungssatzes betrachte man Abbildung 6-5, in der c auf der Abszisse und die Werte der linken und rechten Seite von (6.114) auf der Ordinate abgetragen sind. Unterstellt man eine konstante, d.h. von c unabhängige Elastizität η, so hat die linke Seite von (6.114) bei $c = 0,5$ den Wert η und geht mit $c \to 1$ gegen null und mit $c \to 0$ gegen $-\infty$. Der Graph dieser linken Seite ist also eine konkave Kurve. Zwei mögliche Verläufe dieser Kurve (für $\eta = -0,2$ und $\eta = -0,4$) sind als durchgezogene Linie in Abbildung 6.5 eingezeichnet.[14]

Die rechte Seite von (6.114) hat für $c = 0$ wegen $M[0] = M^*$ und Annahme 6.4 den Wert $\lambda/1+\lambda$ und ist monoton fallend, da für zunehmendes c die direkten Gesundheitskosten, $c \cdot M$, wachsen, die Prämie $P(c)$ aber fällt und somit y_g steigt, y_k fällt und folglich u_y^g steigt und u_y^k fällt. Damit nimmt der Bruch eindeutig zu und die rechte Seite insgesamt ab.

Der Schnittpunkt der beiden Kurven determiniert den optimalen Selbstbeteiligungssatz $c°$. Die folgenden Aussagen lassen sich über $c°$ treffen:

1. **Vollversicherung ist niemals optimal:** Dies kann bereits an (6.114) abgelesen werden, deren linke Seite - bei endlicher Elastizität η (M, c - mit $c \to 0$ gegen $-\infty$ geht, während die rechte Seite einen endlichen Wert annimmt, da der Nenner des Bruchs wegen Annahme (6.2) stets von null verschieden ist.

2. **Der optimale Selbstbeteiligungssatz ist eine zunehmende Funktion der Erkran-**

14. Nach empirischen Schätzungen, die in Abschnitt 6.6 dargestellt werden, erscheint ein Wert von - 0,2 realistisch.

Abb. 6-5: Optimaler Selbstbeteiligungssatz bei Ex-Post-Moral-Hazard

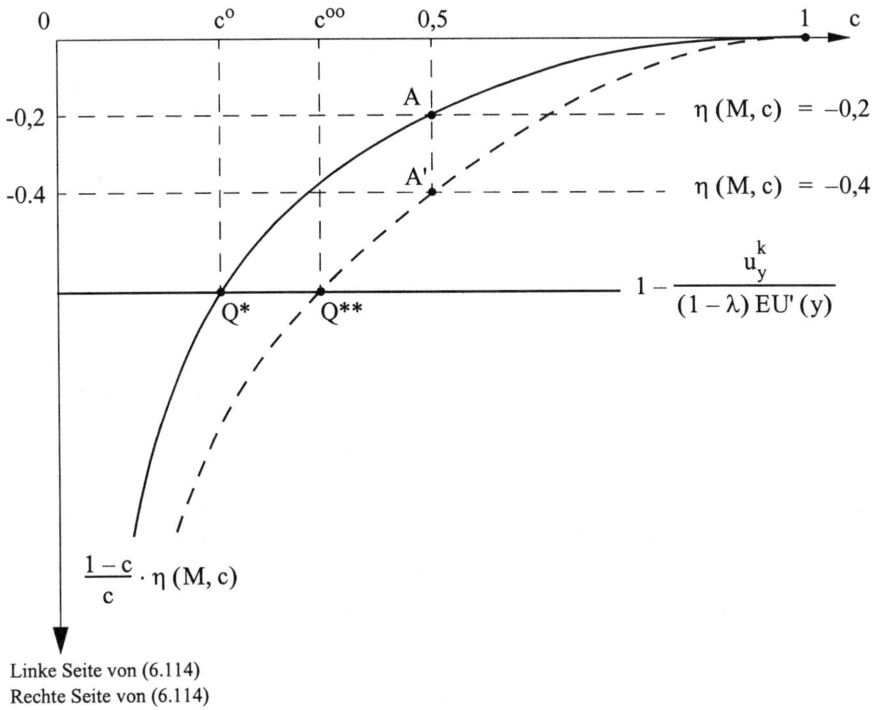

kungswahrscheinlichkeit: Erhöht sich π, so nimmt der Nenner der rechten Seite von (6.114) zu, und damit sinkt der Absolutbetrag der rechten Seite. Folglich muß auch die linke Seite abnehmen, was - bei konstanter Elastizität $\eta(M, c)$ - erfordert, daß $(1-c°)/c°$ abnimmt und $c°$ selbst zunimmt.

Auf den ersten Blick erscheint $dc°/d\pi > 0$ nicht plausibel. Jedoch erinnern wir uns, daß in Anwesenheit von Transaktionskosten $(\lambda > 0)$ sich eine Versicherung gegen ein Risiko umso weniger lohnt, je größer dessen Eintrittswahrscheinlichkeit ist (vgl. Folgerung 6.1). Hier kommt ein weiteres Transaktionskostenelement hinzu, nämlich der Anreiz, im Krankheitsfall zu viel Behandlung nachzufragen, wenn die Versicherung großzügig ist (vgl. Folgerung 6.10). Da dieser Typ von Transaktionskosten mit der Erkrankungswahrscheinlichkeit π steigt, wird der Versicherte seinen Deckungssatz reduzieren.

3. **Der optimale Selbstbeteiligungssatz steigt, wenn die Preiselastizität der Nachfrage nach medizinischer Behandlung zunimmt:** Dies kann mit Hilfe der Abbildung 6-5 gezeigt werden: Steigt der Absolutwert der Elastizität, so wird der gesamte Graph der linken Seite von (6.114) nach unten verschoben, und da der Graph der rechten Seite

fallend verläuft, liegt der neue Schnittpunkt Q^{**} **rechts** unterhalb vom alten (Q^*) und damit bei einem höheren Selbstbeteiligungssatz c°.

Wir fassen die Ergebnisse dieses Abschnitts zusammen in der

Folgerung 6.11: Als Folge der Zunahme der Nachfrage nach medizinischen Leistungen mit sinkender Selbstbeteiligung muß der optimale Selbstbeteiligungssatz strikt positiv sein. Zudem steigt er ceteris paribus mit zunehmender Krankheitswahrscheinlichkeit und mit zunehmender Preiselastizität der Nachfrage nach medizinischen Leistungen.

6.5.3 Fazit

Wir sehen hier, daß es neben den in den Abschnitten 6.3 und 6.4 aufgeführten Motiven für den Verzicht auf vollen Versicherungsschutz gegen sämtliche Krankheitskosten noch ein weiteres gibt, nämlich dann, wenn der Versicherte bei bereits eingetretener Erkrankung den Umfang der nachgefragten medizinischen Behandlung (unter Nutzenerwägungen) selbst beeinflussen kann. In diesem Fall lohnt es sich für ihn zum Zeitpunkt des Abschlusses einer Versicherung, sich selbst durch Wahl eines Tarifs mit Selbstbeteiligung einen **Anreiz zur kostenbewußten Inanspruchnahme** von Gesundheitsgütern zu geben. Gilt für ihn nämlich ein effektiver Preis von Null, so wird er davon die Sättigungsmenge nachfragen, d.h. die Menge, bei der sein Grenznutzen Null wird.

Volle Optimalität im Sinne eines maximalen erwarteten Nutzens ist dagegen nur dann zu erreichen, wenn der Grenznutzen der Ausgabe einer Geldeinheit in allen Verwendungsarten gleich groß ist. Dies setzt jedoch einen Versicherungsvertrag voraus, bei dem der Versicherte die vollen Grenzkosten der Behandlung selbst tragen muß, die Versicherungsleistung also von den getätigten Ausgaben unabhängig und nur an den Gesundheitszustand geknüpft ist ("Indemnität"). Dazu müßte man jedoch voraussetzen, daß die Versicherungsgesellschaft den Gesundheitszustand des Versicherten zweifelsfrei beobachten kann.

Aus diesen Überlegungen wird deutlich, daß es sich bei einer Versicherung mit prozentualer Selbstbeteiligung in dem zuletzt betrachteten Fall, daß der Gesundheitszustand selbst nicht beobachtbar ist, nur um eine **"Second-best-Lösung"** handeln kann: Das verfügbare Einkommen ist bei Krankheit geringer, der Grenznutzen des Einkommens daher größer als bei Gesundheit. Somit wird das in Abschnitt 6.5.2.1 abgeleitete globale Maximum des Erwartungsnutzens, das ja eine Gleichheit des Grenznutzens des Konsums in allen Gesundheitszuständen erfordert, nicht erreicht.

Dies ist die Folge der Notwendigkeit, zwischen zwei Übeln abwägen zu müssen: Wählt der Versicherte einen niedrigen Selbstbeteiligungssatz, so veranlaßt er sich selbst zum relativ reichlichen (und damit kostenträchtigen) Konsum medizinischer Leistungen, und er begegnet der "Scylla" einer **hohen Versicherungprämie**. Entscheidet er sich dagegen für einen hohen Selbstbeteiligungssatz, so läuft er der "Charybdis" einer nur **unvollkommenen Risikoabwälzung** in die Arme. Welcher Mittelweg zwischen Scylla und Charybdis für ihn der "goldene" ist, hängt von der Preiselastizität seiner Nachfrage ab: Ist die Nachfrage z.B. vollkommen starr, so sind Anreize ohnehin nicht wirksam, und er kann volle Risikoabwälzung durch einen Vertrag ohne Selbstbeteiligung wählen.

Aus diesen Überlegungen heraus ist es verständlich, daß der empirischen Erforschung des Einflusses der Selbstbeteiligung auf die Nachfrage nach medizinischen Leistungen große Aufmerksamkeit gewidmet worden ist. Diese ist Gegenstand des folgenden Abschnitts.

6.6 Der empirische Zusammenhang zwischen Versicherungsdeckung und Nachfrage nach Gesundheitsleistungen

Bereits in den siebziger Jahren erschienen in den USA zahlreiche empirische Untersuchungen über den Einfluß des Versicherungsschutzes auf die Inanspruchnahme medizinischer Leistungen. Die USA waren - anders als z.B. Deutschland, wo alle Kassenmitglieder den gleichen Versicherungsschutz genießen - für derartige Arbeiten wegen der enormen Vielfalt der dort gebräuchlichen Versicherungsverträge das ideale Anwendungsfeld.

Da der Selbstbeteiligungssatz den vom Versicherten zu tragenden (Effektiv-)Preis für medizinische Leistungen beeinflußt, war das primäre Ziel dieser Studien die Schätzung der Preiselastizität der Nachfrage nach diesen Leistungen. Dazu mußten natürlich so weit wie möglich auch alle weiteren Einflußfaktoren auf die Leistungsnachfrage wie Alter, Geschlecht, Einkommen und Gesundheitszustand berücksichtigt werden, d.h. es handelte sich überwiegend um multiple Regressionsanalysen. Die in diesen Studien [vgl. z.B. *Phelps (1975)*, *Newhouse (1980)*] gefundenen **Werte für die Preiselastizität** liegen überwiegend im Bereich zwischen 0 und $-0,2$, d.h. sie haben das erwartete Vorzeichen, aber eine relativ geringe Höhe. Einzelne Untersuchungen [vgl. *Newhouse*, *Phelps und Marquis* (*1980*), S.378] fanden aber auch weitaus höhere Werte bis zu $-2{,}1$.

In den 80er Jahren erschienen dann auch einige Arbeiten aus dem deutschen Sprachraum: Anhand von Daten der Schweizerischen sozialen Krankenversicherung und deutscher privater Krankenversicherungen untersuchten *Schulenburg (1987)* sowie *Zweifel und Waser (1987)* die Reaktion der Nachfrage auf feste periodenbezogene Selbstbehalte sowie Beitrags-Rückerstattungen. Es stellte sich heraus, daß insbesondere dynamische Bonus-Optionen, bei denen die Höhe der Rückerstattung mit der Dauer der "Schadenfreiheit" zunimmt, mit einer signifikanten Reduktion der Inanspruchnahme medizinischer Leistungen verbunden sind.

Die methodische Vorgehensweise in allen diesen Arbeiten wurde allerdings mit dem Hinweis darauf kritisiert, der negative Zusammenhang zwischen der Höhe der Selbstbeteiligung und der Inanspruchnahme medizinischer Leistungen könne auch durch die **Wahl eines Versicherungsvertrags** durch den Konsumenten bedingt sein: Personen, die (z.B. aufgrund ihrer robusten Gesundheit oder ihrer Skepsis gegenüber der Schulmedizin) einen geringen Bedarf an medizinischen Leistungen vorhergesehen haben, könnten demnach einen höheren Selbstbeteiligungssatz gewählt haben als andere, die sich selbst als stärkere Nutzer einstuften und für die sich daher Vollversicherung eher lohnte. Die Kausalbeziehung könnte demnach genau in der umgekehrten Richtung verlaufen [vgl. *Newhouse et al.* (*1980*)].

Um diesen Effekt der "Selbstselektion" bei der Schätzung der Preiselastizität der Nachfrage nach medizinischer Behandlung auszuschalten, begann die Rand Corporation gegen Ende der 70er Jahre ein großangelegtes (und über 80 Millionen Dollar teures) "Health

Insurance Experiment": An sechs verschiedenen, für die USA insgesamt annähernd repräsentativen Orten wurden jeweils ca. 1.000 Personen für 3 - 5 Jahre in eine eigens dafür geschaffene Versicherungsgesellschaft aufgenommen, und jedem von ihnen wurde nach einem **Zufallsverfahren** einer von insgesamt 16 verschiedenen Krankenversicherungs-Verträgen zugewiesen. Der Selbstbeteiligungssatz variierte dabei zwischen 0 und 95%, und auch Verträge mit festem Selbstbehalt kamen vor.

Die Auswertungen der Daten aus diesem Experiment [vgl. *Manning et al.* (*7*)] ergaben Werte für die Preiselastizität der Nachfrage nach medizinischen Leistungen etwa zwischen -0,1 und -0,2, also im (unteren) Bereich der früheren Studien. Es zeigte sich insbesondere, daß Personen, die mit einer hohen Selbstbeteiligung konfrontiert sind, mit größerer Wahrscheinlichkeit innerhalb eines gegebenen Zeitraums überhaupt keinen Arzt aufsuchen, daß aber, wenn einmal ein Arztkontakt stattgefunden hat, die Leistungsmenge im Mittel kaum auf den Umfang der Versicherungsdeckung reagiert [vgl. *Keeler und Rolph* (*1983*)].

Der experimentelle Charakter der Studie erlaubte es ihren Planern auch, Informationen über den Gesundheitszustand der Beteiligten am Beginn und am Ende des Untersuchungszeitraums zu erheben. Damit sollte die weit verbreitete "Folklore" überprüft werden, die durch die Selbstbeteiligung errichtete finanzielle Hürde führe zu einem Unterkonsum medizinischer Leistungen und mittelbar zu einer **Verschlechterung des Gesundheitszustands**[15].

Dazu wurden 6 verschiedene Indikatoren der Gesundheit gemessen [vgl. *Brook et al.* (*1983*)]. Es stellte sich heraus, daß bei dreien dieser Indikatoren (hoher Blutdruck, Kurzsichtigkeit und Karies) voller Versicherungsschutz bei ärmeren Versicherten tatsächlich mit einer leichten Verbesserung der Gesundheit einherging. Die Autoren argumentieren aber, daß die gleichen Heilerfolge auch mittels vergleichsweise billiger spezifischer Reihenuntersuchungen hätten erzielt werden können und daß es dazu der aufwendigen "Rundum-Versicherung" nicht bedürfe. Einschränkend ist allerdings anzumerken, daß wegen des begrenzten zeitlichen Rahmens Langzeitfolgen für die Gesundheit nicht gemessen werden konnten.

Aus diesen Ergebnissen ziehen wir die

Folgerung 6.12: Die Nachfrage nach medizinischen Leistungen, insbesondere nach "Erstkontakten" mit einem Arzt reagiert signifikant auf den Umfang des Versicherungsschutzes, auch wenn der Wert der Preiselastizität nur bei etwa $-0{,}1$ bis $-0{,}2$ liegt. Die mit der zusätzlichen Inanspruchnahme bei zunehmendem Versicherungsschutz einhergehende Verbesserung des Gesundheitszustands kann als relativ bescheiden angesehen werden.

---

15. Bezogen auf die GKV in Deutschland wird aus dieser These weiter gefolgert, Selbstbeteiligung führe damit langfristig sogar zu höheren Ausgaben im Gesundheitswesen als volle Versicherungsdeckung [vgl. etwa *Schaper* (*1978*)]. Diese These fand aber auch im Zusammenhang mit Bonus-Optionen in der (privaten) Krankenversicherung Deutschlands keine empirische Bestätigung [vgl. *Zweifel* (*1992*), Kap. 8].

6.7 Schlußfolgerungen für die Gestaltung einer sozialen Krankenversicherung

In Kapitel 5 wurden Gründe für die Existenz einer gesetzlichen Versicherungspflicht aufgeführt. Diese dient insbesondere der Abwehr von "Trittbrettfahrer-Verhalten" und der Umverteilung zugunsten der von Natur aus gesundheitlich Benachteiligten. Eine Versicherungspflicht muß aber durch Festlegung eines (Mindest-)Versicherungsumfangs konkretisiert werden, damit sie nicht durch Abschluß von lediglich nominellen Verträgen unterlaufen wird.

In der GKV der Bundesrepublik Deutschland ist diese Frage dahingehend beantwortet, daß für fast das gesamte Spektrum medizinischer Behandlung ein Versicherungsschutz ohne Selbstbeteiligung vorgesehen ist. Ausnahmen bilden lediglich

- bei Zahnersatz eine bis zu 50-prozentige Zuzahlung des Patienten sowie

- bei Arzneimitteln eine Zuzahlung in Höhe der vollen Preisdifferenz, wenn aus einer Wirkstoffgruppe, für die ein "Festbetrag" festgelegt ist, ein Präparat mit einem höheren Preis gewählt wird. Anders als eine proportionale Selbstbeteiligung fördert diese Regelung zwar den Preiswettbewerb unter Anbietern eines homogenen Produkts, sie bietet dem Versicherten dagegen keinen Anreiz, seine **mengenmäßige** Inanspruchnahme zu zügeln, solange er ein Präparat wählt, dessen Preis im Rahmen des Festbetrags liegt. Seit 1993 gilt darüber hinaus eine feste Zuzahlung in Höhe von DM 3,-, 5,- oder 7,- je Verordnung, je nach Wert des Medikaments, die ihrerseits einen Einfluß auf die Menge haben sollte.

Aufgrund der modelltheoretischen Analysen dieses Kapitels kann ein derartiger nahezu voller Versicherungsschutz nicht als optimal bezeichnet werden. Für diese Behauptung sprechen

1. die mit dem Umfang der Versicherungsleistungen zunehmenden Verwaltungskosten (vgl. Abschnitt 6.3, Folgerung 6.1): Dieses Problem hat die GKV allerdings durch das sogenannte "Sachleistungsprinzip" umgangen. Hier reichen die Versicherten nicht, wie bei privaten Versicherungsverträgen, die einzelnen Rezepte und Arztrechnungen bei der Krankenkasse ein, sondern diese erhält in jedem Quartal direkt von den Leistungsanbietern eine Pauschalrechnung für alle ihre Versicherten. Diese kostensparende Praxis behindert jedoch die **Transparenz des Leistungsgeschehens** enorm; nicht einmal der Versicherte selbst behält den Überblick darüber, welche Leistungen er in Anspruch genommen hat, geschweige denn welche Ausgaben damit verbunden waren;

2. der völlig fehlende Anreiz, Aufwendungen zur **Krankheitsvorbeugung** zu betreiben, da diese weder von der Krankenversicherung beobachtet werden noch sich in einer Prämienreduktion niederschlagen ("Ex-ante-Moral-Hazard", vgl. Abschnitt 6.4, Folgerung 6.6);

3. die zwar nicht sehr hohe, aber doch merkliche **Preiselastizität der Nachfrage** nach Gesundheitsleistungen ("Ex-post-Moral-Hazard", vgl. Abschnitte 6.5 und 6.6, Folgerung 6.12).

Ferner zeigte die formale Analyse, daß die **optimale** Höhe der Selbstbeteiligung - vgl. die Formel (6.47), Folgerung 6.7 sowie Gleichung (6.113) - entscheidend sowohl vom individuellen Erkrankungsrisiko als auch von den individuellen Präferenzen abhängt und sich somit von Person zu Person **unterscheiden** wird. Daher kann eine für alle verbindlich vorgeschriebene Versicherungsdeckung nicht wohlfahrtsmaximierend sein. Vielmehr scheint es sich zu empfehlen, daß der Gesetzgeber lediglich den Mindestumfang der Versicherungsdeckung verbindlich festlegt, jeder einzelne aber die Freiheit hat, seinen Versicherungsschutz durch Zusatzverträge aufzustocken.

Je umfassender der für alle verpflichtende Teil des Versicherungsschutzes ist, desto mehr Umverteilung zwischen den verschiedenen Risikogruppen kann erreicht werden, desto geringer sind natürlich andererseits die Anreize zur Vorbeugung und zur effizienten Inanspruchnahme von Gesundheitsleistungen. Hier scheint also die Notwendigkeit einer Abwägung zwischen dem Effizienzziel und dem Ziel des "Solidarausgleichs" vorzuliegen. Dabei ist es, wie in *Breyer (1989)* gezeigt, in der Regel nicht optimal, auf Effizienzanreize völlig zu verzichten und - wie in der GKV-Vollversicherung für alle vorzuschreiben, da auch die **Empfänger** der beschriebenen Umverteilung davon profitieren, wenn bei den übrigen Versicherten Anreize zur sparsamen Leistungsnachfrage erhalten bleiben.

6.8 Übungsaufgaben

Übungsaufgabe 6.1:

a) Unter welchen Umständen ist bei Abwesenheit von immateriellen Krankheitsfolgen und von Moral Hazard ein voller Versicherungsschutz optimal, und wann ist der optimale Versicherungsvertrag durch einen positiven Selbstbehalt gekennzeichnet?

b) Machen Sie plausibel, warum im Grundmodell der Krankenversicherung der vollständige Verzicht auf Versicherungsschutz umso eher optimal ist, je größer die Wahrscheinlichkeit der Krankheit ist.

c) Wodurch ist ein optimaler Krankenversicherungsschutz bei fairer Prämie charakterisiert, wenn mit einer Krankheit auch ein immaterieller Schaden verbunden ist? Erläutern Sie ökonomisch!

Übungsaufgabe 6.2:

Ein Versicherungsnachfrager habe die folgenden Nutzenfunktionen im Zustand der Gesundheit bzw. der Krankheit:

$$u^g(y) = \ln y, \qquad u^k(y) = \tfrac{11}{7} \cdot \ln(y + 20)$$

Mit Wahrscheinlichkeit $\pi = \frac{1}{4}$ trete eine Krankheit ein, die Kosten in Höhe von $L = 20$ verursache.

a) Nehmen Sie an, faire Versicherung werde angeboten. Welchen Versicherungsschutz wird der Versicherungsnehmer wählen, wenn sein Bruttoeinkommen $Y = 60$ ($Y = 30$) beträgt?

b) Interpretieren Sie das Ergebnis und gehen Sie kritisch auf die implizit getroffenen Annahmen ein.

Übungsaufgabe 6.3:

a) Was versteht man unter "Moral Hazard", und in welchen Formen kann es im Fall des Krankheitsrisikos auftreten?

b) Skizzieren und vergleichen Sie für die hier betrachteten Modelle das (erwartungs-)nutzenmaximierende Verhalten eines Individuums hinsichtlich Vorbeugeverhalten und Selbstbeteiligung bei Existenz einer fairen Versicherung, wenn der Versicherer das Ausmaß der Vorbeugung
(i) beobachten kann,

(ii) nicht beobachten kann.

c) Was kann man über den optimalen Selbstbeteiligungssatz bei Vorliegen von Moral Hazard der Ex-post-Form im Rahmen des hier betrachteten Modells aussagen?

Übungsaufgabe 6.4

Ein Versicherungsnehmer mit der Nutzenfunktion $u(y) = y^{1/2}$ und dem Bruttoeinkommen $Y = 101$ erkranke mit der Wahrscheinlichkeit π, wodurch Behandlungskosten von $L = 72$ entstehen. Durch Vorbeugungsausgaben V könne er das Erkrankungsrisiko wie folgt beeinflussen:

$$\pi(V) = \begin{cases} \frac{1}{54} \cdot (47 - V) & \text{für } V \leq 29 \\ \frac{1}{3} & \text{sonst} \end{cases}$$

a) Ermitteln Sie zunächst die optimalen Vorbeugungskosten in Abwesenheit einer Versicherbarkeit des Risikos.

b) Es existiere nun eine faire Versicherung, wobei die Vorbeugungsausgaben beobachtbar seien. Ermitteln Sie die optimale Kombination aus Vorbeugung V und Versicherungsschutz I.

c) Nehmen Sie nun an, daß die Versicherungsgesellschaft die Vorbeugungsausgaben V nicht beobachten könne, sondern lediglich den funktionalen Zusammenhang zwischen V und I an den bekannten Punkten ($I = 72$, $V = 0$) und ($I = 0$, $V = 20$) linear approximiere.

1. Wenn die Prämie P fair ist und diesen Zusammenhang berücksichtigt, wie hängt sie dann von I ab?

2. Ermitteln Sie anschließend den optimalen Versicherungsschutz I approximativ mittels einer Wertetabelle ($I = 0, 18, 36, 54, 72$).

d) Die Vorbeugungsausgaben seien nicht beobachtbar, und die Prämie sei linear in I und fair. Ermitteln Sie wiederum die optimale Vorbeugung und den optimalen Versicherungsschutz sowie die kostendeckende Prämie.

e) Ermitteln Sie die erreichbare Nutzenhöhe in Teilaufgaben a), b), c) und d) und interpretieren Sie die gefundene Rangordnung.

Übungsaufgabe 6.5

Ein Versicherungsnehmer mit dem Bruttoeinkommen Y habe die folgenden Nutzenfunktionen im Zustand der Gesundheit bzw. der Krankheit:

$$u^g(y) = \ln y, \qquad u^k(y, M) = \ln y + \ln M$$

(M = Ausgaben für Gesundheitsleistungen, y = sonstige Konsumausgaben)

a) Ermitteln Sie die den Erwartungsnutzen maximierenden Werte des Gesundheitskonsums M und der Versicherungsleistung I, falls eine faire Versicherung angeboten wird und die Erkrankungswahrscheinlichkeit π beträgt.

b) Welche Voraussetzungen müssen vorliegen, damit das in a) ermittelte Optimum realisierbar ist?

c) Wie wird sich der Versicherungsnehmer verhalten, wenn sein Versicherungsvertrag die volle Übernahme aller Gesundheitsausgaben vorsieht?

6.9 Literaturhinweise

zu Kapitel 6 insgesamt:

Breyer, F. (1984), Moral Hazard und der optimale Krankenversicherungsvertrag. Eine Übersicht, in: *Zeitschrift für die gesamte Staatswissenschaft*, 140, 288-307.

Schulenburg, J.-M. Gf. (1987), *Selbstbeteiligung*, Tübingen: Mohr-Siebeck.

zu Abschnitt 6.1:

Arrow, K.J. (1970), *Essays in the Theory of Risk-Bearing*, Amsterdam: North Holland.

zu Abschnitt 6.2:

Münnich, F.E. (1983), *Steuerungsmöglichkeiten in der Gesetzlichen Krankenversicherung*, Köln: Deutscher Ärzteverlag.

zu Abschnitt 6.3:

Arrow, K.J. (1963), Uncertainty and the Welfare Economics of Medical Care, in: *American Economic Review*, 53, 941-973.

Arrow, K.J. (1974), Optimal Insurance and Generalized Deductibles, in: *Scandinavian Actuarial Journal*, 57, 1-42.

Cook, P.J. und Graham, D.A. (1977), The Demand for Insurance Protection: The Case of Irreplaceable Commodities, in: *Quarterly Journal of Economics*, 91, 143-156.

Doherty, N.A. und Schlesinger, H. (1983), Optimal Insurance in Incomplete Markets, in: *Journal of Political Economy*, 91, 1045-1054.

Gould, J.P. (1969), The Expected Utility Hypothesis and the Selection of Optimal Deductibles for a Given Insurance Policy, in: *Journal of Business*, 42, 143-151.

Mossin, J. (1968), Aspects of Rational Insurance Purchasing, in: *Journal of Political Economy*, 76, 553-568.

zu Abschnitt 6.4:

Ehrlich, I. und Becker, G.S. (1972), Market Insurance, Self-Insurance, and Self-Protection, in: *Journal of Political Economy*, 80, 623-648.

Pauly, M.V. (1974), Overinsurance and Public Provision of Insurance: The Role of Moral Hazard and Adverse Selection, in: *Quarterly Journal of Economics*, 88, 44-62.

zu Abschnitt 6.5:

Spence, A.M. und Zeckhauser, R.J. (1971), Insurance, Information, and Individual Action, in: *American Economic Review*, 61, Papers and Proceedings, 380-387.

Zeckhauser, R.J. (1970), Medical Insurance: A Case Study of the Tradeoff between Risk Spreading and Appropriate Incentives, in: *Journal of Economic Theory*, 2, 10-26.

zu Abschnitt 6.6:

Brook, R.H. et al. (1983), Does Free Care Improve Adults' Health? Results from a Randomized Controlled Trial, in: *New England Journal of Medicine*, 309, 1426-1434.

Keeler, E.B. und Rolph, J.E. (1983), How Cost Sharing Reduced Medical Spending of Participants in the Health Insurance Experiment, in: *Journal of the American Medical Association*, 249 (16), 2220-2222.

Manning, W. et al. (1987), Health Insurance and the Demand for Medical Care: Evidence from a Randomized Experiment, in: *American Economic Review*, 77, 251-277.

Newhouse, J., Phelps, C.E. und Marquis, M.S. (1980), On Having Your Cake and Eating it Too: Econometric Problems in Estimating the Demand for Health Services, in: *Journal of Econometrics*, 13, 365-390.

Phelps, C.E. (1975), Effects of Insurance on Demand for Medical Care, in: Andersen, R. Anderson, O. und Kravits, J. (Hrsg.), *Equity in Health Services: Empirical Analyses in Social Policy*, Cambridge, MA: Ballinger Publishing Company, 105-130.

Schaper, K. (1978), *Kollektivgutprobleme einer bedarfsgerechten Inanspruchnahme medizinischer Leistungen*, Frankfurt: Haag & Herchen.

Zweifel, P. und Waser, O. (1986), Bonus-Optionen in der Krankenversicherung: Eine mikroökonomische Untersuchung, in: Gäfgen, G. (Hrsg.), *Ökonomie des Gesundheitswesens*, Berlin: Duncker & Humblot, 469-481.

Zweifel, P. (1992, mit Waser, O.), *Bonus Options in Health Insurance*, Dordrecht: Kluwer.

zu Abschnitt 6.7:

Breyer, F. (1989), Verteilungswirkungen wahlweiser Selbstbeteiligung in der GKV - eine risikotheoretische Analyse, in: Gäfgen, G. und Oberender, P. (Hrsg.), *Verteilungsziele und Verteilungswirkungen im Gesundheitswesen*, Baden-Baden: Nomos, 93-109.

Wissenschaftliche Arbeitsgruppe "Krankenversicherung" (1987), *Vorschläge zur Strukturreform der Gesetzlichen Krankenversicherung*, Bayreuth: PCO Verlag.

KAPITEL 7

Der Arzt als Anbieter medizinischer Leistungen

7.1 Einleitung

Eine Schlüsselposition bei der Erstellung und Verteilung von Gesundheitsleistungen nimmt der ambulant tätige Arzt ein (vgl. Abschnitt 1.4, Abb. 1-3). Er ist es, den die meisten Menschen als ersten aufsuchen, wenn sie ein gesundheitliches Problem haben, das sie nicht mehr allein bewältigen zu können glauben, und er ist es daher auch, der als erster über Diagnose, Therapie, Verschreibung und Überweisung an andere Anbieter medizinischer Leistungen (Fachärzte anderer Spezialgebiete, Krankenhäuser, Apotheker etc.) entscheidet. Er wird folglich von vielen als "Türhüter" des Gesundheitswesens angesehen.

In diesem Kapitel interessieren wir uns zunächst für die Leistungen, die der niedergelassene Arzt selbst in seiner Praxis unter Einsatz seiner Mitarbeiter und seiner medizinisch-technischen Einrichtungen erbringt[1]. Dabei geht es uns darum zu untersuchen, ob man erwarten kann, daß bei der Erstellung und Verteilung ambulanter Arztleistungen das Grundprinzip der Wirtschaftlichkeit - die Erreichung eines gegebenen Heilerfolgs mit geringstmöglichem volkswirtschaftlichem Ressourcenverbrauch - erfüllt sein wird. Zweifel daran gründen sich vor allem auf die **Doppelrolle**, die der Arzt dem Patienten gegenüber spielt: zum einen als Anbieter von Leistungen, zum anderen aber als Berater bei der Entscheidung, welche Leistung der Patient nachfragen sollte.

Diese Besonderheit (die allerdings nicht ausschließlich auf Ärzte zutrifft, sondern auch auf Rechtsanwälte und eine Reihe anderer Berufe), hat unter Ökonomen zu einer heftigen Diskussion darüber geführt, ob Ärzte die Macht haben und auch ausnutzen, für ihre eigene Auslastung zu sorgen - auch dort, wo man aufgrund einer hohen Ärztedichte Leerkapazitäten vermuten würde. Diese These von der "angebotsinduzierten Nachfrage" auf dem Markt für ambulante ärztliche Leistungen wird in Abschnitt 7.2 ausführlich diskutiert werden. Dabei wird vor allem untersucht, wie man empirisch feststellen kann, ob Ärzte ihre Beraterfunktion systematisch zu ihrem eigenen Vorteil "mißbrauchen" oder nicht. Es wird sich zeigen, daß das Verhalten der Ärzte maßgeblich von den Anreizen geprägt ist, die durch die Form der Vergütung ihrer Leistungen vermittelt werden. Diesem Fragenkomplex ist Abschnitt 7.3 gewidmet, und einige Schlußfolgerungen werden in

---

1. Die von ihm veranlaßten Leistungen anderer Bereiche werden Gegenstand späterer Kapitel sein (vor allem Kap. 9 und 10).

Abschnitt 7.4 gezogen.

7.2 Die These von der angebotsinduzierten Nachfrage nach ambulanten Arztleistungen

7.2.1 Ärztedichte und Inanspruchnahme ärztlicher Leistungen: der empirische Zusammenhang

Mehr noch als andere akademische Berufe erfreut sich derjenige des Arztes in den meisten Industrieländern stetig wachsender Beliebtheit, vereinen sich hier doch das für viele junge Menschen charakteristische Verlangen, anderen Menschen zu helfen, mit der Erwartung, dafür auch noch ein weit überdurchschnittliches Einkommen erzielen zu können. Der Ansturm auf die medizinischen Fakultäten sorgte dafür, daß die Zahl der Ärzte - absolut und in Relation zur Bevölkerungszahl - in den vergangenen Jahrzehnten stark zunahm und weiter wächst. So erhöhte sich in der Bundesrepublik Deutschland im Zeitraum 1970-1990 die Anzahl aller berufstätigen Ärzte je 10.000 Einwohner von 16 auf 31 und die der Ärzte in freier Praxis von 8 auf 12[2]. In der Schweiz stieg die Zahl der Ärzte in freier Praxis im selben Zeitraum von 9 auf 15 je 10.000 Einwohner[3].

Nun bedeutete die ständig wachsende Dichte ärztlicher Praxen keineswegs, daß sich die Ärzte über Mangel an Beschäftigung beklagen mußten, denn auch die Inanspruchnahme ambulanter ärztlicher Leistungen - gemessen an den entsprechenden Ausgaben der gesetzlichen Krankenkassen - wuchs von Jahr zu Jahr an. Auch im Querschnittsvergleich verschiedener Regionen scheint ein **größeres Angebot** an Ärzten mit einer **verstärkten Inanspruchnahme** ärztlicher Leistungen pro Kopf der Bevölkerung einherzugehen. Aus dieser Beobachtung wurden weitreichende Schlußfolgerungen für die Gesundheitspolitik gezogen, etwa die, daß der Markt für ärztliche Leistungen "nicht funktioniere" und daß das Gesundheitswesen nur dann "bezahlbar" bleibe, wenn man die "Ärzteschwemme" durch Zulassungsbeschränkungen eindämme.

Nun ist eine mit der Anbieterzahl steigende Inanspruchnahme ärztlicher Leistungen für sich genommen keineswegs erstaunlich. Sieht man nämlich den Markt für ambulante ärztliche Leistungen cum grano salis als einen Wettbewerbsmarkt an, so würde man bei einer Zunahme der Zahl der Anbieter eine Rechtsverschiebung der Marktangebotsfunktion und folglich - falls die nachgefragte Menge an Leistungen mit steigendem Preis abnimmt, eine **Ausweitung der Gleichgewichtsmenge** und ein Fallen des Gleichgewichtspreises erwarten (vgl. Abb. 7-1). Die Auswirkung auf die Gesamtausgaben $(p \cdot M)$ ist a priori unbestimmt und hängt von der Preiselastizität der Nachfrage ab.

Das Besondere an den bisher vorliegenden empirischen Beobachtungen auf den Märkten für Arztleistungen in mehreren Ländern ist jedoch, daß bei einer Ausweitung der Ärztedichte die Inanspruchnahme ärztlicher Leistungen pro Kopf der Bevölkerung stieg, ohne daß eine **Gebührensenkung** die Nachfrage stimuliert hätte. So fand *Fuchs (1978)* bei einem Vergleich verschiedener Regionen in den USA anhand von Daten aus den Jahren

2. Vgl. *Daten des Gesundheitswesens (1995), S.190.*
3. Vgl. *Statistisches Jahrbuch der Schweiz 1973* (S.502) und *Verbindung der Schweizer Ärzte (FMH)*, Mitgliederstatistik.

Abb. 7-1: Auswirkungen einer Zunahme des Ärzteangebots im "Normalfall"

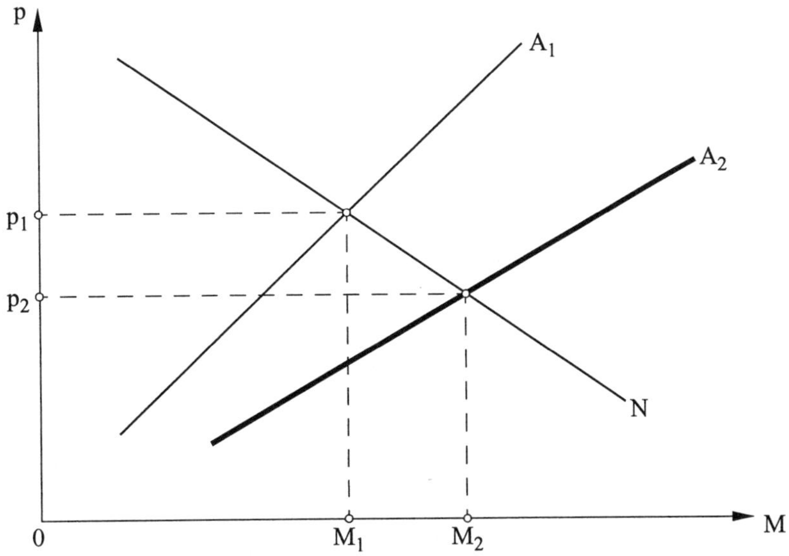

1963 und 1970, daß eine um 10% höhere Chirurgen-Dichte ceteris paribus mit 3% mehr Operationen pro Kopf der Bevölkerung und **höheren Gebührensätzen** für Operationen einherging. Eine positive Korrelation zwischen der Ärztedichte und der Pro-Kopf-Inanspruchnahme ärztlicher Leistungen findet man zudem auch in Ländern wie Deutschland (s.o.), in denen die Gebührenordnung in allen Regionen einheitlich festgesetzt ist und somit eine Preissenkung als Folge einer Angebotsausdehnung ausgeschlossen werden kann. In allen diesen Fällen steigen natürlich auch die Gesamtausgaben nach einer Erhöhung der Ärztedichte.

7.2.2 Besonderheiten der Arzt-Patient-Beziehung

Einen Schlüssel zur Erklärung des geschilderten Phänomens könnten die Eigenheiten liefern, die für die Beziehung zwischen Anbieter (Arzt) und Nachfrager (Patient) auf diesem Markt charakteristisch sind und die auf den Besonderheiten von Gesundheitsgütern (vgl. Kap. 5) beruhen.

Das hervorstechendste Merkmal ist wohl die unvollständige Information des Nachfragers über seine eigenen Bedürfnisse. Ein Patient, der seinen Arzt aufsucht, tut dies zwar in dem Gefühl, aufgrund einer festgestellten Befindlichkeitsstörung irgendeiner diagnostischen und eventuell auch therapeutischen Leistung zu bedürfen; welche das ist, wird aber in der Regel der Arzt selbst bestimmen. Der Patient delegiert diese Auswahl an den in aller Regel besser informierten Arzt und behält selbst lediglich die Entscheidung, ob er dem Ratschlag bzw. der Verschreibung des Arztes Folge leisten will oder nicht. Und auch in dieser Entscheidung ist er nicht absolut frei, denn es herrscht unter Medizinern wie Laien weitgehend Konsens darüber, daß das Vertrauen des Patienten in die Kompetenz des Arztes eine wichtige Voraussetzung für den Heilerfolg ist.

Da es somit für den einzelnen Behandlungsfall plausibel ist, daß der Arzt und nicht der Patient die Nachfragemenge determiniert, läßt sich diese Beziehung auf den Markt als Ganzes übertragen: Die Nachfragekurve, die das geplante Volumen der Inanspruchnahme ärztlicher Leistungen bei alternativen Preisen angibt, spiegelt demnach in überwiegendem Maße **Entscheidungen der Anbieter** und nicht der Nachfrager wider; insofern ist es gerechtfertigt zu sagen, die Nachfrage nach ärztlichen Leistungen sei anbieterdeterminiert.

Diese Tatsache bleibt so lange ohne weitergehende Konsequenzen, wie sich der Arzt bei dieser ihm überlassenen Nachfrageentscheidung wie ein **perfekter Sachwalter** des Patienten verhält und sie so trifft, wie sie der Patient selber treffen würde, wenn er die notwendige medizinische Fachkenntnis hätte. Kritisch wird es erst, wenn der Arzt in die Entscheidung, die er stellvertretend für den Patienten trifft, seine eigenen Interessen einfließen läßt. Variieren etwa die Ärzte bei einem Anstieg der Ärztedichte die Informationen, die sie an die Patienten geben, systematisch mit dem Ziel, ihre eigene Auslastung sicherzustellen, so wird aus der anbieter**determinierten** eine angebots**induzierte** Nachfrage.

Dieser Fall ist in Abbildung 7-2 illustriert, die unter der Annahme gezeichnet ist, daß die Patienten vollversichert sind und somit die Nachfrage nicht preisabhängig ist. Dabei bezeichnet N_0 die **"Primärnachfrage"**. Hierunter verstehen wir die Nachfragemenge, die bei gegebener Patientenzahl, gegebenem Krankheitsspektrum und gegebenen Entscheidungen der Patienten, Kontakt mit dem Arzt aufzunehmen, erbracht werden muß, um den gültigen Regeln der medizinischen Kunst in idealer Weise zu genügen. Ferner sei der Preis pro Leistungseinheit durch staatliche Regulierung der Gebührenordnung auf p_0 fixiert, und es sei angenommen, daß dieses Preisniveau bei der in der Ausgangssituation vorhandenen Ärztedichte und dem damit verbundenen Leistungsangebot (Kurve A_0) gerade so hoch ist, daß es das Angebot mit der Primärnachfrage in Übereinstimmung bringt.

Es sei nun angenommen, daß die Angebotskurve durch Hinzukommen weiterer Ärzte nach außen auf die Lage A_1 verschoben wird. Hätten die Anbieter keinerlei direkten Einfluß auf die Gestaltung der Nachfrage oder würden sie die ihnen delegierte Auswahl einer Behandlungsstrategie einzig und allein nach den Interessen der Patienten ausüben, so bliebe die Nachfragekurve stabil, und die bei dem regulierten Preis tatsächlich gehandelte Leistungsmenge bliebe konstant bei $N_0=M_0$. Die Anbieter würden allerdings rationiert, denn die realisierte Menge wäre geringer als diejenige, die sie zu erbringen wünschten.

Nehmen wir dagegen an, daß die Sachwalter-Rolle **nicht perfekt** ausgeübt wird, sondern die Ärzte bei der Beratung der Patienten ihre eigenen Interessen verfolgen. Dann würden sie dem Patienten über das medizinisch indizierte Maß hinaus weitere, nur marginal wirksame oder gar gänzlich wertlose Leistungen empfehlen, um zu erreichen, daß die von ihnen gewünschte Angebotsmenge $M_1=A_1(p_0)$ auch "nachgefragt" wird. Graphisch bedeutet das, daß sie die Nachfragekurve parallel so weit nach rechts verschieben, bis die nachgefragte Menge (zu jedem Preis, also auch zum regulierten Preisniveau p_0) gleich

Abb. 7-2: Anbieterinduzierte Nachfrage als Reaktion auf eine Angebotszunahme

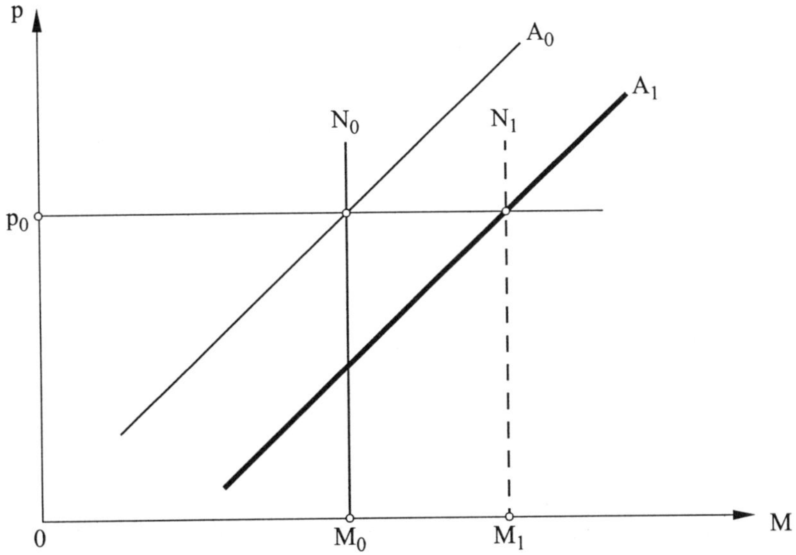

$A_1(p_0)$ ist.

Ist es den Ärzten auf diese Weise möglich, die Nachfrage nach ihren eigenen Leistungen nach Belieben auszudehnen, so **verliert die Unterscheidung** zwischen dem "Angebot" und der "Nachfrage" jenseits des Niveaus der "Primärnachfrage" jegliche Bedeutung. Die auf dem Markt tatsächlich realisierte Menge an ärztlichen Leistungen wird nach dieser These dann ausschließlich durch das von den Ärzten geplante Angebot determiniert, da diese die zur Abnahme des Angebots erforderliche "Nachfrage" durch entsprechende Empfehlungen an die Patienten, die in ihre Praxen kommen, jederzeit künstlich herbeiführen können - ob medizinisch geboten oder nicht.

Die behauptete Schaffung künstlicher Nachfrage wird dadurch erleichtert, daß

1. die Patienten in einem hohen Ausmaß (in Deutschland bei Arztleistungen zu 100%) gegen Behandlungskosten **versichert** sind, so daß ihre Zahlungsbereitschaft keine wirksame Begrenzung für ihren Konsum an Leistungen darstellt, sondern lediglich die Zeit, die sie dazu aufwenden müssen, und

2. der **medizinische Fortschritt** vor allem in der **Diagnosetechnik** bewirkt, daß es einem Arzt heute kaum schwerfallen dürfte, ausgehend von den gegebenem Symptomen, die der Patient ihm schildert, zusätzliche Leistungen zu verschreiben, die diesem zumindest nicht schaden und im Zweifelsfall noch einen geringfügigen Nutzen erbringen (z.B. den Ausschluß einer weiteren in seltenen Fällen mit diesen Symptomen verbundenen Krankheit).

Wir kommen somit zur

Folgerung 7.1: Aufgrund seines Informationsvorsprungs übt der Arzt faktisch einen erheblichen Einfluß auf die Gestaltung der "Nachfrage" nach seinen Leistungen aus. Von "Angebotsinduzierung" spricht man aber nur dann, wenn er sich dabei nicht wie ein perfekter Sachwalter des Patienten verhält, sondern auch seine eigenen Interessen einfließen läßt, insbesondere wenn Ärzte bei einem Anstieg der Ärztedichte die Informationen, die sie an die Patienten geben, systematisch ändern, um ihre eigene Auslastung sicherzustellen.

Für eine Gesundheitspolitik, die sich zum einen der Vollversicherung verschrieben hat, zum anderen aber die Ausgaben im Gesundheitswesen drosseln möchte (wie es in Deutschland der Fall ist), hätte das Vorliegen eines derart massiven Abweichens von der Sachwalter-Rolle erhebliche Konsequenzen, vor allem im Hinblick auf den unbeschränkten Zutritt zum Beruf des Kassenarztes (vgl. dazu Abschnitt 7.2.6). Daher muß geprüft werden, welche empirischen Fakten zweifelsfrei darüber Aufschluß geben können, ob die These von der angebotsinduzierten Nachfrage nach ärztlichen Leistungen zutrifft oder nicht. Zu diesem Zweck wird im folgenden Abschnitt 7.2.3 ein formales Modell des Arztverhaltens entwickelt, das es erlaubt, empirisch testbare Hypothesen über den Zusammenhang zwischen der Ärztedichte und der Pro-Kopf-Inanspruchnahme ärztlicher Leistungen bei Gültigkeit der Induzierungs-These abzuleiten. In Abschnitt 7.2.4 wird untersucht, ob die fraglichen Phänomene prinzipiell auch andere Erklärungen haben könnten, und in Abschnitt 7.2.5 werden Ergebnisse von Versuchen der empirischen Überprüfung der These vorgestellt.

7.2.3 Nutzenmaximierung des Arztes und die Zieleinkommens-Hypothese

7.2.3.1 Ein Modell des ärztlichen Verhaltens

Wir betrachten im folgenden ein einfaches Modell der Entscheidung eines nutzenmaximierenden Arztes über die Menge an ärztlichen Leistungen, die er seinen Patienten vorschreiben will (vgl. Tab. 7.1). Ärztliche Behandlung sei dabei ein homogenes Gut. Ferner gebe es nur ein weiteres Konsumgut, und die Mengeneinheiten beider Güter seien so festgelegt, daß der Preis jeweils 1 Geldeinheit beträgt[4], so daß zwischen Gütermenge und Ausgaben für das Gut nicht zu unterschieden werden braucht. Sparen und Kreditaufnahme sei ausgeschlossen. Es gebe a identische Ärzte, und das Symbol t bezeichne die vom einzelnen Arzt geleistete Arbeitszeit als **Anteil** an seiner insgesamt verfügbaren Zeit ($0 \leq t \leq 1$). Die Region habe n Einwohner, und die Inanspruchnahme ärztlicher Behandlung jedes Einwohners, M, sei eine monoton steigende Funktion des Ausmaßes der "künstlichen" Nachfrageschaffung durch seinen Arzt, die mit dem Symbol s ($s \geq 0$) bezeichnet wird:

4. Diese Festlegung wäre dann nicht zweckmäßig, wenn man die Auswirkungen einer Änderung relativer Preise untersuchen wollte. Dies ist aber nicht das Ziel der folgenden Analyse.

$$M = M(s) \qquad \text{mit} \quad M'(s) > 0\,, \tag{7.1}$$

wobei $M[0]$ die Primärnachfrage darstellt. M wird in Einheiten ärztlicher Arbeitszeit gemessen. Steht ferner das Symbol R mit

$$R = n/a \tag{7.2}$$

für die Einwohnerzahl je Arzt, also den Kehrwert der **Ärztedichte**, so lautet die auf den einzelnen Arzt entfallende Nachfrage nach seiner Arbeitszeit

$$h(s) = R \cdot M(s) \qquad \text{mit} \quad h'(s) = R \cdot M'(s)\,. \tag{7.3}$$

Das verfügbare Einkommen des Arztes, Y, ergibt sich als Differenz zwischen seinen Honorareinnahmen und den Praxiskosten sowie den Steuern und wird hier ganz allgemein als eine monoton steigende und konkave Funktion seines Arbeitseinsatzes t geschrieben:

$$Y = Y(t) \qquad \text{mit} \quad Y'(t) > 0 \text{ und } Y''(t) < 0. \tag{7.4}$$

Wegen der Normierung des Preises des einzigen Konsumguts auf 1 bezeichnet Y gleichzeitig den **Konsum** des Arztes.

Argumente der Nutzenfunktion des Arztes seien neben dem Konsum Y, den er positiv bewertet, seine Arbeitszeit t, die er negativ bewertet, und das Ausmaß, in dem er künstliche Nachfrage schafft, s. Auch dies bewerte er negativ, da es seinem Berufsethos oder zumindest seiner Verpflichtung zur wirtschaftlichen Verordnung von Leistungen widerspricht, nur marginal wirksame oder gar unnütze Leistungen zu erbringen. Wir schreiben daher:

$$u = u(Y, t, s)\,, \quad u_Y > 0\,, \quad u_t < 0\,, \quad u_s < 0\,.\text{[5]} \tag{7.5}$$

Der Arzt wählt also seinen Konsum Y, seine Arbeitszeit t und seine Nachfragebeeinflussung s so, daß er seinen Nutzen in (7.5) maximiert. Dabei muß er neben den Zusammenhängen (7.3) und (7.4) die Beschränkung

$$t \leq h(s) = R \cdot M(s) \tag{7.6}$$

beachten. Diese sagt aus, daß die tatsächlich vom Arzt geleistete Arbeitszeit nicht größer sein kann als die nachgefragte, während umgekehrt unbefriedigte Nachfrage existieren kann. Da jedoch Ärzte gegenüber ihren Patienten eine Versorgungspflicht haben, kann ein positiver Nachfrageüberhang ($R \cdot M > t$) nur dann auftreten, wenn gleichzeitig die Kapa-

5. Wir schreiben kurz u_Y für $\partial u/\partial Y$ usw.

Tab. 7.1: Ein Modell des Arztverhaltens

$M = M(s)$	mit $M'(s) > 0$	(7.1)
$R = n/a$		(7.2)
$h(s) = R \cdot M(s)$	mit $h'(s) = R \cdot M'(s)$	(7.3)
$Y = Y(t)$	mit $Y'(t) > 0$ und $Y''(t) < 0$	(7.4)
$u = u(Y, t, s)$	mit $u_Y > 0$, $u_t < 0$, $u_s < 0$	(7.5)
$t \leq h(s) = R \cdot M(s)$		(7.6)
$\frac{du}{ds} = Y'(t) \cdot R \cdot M'(s) \cdot u_Y + R \cdot M'(s) \cdot u_t + u_s = 0$		(7.8)
$u_Y(Y, t, s) \geq 0$	> 0 falls $Y < Y^*$, $= 0$ falls $Y \geq Y^*$	(7.14)
$u_t(Y, t, s) \leq 0$	$= 0$ falls $Y \leq Y^*$, < 0 falls $Y > Y^*$	(7.15)
$u_s(Y, t, s) \leq 0$	$= 0$ falls $Y \leq Y^*$, < 0 falls $Y > Y^*$	(7.16)
$q_1 = 1/R < M[0]$		(7.19)
$q_2 = M[0]$		(7.23)
$q_3 = M[s^*] = \frac{t^*}{R} = \frac{Y^{-1}[Y^*]}{R}$		(7.24)
n:	Einwohnerzahl	
a:	Anzahl der Ärzte	
R:	Einwohnerzahl je Arzt (1 / R: Ärztedichte)	
M:	ärztliche Leistungen je Einwohner	
Y:	Einkommen (Konsum) des Arztes	
Y^*:	Zieleinkommen	
t:	Arbeitszeit des Arztes	
s:	künstliche Nachfrageschaffung des Arztes	
u:	Nutzen des Arztes	
h:	ärztliche Leistungen je Arzt	
q:	befriedigte Nachfrage pro Kopf	
z:	Nachfrageüberhang pro Kopf	

zität der Ärzte erschöpft ist, also $t = 1$ gilt.

Sehen wir von diesem Ungleichgewichts-Fall zunächst ab und setzen wir (7.6) in **Gleichungsform** in die Nutzenfunktion (7.5) ein, so können wir jene als Funktion eines einzigen Aktionsparameters, nämlich s, schreiben:

$$u = u\{Y[h(s)], h(s), s\} . \tag{7.7}$$

Die notwendige Bedingung erster Ordnung für ein inneres Maximum von u lautet daher[6]:

$$\frac{du}{ds} = Y'(t) \cdot R \cdot M'(s) \cdot u_Y + R \cdot M'(s) \cdot u_t + u_s = 0 . \tag{7.8}$$

Bedingung (7.8) ist einfach zu interpretieren, da aufgrund der oben getroffenen Annahmen die Faktoren vor u_Y und u_t strikt positiv sind: Die künstliche Nachfrageschaffung s wird so weit betrieben, bis der Grenznutzen des dadurch ermöglichten zusätzlichen Konsums durch das Grenzleid der zusätzlichen Arbeitszeit und die "Gewissensbisse" infolge der Nachfrageschaffung selbst gerade aufgewogen wird.

7.2.3.2 Komparative Statik des Modells

Wir interessieren uns dafür, wie sich in einem inneren Optimum eine Erhöhung der Ärztedichte, also eine Verringerung des exogenen Parameters R, auf die Menge der je Patient erbrachten Leistungen M auswirkt. Um den gesuchten Ausdruck

$$\frac{dM}{dR} = M'(s) \cdot \frac{ds}{dR} \tag{7.9}$$

zu ermitteln, müssen wir untersuchen, um welchen Betrag ds sich der Aktionsparameter des Arztes im Optimum ändert, wenn der exogene Parameter R um einen kleinen Betrag dR erhöht wird. Da die notwendige Bedingung 1. Ordnung, (7.8), sowohl vor als auch nach dieser Anpassung **erfüllt sein muß**, gilt

$$\frac{\partial}{\partial s}\left[\frac{du}{ds}\right] ds + \frac{\partial}{\partial R}\left[\frac{du}{ds}\right] dR = 0 , \quad \text{mit} \quad \frac{\partial}{\partial s}\left[\frac{du}{ds}\right] = \frac{d^2 u}{ds^2} . \tag{7.10}$$

Nach ds/dR aufgelöst, ergibt sich:

6. Unter einem inneren Maximum verstehen wir ein Maximum mit $s > 0$ und $0 < t < 1$.

$$\frac{ds}{dR} = -\frac{\partial(du/ds)/\partial R}{d^2u/ds^2}\,. \tag{7.11}$$

Der Ausdruck im Nenner von (7.11) muß wegen der Bedingung 2. Ordnung für ein Nutzenmaximum des Arztes kleiner sein als Null, so daß die gesuchte Größe *ds/dR* dasselbe Vorzeichen hat wie die partielle Ableitung von *du/ds* in (7.8) nach *R*. Um diese bilden zu können, schreiben wir zunächst (7.8) explizit als Funktion von *R*:

$$\frac{du}{ds} = Y'\{h(R)\}\cdot R\cdot M'(s)\cdot u_Y\{Y(h(R)),h(R),s\}$$
$$+R\cdot M'(s)\cdot u_t\{Y(h(R)),h(R),s\}+u_s\{Y(h(R)),h(R),s\}\,, \tag{7.12}$$

wobei $h(R)$ für $R\cdot M[s]$ steht und daher $h'(R) = M$ gilt. Man erhält dann durch partielle Differentiation dieses Ausdrucks nach *R*:

$$\frac{\partial(du/ds)}{\partial R} = Y''(t)\cdot M\cdot R\cdot M'(s)\cdot u_Y + Y'(t)\cdot M'(s)\cdot u_Y$$
$$+\{Y'(t)\}^2\cdot M\cdot R\cdot M'(s)\cdot u_{YY} + 2\cdot Y'(t)\cdot M\cdot R\cdot M'(s)\cdot u_{Yt}$$
$$+M'(s)\cdot u_t + R\cdot M'(s)\cdot M\cdot u_{tt} + Y'(t)\cdot M\cdot u_{Ys} + M\cdot u_{st}$$

$$= Y''(t)\cdot M\cdot R\cdot M'(s)\cdot u_Y - \frac{u_s}{R} + \{Y'(t)\}^2\cdot M\cdot R\cdot M'(s)\cdot u_{YY}$$
$$+ 2\cdot Y'(t)\cdot M\cdot R\cdot M'(s)\cdot u_{Yt} + R\cdot M'(s)\cdot M\cdot u_{tt}$$
$$+Y'(t)\cdot M\cdot u_{Ys} + M\cdot u_{st}\,. \tag{7.13}$$

Das Vorzeichen der rechten Seite von (7.13) kann nicht eindeutig bestimmt werden, denn aufgrund der getroffenen Annahmen sind der erste, dritte und fünfte Summand negativ, während der zweite positiv ist und die restlichen Terme in den Vorzeichen von den Kreuzableitungen der Nutzenfunktion abhängen. Daraus folgt, daß ohne weitere Annahmen über die Eigenschaften der hier auftretenden Funktionen *u*, *M* und *Y* aus dem Nutzenmaximierungs-Kalkül des repräsentativen Arztes nicht eindeutig ableitbar ist, daß die Leistungsmenge je Patient zunehmen wird, wenn die Ärztedichte steigt.

7.2.3.3 Einführung der Zieleinkommens-Hypothese

Eine spezielle Annahme über die Nutzenfunktion des Arztes geht von der Überlegung aus, daß der einzelne Arzt bezüglich seines Einkommens ein Anspruchsniveau hat, das er unbedingt realisieren möchte[7]. Ist dieses "Zieleinkommen" unterschritten, so verlieren die beiden übrigen Zielgrößen, Arbeitszeit und Berufsethik, ihre Bedeutung; ist es dagegen erreicht oder überschritten, so stiftet zusätzliches Einkommen keinen zusätzlichen Nutzen. Diese "**Zieleinkommens-Hypothese**" wird so formalisiert, daß die in (7.5) unterstellte Nutzenfunktion durch die folgenden Annahmen spezifiziert wird:

$$u_Y(Y, t, s) \begin{cases} > 0 & \text{falls } Y < Y^* \\ = 0 & \text{falls } Y \geq Y^* , \end{cases} \tag{7.14}$$

$$u_t(Y, t, s) \begin{cases} = 0 & \text{falls } Y \leq Y^* \\ < 0 & \text{falls } Y > Y^* , \end{cases} \tag{7.15}$$

$$u_s(Y, t, s) \begin{cases} = 0 & \text{falls } Y \leq Y^* \\ < 0 & \text{falls } Y > Y^* \end{cases} \tag{7.16}$$

Dabei symbolisiert Y^* das Zieleinkommen. Dies ist eine sehr strenge Form der Zieleinkommens-Hypothese, da sie keinerlei Abwägung zwischen dem Einkommensziel einerseits und den beiden übrigen Zielen andererseits zuläßt. Diese Schärfe hat allerdings den Vorteil, daß aus dem Modell prägnante Aussagen ableitbar sind, die man dann mit der Realität konfrontieren kann.

Zunächst folgt aus (7.14) bis (7.16), daß ein inneres Optimum (also ein Optimum mit $s > 0$ und $0 < t < 1$) nur dann vorliegen kann, wenn das damit verbundene Einkommen Y **genau dem Zieleinkommen** Y^* entspricht. Denn angenommen, Y sei größer als Y^*, dann folgt aus (7.14), daß $u_Y = 0$ ist, und somit kann die notwendige Bedingung für ein inneres Optimum, (7.8), nicht erfüllt sein. Andererseits folgt, wenn Y kleiner ist als Y^*, aus (7.15) und (7.16) $u_s = u_t = 0$, und somit kann (7.8) wiederum nicht erfüllt sein. Damit aber ein inneres Optimum überhaupt existieren kann, muß für die optimale Arbeitszeit t^* aufgrund der Umkehrfunktion zu (7.4) gelten:

$$t^* := Y^{-1}[Y^*] < 1 . \tag{7.17}$$

Das Zieleinkommen Y^* muß also bei gegebenem Konsumpreisniveau innerhalb der maximal möglichen Arbeitszeit (von $t = 1$) erreichbar sein.

7.2.3.4 Reaktion auf eine Erhöhung der Ärztedichte in drei Situationen

Mit der Gleichung (7.17) ist erst eines von drei verschiedenen Optima charakterisiert. Neben einem solchen inneren Optimum, das zu einer beobachteten Inanspruchnahme je Kopf der Bevölkerung von q_3 führt (s.u.), sind nämlich noch zwei verschiedene Typen

7. Eine Schwäche dieses Modells kann allerdings darin gesehen werden, daß nicht erklärt wird, wie die Höhe dieses Zieleinkommens bestimmt wird.

von Randoptima denkbar.

1. ***Rationierte Nachfrage nach ärztlichen Leistungen:*** Ist die Ärztedichte $1 / R$ so gering bzw. R so groß, daß die Ungleichung

$$h[0] = R \cdot M[0] > 1 \tag{7.18}$$

erfüllt ist, so reicht selbst die maximal mögliche Arbeitszeit (von $t = 1$) aller Ärzte nicht aus, um auch nur die Primärnachfrage $M[0]$ zu befriedigen. In diesem Randoptimum gelten folglich die Werte $t = 1$, $s = 0$, $Y = Y[1]$, und die **beobachtbare** Inanspruchnahme ärztlicher Leistungen pro Kopf der Bevölkerung q_1 (d.h. die befriedigte Nachfrage) beträgt

$$q_1 = 1/R < M[0] \,. \tag{7.19}$$

Die Differenz zwischen der (nicht befriedigten) Primärnachfrage $M[0]$ und der befriedigten Nachfrage q_1 wird durch z symbolisiert:

$$z(M, R) = M[0] - q_1 = M[0] - 1/R \,. \tag{7.20}$$

Die Größe $z(M,R)$ stellt somit das Ausmaß des Nachfrageüberschusses dar.

2. ***Keine Rationierung der Nachfrage, keine Nachfrageschaffung:*** Die Nachfrage nach ärztlichen Leistungen (d.h. Arbeitszeit) ohne künstliche Nachfrageschaffung kann einen Wert annehmen, der unter dem Maximum $t = 1$ bleibt:

$$h[0] \leq 1 \,, \tag{7.21}$$

Zugleich ist denkbar, daß jeder Arzt das Zieleinkommen Y^* ohne angebotsinduzierte Nachfrage erreicht oder überschreitet:

$$Y[s{=}0] = Y[h[0]] \geq Y^* \,. \tag{7.22}$$

Der Arzt wird in dieser Situation also $s^* = 0$ und damit wegen Gleichung (7.6) $t^* = h[0] = R \cdot M[0]$ wählen und so ein Einkommen Y in Übereinstimmung mit (7.22) erreichen. Hier ist die tatsächliche Pro-Kopf-Inanspruchnahme ärztlicher Leistungen **gleich der Primärnachfrage**; diese wird also vollständig befriedigt, und es gilt für die beobachtete Nachfrage

$$q_2 = M[0] = \frac{t^*[0]}{R} \,. \tag{7.23}$$

3. ***Keine Rationierung der Nachfrage, positive Nachfrageschaffung:*** In einem inneren Optimum mit $Y = Y^*$ und positiver Nachfrageschaffung $s^* > 0$ lautet die beobachtbare Inanspruchnahme ärztlicher Leistungen pro Kopf der Bevölkerung wegen $t = h(s) = R \cdot M(s)$ [vgl. Gleichungen (7.3) und (7.6)] sowie wegen der Bedingung (7.17)

$$q_3 = M[s^*] = \frac{t^*[s^*]}{R} = \frac{Y^{-1}[Y^*]}{R}. \tag{7.24}$$

Wie reagiert nun die Pro-Kopf-Inanspruchnahme q in jedem der drei möglichen Optima auf eine **Änderung** der Bevölkerungszahl je Arzt, R, oder - was anschaulicher ist - der Ärztedichte $(1/R)$? Zur Beantwortung dieser Frage differenzieren wir für jedes der drei möglichen Optima die entsprechende Größe q_j $(j = 1,2,3)$ nach der Variablen $(1/R)$ und geben dabei jeweils den Wertebereich der Ärztedichte an, für den dieses Optimum gültig ist. Wir erhalten auf diese Weise

$$\frac{\partial q_1}{\partial(1/R)} = 1 \quad \text{[vgl. (7.19)]} \qquad \text{für} \quad \frac{1}{R} < M[0] \tag{7.25}$$

$$\frac{\partial q_2}{\partial(1/R)} = 0 \quad \text{[vgl. (7.23), (7.24)]} \qquad \text{für} \quad M[0] \le \frac{1}{R} \le \frac{M[0]}{Y^{-1}[Y^*]} \tag{7.26}$$

$$\frac{\partial q_3}{\partial(1/R)} = Y^{-1}[Y^*] < 1 \quad \text{[vgl. (7.24), (7.17)]} \qquad \text{für} \quad \frac{1}{R} > \frac{M[0]}{Y^{-1}[Y^*]}. \tag{7.27}$$

Der unter 3. behandelte Fall eines inneren Optimums kann auch anhand der Gleichung (7.13) auf seine komparative Statik untersucht werden. Die in (7.14) bis (7.16) formalisierte Zieleinkommens-Hypothese bedeutet für diesen 3. Fall, in dem $Y = Y^*$ gilt: $u_Y > 0$, $u_s = u_t = 0$. Da die letztgenannten Gleichungen unabhängig von den Werten von t und Y erfüllt sein müssen, gilt weiterhin $u_{Yt} = u_{Ys} = u_{tt} = u_{st} = 0$. Damit haben in (7.13) der erste und dritte Summand ein negatives Vorzeichen, alle anderen sind null, so daß der Gesamtausdruck negativ ist und somit auch der gesuchte Effekt ds/dR in (7.11). $ds/dR < 0$ bedeutet jedoch, daß die künstliche Nachfrageschaffung s **positiv** auf einen Anstieg der Arztdichte $1/R$ reagiert.

Der in den Bedingungen (7.25)-(7.27) algebraisch ermittelte Zusammenhang ist in Abbildung 7-3 graphisch dargestellt, wobei auf der Abszisse die Ärztedichte $1/R$ und auf der Ordinate die ärztliche Leistungsmenge pro Kopf der Bevölkerung, q, abgetragen sind. Wir sehen, daß sich sowohl für **sehr geringe** als auch für **sehr hohe** Ärztedichten ein proportionaler Zusammenhang zwischen beiden Größen ergibt, während sich bei **mittlerer** Ärztedichte die Leistungsmenge pro Kopf und damit auch die Leistungsmenge insgesamt nicht erhöht, wenn mehr Ärzte hinzukommen.

Abb. 7-3: Ärztedichte und Leistungsmenge pro Kopf bei Gültigkeit der Zieleinkommens-Hypothese

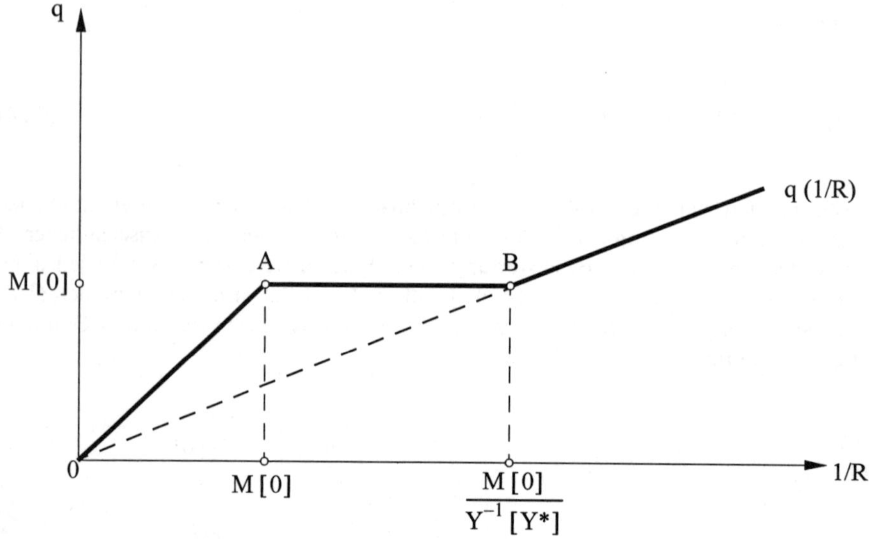

Ökonomisch läßt sich dieser Zusammenhang wie folgt begründen:

- Ist die Ärztedichte so niedrig, daß selbst bei maximaler Länge des Arbeitstages des einzelnen Arztes nicht einmal die Primärnachfrage der Patienten befriedigt werden kann, so liegt ein **Nachfrageüberhang** vor, der in demselben Maße abgebaut wird, wie die Ärztedichte zunimmt.

- In Punkt *A* ist gerade die **Primärnachfrage** befriedigt, wenn jeder Arzt so lange arbeitet, wie er kann. Eine weitere Zunahme der Ärztezahl bewirkt fortan, daß die gleiche Leistungsmenge auf mehr Ärzte aufgeteilt wird und jeder einzelne Arzt seine Arbeitszeit dabei reduziert, wobei sein Einkommen entsprechend sinkt.

- In Punkt *B* ist die Arbeitszeit so weit gesunken, daß jeder Arzt gerade noch sein **Zieleinkommen** *Y** realisiert. Jede weitere Erhöhung der Ärztedichte muß im selben Verhältnis durch künstliche Nachfrageschaffung kompensiert werden, damit das Einkommen je Arzt bei *Y** konstant bleibt. Die Leistungsmenge je Versicherten steigt von diesem Punkt an also wieder proportional mit der Ärztedichte.

Wir erhalten also die

Folgerung 7.2: Die Annahme rational handelnder Ärzte, deren Nutzen vom Einkommen, ihrer Arbeitszeit und dem Ausmaß künstlicher Nachfrageschaffung abhängt, reicht nicht aus, um sicher zu sein, daß mit steigender Ärztedichte die Pro-Kopf-Inanspruchnahme ärztlicher Leistungen zunimmt. Dies ist jedoch der Fall, wenn jeder Arzt ein Zieleinkommen hat, bei dessen Unterschreiten nur das Einkommensmotiv eine Rolle spielt.

7.2.4 Ärztedichte und Inanspruchnahme ärztlicher Leistungen: alternative Erklärungen

Unter "angebotsinduzierter Nachfrage" nach ärztlichen Leistungen versteht man eine spezifische Erklärung für das empirisch beobachtete Phänomen, daß mit steigender Ärztedichte die Inanspruchnahme ärztlicher Leistungen pro Kopf der Bevölkerung ebenfalls zunimmt, obwohl die Preise für die Leistungen konstant bleiben. Diese Erklärung beruht auf der im vorangegangenen Abschnitt dargestellten Hypothese, daß Ärzte ein bestimmtes Zieleinkommen anstreben und die ihnen von den Patienten delegierte Entscheidungskompetenz zu dessen Erreichung ausnutzen, indem sie medizinisch unnütze und unwirtschaftliche Leistungen verordnen. Das gleiche empirische Phänomen kann aber auch **andere Hintergründe** haben, von denen der zuerst genannte im Modell des Abschnitts 7.2.3 bereits explizit auftrat:

Abb. 7-4: Auswirkungen einer Angebotsausweitung bei reguliertem Preis und Nachfrageüberhang

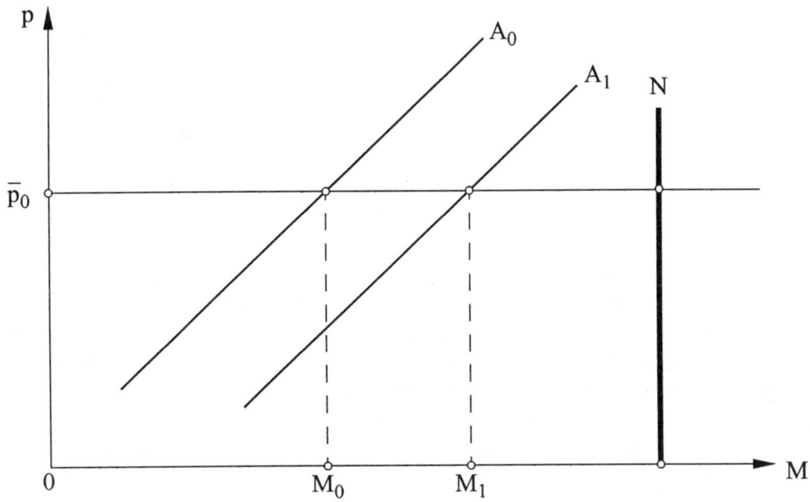

1. ***Permanenter Nachfrageüberhang:*** Der beobachtete Zusammenhang zwischen Ärztedichte und Inanspruchnahme ärztlicher Leistungen kann darauf zurückgehen, daß auf

dem Markt für ärztliche Leistungen infolge der Preisregulierung ein permanenter Nachfrageüberhang herrscht. Da in diesem Falle alle Ärzte bis an die Grenze ihrer physischen Kapazität ausgelastet sind, aber dennoch Patienten abweisen müssen, steigt das realisierte Leistungsvolumen insgesamt in demselben Maße wie die Ärztezahl. Im Preis-Mengen-Diagramm läßt sich dies so deuten, daß infolge der Rationierung der Nachfrage jeweils ein Punkt auf der (sich verschiebenden) Angebotskurve und nicht auf der (stabilen) Nachfragekurve beobachtet wird (vgl. Abb.7-4).

2. ***Rückgang der indirekten Kosten, Zunahme der Qualität der Behandlung:*** Ferner könnte die Zunahme der Leistungsmenge bei steigender Ärztedichte auch auf rationale Nachfrageentscheidungen der Patienten und damit auf eine Verschiebung der Nachfragekurve nach außen zurückgehen, wenn man bedenkt, daß die Inanspruchnahme medizinischer Leistungen für den Patienten mit **indirekten Kosten** verbunden ist und diese i.a. sinken, wenn die Ärztedichte steigt. Zum einen werden mit der Eröffnung neuer Arztpraxen vor allem im ländlichen Raum die Zeit- und Wegekosten des Aufsuchens einer Arztpraxis im Mittel zurückgehen. Zum anderen wird auch die durchschnittliche Wartezeit im Wartezimmer verkürzt, wenn die Auslastung der Ärzte abnimmt. Obendrein sinkt die Zeitspanne, die man im Durchschnitt auf einen Bestelltermin warten muß. Da viele Krankheiten nach einer gewissen Zeit auch ohne ärztliche Konsultation vorübergehen, wächst somit die Wahrscheinlichkeit, daß die Befindlichkeitsstörung bei Erreichen des Termins noch anhält und es somit zu einer Behandlung kommt.

   Schließlich wird bei abnehmender Auslastung des Arztes i.a. auch die Beratungszeit je Patient ausgedehnt. Sofern die Patienten diese als wesentliches **Qualitätsmerkmal** ansehen, dürften sie - bei gleichbleibendem Geldpreis von Null - auf die Qualitätserhöhung mit einer Nachfrageausweitung reagieren.

3. ***Umgekehrter Kausalzusammenhang:*** Die dritte alternative Erklärung für die beobachtete positive statistische Korrelation von Ärztedichte und Pro-Kopf-Inanspruchnahme lautet, daß der Kausalzusammenhang zwischen beiden Größen auch in der umgekehrten Richtung laufen kann: Wenn ein junger Arzt einen Standort für seine Niederlassung auswählt, so wird er sich bei den ansässigen Kollegen oder bei der Kassenärztlichen Vereinigung danach erkundigen, ob Auslastung und Umsatz groß genug sind, daß eine weitere Praxis sich lohnt. Dadurch ziehen Regionen, in denen z.B. aufgrund der Altersstruktur oder der Krankheitsanfälligkeit der Bevölkerung die Nachfrage nach ärztlichen Leistungen intensiv ist, eine höhere Ärztezahl an als solche mit geringerer Nachfrage. Somit korreliert im Querschnitt eine hohe (exogene) Pro-Kopf-Inanspruchnahme nach ärztlichen Leistungen mit einer hohen (endogenen) Ärztedichte[8].

Wir ziehen daraus die

Folgerung 7.3: Eine mit der Ärztedichte steigende Pro-Kopf-Inanspruchnahme ärztlicher Leistungen beweist noch nicht das Vorliegen einer künst-

8. Im Gegensatz zur 1. Erklärung handelt es sich hierbei in jeder der Regionen um Gleichgewichts-Situationen.

lichen Nachfrageschaffung durch die Ärzte, da es für dasselbe Phänomen alternative Erklärungen gibt: So könnte durch die steigende Ärztedichte ein bestehender Nachfrageüberhang abgebaut worden oder die indirekten Kosten für die Patienten abgesunken sein. Ferner könnten Unterschiede in der Ärztedichte ihrerseits die Folge unterschiedlichen Bedarfs an Ärzten sein.

7.2.5 Empirische Überprüfung der Hypothese

Das empirisch beobachtbare Phänomen, daß mit einer Zunahme der Ärztedichte die Inanspruchnahme ärztlicher Leistungen pro Versicherten steigt, kann also eine Reihe verschiedener Gründe haben. Welcher dafür ausschlaggebend ist, läßt sich im günstigsten Fall durch sorgfältige empirische Studien entscheiden, die jedoch so angelegt sein müssen, daß anhand der Ergebnisse zwischen allen vier genannten Gründen diskriminiert werden kann:

a) So verlangt die Erklärung mittels eines **Nachfrageüberhangs**, daß ein positiver (und proportionaler) Zusammenhang zwischen Ärztedichte und Leistungsmenge bei geringer Ärztedichte besteht und von einem gewissen Niveau an **verschwindet**, während

b) bei **künstlicher** Nachfrageschaffung dieser Zusammenhang erst bei hoher Ärztedichte einsetzen sollte.

c) Ferner müssen die **Niederlassungsentscheidungen** der Ärzte in die empirische Analyse mit aufgenommen werden, um eine "umgekehrte" Kausalität auszuschließen, und

d) Maße für die **Zeitkosten** der Patienten sind möglichst einzubeziehen.

Fuchs (1978) berücksichtigte in seiner klassischen Querschnitts-Studie für die USA in den Jahren 1963 und 1970 den Aspekt c), indem er mit seinem Zwei-Gleichungs-Modell sowohl das Angebot an Chirurgen als auch die Operationshäufigkeit erklärte. Ferner wies er nach, daß die durchschnittliche Auslastung der Chirurgen in seiner Beobachtungsmenge relativ gering war, so daß Grund a) auszuschließen ist. Schließlich werden Operationen überwiegend auf Termin durchgeführt, so daß Unterschiede in den Zeitkosten gering sind und somit Erklärung d) nicht anwendbar ist. Daher läßt sein Ergebnis, daß eine um 10% höhere Chirurgendichte cet. par. eine um 3% größere Operationshäufigkeit nach sich zieht, nur den Schluß auf **künstliche Nachfrageschaffung**.

Adam (1983), *Breyer (1984)* sowie *Breyer, Mühlenkamp und Adam (1986)* untersuchten Daten der Allgemeinen Ortskrankenkassen verschiedener deutscher Bundesländer aus den Jahren 1977-1982 ebenfalls mittels Mehr-Gleichungs-Modellen, in denen die Ärztedichte und die Pro-Kopf-Ausgaben für Arztleistungen simultan erklärt wurden[9]. Werden andere Determinanten wie die Altersstruktur der Bevölkerung oder Stadt-Land-Unterschiede konstant gehalten, so ergeben sich für die Elastizität der Pro-Kopf-Ausgaben hin-

9. *Krämer (1981)* behandelt zwar die Ärztedichte als exogen, unterscheidet aber explizit zwischen den endogenen Variablen "Arztkontakte" und "Umsatz der Ärzte" und zeigt, daß letzterer sehr stark mit der Ärztedichte korreliert ist.

sichtlich der Ärztedichte Werte zwischen 0,1 und 0,4, die typischerweise signifikant von Null verschieden sind. Damit läßt sich ein positiver Einfluß der Ärztedichte auf die erbrachte Leistungsmenge konstatieren, für den jedoch jeder der Gründe a), b) und d) verantwortlich sein kann.

Breyer (1984) zerlegt schließlich die Daten der Allgemeinen Ortskrankenkassen (AOK)[10] in Baden-Württemberg aus dem Jahr 1979 in Teilbereiche niedriger und hoher Ärztedichte. Eine Einfachregression auf dieser Basis zeigt, daß bei niedrigem Ausgangsniveau mit steigender Ärztedichte ein relativ steiler Anstieg der Arztausgaben verbunden ist, während sich die Kurve bei höherer Ärztedichte deutlich abflacht. Diese Beobachtung spricht eher für die These des Abbaus eines **permanenten Nachfrageüberhangs** als für künstliche Nachfrageschaffung zur Erreichung eines Zieleinkommens.

Eine andere Spielart der künstlichen Nachfrageschaffung könnte darin bestehen, daß die Ärzte die nachfragehemmende Wirkung einer **Kostenbeteiligung des Patienten wettmachen**. *Kraft und von der Schulenburg (1986)* untersuchen dazu Daten von Arztpraxen im schweizerischen Kanton Bern. Sie führen eine Verhaltensgleichung ein, um die Ärztedichte zu erklären und prüfen mittels des sog. Hausman-Tests, ob sie tatsächlich eine endogene Variable darstellt. Der Test spricht dafür, daß sie als **exogen** betrachtet werden kann. Die Autoren finden sodann eine positive empirische Beziehung zwischen Ärztedichte und Aufwand je Krankenschein und schließen daraus auf Nachfrageschaffung trotz Kostenbeteiligung. Sie übersehen dabei allerdings, daß in den achtziger Jahren die übliche Regelung der Kostenbeteiligung auf ambulanten Leistungen in der Schweiz lautete: "10%, mindestens jedoch Sfr. 30.- je Schein". Damit sinkt aber die Kostenbeteiligung am **zusätzlichen** Franken medizinischen Aufwands für Rechnungsbeträge zwischen Sfr. 30.- und 300.- auf Null. Dazu kommt, daß damals mehr als die Hälfte aller Rechnungsbeträge in dieses Intervall ohne marginale Kostenbeteiligung entfiel. Damit verfehlt die Untersuchung ihr Ziel, Voraussagen über mögliche strategische Reaktionen der Ärzte auf eine Erhöhung der Kostenbeteiligung zu machen.

Neuere Studien aus den USA wiederum sind in ihren Ergebnissen nicht eindeutig. In manchen Fällen werden sogar dieselben statistischen Resultate von verschiedenen Forschern unterschiedlich interpretiert. Für einen aktuellen Überblick über den Stand der Debatte vgl. *Labelle u.a. (1994)* und *Pauly (1994)*.

Wir ziehen aus diesen Studien die

Folgerung 7.4: Empirische Untersuchungen aus den USA und der Bundesrepublik Deutschland deuten darauf hin, daß zwischen der Ärztedichte und den Pro-Kopf-Ausgaben für ärztliche Leistungen ein statistisch gesicherter Zusammenhang besteht. Allerdings kann für das Deutschland der 70er und frühen 80er Jahre die Deutung als Abbau eines Nachfrageüberhangs nicht schlüssig widerlegt werden.

Eine Voraussetzung für die Gefahr, daß bei hoher Ärztedichte "Nachfrage" von den Ärzten künstlich generiert wird und damit ein unwirtschaftlicher Umgang mit knappen Ressourcen im Bereich der ambulanten medizinischen Versorgung einhergeht, sollte allerdings noch einmal betont werden: Sie lautet, daß das ärztliche Honorar mit der

10. Das ist die Kassenart mit der größten Mitgliederzahl (knapp 45% aller in der GKV Versicherten).

erbrachten Leistungsmenge proportional zunimmt. Dies deutet darauf hin, daß der Schlüssel zur Wirtschaftlichkeit in diesem Bereich nicht in der Frage der Generierung von Nachfrage per se zu suchen ist, sondern im **Honorierungssystem** für die Tätigkeit des Arztes verborgen liegt. Wird der Arzt so entlohnt, daß er sein individuelles Optimum genau dann erreicht, wenn er mit den volkswirtschaftlichen Ressourcen, über die er kraft seiner Schlüsselrolle entscheidet, effizient umgeht, so ist das Problem der Wirtschaftlichkeit gelöst. Daher werden wir uns im folgenden Abschnitt dem Einfluß des Honorierungssystems auf das Verhalten des Arztes und auf die damit verbundenen Konsequenzen für die Wirtschaftlichkeit in der ambulanten medizinischen Versorgung befassen.

7.3 Systeme der Vergütung ärztlicher Leistungen und ihre Allokationswirkungen

In diesem Abschnitt soll aufgezeigt werden, welchen bedeutenden Einfluß das System der Honorierung ärztlicher Leistungen auf die Wirtschaftlichkeit in der ambulanten medizinischen Versorgung hat. Von einem "Honorierungssystem" kann man dann sprechen, wenn die Preisbildung auf dem Markt für ärztliche Leistungen staatlich reguliert ist. Es steht dem einzelnen Arzt also nicht frei, wie er seine Leistungen definiert und welche Preise er dafür von seinen Patienten oder ihren Versicherungen verlangt, sondern es wird durch Gesetze oder Verordnungen vorgeschrieben, an welche Maßstäbe die Vergütung gebunden ist und welche Höhe sie hat.

Im folgenden wird zunächst (in Abschnitt 7.3.1) eine Klassifikation aller gebräuchlichen und denkbaren Honorierungssysteme nach den Kriterien Honorarverfahren, Honorarform und Honorartarif gegeben. In Abschnitt 7.3.2 wird ein theoretisches Modell der Leistungserstellung in der Arztpraxis und der ärztlichen Ziele entwickelt, das dann im nachfolgenden Abschnitt 7.3.3 dazu dienen wird, die allokativen Wirkungen der einzelnen Honorarsysteme formal abzuleiten.

7.3.1 Honorarverfahren, Honorarform und Honorartarif

7.3.1.1 Honorarverfahren

Unter einem "Honorarverfahren" versteht man die institutionelle Abwicklung der Honorierung. Dabei geht es vor allem darum, a) **von wem** und b) in **wie vielen Stufen** das Honorar zum Arzt gelangt. Quelle der Honorierung können sein

a1) der Patient selbst oder

a2) seine Krankenkasse bzw. -versicherung.

Im ersten Fall kann der Patient selbst wiederum (voll oder zum Teil) gegen Arztkosten versichert sein. Da ihm hier seine Ausgaben nachträglich von der Versicherung erstattet werden, spricht man vom "**Kostenerstattungsprinzip**". Es kennzeichnet z.B. die private Krankenversicherung in Deutschland und in der Schweiz sowie die schweizerische soziale Krankenversicherung bei jenen Kassen, die nach dem "tiers garant"-Prinzip arbeiten. Im zweiten Fall, der für die Gesetzliche Krankenversicherung charakteristisch ist, erhält der Patient die ärztliche Leistung, ohne in den Zahlungsvorgang involviert zu sein, und man spricht vom "**Sachleistungsprinzip**".

Bezüglich der zweiten Frage unterscheidet man

b1) einstufige Honorarverfahren, bei denen Patient oder Versicherung direkt an den Arzt zahlen, der die Leistung erbracht hat, von

b2) zweistufigen Verfahren, bei denen eine Clearingstelle wie die Kassenärztliche Vereinigung in Deutschland zwischengeschaltet ist, die u.U. das Geld nach einem anderen Schlüssel (d.h. nach einer anderen "Honorarform", vgl. den folgenden Abschnitt) an die einzelnen Ärzte verteilt, als sie selbst es von den Patienten oder deren Kassen erhalten hat.

7.3.1.2 Honorarform

Eine "Honorarform" wird durch die Maßstäbe definiert, nach denen sich die Höhe des Honorars in einer bestimmten Rechnungsperiode richtet. Als derartige Maßstäbe kommen z.B. in Frage:

1. die vom Arzt eingesetzten Mengen an **Produktionsfaktoren** (Arbeitszeit des Arztes selbst und seiner Praxis-Mitarbeiter, Abnutzung seiner Geräte, verabreichte Medikamente und medizinische Hilfsgüter, Miete, Heizung und Beleuchtung der Praxisräume etc.): die der Honorierung zugrundeliegende Idee ist hier die der Erstattung der entstandenen Kosten;

2. die Anzahl und Art der erbrachten **Einzelleistungen** (Beratungen, Injektionen, Bestrahlungen, Ultraschall-Untersuchungen etc.): dieser "Einzelleistungs-Vergütung" liegt meist eine Gebührenordnung zugrunde, die jede Leistungsart mit einem absoluten oder relativen Preis bewertet;

3. die Zahl aller **Behandlungsepisoden**: hier läuft die Honorierung auf eine "Fallpauschale" hinaus;

4. die Zahl der (behandelten) **Patienten**: hier richtet sich das Honorar lediglich nach der Zahl der in einer Rechnungsperiode erhaltenen Krankenscheine und nicht danach, wie oft und wie intensiv der einzelne Patient behandelt wurde;

5. die Zahl der **potentiellen** Patienten: hier muß sich jeder Versicherte zu Beginn einer Rechnungsperiode durch Einschreibung darauf festlegen, welchen Arzt er im Krankheitsfall konsultieren will, und das Honorar jedes Arztes richtet sich nach der Zahl der "Einschreibungen"[11].

11. Diese Honorarform ähnelt dem im alten China praktizierten System, in welchem der Arzt von seinen Klienten nur so lange honoriert wurde, wie sie gesund waren.

6. Ferner kann das Gesamthonorar aus einem von allen diesen Größen unabhängigen **Perioden-Fixum** bestehen[12] oder

7. der Arzt kann Angestellter einer Unternehmung ("Poliklinik") sein und ein **festes Gehalt** beziehen, zu dem gegebenenfalls noch eine Erfolgsbeteiligung hinzukommt.

Da wir uns in diesem Abschnitt auf die Vergütung frei praktizierender Ärzte beschränken wollen, wird die unter 7. genannte Honorarform nicht Gegenstand der folgenden Analyse sein. Sie wird aber im Mittelpunkt der Betrachtung alternativer Organisationsformen für die medizinische Versorgung in Kapitel 8 stehen.

7.3.1.3 Honorartarif

Unter einem "Honorartarif" versteht man den funktionalen Zusammenhang zwischen der Honorar- oder "Erlös"-Höhe E und einem oder mehreren der unter den Honorarformen genannten Honorarmaßstäbe ("Indikatoren") $Z_1,\ldots,Z_n$, der in der allgemeinsten Form als

$$E = E(Z_1, \ldots, Z_n) \tag{7.28}$$

geschrieben werden kann. Bei der oben unter 1. genannten Honorarform umfaßt der Vektor $Z = (Z_1,\ldots,Z_n)$ z.B. die Mengen aller eingesetzten Produktionsfaktoren, und die Funktionsform legt zum einen fest, ob der Erlös proportional, progressiv oder degressiv mit der jeweiligen Faktormenge variiert (d.h. ob der Erlös je Faktoreinheit konstant, mit der Menge zunehmend oder abnehmend ist); zum anderen bestimmt sie auch die absolute Höhe des Erlöses je Faktoreinheit. So wird es für die nachfolgende Analyse der Allokationswirkungen maßgeblich sein, ob der Erlös je Faktoreinheit größer oder kleiner ist als der Preis des jeweiligen Produktionsfaktors.

Erst das **Zusammenwirken** von Honorarform und Honorartarif ist, wie sich herausstellen wird, entscheidend für die Frage, ob dem Arzt durch das Honorierungssystem Anreize für Wirtschaftlichkeit in der ambulanten Versorgung vermittelt werden. Das Honorarverfahren wird dabei nur eine untergeordnete Rolle spielen.

7.3.2 Ein einfaches Modell der Erstellung ärztlicher Leistungen

Die formale Analyse der Allokationswirkungen wird sich auf ein sehr einfaches theoretisches Modell der ärztlichen Leistungserstellung stützen, das durch die folgenden Annahmen gekennzeichnet ist:

Annahme 7.1: Der Arzt biete nur zwei verschiedene Typen von Einzelleistungen (z.B. Beratungen und Hausbesuche) an, deren Mengen mit M_1 und M_2 bezeichnet werden.

---

12. Der Unterschied zum Gehalt besteht darin, daß der Arzt aus dem Fixum auch seine Praxiskosten decken muß.

Annahme 7.2: Jede dieser Einzelleistungen wird mit Hilfe von ärztlicher Arbeitszeit und einem sonstigen Produktionsfaktor erstellt, und die Produktionsfunktion für die i-te Leistung lautet:

$$M_i = f_i(t_i, x_i) \,, \qquad \text{mit} \quad \frac{\partial f_i}{\partial t_i} > 0 \,, \quad \frac{\partial f_i}{\partial x_i} > 0 \qquad (i = 1, 2) \tag{7.29}$$

wobei t_i die zur Produktion eingesetzte ärztliche Arbeitszeit und x_i die Menge des anderen Faktors beschreibt. Diesen anderen Faktor bezieht der Arzt auf einem Konkurrenzmarkt zum (für ihn) exogen gegebenen Preis w.

Annahme 7.3: Der bei den Patienten insgesamt erzielte **Heilerfolg** G ist eine Funktion der Mengen beider Einzelleistungen:

$$G = G(M_1, M_2) \,. \tag{7.30}$$

Dabei steigt G zunächst (für kleine Werte von M_1 und M_2) mit einer Erhöhung jeder dieser Größen. Es gibt aber ein Leistungsniveau $(\tilde{M}_1, \tilde{M}_2)$, von dem an zusätzliche Leistungen dem Heilerfolg sogar abträglich sind ("Übermedikalisierung").

Annahme 7.4: Der Nutzen des Arztes ist eine zunehmende Funktion seines **(Real-)Einkommens** Y und des erzielten **Behandlungserfolgs** G und eine abnehmende Funktion seiner **Arbeitszeit** t:[13]

$$u = u(Y, t, G) \qquad (u_Y > 0, u_t < 0, u_G > 0) \tag{7.31}$$

Bei der Maximierung seines Nutzens hat der Arzt folgende drei Restriktionen zu beachten: Seine Gesamtarbeitszeit ist die Summe der Arbeitszeiten in der Produktion der beiden Einzelleistungen:

$$t = t_1 + t_2 \,. \tag{7.32}$$

Seine Einkommensrestriktion ist durch die Summe aus seinem Nicht-Arbeitseinkommen Y_0 und dem Honorar aus seiner Praxistätigkeit $E(.)$ abzüglich seiner Praxiskosten gegeben:[14]

---

13. Das Argument G bedeutet zwar eine leichte Modifikation gegenüber der oben in (7.5) angenommenen Nutzenfunktion. Der Unterschied ist aber nicht gravierend, wenn man Annahme 7.3 einbezieht, die ja bedeutet, daß der Grenznutzen der eigenen Leistungserbringung von einem bestimmten Niveau an negativ wird.

14. Der Punkt in der Klammer hinter E weist auf die funktionale Abhängigkeit des Erlöses von den anderen Größen gemäß dem später genauer zu spezifizierenden Honorartarif hin.

$$Y = Y_0 + E(.) - w \cdot (x_1 + x_2) . \tag{7.33}$$

Schließlich kann man (7.29) und (7.30) zu einer dritten Restriktion zusammenfassen, die angibt, wie der Heilerfolg von den eingesetzten Faktormengen abhängt:

$$G = G[f_1(t_1, x_1), f_2(t_2, x_2)] . \tag{7.34}$$

Setzt man (7.32) - (7.34) in die Nutzenfunktion (7.31) ein, so erhält man die Zielfunktion

$$u = u\{Y_0 + E(.) - w \cdot (x_1 + x_2), t_1 + t_2, G[f_1(t_1, x_1), f_2(t_2, x_2)]\} , \tag{7.35}$$

die der Arzt durch geeignete Wahl seiner Inputs t_1, t_2 und x_1, x_2 maximiert. Wo das Maximum liegt, wird natürlich maßgeblich davon abhängen, in welcher Weise das Honorar E von den übrigen Größen bestimmt wird.

7.3.3 Modelltheoretische Analyse der Wirkungsweisen unterschiedlicher Honorarformen

7.3.3.1 Fragestellungen

Im Vordergrund unserer Analyse wird die Frage stehen, welche Anreize zum wirtschaftlichen Verhalten mit den einzelnen Honorarformen und -tarifen verbunden sind. Wirtschaftlichkeit kann dabei in die folgenden Teilaspekte untergliedert werden:

1. die Erstellung eines gegebenen **Leistungsbündels** mit möglichst geringem Einsatz knapper Produktionsfaktoren ("Produktionseffizienz"),[15]

2. die Erzielung eines gegebenen **Behandlungserfolgs** mit einer möglichst geringen Menge an Einzelleistungen ("Behandlungseffizienz") und

3. die Erreichung des **volkswirtschaftlich "optimalen"** Behandlungserfolgs, d.h. des Behandlungserfolgs, bei dem eine marginale Erhöhung der dadurch erreichten Gesundheit den damit verbundenen zusätzlichen (bewerteten) Ressourcenverbrauch gerade rechtfertigt.

Die beiden zuerst genannten Aspekte der Wirtschaftlichkeit sind relativ einfach zu operationalisieren: Die 1. Bedingung ist erfüllt, wenn die Grenzraten der Substitution der beiden Faktoren bei der Produktion der jeweiligen Einzelleistung dem Faktorpreisverhält-

---

15. Produktionseffizienz setzt insbesondere voraus, daß weder Produktionsfaktoren noch Einzelleistungen verschwendet werden, d.h. daß auf den Produktionsfunktionen (7.23) produziert wird.

Tab. 7.2: Ein Modell der Arzthonorierung

$$M_i = f_i(t_i, x_i) \qquad (i = 1, 2) \qquad (7.29)$$

$$G = G(M_1, M_2) \qquad (7.30)$$

$$u = u(Y, t, G) \qquad (u_Y > 0, u_t < 0, u_G > 0) \qquad (7.31)$$

$$t = t_1 + t_2 \qquad (7.32)$$

$$Y = Y_0 + E(.) - w \cdot (x_1 + x_2) \qquad (7.33)$$

$$u = u\{Y_0 + E(.) - w \cdot (x_1 + x_2), t_1 + t_2, G[f_1(t_1, x_1), f_2(t_2, x_2)]\} \qquad (7.35)$$

Vergütung nach dem Faktoreinsatz:

$$E = h^t \cdot (t_1 + t_2) + h^x \cdot (x_1 + x_2) \qquad (7.36)$$

$$\frac{\partial u}{\partial t_i} = u_Y \cdot h^t + u_t + u_G \cdot \frac{\partial G}{\partial M_i} \cdot \frac{\partial f_i}{\partial t_i} = 0 \qquad (i = 1, 2) \qquad (7.37)$$

$$\frac{\partial u}{\partial x_i} = u_Y \cdot (h^x - w) + u_G \cdot \frac{\partial G}{\partial M_i} \cdot \frac{\partial f_i}{\partial x_i} = 0 \qquad (i = 1, 2) \qquad (7.38)$$

Einzelleistungs-Vergütung:

$$E = p_1 \cdot M_1 + p_2 \cdot M_2 = p_1 \cdot f_1(t_1, x_1) + p_2 \cdot f_2(t_2, x_2) \qquad (7.40)$$

$$\frac{\partial u}{\partial t_i} = \left(u_Y \cdot p_i + u_G \cdot \frac{\partial G}{\partial M_i}\right) \cdot \frac{\partial f_i}{\partial t_i} + u_t = 0 \qquad (i = 1, 2) \qquad (7.41)$$

$$\frac{\partial u}{\partial x_i} = \left(u_Y \cdot p_i + u_G \cdot \frac{\partial G}{\partial M_i}\right) \cdot \frac{\partial f_i}{\partial x_i} - u_Y \cdot w = 0 \qquad (i = 1, 2) \qquad (7.42)$$

Perioden-Fixum:

$$\frac{\partial u}{\partial t_i} = u_t + u_G \cdot \frac{\partial G}{\partial M_i} \cdot \frac{\partial f_i}{\partial t_i} = 0 \qquad (i = 1, 2) \qquad (7.47)$$

$$\frac{\partial u}{\partial x_i} = -w \cdot u_Y + u_G \cdot \frac{\partial G}{\partial M_i} \cdot \frac{\partial f_i}{\partial x_i} = 0 \qquad (i = 1, 2) \qquad (7.48)$$

Vergütung nach eingeschriebenen Versicherten:

$$\frac{du}{dt} = \{u_Y \cdot q \cdot P'(G) + u_G\} \cdot G'(t) + u_t = 0 \qquad (7.55)$$

Tab. 7.2: Ein Modell der Arzthonorierung (Fortsetzung)

M_i:	Menge der i-ten ärztlichen Leistung
f_i:	Produktionsfunktion der i-ten Leistung
t_i:	ärztlicher Arbeitseinsatz in der Produktion der i-ten Leistung
x_i:	sonstiger Faktoreinsatz in der Produktion der i-ten Leistung
w:	Faktorpreis
G:	Heilerfolg bei den Patienten
t:	gesamte Arbeitszeit des Arztes
Y:	Einkommen des Arztes
Y_0:	Nicht-Arbeitseinkommen des Arztes
u:	Nutzen des Arztes
E:	Honorarerlös
h^t, h^x:	Honorarsätze für Faktormengen
p_1, p_2:	Gebührensätze für Einzelleistungen
E^*:	Perioden-Fixum
P:	Anzahl der eingeschriebenen Versicherten
q:	Honorarsatz pro Einschreibung

nis entsprechen[16]; die 2. Bedingung ist erfüllt, wenn die Grenzrate der Substitution der beiden Einzelleistungen bei der "Produktion" von Heilerfolg dem Verhältnis ihrer Grenzkosten entspricht. Dagegen ist die 3. Bedingung nur dann exakt zu überprüfen, wenn eine **gesellschaftliche Bewertung des Heilerfolgs** (z.B. nach dem Konzept der marginalen Zahlungsbereitschaft, vgl. Kapitel 2) vorgegeben ist. Wir werden dennoch versuchen, in unsere nachfolgende Beurteilung der verschiedenen Honorarsysteme auch diesen dritten Aspekt mit einzubeziehen.

Einen Überblick über das Modell gibt Tabelle 7.2.

7.3.3.2 Vergütung nach dem Faktoreinsatz

Hier gehen in die Honorarformel (7.28) nur die Faktormengen ein. Unterstellt man der Einfachheit halber einen proportionalen Tarif mit Honorarsätzen von h^t bzw. h^x, so lautet die Honorarformel

16. Auf den "Faktorpreis" der ärztlichen Arbeit wird unten in Zusammenhang mit Gleichung (7.33) näher eingegangen.

$$E = h^t \cdot (t_1 + t_2) \; + \; h^x \cdot (x_1 + x_2) \; . \tag{7.36}$$

Die notwendigen Bedingungen erster Ordnung für ein inneres Optimum eines nutzenmaximierenden Arztes sind dann aufgrund der Gleichungen (7.35) und (7.36) gegeben durch

$$\frac{\partial u}{\partial t_i} = u_Y \cdot h^t \; + \; u_t \; + \; u_G \cdot \frac{\partial G}{\partial M_i} \cdot \frac{\partial f_i}{\partial t_i} = 0 \qquad (i = 1, 2) \tag{7.37}$$

$$\frac{\partial u}{\partial x_i} = u_Y \cdot (h^x - w) \; + \; u_G \cdot \frac{\partial G}{\partial M_i} \cdot \frac{\partial f_i}{\partial x_i} = 0 \, . \qquad (i = 1, 2) \tag{7.38}$$

Aus (7.38) kann man die folgenden Schlußfolgerungen ablesen: Wegen $u_Y > 0$, $u_G > 0$ und $\partial f_i / \partial x_i > 0$ kann diese Bedingung für einen Vergütungssatz h^x, der größer ist als der Faktorpreis w, erst bei einem Leistungsniveau erfüllt sein, bei dem $\partial G / \partial M_i < 0$ gilt, d.h. bei dem die marginale Leistung für den Behandlungserfolg **schädlich** ist. In diesem Fall werden also zu viele Einzelleistungen produziert.

Ein Vergütungssatz $h^x < w$ würde hingegen bedeuten, daß der Arzt durch den Einsatz anderer Faktoren außer seiner eigenen Arbeitszeit grundsätzlich Verluste erleidet. Ein nutzenmaximierender Arzt würde daraufhin seine Tätigkeit einstellen, es sei denn, er hätte einen betragsmäßig sehr großen Grenznutzen aus dem Behandlungserfolg, u_G. Da solche "Samariter" selten sein dürften, müßte eine solche Festlegung der Vergütungssätze notwendig zu einem **Nachfrageüberhang** für ärztliche Leistungen führen.

Aus (7.37) und (7.38) folgt durch Umformung für jede einzelne Behandlungsart i:

$$\frac{\partial f_i / \partial t_i}{\partial f_i / \partial x_i} = \frac{-(u_t / u_Y) - h^t}{w - h^x} = \frac{h^t + (u_t / u_Y)}{h^x - w} \, . \tag{7.39}$$

Produktionseffizienz bei der Erstellung von medizinischen Einzelleistungen des Typs i würde verlangen, daß die **Grenzrate der Substitution** zwischen beiden Faktoren, also die linke Seite von (7.39), dem **Faktorpreisverhältnis** entspricht. Für ärztliche Arbeitszeit gibt es zwar keinen Marktpreis, aber das Grenznutzenverhältnis des Arztes zwischen Freizeit und Einkommen, $-u_t / u_Y$, kann als "Schattenpreis" seiner Arbeit gedeutet werden, und somit lautet das Faktorpreisverhältnis $(-u_t / u_Y) / w$. Die Bedingung (7.39) zeigt nun, daß im Nutzenmaximum des Arztes die Grenzrate der Substitution zwischen den beiden Faktoren nicht ihrem Preisverhältnis, sondern dem Verhältnis ihrer Stückgewinne angepaßt wird. Dies kann aber nur zufällig einmal dem Preisverhältnis entsprechen, nämlich dann, wenn auch das Verhältnis der beiden Vergütungssätze, h^t / h^x, gerade so groß ist wie das Faktorpreisverhältnis.

Im allgemeinen werden also bei einer Vergütung nach Faktoreinsatzmengen nicht nur zu viele Einzelleistungen produziert, sondern diese werden auch **ineffizient** hergestellt. Darüber hinaus lohnt es sich bei einer Vergütung nach Faktorleistungen für den Arzt, Produktionsfaktoren direkt zu verschwenden, also gewissermaßen "unterhalb" seiner Produktionsfunktion (7.29) zu produzieren. Wir ziehen also die

Folgerung 7.5: Bei einer Vergütung nach Faktoreinsätzen besteht für den Arzt ein Anreiz, seine Einzelleistungen ineffizient zu produzieren. Außerdem wird er zu viele Einzelleistungen erbringen, sofern die Vergütungssätze die Faktorpreise übertreffen, aber zu wenige, wenn sie darunter liegen.

7.3.3.3 Einzelleistungs-Vergütung

Die Vergütung nach Einzelleistungen wird in der Regel nach einer festen Gebührenordnung vorgenommen, wobei jede Einheit der i-ten Leistung mit dem Preis p_i $(i = 1,2)$ entgolten wird. Der Honorartarif ist also proportional. Damit wird die Erlösfunktion (7.36) ersetzt durch

$$E = p_1 \cdot M_1 + p_2 \cdot M_2 = p_1 \cdot f_1(t_1, x_1) + p_2 \cdot f_2(t_2, x_2) . \tag{7.40}$$

Setzt man (7.34) in die Nutzenfunktion (7.31) ein, so ergeben sich nun die folgenden notwendigen Bedingungen erster Ordnung für ein (inneres) Nutzenmaximum:

$$\frac{\partial u}{\partial t_i} = \left(u_Y \cdot p_i + u_G \cdot \frac{\partial G}{\partial M_i}\right) \cdot \frac{\partial f_i}{\partial t_i} + u_t = 0 \qquad (i = 1, 2) \tag{7.41}$$

$$\frac{\partial u}{\partial x_i} = \left(u_Y \cdot p_i + u_G \cdot \frac{\partial G}{\partial M_i}\right) \cdot \frac{\partial f_i}{\partial x_i} - u_Y \cdot w = 0 . \qquad (i = 1, 2) \tag{7.42}$$

Durch Division der Gleichungen erhält man

$$\frac{\partial f_i / \partial t_i}{\partial f_i / \partial x_i} = \frac{-u_t / u_Y}{w} . \tag{7.43}$$

Die Grenzrate der Substitution zwischen den Produktionsfaktoren entspricht also dem Verhältnis der Faktorpreise, und das bedeutet, daß die Einzelleistungen **effizient** hergestellt werden.

Als nächstes ist zu prüfen, ob ein vorgegebener Heilerfolg mit der **geringstmöglichen Menge** an Einzelleistungen hergestellt wird. Dies ist dann der Fall, wenn, ausgehend von einem Nutzenmaximum, der zusätzliche Heilerfolg, der mit einer marginalen Erhöhung der Menge eines Faktors verbunden wäre, in beiden Verwendungsrichtungen gleich hoch ist. Für den "anderen" Faktor müßte also gelten:

$$\frac{(\partial G/\partial M_1)\cdot(\partial f_1/\partial x_1)}{(\partial G/\partial M_2)\cdot(\partial f_2/\partial x_2)} = 1\,. \tag{7.44}$$

Nun folgt aus den Optimalbedingungen (7.41) und (7.42)

$$\frac{(\partial G/\partial M_1)\cdot(\partial f_1/\partial x_1)}{(\partial G/\partial M_2)\cdot(\partial f_2/\partial x_2)} = \frac{(p_2\cdot u_y + u_G\cdot \partial G/\partial M_2)\cdot(\partial G/\partial M_1)}{(p_1\cdot u_y + u_G\cdot \partial G/\partial M_1)\cdot(\partial G/\partial M_2)}\,. \tag{7.45}$$

Die rechte Seite von (7.45) ist jedoch nur dann gleich 1, wenn die Vergütungssätze so festgelegt sind, daß gilt:

$$\frac{p_1}{p_2} = \frac{\partial G/\partial M_1}{\partial G/\partial M_2}\,. \tag{7.46}$$

Damit also die Struktur der Einzelleistungen volkswirtschaftlich optimal ausfällt, müßte die Tarifstruktur genau die marginalen Produktivitäten dieser Einzelleistungen in Bezug auf den Behandlungserfolg widerspiegeln. Da diese Bedingung kaum je erfüllt sein dürfte, werden die ärztlichen Leistungen nicht kostenminimal, d.h. **zu teuer**, produziert. Wir kommen damit zur

Folgerung 7.6: Bei einer Einzelleistungs-Vergütung wird das vom Arzt gewählte Niveau des Heilerfolgs genau dann kostenminimierend produziert, wenn das Verhältnis der Vergütungssätze für die Einzelleistungen (zufällig!) gerade dem Verhältnis der Grenzproduktivitäten dieser Leistungen bei der "Produktion" von Gesundheit entspricht. In allen anderen Fällen erhält der Arzt durch die Gebührenordnung einen Anreiz, eine Kombination von Einzelleistungen zu erbringen, die nicht kostenminimal ist.

7.3.3.4 Perioden-Fixum

Als nächstes sei der Fall betrachtet, daß der Erlös unabhängig von den Werten aller übrigen Größen auf E^* je Periode fixiert sei. Die Maximierung von (7.35) führt in diesem Fall zu den folgenden Bedingungen erster Ordnung für ein inneres Optimum:

$$\frac{\partial u}{\partial t_i} = u_t + u_G\cdot\frac{\partial G}{\partial M_i}\cdot\frac{\partial f_i}{\partial t_i} = 0 \qquad (i = 1,2) \tag{7.47}$$

$$\frac{\partial u}{\partial x_i} = -w\cdot u_Y + u_G\cdot\frac{\partial G}{\partial M_i}\cdot\frac{\partial f_i}{\partial x_i} = 0\,. \qquad (i = 1,2) \tag{7.48}$$

Die Division der beiden Gleichungen führt zum Ausdruck (7.43). Die Bedingung für **effiziente** Produktion der Einzelleistungen ist also hier erfüllt. Wendet man zudem das Kriterium (7.44) an und berücksichtigt dabei, daß (7.43) erfüllt ist, so erkennt man, daß das Perioden-Fixum auch der Bedingung für die Wahl einer kostenminimierenden Kombination der Einzelleistungen genügt.

Der Nachteil dieser Honorarform ist jedoch darin begründet, daß **nur das Eigeninteresse des Arztes am Behandlungserfolg** ihn überhaupt dazu veranlaßt, Leistungen zu erbringen. Um dies einzusehen, setze man $u_G=0$, und man erkennt, daß in diesem Fall (7.47) und (7.48) nicht erfüllt sein können. Es existiert dann kein inneres Optimum, sondern nur ein Randoptimum mit $M_1=M_2=0$. Bei positivem, aber kleinem Interesse des Arztes am Behandlungserfolg (d.h. bei einem kleinen Verhältnis von u_G zu u_Y und $-u_t$) sind die Optimalbedingungen (7.47) und (7.48) nur dadurch zu erfüllen, daß sowohl die Grenzproduktivitäten der beiden Faktoren als auch die Grenzproduktivitäten der beiden Einzelleistungen bei der Erzielung von Heilerfolg groß sind. Da die Produktionsfunktion konkav verläuft (abnehmende Grenzerträge) bedeutet dies, daß nur geringe Faktormengen eingesetzt und nur **wenige Einzelleistungen** produziert werden. Es ist also bei dieser Honorarform nicht zu erwarten, daß der von der Gesellschaft in Anbetracht des damit verbundenen Ressourcenaufwands gewünschte Heilerfolg zustandekommt, d.h. es gilt die

Folgerung 7.7: Eine Vergütung in Form eines Fixums pro Periode veranlaßt den Arzt zwar, seine Einzelleistungen effizient zu produzieren und den von ihm gewünschten Behandlungserfolg auf effiziente Weise zu erreichen; außer seinem Eigeninteresse am Behandlungserfolg gibt es jedoch keinen Mechanismus, der einen positiven geschweige denn den von der Gesellschaft gewünschten Heilerfolg garantiert.

7.3.3.5 Vergütung nach der Zahl eingeschriebener Versicherter

Vergleicht man die drei oben analysierten Honorarformen, so stellt man fest, daß keine von ihnen alle drei als wünschenswert erscheinenden Kriterien (Produktionseffizienz, Behandlungseffizienz, optimale Behandlungsintensität) erfüllt. Die beiden zuerst untersuchten Honorarformen (nach Faktoreinsätzen bzw. Einzelleistungen) bieten keine Anreize zur Behandlungseffizienz, da sie zu sehr "inputorientiert" sind. Das Fixum dagegen läßt erwarten, daß die Ärzte zu wenig Behandlung erbringen. Immerhin führt es sowohl zu Produktionseffizienz als auch zu Behandlungseffizienz.

Der Nachteil des Fixums, den Output zu wenig zu belohnen, könnte mit einer Honorarform vermieden werden, die genau wie das Fixum nicht von Inputgrößen abhängt, aber von solchen, die ihrerseits **positiv auf den Output reagieren**. Dabei ist in erster Linie an die Zahl der eingeschriebenen Versicherten ("potentielle Patienten") zu denken. Die Grundidee ist, daß sich gute Behandlungserfolge eines Arztes unter den Versicherten herumsprechen und daher neue "Kunden" anziehen. Sei P die vom Heilerfolg G abhängige Anzahl der eingeschriebenen Versicherten [mit $P'(G)=dP/dG>0$] und q das Honorar pro Versicherten und Periode, so wird die Erlösfunktion dadurch zu

$$E = q \cdot P(G) \; . \tag{7.49}$$

Wie wirkt sich diese Honorarform nun auf das Niveau des vom Arzt angestrebten Behandlungserfolgs aus? Zur Beantwortung dieser Frage vereinfachen wir unser Modell des Abschnitts 7.3.3 dahingehend, daß jetzt nur noch ein Typ von Einzelleistungen mit einem einzigen Produktionsfaktor, nämlich ärztlicher Arbeit[17], erbracht wird. Die Produktionsfunktion lautet also ganz einfach

$$M = M(t)\,, \tag{7.50}$$

wobei die Gesamtmenge M der Leistungen auf die P Patienten aufgeteilt werden muß. Der dabei durchschnittlich erzielte Behandlungserfolg wird jetzt als Funktion der **Leistungsmenge je eingeschriebenen Versicherten**, M/P, geschrieben:

$$G = G\left[\frac{M(t)}{P(G)}\right]. \tag{7.51}$$

Dementsprechend modifiziert sich die Zielfunktion (7.29) zu

$$u = u\,\{Y_0 + q \cdot P(G), t, G[M(t)/P(G)]\}\,. \tag{7.52}$$

Vor der Lösung des eigentlichen Nutzenmaximierungs-Problems wollen wir zunächst ermitteln, wie sich eine Ausweitung der ärztlichen Arbeitszeit t auf den durchschnittlichen Heilerfolg G auswirkt. Dazu differenzieren wir die Gleichung (7.51) und erhalten

$$G'(t) = \frac{\partial G}{\partial(M/P)} \cdot \frac{P \cdot M'(t) - M(t) \cdot P'(G) \cdot G'(t)}{P^2}\,. \tag{7.53}$$

Dieser Ausdruck muß noch nach $G'(t)$ aufgelöst werden [wobei $\partial G/\partial(M/P)$ durch das Symbol $G'(M/P)$ ersetzt wird]

$$G'(t) = \frac{P(G) \cdot G'(M/P) \cdot M'(t)}{P^2 + G'(M/P) \cdot M(t) \cdot P'(G)} > 0\,. \tag{7.54}$$

Daher lautet die notwendige Bedingung erster Ordnung für die nutzenmaximierende Arbeitszeit

---

17. Diese Vereinfachung ist legitim, da im vorhergehenden Abschnitt gezeigt wurde, daß die Wahl der effizienten Kombination von Leistungen und von Produktionsfaktoren bei einer inputunabhängigen Honorarform grundsätzlich gesichert ist.

$$\frac{du}{dt} = \{u_Y \cdot q \cdot P'(G) + u_G\} \cdot G'(t) + u_t = 0 \tag{7.55}$$

mit $G'(t)$ aus (7.54). Man erkennt sofort, daß wegen $G'(t)>0$ auf jeden Fall **selbst dann** ein positiver Behandlungserfolg G angestrebt wird, wenn $u_G = 0$ gilt, d.h. wenn der Arzt am Behandlungserfolg per se nicht interessiert ist. Der mit einer Erhöhung der Arbeitszeit einhergehende Verlust an Freizeitnutzen $(-u_t)$ muß dabei im Optimum gerade mit dem Grenznutzen des Einkommens übereinstimmen, das durch die zusätzlichen Einschreibungen aufgrund des gestiegenen Behandlungserfolgs erwirtschaftet wird.

Man erkennt ferner, daß jedes beliebige von der Gesellschaft gewünschte Niveau des Behandlungserfolgs G^* durch **geeignete Wahl des Vergütungsparameters** $\boldsymbol{q}$ [vgl. Gleichung (7.49)] erreicht werden kann. Dazu ist lediglich die Optimalbedingung (7.55) nach q aufzulösen und G^* (sowie die damit kompatiblen Werte t^* und Y^*) einzusetzen:

$$= \frac{-u_t[Y^*, t^*, G^*] - u_G[Y^*, t^*, G^*] \cdot G'(t^*)}{u_Y[Y^*, t^*, G^*] \cdot P'[G^*] \cdot G'[t^*]} \tag{7.56}$$

Daraus ziehen wir die

Folgerung 7.8: Die Vergütung nach der Zahl eingeschriebener Patienten kann alle drei oben genannten Effizienzkriterien erfüllen: Sie veranlaßt den Arzt zur Produktions- und Behandlungseffizienz und bei geeigneter Höhe des Vergütungssatzes auch zur Wahl des gesellschaftlich gewünschten Heilerfolgs.

Wir werden auf diese Vergütungsform in Kapitel 8 noch in einem allgemeineren Zusammenhang zurückkommen.

7.3.4 Schlußfolgerungen für Vergütungssysteme in der Praxis

Die in der Realität vorherrschende Honorierungsform für ärztliche Leistungen ist die Einzelleistungs-Vergütung. Eine Ausnahme bilden lediglich die Länder mit nationalem Gesundheitsdienst (Großbritannien, Italien), in denen die Ärzte fest angestellt sind und daher ein Gehalt ("Perioden-Fixum") beziehen.

Eine Besonderheit der Honorierung der Kassenärzte in Deutschland besteht darin, daß der zwischen den Kassen und den Kassenärztlichen Vereinigungen ausgehandelte Honorartarif "Einheitlicher Bewertungsmaßstab" (EBM) die Honorarsätze nicht in Geldeinheiten, sondern in **Punktwerten** ausdrückt. Denn gleichzeitig wird die Höhe der Gesamtvergütung für alle Ärzte ausgehandelt, und der Geldwert eines Punktes ergibt sich erst nachträglich, wenn die Gesamtvergütung durch die Anzahl der erbrachten Punkte (Leistungen) dividiert wird. Dies hat zur Folge, daß das Honorar aus der Sicht der Kassen ein Fixum ist, sich jedoch bei den Ärzten wie eine Einzelleistungs-Honorierung auswirkt. Denn bei einer großen Anzahl von Ärzten kann der einzelne Arzt mit seiner Leistungserbringung den Punktwert nicht merklich beeinflussen und nimmt ihn daher als gegeben an.

Im Lichte unserer Modellanalysen folgt daraus, daß die Kassenärzte in Deutschland einen Anreiz haben, ihre Einzelleistungen effizient zu produzieren. Dagegen ist nicht zu erwarten, daß sie eine Kombination von Einzelleistungen wählen, mit der sie den von ihnen gewünschten Behandlungserfolg kostenminimierend erreichen.

7.4 Übungsaufgaben

Übungsaufgabe 7.1:

Bitte geben Sie an, ohne zurückzublättern, was ein Honorartarif ist:

a) ein zwischen Arzt und Patient frei ausgehandelter Preis für ärztliche Leistungen,

b) ein Marktpreis für ärztliche Leistungen, dem der Arzt die Menge der von ihm angebotenen Leistungen anpaßt, oder

c) ein staatlich reguliertes System von funktionalen Beziehungen zwischen Erlöshöhe und Honorarindikatoren.

Übungsaufgabe 7.2:

Welche Konsequenzen hätte ein Vergütungssatz $h^x = w$?

Übungsaufgabe 7.3:

Zeigen Sie, daß Gleichung (7.45) erfüllt sein muß, wenn (7.42) und (7.44) gelten.

Übungsaufgabe 7.4:

Erläutern sie ökonomisch, wie man durch Wahl des Vergütungsparameters q das Niveau des Behandlungserfolgs bestimmt.

7.5 Literaturhinweise

zu Abschnitt 7.2:

Adam, H. (1983), *Ambulante ärztliche Leistungen und Ärztedichte - Zur These der anbieterinduzierten Nachfrage im Bereich der ambulanten ärztlichen Versorgung*, Berlin: Duncker & Humblot.

Breyer, F. (1984), Anbieterinduzierte Nachfrage nach ärztlichen Leistungen und die Zieleinkommens-Hypothese, in: *Jahrbücher für Nationalökonomie und Statistik*, 199, 415-432.

Breyer, F. (1984), *Die Nachfrage nach medizinischen Leistungen. Eine empirische Analyse von Daten aus der Gesetzlichen Krankenversicherung*, Berlin: Springer.

Breyer, F., Mühlenkamp, H. und Adam, H. (1986), Determinants of the Utilization of Physician Services in the System of Statutory Health Insurance in Germany, in: Schulenburg, J.-M. Gf. (Hrsg.), *Essays in Social Security Economics*, Berlin: Springer, 196-216.

Daten des Gesundheitswesens (1995), *Schriftenreihe des Bundesministeriums für Gesundheit*, Stuttgart.

Evans, R.G. (1974), Supplier-Induced Demand: Some Empirical Evidence and Implications, in: Perlman, M. (Hrsg.), *The Economics of Health and Medical Care*, New York: Macmillan, 162-173.

Fuchs, V. (1978), The Supply of Surgeons and the Demand for Operations, in: *Journal of Human Resources*, 13 (Suppl.), 35-56.

Krämer, W. (1981), Eine ökonometrische Untersuchung des Marktes für ambulante kassenärztliche Leistungen, in: *Zeitschrift für die gesamte Staatswissenschaft*, 137, 45-61.

Kraft, K. und Schulenburg, J.-M. Gf. (1986), Co-Insurance and Supplier-Induced Demand in Medical Care: What Do we Have to Expect as the Physician's Response to Increased Out-of-Pocket Payments?, in: *Zeitschrift für die gesamte Staatswissenschaft,* 142, 360-379.

Labelle, R., Stoddart, G. und Rice, T. (1994), A Re-Examination of the Meaning and Importance of Supplier-Induced Demand, in: *Journal of Health Economics*, 13, 347-368.

Pauly, M.V. (1994), Editorial: A Re-Examination of the Meaning and Importance of Supplier-Induced Demand, in: *Journal of Health Economics*, 13, 369-372.

Phelps, C.E. (1986), Induced Demand: Can We Ever Know its Extent?, in: *Journal of Health Economics*, 5, 355-365.

Reinhardt, U.E. (1978), Comment (Kommentar zu Sloan und Feldman), in: Greenberg, W. (Hrsg.), *Competition in the Health Care Sector*, Washington, DC: U.S. Federal Trade Commission, 121-148.

Reinhardt, U.E. (1985), The Theory of Physician-Induced Demand: Reflections after a Decade, in: *Journal of Health Economics*, 4, 187-193.

Sloan, F.A. und Feldman, R. (1978), Competition among Physicians, in: Greenberg, W. (Hrsg.), *Competition in the Health Care Sector*, Washington, DC: U.S. Federal Trade Commission, 45-102.

Zweifel, P. (1982), *Ein ökonomisches Modell des Arztverhaltens*, Berlin: Springer.

zu Abschnitt 7.3:

Schulenburg, J.M. Gf. (1981), *Systeme der Honorierung frei praktizierender Ärzte und ihre Allokationswirkungen*, Tübingen: J.C.B. Mohr (Paul Siebeck).

KAPITEL 8

Organisationsformen der medizinischen Versorgung

8.1 Fragestellung

Die Organisation der medizinischen Versorgung unterscheidet sich erheblich von Land zu Land. Diese Unterschiede spiegeln nicht zuletzt philosophische Grundhaltungen: Wo der Staat dem Bürger ein Recht auf Gesundheit zuspricht, ist er auch am ehesten für die Gesundheitsversorgung direkt verantwortlich. Beispiele dafür sind die Länder des ehemaligen Ostblocks, aber auch Großbritannien und Italien mit ihren nationalen Gesundheitsdiensten[1]. In den USA dagegen gehört die Gesundheit grundsätzlich in den Verantwortungsbereich des Einzelnen. Dennoch finanziert die Öffentliche Hand auch in den USA 40% der gesamten Gesundheitsaufwendungen, unterhält staatliche Krankenhäuser und betätigt sich im Rahmen der Programme Medicare (für Rentner) und Medicaid (für Arme) unmittelbar als Krankenversicherer. Kanada dagegen kennt zwar keinen nationalen Gesundheitsdienst, sondern eine nationale Krankenversicherung, während in den Niederlanden mehr als 30% der Bevölkerung einer privaten Krankenkasse angehören. In Schweden spielt das von einem Landkreis getragene Krankenhaus in der medizinischen Versorgung eine Schlüsselrolle, während umgekehrt deutsche Krankenhäuser (mit Ausnahme derjenigen der ehemaligen DDR) keine Polikliniken betreiben dürfen.

Diese Verschiedenheit der Organisationsformen ist in einem gewissen Sinn erstaunlich, steht doch im Mittelpunkt aller Systeme die besondere Beziehung des Patienten zu seinem Arzt. Von ihm wird erwartet, daß er seine Kenntnisse und Fähigkeiten stets für und nie gegen die gesundheitlichen Interessen seines Auftraggebers einsetzt. Diese sog. **Sachwalterbeziehung** wird aber nur im Idealfall sämtlichen Interessen des Patienten gerecht werden können - allein schon deshalb, weil der Patient lieber weniger als mehr für Krankenversicherungsbeiträge und ärztliche Leistungen aufwendet, während das Einkommensinteresse des Arztes in die entgegengesetzte Richtung zielt. Zur Lösung dieses Konflikts können beide Parteien die Hilfe von ergänzenden Sachwaltern in Anspruch nehmen. Im folgenden werden in diesem Kapitel nur jene ergänzenden Sachwalterbeziehungen untersucht, die für das Individuum als Versicherten und Patienten von Bedeutung

1. In Deutschland sprachen sich 1991 beinahe 95% (West) bzw. 99% (Ost) dafür aus, daß der Staat die gesundheitliche Versorgung für Kranke sicherstellen soll. In anderen Bereichen gehen die Meinungen eher auseinander; so forderten 72% (West) bzw. 94% (Ost) der Befragten, der Staat habe einen Arbeitsplatz für jeden bereitzustellen, der arbeiten wolle [vgl. *Informationsdienst Soziale Indikatoren* (*1991*)].

sind. Es sind diese ergänzenden Beziehungen, die für die großen Unterschiede in der Organisation der medizinischen Versorgung verantwortlich zu sein scheinen.

Die Abbildung 8-1 gibt einen Überblick über mögliche Anordnungen von **ergänzenden Sachwalterbeziehungen**. In der konventionellen medizinischen Versorgung, wie sie in den westeuropäischen Ländern und in den USA die Regel bildet, wählt das Individuum einen Arzt als Sachwalter, ohne daß jener notwendigerweise auch gegenüber dem Krankenhaus die Interessen seines Patienten wahrnimmt. Ergänzend treten Politiker als Interessenwahrer im Gesundheitswesen auf, die z.B. über die Finanzierung der Krankenhäuser deren Betriebsbereitschaft sicherzustellen versprechen. Allgemein haben Maßnahmen, die das Gesundheitswesen betreffen, aus der Sicht eines Politikers, der ja Wählerstimmen gewinnen will, einen wichtigen Vorteil. Dank der zentralen Rolle der Krankenversicherung lassen sich Umverteilungen zugunsten bestimmter Wählergruppen besonders gut kaschieren. Jede Versicherung hat grundsätzlich die Aufgabe umzuverteilen, nämlich zwischen jenen, die einen Schaden erleiden und jenen anderen, die von einem Schaden verschont bleiben. Für den einzelnen versicherten Stimmbürger ist es schwierig, zwischen dieser zufallsgesteuerten unsystematischen und einer versteckten systematischen Umverteilung zu unterscheiden. Aus diesem Grund verfügen die **Politiker als Sachwalter** bei der Gestaltung der übrigen Sachwalterbeziehungen im Gesundheitswesen über einen Freiraum, der sich in unterschiedlichen Organisationsformen schon im Bereich der konventionellen Versorgungssysteme niederschlägt.

Vergleichsweise große Kompetenzen haben beispielsweise Politiker im schwedischen Gesundheitswesen, in dem es 26 Bezirke gibt, die zur Finanzierung der Gesundheitsvorsorge eigene Steuern erheben können und Eigentümer der Krankenhäuser sind. Dort werden auch die meisten medizinischen Leistungen erbracht, während die niedergelassenen Ärzte in der Gesundheitsversorgung eine marginale Rolle spielen [vgl. *Stahl (1990)*]. In Deutschland sorgt umgekehrt das **Verbot der Errichtung von Polikliniken** dafür, daß zwischen ambulanter und stationärer Behandlung eine sehr ausgeprägte Trennung besteht, die auch dazu dient, den Einfluß der politischen Sachwalter im Gesundheitswesen im wesentlichen auf den Krankenhausbereich zu beschränken. In Frankreich dagegen findet ein nicht unwesentlicher Teil der medizinischen Versorgung in privaten Krankenhäusern statt, die den Ärzten der Einzugsregion Zugang zu ihren Einrichtungen gewähren [vgl. *Rosa und Launois (1990)*]. In der Schweiz gibt es auch von öffentlichen Trägern finanzierte Krankenhäuser, die dieses sog. Belegarztsystem anwenden; je nach Kanton haben die Stimmbürger ihren politischen Interessenvertretern im Gesundheitswesen unterschiedliche Befugnisse übertragen.

Die enge Verwandtschaft zwischen zufallsgesteuerter und systematischer **Umverteilung durch Versicherung** wird in den verschiedenen Ländern ebenfalls unterschiedlich genutzt. So werden beispielsweise in Deutschland die Träger der Gesetzlichen Krankenversicherung gezwungen, die Rentner zu subventionieren, indem sie für deren medizinische Versorgung vom Staat einen nicht kostendeckenden Beitrag erhalten. Eine andere Quelle der Umverteilung ist der Umstand, daß Leute mit niedrigem Einkommen nicht zwischen Gesetzlicher und Privater Krankenversicherung wählen können und vielfach durch Beruf oder Betriebszugehörigkeit an eine bestimmte Krankenkasse gebunden sind. In Frankreich ist sogar jedermann, auch Selbständige, Mitglied eines Trägers der sozialen Krankenversicherung, und die Kassen sind unmittelbar in den Staatshaushalt integriert [vgl. *Rosa und Launois (1990)*]. In der Schweiz dagegen geht der Föderalismus so weit, daß es Sache der Kantone ist, für Bezieher geringerer Einkommen eine Zwangsversicherung einzuführen; die Mehrzahl der Kantone überläßt aber den Abschluß einer Krankenversicherung der individuellen Entscheidung, wobei die Beiträge an die Kassen vom Bund mit Subventionen um mehr als 15% verbilligt werden.

Ein sehr viel weitergehendes Mandat haben die politischen Sachwalter in Großbritannien und Italien, aber auch in Kanada erhalten (vgl. Abb. 8-1). In den beiden erstgenannten Ländern existiert keine Krankenversicherung mehr, sondern ein staatlicher Gesundheitsdienst wird unmittelbar aus dem Budget der Öffentlichen Hand finanziert. In Kanada treten Politiker als Sachwalter der Stimmbürger sowohl in Fragen der nationalen Krankenversicherung wie auch der Krankenhausfinanzierung auf..

Abb. 8-1: Sachwalterbeziehungen als Organisationsmerkmal des Gesundheitswesens

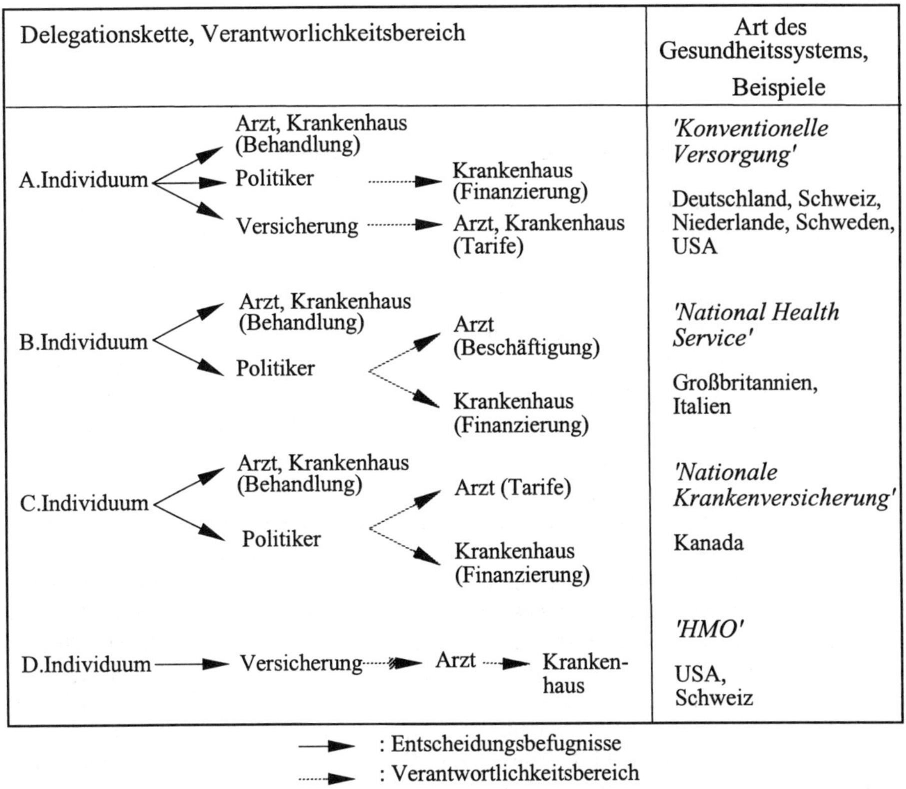

Die Abbildung 8-1 zeigt schließlich eine vierte Organisationsform, bei welcher der private Krankenversicherer zum vorrangigen Sachwalter des Individuums in gesundheitlichen Belangen wird. Es handelt sich dabei um die in den USA verbreitete **Health Maintenance Organization (HMO)**. Weil die HMO die ihr angeschlossenen Ärzte auswählt, kommt die Arzt-Patienten-Beziehung nur durch ihre Vermittlung zustande. Zugleich nimmt aber der HMO-Arzt die Interessen des Versicherten gegenüber dem Krankenhaus in einer Weise wahr, die in der konventionellen Versorgung kaum bekannt ist

Weil offensichtlich die Organisationsformen der medizinischen Versorgung ganz entscheidend davon abhängen, welche Sachwalterbeziehungen die Grundbeziehung zwischen Arzt und Patient ergänzen, soll im nächsten Abschnitt die allgemeine Problematik der Beziehung zwischen einem Auftraggeber (engl. principal) und einem Beauftragten mit einem Informationsvorsprung (engl. agent) beleuchtet werden. Daraus ergeben sich Anhaltspunkte dafür, daß sich Individuen nicht notwendigerweise für einen Arzt als alleinigen Sachwalter in Gesundheitsbelangen entscheiden, sondern es vorziehen, Arbeitgeber, Politiker ("den Staat") oder Versicherer mit einzuschalten. Dieser letztgenannten Alternative, der möglichen Rolle des Krankenversicherers als eines ergänzenden Sachwalters im Gesundheitswesen, ist ein eigener Abschnitt gewidmet, der sich mit den Health Maintenance Organizations befaßt. Die Organisation der medizinischen Versorgung wird schließlich auch sehr stark von den Berufsverbänden im Gesundheitswesen, allen voran den Ärzteverbänden, geprägt. Deren Rolle wird im letzten Abschnitt des Kapitels untersucht.

8.2 Die Sachwalterbeziehung als Grundproblem

In diesem Abschnitt wird die Sachwalterbeziehung in einer allgemeinen Formulierung untersucht, wobei die Beziehung zwischen dem Patienten und dem Arzt als wichtigstes Beispiel dient.

Ein Auftraggeber sichert sich die Dienste eines Sachwalters, dessen Bemühungen er aber im einzelnen nicht überwachen kann. Zugleich hängt das Ergebnis dieser Bemühungen wesentlich von Faktoren ab, die sich der Kontrolle des Sachwalters entziehen. Gesucht ist eine **Honorierungsregel**, die dem Sachwalter genügend Anreize vermittelt, sich anzustrengen, so daß dem Auftraggeber im Durchschnitt ein möglichst großes Nettoergebnis verbleibt.

Der Prototyp einer solchen Beziehung im Gesundheitswesen ist diejenige zwischen dem Patienten und dem Arzt. In den meisten Fällen kann der Patient die Zweckmäßigkeit der ärztlichen Maßnahmen nicht beurteilen und insofern auch nicht überwachen. Zugleich geben auch intensivste ärztliche Bemühungen keine Garantie für eine Verbesserung des Gesundheitszustands, während umgekehrt viele Krankheiten auch ohne medizinische Intervention heilen würden. Dies spricht dafür, den sich ergebenden Gesundheitszustand θ als eine Zufallsvariable aufzufassen, deren Dichtefunktion $f(\theta)$ von den Bemühungen des Arztes abhängt[2]. In der Abbildung 8-2 wird zur Illustration der Fall dargestellt, wo θ eine kontinuierliche, normalverteilte Variable ist, deren Erwartungswert durch verstärkte ärztliche Bemühungen a erhöht wird, während ihre Varianz unverändert bleibt. Unter diesen Bedingungen ist ein ungünstiges Ergebnis θ_k trotz einer Intensivierung der Bemühungen $(a_1 > a_0)$ immer noch möglich, wenn auch unwahrscheinlich.

Liegt der erreichte Gesundheitszustand in der Umgebung von θ_k, kann es leicht zu einem **Konflikt zwischen Arzt und Patient** über die Honorierung kommen: Der Arzt wird gemäß seinen Anstrengungen im Umfang von a_1 eine Rechnung stellen wollen, während

2. Dementsprechend wurde im 3. Kapitel die Gesundheitsproduktion als Beeinflussung der Eintrittswahrscheinlichkeit verschiedener Gesundheitszustände definiert.

der Patient eher auf Anstrengungen im Umfang von a_0 schließen wird, die entsprechend niedriger zu honorieren wären. Wenn der Arzt umgekehrt a_1 aufgewendet hat, doch nur für a_0 entlohnt wird, wird er früher oder später seine Anstrengungen auf a_0 beschränken. In dieser Situation wird der Patient einen Vertrag abschließen wollen, der wenigstens im Erwartungswert ein optimales Ausmaß ärztlicher Bemühungen hervorruft, und er wird ihn vor Eintritt einer Krankheit abschließen wollen, um einen Streit über die Honorierung zu vermeiden.

Die Vertragsgestaltung wird im folgenden reduziert auf eine Regel $p(\theta)$, welche die Vorteile aus der Transaktion auf die beiden Parteien aufteilt. Das **Entscheidungsproblem des Auftraggebers** besteht darin, jene Regel $p^*(\theta)$ zu finden, die seinen Erwartungsnutzen maximiert [vgl. zum folgenden *Holmström (1979)* und *Levinthal (1988)*]. Die Elemente dieses Entscheidungsproblems sind in der Tabelle 8.1 zusammengefaßt.

Da sich die Optimierung auf die **Wahl einer Funktion** bezieht, ist die Gleichung (8.1) ein sog. Zielfunktional. Die gesuchte Funktion $p(\theta)$ bestimmt, welcher Anteil am Vorteil aus der Transaktion θ an den Sachwalter geht und wieviel dem Auftraggeber verbleibt $[\theta - p(\theta)]$. Diese Formulierung setzt voraus, daß der erreichte Gesundheitszustand in Geldeinheiten ausgedrückt werden kann - eine Bedingung, die auf Grund des Ansatzes der Zahlungsbereitschaft für die Bewertung des menschlichen Lebens als erfüllt betrachtet werden darf (vgl. Abschnitt 2.3.2):

$$\underset{p(\theta)}{Max} \int_{\theta} u^P \{\theta - p(\theta)\} f(\theta|a^*)\, d\theta \tag{8.1}$$

Damit es zu einem Vertragsabschluß kommt, muß sich der Sachwalter besser stellen als ohne Vertrag. Sein Kriterium soll ausschließlich die Maximierung des erwarteten Gewinns sein, wobei **Risikoaversion** [d.h. negative zweite Ableitung der Nutzenfunktion nach dem Honorar $p(\theta)$] vorausgesetzt wird. Dies ist die Aussage der Gleichung (8.2):

$$\int_{\theta} u^A \{p(\theta)\} f(\theta|a^*)\, d\theta \; - \; v^A[a^*] \; \geq \; \bar{u}^A \quad {}^{3} \tag{8.2}$$

Der Sachwalter wird nun unter dem Schutz der mangelnden Überwachbarkeit seine Bemühungen a so wählen, daß sein eigener Erwartungsnutzen abzüglich der in gleichen Einheiten definierten Kosten maximiert wird:

$$a^* = \underset{a}{Argmax} \{ \int_{\theta} u^A \{p(\theta)\} f(\theta|a)\, d\theta \; - \; v^A(a) \} \tag{8.3}$$

Seine Wahl a^* muß der notwendigen Bedingung (8.4) genügen:

3. Eine eckige Klammer bedeutet, daß die Funktion an der angegebenen Stelle auszuwerten ist, z.B. V^A $[a^*]$ an der Stelle $a = a^*$.

Tab. 8.1: Allgemeines Modell der Sachwalterbeziehung

$\underset{p(\theta)}{Max} \int_\theta u^P \{\theta - p(\theta)\} f(\theta \mid a^*)\, d\theta$	Zielfunktion des Auftraggebers	(8.1)
$\int_\theta u^A \{p(\theta)\} f(\theta \mid a^*)\, d\theta \; - \; v^A [a^*] \;\geq\; \bar{u}^A$	Teilnahmebedingung des Sachwalters	(8.2)
$a^* = \underset{a}{Argmax} \{ \int_\theta u^A \{p(\theta)\} f(\theta \mid a)\, d\theta \; - \; v^A (a) \}$	Bedingung für Anreizkompatibilität	(8.3)
$\int_\theta u^A \{p(\theta)\} \dfrac{\partial f(\theta \mid a^*)}{\partial a} d\theta \; - \; v'^A [a^*] \; = \; 0$	Anreizkompatibilität als Optimumbedingung	(8.4)
$L = \int_\theta u^P \{\theta - p(\theta)\} f(\theta \mid a)\, d\theta$ $+ \lambda \left[\int_\theta u^A \{p(\theta)\} f(\theta \mid a)\, d\theta - v^A (a) - \bar{u}^A \right]$ $+ \mu \left[\int_\theta u^A \{p(\theta)\} \dfrac{\partial f(\theta \mid a^*)}{\partial a} d\theta - v'^A [a^*] \right]$	Lagrange-Funktional aufgrund von (8.1), (8.2) und (8.4)	(8.5)
u^P:	Nutzenfunktion des Auftraggebers (principal, Patient)	
$f(\theta \mid \alpha)$:	Dichtefunktion möglicher Ergebnisse, hängt von den Bemühungen des Sachwalters ab	
θ:	Ergebnis der Bemühungen (erreichter Gesundheitszustand)	
$p(\theta)$:	Honorar des Sachwalters (des Arztes)	
a^*:	Optimale Intensität der Bemühungen aus der Sicht des Sachwalters	
u^A:	Nutzenfunktion des Sachwalters (agent, Arzt)	
$\bar{u}^A$:	Ohne Vertragsabschluß erreichbares Nutzenniveau des Sachwalters	
$v^A [a^*]$:	Mit Bemühungen im Umfang von a^* verbundene Kosten	
$\underset{a}{Argmax} \{\_\}$:	Das Argument a nimmt jenen Wert an, der den Ausdruck in Klammern maximiert	
$\dfrac{\partial f(\theta \mid \alpha)}{\partial a}$:	Veränderung der Dichtefunktion mit zunehmenden Bemühungen	
λ, μ:	Lagrange-Multiplikatoren für die Nebenbedingungen (8.2) bzw. (8.4)	

Quelle: *Levinthal (1988).*

$$\int_{\theta} u^A \{p(\theta)\} \frac{\partial f(\theta|a^*)}{\partial a} d\theta - v'^A [a^*] = 0 . \qquad (8.4)$$

Diese Bedingung legt a^* allerdings nur dann eindeutig fest, wenn die Wahrscheinlichkeit, daß das Ergebnis θ unter einen bestimmten Schwellenwert θ fällt, mit zunehmendem a monoton abnimmt [vgl. *Rogerson (1985)*]. Dies trifft in der Abbildung 8-2 zu: Je weiter die Verteilung $f(\theta|a_1)$ gegenüber $f(\theta|a_0)$ durch Erhöhung von a nach rechts verschoben wird, desto kleiner wird die Wahrscheinlichkeit, ein Ergebnis $\theta < \theta_k$ zu beobachten; vgl. die Punkte Q_0 und Q_1.

Abb. 8-2: Der Erfolg der Bemühungen des Sachwalters als Zufallsvariable

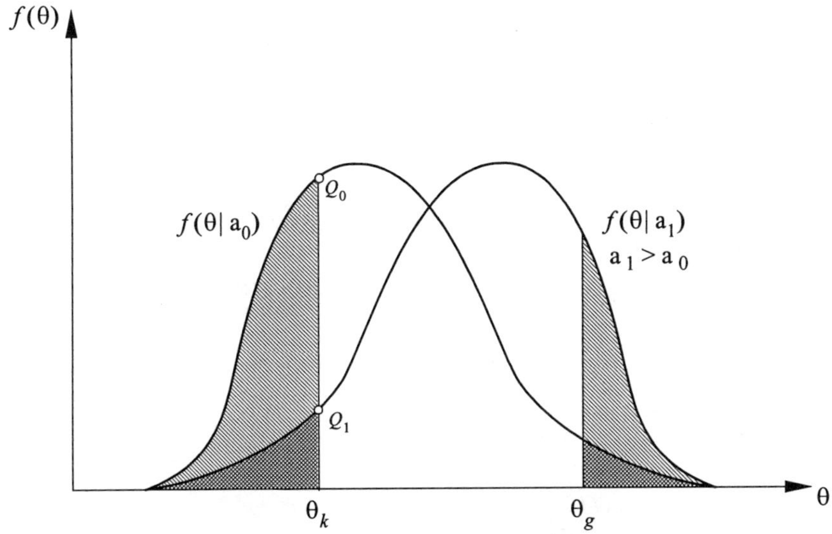

Aus dem Zielfunktional (8.1) und den beiden Nebenbedingungen (8.2) und (8.4) läßt sich das in Tabelle 8.1 ebenfalls aufgeführte Lagrange-Funktional bilden, (wobei θ unterhalb des Integralzeichens die Integration und damit die Bildung des Erwartungswertes über alle möglichen Werte von θ anzeigt):

$$L = \int_{\theta} u^P \{\theta - p(\theta)\} f(\theta|a)\, d\theta$$
$$+ \lambda \left[\int_{\theta} u^A \{p(\theta)\} f(\theta|a)\, d\theta \;-\; v^A(a) \;-\; \bar{u}^A \right]$$
$$+ \mu \left[\int_{\theta} u^A \{p(\theta)\} \frac{\partial f(\theta|a^*)}{\partial a} d\theta \;-\; v'^A[a^*] \right], \text{ mit } \lambda, \mu \geq 0. \tag{8.5}$$

Die Ableitung dieses Ausdrucks nach $p(\theta)$ erfolgt punktweise, nach dem Wert, den die Funktion p an der Stelle θ annimmt [Methode von *Gâteaux*, vgl. *Blanchard und Bruening* (*1982*), Kap. II.3]. Dies bedeutet, daß jedes Element unter dem Integralzeichen die notwendige Bedingung für ein Optimum erfüllen muß. Greift man also einen solchen typischen Term heraus, gilt

$$\frac{\partial L}{\partial p(\theta)} = -u'^P[\theta - p^*(\theta)] f(\theta|a) \;+\; \lambda \cdot u'^A[p^*(\theta)] f(\theta|a)$$
$$+ \mu \cdot u'^A[p^*(\theta)] \frac{\partial f(\theta|a)}{\partial a} \;=\; 0\,, \tag{8.6}$$

wobei z.B. $u'^A[p^*(\theta)]$ für den Grenznutzen des Sachwalters steht, wenn sein Honorar den Wert $p^*(\theta)$ annimmt.

Die Auflösung dieser Bedingung ergibt nach Division durch $f(\theta|a)$

$$\frac{u'^P[\theta - p^*(\theta)]}{u'^A[p^*(\theta)]} = \lambda + \mu \cdot \frac{\dfrac{\partial f(\theta|a^*)}{\partial a}}{f(\theta|a^*)} = \lambda + \mu \cdot E$$
$$\text{mit } E := \frac{\dfrac{\partial f(\theta|a^*)}{\partial a}}{f(\theta|a^*)} \tag{8.7}$$

Diese Bedingung läßt sich wie folgt interpretieren: Auf der linken Seite steht die **optimale Aufteilung des Vorteils** aus der Transaktion zwischen Auftragsgeber P und Sachwalter A, ausgedrückt in subjektiven Grenznutzeneinheiten. Je höher der Grenznutzen des Vertragspartners, desto kleiner sein Anteil auf Grund des abnehmenden Grenznutzens infolge Risikoaversion. Je größer also der Wert des Bruches auf der linken Seite der Gleichung (8.7), desto kleiner der "Nettogewinn" des Auftraggebers im Vergleich zum Honorar des Sachwalters.

Auf der rechten Seite der Bedingung (8.7) erscheinen die **objektiven Bestimmungsgründe** der optimalen Aufteilung. Der erste Summand widerspiegelt die Alternativkosten des Auftraggebers für den Fall, daß ein Vertrag nicht zustandekommt. Der Multiplikator des zweiten Summanden gibt die Konsequenzen für den Auftraggeber an, wenn die Anreizkompatibilität nicht gegeben ist. Je größer der Wert dieses Multiplikators, desto stärker fällt bei der Honorierung des Sachwalters die Anreizkomponente ins Gewicht. Dieser letzte Faktor auf der rechten Seite der Gleichung (8.7) kann die Form eines Zuschlags für gute Leistung oder eines Abzugs für schlechte Leistung annehmen (vgl. Abb. 8-2):

- Befindet sich das Ergebnis θ in der Umgebung von θ_k, so geht die Wahrscheinlichkeit eines so ungünstigen Ergebnisses mit zunehmender Intensität der Bemühungen auf Seiten des Sachwalters zurück: $f(\theta|a_1)$ hat einen geringeren Wert als $f(\theta|a_0)$, mit $a_1 > a_0$, oder in infinitesimalen Größen: $\partial f(\theta|a)/\partial a < 0$. Die Honorierung des Sachwalters erfährt einen **Abzug für schlechte Leistung**.

- Befindet sich das Ergebnis in der Umgebung des hohen Wertes θ_g, so steigt die Wahrscheinlichkeit eines so günstigen Ergebnisses mit zunehmender Intensität der Bemühungen auf Seiten des Sachwalters an: $f(\theta|a_1)$ hat einen höheren Wert als $f(\theta|a_0)$, und es gilt $\partial f(\theta|a)/\partial a > 0$. Das Honorar des Sachwalters erfährt einen **Zuschlag für gute Leistung**.

Die optimale Aufteilungsregel läßt sich wie folgt veranschaulichen. In der Abbildung 8-3 entspricht die Distanz zwischen 0^P und θ einem bestimmten Behandlungsergebnis θ, falls sie vom Ursprung des Patienten gemessen wird, und die Distanz zwischen 0^A und θ, falls sie vom Ursprung des Arztes her gemessen wird. Infolge von Risikoaversion $(u''^P < 0)$ sinkt der Grenznutzen des Patienten u'^P von links nach rechts, d.h. mit zunehmendem Wert von $p(\theta)$. Einfachheitshalber soll diese Kurve linear verlaufen. Analog geht auf Seiten des Arztes u'^A mit zunehmender Entfernung vom Ursprung 0^A [d.h. mit wachsendem Honorar $\theta - p(\theta)$] zurück. Das Verhältnis der beiden Grenznutzen u'^P/u'^A wird durch die von Punkt S ausgehende, absinkende Kurve dargestellt. Die linke Seite der Bedingung (8.7) sinkt also mit steigendem Wert von $p(\theta)$.

Die rechte Seite der Bedingung (8.7) gibt den Wert von $\lambda + \mu \cdot E$ für ein gegebenes θ an. Da keines der drei Elemente von $p(\theta)$ abhängt, entspricht diese Bedingung einer horizontalen Geraden. Die beiden Kurven u'^P/u'^A und $\lambda + \mu \cdot E$ schneiden sich im Punkt R^*; dort ist also die Optimalitätsbedingung (8.7) erfüllt. Der Punkt Q^* auf der horizontalen Achse der Abbildung 8-3 gibt entsprechend die optimale Aufteilung des Vorteils aus der Transaktion auf das Honorar des Arztes [$\theta - p^*(\theta)$] und des Patienten [$p^*(\theta)$] an.

Um die optimalen Funktionen $\theta - p^*(\theta)$ und $p^*(\theta)$ herzuleiten, muß dasselbe Vorgehen für weitere Behandlungsergebnisse θ wiederholt werden (vgl. Abbildung 8 - 4).

Wenn das neue Behandlungsergebnis $\tilde{\theta}$ ungünstiger ausfällt, verkürzt sich die Distanz zwischen dem Ursprung 0^P und θ. Entsprechend verschiebt sich der Ursprung des Arztes von 0^A auf $\tilde{0}^A$, und mit ihm die Grenznutzenfunktion u'^A auf $\tilde{u}'^A$. Dies hat eine Verschiebung der Kurve u'^P/u'^A nach unten zur Folge. Insofern schließlich E mit θ variiert (was Anlaß zu einem Zuschlag für ausgezeichnete und einem Abschlag für schlechte Ergebnisse wäre, s.o.), wandert auch die Gerade $\lambda + \mu \cdot E$ etwas nach unten, auf

Abb. 8-3: Herleitung des optimalen Honorars für einen gegebenen Wert von θ

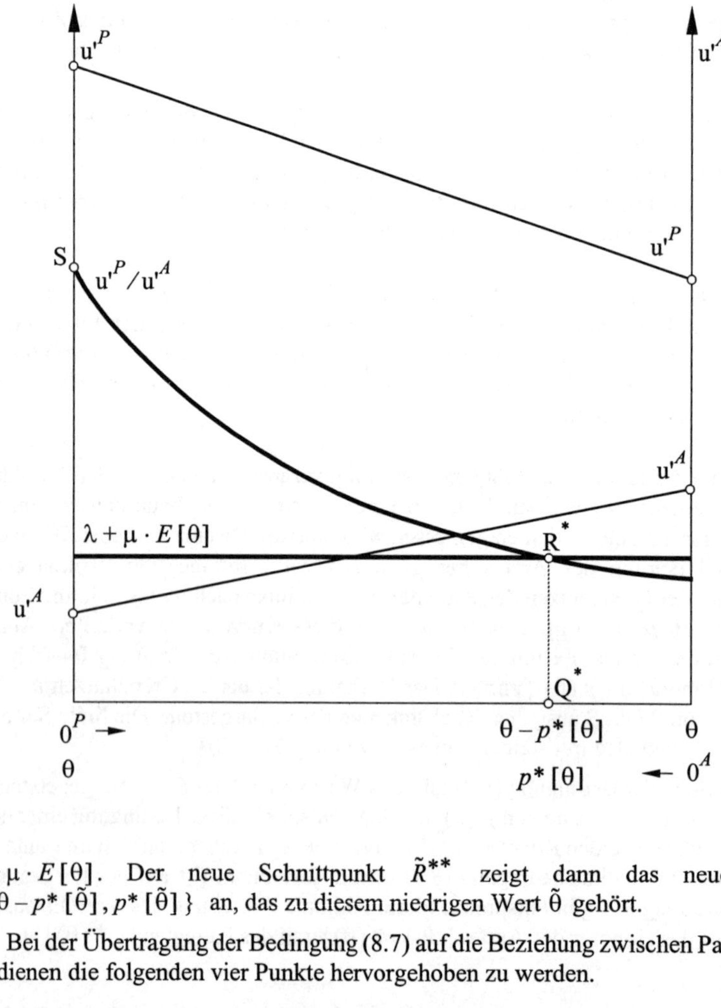

$\lambda + \mu \cdot E[\theta]$. Der neue Schnittpunkt $\tilde{R}^{**}$ zeigt dann das neue Wertepaar $\{\{\theta - p^* [\tilde{\theta}], p^* [\tilde{\theta}]\}$ an, das zu diesem niedrigen Wert $\tilde{\theta}$ gehört.

Bei der Übertragung der Bedingung (8.7) auf die Beziehung zwischen Patient und Arzt verdienen die folgenden vier Punkte hervorgehoben zu werden.

1. ***Abhängigkeit der Vertragsgestaltung von der Dringlichkeit des Abschlußes:*** Die Aufteilung der Vorteile aus der Transaktion hängt wesentlich von der Höhe von λ ab. Je größer λ, desto höher muß gemäß der Bedingung (8.7) der Grenznutzen des Patienten an der Stelle $[\theta - p^*(\theta)]$ sein, desto kleiner also ceteris paribus der Wert von $[\theta - p^*(\theta)]$ selbst (wegen $u''^P < 0$). In der Abbildung 8-5 verschiebt sich die Gerade $\lambda + \mu \cdot E$ nach oben, während der Ursprung 0^P unverändert bleibt. Der Schnittpunkt verschiebt sich entsprechend von R^* nach links oben auf der unveränderten u'^P / u'^A Kurve (neuer Schnittpunkt nicht markiert). Ein großer Wert von λ heißt aber nichts anderes, als daß der Patient sehr auf den Arzt angewiesen ist: Würde die Bedingung

Abb. 8-4: Herleitung der optimalen Honorierungsfunktion

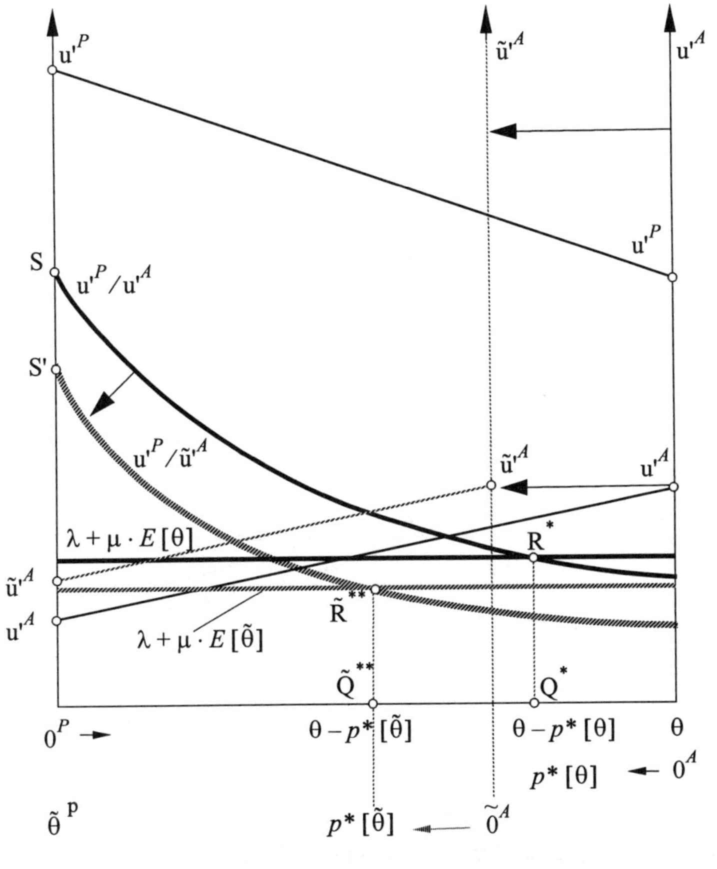

(8.2) durch eine exogene Zunahme des sog. Reservations-Nutzenniveaus $\bar{u}^A$ des Arztes verschärft, käme der Vertrag nicht zustande, und je größer λ, desto mehr geht dadurch der erreichte Wert des Zielfunktionals (8.1) zurück. Eine Situation mit sehr hohem λ liegt vor, wenn das **Überleben des Patienten** von einem raschen Vertragsabschluß abhängt. Der Patient wäre dann im Extremfall bereit, dem Arzt den gesamten mit den Überleben verbundenen Vorteil (d.h. sein zukünftiges Einkommen) als Honorar anzubieten.

2. ***Erfolgsabhängige Komponente des Arzthonorars:*** Je entscheidender die Bemühungen des Arztes für die Wahrscheinlichkeit eines günstigen Ergebnisses [d.h. je größer der Absolutwert von $\partial f(\theta|a) / \partial a$], desto größer müßte die erfolgsabhängige Komponente seines Honorars sein. In dieser an sich einleuchtenden Konsequenz der Bedingung (8.7) liegt die **besondere Problematik** der Arzt-Patienten-Beziehung, ist doch der Patient mangels einer genügenden Zahl von Beobachtungen selten in der

Abb. 8-5: Abhängigkeit der Vertragsbedingungen von Dringlichkeit und Gesundheitszustand

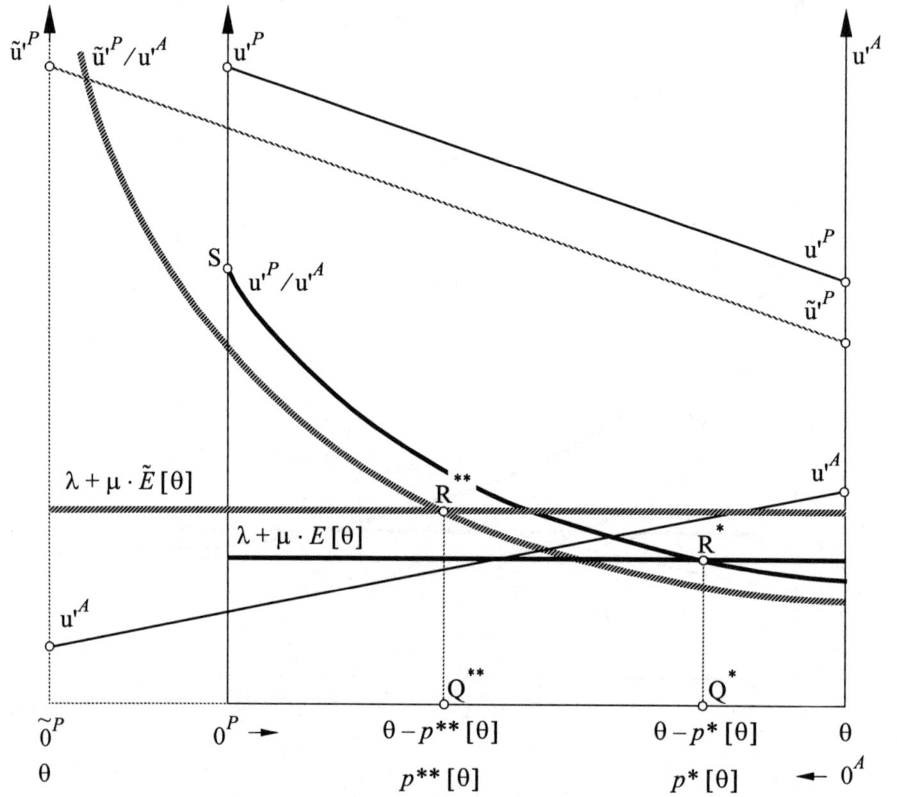

Lage, diesen Parameter abzuschätzen. Klauseln, die einen Abzug für den Mißerfolg ärztlicher Bemühungen vorsehen (d.h. wenn das Ergebnis in der Umgebung von θ_k in der Abbildung 8-2 liegt), sind aus diesem Grunde selten. Als Ersatz für eine solche Klausel könnte grundsätzlich die **Haftpflicht des Arztes** dienen, doch die geringe Zahl von Haftpflichtprozessen mit erfolgreichem Ausgang für den Patienten deutet darauf hin, daß auch die Gerichte Schwierigkeiten haben, $\partial f(\theta|a)/\partial a$ genügend genau abzuschätzen. Sind sie jedoch nicht in der Lage, diesen Parameter von Null zu unterscheiden, fällt gemäß Gleichung (8.7) eine Beteiligung des Arztes am (Miß-)Erfolg seiner Bemühungen dahin.

3. ***Grundsätzliche Problematik der erfolgsabhängigen Honorierung:*** Grundsätzlich ist nicht zwingend, daß $p^*(\theta)$ monoton mit θ ansteigt. Aus der Sicht des Patienten könnte es von Vorteil sein, nur sehr gute Ergebnisse besonders zu honorieren, mittelmäßige Resultate hingegen, die auch bei sehr niedrigen Werten von a erreicht werden, mit einem Fixum zu vergüten. Wenn allerdings beide Nutzenfunktionen konkav von unten sind (d.h. Risikoaversion aufweisen) und wenn E auf der rechten Seite der Gleichung

(8.7) eine monoton zunehmende Funktion in θ darstellt, dann verläuft $p^*(\theta)$ strikt zunehmend [vgl. *Holmström (1979)*]. Da sowohl Arzt als auch Patient vermutlich von Risikoaversion geprägt sind, hängt die Wahl der Honorierungsfunktion vom Vorzeichen von $\partial E / \partial\theta$ ab. Die Bestimmung dieses Vorzeichens (und damit die Wahl der optimalen Honorierungsfunktion) dürfte jedoch an der Schwierigkeit des Patienten scheitern, sowohl die Verteilung der möglichen Gesundheitszustände in Abhängigkeit von den Bemühungen des Arztes $f(\theta|a)$ als auch die Verbesserung der Genesungschancen dank dieser Bemühungen $\partial f(\theta|a) / \partial a$ abzuschätzen.

4. **Abhängigkeit der Vertragsgestaltung vom Gesundheitszustand:** Falls der Patient vor dem Vertragsabschluß einen ungünstigen Gesundheitszustand aufweist, bedenkt ein gegebenes Behandlungsergebnis θ für ihn eine größere Verbesserung. In der Abbildung 8-5 ist der ungünstigere Ausgangspunkt durch einen neuen (vorgestellten) Ursprung $\tilde{0}^P$ dargestellt. Somit verschiebt sich auch die Grenznutzenfunktion u'^P nach links und wird zu $\tilde{u}'^P$, und die Kurve u'^P / u'^A wandert nach unten ($\tilde{u}'^P / \tilde{u}'^A$). Der ungünstigere Ausgangspunkt läßt aber auch die Werte von λ und μ ansteigen, weil nunmehr Verletzungen der Teilnahme- und Anreizkompatibilitätsbedingungen schwerer ins Gewicht fallen. Falls also $E > 0$ in $\lambda + \mu \cdot E$, verschiebt sich die dazugehörige Gerade nach oben. Der neue Schnittpunkt liegt somit bei R^{**}, zur linken von R^*. Der zur Verfügung stehende Vorteil aus der Transaktion mit dem Arzt ist jedoch nach wie vor θ, der (in Geld ausgedrückte) erreichte Gesundheitszustand. Dann aber zeigt R^{**} eindeutig einen im Vergleich zu R^* höheren Anteil zugunsten des Arztes an, der im Extremfall zum Löwenanteil wird.

Diese Erkenntnisse lassen sich zusammenfassen in der

Folgerung 8.1: Ein Auftraggeber mit einem Informationsdefizit gegenüber seinem Sachwalter wird einen Vertrag abschließen, der die Aufteilung der Vorteile aus der Transaktion von vornherein festlegt. Dabei fallen die Bedingungen umso mehr zugunsten des Sachwalters aus, je mehr der Auftraggeber auf das Zustandekommen des Vertrags angewiesen ist. Die optimale Honorierung enthält auch eine erfolgsabhängige Komponente, die um so ausgeprägter sein müßte, je größer der Einfluß des Sachwalters auf die Wahrscheinlichkeit eines günstigen Ergebnisses ist. Im Gesundheitswesen geht das Informationsdefizit des Patienten jedoch soweit, daß eine optimale Wahl des Vertrags mit dem behandelnden Arzt nur schwer zustandekommen dürfte.

8.3 Ergänzende Sachwalterbeziehungen im Gesundheitswesen

Wie die Ausführungen zur Optimalitätsbedingung (8.7) gezeigt haben, spielen Parameter wie $\bar{u}^A$ (Reservations-Nutzenniveau des Sachwalters), u'^A (Grenznutzen des Vermögens des Sachwalters) und $\partial f(\theta|a) / \partial a$ (Einfluß des Sachwalters auf die möglichen Ergebnisse) für die optimale Vertragsgestaltung eine wichtige Rolle. Gerade diese Parameter **kann ein Patient kaum abschätzen**, wenn er die Honorierung des Arztes festlegen sollte. Er wird deshalb dazu neigen, ergänzende Sachwalter einzuschalten, die für ihn eine günstige Honorierungsfunktion $p^*(\theta)$ aushandeln. Dafür kommen wegen der hohen Transaktionskosten, die bei der Ausarbeitung von Sachwalterverträgen anfallen, vor allem Partner in bereits bestehenden Vertragsbeziehungen in Frage. Zu denken ist hier vor allem an den Arbeitgeber, den Krankenversicherer, aber auch an einen politischen Interessenvertreter, wenn auch die Beziehung zwischen Stimmbürger und Politiker höchstens mit einem impliziten, ungeschriebenen Vertrag verglichen werden kann.

8.3.1 Der Arbeitgeber als ergänzender Sachwalter

Arbeitgeber haben große Erfahrungen mit dem im Abschnitt 8.2 beschriebenen Sachwalterproblem. Aus ihrer Sicht ist der Beschäftigte der Beauftragte, der mit seinen im einzelnen nicht überwachbaren Aktivitäten zum Betriebsergebnis beiträgt. Da ein günstiges Ergebnis aber auch durch zufällige Einflüsse (Wetter, Ausfall eines Konkurrenten, staatliche Maßnahmen) zustandekommen kann, muß ein Entlohnungssystem gefunden werden, das **anreizkompatibel** ist, d.h. die Tendenz zum moralischen Risiko auf Seiten des Beschäftigten bereits in seiner Ausgestaltung berücksichtigt. Die Lösung dieses Problems bedingt gemäß Gleichung (8.7) insbesondere eine zuverlässige Schätzung von $\partial f(\theta|a)/\partial a$, des Einflusses des Beschäftigten auf die Verteilung möglicher Betriebsergebnisse (mit θ als Betriebsergebnis statt erreichtem Gesundheitszustand). Der Arbeitgeber könnte nun sein bei der Mitarbeiterbewertung erworbenes Wissen dazu verwenden, für seine Beschäftigten Verträge mit Ärzten und anderen Leistungsanbietern im Gesundheitswesen abzuschließen. Auf diese Weise ist in den USA die erste sog. **Health Maintenance Organization** entstanden (vgl. dazu Abschnitt 8.4).

Allerdings werden die Beschäftigten eines Unternehmens gegenüber einer Auswahl von Vertragsärzten und -krankenhäusern durch den Arbeitgeber gewisse Vorbehalte haben. In den Verhandlungen über Lohnhöhe und Beschäftigung haben zumindest risikoscheue Beschäftigte ein Interesse daran, Schwankungen ihrer Grenzproduktivität zu verheimlichen, um z.B. ihre Weiterbeschäftigung nicht zu gefährden. Weil solche Schwankungen viel mit dem Gesundheitszustand zu tun haben, kann der Arbeitgeber seinen Informationsstand durch eine Befragung der Ärzte verbessern. Dem steht an sich das ärztliche Berufsgeheimnis entgegen, doch je mehr die Vertragsärzte und -krankenhäuser vom Arbeitgeber abhängen, desto eher müssen auch sie als dessen Beauftragte auf seine Wünsche eingehen.

Dies folgt einmal mehr aus der Bedingung (8.7), wenn man sie als Regel für die Aufteilung der Transaktionsvorteile **zwischen Arbeitgeber und Leistungsanbietern** im Gesundheitswesen interpretiert. Der Auftraggeber (P) wird dann mit dem Arbeitgeber gleichgesetzt, der Sachwalter (A) mit dem Arzt, der für die Gesundheitsversorgung der Beschäftigten zuständig ist. Der Vorteil aus der Transaktion besteht für den Arbeitgeber aus der erhöhten Produktivität dank verbesserter Gesundheit der Beschäftigten zuzüglich der genaueren Information über die Grenzproduktivität dank der Hinweise des Arztes. Hier ist das Grenznutzenverhältnis u'^P/u'^A im Vergleich zur Situation mit den einzelnen Patienten als Auftraggeber niedrig, weil eine marginale Zunahme des Nettoergebnisses aus dieser Vertragsbeziehung für den Arbeitgeber von untergeordneter Bedeutung ist. Der Arbeitgeber wird deshalb den Ärzten einen Vertrag vorschlagen können, der die oben angesprochenen Informationsflüsse zu seinen Gunsten regelt. Diese Überlegungen münden in die

Folgerung 8.2: Die Arbeitgeber könnten zwar als ergänzende Sachwalter die Vertragsbeziehungen mit den Anbietern im Gesundheitswesen im Interesse ihrer Beschäftigten gestalten, weil sie sich aber dadurch auch einen Informationsvorteil bei Lohnverhandlungen verschaffen würden, kommt es in der Gesundheitsversorgung nur in Ausnahmefällen zu dieser Lösung.

Diese Schlußfolgerung ist dafür ausschlaggebend, daß die Arbeitgeber in der Übersicht 8-1 über die Kombinationen von Sachwalterbeziehungen gar nicht aufgeführt sind. In bestimmten Situationen (abgelegene Baustellen, ausgedehnte Werkareale, Schichtbetrieb) kann allerdings die Einsparung von Transaktionskosten so groß werden, daß der Arbeitgeber doch die medizinische Versorgung, insbesondere durch Werkärzte, übernimmt. In aller Regel beschränkt sich aber seine Rolle auf das Bereitstellen eines Krankenversicherungsangebots, z.B. in Form der Betriebskrankenkassen in Deutschland, in der Schweiz und auch in den USA (wo die größeren Arbeitgeber dazu gesetzlich verpflichtet sind). In die Honorarverhandlungen mit den Leistungsanbietern im Gesundheitswesen haben die Arbeitgeber nicht eingegriffen, mit Ausnahme der sog. **Preferred Provider Organizations** in den USA. Hier schließen Unternehmer mit Gruppen von Ärzten und Krankenhäusern Präferenzverträge ab und handeln dabei einen Preisnachlaß auf die ortsüblichen Tarife heraus. In den Symbolen der Bedingung (8.7) ausgedrückt, bemühen sie sich nicht so sehr um eine Schätzung von $\partial f(\theta|a)/\partial a$, sondern versuchen, ihren Grenznutzen u'^{P} herunterzuspielen und so ihren Anteil am Vorteil aus der Vertragsbeziehung zu steigern.

8.3.2 Der Staat als ergänzender Sachwalter

In Demokratien haben die Stimmbürger die Möglichkeit, markt- und verhandlungsgesteuerte Allokationsmechanismen durch staatlich gesteuerte zu ersetzen, sei es unmittelbar durch eine Volksinitiative wie in manchen Bundesstaaten der USA und in der Schweiz, sei es mittelbar durch die Wahl einer Regierung, die verspricht, eine "Gesundheitsversorgung für alle Bürger" einzurichten. Dies kann auf zwei Arten geschehen: (1) **Der Staat organisiert die Versorgung** mit medizinischen Leistungen unmittelbar selbst, wie beispielsweise in den Ländern des ehemaligen Ostblocks und im Falle der nationalen Gesundheitsdienste Großbritanniens und Italiens, oder (2) Der Staat tritt als monopolistischer nationaler **Krankenversicherer** auf, wie im Falle Kanadas.

8.3.2.1 Staatliche Gesundheitsversorgung

Staatliche Instanzen übernehmen hier die Funktion des Auftraggebers und nehmen Ärzte und Krankenhäuser unter Vertrag. Die Variablen der Optimalbedingung (8.7) lassen sich in diesem Falle auf zwei Arten interpretieren:

1. Die staatlichen Instanzen haben ein bestimmtes Budget in Höhe von θ, das grundsätzlich **für Gesundheitszwecke reserviert** ist, zur Verfügung und honorieren daraus nach Maßgabe eines Vergütungssystems $p(\theta)$ Ärzte und Krankenhäuser für ihre Leistungen. Bleibt vom Budgetbetrag etwas übrig, so können die Mittel andern

Verwendungszwecken zugeführt werden, die für die Regierung oder die Bürokratie von Nutzen sind [vgl. *Diener (1990)* für eine ähnliche Interpretation].

2. Die Regierung setzt θ dem **gesamten** öffentlichen Budget gleich und versucht, die Anreize der Leistungsanbieter im Gesundheitswesen so zu gestalten, daß sie mit ihrer Tätigkeit zu einer verbesserten Erwerbsfähigkeit der Bevölkerung beitragen. Dadurch nehmen das Sozialprodukt und die Steuereinnahmen zu, so daß nach Entlohnung der Anbieter im Gesundheitswesen ein Überschuß resultiert (dies würde den in Abschnitt 1.2 entwickelten Modellvorstellungen entsprechen).

Staatliche Instanzen könnten beiden Interpretationen zufolge als ergänzende Sachwalter im Gesundheitswesen wirken, indem sie Einsparungen im Gesundheitswesen durchsetzen, die sie dann in Form einer reduzierten Steuerbelastung oder zusätzlicher anderer öffentlicher Güter an den Stimmbürger weitergeben. Ob diese Weitergabe tatsächlich stattfindet, hängt wie auf den Märkten von der **Intensität des Wettbewerbs** ab, hier also von der Konkurrenz der Parteien um Stimmen. Die Tatsache, daß in Großbritannien die Gesundheitsaufwendungen seit Jahren nur etwa 6% des Bruttoinlandsprodukts ausmachen, was weit unter dem Wert vergleichbarer Industrieländer liegt (vgl. Tabelle 1.1 im Abschnitt 1.1), ist noch keine hinreichende Bedingung für eine Entlastung des Steuerzahlers; möglicherweise fließen die eingesparten Mittel in andere Sparten der öffentlichen Verwaltung.

Der Staat als ergänzender Sachwalter der Individuen scheint auf den ersten Blick die Machtmittel in der Hand zu haben, um die Gestaltung der Verträge im Gesundheitswesen nach seinem Belieben zu beeinflussen:

- Insoweit Beschäftigte im Gesundheitswesen unmittelbar vom Staat abhängig sind, können sie zu einem bestimmten Aktivitätsniveau a **gezwungen** werden. Dies würde die Nebenbedingung (8.4) außer Kraft setzen, und der dazugehörige Lagrange-Multiplikator in der Optimalbedingung wäre $\mu = 0$. Das Grenznutzenverhältnis u'^{P}/u'^{A} auf der linken Seite der Gleichung (8.7), geht damit zurück, was nur möglich ist, wenn der Auftraggeber P (hier: der Staat) einen größeren Anteil aus den Vorteilen des Vertrags erhält.

- Auch die Teilnahmebedingung (8.2) kann vom Staat manipuliert werden, indem er das **Reservations-Nutzenniveau** $\bar{u}^{A}$ des Sachwalters senkt. Für die Ärzte kann z.B. die Tätigkeit außerhalb des staatlichen Gesundheitsdienstes durch Auflagen **unattraktiv** gemacht werden. Im Extremfall würde in der Gleichung (8.7) $\lambda = 0$ gelten, verbunden wiederum mit einem geringeren Wert von u'^{P}/u'^{A} und damit einem größeren Anteil an den Vertragsvorteilen für den Staat als Auftraggeber.

Solche Zwangsmaßnahmen können sich aber längerfristig als kontraproduktiv erweisen. Innerhalb der Volkswirtschaft steht das Gesundheitswesen mit anderen Branchen im Wettbewerb um Ressourcen, insbesondere Arbeitskräfte. Weichen Lohnhöhe und -struktur allzu sehr von den Verhältnissen in anderen Bereichen der Wirtschaft ab, kann das Gesundheitswesen seine Beschäftigten nicht halten. Darüber hinaus spielt auch der internationale Wettbewerb eine wichtige Rolle, können doch gerade Ärzte ihre Fähigkeiten leicht in einem anderen Land einsetzen.

Sobald staatliche Instanzen aus diesen Gründen vom Einsatz solcher Machtmittel Abstand nehmen müssen, befinden sie sich in einer vergleichbaren Lage wie die Arbeitgeber. Aus der Sicht des Individuums fallen dann aber zwei **Nachteile** dieses ergänzenden Sachwalters ins Gewicht:

- Anders als private stehen öffentliche Arbeitgeber unter keinem Wettbewerbsdruck, der sie dazu anhält, die Entlohnung des Sachwalters möglichst an dessen "Grenzproduktivität" $\partial f(\theta|a)/\partial a$ anzupassen und damit auch einen **Anreiz für besonders weitgehende Bemühungen** zugunsten des Patienten zu setzen. Das zentrale Problem des Individuums, über keine zuverlässige Schätzung dieses Parameters zu verfügen, wird vom staatlichen Sachwalter somit auch nicht gelöst.

- Der von der Parteienkonkurrenz ausgehende Wettbewerbsdruck ist in der Regel schwächer als der vom Arbeitsmarkt auf die Arbeitgeber wirkende. Die von der Regierung erzielten Einsparungen werden deshalb mit **geringerer Wahrscheinlichkeit an die Stimmbürger weitergegeben** als die vom Arbeitgeber erzielten an die Beschäftigten.

8.3.2.2 Nationale Krankenversicherung

Eine nationale Krankenversicherung stellt eine Zwischenlösung zwischen der staatlichen Gesundheitsversorgung und der im nachstehenden Teilabschnitt 8.3.3 untersuchten Einschaltung des privaten Krankenversicherers als eines ergänzenden Sachwalters dar. Da die nationale Krankenversicherung im Notfall auf die Machtmittel des Staates zurückgreifen kann, wird sie ebenfalls versuchen, die Verträge zu ihren Gunsten zu gestalten, z.B. durch eine Erschwerung ärztlicher Tätigkeit außerhalb des Systems. Dies würde den Wert von λ in der Optimumbedingung (8.7) senken. Immerhin haben in Kanada die Ärzte der Provinzen Alberta und Ontario das Recht behalten, ihren Patienten nach Gutdünken Rechnung zu stellen, wobei die nationale Krankenversicherung die Patienten mit einem vergleichsweise niedrigen Betrag entschädigt. Dies führt zu einer Kostenbeteiligung jener Versicherten, die ihren Arzt frei wählen wollen, etwa in der Art des im Abschnitt 6.2 beschriebenen Indemnitätstarifs [vgl. *Evans (1984)*, S. 333-335]. Im übrigen wird sich eine nationale Krankenversicherung als ergänzender Sachwalter ähnlich verhalten wie eine private, falls sie Kostendeckung erzielen muß, mit dem schwerwiegenden **Unterschied**, daß der mangelnde Wettbewerb sie nicht dazu zwingt, erzielte Vorteile aus der Vertragsgestaltung an die Versicherten weiterzugeben.

8.3.3 Der private Krankenversicherer als ergänzender Sachwalter

Die Möglichkeit, den Krankenversicherer als ergänzenden Sachwalter gegenüber dem Arzt und ganz allgemein gegenüber den Anbietern im Gesundheitswesen einzusetzen, erscheint als naheliegende Alternative. Im Unterschied zum Arbeitgeber erhält der Krankenversicherer durch das Aushandeln von Tarifen keine zusätzlichen Daten über den Versicherten, die er dann zu seinem Vorteil verwenden könnte. Anders als eine staatliche Instanz oder eine nationale Krankenversicherung steht der private Krankenversicherer unter Wettbewerbsdruck, was die Weitergabe erzielter Vorteile an die Versicherten begünstigt.

Der Begriff "privater Krankenversicherer" ist hier nicht eng zu verstehen; entscheidend ist, daß Verträge mit **unterschiedlichen Honorierungssystemen** angeboten werden, so daß der Versicherte mittelbar zwischen Honorierungssystemen für die Leistungsanbieter wählen kann. Grundsätzlich könnte man sich auch eine nationale Krankenversicherung vorstellen, die eine Wahl zwischen Vertragstypen zuläßt, wobei allerdings sichergestellt werden müßte, daß keine Quersubventionen entstehen, d.h. daß jeder Vertragstyp seine Kosten deckt.

8.3.3.1 Herleitung der optimalen Honorierungsfunktion

Im folgenden wird ein Modell von *Selden (1990)* vorgestellt, das zeigt, von welcher Art eine Honorierungsfunktion *p(M)* beschaffen sein müßte, wenn ein dem Wettbewerb ausgesetzter Krankenversicherer tatsächlich die Interessen des Versicherten gegenüber Ärzten und Krankenhäusern optimal wahrnimmt. Die Zielfunktion des Individuums sei additiv separabel in eine Komponente $B\{.\}$, die das Interesse an guter Gesundheit angibt und einen Teil $V\{.\}$, der Einkommens- bzw. Konsuminteressen spiegelt (vgl. auch Tabelle 8.2):

$$\underset{p(M)}{Max} \int_h [B\{G(M^*, h)\} + V\{\bar{y} - b(M^*)\}]\, f(h)\, dh\,. \tag{8.8}$$

Die Analogie zum Zielfunktional (8.1) liegt auf der Hand: Dem nicht beobachtbaren Aktivitätsniveau *a* des Sachwalters entspricht hier die ärztliche Leistung *M*, die vom Arzt auf Grund dessen Optimierungskalkül auf den Umfang M^* festgelegt wird. Der Versicherte ist an sich an einem hohen Wert von M^* interessiert, muß dafür aber in Kauf nehmen, daß dann für Konsumgüter nicht mehr so viele Mittel übrigbleiben. Seine Optimierung erfolgt hier allerdings nicht wie in Gleichung (8.1) über die Menge der erreichbaren Zustände **nach** dem Einsatz des Sachwalters (θ), sondern der möglichen Gesundheitszustände **vor** Tätigwerden des Arztes (*h*). Damit schließlich ein Versicherungsvertrag seine Funktion erfüllt, muß die Beitrags- bzw. Prämienfunktion *b(M)* vor Eintritt einer Krankheit bzw. unabhängig vom Gesundheitszustand *h* festgelegt sein.

Die erste Restriktion (8.9) sichert die **Anreizkompatibilität**. Da der Versicherte die Leistung des Arztes *M* nicht beobachten kann, muß er es dem Arzt überlassen, M^* nach seinem Gutdünken festzulegen. Im Unterschied zur Restriktion (8.3) soll jener aber in seiner Zielfunktion nicht nur das eigene Nettoeinkommen $\Pi(M)$, sondern auch den Nutzen des Patienten berücksichtigen:

$$M^*(h) = \underset{M}{Argmax}\,[\Pi(M) + \alpha \cdot B\{G(M,h)\} + \delta \cdot V\{\bar{y} - b(M)\}]\,. \tag{8.9}$$

Ein Arzt mit $\alpha > 0$ ist von der ärztlichen Berufsethik beeinflußt, indem er den Heilungserfolg aus der Sicht des Patienten zu einem Argument seiner eigenen Nutzenfunktion macht. Ist auch $\delta > 0$, so bedenkt der Arzt bei seinem Behandlungsentscheid darüber hinaus die finanziellen Konsequenzen für den Patienten.

Tab. 8.2: Anwendung des Sachwaltermodells auf den privaten Krankenversicherer

$\underset{p(M)}{Max} \int_h [B\{G(M^*, h)\} + V\{\bar{y} - b(M^*)\}]\, f(h)\, dh$	Zielfunktion des Versicherten	(8.8)
$M^* = \underset{M}{Argmax}\,[\Pi\,(M) + \alpha \cdot B\{G(M, h)\} + \delta \cdot V\{\bar{y} - b(M)\}]$	Bedingung der Anreizkompatibilität für Leistungsanbieter	(8.9)
$\Pi(M) = C + p(M) - w \cdot M,\quad p[0] = 0$	Nettoeinkommens-Funktion der Leistungsanbieter	(8.10)
$\int_h [\Pi\{M^*(h)\}] f(h)\, dh = 0$	Teilnahmebedingungfür die Leistungsanbieter	(8.11)
$\int_h [C + p\{M^*(h)\} - b\{M^*(h)\}] f(h)\, dh = 0$	Teilnahmebedingungfür den Versicherer	(8.12)
B:	Nutzen der Gesundheit	
G:	Erreichter Gesundheitszustand, abhängig von medizinischen Leistungen	
M^*:	Medizinische Leistungen, festgelegt durch den Arzt auf den Wert M^*	
h:	Gesundheitszustand vor Behandlung, mit Dichtefunktion $f(h)$	
V:	Nutzen des Nettoeinkommens, das für Konsumgüter zur Verfügung steht	
$\bar{y}$:	Einkommen des Versicherten, exogen festgelegt	
$b(M)$:	Versicherungsbeitrag und sonstige Aufwendungen, die im Zusammenhang mit der Inanspruchnahme von M anfallen, "Prämienfunktion"	
$\Pi(M)$:	Nettoeinkommen des Arztes	
α, δ:	Gewichtungsfaktoren des Nutzens des Patienten, $0 \leq (\alpha, \delta) \leq 1$	
C:	Dem Arzt vergütetes Fixum je Versicherten	
$p(M)$:	Honorartarif, zu optimierende Funktion	
w:	Stückkosten der Leistung für den Arzt	

Das **Nettoeinkommen des Arztes** ist gegeben durch ein mögliches Fixum C (englisch: capitation) sowie einem Honorar gemäß Honorierungsfunktion $p(M)$, abzüglich des Aufwandes für die Erstellung der Leistung, $w \cdot M$:

$$\Pi(M) = C + p(M) - w \cdot M, \qquad \text{mit} \quad p[0] = 0 . \tag{8.10}$$

Grundsätzlich ist unter M ein Vektor zu verstehen, der nicht nur die Leistungen des Arztes, sondern auch seines Personals und der Hilfsmittel mit umfaßt. Einfachheitshalber soll aber dieser Vektor nur gerade aus einem Element bestehen.

Das Modell wird geschlossen durch zwei Bedingungen, welche die Teilnahme am System gewährleisten. Für den Arzt gilt, daß sein Nettoeinkommen (nach Verrechnung eines Lohnsatzes für die eigene Arbeitszeit) im Erwartungswert nicht negativ, unter Wettbewerbsbedingungen genau gleich Null ist:

$$\int_h [\Pi\{M^*(h)\}] f(h)\, dh = 0 . \tag{8.11}$$

Eine zweite Bedingung betrifft die **Versicherung**:

$$\int_h [C + p\{M^*(h)\} - b\{M^*(h)\}] f(h)\, dh = 0 . \tag{8.12}$$

Auch die Versicherung muß mindestens auf ihre Kosten kommen. Bei vollständiger Konkurrenz sind keine Nettogewinne möglich; die verlangten Prämien $b(M^*)$ decken gerade die Kosten, die durch das Fixum C und die Honorierung der ärztlichen Leistungen nach Maßgabe der Funktion $p\{M^*(h)\}$ entstehen. Die Notation der Gleichung (8.12) soll verdeutlichen, daß der Arzt den Behandlungsumfang M^* in Abhängigkeit des Gesundheitszustands des Patienten h wählt, was sich sowohl in einer Honorierungsfunktion $p(M^*, h)$ wie auch in der Prämienfunktion $b(M^*, h)$ für den Versicherten widerspiegeln würde, wenn nicht der Krankenversicherer daraus eine **Honorierungsfunktion $p(M)$** und eine **Prämienfunktion $b(M)$** machen würde, die vom Gesundheitszustand des Versicherten **unabhängig** sind [vgl. die Gleichungen (8.8) und (8.10)].

Aus diesen Vorgaben lassen sich die Bausteine eines **optimalen Arrangements mit dem Versicherer** als Sachwalter des Patienten vergleichsweise einfach herleiten. Die Teilnahmebedingung für den Versicherer (8.12), der ja seine Prämie b unabhängig vom Gesundheitszustand h des Versicherten erheben soll[4], erfordert

$$b^*(M) = \int_h [C^* + p^*\{M^*(h)\}] f(h)\, dh . \tag{8.13}$$

4. Dabei ist zu berücksichtigen, daß $\int_h C^* f(h)\, dh = C^*$.

Was immer also die optimale Honorierungsfunktion sein mag, sie muß so beschaffen sein, daß die daraus entstehenden Aufwendungen und das Fixum durch die Prämieneinnahme im Erwartungswert gedeckt sind. Das **optimale Fixum** läßt sich seinerseits ermitteln, indem die Gleichung (8.10) unmittelbar in die Teilnahmebedingung des Arztes (8.11) eingesetzt und dann nach der Konstanten C^* aufgelöst wird:

$$C^* = \int_h [w \cdot M^*(h) - p^* \{M^*(h)\}] f(h)\, dh \,. \tag{8.14}$$

Das Fixum muß also die Diskrepanz zwischen den Kosten der Leistungserstellung für den Arzt und der Honorierung dieser Leistungen überbrücken, die sich im Erwartungswert, gebildet über alle möglichen Gesundheitszustände eines Versicherten, ergeben könnte.

Die Nebenbedingung (8.9) wird analog zur Gleichung (8.4) in eine notwendige Bedingung für ein **Optimum aus der Sicht des Arztes** umgeformt, wobei zu berücksichtigen ist, daß der Wert von $b^*(M)$ mit der Gleichung (8.13) bereits feststeht. Die Differenzierung der Gleichung (8.9) ergibt unter Verwendung der Gleichung (8.10)

$$\frac{\Pi}{M} + \alpha \cdot \frac{\partial B}{\partial G} \cdot \frac{\partial G}{\partial M} = \frac{\partial p^*(M)}{\partial M} - w + \alpha \cdot \frac{\partial B}{\partial G} \cdot \frac{\partial G}{\partial M} = 0 \tag{8.15}$$

Aus Gründen, die im Anhang ausgeführt werden, läßt sich die Ableitung von B nach M aus einem anderen, erstbesten Optimierungsproblem mit Lagrangemultiplikator $\tilde{\lambda}$ bestimmen (vgl. den Anhang zum Abschnitt 8.3), mit der Lösung

$$\frac{\partial B}{\partial G} \cdot \frac{\partial G}{\partial M} = \tilde{\lambda} w \,, \quad \text{mit} \quad \tilde{\lambda} \geq 0 \,. \tag{8.16}$$

Zusammen mit der Gleichung (8.10) ergibt sich aus (8.15)

$$\frac{\partial p^*(M)}{\partial M} - w + \alpha \cdot \tilde{\lambda} w = 0 \,. \tag{8.17}$$

Damit ist die **optimale Honorierung der vom Arzt erbrachten Leistung** M gegeben durch die Bedingung

$$\frac{\partial p^*(M)}{\partial M} = w(1 - \alpha\tilde{\lambda}) \,. \tag{8.18}$$

Die Integration nach M ergibt somit

$$p^*(M) = w \cdot M \cdot (1 - \alpha\tilde{\lambda}) \tag{8.19}$$

wobei die Integrationskonstante vernachlässigt wird. Sie entspricht dem Fixum C in der Gleichung (8.10), mit optimalem Wert C^* gemäß Gleichung (8.14).

8.3.3.2 Eigenschaften der optimalen Honorierungsfunktion

Die folgenden Eigenschaften der Honorierungsfunktion (8.19) verdienen es, hervorgehoben zu werden.

1. ***Kostenbeteiligung des Leistungsanbieters:*** Sobald $\alpha > 0$, sollte es nicht nur eine Kostenbeteiligung des Versicherten [nach Maßgabe der Gleichung (8.13)], sondern auch des Leistungsanbieters geben. Der Versicherer müßte also im Interesse des Patienten den Umstand ausnützen, daß Ärzte und Krankenhäuser ein Interesse am Behandlungserfolg und nicht nur am eigenen Nettoeinkommen haben. Diese berufsethisch ausgerichteten Anbieter müssen allerdings als solche identifiziert werden.

2. ***Höhe der optimalen Kostenbeteiligung:*** Die Gleichung (8.19) zeigt, daß hier der Versicherer vor beträchtliche Probleme gestellt ist. Zum einen muß er α, das Gewicht der Berufsethik in den Behandlungsentscheidungen des Arztes bzw. des Krankenhauses, richtig einschätzen. Darüber hinaus ist eine Abschätzung des Lagrange-Multiplikators $\tilde{\lambda}$ notwendig, d.h. Kenntnis der Entscheidungssituation des Versicherten, **die herrschen würde**, wenn jener in voller Konsumentensouveränität das Ausmaß der Behandlung selbst festlegen könnte (vgl. den Anhang zu Abschnitt 8.3). Gemäß Gleichung (8.16) würde dies unter anderem Kenntnis der subjektiven Wertung eines verbesserten Gesundheitszustandes bedingen, aber auch der Grenzproduktivität ärztlicher Leistungen $\partial G/\partial M$, die dem Parameter $\partial f(\theta|a)/\partial a$ in der Gleichung (8.7) entspricht. Da die Mehrzahl der Leistungsanbieter kein Interesse hat, diesen Parameter offenzulegen (vgl. Teilabschnitt 8.3.1), steht der Krankenversicherer vor der anspruchsvollen Aufgabe, jene Ärzte und Krankenhäuser **herauszufinden**, die (vielleicht dank ihrer Berufsethik) bereit sind, die Produktivität ihrer Tätigkeit zu messen und die Ergebnisse dieser Messungen an den Versicherer weiterzugeben.

3. ***Widerstand der Ärzteverbände:*** Die Honorierungsfunktion (8.19) wurde unter der Annahme hergeleitet, daß die Leistungsanbieter im Erwartungswert gerade ihre Kosten decken [vgl. Gleichung (8.11)]. Sie würden also keine ökonomische Rente erzielen, welche die Folge z.B. eines eingeschränkten Zuganges zu Studium und Praxis der Medizin sein könnte. Das Ziel der Ärzteverbände dürfte aber gerade darin bestehen, ihren Mitgliedern **Renten zu sichern**, d.h. die Nettoeinkommen über jenem Niveau zu halten, das sich bei uneingeschränktem Zugang zur Medizin einstellen würde (vgl. Teilabschnitt 8.5.2). Damit sind Ärzteverbände schwierige Verhandlungspartner für einen Versicherer, der im Interesse der Patienten einen Honorartarif mit Kostenbeteiligung des Leistungsanbieters verwirklichen will.

4. ***Weitergabe der Einsparungen an die Versicherten:*** Die durch die Kostenbeteiligung der Leistungsanbieter erzielten Einsparungen müßten sich gemäß Gleichung (8.13) in

der Beitragsfunktion $b^*(M)$ des Versicherten niederschlagen. Allerdings beruht die Gleichung (8.13) auf der Teilnahmebedingung (8.12), die festlegt, daß der Versicherer im Erwartungswert nur gerade seine Kosten deckt. Deshalb ist zu vermuten, daß die möglichen Prämienreduktionen nur dann vom Versicherer in vollem Umfang weitergegeben werden, wenn auf dem Markt für Krankenversicherungen **Wettbewerb** herrscht.

Diese Überlegungen lassen sich verdichten zur

Folgerung 8.3: Ein Honorierungssystem, das von einem Krankenversicherer in bester Wahrung der Interessen seiner Versicherten aufgestellt würde, müßte auch eine Kostenbeteiligung berufsethisch orientierter Leistungsanbieter enthalten. Der Krankenversicherer wird dabei einerseits auf den Widerstand der Ärzteverbände stoßen, andererseits aber die erzielten Einsparungen auch nur unter Wettbewerbsbedingungen in vollem Ausmaß als Beitragsreduktionen an die Versicherten weitergeben.

Eine Organisationsform der medizinischen Versorgung, die in mancher Hinsicht dem soeben hergeleiteten optimalen Honorierungssystem zu entsprechen scheint, ist die Health Maintenance Organization. Sie stellt im Gesundheitswesen der USA eine so wichtige Neuerung dar, daß ihr ein eigener Abschnitt gewidmet werden soll.

Anhang zu Abschnitt 8.3

Dieser Anhang ist der Herleitung der Gleichung (8.16) im Text gewidmet, die hier wiederholt sei:

$$\frac{\partial B}{\partial G} \cdot \frac{\partial G}{\partial M} = \tilde{\lambda} w\,, \quad \text{mit } \tilde{\lambda} \geq 0\,. \tag{8.A.1}$$

Es gilt zu zeigen, daß diese Bedingung aus der Lösung eines sog. erstbesten Optimierungsproblems folgt. Damit ist im vorliegenden Zusammenhang die Optimierung in einer Situation gemeint, wo der Versicherte den Umfang der ärztlichen Leistungen selbst festlegt, statt diese Entscheidung an den Arzt delegieren zu müssen. In einer solchen Welt **vollständiger Konsumentensouveränität** würde das Individuum den Wert von M etwa nach Maßgabe der Zielfunktion wählen:

$$\underset{M}{Max} \int_h [B\{G(M,h)\} + V\{\bar{y} - b(h)\}] f(h)\, dh\,. \tag{8.A.2}$$

Im Gegensatz zur Formulierung (8.8) hängt hier das Einkommen y vom Gesundheitszustand h ab. Der Grund dafür liegt in der Beitragsfunktion, die nicht mehr M, sondern h als Argument hat. Da der Entscheidungsträger in dieser Welt M^* selber festlegt, würde eine

Beitragsfunktion $b(M)$ wenig Sinn machen. Damit sich ein Versicherer findet, der an diesem System teilnimmt, muß noch gelten

$$\int_h \{ b(h) - w \cdot M(h) \} f(h)\, dh = 0 \,. \tag{8.A.3}$$

Wird nun diese Nebenbedingung mit einem Lagrange-Multiplikator $\tilde{\lambda}$ in die Funktion (A.8.2) eingeführt, so ergibt sich als notwendige Bedingung für ein Optimum

$$\frac{\partial B}{\partial G} \cdot \frac{\partial G}{\partial M} = \tilde{\lambda} w \,, \quad \tilde{\lambda} \geq 0 \,. \tag{8.A.4}$$

Dieser Ausdruck wird als Gleichung (8.16) verwendet, um aus (8.15) die Gleichung (8.17) herzuleiten.

8.4 Die Health Maintenance Organization als alternative Form der Versorgung

Die Health Maintenance Organization (HMO) ist eine alternative Versorgungsform für medizinische Leistungen, die auf folgenden Prinzipien beruht [vgl. *Enthoven (1980)*]:

- Der Versicherte bezahlt eine **fixe Prämie** pro Monat oder Jahr im voraus an die HMO.
- Als Gegenleistung wird ihm eine umfassende, **vom HMO-Arzt festgelegte Behandlung** im Krankheitsfall garantiert. Eine Kostenbeteiligung ist in der Regel nicht vorgesehen.
- Der HMO-Arzt wird **nicht** nach den im Einzelfall erbrachten Leistungen honoriert; hingegen kann er am finanziellen Erfolg der HMO beteiligt sein.
- Der Patient muß bereit sein, sich von den Ärzten der betreffenden HMO behandeln zu lassen, also auf die völlig **freie Arztwahl** zu verzichten.

Die erste HMO wurde vom Bauunternehmer Henry J. Kaiser in den dreißiger Jahren gegründet, der für seine Beschäftigten auf weit abgelegenen Großbaustellen die medizinische Versorgung organisieren mußte. Es war also ein **Arbeitgeber**, der unter dem Druck der Umstände erstmals zum ergänzenden Sachwalter der Patienten wurde, und dessen Idee trotz der im Teilabschnitt 8.3.1 ausgeführten möglichen Interessenskonflikte bei den Beschäftigten Anklang fand. Die Kaiser Foundation, die sich ausschließlich der Krankenversicherung widmet, ist auch heute noch die größte einzelne HMO mit über 5 Mio. Versicherten in 16 Bundesstaaten der USA.

Von 26 HMOs im Jahre 1970 mit 3 Mio. Mitgliedern ist die Zahl der Organisationen auf 569 im Jahre 1990 gewachsen, die zusammen etwa 36 Mio. Mitglieder haben und damit einen **Marktanteil von 15%** erreichen [vgl. *InterStudy (1988)*, *Modern Healthcare,*

6.5.1991]. Diese rasche Aufwärtsentwicklung wurde allerdings erst möglich aufgrund des HMO-Gesetzes aus dem Jahre 1973, das von den Unternehmen verlangte, auch eine HMO in die Auswahl der von ihnen angebotenen Krankenversicherungen aufzunehmen. Außerdem erhielten nichterwerbsstrebige HMOs Bundessubventionen, was 1981 rückgängig gemacht wurde.

8.4.1 Die HMO als ergänzender Sachwalter im Gesundheitswesen

Im folgenden sollen die HMOs als ergänzende Sachwalter im Gesundheitswesen beschrieben werden, wobei die im Teilabschnitt 8.3.3.2 hervorgehobenen Eigenschaften der Honorierungsfunktion (8.18) als Richtschnur dienen.

1. ***Kostenbeteiligung des Leistungsanbieters:*** HMO-Ärzte erhalten in der Regel einen Teil ihres Einkommens als erfolgsabhängigen Bonus. Dadurch, daß sie diesen Bonus bei ungünstiger Kostenentwicklung verlieren, sind sie kostenbeteiligt. Der Anreiz, Drittleistungen kostengünstig zu beschaffen, wird dadurch verstärkt, daß der HMO-Arzt (in der Regel ein Allgemeinpraktiker) einen **Budgetbetrag für die bei ihm eingeschriebenen Versicherten** einhalten muß, aus welchem er auch die Aufwendungen für fremdbezogene Leistungen zu decken hat. Wie aus der Abbildung 8-3 hervorgeht, machen diese Zukäufe über 70% des vom HMO-Arzt verwalteten Gesamtbetrages aus. Offenbar verhindert die interne Überwachung (die insbesondere im Rahmen von Gruppenpraxen mit vergleichweise kleinem Aufwand möglich ist) eine Umleitung der Mittel in die Taschen des Allgemeinpraktikers.

Immerhin ist aufgrund der Anreize und Entscheidungsbefugnisse der HMO-Ärzte zu erwarten, daß sie Ersparnisse vor allem im Bereich der Überweisungen an Spezialärzte und Krankenhäuser zu erzielen suchen. Diese Erwartung wird bereits in der umfassenden Studie von *Luft (1981)* bestätigt. Niedrige Hospitalisierungsraten könnten aber auch auf **Risikoselektion** zurückzuführen sein, indem HMOs gesündere Versicherte anziehen (vgl. auch Abschnitt 6.6). Dieser Einwand ist durch die Health Insurance Study der *Rand Corporation* entkräftet worden, weil dort den Teilnehmern am Experiment die Wahl der Versicherung genommen bzw. durch eine einmalige, feste Entschädigung "abgekauft" wurde. Aus der Tabelle 8.3 geht hervor, daß Personen, die im Rahmen des Experiments in eine HMO eintraten, eine ähnlich niedrige Zahl von Krankenhaustagen aufweisen wie permanente HMO-Mitglieder, nämlich 49 statt 83 Tage je 100 Versicherte und Jahr. Die Differenz ist offensichtlich auf die um 40% geringere Einweisungsquote zurückzuführen.

2. ***Höhe der optimalen Kostenbeteiligung:*** Bei der Diskussion der Gleichung (8.18) im Teilabschnitt 8.3.3.2 wurde auf die Schwierigkeit hingewiesen, die Höhe der Kostenbeteiligung der Leistungsanbieter optimal festzulegen. Deshalb überrascht nicht, daß es drei verschiedene Typen von HMOs gibt, die sich in dieser Beziehung erheblich unterscheiden [vgl. *Hauser (1988)*].

   (1) ***Unternehmenstyp:*** Die HMO ist selbst Träger einer oder mehrerer Gruppenpraxen und beschäftigt die Ärzte im Angestelltenverhältnis; über die Erfolgsbeteiligung hängt deren Einkommen zudem unmittelbar von der Kostenhöhe ab.

Abb. 8-6: Verwendung der Beitragseinnahmen einer typischen HMO vom Vertragsnetztyp

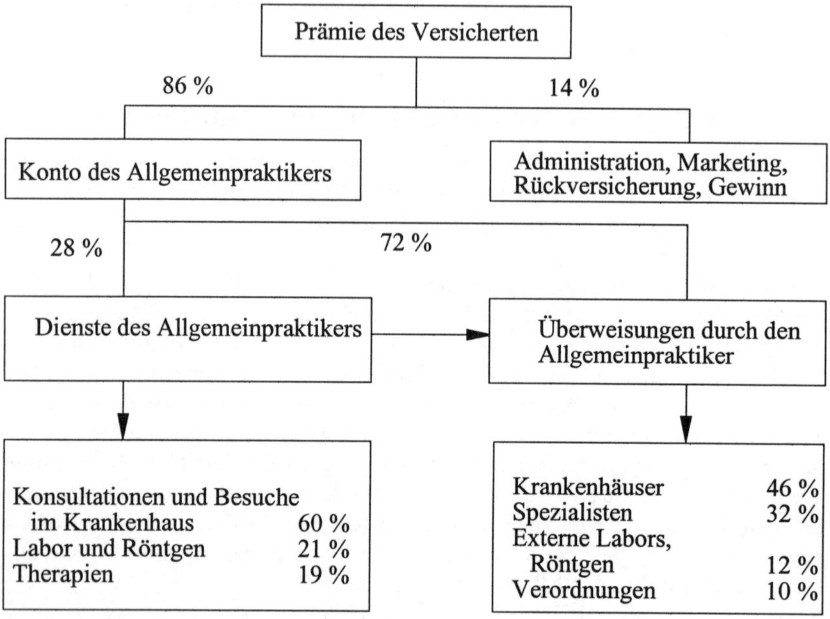

Quelle: *Moore* (1979)

Tab. 8.3: Struktur der medizinischen Leistungen und der Ausgaben im Vergleich, 1983

Organisationsform	Krankenhaus-eintritte je 100 Personen	Krankenhaus-tage je 100 Personen	Arztkon-sultationen je Person	Ausgaben pro Kopf in USD
HMO				
Experimentteilnehmer	8.4	49	4.3	439
Kontrollgruppe	8.3	38	4.7	469
Konventionelle Versicherung				
Ohne Selbstbehalte	13.8	83	4.2	609

Quelle: *Manning et al. (1984).*

(2) ***Vertragsnetztyp:*** Die Ärzte sind selber Eigentümer einer oder mehrerer Gruppenpraxen, die ihrerseits mit der HMO Behandlungsverträge abschließen. Sie behalten das Recht, neben HMO-Mitgliedern auch konventionell versicherte Patienten zu behandeln. Diese anderen Patienten können u.U. zusätzlich belastet werden, um die Kostenbeteiligung in der HMO mindestens teilweise auszugleichen. Zwischen Mitgliedern von HMOs und konventionellen Versicherungen lassen sich auf diese Weise Kosten hin- und herverschieben (vgl. dazu den Teilabschnitt 8.4.2).

(3) ***Typ "Vereinigung eigenständiger Praxen" (IPA):*** Die Vertragspartner der HMO können hier nicht nur einzelne Ärzte, sondern auch lokale Ärzteverbände sein. IPA-Mitglieder müssen einen Hausarzt wählen, der die primäre medizinische Versorgung selbst übernimmt und seine Zuständigkeit auch nach einer Überweisung ins Krankenhäuser behält; dessen Kostenbeteiligung ist minimal.

Diese Abstufungen der anbieterseitigen Kostenbeteiligung in den drei verschiedenen HMO-Typen könnten durchaus Unterschiede in der berufsethischen Ausrichtung (α), aber auch in der Einschätzung des Gewichts finanzieller Restriktionen in einer alternativen Welt mit vollständiger Konsumentensouveränität des Patienten [$\tilde{\lambda}$, vgl. die Gleichung (A.8.4) im Anhang zum Abschnitt 8.3] widerspiegeln.

3. ***Widerstand der Ärzteverbände:*** Die Geschichte der HMOs ist geprägt durch die Auseinandersetzungen mit der American Medical Association (AMA). Vordergründig ging es um den Vorwurf, die von den HMOs gesetzten Anreize würden die teilnehmenden Ärzte zu einer Billigmedizin verleiten, welche die Gesundheit der Patienten gefährde. Dieser Vorwurf ist in Dutzenden von Studien untersucht worden, mit dem Ergebnis, daß HMOs im Durchschnitt **eher besser abschneiden** als die konventionelle Versorgung [vgl. *Cunningham und Williamson (1980)*]. Allerdings läßt ein Vergleich des erreichten Gesundheitszustandes im Rahmen der Health Insurance Study der *Rand Corporation* vermuten, daß wirtschaftlich Schwache mit schlechtem Gesundheitszustand zu Beginn des Experiments in einer HMO eine geringere Besserung erzielten als die Vergleichsgruppe mit konventioneller Versorgung [vgl. *Ware et al. (1986)*].

   Der wirkliche Grund für die Gegnerschaft der AMA scheint, wie im Teilabschnitt 8.3.3 vermutet, in der Honorierung zu liegen. Der Fixbetrag *C* [vgl. Gleichung (8.10)] wird für eine ganze Vertragsperiode festgelegt, was eine **Preisdifferenzierung nach der Zahlungsbereitschaft** des Versicherten erschwert. Vor dem Eintritt der Krankheit kann sich der Versicherte in aller Ruhe das preisgünstigste Pauschalangebot aussuchen. Demgegenüber sind die ex ante-Informationskosten der konventionellen Einzelleistungsvergütung für den Versicherten ungleich höher, der sich deshalb erst im konkreten Erkrankungsfall über die Kosten der Behandlung informieren wird. Dann aber ist es für einen Wohlhabenden vielfach zu spät, um einer Preisdiskriminierung nach dem Einkommen auszuweichen. Eine solche Preisdiskriminierung eröffnet den Ärzten die Möglichkeit, ihr Nettoeinkommen zu steigern, was das Festhalten der AMA am Grundsatz der Einzelleistungsvergütung erklären würde [vgl. *Kessel (1958)*].

4. ***Weitergabe der Einsparungen an die Versicherten:*** Es scheint, daß HMOs in hart umkämpften Märkten ihre Kostenvorteile in besonders hohem Maße an die Versicher-

ten weitergeben. Tritt dagegen eine HMO als einzige Alternative zur konventionellen Versorgung in einem Markt auf, liegt ihr Beitrag ceteris paribus höher [vgl. *Schlesinger et al. (1986)*].

Diese kurze Charakterisierung der HMOs zeigt genügend Parallelen zu den im Teilabschnitt 8.3.3 herausgearbeiteten Vertragseigenschaften, um den nachstehenden Schluß zu ziehen.

Folgerung 8.4: Health Maintenance Organizations (HMOs) entsprechen in ihrer Vertragsstruktur, im Verhältnis zu den Ärzteverbänden wie auch in ihrem Marktverhalten gegenüber den Versicherten weitgehend den Voraussagen der Folgerung 8.3, die aus dem Modell eines privaten Krankenversicherers als eines ergänzenden Sachwalters im Gesundheitswesen gewonnen werden können.

8.4.2 Kostenwirkungen der HMOs auf der Ebene des Gesamtsystems

Wenn es einem Anbieter in der Wirtschaft gelingt, dank einer Innovation seine Leistung zu geringeren Kosten herzustellen, kann man üblicherweise annehmen, daß die Produktionskosten der gesamten Branche und letztlich auch der Gesamtwirtschaft zurückgehen. Diese Regel scheint im Gesundheitswesen nicht zu gelten. Kritische Beobachter weisen auf die Möglichkeit von Kostenverschiebungen zwischen Versicherungsträgern und Versorgungsalternativen hin:

- Der Staat als Einkäufer medizinischer Leistungen mag zwar günstigere Tarife für sich durchsetzen, doch die Anbieter belasten dafür **andere Abnehmer** zusätzlich. So spart zwar die deutsche Bundesregierung Milliarden, indem sie den Trägern der Gesetzlichen Krankenversicherung nicht die vollen Kosten für die Gesundheitsversorgung der Rentner vergütet; zum Ausgleich dafür werden die Beitragssätze der Erwerbstätigen angehoben. Ebenso rechnet die Schweizerische Unfallversicherungs-Anstalt (SUVA) mit den Ärzten für die Versorgung der Opfer von Unfällen am Arbeitsplatz zu einem niedrigen Tarif ab, der dann gegenüber den Krankenkassen wieder "hereingeholt" wird. Die Einführung von Fallpauschalen nach Diagnosegruppen (DRG, vgl. Abschnitt 9.2.3) für die Vergütung der Krankenhäuser durch die Medicare-Verwaltung der USA hat vermutlich ebenfalls zur Mehrbelastung anderer Gruppen geführt: höhere Kosten für privat Versicherte, Abbau der Gratisleistungen an Arme ohne Krankenversicherung.

- Auch der private Träger eines neuen Versorgungskonzeptes ist dem Verdacht ausgesetzt, mittels Druck auf die Preise von fremdbezogenen Leistungen **Kosten zu verschieben statt zu reduzieren**. Im vorhergehenden Abschnitt war vom Vertragsnetz-Typ der HMOs die Rede, der den teilnehmenden Ärzten Gelegenheit bietet, mit der HMO ausgehandelte Tarifreduktionen bei der Behandlung andere Patientengruppen wettzumachen. Ebenso könnte ein Krankenhaus dem Großabnehmer HMO günstigere Tarife einräumen und dafür konventionell versicherte Patienten höher belasten.

Da die Frage der Kostenverschiebung zwischen Anbietern unterschiedlicher Versicherungsverträge und Versorgungskonzepte im Gesundheitswesen offensichtlich von großer

Bedeutung ist, sollen in diesem Teilabschnitt mit Hilfe eines von *Dranove (1988)* entwikkelten Modells die **Bedingungen** untersucht werden, unter denen es zu solchen Kostenverschiebungen kommen kann. Dabei sei beispielhaft der Fall eines Krankenhauses herausgegriffen, das einerseits HMO-Patienten zu festen, vorher ausgehandelten Tarifen behandelt, andererseits aber auch privat versicherte Patienten hat. Wird ein typisches Krankenhaus diesem Patienten tatsächlich höhere Preise für seine Leistungen verrechnen, wenn die HMO für ihre Versicherten niedrigere Preise aushandeln kann?

Zur Beantwortung dieser Frage wird eine Zielfunktion für das Krankenhaus angenommen, die zwei Gruppen von Argumenten enthält. Einerseits soll die Leitung des Hauses am Gewinn aus dem Verkauf von Leistungen interessiert sein. Dazu trägt die Behandlung von konventionell Versicherten (Π_K) und von HMO-Mitgliedern (Π_H) bei. Andererseits geht aber auch die Menge erbrachten Leistungen (Y_K und Y_H) in die Zielfunktion ein[5]:

$$u = u\left[\Pi_K(p_K, C_K) + \Pi_H(p_H, C_H)\,;\; Y_K(p_K), Y_H(p_H)\right]$$

$$\text{mit} \quad \frac{\partial u}{\partial \Pi_K} = \frac{\partial u}{\partial \Pi_H} = \frac{\partial u}{\partial \Pi} > 0\,, \quad \frac{\partial u}{\partial Y_K} > 0\,, \quad \frac{\partial u}{\partial Y_H} > 0\,,$$

$$\frac{\partial^2 u}{\partial \Pi_K \partial \Pi_K} = \frac{\partial^2 u}{\partial \Pi_H \partial \Pi_K} = \frac{\partial^2 u}{\partial \Pi^2} < 0\,. \qquad (8.20)$$

Die Gleichheitsrestriktionen vor der ersten Vorzeichenangabe leiten sich aus dem Umstand her, daß die **Summe** der Gewinne das erste Argument der Zielfunktion bildet: Der Krankenhausleitung ist gleichgültig, ob ein zusätzlicher Gewinn aus Leistungen stammt, die an konventionell versicherten (Π_K) oder HMO-Patienten (Π_H) erbracht werden. Die Gleichheitsrestriktionen bezüglich der zweiten Ableitungen der Zielfunktion erinnern einerseits daran, daß bei zweifach stetig differenzierbaren Funktionen die Reihenfolge der partiellen Ableitungen keine Rolle spielt, und entsprechen andererseits der Annahme der Risikoaversion (von unten konkave Nutzenfunktion, vgl. Abschnitt 6.3.1).

Die Zahl der verrechneten Pflegetage (Y_K, Y_H) soll grundsätzlich negativ vom **geforderten Preis** abhängen [vgl. aber die Annahmen (8.22)]. Bei konventionell versicherten Patienten ist dies angesichts fühlbarer Kostenbeteiligungen für stationäre Behandlung in den USA eine plausible Annahme. Auch bei HMOs dürften die Ärzte als Einkäufer von Drittleistungen auf einen hohen Preis mit einer Reduktion der bestellten Pflegetage reagieren.

Die nachstehenden Vorzeichenvorgaben charakterisieren den "Markt" der konventionell Versicherten aus der Sicht des Krankenhauses (vgl. auch Tabelle 8.4):

5. Ähnliche Zielfunktionen für Krankenhäuser werden im 9. Kapitel vorgestellt; die hier verwendete Funktion vernachlässigt zur Vereinfachung die Qualität der Behandlung und wird insofern dem Einfluß der Ärzte auf die von einem Krankenhaus verfolgten Ziele nicht in vollem Umfang gerecht.

Tab. 8.4: Verschiebung der Kosten durch das Krankenhaus

$u = u\,[\Pi_K(p_K, C_K) + \Pi_H(p_H, C_H)\,;\; Y_K(p_K), Y_H(p_H)\,]$ mit $\frac{\partial u}{\partial \Pi_K} = \frac{\partial u}{\partial \Pi_H} = \frac{\partial u}{\partial \Pi} > 0\,,\; \frac{\partial u}{\partial Y_K} > 0\,,\; \frac{\partial u}{\partial Y_H} > 0\,,$ $\frac{\partial^2 u}{\partial \Pi_K \partial \Pi_K} = \frac{\partial^2 u}{\partial \Pi_H \partial \Pi_K} = \frac{\partial^2 u}{\partial \Pi^2} < 0$	Zielfunktion des Krankenhauses	(8.20)
$\frac{\partial \Pi_K}{\partial C_K} < 0\,,\; \frac{\partial^2 \Pi_K}{\partial p_K \partial C_K} \geq 0\,;\; \frac{\partial \Pi_K}{\partial p_K} > 0\,,\; \frac{\partial^2 \Pi_K}{\partial p_K^2} < 0$	Eigenschaften der Leistungserstel- lungfür konventio- nelle Versicherte	(8.21)
$C_K = C_H\,,\; p_H = \bar{p}_H\,,\; Y_H = \bar{Y}_H$	Eigenschaften des Marktes für HMO-Versicherte	(8.22)
Π_K:	Gewinn aus der Behandlung von Patienten mit konventionellen Versicherungen	
Π_H:	Gewinn aus der Behandlung von HMO-Patienten	
p_K, p_H:	Preise, die für Angehörige der beiden Gruppen in Rechnung gestellt werden können	
C_K, C_H:	Grenzkosten (= Durchschnittskosten), die für die Behandlung der jeweiligen Patientengruppe aufgewendet werden	
Y_K, Y_H:	Zahl der verrechneten Pflegetage, negativ abhängig vom jeweiligen Preis	

Quelle: *Dranove (1988).*

$$\frac{\partial \Pi_K}{\partial C_K} < 0\,,\quad \frac{\partial^2 \Pi_K}{\partial p_K \partial C_K} \geq 0\,;\quad \frac{\partial \Pi_K}{\partial p_K} > 0\,,\quad \frac{\partial^2 \Pi_K}{\partial p_K^2} < 0\,. \tag{8.21}$$

Danach wird der Gewinnbeitrag aus diesem Marktsegment durch Kostensteigerungen geschmälert; der Effekt fällt allerdings weniger stark aus, wenn zugleich der Preis angehoben werden kann $(\partial^2 \Pi / \partial p_K \partial C_K \geq 0)$. Das in der Funktion (8.20) zum Ausdruck gebrachte **Abrücken vom Ziel der Gewinnmaximierung** hat zur Konsequenz, daß ein erhöhter Leistungspreis den Beitrag zum Gewinn immer noch steigern würde $(\partial \Pi_K / \partial p_K > 0)$, wenn auch mit abnehmender Wirkung $(\partial \Pi_K^2 / \partial p_K^2 < 0)$.

Zusätzliche Annahmen legen die Eigenschaften des HMO-Marktsegments aus der Sicht des Krankenhauses fest:

$$C_K = C_H\,,\quad p_H = \bar{p}_H\,,\quad Y_H = \bar{Y}_H\,. \tag{8.22}$$

Die erste Annahme besagt, daß die Behandlung eines HMO-Patienten gleich viel kostet wie jene eines konventionell versicherten Patienten. Damit werden **Kostenunterschiede** als Grund einer Verschiebung zwischen den beiden Patientengruppen **ausgeschlossen**. Einfachheitshalber wird zweitens der Preis für die HMO-Patienten $\bar{p}_H$ als exogen gegeben betrachtet, obschon er - im Gegensatz zu den Vergütungen für Medicaid- und Medicare-Patienten, die von einer öffentlichen Instanz festgelegt werden - das Ergebnis eines Verhandlungsprozesses wiedergibt. Aufgrund des vereinbarten Preises verpflichtet sich schließlich die HMO, eine **feste Anzahl Pflegetage** ($\bar{Y}_H$) zu übernehmen.

Aufgrund dieser zusätzlichen Annahmen verbleibt dem Krankenhaus nur noch p_K als Entscheidungsgröße, so daß die notwendige Bedingung für ein (inneres) Optimum lautet

$$\frac{\partial u}{\partial p_K} = \underset{(+)}{\frac{\partial u}{\partial \Pi_K}} \cdot \underset{(+)}{\frac{\partial \Pi_K}{\partial p_K}} + \underset{(+)}{\frac{\partial u}{\partial Y_K}} \cdot \underset{(-)}{\frac{\partial Y_K}{\partial p_K}} = 0 . \tag{8.23}$$

Ein Anheben des Preises für konventionell Versicherte hätte einerseits einen positiven Effekt auf den Gewinn, andererseits aber einen negativen Effekt auf die Versorgungszielsetzung, werden doch Patienten vom erhöhten Preis abgeschreckt.

Wird nun das Optimum z.B. durch eine **Reduktion des Vergütungsansatzes** für HMO-Patienten gestört, so muß die Auswirkung auf die Bedingung $\partial u/\partial p_K = 0$ durch die Veränderung der Entscheidungsvariablen p_K so ausgeglichen werden, daß die Optimalbedingung nach der Anpassung wieder erfüllt ist. Dies verlangt

$$\frac{\partial^2 u}{\partial p_K^2} dp_K + \frac{\partial^2 u}{\partial p_K \partial p_H} d\bar{p}_H = 0 . \tag{8.24}$$

Die Auflösung nach dem interessierenden Differential $dp_K/d\bar{p}_H$ ergibt unmittelbar

$$\begin{aligned} \frac{dp_K}{d\bar{p}_H} &= \frac{(-1)}{\frac{\partial^2 u}{\partial p_K^2}} \cdot \frac{\partial^2 u}{\partial p_K \partial p_H} \\ &= \frac{(-1)}{\frac{\partial^2 u}{\partial p_K^2}} \cdot \left[\frac{\partial^2 u}{\partial \Pi_H \partial \Pi_K} \cdot \frac{\partial \Pi_H}{\partial \bar{p}_H} \cdot \frac{\partial \Pi_K}{\partial p_K} + \frac{\partial^2 u}{\partial Y_K \partial \Pi_H} \cdot \frac{\partial \Pi_H}{\partial \bar{p}_H} \cdot \frac{\partial Y_K}{\partial p_K} \right] . \end{aligned} \tag{8.25}$$

Wegen der hinreichenden Bedingung für ein Maximum muß $\partial^2 u/\partial p^2 < 0$ gelten, was hier ohne weiteren Nachweis als erfüllt betrachtet werden soll. Bei der Interpretation der

Gleichung (8.25) lassen sich drei Fälle unterscheiden.

1. ***Gleichgerichtete Preisbewegung:*** $dp_K/d\bar{p}_H > 0$. Wenn der HMO ein Preisnachlaß gewährt werden muß, kommen auch die privat versicherten Patienten in den Genuß einer Tarifreduktion. Dieser Fall ist nur denkbar, wenn $\partial^2 u/\partial Y_K \partial\Pi_K < 0$, d.h. wenn der Grenznutzen zusätzlichen Gewinns aus der Behandlung von HMO-Patienten für die Leitung des Krankenhauses umso kleiner ist, je mehr Leistungen sie den konventionell versicherten Patienten zukommen lassen kann.

2. ***Unabhängigkeit der Preise, keine Kostenverschiebung:*** $dp_K/d\bar{p}_H = 0$. Eine hinreichende Bedingung für diesen Fall ist

$$\frac{\partial u}{\partial Y_K} = 0\,, \tag{8.26}$$

denn damit wird wegen der Gleichung (8.23) $\partial\Pi_K/\partial p_K = 0$ [so daß der erste Summand in (8.25) entfällt] sowie unmittelbar $\partial^2 u/\partial Y_K \partial\Pi_K = 0$ [so daß der zweite Summand in (8.25) entfällt]. Mit anderen Worten, sobald das Krankenhaus nur das Ziel der Gewinnmaximierung und nicht auch ein Versorgungsziel verfolgen würde, kann Kostenverschiebung ausgeschlossen werden.

3. ***Gegenläufigkeit der Preise, Kostenverschiebung:*** $dp_K/d\bar{p}_H < 0$. Ein Preisnachlaß gegenüber HMO-Versicherten wird durch einen Preisaufschlag gegenüber den konventionell Versicherten ausgeglichen. Gemäß Gleichung (8.25) tritt dieser Fall bereits dann ein, wenn

   - der Grenznutzen zusätzlicher Gewinne aus der Hereinnahme von HMO-Versicherten $\partial u/\partial\Pi_H$ **nicht vom Umfang der Leistungen** Y_K abhängt, die an konventionell versicherten Patienten erbracht werden [$\partial^2 u / \partial\Pi_H\, \partial Y = 0$, so daß der zweite Summand in (8.25) entfällt], oder

   - der Grenznutzen zusätzlicher Gewinne aus der Hereinnahme von HMO-Versicherten $\partial u / \partial\Pi_H$ um so größer ist, je größer der Umfang an Leistungen Y_K, die an konventionell Versicherten erbracht werden [$\partial^2 u / \partial\Pi_H\, \partial Y > 0$, so daß der zweite Summand in (8.25) so wie der erste negativ ist]. Diese Bedingung würde der üblichen Auffassung entsprechen, daß mit zunehmender Ausrichtung auf konventionell (d.h. insbesondere auch privat) Versicherte eines Krankenhauses eine gewisse **Erwerbsorientierung** einhergeht.

Diese Ergebnisse lassen sich zusammenfassen und verallgemeinern in der

Folgerung 8.5: Wären die Leistungsanbieter im Gesundheitswesen ausschließlich gewinnstrebig, so gäbe es keinen Grund, mit Kostenverschiebungen (z.B. von HMO-Patienten zu konventionell versicherten Patienten) zu rechnen. Dieses Phänomen ist hingegen dann zu erwarten, wenn sich die Gewinnorientierung des Leistungsanbieters mit zunehmender Ausrichtung auf Patienten mit konventioneller Versicherung zumindest nicht abschwächt.

Die empirische Relevanz der Kostenverschiebung ist noch kaum überprüft worden. *Dranove (1988)* selbst präsentiert empirische Evidenz von Krankenhäusern im Bundesstaat Illinois, die auf eine kompensierende Verteuerung der Leistungen an konventionell versicherten Patienten im Umfang von etwa 0.5 Dollar je Dollar Einbusse bei der Vergütung der Behandlung von Medicaid- und Medicare-Patienten schließen läßt, so daß also $p_K / d\bar{p} = - 0.5$.

8.4.3 Abschließende Würdigung der HMOs

Die Einschaltung einer HMO als ergänzenden Sachwalter verspricht Vorteile für den Einzelnen. Er erhält eine umfassende Gesundheitsversorgung zu geringeren Kosten als ein konventionell Versicherter, in der Regel ohne Abstriche beim erreichten Gesundheitszustand. Daraus könnte man schließen, daß HMOs einen Effizienzgewinn im Gesundheitswesen bewirken. Daß Effizienzgewinne möglich sind, wird im Abschnitt 9.3 durch die Einführung von sog. Slack-Variablen in der Kostenfunktion implizit unterstellt und mit einem mangelnden Interesse an einer kostenminimalen Produktion begründet, das seinerseits auf die **Abkehr von einer reinen Gewinnmaximierung** zurückgeht. Diese Abkehr von der reinen Gewinnmaximierung erwies sich jedoch im Teilabschnitt 8.3.3.3 als notwendige (aber nicht hinreichende) Bedingung dafür, daß Leistungsanbieter im Gesundheitswesen überhaupt auf einen Vertrag mit einem Krankenversicherer eingehen, der ihnen eine Kostenbeteiligung auferlegt. Die hinreichende Bedingung besteht darin, daß neben die Gewinnerzielung tatsächlich eine **ethische Zielsetzung** von der Art tritt, wie sie in Tabelle 8.2 [Gleichung (8.9)] definiert wird. Umgekehrt ist aber die gleiche Abkehr von der reinen Gewinnmaximierung gemäß Folgerung 8.5 auch für die Tendenz zur **Kostenverschiebung** verantwortlich. Wenn aber Einsparungen bei der HMO an anderer Stelle zu erhöhten Kosten führen, kann der Beitrag der HMOs zur Steigerung der Effizienz im Gesundheitswesen nicht abschließend beurteilt werden.

Auch wenn HMOs zu Kostenverschiebungen im Gesundheitswesen führen sollten, tragen sie zur Wohlfahrtssteigerung der Konsumenten insofern bei, als sie die Auswahl an ergänzenden Sachwaltern im Gesundheitswesen vergrößern. Dieser Vorteil geht auch nicht zu Lasten der Ärzte als Gruppe, solange es solche unter ihnen gibt, die im Rahmen einer HMO ihre Tätigkeit vermehrt an ihren berufsethischen Vorstellungen, wie sie etwa in der Gleichung (8.9) formuliert wurden, ausrichten wollen. Insofern auch die Krankenhäuser **freiwillig** auf die von den HMOs angebotenen Verträge eingehen, gehören sie insgesamt auch nicht zu den Verlierern.

Trotz dieser Vorteile ist fraglich, ob sich HMOs außerhalb der USA durchsetzen werden. In jenen Ländern, wo die Bevölkerung einem nationalen Gesundheitsdienst oder aber sozialen Krankenversicherungen ohne Wahlfreiheit zugeordnet ist, fehlt der Anreiz für die Versicherer, sich als ergänzende Sachwalter im Gesundheitswesen anzubieten. Aber sogar in Ländern wie der Bundesrepublik Deutschland, den Niederlanden oder der Schweiz, wo zwischen den Krankenversicherern ein gewisser Wettbewerb herrscht, dürfte es HMOs schwerfallen, einen größeren Marktanteil zu erringen. Solange nämlich auch in diesen Ländern die **Krankenhäuser durch den Staat subventioniert** werden und im Gegenzug den

Krankenversicherern weit weniger als die tatsächlichen Kosten in Rechnung stellen, können HMOs durch Einsparungen bei Krankenhauseinweisungen und Pflegetagen einen weit geringeren Kostenvorteil erwirtschaften als in den USA. So kommt es, daß die HMO, welche anfangs 1990 in Zürich ihren Betrieb aufnahm, den Versicherten im Vergleich zu konventionellen Krankenkassen nur gerade 15% günstigere Beiträge (und nicht bis zu 30% günstigere wie in den USA) anbieten konnte. Aber auch wenn HMOs immer nur eine Minderheit von Ärzten und Krankenhäusern in ein Versorgungssystem einbinden sollten, beweisen sie durch ihre Funktionsfähigkeit, daß die Leistungsanbieter im Gesundheitswesen mit finanziellen Anreizen zu einem sparsamen Umgang mit den Ressourcen gebracht werden können, ohne notwendigerweise auf Billigmedizin auszuweichen.

8.5 Die Rolle der Verbände im Gesundheitswesen

Die im Abschnitt 8.1 angesprochene Sachwalterproblematik kommt zwar besonders nachhaltig in der Beziehung zwischen Arzt und Patient zum Tragen, sie ist aber auch für die Leistungsanbieter selbst von großer Bedeutung. Der einzelne Arzt, Zahnarzt oder Apotheker delegiert ja die Wahrnehmung wichtiger Interessen an seinen Berufsverband. Damit stellt sich grundsätzlich auch für ihn die Frage nach der Bindung der Sachwalter an die Interessen ihrer Auftraggeber. Am **Beispiel der Ärzteverbände** soll jedoch gezeigt werden, daß dieses Problem als weitgehend gelöst betrachtet werden kann, während die Nachfrage nach Verbandsaktivitäten im Gesundheitswesen besonders ausgeprägt ist. Deshalb wendet sich der zweite Teilabschnitt den Konsequenzen der Interessenswahrnehmung durch Verbände zu. Schließlich soll auch auf die Möglichkeit eines Wettbewerbs wenn nicht der einzelnen Anbieter, so doch der Verbände im Gesundheitswesen eingegangen werden.

8.5.1 Warum sind Berufsverbände im Gesundheitswesen so wichtig?

Berufsverbände und insbesondere die Ärzteverbände spielen eine maßgebliche Rolle im Gesundheitswesen aller Industrieländer. Man kann diese Beobachtung als das Ergebnis einer besonders großen Nachfrage nach Verbandstätigkeit auf Seiten der Leistungsanbieter einerseits und eines besonders großen Angebots auf Seiten von "Verbandsunternehmern" auffassen. Auf der **Nachfrageseite** gibt es drei wichtige Gründe, die den einzelnen Arzt veranlassen dürften, von sich aus einem Verband beizutreten und ihn zu unterstützen[6] [vgl. *Zweifel und Eichenberger (1992)*]:

1. ***Schutz vor Wettbewerb:*** Verbände haben der ökonomischen Kartelltheorie zufolge die Aufgabe, die Preis- und Qualitätskonkurrenz zwischen ihren Mitgliedern einzuschränken, um ihre Einkommen hochzuhalten. Die Chancen, dieses Ziel zu erreichen, stehen für Berufsverbände im Gesundheitswesen besser als in anderen Branchen, weil die Nachfrager infolge ihres Versicherungsschutzes ohnehin wenig Anreiz haben, einen preisgünstigen Außenseiter ausfindig zu machen. Selbst wenn sie sich auf die Suche machen wollten, ist ihnen ein Kostenvergleich durch die Aufsplittung des Leistungs-

6. Ärzte, die mit der deutschen Gesetzlichen Krankenversicherung ins Geschäft kommen wollen, müssen einer Kassenärztlichen Vereinigung beitreten. Auf diese Tatsache wird weiter unten eingegangen. Einen solchen Mitgliedszwang kennen jedoch die meisten anderen Industrieländer nicht.

nachweises in die Tausende von Positionen der Tarifwerke erschwert, die vom einen Arzt eher pauschal, vom andern dagegen in allen Einzelheiten abgerechnet werden.

2. ***Zugang zu öffentlichen Mitteln:*** Ärzteverbände dienen als Verhandlungspartner nicht nur gegenüber den Krankenversicherern, sondern auch gegenüber politischen Instanzen. Nachdem das Gesundheitswesen acht und mehr Prozent des Bruttosozialprodukts bindet (vgl. die Tabelle 1.1 des 1. Kapitels) und in den meisten Industrieländern zu zwei Dritteln oder mehr durch öffentliche Mittel finanziert wird [vgl. *OECD (1990)*, S. 10], eröffnen Ärzteverbände den Zugang zu einem weit größeren öffentlichen "Auftragsvolumen" als beispielsweise Anwaltsverbände.

3. ***Verbände als Garanten der Umverteilung:*** Der einzelne Arzt ist an einem beträchtlichen Umverteilungsprozeß beteiligt, indem junge Mitglieder der sozialen Krankenversicherung mit ihren Beiträgen für die medizinischen Aufwendungen der alten Mitglieder aufkommen. Das Ausmaß dieser Umverteilung wird im Zuge der Alterung der Bevölkerung in Zukunft noch zunehmen (vgl. dazu den Abschnitt 11.2). Indem die Ärzteverbände den "medizinischen Bedarf" als alleinige Richtschnur des ärztlichen Handelns verteidigen, treten sie als Garanten der Umverteilung auf und festigen zugleich die Schlüsselrolle des Arztes in diesem Prozeß.

Aber auch auf der **Angebotsseite** sind eine Reihe von Faktoren erkennbar, welche die Kosten der Bildung eines Ärzteverbands und der Aufrechterhaltung seiner Funktionsfähigkeit niedrighalten:

1. ***Durchsetzbarkeit von Preisdifferenzen:*** Preisabsprachen können vergleichsweise leicht durchgesetzt werden, handelt es sich doch bei ärztlichen Leistungen um Dienstleistungen an Personen. Eine Preisdiskriminierung nach dem Einkommen des Patienten beispielsweise kann nicht unterlaufen werden, indem der reiche Nachfrager einen armen als Käufer vorschickt. Es gibt also im Gegensatz zu Gütern keine sekundären Märkte, vor allem auch nicht auf internationaler Ebene.

2. ***Leichte Kontrolle des Marktzutritts:*** Der Zugang zum Markt für medizinische Leistungen kann durch den Verband zu geringen Kosten eingeschränkt werden. Träger des Leistungsangebots ist das medizinisch ausgebildete Individuum, so daß ein Unternehmen aus einer anderen Branche zuerst einmal eine größere Anzahl von Ärzten einstellen müßte, um den Markteintritt zu schaffen. Sobald es überdies gelingt, die staatlichen Instanzen von der Notwendigkeit eines numerus clausus im Medizinstudium zu überzeugen, ist auch der Zugang zum Beruf abgeschottet.

3. ***Homogenität der Interessen:*** Zumindest innerhalb einer Region und einer bestimmten Fachrichtung ist die Zahl der Ärzte überschaubar. Außerdem sind ihre Investitionen in Sachkapital und Wissen sehr spezifisch. Beide Faktoren sorgen für eine beträchtliche Homogenität der Interessen. Außerdem sind die Praxen in der Regel so klein, daß dem Verband genügend Möglichkeiten verbleiben, den Mitgliedern exklusive Dienstleistungen wie Standortberatung, Buchhaltung, Steuerberatung und Haftpflichtversicherung anzubieten und so die Grundlagen für den Fortbestand des Verbandes zu schaffen [vgl. *Olson (1965)*].

Diese Überlegungen treffen auch auf die anderen zentralen Leistungsanbieter im Gesundheitswesen zu, namentlich die **Zahnärzte** und **Apotheker**. Demgegenüber sind die Pflegepersonalverbände und andere nichtärztliche Berufsverbände insofern benachteiligt, als sie nicht Verhandlungspartner der Krankenkassen sind [vgl. *Neubauer (1987)* für eine Übersicht über ärztliche und nichtärztliche Verbände im deutschen sowie *Frei und Hill (1990*, 5. Teil) im schweizerischen Gesundheitswesen]. Für diese nichtärztlichen Berufsverbände gilt die nachstehende Folgerung nur in beschränktem Maße.

Folgerung 8.6: Die Nachfrage nach den Leistungen von Berufsverbänden ist im Falle des Gesundheitswesens besonders ausgeprägt. Gleichzeitig sind die Kosten der Bildung eines Verbandes und der Aufrechterhaltung seiner Funktionsfähigkeit vergleichsweise gering. Beide Tatsachen zusammen erklären die besonders ausgeprägte Rolle der Berufsverbände im Gesundheitswesen.

Sobald ein Verband seine Tätigkeit aufgenommen hat, handelt er als **Sachwalter seiner Mitglieder**. Obschon das einzelne Mitglied die Anstrengungen des Verbandes auch nicht überwachen kann, stellt sich das Sachwalterproblem hier doch **nicht mit der gleichen Schärfe** wie in der Beziehung zwischen einem Patienten und seinem Arzt, da die Verbandsleitung üblicherweise in den Händen eines Berufskollegen bleibt, der nach einer beschränkten Amtsdauer wieder zu seiner ursprünglichen Tätigkeit zurückkehrt. Auf diese Weise wird verhindert, daß sich die Interessen der Verbandsspitze von denjenigen der Mitgliedschaft wesentlich unterscheiden.

8.5.2 Funktionen der Verbände im Gesundheitswesen

Die Berufsverbände im Gesundheitswesen haben es hauptsächlich mit drei Gruppen zu tun: mit den Versicherten und Patienten, ihren eigenen Mitgliedern und Politikern. Bei jeder dieser Gruppen steht jeweils eine Funktion des Verbandes im Vordergrund:

- Sicherung der Behandlungsqualität,
- Wahrnehmung von Aufgaben im Interesse politischer Entscheidungsträger,
- Sicherung der Einkommenschancen der Mitglieder.

8.5.2.1 Sicherung der Behandlungsqualität

Aus den Ausführungen des Abschnitts 8.2 geht hervor, daß auf Seiten des **Patienten** eine Nachfrage nach ergänzenden Sachwalterbeziehungen besteht, weil der Umfang seiner Stichprobe häufig für eine Beurteilung der Behandlungsqualität zu gering ist. Verbände im Gesundheitswesen begründen ihre Existenz gegenüber Dritten denn auch gerne mit dem Hinweis auf ihren Beitrag zur Durchsetzung einer Berufsethik, die der Qualitätssicherung dient.

Dieser Anspruch erweist sich als **wenig glaubwürdig**. So haben *Roos et al. (1987)* Unterschiede im Praxisstil kanadischer Ärzte innerhalb jeweils eng begrenzten Regionen gefunden, die sich nur schwer mit der Vorstellung eines vom lokalen Ärzteverband durchgesetzten Qualitätsstandards vereinbaren lassen. *Benham (1991)* zitiert eine Reihe von Fällen, wo amerikanische Ärztekammern davor zurückschreckten, eindeutig als unfähig erkannten Ärzten die Approbation (Zulassung zur Berufstätigkeit) zu entziehen. Der Grund dafür scheint in der oben genannten starken Bindung der Verbandsleitung an die Interessen der Mitglieder zu liegen: Wenn ein Mitglied der Verbandsleitung nach wenigen Jahren wieder ein Arzt wie jeder andere sein wird, muß es damit rechnen, für unpopuläre, während seiner Amtszeit getroffene Entscheidungen büßen zu müssen. Ein bewährtes Mittel der Qualitätssicherung ist schließlich die **periodisch wiederkehrende Zulassungsprüfung**. Sie wird von den Fluggesellschaften gegenüber ihren Piloten eingesetzt, denen ebenfalls das Leben vieler Menschen anvertraut wird, nicht aber von den Ärzteverbänden gegenüber ihren Mitgliedern.

8.5.2.2 Wahrnehmung von Aufgaben im Interesse politischer Entscheidungsträger

Neben den Patienten könnte eine andere Gruppe ein Interesse an der Existenz der Verbände haben: die Politiker. In einer Demokratie sind Politiker darauf angewiesen, Wählerstimmen zu gewinnen, und die Berufsverbände im Gesundheitswesen könnten ihnen dabei helfen. Zieht man wiederum die Ärzteverbände als wichtigstes Beispiel heran, so ist ihre Wahlempfehlung, verbreitet in Zehntausenden von Praxen, für einen Politiker Gold wert. Aber auch längerfristig können die Ärzteverbände zur Gewinnung von Wählerstimmen beitragen, indem sie den **Fortbestand der bestehenden Einkommensumverteilung** im Gesundheitswesen gewährleisten. Diese Umverteilung erfolgt nicht zuletzt dadurch, daß für die Behandlung von Mitgliedern der Gesetzlichen Krankenkasse niedrigere Honoraransätze gelten als für privat Versicherte. Zugleich ist eine solche Tarifabstufung im Interesse der Mehrzahl der Ärzte, entspricht sie doch im wesentlichen der Preisdifferenzierung eines gewinnstrebigen Monopolisten [vgl. *Kessel (1958)*].

Einer Regierung, die sich auf das Ziel einer **Stabilisierung der Gesundheitsquote** am Sozialprodukt festgelegt hat, können Ärzteverbände ebenfalls Hilfestellung leisten (vgl. Abschnitt 1.2 für eine Darstellung der Konsequenzen einer solchen Politik). Vorab benötigt jede Steuerung Informationen, die vielfach nur von den Berufsverbänden zur Verfügung gestellt werden können. Dies gilt insbesondere bei der Durchführung eines numerus clausus. Der numerus clausus im Medizinstudium hält die Kosten des Gesundheitswesens wenigstens kurzfristig niedrig, und die Ärzteverbände verfügen über sachverständige Delegierte, um die "richtige" Auswahl der Kandidaten zu treffen. Darüber hinaus können sie sich verpflichten, eine Zeitlang die Tarifverhandlungen zurückhaltend zu führen, damit die Stabilisierung der Leistungsmengen nicht durch erhöhte Preise aufgewogen wird. Längerfristig werden sie jedoch ihre erhöhte Marktmacht zur Geltung bringen müssen, um den im folgenden Teilabschnitt geschilderten Aufgaben der Einkommenssicherung und -mehrung im Interesse ihrer Mitglieder zu genügen.

8.5.2.3 Sicherung der Einkommenschancen der Mitglieder

Falls die Berufsverbände im Gesundheitswesen vor allem dazu da sind, ihre Mitglieder vor Konkurrenz zu schützen, müßte es ihnen ein Anliegen sein, einen Anstieg der Anbieterdichte zu verhindern. Im internationalen Vergleich dürfte ihnen dies in einem Land wie der Bundesrepublik Deutschland besonders gut gelingen: Einerseits sorgt die Zwangsmitgliedschaft der Kassenärzte in den Kassenärztlichen Vereinigungen für einen besonders **hohen Organisationsgrad**. Andererseits werden die Kassenärztlichen Vereinigungen von einer Zunahme der Absolventen des Medizinstudiums unmittelbar betroffen, bringen also das Interesse der Ärzte an einem numerus clausus zum Tragen. In einem Land wie Belgien dagegen, wo die Ärzteverbände durch sprachliche und konfessionelle Unterschiede getrennt sind und so keinen Einfluß auf den Zugang zum Medizinstudium gewinnen konnten, müßte die Ärztedichte im Verlauf der Jahre rasch zugenommen haben.

Abb. 8-7: Entwicklung der Ärztedichte und der relativen Ärzteeinkommen, 1975 = 100

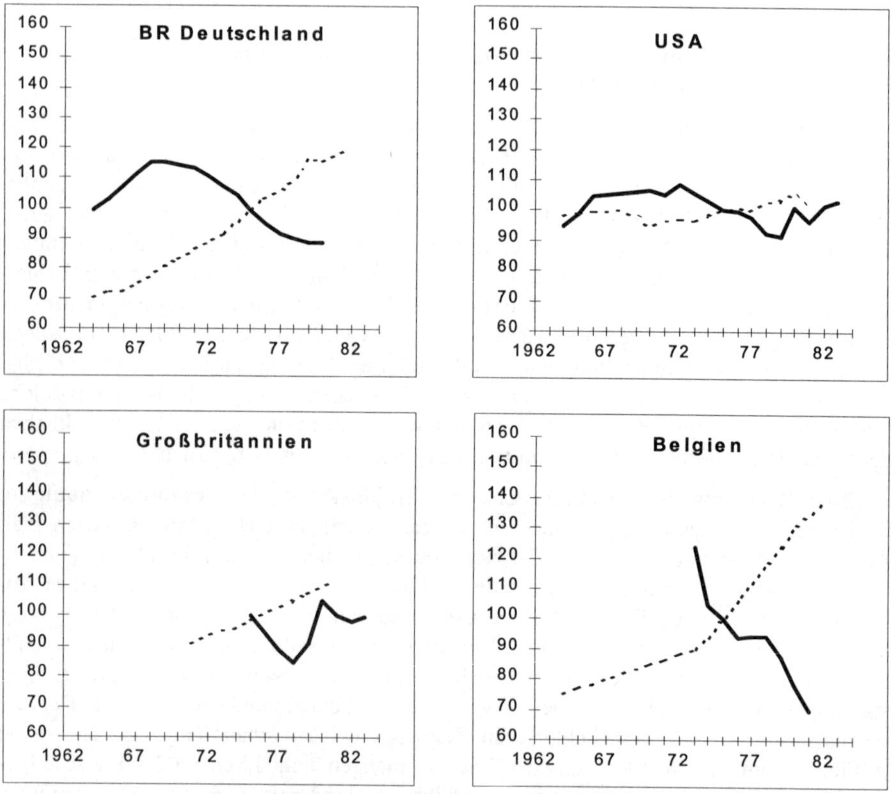

Quelle: *Zweifel und Eichenberger (1992)*

--- : Ärztedichte $(D) = \frac{\text{Ärzte}}{\text{Beschäftigte insgesamt}}$

—: Relatives Ärzteeinkommen $(E) = \frac{\text{Durchschnittliches Ärzteeinkommen}}{\text{Durchschnittliches Einkommen aller Beschäftigten}}$

Die Abbildung 8-4 zeigt die **Entwicklung der Ärztedichte** (definiert als Anteil der Ärzte an der Gesamtbeschäftigung) in vier Ländern (auf die ebenfalls eingezeichnete Einkommensentwicklung wird weiter unten eingegangen). Am wenigsten zugenommen hat die Anbieterdichte offensichtlich in Großbritannien, wo der Staat, der ja unmittelbar für die Finanzierung des nationalen Gesundheitsdienstes zuständig ist, den Ärztebestand selbst plant und steuert. Am anderen Ende des Spektrums ist wie erwartet Belgien zu finden, während sich der Anteil der Ärzte am Total der Erwerbstätigen in Deutschland und in der Schweiz über zwanzig Jahre hinweg nur mäßig erhöht hat. In beiden Ländern ist die Stellung der Ärzteverbände (Kassenärztliche Vereinigungen, kantonale Ärztegesellschaften) wegen ihrer Rolle als Verhandlungspartner der Krankenkassen stark. Sie scheinen denn auch der Abbildung 8-4 zufolge eine eigentliche **Ärzteschwemme erfolgreich verhindert** zu haben.

Wenn die Anbieterdichte trotz seiner Bemühungen zunimmt, kann der Ärzteverband immer noch die Folgen für seine Mitglieder mildern, indem er beispielsweise mit den Krankenkassen eine Ausweitung des Leistungskatalogs zu Lasten nichtärztlicher Anbieter aushandelt ("Gesprächstherapie auf Rezept statt durch den Psychologen") oder durchsetzt, daß bisher stationär vorgenommene Behandlungen ambulant vom niedergelassenen Arzt durchgeführt und in Rechnung gestellt werden können. In Ländern, wo die Stellung der Ärzteverbände stark ist, braucht demnach eine Zunahme der Ärztedichte keinen sehr ausgeprägten Rückgang der relativen Einkommen nach sich zu ziehen[7].

Die **Stärke der Beziehung zwischen Anbieterdichte und Ärzteeinkommen** (relativ zum Durchschnittseinkommen aller Beschäftigten) kann aufgrund der Abbildung 8-4 grob abgeschätzt werden. Großbritannien stellt einmal mehr einen Sonderfall dar, indem es zwischen den beiden Größen keine systematische Beziehung zu geben scheint. Der plötzliche Einkommensrückgang nach 1975 geht auf den Versuch der Labour-Regierung zurück, die Aufwendungen für den nationalen Gesundheitsdienst durch eine Reduktion der Arzthonorare zu stabilisieren. Dieser Versuch wurde nach 1978 von der neuen konservativen Regierung unter Frau Thatcher rückgängig gemacht. Im übrigen ist aber einmal mehr der **Vergleich** zwischen **Belgien** einerseits und der **Bundesrepublik Deutschland** und der **Schweiz** andererseits instruktiv: In Belgien und in der Schweiz nahm im Verlauf der sechziger Jahre die Ärztedichte langsam zu. Während aber in Belgien bereits Anfang der siebziger Jahre ein markanter Rückgang der relativen Einkommen im Gange war, stiegen diese in der Schweiz bis gegen Mitte der siebziger Jahre an. In der Bundesrepublik haben sich zwar die Einkommen der Ärzte seit ungefähr 1970 ebenfalls dem Durchschnittseinkommen angenähert, jedoch deutlich langsamer als in Belgien, dem Land mit den vergleichsweise schwachen Ärzteverbänden.

Die bisherigen Beobachtungen lassen vermuten, daß es den Ärzteverbänden in manchen Ländern gelungen ist, durch Marktschließung die Arztkarriere wirtschaftlich attraktiv zu erhalten. Diese Vermutung wird gestützt durch Schätzungen sog. interner Ertragsraten

7. Die Kausalität könnte auch umgekehrt verlaufen, indem ein hohes relatives Einkommen der Ärzte viele Abiturienten dazu veranlaßt, ein Medizinstudium aufzunehmen, so daß zwischen Anbieterdichte und Einkommen (nach Berücksichtigung einer mehrjährigen Verzögerung) eine positive Beziehung bestehen würde. Dieser Verlauf der Kausalität scheint der Abbildung 8-4 zufolge in der Bundesrepublik Deutschland bis gegen Ende der sechziger und in der Schweiz bis Mitte der siebziger Jahre den Ausschlag gegeben, seither aber an Bedeutung verloren zu haben.

der Arztkarriere, die im Abschnitt 11.5 vorgestellt werden. Solange allerdings die Absolvierung eines Medizinstudiums eine überdurchschnittlich rentable Investition darstellt, wird auch das Menetekel der "Ärzteschwemme" bestehen bleiben.

Insgesamt führen diese Überlegungen zur

Folgerung 8.7: Die Berufsverbände im Gesundheitswesen können Aufgaben zugunsten der Patienten, der politischen Entscheidungsträger und ihrer eigenen Mitglieder wahrnehmen. Ihr Verhalten läßt allerdings vermuten, daß die zweite und die dritte Aufgabe [Beitrag zur (Wieder-)Wahl von Politikern und Sicherung der Einkommenschancen der Mitglieder] ausschlaggebend sind, während für die Wahrnehmung der ersten Aufgabe (Gewährleistung der Leistungsqualität) kaum Anhaltspunkte bestehen.

8.5.3 Wettbewerb der Leistungsanbieter, Wettbewerb der Verbände

Auf den ersten Blick erscheint ein uneingeschränkter Preis- und Qualitätswettbewerb zwischen den einzelnen Leistungsanbietern im Gesundheitswesen im Interesse des Versicherten und Patienten zu sein. Die im Abschnitt 8.2 angestellten Überlegungen zeigen jedoch, daß die Unsicherheit der Leistungsbeurteilung durch den Patienten ein Interesse an im voraus vertraglich festgelegten Tarifen begründet. Beim Aushandeln solcher Tarife wird der Einzelne den **Krankenversicherer als ergänzenden Sachwalter** beiziehen wollen. Sobald jedoch dieser Krankenversicherer allein oder im Verbund mit anderen einen bedeutenden Anteil der Klientel eines Arztes vertritt, stellt er aus dessen Sicht eine Bedrohung dar. Er könnte nämlich versuchen, den Vertragsabschluß von einem Entgegenkommen bei den Tarifen abhängig zu machen. Ein Berufsverband bietet vor dieser Bedrohung Schutz; hat er sich aber einmal in Tarifverhandlungen bewährt, so besteht für den einzelnen Arzt ein besonders starker Anreiz, dem Verband beizutreten, um dem im Abschnitt 8.2 angesprochenen Konflikt bei der Honorierung nicht beobachtbarer Leistungen zu entgehen.

Wenn also nicht mit einem Wettbewerb der einzelnen Leistungsanbieter zu rechnen ist, wie stehen dann die Chancen für einen Wettbewerb der Verbände, und was für Auswirkungen könnte er haben? Diese Frage soll wiederum aus dem Blickpunkt der drei verschiedenen Gruppen untersucht werden.

1. ***Versicherte und Patienten:*** Für den Versicherten und Patienten wäre ein Wettbewerb der Verbände von erheblichem Vorteil. Dabei steht nicht einmal die Möglichkeit der Krankenversicherer, die Preise der Leistungsanbieter zu drücken, im Vordergrund. Vielmehr würde ein Wettbewerb insbesondere der Ärzteverbände das Entstehen **neuer Organisationsformen** der medizinischen Versorgung begünstigen. Erst wenn Ärzte einzeln oder in Gruppen aus einem Verband ausscheren können, der sich auf die Einzelleistungshonorierung festgelegt hat, läßt sich z.B. die im Abschnitt 8.4 dargestellte Health Maintenance Organization verwirklichen. In etwas verallgemeinerter Betrachtung erscheint die Existenz einer berufsethischen Orientierung notwendig, um Organisationsformen mit einer Beteiligung des Arztes an den Kosten der Gesundheitsversorgung zu ermöglichen [vgl. Gleichungen (8.9) und (8.19) des Abschnitts 8.3].

Ärzte mit einer solchen berufsethischen Orientierung könnten sich in einem von mehreren **konkurrierenden Verbänden** zusammenschließen. Man kann vermuten, daß ganz allgemein unterschiedliche Präferenzen der Ärzte (neben der Berufsethik z.B. im Abwägen zwischen Einkommen und geregelter Arbeitszeit) durch konkurrierende Verbände zum Ausdruck gebracht werden könnten, die dann auch im Rahmen verschiedener Organisationsformen Verhandlungen über die Honorierung führen würden.

2. ***Politiker:*** Für die politischen Entscheidungsträger ist ein Wettbewerb der Verbände nicht sonderlich attraktiv, und zwar aus einem Grund, der von der Informationsasymmetrie zwischen ihnen und den Verbänden herrührt [vgl. *von der Schulenburg (1987)*]: Jene Verbände werden längerfristig überleben, die sich am meisten für ihre Mitglieder einsetzen. Regierung und Verwaltung bekommen es deshalb mehr und mehr mit Verbänden zu tun, welche die **Information in ihrem Interesse filtern**, ja verzerren. Ein Zwangsverband kann es sich dagegen eher leisten, die ungeschminkte Wahrheit zu sagen, ist er doch dem Wettbewerb um Mitglieder nicht ausgesetzt.

3. ***Ärzte:*** Aus der Sicht der Ärzte selber ist die freie Verbandswahl ein zweischneidiges Schwert. Einerseits beschert die Kassenärztliche Vereinigung ihren Mitgliedern gegenüber den Trägern der Gesetzlichen Krankenkassen ein Kollektivmonopol und insofern Preise für ihre Leistungen, die höher als bei einem Wettbewerb der Verbände sein dürften. Dieser Vorteil würde durch Ärzteverbände, die miteinander um Vertragsabschlüsse konkurrieren, verlorengehen. Andererseits ermöglicht ein Wettbewerb der Verbände auch einen **Wettbewerb der Versorgungssysteme** im gleichen Land, der insbesondere jüngeren Ärzten zu neuen Beschäftigungsmöglichkeiten verhelfen könnte.

Insgesamt kommt man zur Aussage der

Folgerung 8.8: Ein Wettbewerb der Verbände im Gesundheitswesen würde den Weg zu neuen Organisationsformen der Gesundheitsversorgung ebnen und käme deshalb den Interessen der Patienten und Versicherten entgegen. Für die Mehrheit der Ärzteschaft sowie die politischen Entscheidungsträger ist er dagegen eher mit Nachteilen verbunden.

Längerfristig werden sich Zwangsverbände im Gesundheitswesen nur mit großen Schwierigkeiten halten können, stehen sie doch in einem grundsätzlichen Widerspruch zur angestrebten Öffnung der Arbeitsmärkte innerhalb der Europäischen Gemeinschaft. Anstrengungen in diese Richtung führten z.B. bereits zur gegenseitigen Anerkennung der Diplome. Sie verpuffen jedoch weitgehend, solange sich ein zugezogener Arzt, Zahnarzt oder Apotheker gezwungen sieht, einem Einheitsverband beizutreten, nur um im neuen Wohnsitzland Vertragspartner der Sozialversicherung werden zu können.

8.6 Übungsaufgaben

Übungsaufgabe 8.1

Eine wichtige Bedingung dafür, daß die Honorierungsregel (8.7) richtige Anreize vermittelt, lautet: Verstärkte Bemühungen auf Seiten des Sachwalters senken die Wahrscheinlichkeit eines ungünstigen Ergebnisses.

a) Erklären Sie bitte, weshalb diese Bedingung wichtig ist.

b) Statt wie in Abbildung 8-2 den Erwartungswert des Ergebnisses zu erhöhen, könnten zusätzliche Bemühungen des Sachwalters auch die Varianz reduzieren (bei unverändertem Erwartungswert). Ist damit die Bedingung noch erfüllt? Können Sie sich Beispiele vorstellen?

c) Bestehen die gleichen Schwierigkeiten, wenn wie im Abschnitt 3.4 lediglich zwischen den Zuständen "gesund" (θ_g) und "krank" (θ_k) unterschieden würde, wobei die ärztlichen Leistungen die Wahrscheinlichkeit von θ_k reduzieren würden?

Übungsaufgabe 8.2

Unter "Kostenverschiebung" könnte man auch eine Situation verstehen, die dadurch gekennzeichnet ist, daß eine Kostenerhöhung in der Behandlung der HMO-Patienten zu einer Preiserhöhung gegenüber den Patienten mit konventioneller Versicherung führt. Wovon hängt es ab, ob es zu einer solchen Kostenverschiebung kommt? [Hinweis: Gleichheit der Kosten $C_K = C_H$ in der Gleichung (8.22) aufheben und statt $d\bar{p}_H$ in der Gleichung (8.24) $d\bar{C}_H$ verwenden].

8.7 Literaturhinweise

Zu Abschnitt 8.1:

Rosa, J.J. und Launois, R.J. (1990), Comparative Health Systems: France, in: Rosa, J.J. (Hrsg.), *Comparative Health Systems: The Future of National Health Care Systems and Economic Analysis, Advances in Health Economics and Health Services Research*, Suppl. 1, Greenwich CT: JAI Press, 179-195.

Stahl, I. (1990), Comparative Health Systems: Sweden, in: Rosa, J.J. (Hrsg.), *Advances in Health Economics and Health Services Research*, Suppl. 1, Greenwich CT: JAI Press, 197-210.

Zu Abschnitt 8.2:

Blanchard, P. und Bruening, E. (1982), *Direkte Methoden der Variationsrechnung. Ein Lehrbuch*, Heidelberg: Springer.

Holmström, B. (1979), Moral Hazard and Observability, in: *Bell Journal of Economics*, 10(1), Spring, 74-91.

Levinthal, D. (1988), A Survey of Agency Models of Organizations, in: *Journal of Economic Behavior and Organization*, 9, 153-185.

Rogerson, W. (1985), The First-order Approach to Principal-Agent Problems, in: *Econometrica*, 53, 1357-1368.

Zu Abschnitt 8.3:

Diener, F. (1990), *Die Wahl der Verträge zwischen Versicherungen und Kliniken*, Frankfurt (M): Lang.

Evans, R.G. (1984), *Strained Mercy. The Economics of Canadian Health Care*, Toronto: Butterworths.

Selden, T.M. (1990), A Model of Capitation, in: *Journal of Health Economics*, 9 (4), 379-409.

Zu Abschnitt 8.4:

Cunningham, F.C. und Williamson, J.W. (1980), How Does the Quality of Health Care in HMOs Compare to that in Other Settings? An Analytic Literature Review: 1958 to 1979, in: *The Group Health Journal*, 1 (1), 4-25.

Dranove, D. (1988), Pricing by Non-profit Institutions: Cost Shifting, in: *Journal of Health Economics*, 7, 47-57.

Enthoven, A.C. (1980), *Health Plan: The Only Practical Solution to the Soaring Cost of Medical Care*, Reading, MA: Addison-Wesley.

Feldman, R. et al. (1990), Effects of HMOs on the Creation of Competitive Markets for Hospital Services, in: *Journal of Health Economics*, 9, 207-222.

Hauser, H. (1988), Grundzüge einer wettbewerbsorientierten Reformpolitik und das Konzept der Health Maintenance Organization, in: Hauser, H. und Schulenburg, Grf. J.-M. von der, *Health Maintenance Organizations*, Gerlingen: Bleicher, 13-35.

InterStudy (1988), *National HMO Census*, 1987, Excelsior, Minn.

Kessel, R.A. (1958), Price Discrimination in Medicine, in: *Journal of Law and Economics* 1, 20-53.

Luft, H.S. (1981), *Health Maintenance Organizations*, New York: J. Wiley.

Manning, W.G. et al. (1984), A Controlled Trial on the Effect of a Prepaid Group Pratice on Use of Services, in: *The New England Journal of Medicine*, 310 (27), 1505-1510.

Moore, S. (1979), Cost-containment Through Risk Sharing by Primary Care Physicians, in: *New England Journal of Medicine*, 300 (24), 1359-1362.

Reinhardt, U.E. (1988), HMOs in den Vereinigten Staaten: Darstellung und jüngste Entwicklungstendenzen, in: Hauser, H. und Schulenburg, J.-M. Grf. von der, *Health Maintenance Organizations*, Gerlingen: Bleicher, 147-180.

Schlesinger, M. et al. (1986), Profits Under Pressure. The Economic Performance of Investor-owned and Nonprofit Health Maintenance Organizations, in: *Medical Care*, 24 (7), 615-627.

Ware, J.R. et al. (1986), Comparison of Health Outcomes at a Health Maintenance Organization with those of Fee-for-service Care, in: *The Lancet*, May 3, 1017-1022.

Zu Abschnitt 8.5:

Benham, L. (1991), Licensure and Competition in Medical Markets, in: Frech, H.E. III (Hrsg.), *Regulating Doctors' Fee: Competition, Benefits and Controls under Medicare*, Washington DC: The AEI Press, 75-90.

Frei, A. und Hill, S. (1990), *Das schweizerische Gesundheitswesen*, Ausgabe 1990, Basel: Krebs.

Kessel, R.A. (1958), Price Discrimination in Medicine, in: *Journal of Law and Economics*, 1, 20-53.

Neubauer, G. (1987), Gesundheitsberufe vor den Toren der Gesetzlichen Krankenversicherung, in: Männer, L. und Sieben, G. (Hrsg.), *Der Arbeitsmarkt im Gesundheitswesen*, Gerlingen: Bleicher, 179-222.

OECD (1987), *Financing and Delivering Health Care. A Comparative Analysis of OECD Countries*, Paris: OECD.

OECD (1990), *Health Care Systems in Transition*, Paris: OECD.

Olson, M. (1965), *The Logic of Collective Action*, Cambridge: Harvard University Press.

Roos, N., Roos, L.L. und Henteleff, P.D. (1977), Elective Surgical Rates - Do High Rates Mean Lower Standards? Tonsillectomy and Adenoidectomy in Manitoba, in: *New England Journal of Medicine*, 297, 360-365.

Schulenburg, J.-M. Graf von der (1987), Verbände als Interessenwahrer von Berufsgruppen im Gesundheitswesen, in: Männer, L. und Sieben, G. (Hrsg.), *Der Arbeitsmarkt im Gesundheitswesen*, Gerlingen: Bleicher, 373-418

Zweifel, P. und Eichenberger, R.E. (1992), The Political Economy of Corporatism in Medicine: Self-Regulation or Cartel Management?, in: *Journal of Regulatory Economics*, 4, 89-108.

KAPITEL 9

Krankenhausleistungen und ihre Vergütung

9.1 Problemstellung

In der Diskussion über wirtschaftliche Probleme des Gesundheitswesens nimmt regelmäßig das Krankenhaus eine zentrale Rolle ein. Dies liegt vordergründig zunächst an der quantitativen Bedeutung des Krankenhaussektors. So entfällt auf ihn in der Bundesrepublik Deutschland der weitaus größte Ausgabenposten der Gesetzlichen Krankenversicherung[1]. Zudem ist sein Anteil an den gesamten Gesundheitsausgaben in den letzten beiden Jahrzehnten beträchtlich gewachsen. Ähnliches gilt für die meisten anderen entwikkelten Ländern der westlichen Welt (vgl. Tab. 9.1).

Nun gibt es im Zuge der wirtschaftlichen Entwicklung immer überproportional wachsende Wirtschaftszweige. Zudem ist das Krankenhaus Teil des Dienstleistungssektors, dessen relative Bedeutungszunahme ganz allgemein als Spiegelbild einer gewissen Sättigung des Bedarfs an materiellen Konsumgütern angesehen werden kann. Warum sollte diese Entwicklung also mit Skepsis oder Besorgnis betrachtet werden, und warum sollte es als Aufgabe für Wirtschaftswissenschaftler angesehen werden, sich mit ihr zu beschäftigen?

Zunächst ist auf die allgemeine, bereits in Kapitel 1 getroffene Feststellung zu verweisen, daß im Gesundheitswesen **nicht die Entwicklung der Ausgaben** das eigentliche Interesse von Ökonomen beanspruchen sollte, sondern allenfalls ihre **Höhe und Struktur**. Wirtschaftlichkeit hat etwas damit zu tun, ob die "richtige" Menge von Gesundheitsgütern dem "richtigen" Konsumenten in der "richtigen" Zusammensetzung angeboten und zu geringstmöglichen volkswirtschaftlichen Kosten hergestellt wird. Somit kann ein stark expandierender Teilbereich des Gesundheitswesens - bei entsprechender Entwicklung der Nachfrage oder der medizinischen Technologie - durchaus wirtschaftlich arbeiten, während ein schrumpfender auch unwirtschaftlich sein kann.

Es gibt jedoch abgesehen davon vor allem zwei Gründe, die dafür sprechen, die Ausgaben im Krankenhauswesen kritisch unter die Lupe zu nehmen. Der eine hat mit der

1. Dies ist allerdings auch durch die Abgrenzung der Sektoren bedingt. Würde man in den "ambulanten Sektor" neben der ärztlichen Behandlung auch Arznei-, Heil- und Hilfsmittel einbeziehen, so wäre dieser mit 40,1% aller Ausgaben der GKV (1987) größer als der Krankenhaussektor mit 33% [vgl. *Daten des Gesundheitswesens (1989)*].

Tab. 9.1: Krankenhausausgaben als Anteil an den gesamten Gesundheitsausgaben (in Prozent)

Jahr	1960	1970[a)]	1980	1990[b)]
Bundesrepublik Deutschland[c)]	17,5	25,2	29,6	33,0
Frankreich	34,7	38,0	48,1	44,1
Italien	43,2	47,6	54,0	48,3
Niederlande	n.a.	55,1	57,3	53,9
Schweiz	44,6	41,7	45,7	46,8
USA	37,8	44,1	48,9	46,4
Kanada	43,6	52,2	52,6	49,6
Japan	34,1	26,4	30,7	32,0

a) Für die Niederlande: 1972.
b) Für die Schweiz: 1986.
c) Zahlen beziehen sich auf die GKV

Quellen: *OECD (1990)*, Compendium, Tab. 1 und 3; *Daten des Gesundheitswesens (1989).*

Struktur des Marktes zu tun: Die Nachfrager müssen bei ihrer Inanspruchnahme stationärer Leistungen nicht die vollen Kosten dieser Pflege tragen; in der Regel ist der Preis für sie sogar annähernd - d.h. abgesehen von einem eher symbolischen Selbstbehalt - Null. Dieser Umstand wird durch den Krankenversicherungsschutz bewirkt, der das finanzielle Risiko der Krankheit streut und damit das Wohlergehen risikoscheuer Bürger erhöht. Dies gilt natürlich für den Krankenhausbereich noch stärker als für andere Bereiche des Gesundheitswesens, da für den einzelnen das finanzielle Risiko eines Krankenhausaufenthalts eine besondere Dimension hat.

Der Vorteil des Versicherungsschutzes wird damit erkauft, daß eine freie Preisbildung, die Angebot und Nachfrage in Übereinstimmung bringt, hier nicht so funktionieren kann wie auf einem Wettbewerbsmarkt. Denn sobald ein Verbraucher den Preis eines Gutes nicht zu tragen hat, drückt seine Nachfragemenge nicht mehr seine relative Wertschätzung des Gutes im Verhältnis zu dessen Knappheit aus, und damit kann der Preismechanismus nicht mehr für die "richtige", d.h. den Wünschen der Verbraucher entsprechende Zuteilung von Ressourcen an die Wirtschaftszweige sorgen.

Im Bewußtsein dieses "Marktversagens" hat der Gesetzgeber festgelegt, daß die finanziellen Mittel, die in diesen Sektor fließen, nach genau definierten Regeln **zwischen Krankenhäusern und Krankenkassen ausgehandelt** werden. Bei einer solchen Verhandlungslösung besteht prinzipiell die Gefahr, daß der Krankenhaussektor je nach Stärke der Verhandlungspartner eine - gemessen an einem wie auch immer definierten gesellschaftlichen Optimum - zu große oder zu kleine Leistungsmenge erbringt.

Der zweite Grund für das wirtschaftswissenschaftliche Interesse hat mit der **Struktur der Firmen** auf diesem Markt zu tun: Krankenhäuser sind in der weit überwiegenden Mehrzahl nicht gewinnorientiert und haben demzufolge - zumindest prima facie - kein

Eigeninteresse an einer kostenminimalen Produktion. Diese Eigenheit deutet darauf hin, daß die vereinbarte Leistungsmenge in der Regel nicht mit dem geringstmöglichen Einsatz volkswirtschaftlicher Ressourcen erstellt wird.

Eine sinnvolle Vorgehensweise der Ökonomen ist es nun, zunächst den Begriff der Wirtschaftlichkeit mit Bezug auf den konkreten Anwendungsbereich, hier also den Krankenhaussektor, zu präzisieren, und anschließend die Anreizwirkungen zu untersuchen, die von alternativen Systemen der Steuerung in diesem Sektor auf die Wirtschaftlichkeit ausgehen.

Das **Prinzip der Wirtschaftlichkeit** besagt allgemein, daß der Aufwand einer ökonomischen Aktivität bei gegebenem Ertrag zu minimieren ist. Während man unter "Aufwand" bei jeder wirtschaftlichen Tätigkeit den Verbrauch produktiver Ressourcen (menschliche Arbeit, Energie, Rohstoffe) mit alternativen Verwendungsmöglichkeiten versteht, ist der "Ertrag" im Gesundheitswesen und insbesondere im Krankenhaus nicht von selbst evident. Schwierigkeiten ergeben sich sowohl bei der Definition dessen, was als Leistung des Krankenhauses verstanden werden soll, als auch bei der Operationalisierung eines gewählten Leistungsbegriffs zum Zwecke der konkreten Messung. Diese Probleme werden in Abschnitt 9.2 im Detail diskutiert werden.

Wichtigstes Element des Steuerungssystems ist das Verfahren der Mittelzuteilung an die Krankenhäuser, kurz das "Entgeltsystem". Hier kann die Untersuchung von **Anreizwirkungen** ansetzen, und hieran können sich auch steuerungspolitische Empfehlungen orientieren, da das Entgeltsystem ja durch die staatliche Reglementierung, d.h. durch die Gesetzgebung geprägt ist. Die detaillierte Analyse von alternativen Vergütungssystemen für Krankenhausleistungen wird Gegenstand von Abschnitt 9.4 sein. Da die Wirkung eines bestimmten Anreizsystems natürlich auch davon abhängt, welche Zielsetzungen die betroffenen Akteure haben, werden diese zuvor in Abschnitt 9.3 im Rahmen eines einfachen ökonomischen Modells des Krankenhauses behandelt werden.

9.2 Das Krankenhaus als Produktionsbetrieb

9.2.1 Der Krankenhaus-"Output": Gesundheit als latente Größe

Will man die "Leistung" von Krankenhäusern erfassen, so genügt es nicht, die Verrichtungen zu beschreiben, die dort vorgenommen werden (Operationen, Bestrahlungen, Medikationen, Wundversorgung, Unterbringung und Beköstigung etc.), oder daraus zusammengesetzte Komplexe wie "medizinische Leistung", "Pflegeleistung", "Hotelleistung", denn diese können immer nur Mittel zum Zweck sein. Der eigentlichen Leistung im Sinne des Zwecks der Tätigkeit kommt man näher, wenn man sich die Frage stellt, was die Patienten (oder die in ihrem Interesse handelnden einweisenden Ärzte) nachfragen, was sie sich von dem Aufenthalt im Krankenhaus versprechen und was die Steuerzahler für ihren Beitrag zur Finanzierung des Krankenhauses erwarten[2].

In der weitaus größten Zahl der Fälle ist die Erwartung ganz allgemein auf die positive **Beeinflussung des Gesundheitszustands** der Patienten gerichtet, d.h. auf die Heilung

2. In Deutschland werden die Investitionskosten der Krankenhäuser von den Bundesländern getragen, in der Schweiz ihre Defizite von Gemeinden, Gemeindeverbänden und Kantonen.

bzw. Eindämmung einer Krankheit und die Linderung von Schmerzen. Auch wenn über diese Ziele an sich wenig Uneinigkeit bestehen dürfte, kann der Grad der Zielerreichung dennoch kaum als Grundlage der Vergütung der Krankenhausleistung dienen. Die Schwierigkeiten liegen hierbei sowohl auf der Ebene der Messung als auch der Zurechnung der Leistung.

Um das Ausmaß der "Gesundung" zu erfassen, müßte der Gesundheitszustand des Patienten sowohl bei Beginn als auch bei Ende der Krankenhausbehandlung nach objektiven Kriterien gemessen werden können, und das ist - abgesehen von einigen offensichtlichen Indikatoren wie der Überlebensrate und der Komplikationsrate bei Operationen - ein ziemlich aussichtsloses Unterfangen, weil Gesundheit zum einen mehrdimensional ist und zum anderen eine erhebliche subjektive Komponente aufweist.

Doch selbst wenn dies gelänge, dürfte man die Entlohnung für das Krankenhaus nicht einfach an die gemessene Änderung des Gesundheitszustands (über den Zeitraum des Aufenthalts) binden. Denn der relevante Vergleichsmaßstab für das Ergebnis der Tätigkeit des Krankenhauses ist nicht der tatsächliche Zustand des Patienten vor der Einlieferung, sondern der (fiktive) Zustand, der sich **ohne die Krankenhausbehandlung** am Ende des betrachteten Zeitraums **eingestellt hätte**. Die Wichtigkeit dieser Unterscheidung erkennt man insbesondere bei den Fällen, in denen die stationäre Behandlung den progressiven Verlauf einer unheilbaren Krankheit eindämmen soll. Das Ausmaß der "verhinderten Verschlechterung" des Gesundheitszustands entzieht sich jedoch einer Messung[3].

Neben der bisher genannten, auf den Endzustand der Krankenhausbehandlung bezogenen spielt noch eine weitere Erwartung der Nachfrager eine Rolle: Das körperliche und seelische Wohlbefinden des Patienten **während des Aufenthalts** selbst ist so weit zu mehren, wie es seine Krankheit zuläßt. Denn das Leben beginnt ja nicht erst wieder nach der Entlassung aus dem Krankenhaus. Dieser Gesichtspunkt gewinnt vor allem dann an Bedeutung, wenn die Krankheit selbst nicht mehr einzudämmen ist, sondern nur noch das Leiden verringert werden kann, also vor allem bei der Begleitung von unheilbar Kranken und von Sterbenden. Aber das subjektive Wohlbefinden ist genauso wenig verläßlich und objektiv meßbar wie der Einfluß des Krankenhaus-Aufenthalts auf den Gesundheitszustand des Patienten[4].

Schließlich umfaßt die Gruppe der "Nachfrager" nicht nur diejenigen Menschen, die tatsächlich als Patienten im Krankenhaus behandelt werden, sondern die gesamte Einwohnerschaft des Einzugsbereichs: Die **Existenz** des Krankenhauses gibt ihnen die Sicherheit, bei einem Unfall oder einer schweren Erkrankung eine stationäre Behandlung erhalten zu können. Diese sogenannte "Optionsnachfrage" wird durch die Vorhaltung von Krankenhausbetten einschließlich der zugehörigen Ausstattung mit Personal und Geräten befriedigt.

Wir ziehen daher die

3. Auch Prognosen anhand von "vergleichbaren" Fällen sind nicht sehr zuverlässig, da niemals zwei Fälle vollkommen gleich sind.
4. Dieses Argument wird in Zukunft allerdings an Bedeutung verlieren, finden doch die im 2. Kapitel dargestellten Instrumente zur Messung der (marginalen) Zahlungsbereitschaft immer mehr Anwendung [vgl. beispielsweise *Johannesson, Jönsson und Borgquist (1991)*].

Folgerung 9.1: Der "Output" eines Krankenhauses besteht zum einen in der Verbesserung des Gesundheitszustandes der Patienten und zum anderen in der Bereithaltung von Kapazitäten zur Befriedigung einer Optionsnachfrage. Besonders der erste ist jedoch nur schwer operationalisierbar und läßt sich nur unvollkommen dem Krankenhaus zurechnen.

9.2.2 Der mehrstufige Charakter der Produktion im Krankenhaus

Da sich, wie gezeigt, das schließliche Ergebnis der Tätigkeit des Krankenhauses, insbesondere der Zuwachs an Gesundheit beim Patienten, nur unvollkommen messen läßt, müssen zum Zwecke einer operationalen Definition des Begriffs der Wirtschaftlichkeit andere, beobachtbare Größen identifiziert werden, die als **Indikatoren des Outputs** geeignet sind. In diesem Zusammenhang bietet es sich an, verschiedene Indikatoren der Aktivität eines Krankenhauses aufzulisten und in ein mehrstufiges Schema einzuordnen, das der Beschreibung der Krankenhaus-Aktivität aus der Sicht des Ökonomen dient.

Die gebräuchlichsten Indikatoren sind:

- die Mengen der eingesetzten **Produktionsfaktoren** (Arbeitszeit der Ärzte, des Pflegepersonals und der sonstigen Beschäftigten, medizinischer Bedarf, Strom, Brennstoffe etc.),

- die Mengen der erbrachten medizinischen bzw. pflegerischen **Einzelleistungen** (Untersuchungen, Operationen, Medikationen, Injektionen, Krankengymnastik, Fiebermessungen, Mahlzeiten etc.),

- die **Anzahl der Patienten** bzw. **Behandlungsfälle**, eventuell differenziert nach den verschiedenen Krankheitsarten (vgl. Abschn. 9.2.3),

- die **Anzahl der Pflegetage**, eventuell differenziert nach der Intensität der Pflege.

Ein Stufenschema der Produktion im Krankenhaus könnte wie folgt aussehen (vgl. Abb. 9-1a bzw. b): Auf der untersten Ebene stehen die Produktionsfaktoren, die man als primäre Inputs auffassen kann. Mit ihrer Hilfe lassen sich die verschiedenen Einzelleistungen erstellen, die daher auf der zweiten Ebene angesiedelt werden können (sekundäre Inputs). Das Konzept der Minimierung des Faktoreinsatzes bei der Erstellung eines gegebenen Bündels von Einzelleistungen kann man dann als "technische Effizienz" bezeichnen.

Bezüglich der beiden restlichen Indikatoren, Behandlungsfälle und Pflegetage, lassen sich zwei unterschiedliche Auffassungen vertreten:

a) Zum einen können Behandlungsfälle und Pflegetage als Indikatoren verschiedener, aber prinzipiell **gleichrangiger Zwischenprodukte** angesehen werden (Abb. 9-1a), die unmittelbar unterhalb des eigentlichen Outputs "Gesundung" anzusiedeln sind. Danach spiegeln die Behandlungsfälle die medizinische und die Pflegetage die pflegerische Komponente der Leistung eines Krankenhauses wider. Beiden können daher jeweils unterschiedliche Arten von Einzelleistungen als (unmittelbare) Inputs zugeord-

Abb. 9-1a: Pflegetage und Behandlungsfälle als Zwischenprodukte des Krankenhauses

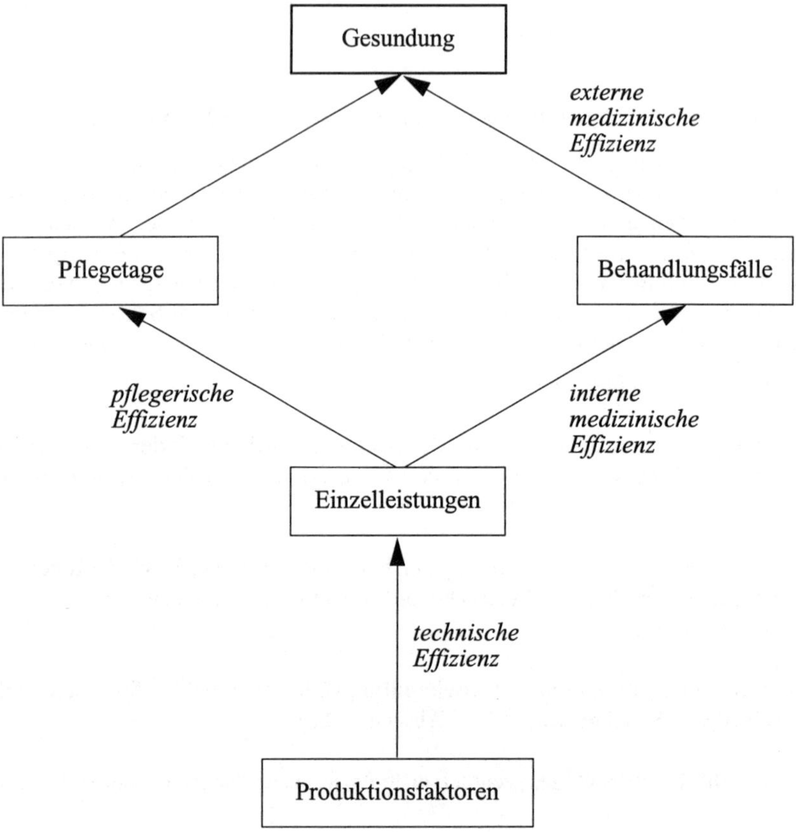

net werden, und entsprechend ergeben sich zwei verschiedene Arten von Effizienz, nämlich der Einsatz möglichst geringer Pflegeleistungen je Tag ("pflegerische Effizienz") und möglichst geringer medizinischer Einzelleistungen je Fall ("interne medizinische Effizienz"), jeweils bei gegebener medizinischer Qualität[5].

b) Andererseits kann man aber auch argumentieren, daß der Aufenthalt im Krankenhaus per se weder direkt Nutzen stiftet (weil der Patient ja aus seiner gewohnten Umgebung gerissen ist) noch den Gesundheitszustand bereits verbessert, sondern daß im Gegen-

5. Daneben ist es die Aufgabe des Gesundheitssystems insgesamt, ein gegebenes Maß an Gesundung mit möglichst geringen Kosten (für Krankenhausaufenthalte und andere Leistungen) zu erreichen. Dies ist in der Abbildung als "externe" medizinische Effizienz bezeichnet.

teil die **Pflegetage ihrerseits als ein Input** in die Gesamtbehandlung eines Patienten angesehen werden können (Abb. 9-1b). In diesem Sinne wäre dann die Minimierung der Verweildauer bei gegebenem Krankheitsspektrum ein eigenständiger Typ von Effizienz ("Verweil-Effizienz").

Abb. 9-1b: Pflegetage als Input im Behandlungsprozess

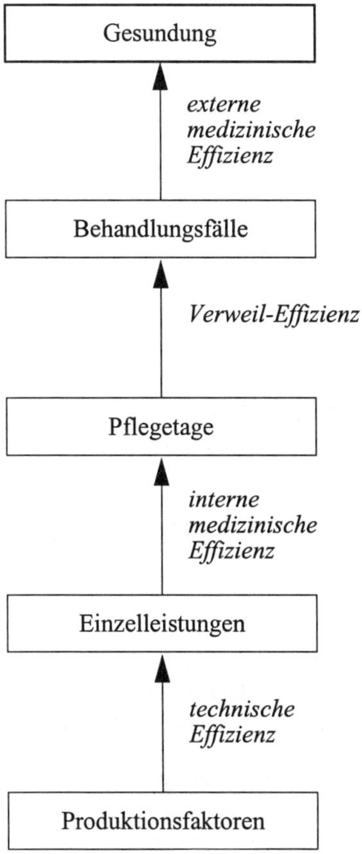

Diese zweite Sichtweise setzt offensichtlich voraus, daß für den Gesundheitszustand bei der Entlassung eines Patienten verbindliche Normen gelten, denn andernfalls wäre es möglich, die Verweil-Effizienz beliebig zu steigern, indem einfach die Patienten früher und damit wohl auch "kranker" nach Hause geschickt werden.

In diesem Zusammenhang tritt auch die Frage auf, welchen Charakter man in einem solchen Produktionsschema des Krankenhauses dem "**Bett**" zuordnen soll. Auf den ersten Blick scheint das Bett einen Input zu verkörpern, weil ohne Betten wohl ein Krankenhaus nicht betrieben werden kann. Dieser "Input" hätte jedoch die ganz spezifische Eigenschaft der Limitationalität in Bezug auf den Output "Behandlungsfälle": Bei gegebener (maximaler) Anzahl gleichzeitig im Krankenhaus behandelter Fälle liegt der Bedarf am Faktor "Betten" eindeutig fest, und zusätzliche Betten haben eine Grenzproduktivität von Null. Ein weiteres Problem bei dieser Sichtweise ist auch, daß mit dem Faktor selbst keine (laufenden) Kosten verbunden sind. Allenfalls könnte man die Abschreibung auf die Anschaffungskosten des Bettes als Kosten des Faktors "Bettennutzung" ansehen.

Im Sinne der in Abschnitt 9.2.1 beschriebenen "Optionsnachfrage" verkörpert demgegenüber auch ein **leeres Krankenhausbett eine "Leistung"** des betreffenden Krankenhauses. Dies gilt zumindest so lange, wie die Zahl der leeren oder mit im Prinzip entlassungsfähigen Patienten belegten Betten sich im Rahmen des (z.B. im Katastrophenfall) vorstellbaren Bedarfs bewegt.

Folgt man dieser Sichtweise, so kann man den Teil der Faktorausstattung eines Krankenhauses, der von der Patientenzahl völlig unabhängig vorhanden sein muß, der Erstellung dieser Vorhalteleistung zuordnen, und die Bettenzahl wird zu einem eigenständigen Indikator des "Outputs" eines Krankenhauses (Abb. 9-2).

Aus diesen Betrachtungen ziehen wir die

Folgerung 9.2: Die "Produktion" im Krankenhaus läßt sich als ein mehrstufiger Prozeß beschreiben, wobei jeder Stufe ein spezielles Konzept der Effizienz zugeordnet werden kann.

9.2.3 Die Heterogenität des Krankenhaus-Outputs

Eine weitere Schwierigkeit der Produktmessung im Krankenhaus besteht darin, daß auch auf einer einmal gewählten Ebene von Output-Indikatoren bzw. Zwischenprodukten ein erhebliches Maß an Heterogenität herrscht. Betrachten wir dazu die Menge aller Behandlungsfälle, die in einem Krankenhaus im Laufe eines Jahres anfallen. Kann man den "Output" eines Krankenhauses einfach durch deren Anzahl adäquat beschreiben? Kann man sagen, ein Krankenhaus mit 1.000 Fällen habe eine größere Leistung erbracht als eines mit 995 Fällen? Wie unsinnig es wäre, diese Frage zu bejahen, wird sofort klar, wenn man annimmt, die 1.000 Fälle im ersten Krankenhaus setzten sich aus 500 einfachen Knochenbrüchen und 500 unkomplizierten Mandeloperationen zusammen, während das zweite Krankenhaus ein Herzzentrum mit dem Schwerpunkt auf Transplantationen sei.

Man hat also zu berücksichtigen, daß es sich bei dem Konzept des "Behandlungsfalls" nicht um eine homogene Größe handelt, sondern um ein gedankliches Konstrukt, das erst durch die Angabe einer Reihe von Merkmalen genauer spezifiziert werden kann, m.a.W. das in verschiedenen Dimensionen differenziert werden muß, z.B.

- nach der **Art der Krankheit**, die die stationäre Behandlung erforderlich gemacht hat (Hauptdiagnose),

Abb. 9-2: Die Vorhaltung von Betten als zusätzlicher Output des Krankenhauses

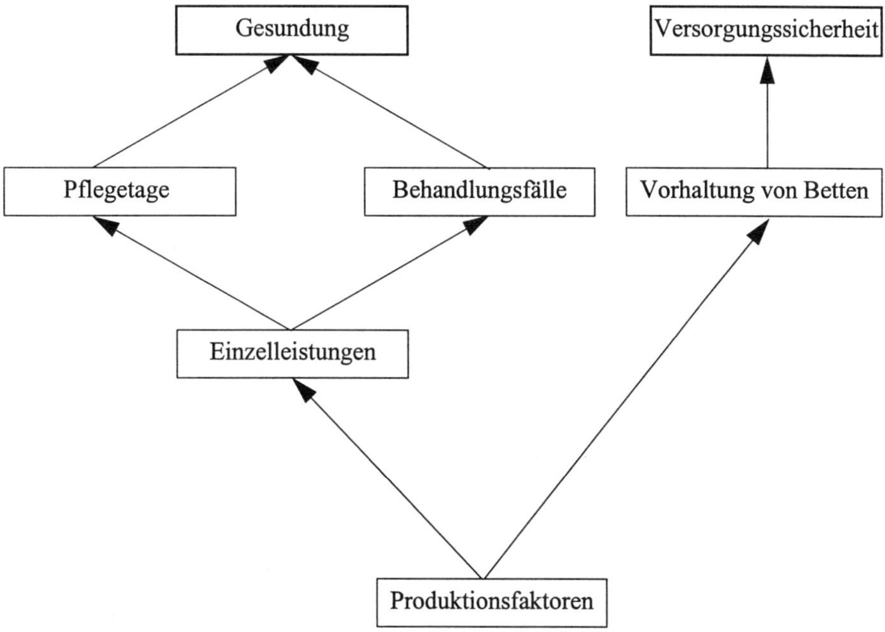

- nach der **Schwere** der Krankheit bzw. den während der Behandlung auftretenden Komplikationen,
- gegebenenfalls (z.B. bei Krebs) auch nach dem **Stadium** der Erkrankung,
- nach etwaigen **weiteren** Krankheiten (Nebendiagnosen),
- nach **Eigenschaften des Patienten**, welche seinen Beitrag zur "Produktion der Gesundung" widerspiegeln, wie beispielsweise seinem Alter und evtl. auch Geschlecht.

In Anbetracht dieser und weiterer möglicher Unterscheidungsmerkmale müssen Puristen zu dem Schluß kommen, der Heterogenität des Patientenspektrums könne nur dadurch adäquat Rechnung getragen werden, daß jeder Patient für sich als eine gesonderte Produktart angesehen wird. Folgte man jedoch diesem Vorschlag, so gäbe es keinerlei Möglichkeit, die Outputvektoren zweier oder mehrerer Krankenhäuser miteinander zu vergleichen. Dadurch würde die ökonomische Analyse des Krankenhauses, z.B. die Messung der Wirtschaftlichkeit oder die Bestimmung einer "leistungsgerechten" Vergütung, jedoch faktisch verhindert.

Als sinnvoller Kompromiß zwischen dem eben beschriebenen rigorosen Vorgehen und dem völligen Verzicht auf eine Differenzierung der Patientenschaft bietet es sich an, die Patienten durch Anwendung der genannten Unterscheidungsmerkmale in eine überschaubare Anzahl von Gruppen einzuteilen. Diesen Einteilungsvorgang nennt man **"Patienten-Klassifikation"**, und sein Ziel ist es, zu Gruppen zu gelangen, die in sich "möglichst" homogen sind. Ferner sollte natürlich die Zuordnung eindeutig und nach objektiven Kriterien überprüfbar sein. Es liegt auf der Hand, daß zwischen den Gesichtspunkten "überschaubare Anzahl" und "Homogenität innerhalb jeder Gruppe" ein Konflikt besteht, der nur durch Abwägung der möglichen Nachteile bei ihrer Verletzung entschieden werden kann.

Die drei gebräuchlichsten Patienten-Klassifikationssysteme sind:

1. die **"International Classification of Diseases"** (ICD), die ursprünglich als Basis einer Todesursachen-Statistik entwickelt wurde und sich daher ausschließlich auf die (Haupt-)Diagnose bezieht: In der dreistelligen Version besteht sie aus über 900 Gruppen. Die Zusammenfassung in 110 Obergruppen ist bereits so grob, daß sich beispielsweise alle "gutartigen Neubildungen" in einer einzigen Gruppe wiederfinden.

2. Die in den siebziger Jahren an der Yale University entwickelten **"Diagnosis Related Groups"** (DRG) berücksichtigen neben der Hauptdiagnose auch das Vorliegen von Nebenerkrankungen und Komplikationen, das Alter des Patienten sowie die Behandlungsart (operativ oder konservativ) und kommt dennoch mit 467 Gruppen aus [vgl. *Fetter et al. (1980)*; *Health Care Financing Administration (1983)*].

3. Die ebenfalls in den USA, nämlich in Pittsburgh, entwickelten **"Patient Management Categories"** (PMC) mit insgesamt 840 Gruppen beziehen die Einteilung im Vergleich zu den DRG stärker auf Begleiterkrankungen sowie auf die vom Krankenhaus gewählte Behandlungsstrategie [vgl. etwa *Young (1991)*].

Folgerung 9.3: Ein Patienten-Klassifikationssystem stellt den Versuch dar, der Heterogenität des Krankenhaus-Outputs gerecht zu werden und dennoch Vergleiche zwischen den Krankenhäusern zu ermöglichen. Allen Systemen gemeinsam ist die Idee, den Output eines Krankenhauses zwar nicht nach dem Ergebnis der Behandlung, dem Gesundheitszuwachs (vgl. Abschn. 9.2.1), aber doch immerhin nach der Schwierigkeit der Aufgabenstellung näher zu beschreiben.

9.2.4 Krankenhaus-Kostenfunktionen

Sieht man Krankenhäuser als Produktionsbetriebe an, so liegt es nahe, elementare Konzepte aus der Produktionstheorie auch auf Krankenhäuser anzuwenden. Eines der zentralen und auch empirisch aussagekräftigsten Konzepte der Produktionstheorie ist das der Kostenfunktion. Anders als eine Produktionsfunktion ist diese auch für Mehrprodukt-Unternehmen definiert und ordnet **jedem Outputbündel die minimalen Kosten** der Erstellung dieser Ausbringungsmengen zu. Die Kostenfunktion enthält die gleiche Information wie die Produktionsfunktion[6], ist jedoch ökonometrisch leichter zugänglich: Die Größen auf der rechten Seite der Produktionsfunktion, die Inputmengen, werden von den

Unternehmen selbst gewählt und können somit nicht als exogen angesehen werden. Demgegenüber stehen auf der rechten Seite der Kostenfunktion neben den Outputmengen die Faktor**preise** - sowie im Falle einer kurzfristigen Kostenfunktion die Mengen der fixen Faktoren -, die bei vollkommener Konkurrenz auf den Faktormärkten als **exogen** gegeben vorausgesetzt werden können.

Die empirische Ermittlung von Kostenfunktionen kann der Beantwortung einer Reihe von wichtigen ökonomischen Fragestellungen dienen:

1) Aus dem Verlauf der Kostenfunktion kann man die Art der **Skalenerträge** feststellen und Aussagen über die optimale Betriebsgröße ableiten. Dies ist von wirtschaftspolitischer Bedeutung, da der Krankenhaussektor in Deutschland und einigen anderen Ländern staatlich reguliert ist und die Krankenhäuser ihre eigene Bettenzahl nicht selbst festlegen dürfen.

2) Aus der Ableitung der Kostenfunktion nach der Anzahl der Patienten eines bestimmten Falltyps lassen sich die **Grenzkosten der Behandlung** dieses Patiententyps ablesen. Diese Information kann zur Berechnung von Preisen im Rahmen leistungsorientierter Vergütungsformen (s.u., Abschn. 9.4.2.4) verwendet werden.

3) Aus der Höhe der Residuen einer Kostenschätzung, also der Differenz zwischen tatsächlichen und geschätzten Kosten für die verschiedenen Krankenhäuser, können Aussagen über deren **relative Wirtschaftlichkeit** gewonnen werden. Diese können die Kontrolle der Wirtschaftlichkeit von Krankenhäusern in einem System der Kostenerstattung erleichtern.

Wie bereits erwähnt, darf diese mikroökonomische Kostenfunktion nur von drei Typen erklärender Variablen abhängen: den Outputmengen, den Faktorpreisen und (im kurzfristigen Fall) den Mengen fixer Produktionsfaktoren. Außerdem setzt ihre Schätzung voraus, daß alle Unternehmen, deren Daten in der Stichprobe enthalten sind, das Ziel der Kostenminimierung verfolgten und Abweichungen davon zufällig sind.

Diese Annahme ist bei Krankenhäusern wegen des Übergewichts öffentlicher und gemeinnütziger Träger kaum aufrechtzuerhalten, da bei fehlendem Gewinnstreben auch der Zwang zur Kostenminimierung entfällt. Daher hat *Evans (1971)* den Begriff der "behavioural cost function" (Verhaltens-Kostenfunktion) geprägt, die einfach die bei dem tatsächlich beobachteten Verhalten resultierenden Kosten erklären soll. Diese Funktion darf dann auch Determinanten wie die Art der Trägerschaft oder die Organisationsform des Krankenhauses oder auch die Form der Vergütung von Krankenhausleistungen enthalten, die auf die Minimalkosten keinen Einfluß haben dürften, mit deren Hilfe man aber systematische Abweichungen vom Kostenminimum zu erklären hofft.

Eine typische **Verhaltens-Kostenfunktion** hat dann etwa die Form

$$C = C(X_1, \ldots, X_m; Y; Z; W; T; D_1, \ldots, D_n) , \tag{9.1}$$

6. Dies ist ein zentrales Ergebnis der Dualitätstheorie [vgl. etwa *Diewert (1974)*].

wobei C die Gesamtkosten des Krankenhauses bezeichnet, $X_1, \ldots, X_m$ den Vektor der Fallzahlen in m verschiedenen Patientengruppen, Y die Zahl der Pflegetage, Z die Bettenzahl, W ein Maß für das Faktorpreisniveau, T die Trägerschaft und $D_1, \ldots, D_n$ weitere Merkmale des Krankenhauses bezeichnet. Werden die Aktivitätsvariablen $X (\equiv \sum X_i)$, Y, und Z sowohl in linearer als auch in quadratischer Form einbezogen, so können damit Skaleneffekte erfaßt werden. Aus ökonometrischen Gründen werden ferner zur Gewinnung einer Schätzgleichung beide Seiten von (9.1) durch die Fallzahl X dividiert[7], und somit werden die **Kosten je Fall** zur abhängigen Variablen.

Aus der Fülle von Ergebnissen der zahlreichen bislang in der Literatur präsentierten Schätzungen von Krankenhaus-Kostenfunktionen[8] soll hier nur eine Studie näher betrachtet werden, die von *Breyer, Paffrath, Preuss und Schmidt (1988)* anhand von Daten aus 614 bundesdeutschen Krankenhäusern aus dem Jahr 1983 durchgeführt wurde. Als Maß für die Fallmischung wurden die Anteile der Patienten in 110 Gruppen der ICD-Klassifikation herangezogen. Die Ergebnisse einer Kleinstquadrat (OLS-)-Schätzung der Gleichung für die Kosten je Fall sind in der Tabelle 9.2 zusammengefaßt. Multipliziert man zur Erleichterung der Interpretation beide Seiten der Schätzgleichung nachträglich wieder mit der Fallzahl X, so erhält man die folgende Gleichung für die Gesamtkosten:

$$\begin{aligned} C = {} & -559.412 + 600{,}64 \cdot X - 0{,}031 \cdot X^2 + 20.552 \cdot Z \\ & + 42{,}65 \cdot Z^2 + 119{,}56 \cdot Y + 12{,}09 \cdot XY - 0{,}789 \cdot XZ - 246{,}31 \cdot YZ \\ & + \hat{\alpha}\,(K + D) \cdot X, \end{aligned} \tag{9.2}$$

wobei in der Größe K alle krankenhausspezifischen Charakteristika und in D die diagnostischen Variablen zusammengefaßt sind und $\hat{\alpha}$ die dazugehörigen Regressionskoeffizienten bezeichnet.

Die Ergebnisse lassen sich wie folgt interpretieren:

1. ***Skalenerträge:*** Gemessen an den insignifikanten Koeffizienten von X^2 und Z^2 lassen sich keine Abweichungen von konstanten Skalenerträgen nachweisen, so daß es keine eindeutige optimale Betriebsgröße zu geben scheint.

2. ***Grenzkosten:*** Die Grenzkosten der Vorhaltung eines Bettes können mittels der partiellen Ableitung von (9.2) nach Z ermittelt werden:

$$\frac{\partial C}{\partial Z} = 20.552 + 85{,}3 \cdot Z - 0{,}789 \cdot X - 246{,}31 \cdot Y \tag{9.3}$$

---

7. Diese Maßnahme dient der Vermeidung von Heteroskedastizität (diese liegt vor, wenn die Streuung der Residuen systematisch mit einer der erklärenden Variablen variiert), denn mit der Größe eines Krankenhauses wächst i.a. die Varianz der Gesamtkosten.
8. Detaillierte Überblicke über den bis dahin vorliegenden Stand der Literatur geben *Cowing, Holtman und Powers (1983)* und *Breyer (1986)*.

Tab. 9.2: OLS-Schätzergebnisse für Krankenhauskosten

abhängige Variable: Krankenhauskosten je Fall: *C/X*		
unabhängige Variable	**Schätzkoeffizient[a)]**	**Standardfehler**
Konstante	600,64**	(187,57)
$1/X$	-559.412**	(71.244)
X	-0,031	(0,059)
Z/X	20.552**	(6.919)
Z^2/X	42,65	(95,03)
Y/X	119,56**	(25,41)
Z	-0,789	(4,15)
Y	12,09	(15,56)
$Z \cdot Y/X$	-0,246	(353,10)
öffentlicher Träger	219,74*	(103,94)
freigemeinnütziger Träger	-113,86	(101,03)
Einwohnerzahl des Standorts	20,93*	(8,22)
akadem. Lehrkrankenhaus	-54,87	(68,47)
Anteil Notfälle	40,51	(236,75)
Anteil erhaltener Verlegungen	710,15	(903,22)
Pflegetage im Einbettzimmer	-183,94*	(77,13)
Pflegetage im Zweibettzimmer	-28,67	(35,10)
(+ 30 Faktoren für die Fallmischung, davon: 6 signifikant auf dem 1%- Niveau; 5 signifikant auf dem 5%- Niveau)		
$\overline{R^2} = 0,747$		

a) ** = Schätzkoeffizient signifikant auf dem 1%- Niveau
* = Schätzkoeffizient signifikant auf dem 5%- Niveau

Quelle: *Breyer et al. (1988)*, 84-86.

Setzt man die Stichproben-Mittelwerte ($\bar{X}$ = 6.399, $\bar{Y}$ = 60.700, $\bar{Z}$ = 299) ein, so betragen die Grenzkosten der Bettenvorhaltung DM 18.696. Bei 21.4 Fällen je Bett und Jahr sind das DM 874 je Fall (alle Preise beziehen sich auf das Jahr 1983). Die Grenzkosten eines zusätzlichen Pflegetages belaufen sich auf DM 123; das sind bei 14.2 Pflegetagen je Patient DM 1.753 je Fall; und die reinen Grenzkosten eines Falls, $\partial C / \partial X$, (bei konstanter Bettenzahl und konstanter Gesamtzahl der Pflegetage) betragen DM 1.053. Bezogen auf die gesamten Grenzkosten eines Falls von DM 3.679 kann man somit sagen, daß 28,6% auf die **fallfixen** Kosten, 47,6% auf die **Pflegekosten** und 23,7% auf die **Kosten der Bettenvorhaltung** entfallen. Die letztgenannte Zahl ist deswegen bedeutsam, weil es sich bei diesen Kosten um reine Betriebskosten handelt, in denen die Ausgaben für Investitionen noch nicht enthalten sind.

3. ***Einfluß der Krankheitsart:*** Ein erheblicher Teil der Variation in den Kosten je Behandlungsfall kann auf Unterschiede im Diagnosespektrum zwischen den Krankenhäusern zurückgeführt werden. Die entsprechenden Regressionskoeffizienten erlauben es, "teure" und "billige" Krankheitsarten zu identifizieren. Dabei schwanken die geschätzten Kosten je Behandlungsfall in den 53 häufigsten ICD-Diagnosegruppen zwischen DM 689 (für "Infektionen der Haut und des Unterhaut-Zellgewebes") und DM 9.340 (für "Sonstige Krankheiten der Atmungsorgane"), Preisbasis 1983.

4. ***Einfluß der Eigentumsrechte:*** Öffentliche Krankenhäuser weisen ceteris paribus deutlich höhere Fallkosten auf als gewinnorientierte private, was die traditionelle mikroökonomische Theorie der Eigentumsrechte bestätigt. Freigemeinnützige Häuser scheinen dagegen noch kostengünstiger zu produzieren als gewinnorientierte; diese Differenz ist jedoch statistisch nicht signifikant.

5. ***Relative Wirtschaftlichkeit:*** Vergleicht man die "Normkosten" eines Krankenhauses, d.h. die Kosten, die sich aus seinen Merkmalen, insbesondere seiner Fallmischung mit Hilfe der Schätzkoeffizienten errechnen lassen, mit den "Istkosten", d.h. seinen tatsächlichen Ausgaben, so erhält man erste Anhaltspunkte zur Beurteilung seiner relativen Wirtschaftlichkeit. Bei 15 der 614 Krankenhäuser (= 2,4%) sind die Istkosten um mehr als 30% von den Normkosten entfernt, mit maximalen Abweichungen von -41% und +91%.

9.3 Ein ökonomisches Modell des Krankenhauses

Im folgenden stellen wir ein sehr stark vereinfachtes ökonomisches Modell des Krankenhauses vor, das dazu dienen soll,

- elementare Beziehungen der Produktionstheorie auf die stationäre Behandlung von Patienten im Krankenhaus anzuwenden,

- "das Krankenhaus" als Wirtschaftssubjekt mit eigenen Zielen zu beschreiben, indem zunächst einzelne Gruppen von Akteuren im Krankenhaus mit ihren jeweiligen Präferenzen dargestellt werden,

- einen Rahmen zur formalen Analyse der Wirkungsweise alternativer Vergütungssysteme für Krankenhausleistungen in Abschnitt 9.4 zu bilden.

9.3.1 Notation und Annahmen

Wir ignorieren die Tatsache, daß es sich bei Krankenhäusern um Mehrprodukt-Unternehmen handelt, und nehmen an, daß es nur einen Typ von Patienten (Behandlungsfällen) gibt. Deren Anzahl pro Periode werde weiterhin mit X bezeichnet. Ferner stehe Z für die Bettenzahl und Y für Menge der an den Patienten erbrachten medizinischen und pflegerischen Einzelleistungen. Hierunter sei auch die Zahl der Pflegetage subsumiert. Die Qualität der stationären Behandlung, Q, hänge von der Anzahl der Einzelleistungen pro Patient ab:

$$Q = g\left(\frac{Y}{X}\right), \text{ mit } g'' < 0 \text{ und } g'\left(\frac{Y}{X}\right) \left.\begin{matrix} > \\ = \\ < \end{matrix}\right\} 0 \text{ für } \frac{Y}{X} \left.\begin{matrix} < \\ = \\ > \end{matrix}\right\} \gamma \tag{9.4}$$

d.h. die Funktion g ist konkav und nimmt bis zu einem **Sättigungsniveau** $Y/X = \gamma$ zu und danach ab. Diese Annahme läßt sich damit begründen, daß es bei medizinischen, insbesondere technischen Leistungen eine Schwelle gibt, von der an die Beanspruchung des Patienten durch den zusätzlichen Behandlungserfolg nicht aufgewogen wird.

Der Einfachheit halber fassen wir die zahlreichen verschiedenen Inputs in nur zwei Größen zusammen, nämlich (ärztliche und nichtärztliche) Arbeit, deren Einsatzmenge mit L und deren tarifmäßige Entlohnung pro Einheit mit w bezeichnet wird, und sonstige Faktoren (Kapital, Energie, medizinischer Verbrauch etc.), deren Menge durch K und deren Einkaufspreis durch r symbolisiert wird, so daß die Ausgaben des Krankenhauses durch

$$A = w \cdot L + r \cdot K \tag{9.5}$$

gegeben sind.

Diese Faktoren werden zur Vorhaltung von Betten und zur Produktion von Einzelleistungen eingesetzt, und wir unterstellen wiederum zur Vereinfachung der Analyse, daß die Faktorpreise konstant bleiben. Daraus folgt, daß für gegebene Zahl von Betten und Einzelleistungen die kostenminimierenden Faktormengen eindeutig festgelegt sind. Wir bezeichnen diese mit $L^*(Y, Z)$ und $K^*(Y, Z)$. Der Krankenhausbetrieb setze die Faktoren aber nicht notwendigerweise technisch effizient geschweige denn kostenminimierend ein, so daß für die tatsächlich eingesetzten Faktormengen gilt:

$$L = L^*(Y, Z) + L^S \tag{9.6}$$

$$K = K^*(Y, Z) + K^S \tag{9.7}$$

Das Superskript S (vom englischen Wort "Slack") weist darauf hin, daß es sich bei L^S und K^S um verschwendete Produktionsfaktoren (gemächliches Arbeitstempo bzw. sorglosen Umgang mit Material) handelt.

Die Kostenfunktion des Krankenhauses sei wie in der mikroökonomischen Theorie üblich definiert und gebe die **minimalen** Ausgaben zur Erstellung eines gegebenen Outputbündels an:

$$C = C(Y, Z) = w \cdot L^*(Y, Z) + r \cdot K^*(Y, Z) \ . \tag{9.8}$$

Dabei ist die Bettenzahl Z exogen vorgegeben, und wir bezeichnen als Fixkosten die Minimalkosten der Bereitstellung dieser Bettenzahl Z bei 0 Pflegetagen:

$$C^f = C^f(Z) = C[0, Z] = w \cdot L^*[0, Z] + r \cdot K^*[0, Z] \ . \tag{9.9}$$

Wird der Erlös R des Krankenhauses ganz allgemein als Funktion verschiedener Variablen geschrieben, so erhalten wir eine Bestimmungsgleichung, die alle denkbaren Vergütungssysteme als Spezialfälle enthält:

$$R = R(Z, X, Y, A) \ . \tag{9.10}$$

Die unter dem Symbol Y zusammengefaßten **Zwischenprodukte "Tage"** und **"Einzelleistungen"** zeichnen sich dadurch aus, daß das Krankenhaus selbst ihre Menge steuern kann. Dagegen ist die **Bettenzahl Z exogen** (durch die Aufsichtsbehörden) determiniert, und auch die Zahl der Fälle X läßt sich vom Krankenhaus nicht beliebig festlegen, da sie durch die Entscheidungen der einweisenden Ärzte, der weiterüberweisenden Krankenhäuser bzw. auch der Patienten (z.B. bei Notfällen)[9] zustandekommt. Auch bei den sogenannten Selbsteinweisungen muß zunächst einmal der Patient die Ambulanz des Krankenhauses aufgesucht haben, so daß sie sich nicht beliebig steigern lassen.

Man kann jedoch realistischerweise annehmen, daß das Krankenhaus im Wettbewerb um Patienten steht und **indirekt einen Einfluß auf die Anzahl der Einweisungen** auszuüben vermag, indem es sich bei den niedergelassenen Ärzten eine Reputation für qualitativ hochstehende Medizin bzw. bei der Bevölkerung insgesamt einen Ruf für gute Pflege erwirbt. Wir nehmen also an, daß die Patientenzahl in gewissen, exogen gegebenen Grenzen $[X_u, X_o]$ von der Behandlungsqualität abhängig ist gemäß

$$X = \varphi(Q) = \varphi\left[g\left(\frac{Y}{X}\right)\right] \quad \text{mit } \varphi' > 0 \text{ und } X_u \le X \le X_o \ . \tag{9.11}$$

Diese implizite Gleichung in X läßt sich nach X auflösen, und wir erhalten die explizite Gleichung

9. Eine Ausnahme stellen hierbei Belegkrankenhäuser dar. Deshalb gilt unsere Aussage nicht für die USA, in der das Belegsystem die Regel ist.

$$X = \begin{cases} X_u & \text{falls } f(Y) < X_u \\ f(Y) & \text{falls } X_u \leq f(Y) \leq X_o \\ X_o & \text{falls } f(Y) > X_o \end{cases} \tag{9.12}$$

$$\text{mit } 0 < f'(Y) < \frac{X}{Y}, \quad \text{sofern } \frac{Y}{X} < \gamma$$ [10].

Diese Gleichung gibt für jede Leistungsmenge die (durch die Behandlungsqualität festgelegte) Anzahl der Patienten an. Analog ergibt sich die Qualität aus der Gleichung

$$Q = g\left[\frac{Y}{X}\right] =: h(Y), \tag{9.13}$$

wobei $h'(Y) > 0$ im Falle von $X = X_o$ und $X = X_u$ trivialerweise gilt und im Falle $X = f(Y)$ ebenfalls erfüllt ist, solange $Y / f(Y) = Y/X < \gamma$ ist [11]. Diese Zusammenhänge sind graphisch in Abb. 9.3 dargestellt.

Ferner erhält man den Gewinn bzw. **Einnahmenüberschuß** für das Krankenhaus, Π, durch die bekannte Identität

$$\begin{aligned} \Pi &= R - A = R(Z, X, Y, A) - w \cdot L - r \cdot K \\ &= R(Z, X, Y, A) - C(Y, Z) - w \cdot L^S - r \cdot K^S. \end{aligned} \tag{9.14}$$

Setzt man (9.10) in (9.12) ein, so erhält man mit

$$\Pi = R\{Z, f(Y), Y, A\} - C\{Y, Z\} - w \cdot L^S - r \cdot K^S \tag{9.15}$$

eine Gleichung, die bei fester Erlösfunktion $R(.)$ und Nachfragefunktion $f(.)$ sowie exogen gegebener Bettenzahl Z eine Beziehung zwischen der Leistungsmenge Y, dem erzielbaren Gewinn Π und dem Ausmaß der Faktorverschwendung herstellt. Diese Gleichungen (9.13)

---

10. Bildet man das totale Differential der Funktion $X = \varphi[g(Y/X)]$, so erhält man nach einigen Umformungen:

$$f'(Y) = \frac{dX}{dY} = \frac{\varphi'(Q) \cdot g'(Y/X) \cdot X}{\varphi'(Q) \cdot g'(Y/X) \cdot Y + X^2}.$$

Solange $Y/X < \gamma$, ist gemäß Gleichung (9.4) $g' > 0$ und damit $f'(Y) < X/Y$.

11. Es gilt nämlich für das totale Differential von (9.13):

$$h'(Y) = \frac{dQ}{dY} = g'\left(\frac{Y}{X}\right) \cdot \frac{X - f'(Y) \cdot Y}{X^2} > 0,$$ sofern $g' > 0$ wegen $f'(Y) < X/Y$ [vgl. Gleichung (9.4)].

Abb. 9-3: Der Einfluß des Krankenhauses auf die Fallzahl (*X*)

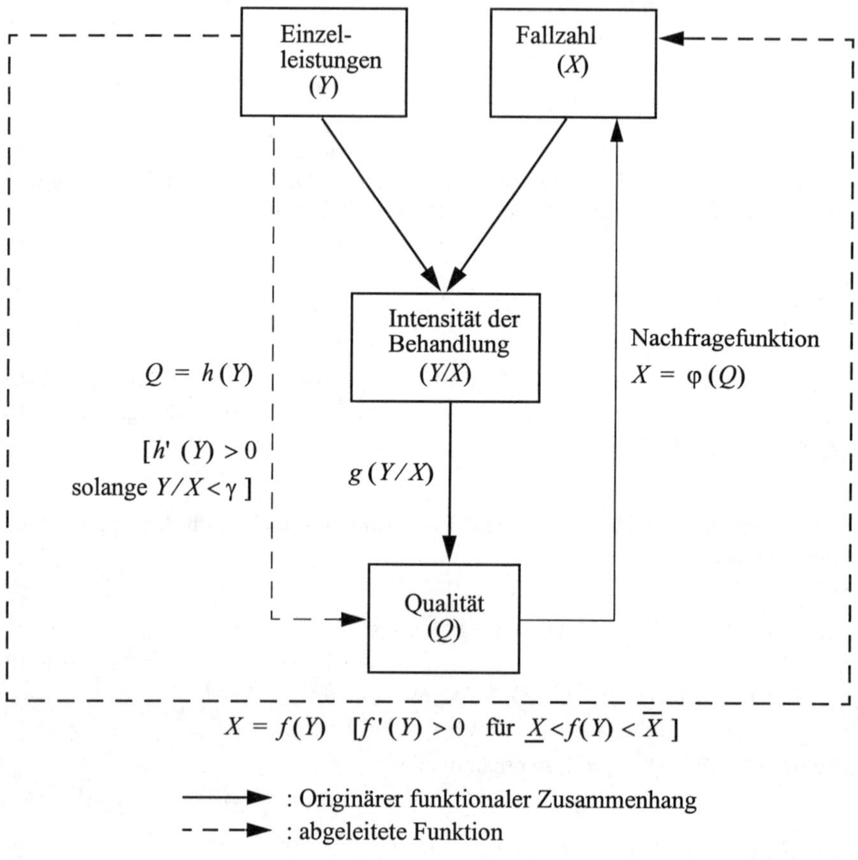

und (9.15) bilden die Nebenbedingungen, unter denen die Akteure im Krankenhaus ihre im folgenden darzustellenden Ziele verfolgen können.

Eine Aufspaltung der Erlöse, die sich für die weitere Analyse als fruchtbar herausstellen wird, ist die in **endogene** und **exogene** Erlöse. Dabei hängt die erste Erlösart nur von Größen ab, die das Krankenhaus selbst frei wählen kann, und für die zweite gilt das Umgekehrte:

$$R = R^{end}(Y, A, X) + R^{ex}(Z, X_u, X_o) \; . \tag{9.16}$$

Problematisch ist hierbei lediglich die Zuordnung der Fallzahl, die - wie angenommen - vom Krankenhaus nur in gewissen, evtl. engen Grenzen variiert werden kann. Dem ist in

Gleichung (9.16) dadurch Rechnung getragen, daß zwar die Fallzahl selbst (X) als Determinante des endogenen Erlöses aufgeführt ist, die Unter- und Obergrenzen (X_u, X_o) jedoch als Determinanten des exogenen Erlöses.

9.3.2 Die Akteure im Krankenhaus und ihre Ziele

Um die Ziele "des Krankenhauses" bestimmen zu können, ist es sinnvoll, zunächst einmal die Gruppen von Akteuren zu identifizieren, deren Interessen in die Willensbildung im Krankenhaus eingehen. Dies sind

1. die leitenden und sonstigen Krankenhausärzte,
2. die Krankenschwestern und das übrige Personal,
3. der Verwaltungsleiter,
4. der Krankenhausträger[12].

Die **Zufriedenheit von Krankenhausärzten** hängt zum einen von der Qualität der medizinischen Behandlung ab, die sie erstellen - dies könnte man die "berufsethische" Komponente ihres Zielsystems nennen, zum anderen vom erzielten Effektiveinkommen und zum dritten von ihrer Machtstellung innerhalb des Krankenhauses. Da das Gehalt von angestellten Krankenhausärzten in der Bundesrepublik Deutschland und in der Schweiz vertraglich fixiert ist, ist das Effektiveinkommen umso größer, je geringer die tatsächliche Arbeitsbelastung je Arzt ist[13], m.a.W. je größer die "Freizeit am Arbeitsplatz" ist, die wir mit dem Symbol L^S bezeichnet haben. Schließlich hängt die **Macht** der Ärzte davon ab, in welchem Maße sie durch ihre Tätigkeit die Einnahmen des Krankenhauses beeinflussen können. Wir postulieren daher für Krankenhausärzte ($Ä$) die Nutzenfunktion

$$u^{Ä} = u^{Ä}(Q, L^S, \alpha) \ , \quad \frac{\partial u^{Ä}}{\partial Q} > 0 \ , \quad \frac{\partial u^{Ä}}{\partial L^S} > 0 \ , \quad \frac{\partial u^{Ä}}{\partial \alpha} > 0 \ , \qquad (9.17)$$

wobei $\alpha := R^{end}/R$ für den Anteil der endogenen Erlöse an den Gesamterlösen steht.

Für die Schwestern und das übrige **Krankenhauspersonal** gilt ebenfalls, daß sie an einem möglichst gemächlichen Arbeitstempo interessiert sein werden, das durch L^S gemessen wird. Darüber hinaus sind in erster Linie diese Beschäftigten für den sorgsamen Umgang mit Geräten, Medikamenten und anderen Produktionsmitteln verantwortlich, der in der Regel Mühe bereitet. Das Nutzenniveau dieser Gruppe (P) wird daher auch mit der

12. Wir treffen in diesem Modell keine Unterscheidung bezüglich der Betriebsverfassung des Krankenhauses, die ja für die relative Macht und die Interessen der einzelnen Akteure eine Rolle spielen kann [vgl. dazu *Gäfgen (1990)*].
13. Eine niedrige Arbeitsbelastung kann zumindest von leitenden Ärzten auch zur ambulanten oder stationären Behandlung von Privatpatienten und damit zur Erzielung zusätzlichen Einkommens ausgenutzt werden.

Höhe des "Slack" K^S zunehmen:

$$u^P = u^P(L^S, K^S), \quad \frac{\partial u^P}{\partial K^S} > 0, \quad \frac{\partial u^P}{\partial L^S} > 0, \tag{9.18}$$

Bei den **Krankenhausträgern** sind naturgemäß kommerzielle und nicht-kommerzielle (d.h. öffentliche oder freigemeinnützige) wegen ihrer unterschiedlichen Positionen zur Gewinnerzielung zu unterscheiden. Da die erste Gruppe aber quantitativ recht unbedeutend ist[14], können wir uns hier auf die zweite Gruppe beschränken, die bezüglich des Gewinnziels in sich nahezu homogen ist: Positive Gewinne sind (bei öffentlichen Trägern) unerwünscht oder (bei freigemeinnützigen) sogar gesetzlich untersagt, während Verluste zu Konflikten mit anderen ausgabenrelevanten Zielen führen und daher auch nicht erstrebenswert sind. Die Zielfunktion hat daher auf der Dimension "Gewinn" ein **Maximum beim Wert Null**. Dies läßt sich mathematisch dadurch ausdrücken, daß der Grenznutzen des Gewinns, $\partial u^T/\partial \Pi$, das umgekehrte Vorzeichen hat wie der Gewinn Π selbst, d.h. das Produkt aus beiden Größen, $\Pi \cdot \partial u^T/\partial \Pi$, ist negativ.

Daneben sind Krankenhausträger am Prestige ihres Betriebes interessiert, das sich wiederum an der Größe und Qualität des Outputs, hier also an der Variablen Q ablesen läßt, während "Slack", also Input ohne Output, für sie nicht erstrebenswert sein kann. Die Nutzenfunktion der Krankenhausträger (T) lautet demnach:

$$u^T = u^T(Q, \Pi), \quad \frac{\partial u^T}{\partial Q} > 0, \quad \Pi \cdot \frac{\partial u^T}{\partial \Pi} < 0. \tag{9.19}$$

Bezüglich der Ziele von **Krankenhaus-Managern** gehen die Ansichten in der Literatur am meisten auseinander. Auf der einen Seite wird argumentiert, die Leistung des Managers einer nicht-kommerziellen Unternehmung werde nicht am Gewinn gemessen, dieser könne also auch nicht sein Ziel sein. In diesem Sinne wird der Nutzen des Managers mit dem Status des Krankenhauses identifiziert und dieser bisweilen sogar am Niveau der eingesetzten Inputs gemessen, was die Aufnahme von "Slack" in die Nutzenfunktion des Managers rechtfertigen würde.

Berücksichtigt man, daß der Verwaltungsleiter eines Krankenhauses in aller Regel ein an der Hochschule ausgebildeter Betriebswirt ist, so ist anzunehmen, daß zumindest er selbst seinen beruflichen Erfolg an der Höhe der erzielten Gewinne mißt. Bei chronisch defizitären Krankenhausbetrieben, die der "Sanierung" bedürfen, deckt sich dieses Interesse zudem mit dem des Trägers, und der Gewinn wird sich daher auch in Form von Prämien auf sein Einkommen auswirken.

Neben dem so definierten "Erfolg" wird der Manager jedoch auch an der Position interessiert sein, die er im Machtgefüge der Krankenhausleitung innehat. Offensichtlich ist diese wiederum umso stärker, je schärfer die **ökonomischen Zwänge** sind, denen das

14. Im Jahre 1983 standen in der Bundesrepublik Deutschland nur 3,8% aller Betten zur Behandlung Akut-Kranker in privaten Krankenhäusern [vgl. *Daten des Gesundheitswesens (1985)*, S. 250].

Krankenhaus von außen (durch die Finanzierungsinstitutionen) unterworfen ist. Pointiert ausgedrückt: Steht das Überleben des Krankenhauses auf dem Spiel, so wird der Manager als ökonomischer Experte zum Diktator. Fehlt dagegen (z.B. bei nachträglicher Erstattung aller entstandenen Kosten) jeglicher Zwang zum ökonomischen Handeln, so wird der Manager von den Ärzten zum Einkaufsleiter degradiert.

Ein guter Gradmesser für die Stärke (oder genauer: die Abwesenheit) äußeren ökonomischen Drucks ist der Anteil α der variablen, d.h. **vom Krankenhaus selbst beeinflußbaren Erlöse** R^{end}. Je größer der Anteil dieser endogenen Erlöse - die den Ärzten zugerechnet werden können -, desto schwächer ist die Machtposition des Managers. Wir postulieren daher für die Manager (M) die Nutzenfunktion:

$$u^M = u^M(\Pi, \alpha) \ , \quad \frac{\partial u^M}{\partial \Pi} > 0 \ , \quad \frac{\partial u^M}{\partial \alpha} < 0 \ . \tag{9.20}$$

Will man aus den Interessen der beteiligten Gruppen Aussagen über das Verhalten des Krankenhauses als ganzes ableiten, so muß man Annahmen über den **Willensbildungsprozeß** treffen. Wir unterstellen im folgenden, daß sich bezüglich der Variablen "Anteil der endogenen Erlöse" die Interessen des Verwaltungsleiters, der ihn minimieren will, und der Ärzte, die ihn maximieren wollen, gegenseitig blockieren. Darum erscheint α nicht als Argument der nachstehenden Zielfunktion (9.21).

Bezüglich der übrigen Variablen wird das Interesse "des Krankenhauses" ebenfalls ein Kompromiß aus den Vorstellungen der beteiligten Gruppen sein, d.h. alle Größen, die von wenigstens einer der Gruppen gewünscht werden, werden mit positivem Vorzeichen in der Zielfunktion des Krankenhauses stehen.

Was die Variable "Gewinn" betrifft, so sind wohl alle Beteiligten an der Vermeidung von Verlusten interessiert, sofern nur der Krankenhausträger zu verstehen gibt, daß er zumindest nicht auf Dauer willens oder in der Lage ist, die Verluste zu tragen. Denn in diesem Fall geht es auch um die Sicherung des Bestands des Krankenhauses und damit des eigenen Arbeitsplatzes.

Weniger klar ist die Situation, wenn sich das Krankenhaus bereits in der Gewinnzone befindet. Haben dann die Beteiligten ein Interesse, die Gewinne noch weiter zu steigern, oder werden sie eher die Kosten so lange erhöhen wollen, bis die Gewinne wieder verschwunden sind? Die Antwort auf diese Frage wird entscheidend davon abhängen, ob das Krankenhaus in der **Verwendung der Gewinne** freie Hand hat oder gesetzlichen Einschränkungen unterworfen ist.

Bei freier Verfügung könnten sie z.B. in Form von Prämien oder der Finanzierung von Fortbildungsmaßnahmen an die Mitarbeiter weitergereicht werden und würden dann ihre Motivation zu hoher Leistung und sparsamem Umgang mit den sonstigen Ressourcen fördern. Schreibt man dem Krankenhaus dagegen - wie es im seit 1985 geltenden deutschen Krankenhausrecht der Fall ist[15] - eine bestimmte Verwendung der Gewinne vor, so besteht leicht die Gefahr, daß sich diese nicht mit den Interessen der Mitarbeiter deckt und somit

---

15. In der Schweiz gibt es kein einheitliches Krankenhausrecht; die Möglichkeiten der Gewinnverwendung unterscheiden sich von Kanton zu Kanton [vgl. dazu *Zweifel (1988)*].

die Ausweisung von Überschüssen unattraktiv wird.

Nach diesen Überlegungen unterstellen wir die Zielfunktion

$$u = u(Q, \Pi, L^S, K^S) , \quad \frac{\partial u}{\partial Q} > 0 , \ \frac{\partial u}{\partial \Pi} > 0 , \ \frac{\partial u}{\partial K^S} > 0 , \ \frac{\partial u}{\partial L^S} > 0 . \qquad (9.21)$$

Bei gegebener Erlösfunktion verhält sich das Krankenhaus nun so, daß es seine Zielfunktion (9.21) unter Beachtung der Nebenbedingung (9.15) maximiert.

Folgerung 9.4: Da ein Krankenhaus ein soziales Gebilde aus verschiedenen Gruppen von Akteuren mit jeweils eigenen Interessen darstellt, stellt die "Zielfunktion" eines Krankenhauses einen Kompromiß aus den Zielen der einzelnen Gruppen dar. Positiv bewertet werden vermutlich die Behandlungsqualität, der Einnahmenüberschuß sowie das Ausmaß der brachliegenden Produktionsfaktoren.

9.3.3 Fragestellungen für die nachfolgende Analyse

Die gesundheitspolitisch relevanten Fragen, die im folgenden Abschnitt 9.4 innerhalb des beschriebenen Modellrahmens sind:

1. Wird das Krankenhaus **technisch effizient** produzieren, d.h. wird der durch L^S und K^S ausgedrückte "Slack" Null sein?

2. Entspricht darüberhinaus das gewählte Faktoreinsatzverhältnis L/K dem **effizienten Inputmix** bei gegebenem Outputbündel, $L^*(Y,Z) / K^*(Y,Z)$?

3. Wird die Zahl der Einzelleistungen je Fall so groß gewählt, daß die **maximale Behandlungsqualität** $Q = g(\gamma)$ realisiert wird und damit der marginale Einfluß der Leistung auf die Qualität Null ist, oder wird Q geringer sein?

Die Antworten auf diese Fragen werden vermutlich vom Entgeltsystem abhängen und sollen daher für verschiedene Vergütungsformen getrennt beantwortet werden. Damit wird es dann möglich sein zu beurteilen, welche Anreize zu effizientem Verhalten vom Entgeltsystem für Krankenhausleistungen ausgehen.

9.4 Vergütungssysteme und ihre Anreizwirkungen

Die Finanzierung von Krankenhausleistungen kann auf verschiedenen Wegen erfolgen, die sich schon in ihrer Grundkonzeption erheblich voneinander unterscheiden. Den einen Pol bildet das Selbstkostendeckungsprinzip, bei dem jedem Krankenhaus seine individuell entstandenen Kosten von den Kostenträgern (Krankenkassen und Krankenversicherungen sowie Selbstzahlern) erstattet werden. Am entgegengesetzten Pol steht die Bezahlung eines vorher festgesetzten Preises je Einheit einer ebenfalls vorher klar definierten "Leistung". Da sich das Entgelt im zweiten Fall jedoch nicht nach den tatsächlich entstandenen Kosten richtet, können dabei dem Krankenhaus(träger) Überschüsse oder Defizite verbleiben.

9.4.1 Das Kostendeckungsprinzip: Für und Wider

9.4.1.1 Das "Geschäft mit der Krankheit"

Da das Selbstkostendeckungsprinzip in seiner elementaren Form die Entstehung von Gewinnen und Verlusten beim Erbringer von (Gesundheits-) Leistungen verhindert, kommt es den Vorstellungen vieler Menschen von einem moralisch akzeptablen Entgeltsystem für diese Art von Leistungen entgegen. Die "Kostenerstattung" sagt nach dieser Meinung aus, daß man lediglich zurückerhält, was man selbst ausgegeben hat, während die Realisierung von Gewinnen im Gesundheitswesen bedeutet, daß man "aus der Not der Krankheit ein Geschäft machen" darf.

Dieser vereinfachenden Sicht von Ethik können verschiedene Überlegungen entgegengehalten werden, die sich zum einen auf die Kennzeichnung der "Not der Krankheit" als eines menschlichen Bedürfnisses besonderer Art, zum anderen auf die Gleichsetzung von "Gewinnen" mit "Geschäft" und "Kostenerstattung" mit "Nicht-Geschäft" beziehen.

Die **ethische Maxime**, mit der Not anderer kein Geschäft machen zu sollen, wird heute von der Mehrzahl der Menschen geteilt. Daß Krankheit eine Notsituation darstellt, ist ebenfalls völlig unbestritten. Genauso wenig läßt sich allerdings bezweifeln, daß auch Hunger, Durst, Obdachlosigkeit und Erfrieren menschliche Notlagen darstellen. Der Begriff der "Not" kann so definiert werden, daß Not immer dann vorliegt, wenn die Befriedigung eines menschlichen Grundbedürfnisses gefährdet ist[16]. Bei konsequenter Anwendung des genannten moralischen Prinzips müßte es folglich auch unethisch sein, aus der Bereitstellung von Nahrungsmitteln, Getränken, Wohnraum oder Heizmaterial Gewinne zu ziehen.

Der Bedarf an Gesundheitsleistungen unterscheidet sich zwar von anderen Grundbedürfnissen dadurch, daß er in der Regel **unvorhersehbar** eintritt und im Einzelfall ein Ausmaß annehmen kann, das die individuelle Zahlungsfähigkeit bei weitem **überschreitet**. Dieser Tatsache kann jedoch durch die Einrichtung einer - möglicherweise obligatorischen - Krankenversicherung begegnet werden, die das Risiko, Gesundheitsleistungen zu benötigen, von dem Risiko, für sie zahlen zu müssen, trennt (vgl. Abschn. 5.3 und Kap. 6). Somit trifft das geschilderte moralische Argument auf Gesundheitsgüter zumindest in den heutigen Industrieländern **weniger zu als auf die übrigen "Grundgüter"**.

Dennoch wird selten ernsthaft die Forderung erhoben, die Erwirtschaftung von Gewinnen aus der Produktion oder dem Verkauf von Nahrungsmittel, Wohnungen oder Heizöl zu verbieten; und das hat seinen guten Grund. Die Aussicht auf Gewinne ist in einem freiheitlichen Wirtschaftssystem ein wesentlicher Anreiz für potentielle Produzenten, die entsprechenden Güter herzustellen und am Markt anzubieten. Je größer die Verdienstmöglichkeiten sind, desto geringer ist die Gefahr, daß ein Mangel von der Art eintritt, daß nicht

16. Dazu können natürlich auch immaterielle Bedürfnisse zählen, deren Nicht-Befriedigung zu seelischen Notlagen führt.

alle Nachfrager die gewünschte Menge des Gutes erhalten können.

Diese theoretische Einsicht wird von der Erfahrung bestätigt: So konnte die Wohnungsnot in Deutschland trotz massiver Subventionen in diesem Bereich jahrzehntelang nicht völlig beseitigt werden. Eine plausible Erklärung dafür ist in der gesetzlichen Beschränkung der Mieten zu sehen, durch die weder die Renovierung schadhafter Häuser noch der Neubau von Wohnungen im Vergleich zu anderen Kapitalanlagen rentabel genug war.

Die Erzielung von Gewinnen kann lediglich dort moralisch bedenklich werden, wo der Mangel entweder das Ergebnis einer **künstlichen Verknappung** ist, nämlich im Falle von staatlich sanktionierten Marktzutrittsbarrieren, oder auf unvorhergesehenen, nicht versicherbaren Ereignissen wie **Naturkatastrophen** beruht. Nur hier beruht das "Geschäft mit der Not" tatsächlich auf der Ausbeutung einer nicht behebbaren Mangelsituation: Der Anbieter kann wegen des fehlenden Wettbewerbs die Preise diktieren, und die dabei erzielbaren Gewinne entfalten angesichts der bestehenden (staatlichen oder natürlichen) Barrieren auch langfristig keine Anreizwirkung zur Beseitigung des Mangels.

Darüber hinaus ist die Unterscheidung zwischen dem "Gewinn" und anderen Einkommensarten nach moralischen Kriterien äußerst fragwürdig. Betrachtet man etwa freiberuflich Tätige (z.B. Ärzte) oder genossenschaftlich organisierte Unternehmen, so läßt sich das erzielte Einkommen **nicht ohne Willkür in "Lohn" und "Gewinn" aufspalten**, weil ein "Lohn" nicht definiert ist und auch nicht ohne weiteres durch Vergleich mit anderen Berufsgruppen erschlossen werden kann. Auch die verbreitete Differenzierung zwischen kommerziellen und nicht-gewinnorientierten Unternehmen hat keine ethische Relevanz, denn letztere können durchaus in erster Linie das Ziel verfolgen, das Einkommen ihrer Beschäftigten zu mehren. Es läßt sich also keineswegs behaupten, daß nur kommerzielle Leistungserbringer "Geschäfte" machen oder an der Krankheit "verdienen".

In diesem Sinne erscheint die harmlos klingende Forderung karitativer und anderer nicht-kommerzieller Unternehmen nach einer Erstattung ihrer Selbstkosten in einem anderen Licht: Die Selbstkosten umfassen auch die Löhne und Gehälter der Mitarbeiter, und die können ja von der Unternehmung selbst festgelegt sein. Aber auch dann, wenn die Höhe der Gehälter an eine Tarifskala gebunden ist, hat die Unternehmung einen gewissen Spielraum sowohl bei der Einstufung der Mitarbeiter in die Tarifgruppen als auch bei der Gewährung von Nebenleistungen, den sie zur **Mehrung des effektiven Einkommens** je tatsächlich geleisteter Arbeitsstunde bzw. zur Schaffung angenehmer Arbeitsbedingungen bei gegebenem Einkommen ausnutzen kann.

9.4.1.2 Die Mehrdeutigkeit des Kostenbegriffs

Die zuletzt genannte Überlegung deutet auf einen weiteren naheliegenden Trugschluß in Bezug auf das Kostendeckungsprinzip hin: Der Begriff der "Kosten" suggeriert etwas Objektives, Unbeeinflußbares, das in Wahrheit nicht gegeben ist. Denn seine Interpretation ist bei weitem nicht so eindeutig, wie man vielleicht auf den ersten Blick meinen könnte.

Zum einen kann der Begriff der Kosten den Inhalt "minimale Aufwendungen zur Erstellung eines vorgegebenen Leistungsbündels" haben, was dem Kostenbegriff der mikroökonomischen Theorie entsprechen würde. Diese Kosten (im formalen Modell des Abschnitts 9.3 mit C bezeichnet) können bei gegebenem technischen Wissen und gegebenen Faktorpreisen von der betrachteten Firma tatsächlich **nicht beeinflußt** werden. Dieser Kostenbegriff scheint z.B. dem Willen des bundesdeutschen Gesetzgebers entsprochen zu haben, als er im Krankenhaus-Finanzierungsgesetz von 1972 verfügte, die Pflegesätze sollten "die Selbstkosten eines sparsam wirtschaftenden und leistungsfähigen Krankenhauses decken".

Da sich im Einzelfall aber sehr schwer feststellen läßt, ob ein Krankenhaus sparsam gewirtschaftet hat bzw., wenn das nicht der Fall war, wie hoch die Selbstkosten bei sparsamer Wirtschaftsführung gewesen wären, bezieht sich Kostendeckung in der Praxis regelmäßig auf die tatsächlich getätigten Aufwendungen (wofür wir im formalen Modell das Symbol A verwendet haben). Diese sind jedoch ganz offensichtlich **vom Verhalten** des betrachteten Krankenhauses, insbesondere seines Managements **abhängig** und daher weder objektiv noch unbeeinflußbar, so daß ein wesentliches Argument für die ethische "Unbedenklichkeit" der Kostenerstattung entfällt.

9.4.1.3 Anreizwirkungen der Kostenerstattung

Es liegt auf der Hand, daß die Orientierung des Entgelts eines Krankenhauses an den tatsächlichen Aufwendungen keinerlei Anreiz zum sparsamen Umgang mit beschränkten Ressourcen bildet. Das Interesse des Managements richtet sich in einer solchen Situation zwangsläufig weniger darauf, Kosten zu vermeiden, als sie **nachzuweisen und zu rechtfertigen**. Dies kann mit Hilfe unseres oben entwickelten formalen Modells wie folgt gezeigt werden.

Entspricht die Gesamtvergütung R grundsätzlich den Ausgaben A, so ist wegen (9.14) der Gewinn Π definitionsgemäß immer gleich Null. Die Zielfunktion des Krankenhauses (9.21) wird demnach zu

$$u\,(Q, 0, L^S, K^S) \rightarrow max! \tag{9.22}$$

Solange keine weiteren Nebenbedingungen bestehen, kann der Nutzen durch Erhöhung der Behandlungsqualität sowie durch Ressourcenverschwendung beliebig erhöht werden. Bezüglich der Qualität ist zwar unterstellt, daß sie einen Maximalwert besitzt, der durch weitere Erhöhung der Leistungen pro Patient gemäß (9.4) nicht mehr gesteigert werden kann. Dagegen gilt dies wegen (9.6) und (9.7) nicht für den Ressourceneinsatz, und das Modell läßt die Frage offen, warum unter einem solchen Regime die **Kosten nicht ins Unermeßliche steigen**. Die Antwort dürfte in der Existenz staatlicher Aufsichtsbehörden liegen, die anhand regulatorischer Vorschriften vor allem den Personalaufwand ("Anhaltszahlen" für den Personaleinsatz je Bett) direkt limitieren.

Die in Abschnitt 9.3.3 gestellten Fragen lassen sich also für das Regime der Kostenerstattung dahingehend beantworten, daß

1. **technisch ineffizient** produziert werden wird,

2. das Faktoreinsatzverhältnis sich nach der Strenge der jeweiligen regulatorischen Vorschriften richten wird und daher eine Verschiebung **zugunsten der Sachmittel** zu vermuten ist, da sich der Personaleinsatz leichter reglementieren läßt,

3. die **maximale** Behandlungsqualität resultieren wird.

Kaum andere Wirkungen hat die Vergütung nach Plankosten anstelle von Istkosten, wie sie z.B. in der Bundesrepublik Deutschland das Krankenhaus - Neuordnungsgesetz seit 1985 vorschreibt. Hier entsteht zwar ein gewisser Anreiz zur Kostenvermeidung in der Phase der Budgetdurchführung; dafür lohnt es sich für das Krankenhaus, bei der Budgetplanung möglichst hohe Kosten nachzuweisen. Auch der zuerst genannte Anreiz zur Kostensenkung wird wieder abgeschwächt, wenn das Krankenhaus befürchten muß, daß diese bei der Budgetplanung für die kommenden Periode berücksichtigt wird: Einmalige Einsparerfolge können somit zu einer dauerhaften Einnahmeschmälerung führen.

Aus diesen Überlegungen folgt, daß eine Vergütung nach dem Selbstkostendeckungsprinzip in **diametralem** Gegensatz zum Ziel steht, **Anreize zur Wirtschaftlichkeit** zu vermitteln. Der Versuch, z.B. durch "Anhaltszahlen" Wirtschaftlichkeit auf dem Verordnungsweg zu erreichen, ist kontraproduktiv, da er die zum Wirtschaften notwendige Dispositionsfreiheit einengt: Kostensenkende Substitution zwischen Produktionsfaktoren wird durch solche starren Vorgaben verhindert.

Darüber hinaus ist die simple Erstattung der angefallenen Kosten nicht leistungsgerecht, da ja hierbei weder die Zusammensetzung der Patientenschaft nach Krankheitsart, Alter oder anderen Merkmalen noch irgendwelche sonstigen Indikatoren für die "Leistung" des Krankenhauses eine Rolle spielen. Dieser Effekt vermindert sich auch nicht bei dem in der Bundesrepublik Deutschland vollzogenen Übergang von der Erstattung der Istkosten zu der der Plankosten im Rahmen eines vorher zu kalkulierenden Budgets, denn Budgetansätze werden in der Regel durch Fortschreibung vergangener Budgets gewonnen. Historisch überkommene Unterschiede in der Vergütung zwischen verschiedenen Krankenhäusern, die im Widerspruch zum Ziel der Leistungsgerechtigkeit stehen, werden damit zementiert.

Aus unseren Überlegungen ergibt sich die

Folgerung 9.5: Eine Vergütung von Krankenhausleistungen nach dem Selbstkostendeckungsprinzip läßt sich nicht zwingend aus anerkannten ethischen Grundsätzen ableiten und verstößt zudem sowohl gegen das Ziel der Vermittlung von Anreizen zur Wirtschaftlichkeit als auch gegen das Prinzip der Leistungsgerechtigkeit.

9.4.2 Leistungsorientierte Entgeltformen

Den Gegenpol zur Kostenerstattung bilden Entgeltformen, die sich dadurch auszeichnen, daß sie die Zahlung eines Preises je Einheit einer vorher festgelegten Leistungseinheit vorsehen. Durch die Entkopplung der Einnahmen von den Ausgaben entsteht die Möglichkeit für das Krankenhaus, daß Gewinne oder Verluste auftreten (und zwar nicht nur dadurch, daß man sich bei der Kalkulation des Budgets "verrechnet").

Leistungsorientierte Entgeltformen sind in einer Vielzahl von Ausgestaltungen denkbar, die sich in folgenden Beziehungen voneinander unterscheiden können:

1. der Wahl der Abrechnungseinheit, nach der die "Leistung" gemessen werden soll,

2. dem Verfahren der Preisbestimmung ("Festsetzungsmodus"),

3. dem Geltungsbereich der Preise,

4. dem Maßstab für die Festlegung der Preishöhe.

Für jedes dieser Unterscheidungsmerkmale werden im folgenden die wichtigsten bereits erprobten oder in der Literatur vorgeschlagenen Ausprägungen vorgestellt und unter Verwendung des in Abschnitt 9.3 entwickelten formalen Modells ihre jeweiligen Auswirkungen analysiert.

In der Tabelle 9.2 sind die wichtigsten Elemente des Modells noch einmal zusammengefaßt.

9.4.2.1 Die Abrechnungseinheit

In Abschnitt 9.2.1 wurde bereits festgestellt, daß sich die "wahre" Leistung eines Krankenhauses, nämlich die Beeinflussung des Gesundheitszustands und des Wohlbefindens der Patienten sowie die "Versorgungssicherheit" der Bevölkerung, einer Messung nach objektiven Kriterien weitgehend entzieht. Beobachtbar und als Abrechnungseinheiten im Rahmen eines leistungsorientieren Entgeltsystems in Frage kommend sind eine Reihe von Größen, die in dem oben genannten Sinne nicht die Leistung eines Krankenhauses als solche abbilden, sondern als **"Zwischenprodukte"** auf dem Weg zur Mehrung von Gesundheit und Wohlbefinden anzusehen sind:

- die Anzahl der vorgehaltenen **Betten**,

- die Menge der verabreichten **Einzelleistungen** medizinischer (Operationen, Injektionen, Medikationen usw.) oder pflegerischer Art,

- die Anzahl der erbrachten **Pflegetage** ("Tage"),

- die Anzahl der behandelten **Patienten** ("Fälle"),

Die Vergütungssysteme, die sich an diesen Indikatoren orientieren, sollen im folgenden nacheinander formal auf ihre Anreizwirkungen untersucht werden[17].

---

17. Natürlich ist auch ein Entgelt aus einer Kombination verschiedener Abrechnungseinheiten vorstellbar. So könnte die Vorhalteleistung durch eine Pauschale pro Bett, die medizinische Leistung durch eine diagnosebezogene Fallpauschale und die pflegerische Leistung durch einen festen Preis je Pflegetag abgegolten werden.

Tab. 9.3: Ein ökonomisches Modell des Krankenhauses

$$Q = g\left(\frac{Y}{X}\right), \quad \text{mit} \quad g'' < 0 \quad \text{und} \quad g'\left(\frac{Y}{X}\right) \quad \begin{matrix} > \\ = \\ < \end{matrix} \quad 0 \quad \text{für} \quad \frac{Y}{X} \begin{matrix} < \\ = \\ > \end{matrix} \gamma \tag{9.4}$$

$$A = w \cdot L + r \cdot K \tag{9.5}$$

$$L = L^*(Y, Z) + L^S \tag{9.6}$$

$$K = K^*(Y, Z) + K^S \tag{9.7}$$

$$C = C(Y, Z) = w \cdot L^*(Y, Z) + r \cdot K^*(Y, Z) \tag{9.8}$$

$$C^f = C^f(Z) = C[0, Z] = w \cdot L^*[0, Z] + r \cdot K^*[0, Z] \tag{9.9}$$

$$X = \varphi(Q) = \varphi\left[g\left(\frac{Y}{X}\right)\right] \quad \text{mit} \quad \varphi' > 0 \quad \text{und} \quad X_u \leq X \leq X_o \tag{9.11}$$

$$\Pi = R\{Z, f(Y), Y, A\} - C\{Y, Z\} - w \cdot L^S - r \cdot K^S \tag{9.15}$$

$$R = R^{end}(Y, A, X) + R^{ex}(Z, X_u, X_o) \tag{9.16}$$

$$u = u(Q, \Pi, L^S, K^S), \quad \frac{\partial u}{\partial Q} > 0, \quad \frac{\partial u}{\partial \Pi} > 0, \quad \frac{\partial u}{\partial K^S} > 0, \quad \frac{\partial u}{\partial L^S} > 0 \tag{9.17}$$

Festes Budget:

$$\frac{\partial u}{\partial \Pi} \cdot \frac{\partial C}{\partial Y} = \frac{\partial u}{\partial Q} \cdot h'(Y) \tag{9.25}$$

Fallpauschale:

$$\frac{\partial u}{\partial \Pi} \cdot \left[\frac{\partial C}{\partial Y} - p_X \cdot f'(Y)\right] = \frac{\partial u}{\partial Q} \cdot h'(Y) \tag{9.28}$$

Einzelleistungs-Vergütung oder Tagessatz:

$$\frac{\partial u}{\partial \Pi} \cdot \left[p_Y - \frac{\partial C}{\partial Y}\right] = -\frac{\partial u}{\partial Q} \cdot h'(Y) \tag{9.33}$$

Tab. 9.3: Ein ökonomisches Modell des Krankenhauses (Fortsetzung)

Z:	Bettenzahl
X:	Zahl der Behandlungsfälle
X_u, X_o:	Unter- und Obergrenze der Fallzahl
Y:	Zahl der Pflegetage bzw. Menge erbrachter Einzelleistungen
Q:	Qualität der Behandlung
$\varphi\ (Q)$:	Nachfragefunktion für Fälle
L:	Arbeitseinsatz
K:	Einsatzmenge sonstiger Faktoren
w, r:	Faktorpreise
L^*, K^*:	kostenminimierende Faktormengen
L^s, K^s:	verschwendete Faktormengen
A:	Ausgaben des Krankenhauses
C:	Minimalkosten des Krankenhauses
R:	Erlöse des Krankenhauses
R^{end}, R^{ex}:	endogene bzw. exogene Erlöse
Π:	Einnahmenüberschuß des Krankenhauses
$u(\_)$:	Zielfunktion des Krankenhauses
R^f:	festes Budget
p_X:	Fallpauschale
p_Y:	Tages-Pflegesatz bzw. Vergütungssatz für Einzelleistungen

9.4.2.1.1 Festes Budget

Die erste denkbare Vergütungsform ist die Gewährung eines festen Budgets R^f, das möglicherweise an die Bettenzahl des Krankenhauses geknüpft sein kann. (Solange diese nicht vom Krankenhaus selbst gewählt werden kann, läuft dies analytisch auf dasselbe hinaus.) Als zweites Instrument stehe einer staatlichen Aufsichtsbehörde die Setzung einer Mindestqualität Q^* zur Verfügung, deren Einhaltung erzwungen werden kann. Ersetzt man ferner Q gemäß (9.13) durch $h(Y)$, so erhält man aus der Zielfunktion (9.22) und der Nebenbedingung (9.14) die Lagrange-Funktion

$$\begin{aligned}\Lambda(Y,\Pi,L^S,K^S) &= u\{h(Y),\Pi,L^S,K^S\} \\ &\quad + \mu\cdot\{R^f - C(Y,Z) - w\cdot L^S - r\cdot K^S - \Pi\}\ ,\end{aligned} \tag{9.23}$$

und die Bedingungen erster Ordnung für ein Maximum lauten

$$\frac{\partial\Lambda}{\partial\Pi} = \frac{\partial u}{\partial\Pi} - \mu = 0 \tag{9.24a}$$

$$\frac{\partial\Lambda}{\partial Y} = \frac{\partial u}{\partial Q}\cdot h'(Y) - \mu\cdot\frac{\partial C}{\partial Y} = 0 \tag{9.24b}$$

$$\frac{\partial\Lambda}{\partial K^S} = \frac{\partial u}{\partial K^S} - \mu\cdot r \le 0 \quad (=0,\ \text{falls}\ K^S>0) \tag{9.24c}$$

$$\frac{\partial\Lambda}{\partial L^S} = \frac{\partial u}{\partial L^S} - \mu\cdot w \le 0 \quad (=0,\ \text{falls}\ L^S>0) \tag{9.24d}$$

Aus (9.24a,b) ergibt sich

$$\frac{\partial u}{\partial\Pi}\cdot\frac{\partial C}{\partial Y} = \frac{\partial u}{\partial Q}\cdot h'(Y)\ , \tag{9.25}$$

und es folgt aus (9.25) wegen $\partial u/\partial\Pi$, $\partial u/\partial Q$, $\partial C/\partial Y > 0$ unmittelbar, daß im Optimum $h'(Y)$ positiv ist, d.h. daß das Krankenhaus eine geringere Menge an Einzelleistungen wählt als die, welche die Behandlungsqualität maximiert. Bei gegebenen Grenzkosten $\partial C/\partial Y$ wird dabei die gewählte Qualität umso höher (und h' umso kleiner) sein, je größer die durch $\partial u/\partial Q$ ausgedrückte "Qualitätspräferenz" relativ zur "Gewinnpräferenz" $\partial u/\partial\Pi$ ist.

Läßt sich auch bei festem Budget eine **Verschwendung von Ressourcen** in Form positiver Werte von K^S und L^S durchsetzen? Zur Beantwortung dieser Frage betrachten wir die Menge aller Vektoren (Π, L^S, K^S), die für gegebenes Budget R^f und gegebene Mindestqualität Q^* die Gleichung (9.25) erfüllen, und bezeichnen diese Menge mit $V(R^f, Q^*)$.

Falls nun alle Elemente von $V(R^f, Q^*)$ die Eigenschaft $L^S = K^S = 0$ haben, so wissen wir, daß die entsprechende Kombination aus Budgetausgaben (R^f) und Qualitätsregulierung (Q^*) das Krankenhaus zu technisch effizienter Produktion zwingt. Wir ziehen daraus die

Folgerung 9.6: Erhält das Krankenhaus ein festes Periodenbudget, so wird es eine geringere Menge an Einzelleistungen erbringen, als zur Maximierung der Behandlungsqualität erforderlich wäre. Eine Verschwendung von Produktionsfaktoren ist prinzipiell möglich; jedoch kann das Krankenhaus durch geeignete Wahl der Budgethöhe und einer Mindestqualität zu technisch effizienter Produktion veranlaßt werden.

9.4.2.1.2 Die Fallpauschale

Die Entgeltform, die der Bemessungsgrundlage "Fälle" entspricht, ist die Fallpauschale. Sehen wir zunächst von der Heterogenität innerhalb des Patientenspektrums ab und nehmen wir an, das Krankenhaus erhalte für jeden Behandlungsfall den gleichen Festbetrag p_X. Dadurch präzisiert sich die Nebenbedingung (9.14) zu

$$\begin{aligned}\Pi &= p_X \cdot X - C(Y,Z) - w \cdot L^S - r \cdot K^S \\ &= p_X \cdot f(Y) - C(Y,Z) - w \cdot L^S - r \cdot K^S ,\end{aligned} \tag{9.26}$$

die Lagrange-Funktion (9.23) für die Nutzenmaximierung wird zu:

$$\begin{aligned}\Lambda(Y, \pi, L^S, K^S) = {} & u\{h(Y), \Pi, L^S, K^S\} \\ & + \mu \cdot \{p_X \cdot f(Y) - C(Y,Z) - w \cdot L^S - r \cdot K^S - \Pi\} ,\end{aligned} \tag{9.27}$$

und die Marginalbedingung (9.25) wird ersetzt durch

$$\frac{\partial u}{\partial \Pi} \cdot \left[\frac{\partial C}{\partial Y} - p_X \cdot f'(Y)\right] = \frac{\partial u}{\partial Q} \cdot h'(Y) . \tag{9.28}$$

Aus Abschnitt 9.3.1 wissen wir, daß f' und h' dasselbe Vorzeichen haben. Wegen $\partial u/\partial \Pi$, $\partial u/\partial Q > 0$ kann Bedingung (9.28) daher nur dann erfüllt sein, wenn f' und h' positiv sind, der Ausdruck in der eckigen Klammer aber größer ist als Null. Das bedeutet: Das Leistungsniveau wird so hoch angesetzt, daß die **Vergütung** für die zusätzlich angelockten Patienten die **Grenzkosten nicht deckt**. Es überschreitet jedoch nicht den Punkt maximaler Qualität. Im Vergleich zur Optimalbedingung bei festem Budget, (9.25), kommt hier auf der linken Seite ein negativer Term, $-p_X \cdot f'(Y)$, hinzu, so daß die Gleichheit der beiden Seiten nur dann erfüllt bleiben kann, wenn $\partial C/\partial Y$ in diesem Fall größer und/oder $h'(Y)$ kleiner ist als bei festem Budget. Aus der Konvexität der Kostenfunktion und der Konkavität der Produktionsfunktion für Qualität, $h(Y)$, folgt sofort, daß bei einer Fallpauschale eine **größere Menge an Einzelleistungen** erbracht wird als bei festem Budget.

Bezüglich der Möglichkeit einer Verschwendung von Ressourcen gilt das gleiche wie für ein festes Budget: Eine Kombination aus niedriger Fallpauschale p_X und hoher Mindestqualität Q^* zwingt das Krankenhaus, technisch effizient zu produzieren. Wir ziehen also die

Folgerung 9.7: Der Anreiz, wenige Einzelleistungen zu erbringen, ist bei der Fallpauschale schwächer als bei festem Budget. Dagegen gilt bezüglich der Möglichkeit, Faktoren zu verschwenden, für die Fallpauschale das gleiche wie für das feste Budget: Es kommt auf die Höhe der Vergütung und der regulierten Mindestqualität an.

9.4.2.1.3 Einzelleistungs-Vergütung oder Tagessatz

Diese beiden Leistungsindikatoren werden in unserem Modell analytisch nicht unterschieden; für beide steht das Symbol Y, und beide werden von den Entscheidungsträgern im Krankenhaus völlig frei gewählt. Wir unterstellen, daß die Vergütung aus einem festen Honorar p_Y je Einheit dieser "Leistung" besteht. Dann lautet die Nebenbedingung für das Maximierungskalkül des Krankenhauses

$$\Pi = p_Y \cdot Y - C(Y, Z) - w \cdot L^S - r \cdot K^S . \tag{9.29}$$

Hierdurch modifizieren sich die Lagrange-Funktion (9.23) und die Optimalbedingungen (9.24) zu

$$\begin{aligned} \Lambda(Y, \Pi, L^S, K^S) = {} & u\{h(Y), \Pi, L^S, K^S\} \\ & + \mu \cdot \{p_Y \cdot Y - C(Y, Z) - w \cdot L^S - r \cdot K^S - \Pi\} \end{aligned} \tag{9.30}$$

$$\frac{\partial \Lambda}{\partial \pi} = \frac{\partial u}{\partial \Pi} - \mu = 0 \tag{9.31a}$$

$$\frac{\partial \Lambda}{\partial Y} = \frac{\partial u}{\partial Q} \cdot h'(Y) + \mu \cdot \left[p_Y - \frac{\partial C}{\partial Y}\right] = 0 \tag{9.31b}$$

$$\frac{\partial \Lambda}{\partial K^S} = \frac{\partial u}{\partial K^S} - \mu \cdot r \leq 0 \quad (= 0, \text{ falls } K^S > 0) \tag{9.31c}$$

$$\frac{\partial \Lambda}{\partial L^S} = \frac{\partial u}{\partial L^S} - \mu \cdot w \leq 0 \quad (= 0, \text{ falls } L^S > 0) . \tag{9.31d}$$

Aus den Gleichungen (9.31c, d) ergibt sich im Fall eines inneren Optimums (mit L^S, K^S > 0) die folgende Bedingung für das optimale Ausmaß der Faktorverschwendung aus der Sicht des Krankenhauses:

$$\frac{\partial u / \partial K^S}{\partial u / \partial L^S} = \frac{r}{w}, \tag{9.32}$$

d.h. die Grenzrate der indifferenten Substitution zwischen den überflüssigen Faktormengen muß gerade dem Verhältnis ihrer Faktorpreise entsprechen. **Lediglich durch Zufall** könnte das Verhältnis der verschwendeten Faktormengen dem der effizienten entsprechen[18].

Ferner ergibt sich aus (9.31a, b):

$$\frac{\partial u}{\partial \Pi} \cdot \left[p_Y - \frac{\partial C}{\partial Y}\right] = -\frac{\partial u}{\partial Q} \cdot h'(Y) \; . \tag{9.33}$$

Will man diese Optimalbedingung interpretieren, so muß man zunächst das Vorzeichen des Ausdrucks in den eckigen Klammern festlegen. Aus Abschnitt 9.2.4 und Gleichung (9.9) wissen wir, daß Krankenhäuser typischerweise bezüglich der Einzelleistungen konstante Grenzkosten sowie positive Fixkosten aufweisen, d.h. die Kostenfunktion läßt sich durch

$$C(Y, Z) \approx C^f + c \cdot Y \qquad \text{mit } \frac{\partial C}{\partial Y} \equiv c \tag{9.34}$$

approximieren. Nimmt man plausiblerweise an, daß die Vergütungssätze p_Y so berechnet sind, daß das Krankenhaus über die Einzelleistungen einen positiven Deckungsbeitrag zu den Fixkosten erwirtschaften kann, d.h. gilt $p_Y > c$, so ist der Ausdruck in eckigen Klammern positiv, und das gleiche gilt für die gesamte linke Seite der Gleichung. Folglich muß $h'(Y)$ im Optimum kleiner als Null sein, d.h. es werden **mehr Einzelleistungen erbracht, als es zur Maximierung der Qualität erforderlich** wäre. Gesamtwirtschaftlich stellt dieses Resultat - neben der direkten Ressourcenvergeudung in Form positiver L^S, K^S - einen weiteren Typ von Ineffizienz dar.

Dieses Ergebnis gilt gleichermaßen für die Abrechnungseinheiten "Pflegetage" und "Einzelleistungen". Im ersten Falle wird es zu einer medizinisch unnötigen Ausdehnung der Verweildauer der Patienten kommen, im zweiten Fall zur Erbringung medizinisch nicht indizierter Leistungen vor allem im diagnostischen Bereich ("Polypragmasie"). Wir kommen zur

18. Diese letzte Folgerung trifft auch für die beiden zuvor untersuchten Entgeltformen "Budget" und "Fallpauschale" zu, sofern diese mit positiven Mengen verschwendeter Faktoren verbunden sind.

Folgerung 9.8: Sowohl bei einer Vergütung nach Einzelleistungen als auch einem festen Pflegesatz pro Pflegetag wird das Krankenhaus in seinem Optimum eine Menge von Einzelleistungen bzw. Pflegetagen erbringen, die jenseits des Maximums der Behandlungsqualität liegt. Darüber hinaus wird es Faktoren brachliegen lassen, und das tatsächliche Faktoreinsatzverhältnis wird in der Regel nicht dem allokativ effizienten entsprechen.

9.4.2.2 Der Preisbildungsmodus

Hier lassen sich vor allem drei verschiedene Möglichkeiten denken:

- Marktpreise,
- Verhandlungspreise und
- administrierte Preise.

Marktpreise: Hier setzt der Gesetzgeber lediglich fest, auf welche Abrechnungseinheit sich die Honorierung von Krankenhausleistungen beziehen soll, überläßt aber die Bestimmung der Entgelthöhe den Marktkräften. Aus den in Abschnitt 9.1 genannten Gründen führt diese Lösung jedoch nicht zu einer Entgelthöhe, die für eine optimale Zuteilung von Ressourcen in den Krankenhaussektor sorgt, da infolge des Versicherungsschutzes die Nachfrager keinen Anreiz haben, den - bei gleicher Leistung - kostengünstigsten Anbieter ausfindig zu machen. Anreize zur wirtschaftlichen Leistungserbringung würden damit entfallen.

Verhandlungspreis: An die Stelle des Marktmechanismus tritt das Instrument der Verhandlung zwischen einem Vertreter der Nachfrager (etwa einer Krankenkasse) und den Leistungserbringern. Für das Ergebnis von Verhandlungen spielen nun das Verhandlungsgeschick und die Machtstellung der einzelnen Partner eine ganz entscheidende Rolle. Die Machtstellung eines Teilnehmers hängt ihrerseits davon ab, ob es für den Verhandlungspartner Alternativen gibt oder nicht.

Ist etwa die gesamte Anbieterseite durch einen einzigen Repräsentanten, etwa die Landes-Krankenhausgesellschaft vertreten ("Kollektivverhandlung"), so hat sie größere Aussichten, die Interessen der Krankenhäuser durchzusetzen, als wenn die Kassen mit jedem Krankenhaus getrennt verhandeln. Im letztgenannten Fall hat ein Krankenhaus mit einer regionalen Monopolstellung eine bessere Verhandlungsposition als eines von mehreren Krankenhäusern mit vergleichbarem Versorgungsangebot in einem Ballungsgebiet.

Diese Gesichtspunkte machen es unwahrscheinlich, daß aus den Verhandlungen in unterschiedlichen Regionen mit unterschiedlicher Wettbewerbssituation Preise resultieren, die das Postulat der Leistungsgerechtigkeit erfüllen. Auch Anreize zur Wirtschaftlichkeit entfallen immer dort, wo die Anbieterseite aufgrund einer zumindest regionalen Monopolstellung die Preise diktieren kann. Denn dann wird sie dafür sorgen, daß sie mit dem entsprechenden Entgelt ohne große Anstrengungen auskommen kann.

Administrierte Preise: Es verbleibt die Möglichkeit der hoheitlichen Festsetzung der Preise durch eine mit dieser Aufgabe betraute staatliche Behörde oder ein vom Staat legitimierte Institution. Ein leistungsgerechtes, also einheitliches Entgelt für die gleiche Leistung läßt sich mit einem solchen Verfahren am besten durchsetzen. Der Begriff der "gleichen Leistung" verlangt allerdings eine weitgehende **Homogenität des entsprechenden Outputindikators**, an den das Entgelt geknüpft ist, und läßt sich somit für differenzierte Fallpauschalen eher definieren als z.B. für den tagesbezogenen Pflegesatz.

Außerdem kann man bei hoheitlicher Festsetzung der Preise am ehesten erwarten, daß die Krankenhäuser durch die Höhe des Budgets bzw. der Fallpauschale zu effizienter Produktion gezwungen werden, wie es oben (Teilabschnitte 9.4.2.1.1-2) gezeigt wurde. Dazu bedarf es allerdings noch eines Anpassungsprozesses, der sicherstellt, daß z.B. bei der Fallpauschale die Bedingung (9.28) nach einiger Zeit nicht mehr als Ungleichung erfüllt ist. Darauf werden wir im Teilabschnitt 9.4.2.4 näher eingehen.

9.4.2.3 Der Geltungsbereich der Preise

Die Preise können zum einen für jedes Krankenhaus individuell festgesetzt werden, zum anderen für alle Krankenhäuser einer Region (bzw. einer Versorgungsstufe) oder sogar überhaupt alle einheitlich gelten. Im ersten Falle gilt das im Hinblick auf Verhandlungspreise gesagte fast vollkommen analog: Das Prinzip der Leistungsgerechtigkeit der Vergütung ist verletzt, wenn verschiedene Krankenhäuser für die gleiche Leistung ein unterschiedliches Entgelt erhalten. Auch besteht bei individueller Preisfestlegung die Versuchung, sich an den individuellen Kosten eines Krankenhauses zu orientieren, womit langfristig Anreize zur Wirtschaftlichkeit verlorengehen.

Das Prinzip der Leistungsgerechtigkeit verlangt ferner, daß z.B. bei der Vergütung durch Fallpauschalen diese nicht für alle Patienten gleich hoch ist, sondern nach Krankheitsart und etwaigen weiteren Kriterien gestaffelt wird, die die Schwierigkeit der dem Krankenhaus gestellten Aufgabe ausdrücken (z.B. das Alter des Patienten). Wir haben es dann mit einer differenzierten (z.B. diagnosebezogenen) Fallpauschale zu tun.

9.4.2.4 Maßstäbe für die Preishöhe

Auch wenn eine Entgeltform oder eine Kombination von Entgeltformen gefunden ist, die die oben formulierten Ziele unter Einhaltung der Nebenbedingungen bestmöglich erfüllt, so bleibt vor allem in einem System administrativ fixierter Preise das Problem der **Bestimmung der adäquaten Entgelthöhen**.

Es wurde im vorangegangenen Abschnitt argumentiert, daß das Prinzip der Leistungsgerechtigkeit eine Differenzierung der Vergütung für dieselbe Leistung nach Krankenhäusern nicht zuläßt. Vergütungsmaßstab muß also eine für alle Krankenhäuser verbindliche, einheitliche Norm sein.

Diese Norm könnte sich prinzipiell am Nutzen stationärer Behandlung für den Patienten oder die Gesellschaft insgesamt orientieren. Auch wenn man einmal vom oben (Abschn. 9.2.1) skizzierten Problem der Messung des Behandlungserfolgs bei jedem einzelnen Patienten absieht und in jeder Fallkategorie einen typischen Heilungsverlauf unterstellt, so verbleibt das Problem, die Verbesserung des Gesundheitszustands (z.B. die durch die Behandlung gewonnenen Lebensjahre) monetär zu **bewerten**. Hierzu liegen zwar theoretische Konzepte, z.B. das der "maximalen Zahlungsbereitschaft" vor, deren Umsetzung in der Praxis jedoch noch an prohibitive Meß- und Bewertungsprobleme stößt. Insbesondere ist noch kein überzeugendes Verfahren gefunden, wie man die Betroffenen zu einer wahrheitsgemäßen Angabe ihrer Zahlungsbereitschaft veranlassen kann (vgl. Kap. 2).

Eine Grundlage für die gesuchte Norm zur Preissetzung kann man daher nur auf der Kostenseite gewinnen. Hier bietet sich der **erwartete Ressourcenaufwand** zur Erbringung der betreffenden Leistung an. Bei der diagnosebezogenen Fallpauschale etwa hieße das, die erwarteten Fallkosten eines Patienten der jeweiligen Krankheitsgruppe als Maßstab für die Preissetzung ("Kostenfestpreise") heranzuziehen.

Dieser Normbegriff muß jedoch in **zweierlei Weise präzisiert** werden: Es ist zum einen anzugeben, ob es sich um

- fiktive oder
- historisch beobachtete

Kosten handeln soll. Erstere setzen voraus, daß man die jeweils benötigten Ressourcenmengen auflisten und, mit Preisen versehen, addieren kann. Aufgrund der unter Medizinern bestehenden erheblichen Meinungsunterschiede bezüglich der adäquaten Behandlung vieler Krankheiten und der dazu erforderlichen Produktionsfaktoren dürfte diese Möglichkeit wohl ausgeschlossen sein.

Auch bei grundsätzlicher Orientierung an **tatsächlich beobachteten** Kosten verbleibt zum anderen das Problem, ob

- die minimalen oder
- die durchschnittlichen

Kosten der Erbringung einer vergleichbaren Leistung über alle Krankenhäuser der Maßstab für die Vergütung sein sollen.

Dabei erscheint von einem theoretischen Standpunkt aus das Konzept der "Minimalkosten" vorzugswürdig. Eine rigorose Beschränkung der Vergütung auf **Minimalkosten** würde jedoch für die Mehrzahl der Krankenhäuser erhebliche Einnahmeausfälle bedeuten und somit, wenn kurzfristig keine Anpassung der Ausgaben gelingt, ihre Existenz bedrohen und somit die Versorgungssicherheit der Bevölkerung gefährden.

Gegen die Zugrundelegung der durchschnittlichen Kosten einer Leistungseinheit über alle Krankenhäuser wird eingewendet, hierbei werde "Schlendrian mit Schlendrian verglichen", womit der normative Charakter des Normkostenkonzepts nicht deutlich wird. Denn nur in einem Krankenhaus mit minimalen Einheitskosten ist es denkbar, daß technisch und ökonomisch effizient produziert worden ist.

Dies bedeutet allerdings nicht, daß bei einer Anlehnung der Vergütung an die im durchschnittlichen Krankenhaus beobachteten Kosten das Wirtschaftlichkeitsziel gänzlich geopfert würde. Zum einen ergibt sich für alle mit den entsprechenden Kosten über dem

Durchschnitt liegenden Krankenhäuser der Zwang zur Einsparung, wenn Verluste vermieden werden sollen. Der Pauschalcharakter der Vergütung beläßt zudem auch bei den mit ihren Kosten unter dem Durchschnitt liegenden Krankenhäusern einen Anreiz zur Wirtschaftlichkeit. Eine zentrale **Voraussetzung** hierfür ist allerdings, daß sie an einer Gewinnerzielung interessiert sind. Diese wird umso eher erfüllt sein, je weniger die Gewinnverwendung durch staatliche Regulierung eingeschränkt ist. Dürfen Gewinne auch in Form von Prämien an Mitarbeiter ausgeschüttet werden, so ist dieser Anreiz stärker, als wenn sie investiv im Krankenhaus angelegt werden müssen.

Schließlich ist bei dem beschriebenen Entgeltverfahren ceteris paribus ein Absinken der Durchschnittskosten je Leistungseinheit über die Zeit hinweg zu erwarten, denn die Krankenhäuser mit höheren Kosten werden gezwungen sein, sich an den Durchschnitt anzupassen oder aus dem Markt auszuscheiden (bzw. sich auf die Leistungsarten zu spezialisieren, in denen sie den Durchschnitt nicht überschreiten). Durch periodische Neuberechnung des Kostendurchschnitts könnte somit die Basis der "Normkosten" näher an das Ideal der Minimalkosten herangeführt werden. Wir kommen somit zur

Folgerung 9.9: Die Kriterien Leistungsgerechtigkeit und Anreize zur Wirtschaftlichkeit lassen sich in Abwesenheit eines funktionierenden Marktmechanismus im Krankenhaussektor am ehesten in einem System administrierter Preise verwirklichen. Diese können sich an den durchschnittlichen Kosten der jeweiligen Leistungseinheit über alle Krankenhäuser orientieren; jedoch sollte ein Anpassungsprozeß dafür sorgen, daß dieser Durchschnitt sich im Lauf der Zeit an das Kostenminimum annähert. Dagegen werden Verhandlungspreise wegen der regional unterschiedlichen Wettbewerbssituation das Postulat der Leistungsgerechtigkeit weniger gut erfüllen und bei Vorliegen einer regionalen Monopolstellung auch keine Anreize zur Wirtschaftlichkeit vermitteln.

9.5 Übungsaufgaben

Übungsaufgabe 9.1:

Wieso ist ein festes Budget eine leistungsorientierte Entgeltform?

Übungsaufgabe 9.2:

Wie unterscheidet sich die Fallpauschale vom Festbudget (mit der Abrechnungseinheit "Bettenzahl") bei gleicher Nutzenfunktion und gleichen Grenzkosten im Hinblick auf das gewählte Qualitätsniveau?

9.6 Literaturhinweise

zu Abschnitt 9.2:

Breyer, F. (1986), Krankenhaus-Kostenfunktionen. Ein methodischer Überblick, in: *Zeitschrift für Betriebswirtschaft*, 56, 260-286.

Breyer, F. (1987b), The Specification of a Hospital Cost Function. A Comment on the Recent Literature, in: *Journal of Health Economics*, 6(2), 147-157.

Breyer, F., Paffrath, D., Preuss, W. und Schmidt, R. (1988), *Die Krankenhaus-Kostenfunktion. Der Einfluß von Diagnosespektrum und Bettenauslastung auf die Kosten im Krankenhaus*, Bonn: AOK-Verlag.

Cowing, T.G., Holtmann, A.G. und Powers, S. (1983), Hospital Cost Analysis: A Survey and Evaluation of Recent Studies, in: Scheffler, R.M. und Rossiter, L.F. (Hrsg.), *Advances in Health Economics and Health Services Research*, 4, Greenwich CT: JAI Press, 257-303.

Diewert, W.E. (1974), Applications of Duality Theory, in: Intriligator, M.D. und Kendrick, D.A. (Hrsg.), *Frontiers of Quantitative Economics*, Vol. II, Amsterdam: North-Holland, 106-171.

Evans, R.G. (1971), 'Behavioural' Cost Functions for Hospitals, in: *Canadian Journal of Economics*, 4, 198-215.

Fetter, R.B. et al. (1980), Case-Mix Definition by Diagnosis-Related Groups, in: *Medical Care*, 18, Supplement, 1-53.

Health Care Financing Administration (1983), *The New IDC-9-CM Diagnosis-Related Groups Classification Scheme, Grants and Contracts Report*, Baltimore: Johns Hopkins University Press.

Johannesson, M., Jönsson, B. und Borgquist, L. (1991), Willingness to Pay for Antihypertensive Therapy - Results of a Swedish Pilot Study, in: *Journal of Health Economics*, 10 (4), 451-473.

Leidl, R. (1987), *Zur fallbezogenen Spezifikation des Krankenhausprodukts. Ein methodischer und empirischer Beitrag*, Berlin: Springer.

Young, W.W. (1991), Patient Management Categories, in: Neubauer, G. und Sieben, G. (Hrsg.), *Alternative Entgeltverfahren in der Krankenhausversorgung*, Beiträge zur Gesundheitsökonomie, Band 24, Gerlingen: Bleicher, 405-426.

zu Abschnitt 9.3:

Davis, K. (1972), Economic Theories of Behavior in Nonprofit Private Hospitals, in: *Economic and Business Bulletin*, 24, 1-13.

Gäfgen, G. (1990), Betriebsverfassung, Entgeltsystem und Allokationsverhalten des Krankenhauses, in: ders., *Gesundheitsökonomie: Grundlagen und Anwendungen*, Baden-Baden: Nomos, 169-230.

Jacobs, P. (1974), A Survey of Economic Models of Hospitals, in: *Inquiry*, 11, 83-97.

James, E. und Rose-Ackerman, S. (1986), The Nonprofit Enterprise in Market Economics, in: *Fundamentals of Pure and Applied Economics*, Vol. 9. Chur: Harwood Academic Publishers.

Lee, M.L. (1971), A Conspicuous Production Theory of Hospital Behavior, in: *Southern Economic Journal*, 38, 48-58.

Newhouse, J.P. (1970), Toward a Theory of Nonprofit Institutions: An Economic Model of a Hospital, in: *American Economic Review*, 60, 64-74.

Pauly, M.V. und Redisch, M. (1973), The Not-For-Profit Hospital as a Physicians' Cooperative, in: *American Economic Review*, 63, 87-99.

Sloan, F.A. und Steinwald, B. (1980), *Insurance, Regulation, and Hospital Costs.* Lexington MA: Lexington Books.

Zweifel, P. (1988), Hospital Finance in Switzerland, in: Furubotn, E.G. und Richter, R. (Hrsg.), *Some Views on Hospital Finance: United States of America, West-Germany and Switzerland*, Center for the Study of New Institutional Economics, Saarbrücken: Occasional Papers, 1, 80-120.

zu Abschnitt 9.4:

Breyer, F. (1985), Die Fallpauschale als Vergütung für Krankenhausleistungen - Idee, Formen und vermutete Auswirkungen, in: *Zeitschrift für Wirtschafts- und Sozialwissenschaften*, 105, 743-767.

Breyer, F. (1987a), Ökonometrisch geschätzte Krankenhaus-Kostenfunktionen und ihre Verwendung in der Krankenhausvergütung, in: Gäfgen, G. (Hrsg.), *Ökonomie des Gesundheitswesens*, Berlin: Duncker / Humbolt, 287-301.

Breyer, F., Lauffer, E. und Rossels, H. (1990), *Die Kalkulation von Preisen im Krankenhauswesen - Zielsetzungen, Methoden und Auswirkungen für das christliche Krankenhaus*, Heidelberg: Forschungsstätte der Evangelischen Studiengemeinschaft.

Cleverley, W.O. (1979), Evaluation of Alternative Payment Strategies for Hospitals: A Conceptual Approach, in: *Inquiry*, 16, 108-118.

Daten des Gesundheitswesens (1989), *Schriftenreihe des Bundesministers für Jugend, Familie und Gesundheit*, Band 159, Stuttgart.

Feldstein, M.S. (1977), Quality Change and the Demand for Hospital Care, in: *Econometrica*, 45, 1681-1702.

Heeß, M. (1989), *Formen der Krankenhausvergütung. Eine mikroökonomische Analyse alternativer Systeme*. Bern: Lang.

Herder-Dorneich, P. und Wasem, J. (1986), *Krankenhausökonomik zwischen Humanität und Wirtschaftlichkeit*. Baden-Baden: Nomos.

Neubauer, G. und Demmler, G. (1991), Bausteine eines rationalen Krankenhaus-Vergütungssystems, in: Neubauer, G. und Sieben, G. (Hrsg.), *Alternative Entgeltverfahren in der Krankenhausversorgung*, Beiträge zur Gesundheitsökonomie, Band 24, Gerlingen: Bleicher, 13-42.

Neubauer, G. (1989), *Von der Leistung zum Entgelt. Neue Ansätze zur Vergütung von Krankenhäusern*, Gerlingen: Bleicher.

Robert Bosch Stiftung (1987), *Krankenhausfinanzierung in Selbstverwaltung*, Kommissionsbericht. Gerlingen: Bleicher.

Sloan, F. (1991), Erfahrungen mit dem diagnosespezifischen Entgelt von Krankenhausleistungen in den USA: Das DRG-Experiment, in: Neubauer, G. und Sieben, G. (Hrsg.), *Alternative Entgeltverfahren in der Krankenhausversorgung*, Beiträge zur Gesundheitsökonomie, Band 24, Gerlingen: Bleicher, 177-205.

KAPITEL 10

Der Arzneimittelmarkt

10.1 Problemstellung

Arzneimittel sind aus der modernen Gesundheitsversorgung nicht wegzudenken, und zwar aus mindestens drei Gründen:

1. Sie stellen eine Therapieform dar, die ohne **Verstümmelung oder Entfernung von Organen** auskommt und in einigen Fällen eine kausale (und nicht nur symptombekämpfende) Behandlung ermöglicht. Die Chemotherapie der Tuberkulose ist ein historisches Beispiel, die Impfung gegen das Aids-Virus könnte ein zukünftiges Beispiel sein.

2. Das Arzneimittel läßt sich in der Regel **dosiert einsetzen** und beim Auftreten von Nachteilen durch ein anderes ersetzen. Von den Organtransplantationen abgesehen, läßt sich dagegen ein chirurgischer Fehler nicht mehr gutmachen: Eine einmal entfernte Gebärmutter kann nicht wieder eingesetzt werden.

3. Das Arzneimittel wird im Gegensatz zu Pflegeleistungen industriell hergestellt und enthält deshalb ein besonders großes **Rationalisierungspotential** für das Gesundheitswesen. Sein Einsatz bedeutet nicht nur für Arzt und Pflegepersonal, sondern ebensosehr für den Patienten selbst eine erhebliche Zeitersparnis.

Gemessen an diesen Vorteilen erscheinen Arzneimittel auch nicht als besonders teuer. Im Durchschnitt der OECD-Länder machen die Arzneimittelausgaben nur etwa 10% der gesamten öffentlichen Gesundheitsaufwendungen aus, verglichen mit 12% um 1970 [vgl. *OECD (1987)*]. Dieser Anteil liegt in der BR Deutschland etwas höher, nämlich bei rund 15%; ein Grund dafür könnte im recht umfassenden Einschluß des Medikaments in den Leistungskatalog der Krankenversicherung sein, im Gegensatz etwa zu den USA. Seit 1970 ist allerdings auch in Deutschland der Anteil der Arzneimittel an den öffentlichen Gesundheitsaufwendungen leicht rückläufig [vgl. *Sachverständigenrat (1987)*, S. 68]. Demgegenüber wenden die OECD-Länder heute im Mittel mehr als die Hälfte des Gesundheitsbudgets für die stationäre Versorgung, zur Hauptsache also für die Krankenhäuser, auf.

Vor diesem Hintergrund erscheint es auf den ersten Blick erstaunlich, daß sich die Hersteller von Arzneimitteln in fast allen westlichen Staaten ziemlich umfassender Kritik ausgesetzt sehen. Beginnend mit den Leistungen ihrer Produkte lassen sich zur Hauptsache vier Kritikpunkte unterscheiden:

1. Viele Arzneimittel werden als **unnütz, ja sogar schädlich** gebrandmarkt. Als besonders bedenklich müßte zudem gelten, daß von den 14 Wirkstoffen, die 1988 neu in den deutschen Markt eingeführt wurden, nur gerade drei durch den Bundesverband der Allgemeinen Ortskrankenkassen als neuartig und therapeutisch relevant eingestuft wurden [vgl. *Schwabe und Paffrath (1989*), S. 6]. M.a.W., beinahe 80% der ohnehin nicht sehr zahlreichen Neueinführungen gelten als marginale Veränderungen bereits bekannter Wirkstoffe, als sog. "me too"-Präparate.

2. Die **Werbeaufwendungen** werden weithin als übertrieben angesehen. Tatsächlich machten "Werbung und Information" in den frühen siebziger Jahren nicht weniger als 19% des über öffentliche Apotheken erzielten Umsatzes in der BR Deutschland aus [vgl. *Oberender (1984*), S. 283]. In der Schweiz betrug dieser Anteil Mitte der achtziger Jahre etwa 20%, für die Werbung allein wurden 9%, für Forschung und Entwicklung dagegen 7,5% ausgegeben [vgl. *Pharma Information (1989*), S. 39]. Der Werbeaufwand der Automobilhersteller in der BR Deutschland lag 1980 demgegenüber zwischen 0,2% (Daimler-Benz) und 4,6% (Toyota) des Umsatzes [vgl. *Berg (1984*), S. 207].

3. Auch die Produktionsverfahren der pharmazeutischen Industrie geraten immer wieder unter Beschuß, insbesondere die **Tierversuche** bei der Erprobung neuer Wirkstoffe sowie - als Teil der chemischen Industrie - die Belastung der Umwelt mit **Sondermüll**.

4. Als Ergebnis hoher Umsätze aufgrund **überhöhter Absatzpreise** werden die Gewinne als überhöht angeprangert. So wiesen die sieben forschenden Unternehmen, die Träger der Medizinisch Pharmazeutischen Studiengesellschaft (MPS) sind, für das Jahr 1985 eine Umsatzrendite von knapp 3%, 1986 noch von 1,6% aus [vgl. *MPS, o.D.*, S. 8]. Werte von etwa 3% sind allerdings auch schon von der Automobilindustrie über mehrere Jahre hinweg erreicht worden, wobei Einbussen um die Hälfte auch dort keine Seltenheit sind [vgl. *Berg (1984*), S. 210].

Ökonomische Überlegungen können zur Klärung der meisten dieser Kritikpunkte beitragen. Abschließende Handlungsanweisungen werden aus ihnen jedoch nur in Ausnahmefällen folgen, dies zur Hauptsache deshalb, weil das traditionelle Kriterium "Preis gleich Grenzkosten" nicht unmittelbar zur Anwendung kommen kann. Die Anbieter stehen ja miteinander nicht so sehr im Wettbewerb mit einer festen Produktpalette. Sie versuchen vielmehr, mit **Innovationen** ihr wirtschaftliches Überleben zu sichern - bis zu jenem schwer bestimmbaren Punkt, wo der erwartete Grenzertrag einer zusätzlichen Innovation ihre erwarteten Grenzkosten noch deckt.

Im folgenden soll deshalb der Werdegang eines neuen Arzneimittels - von der Planung seiner gewünschten Eigenschaften über die Markteinführung bis zur Verdrängung vom Markt - nachvollzogen werden. Den Ausgangspunkt des Abschnitts 10.2 bilden die pharmakologischen Anforderungen an eine neue Substanz, die im System der geltenden staatlichen Regulierung des Marktzutritts weitgehend darüber entscheiden, ob die Innovation weiterentwickelt wird oder nicht. Erst wenn berechtigte Hoffnung besteht, am Markt zugelassen zu werden, kann die Innovation zu einer lohnenden Investition werden.

Die Rendite einer pharmazeutischen Innovation wird im Abschnitt 10.3 untersucht. Sie hängt aber nicht zuletzt von der Ausgestaltung des Patentschutzes ab. Der Frage der optimalen Patentschutzdauer ist darum ein eigener Abschnitt 10.4 gewidmet. Spätestens nach Ablauf des Patentschutzes wird Preiswettbewerb zwischen Arzneimitteln der gleichen Diagnosegruppe möglich. Ob und wie er stattfindet, soll zum Abschluß im Abschnitt 10.5 untersucht werden.

10.2 Die Entwicklung eines neuen Arzneimittels

Die herkömmliche mikroökonomische Theorie der Nachfrage geht von einem bestehenden Gut mit festgelegten Qualitätsmerkmalen als Analyseeinheit aus. Sie eignet sich deshalb vergleichsweise schlecht zur Beschreibung von sog. Produktinnovationen. Im Gegensatz zu Prozeßinnovationen, die darauf abzielen, die Produktion eines bereits existierenden Gutes zu verbilligen, schaffen Produktinnovationen Güter mit veränderten, ja sogar gänzlich neuen Qualitätsmerkmalen. Im Zusammenhang mit der Entwicklung eines Arzneimittels spricht deshalb viel dafür, das Qualitätsmerkmal zum grundlegenden Element der Analyse zu machen, so wie dies in der sog. **Neuen Nachfragetheorie** [vgl. *Lancaster (1966, 1971); Becker (1965)*] geschieht.

10.2.1 Die Konsumtechnologie eines Arzneimittels

Im Falle eines Arzneimittels lassen sich mindestens die folgenden Qualitätsdimensionen unterscheiden [in Anlehnung an *Ruhr (1978)*, S. 67/68]:

- Erwünschte Hauptwirkung (je standardisierte Tagesdosis)
- Erwünschte Nebenwirkung
- Unerwünschte Nebenwirkung
- Wirkungsdauer im Organismus, Regelmäßigkeit des Abbaus
- Einfachheit der Handhabung (z.B. Tablette statt Spritze)
- Haltbarkeit des Arzneimittels.

Zur Konkretisierung sei ein Arzneimittel gegen Rheuma herausgegriffen. Es sei angenommen, daß die herkömmlichen Präparate zwar den Schmerz lindern (Eigenschaft c_1), ohne jedoch die Degeneration der Gelenke aufhalten und damit ihre Beweglichkeit wiederherstellen zu können (Eigenschaft c_2). Auf dem Markt befinde sich bereits das Produkt A, das je standardisierte Dosis Schmerzfreiheit während vier Stunden gewährleisten soll; seine sog. **Konsumtechnologie** ist durch den Punkt 1A der Abbildung 10-1 beschrieben. Ein Konkurrenzunternehmen sehe die Möglichkeit, mit seinem neuen Präparat die Wirkungsdauer bei gleicher Dosierung auf sieben Stunden (Punkt 1*N* der Abb. 10-1) zu steigern. Auf einem Markt mit vollständig informierten und vollumfänglich versicherten Patienten würde sich der Produzent von *N* durchsetzen können. Denn für vollversicherte Patienten (und deren Ärzte) spielen nur die Qualitätsmerkmale des Arzneimittels, nicht aber sein Preis eine Rolle.

Abb. 10-1: Konsumtechnologie von drei Rheumamitteln

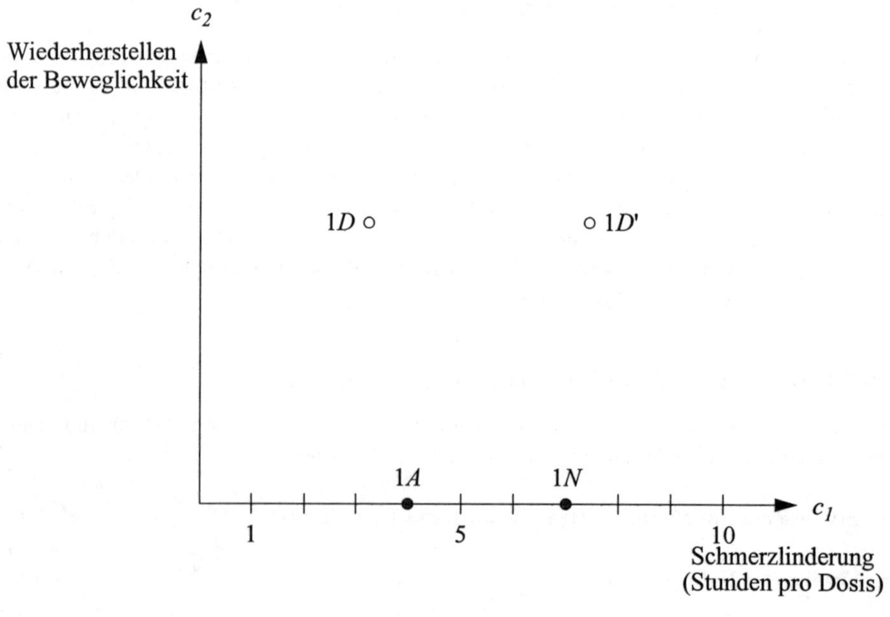

10.2.2 Regulierung des Marktzutritts durch die Zulassungsbehörde

Die bisher betrachtete Innovation *N* war insofern marginal, als sie lediglich mehr vom gleichen Qualitätsmerkmal c_1 "Schmerzfreiheit" bot. Ein Rheumatiker dürfte jedoch erhebliches Interesse an einem kausal wirkenden Arzneimittel haben, das die Beweglichkeit der Gelenke (c_2) wiederherstellen würde [vgl. *Weber et al. (1981)*]. In die Nutzenfunktion der Nachfrager gehen demnach beide Charakteristika ein. Allgemein wird eine Innovation, die ein Gut oder eine Leistung mit **zusätzlichen nachfragerelevanten Charakteristika** ausstattet, eine Durchbruch-Innovation genannt. Die Konsumtechnologie einer solchen bahnbrechenden Neuerung ist durch den Punkt 1*D* in der Abbildung 10-1 repräsentiert.

Obschon *D* einen Durchbruch darstellt, ist ihm der Marktzugang nicht gewiß. Denn in den westlichen Industrieländern entscheiden Behörden (in Deutschland das Bundesgesundheitsamt, in der Schweiz die Internationale Kontrollstelle für Heilmittel IKS, in den USA die Food and Drug Administration FDA) über die Marktzulassung einer neuen Substanz. Die Behörde könnte im Beispiel der Abbildung 10-1 geltend machen, daß das Produkt *D* nicht einmal die schmerzlindernde Wirkung von A, geschweige denn von *N* erreiche. Sie müßte die Wiederherstellung der Beweglichkeit gegen die Schmerzlinderung abwägen, und ob sie dabei die Präferenzen der Patienten richtig wiedergibt, ist eine offene Frage.

Der Marktzugang ist dem Innovator erst garantiert, wenn es ihm gelingt, **technologische Dominanz** zu erzielen (Punkt 1*D'* in Abb. 10-1), indem sein Produkt gegenüber den bestehenden Alternativen mehr von mindestens einem und nicht weniger von allen anderen Qualitätsmerkmalen bietet. Da für vollversicherte Patienten der Preis des Arzneimittels keine Rolle spielt, ist dem Innovator auch gerade der Markterfolg garantiert. Diese Gedankengänge führen zur

Folgerung 10.1: Neben marginalen ("me-too") Innovationen, die mehr von bereits vorhandenen Qualitätsmerkmalen enthalten, haben nur jene Durchbruch-Innovationen, die technologische Dominanz erzielen, einen gesicherten Marktzugang, dafür aber in einem vollversicherten Markt auch einen gesicherten Markterfolg.

10.2.3 Einfluß einer Kostenbeteiligung des Patienten

Sobald die Versicherungsdeckung der Patienten nicht vollständig ist, indem eine prozentuale Kostenbeteiligung verlangt wird (wie in der Schweiz) oder aber eine Zuzahlung über den Festbetrag hinaus, falls der Preis höher als der Festbetrag liegt (wie in Deutschland seit 1989)[1], spielen neben den Qualitätsmerkmalen die Produktpreise eine Rolle. Unter dem Preis soll im folgenden der Nettobetrag verstanden werden, der vom Versicherten je standardisierter Tagesdosis aufgewendet werden muß.

Die Entscheidungssituation des Patienten ist in der Abbildung 10-2 dargestellt unter der Annahme, daß er für die medikamentöse Behandlung den festen Betrag von 12 Geldeinheiten (*GE*) budgetiert hat. Wenn das herkömmliche Rheumamittel *A* je Dosis 3 *GE* kostet, so reicht dieser Betrag für 4 Dosen. Ist die Konsumtechnologie linear, geben diese 4 Dosen das Vierfache an Leistung einer einzigen Dosis ab; entsprechend wird in Abbildung 10-2 aus dem Punkt 1*A* der Konsumtechnologie der **wirtschaftlich relevante** Punkt 4*A*. Diese Linearitätsannahme ist in vielen Fällen nicht unproblematisch: Einerseits entfaltet vielleicht ein Arzneimittel seine Wirkung erst bei wiederholtem Gebrauch in vollem Umfang; andererseits machen manche Substanzen abhängig, so daß dieselbe Wirkung nur bei gesteigerter Dosis erzielt werden kann [vgl. *Stigler und Becker (1977)*]. Im ersten Fall kann man von einer Konsumtechnologie mit steigenden Skalenerträgen, im zweiten von einer mit fallenden Skalenerträgen (bezüglich der gewünschten Qualitätsmerkmale)

1. Am 1.1. 1989 trat in Deutschland das Gesundheits-Reform-Gesetz in Kraft. Darin wird der Bundesausschuß der Ärzte und Krankenkassen beauftragt, Preise für die Erstattung von Arzneimitteln durch die Gesetzliche Krankenversicherung festzulegen, die sich grundsätzlich am preisgünstigsten Präparat mit gleichen Wirkstoffen bzw. vergleichbarer Wirkung ausrichten. Liegt der vom Hersteller geforderte Preis über dem so festgelegten Preis (dem sog. Festbetrag), so muß der Versicherte die Differenz selbst bezahlen.

sprechen.

Das Produkt *N* ist wirksamer als *A*; wäre es gleich teuer wie *A*, so würde sich seine pharmakologische Überlegenheit ohne Einschränkung in eine wirtschaftliche verwandeln. In der Regel wird jedoch der Hersteller die höhere Zahlungsbereitschaft der Nachfrager für das **bessere Produkt mit einem höheren Preis** teilweise abschöpfen. Dieser Preis soll 4 *GE* je Dosis betragen, so daß das Budget von 12 *GE* für 3 Dosen ausreicht. Auch so dominiert das Produkt *N* das Produkt *A* auf dem Markt; vgl. die Punkte 3*N* und 4*A* der Abbildung 10-2.

Abb. 10-2: Pharmazeutische und wirtschaftliche Aspekte einer pharmazeutischen Innovation

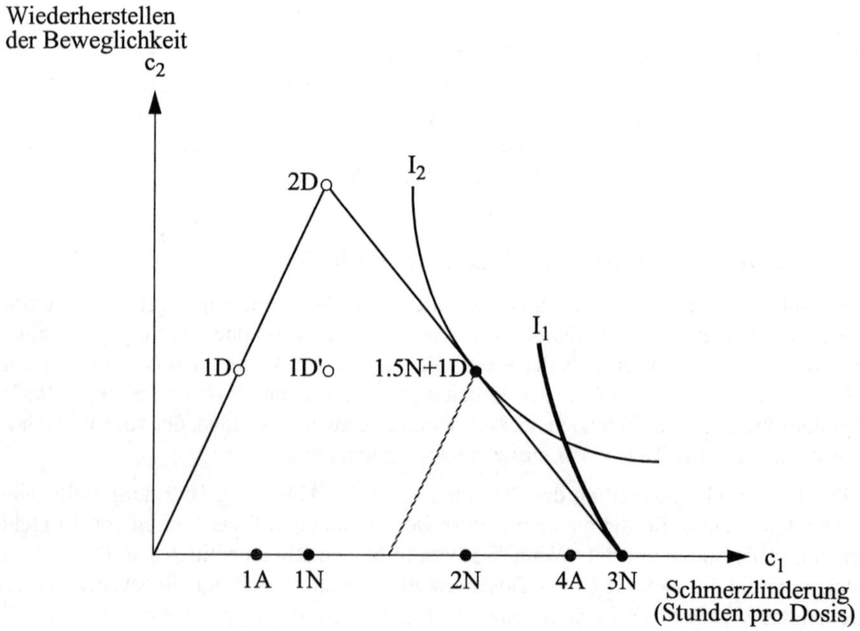

Die Durchbruch-Innovation soll mit 6 *GE* je Dosis noch teurer sein. Wenn annahmegemäß doppelte Dosis nach wie vor doppelte Leistung (also auch doppelte Beweglichkeit der Gelenke) zur Folge hat, kann der Patient mit diesem Präparat den Punkt 2*D* erreichen. Ob er bzw. sein Arzt diesen Punkt auch wirklich wählt, hängt wie in der klassischen Nachfragetheorie von den **subjektiven Präferenzen** ab. Die Indifferenzkurve I_1 der Abbildung 10-2 steht für einen Patienten, dem die Schmerzlinderung so wichtig ist, daß er sich für die marginale Innovation (Punkt 3*N*) entscheidet. Aus dem Vergleich der Punkte 3*N* und 4*A* der Abbildung 10-2 geht auch hervor, daß diese Art der Innovation (eingangs als "me too"-Präparat qualifiziert) den Nachfragern durchaus einen Vorteil bieten kann.

Von andern Patienten kann man annehmen, daß sie an der Wiederherstellung der Beweglichkeit (c_2) genügend interessiert sind, um aufgrund einer Indifferenzkurve wie I_2

zumindest eine Mischung der Arzneimittel *D* und *N* anzustreben. Das eingezeichnete Optimum ($1.5N + 1D$) kann jedoch dann nicht erreicht werden, wenn die Dosiszahl ganzzahlig sein muß (z.B. weil das Medikament in Ampullenform dargeboten wird) oder wenn eine kombinierte Einnahme negative Interaktionswirkungen zeitigen würde (z. B. wegen Unverträglichkeit der Trägersubstanzen). Sind die Nachfrager vom Typ I_2 genügend zahlreich, so könnte es sich offenbar für einen Hersteller lohnen, die Qualitätsmerkmale c_1 und c_2 **neu zu mischen** und den Preis so anzusetzen, daß sein Produkt auf die effiziente Grenze $2D3N$ zu liegen kommt. Auch wenn er damit "nur" eine marginale Produktdifferenzierung vornimmt, trägt er zur besseren Versorgung der Nachfrager bei. Dieser Vorteil ist allerdings abzuwägen gegen die **Kosten der Produktdifferenzierung** (z.B. kleinere Losgrößen in der Produktion einer gegebenen Produktvariante). Das eingangs angesprochene Problem der "übermäßigen" Produktdifferenzierung läßt sich somit auf die Tatsache zurückführen, daß der versicherte Nachfrager nur einen Teil der Kosten solcher Produktdifferenzierung zu tragen hat.

Aus der Abbildung 10-2 geht schließlich auch hervor, daß unabhängig vom Typ der Produktinnovation die nachgefragte Menge mit dem Preis variiert. Könnte der Hersteller von *A* den Preis um 50% senken, so daß der Punkt $4A$ zum Punkt $6A$ würde und damit außerhalb von $3N$ zu liegen käme, würde er die Patienten vom Typ der Indifferenzkurve I_1 an sich ziehen. Sollte umgekehrt der Innovator den (Netto-)Preis von *D* z.B. verdoppeln, so würde sich das Optimum auch für einen Patienten vom Typ I_2 in Richtung $3N$ verschieben. In einem Markt mit nur teilweise versicherten Nachfragern kann sich auch die technologisch dominante Durchbruch-Innovation als Flop erweisen. Das Produkt muß nur teuer genug sein, wie in Abbildung 10-2, wo angenommen wird, daß eine Dosis von *D'* gerade das ganze Budget von 12 *GE* beanspruchen würde. Damit kommt *D'* innerhalb der effizienten Grenze zu liegen, die von Kombinationen von *A* und *D* gebildet wird. Eine Preisreduktion könnte allerdings *D'* nicht nur zum technologisch, sondern auch ökonomisch dominanten Produkt machen. Diese Argumentation mündet in die

Folgerung 10.2: Nicht nur die Anbieter herkömmlicher Produktvarianten, sondern auch von Durchbruch-Innovationen sehen sich einer fallenden Nachfragekurve gegenüber.

10.3 Die Innovation als Investition

Auf den ersten Blick mag die Entwicklung eines neuen Arzneimittels kaum etwas mit Investitionen in Grundstücke, Gebäude oder Maschinen zu tun haben. Entscheidungen in beiden Bereichen haben jedoch eine wichtige Gemeinsamkeit: Die Aufwendungen fallen in der Gegenwart an, während die Erträge unsicher sind und in der Zukunft liegen. In diesem Abschnitt werden diese Gemeinsamkeiten herangezogen, um die Arzneimittelinnovation aus wirtschaftlicher Sicht zu charakterisieren.

10.3.1 Der zeitliche Ablauf einer Arzneimittel-Innovation

Die Entwicklung eines neuen Arzneimittels dauert zur Zeit im Durchschnitt über zehn Jahre, vom Zeitpunkt an gerechnet, wo nach tausenden von Synthetisierungsversuchen eine erfolgversprechende Substanz vorliegt. Etwa zwei Jahre nimmt die vorklinische Phase in Anspruch, in deren Verlauf aufgrund von Wochen oder Monaten dauernden Tierversuchen abgeklärt wird, ob die Substanz für eine Anwendung am Menschen überhaupt in Frage kommt. Nun folgt eine vergleichsweise kurze Phase, an deren Ende die Eigenschaften der Substanz soweit festgelegt sind, daß eine vorläufige Anmeldung beim Gesundheitsamt erfolgen kann (New Drug Application NDA bei der Food and Drug Administration FDA im Falle der USA). Mehrere Jahre nimmt sodann die klinische Entwicklung in Anspruch, die dazu dient, einerseits die Wirksamkeit, andererseits die Unbedenklichkeit des Arzneimittels auch bei längerfristigem Gebrauch nachzuweisen. Schließlich muß zuhanden der Registrierungsbehörde (des Bundesgesundheitsamtes in Berlin im Falle Deutschlands) eine Dokumentation für die Zulassung zusammengestellt werden, was gegen zwei Jahre dauert. Gleichzeitig laufen erste Tests, um allfällige Nebenwirkungen bei länger andauernder Verwendung des Arzneimittels erkennen zu können.

Dieser Prozeß hat sich **im Verlaufe der siebziger Jahre massiv verlängert** [vgl. *Walker and Parrish (1988)*]. Insgesamt nimmt er zur Zeit etwa elf Jahre in Anspruch, gegenüber knapp vier Jahren anfangs der sechziger Jahre. Diese Verlängerung läßt sich auf die Verschärfung der Zulassungsbedingungen zurückführen, wobei die USA den Vorreiter spielten. Sie stellte eine Reaktion auf die Thalidomid-Tragödie dar (Contergan in Deutschland): Hunderte von Kindern kamen mit Mißbildungen zur Welt, weil ihre Mütter dieses Schlafmittel verwendet hatten. Es ist eine Paradoxie dieser Verschärfung der Zulassungsbedingungen, daß sie wahrscheinlich **mehr Leben gekostet als gerettet** hat, weil auch wirksame neue Arzneimittel erst mit Verspätung verfügbar wurden und in der Zwischenzeit viele Menschen an (bereits behandelbaren) Krankheiten starben [vgl. *Peltzman (1973)*].

10.3.2 Erfolgswahrscheinlichkeiten und Innovationsausgaben

Bis aus einer Substanz ein neues, auf dem Markt zugelassenes Arzneimittel wird, vergehen nicht nur viele Jahre, sondern es müssen auch viele Irrwege in Kauf genommen werden. Nach Schätzungen von *Wardell, DiRaddo und Tremble (1980)* für die USA braucht es die Synthetisierung von nicht weniger als 10.000 Substanzen, um ein marktfähiges Arzneimittel zu entwickeln. Von 10.000 synthetisierten Substanzen werden nämlich bereits nur 15 bis 40 überhaupt auf Toxizität geprüft, wovon nach der langen Phase der klinischen Prüfungen wiederum nur zwei bis drei überleben. Im Zuge der Untersuchungen zur längerfristigen Toxizität geht dann diese Zahl auf eins zurück. Eine Erfolgswahrscheinlichkeit von gegen 1:10.000 wird von *Bartling und Hadamit (1982)* auch für die Bundesrepublik Deutschland geschätzt.

Frühere Schätzungen waren auf eine Erfolgswahrscheinlichkeit von immerhin 1:3.000 in den sechziger Jahren gekommen [vgl. *Vane (1964)*].

Die gleichzeitige Abnahme der Erfolgswahrscheinlichkeit und Verlängerung der Entwicklungsphase liessen die mittleren, zu 8% diskontierten Kosten der Entwicklung eines neuen Produktes von 7,5 Mio. US Dollar in den fünfziger Jahren [vgl. *Baily (1972)*] zu laufenden Preisen auf 54 Mio. in den siebziger Jahren [vgl. *Hansen (1979)*] und auf sogar 125 Mio. um 1980 [vgl. *Wiggins (1987)*] ansteigen[2]. Die neueste Schätzung beträgt rund 200

2. Die im Zeitpunkt der Markteinführung aufgelaufenen Kosten werden dabei auf den Barwert im Zeitpunkt der Entscheidung, d.h. 10 Jahre zuvor, abgezinst.

Abb. 10-3: Zahl der neuen Wirkstoffe nach Land der Ersteinführung

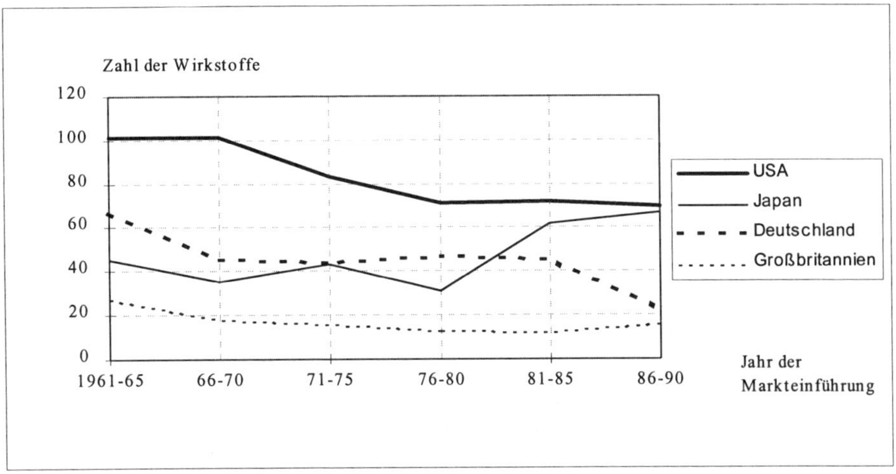

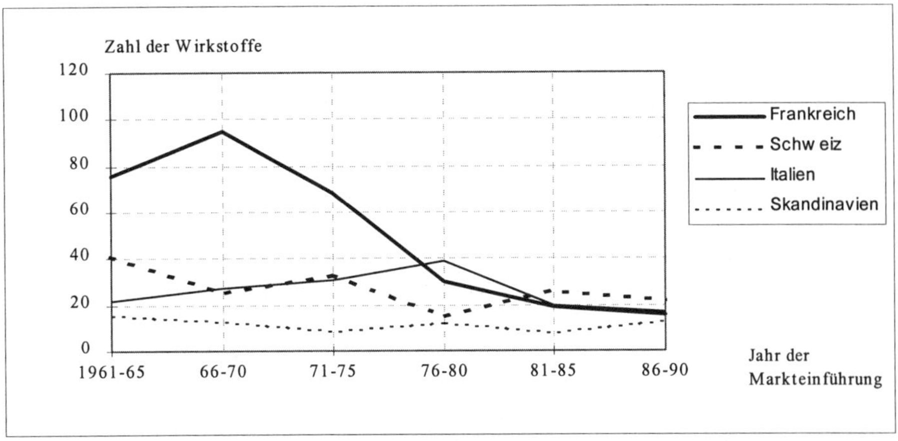

Quelle: *Reis-Arndt (1987).*

Mio US-Dollar [vgl. *DiMasi et al. (1991)*]; Sie bezieht sich auf neue Substanzen, die in den Jahren 1970-1982 getestet wurden und deren Kosten mit 8% auf das Jahr 1987 aufgezinst wurden. Da die Verkäufe in der gleichen Periode nicht gleich rasch zunahmen, ist die **Zahl der Neueinführungen in den USA, aber auch in Deutschland und Frankreich, zurückgegangen**, wie aus der Abbildung 10-3 hervorgeht.

Gut sichtbar ist die Abnahme der Lancierungen in den USA nach der Verabschiedung des verschärften Zulassungsgesetzes der USA vom Jahre 1962. Zusammenfassend kommt man zur

Folgerung 10.3: Die Arzneimittelinnovation kann als eine Investition aufgefaßt werden. Seit den frühen sechziger Jahren nehmen die damit verbundenen Aufwendungen rasch zu, und die Zahl der neu eingeführten Wirkstoffe geht weltweit tendenziell zurück.

10.3.3 Lohnen sich pharmazeutische Innovationen?

Da es sich bei Innovationen um Investitionen handelt, eignet sich das Barwertkriterium zur Abschätzung ihrer Wirtschaftlichkeit:

$$B = \sum_{t=0}^{T} \frac{R_t}{(1+r)^t} - \sum_{t=0}^{T} \frac{K_t}{(1+r)^t}. \tag{10.1}$$

In dieser Formel steht R_t für einen Einnahmestrom, der im Durchschnitt erst nach zwölf Jahren einsetzt. Der Ausgabenstrom K_t dagegen nimmt am Anfang der Forschungs- und Entwicklungsphase hohe Werte an und sinkt gegen Ende der Produktlebensdauer auf die variablen Kosten der Produktion. Ist B positiv, so trägt das Projekt zur Mehrung des Vermögens des Investors bei. Beide Ströme wie auch der für die Diskontierung zu verwendende Zinssatz r können nur für Produkte zuverlässig abgeschätzt werden, die den größeren Teil ihrer Lebensdauer hinter sich haben. Deshalb können die nachstehend genannten Schätzungen lediglich die Situation Mitte der siebziger Jahre widerspiegeln.

Während das Barwertkriterium wegen seiner Eindeutigkeit das theoretisch vorzuziehende Maß darstellt, ist der **interne Ertragssatz** populärer. Der interne Ertragssatz ist jener Zinssatz r^* in Gleichung (10.1), mit welchem das Investitionsprojekt "belastet" werden kann, so daß gerade noch ein Barwert $B = 0$ resultiert.

Joglekar und Paterson (1986) errechneten zu erwartende interne Ertragssätze von pharmazeutischen Innovationen in den USA, die 1976 begonnen wurden und damit 1988 Marktreife erreichten. Aufgrund von Trendextrapolationen bezüglich der wahrscheinlichen Umsatzentwicklung kamen sie auf eine reale interne Rendite von 6,1% nach Steuern für die durchschnittliche Innovation. Dies stimmt gut überein mit den 5,5%, die *Zweifel und Pedroni (1985)* nach gewissen Ergänzungen an einer früheren amerikanischen Schätzung von *Virts und Weston (1981)* errechneten. *Joglekar und Paterson (1986)* geben zusätzlich einen Eindruck von der **Unsicherheit**, mit der ein Investor Mitte der siebziger Jahre rechnen mußte. Da das arithmetische Mittel von einigen wenigen sehr erfolgreichen Arzneimitteln stark beeinflußt ist, liegt der Medianwert des internen Ertragssatzes weit unter dem Mittelwert von 6,1%, nämlich bei -5,5%. Die Hälfte der 218 Innovationen, die im Zeitraum 1962-1977 in den USA eingeführt wurden, werden den Autoren zufolge ihre Entwicklungskosten auch nach 36 Jahren nicht hereingeholt haben.

Auch wenn sich die Entwicklung eines neuen Arzneimittels für den Investor nicht lohnt, kann die gesamtwirtschaftliche (soziale) Rendite positiv sein. Zu den Verkaufserlösen ist zur Ermittlung der sozialen Rendite die **Konsumentenrente** dazuzuschlagen, jener Teil der durch die Innovation geschaffenen Zahlungsbereitschaft der Nachfrager, die vom Produzenten nicht mit dem Preis abgeschöpft werden kann. So errechnet *Wu (1984)* für drei pharmazeutische Innovationen interne gesamtwirtschaftliche Ertragssätze von über 25%. Dabei handelt es sich allerdings um eine Überschätzung, weil die bezahlten Arzneimittelpreise eine zu hohe Zahlungsbereitschaft des Patienten anzeigen. Dies geht aus der Abb. 10-4 hervor. Die wahre marginale Zahlungsbereitschaft des Patienten für ein Arzneimittel sei durch die Nachfragefunktion q^mM^m gegeben. Bei einer prozentualen Kostenbeteiligung von 50% (c = 0,5) am Preis verläuft die auf dem Markt beobachtete Nachfragefunktion Q^mM^m doppelt so steil. Ist beispielsweise die wahre maximale Zahlungsbereitschaft eines Patienten $q^m = 5\ GE$, so darf der Preis beim Kauf eines Arzneimittels für ihn maximal $Q^m = 10\ GE$ betragen. Aufgrund der Gleichsetzung von Grenzerlös und Grenzkosten durch den (monopolistischen) Innovator liegt der effektiv bezahlte Preis bei Q^0 [3].

Aufgrund der beobachteten Preis-Mengen-Beobachtungen wird die Nachfragefunktion Q^mM^m geschätzt und die Konsumentenrente mit der Fläche Q^0AQ^m identifiziert. Die Summe von Periodenerlös und Konsumentenrente (d.h. die Fläche OM^0AQ^m) entspricht einem typischen Summanden R_t in Gleichung (10.1), wenn es um die Berechnung eines sozialen internen Ertragssatzes geht. Der Subtrahend K_t wird durch die Fläche OM^0Dq^k unter der Grenzkostenfunktion symbolisiert; er kann aus der einzelwirtschaftlich orientierten Kalkulation übernommen werden.

Die **wahre aggregierte Zahlungsbereitschaft** für eine Arzneimittelversorgung im Umfang von M^0 ist jedoch aufgrund des Strahlensatzes nur halb so groß, nämlich OM^0aq^m. Während die Kosten unverändert bleiben, halbiert sich offensichtlich die Konsumentenrente. Wenn also *Wu (1984)* die sozialen Renditen pharmazeutischer Innovationen auf etwa 200% der privaten schätzt, so müßte dieses Verhältnis bei einer Kostenbeteiligung von 50% (die in den USA auf Arzneimitteln nicht unüblich ist) wenigstens auf 150% reduziert werden. Die Skepsis gegenüber dem sozialen Nutzen pharmazeutischer Innovationen könnte nicht zuletzt mit dieser Diskrepanz zwischen marktwirksamer und tatsächlicher Zahlungsbereitschaft zu tun haben [vgl. *Zweifel (1984)*]. Insgesamt ergibt sich die

Folgerung 10.4: Niedrigen realen internen Ertragssätzen von durchschnittlich etwa 5% für den Innovator stehen höhere soziale Renditen pharmazeutischer Innovationen gegenüber. Die Konsumentenrenten sind allerdings infolge des Versicherungsschutzes überschätzt.

10.4 Die Rolle des Patentschutzes

10.4.1 Wozu ein Patentschutz?

Der Patentschutz gewährt dem Erfinder eines Produktes oder Verfahrens ein Monopol bezüglich der wirtschaftlichen Nutzung seiner Innovation. Dieses Monopol ist zwar von beschränkter zeitlicher Dauer - z.Z. 20 Jahre in den meisten westlichen Industrieländern - paßt aber dennoch schlecht zur Richtschnur der vollständigen Konkurrenz. **Vollständige Konkurrenz** gewährleistet, daß die relativen Güterpreise gleichzeitig die relativen Grenznutzen der Güter auf Seiten der Nachfrager und die relativen Grenzkosten der Herstellung dieser Güter auf Seiten der Anbieter widerspiegeln, sich die Wirtschaft also in einem Pareto-Optimum befindet. Diese Gleichheit wird durch das Auftreten von Monopolen gestört, indem die relativen Güterpreise in der Regel von den relativen Grenzkosten abweichen. Die Vergabe von Patenten ist aus dieser Sicht für länger andauernde Abweichungen von einem optimalen Zustand der Wirtschaft verantwortlich.

Diese Sichtweise erweist sich als zu eng, sobald in die Menge der Güter nicht nur die

3. Von der Möglichkeit von Preisverhandlungen zwischen Krankenversicherern und Arzneimittelherstellern bzw. von sog. Festbeträgen (vgl. Abschn. 6.2.) wird zur Vereinfachung abgesehen.

Abb. 10-4: Wahre und beobachtbare Zahlungsbereitschaft (Kostenbeteiligung 50%)

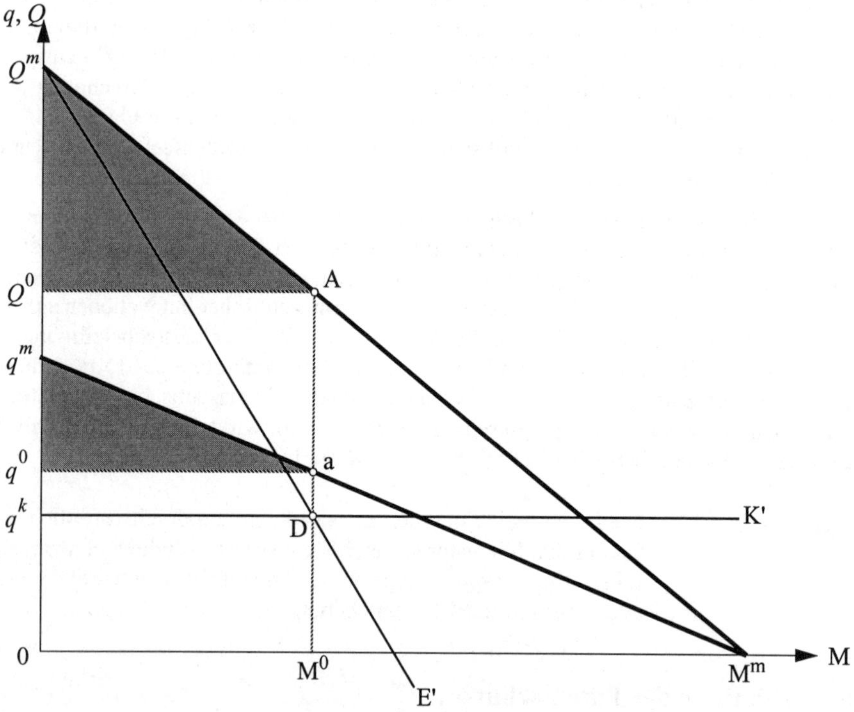

Q :	Beobachtbarer Preis des Arzneimittels
q :	Nettopreis für den Versicherten, = $c \cdot Q\,(c = 0.5)$
Q^0:	Gewinnmaximaler Preis
q^0 :	Nettopreis, der dem gewinnmaximalen Preis entspricht
q^m :	Wahre maximale Zahlungsbereitschaft (beobachtet: Q^m)
E':	Grenzerlös
K':	Grenzkosten, konstant (und gleich Durchschnittskosten)
M^m:	Sättigungsmenge
Q^0AQ^m :	Aufgrund der beobachteten Marktdaten ermittelte Konsumentenrente
q^0aq^m :	Wahre Konsumentenrente = $c \cdot Q^0AQ^m$
q^kCAQ^0 :	Produzentenrente (Gewinn)

in einem Zeitpunkt bereits vorhandenen, sondern die in Zukunft **noch zu erfindenden** Güter aufgenommen werden. Dann muß abgewogen werden zwischen dem teilweisen Verzicht auf Konsum von bereits verfügbaren Gütern und der Chance, in Zukunft ein neu entwickeltes Gut verwenden zu können. Diese Zahlungsbereitschaft für Innovationen müßte sich entsprechend in einem Zuschlag zu jenem Preis niederschlagen, der lediglich die Grenzkosten der laufenden Produktion deckt.

Der Patentschutz macht aus dem Innovator einen **Monopolisten auf Zeit**, der einen solchen Zuschlag am Markt durchsetzen kann. Dieser Zuschlag wird im allgemeinen nicht gesamtwirtschaftlich optimal ausfallen, ist doch der gewinnmaximale Preis p^* aufgrund der Gleichheit von Grenzerlös und Grenzkosten (der laufenden Produktion) gegeben durch

$$p^*(1 + 1/\eta) = K', \quad \text{und damit} \quad \frac{p^*}{K'} = \frac{1}{1 + 1/\eta}. \tag{10.2}$$

Darin stellt $\eta < 0$ die Preiselastizität der Nachfrage dar. Der Zuschlag zu den Grenzkosten p^*/K' hängt von η und damit von dem Produktionsvolumen M ab. ist damit variabel, während die Grenzkosten der Innovation einen **festen**, vom Produktionsvolumen unabhängigen Zuschlag bedingen würden.

Der Patentschutz stellt also mit Bestimmtheit eine **zweitbeste Lösung** des Problems der Innovation dar. Das Problem rührt daher, daß Innovation zur Hauptsache auf Information beruht. In der pharmazeutischen Industrie geht es um die Suche nach dem Wissen, das die Auswahl einer Wirksubstanz mit wünschbaren Eigenschaften ermöglicht. Liegt dieses Wissen, konkretisiert in einem Arzneimittel, erst einmal vor, so läßt sich durch eine chemische Analyse zu vergleichsweise geringen Kosten herausfinden, welche Wirkstoffe vorhanden sind. Das Wissen, das die Innovation ermöglicht, wird so zum öffentlichen Gut.

Weil für den Nachahmer die Innovationskosten entfallen, sind seine Durchschnittskosten bei einem niedrigeren Preis als beim Originalhersteller noch gedeckt. Er kann deshalb durch eine Preissenkung seinen Marktanteil zulasten des Originalherstellers ausweiten. Dem Innovator steht es zwar frei, seinen Preis beizubehalten, z.B. um bei der nächstfolgenden Innovation gegenüber seinen Verhandlungspartnern in Krankenversicherung und staatlichen Behörden weniger Schwierigkeiten mit der Preisbegründung zu haben. Dann wird er aber früher oder später aus dem Markt für dieses Arzneimittel verdrängt. Will er dies vermeiden, muß er den Preis auf das Niveau des Nachahmers, d.h. auf die Grenzkosten der Herstellung absenken. Eine Deckung der Forschungsaufwendungen ist so allerdings nicht möglich. Der Innovator wird in beiden Fällen zum Schluß kommen, daß sich Innovation nicht lohnt. Der Patentschutz hat demnach die zentrale Aufgabe, den Anreiz zur Innovation aufrechtzuerhalten.

10.4.2 Die Entscheidungssituation des Innovators

Wenn offenbar Patentschutz mindestens eine gangbare Lösung zur Gewährleistung des technologischen Wandels darstellt, so bleibt immer noch die Frage nach seinem Umfang und seiner Zeitdauer. Ein Arzneimittel untersteht dem Stoffschutz, d.h. patentiert wird die Wirksubstanz und nicht etwa ein Verfahren zu seiner Herstellung (Verfahrensschutz).

Damit kommt der Erfinder auch in den Genuß der Mehrerträge, die sich aus neuen Anwendungsgebieten für bereits bestehende Wirkstoffe ergeben. Bei solch umfassendem Patentschutz stellt sich die Frage nach seiner **zeitlichen Dauer** um so akuter. Im folgenden soll deshalb die optimale Patentschutzdauer in einem sehr einfachen Modell hergeleitet werden.

In der frühen Literatur [vgl. *Arrow (1962); Nordhaus (1969)*] wird unterstellt, daß der Innovator seine Erfindung bereits gemacht und dafür einen bestimmten Betrag aufgewendet hat. Er stellt die Erfindung einem Unternehmen zur Verfügung, dessen Kosten der Produktion durch die Erfindung zurückgehen. Die abzuklärende Frage bestand darin, wie lange der Benützer für die Verwendung der Erfindung bezahlen soll. Der Patentschutz wird in diesen Modellen also erst dann gewährt, wenn das neue Produkt fertig entwickelt ist. Zumindest in der pharmazeutischen Industrie werden aber Patente früh angemeldet, um von Anfang an vom Stoffschutz profitieren zu können. Zu diesem Zeitpunkt ist der **Investitionsbetrag noch nicht festgelegt**, so daß der Patentschutz seine Wirkung voll entfalten kann, die ja gerade darin besteht, die Investitionen zugunsten von Innovationen zu ermutigen.

Diese Tatsachen werden in einem von *DeBrock (1985)* entwickelten Modell berücksichtigt, das im folgenden dargestellt werden soll. Aus dem Barwertkriterium der Gleichung (10.1) geht hervor, daß eine Verlängerung des Lebenszyklus (eine Erhöhung von T) die Innovation lohnender macht. Andererseits hat eine Erhöhung der Forschungsanstrengungen (I) keinen eindeutigen Einfluß auf den Barwert der Gewinne B. Vermehrte Forschung verspricht zwar einen größeren Erfolg nach der Markteinführung und damit einen höheren Barwert der Erlöse (R). Aber auch die Kosten (C) der Entwicklung und vermutlich auch später der Produktion werden im allgemeinen mit I zunehmen. Insgesamt ergibt sich demnach für den Barwert des Gewinns aus der Innovation

$$\Pi = R(I, T) - C(I)\,. \tag{10.3}$$

Dabei steht R für den Barwert der Erlöse und C für den Barwert der Kosten. Es sollen die folgenden Annahmen gelten:

Annahme 10.1: Die Grenzerlöse einer Innovation sind stets positiv und nehmen zuerst sogar zu, weil die Innovationsanstrengungen eine gewisse Schwelle überschreiten müsse, um Erfolg zu haben.

$$R_I := \partial R / \partial I > 0$$

$$R_{II} := \partial^2 R / \partial I^2 \left\} \begin{array}{ll} > 0 & \text{für kleine Werte von I} \\ < 0 & \text{für große Werte von I} \end{array} \right.$$

Annahme 10.2: Zusätzliche Innovationsanstrengungen kosten progressiv mehr, weil sie hochspezialisierte Ressourcen benötigen.

$$C_I := \partial C / \partial I > 0, \quad C_{II} := \partial^2 C / \partial I^2 > 0$$

$$C_{III} := \partial^3 C / \partial I^3 > 0\,.$$

Annahme 10.3: Der Barwert der Erlöse nimmt mit der effektiven Patentschutzdauer zu, und zusätzliche Innovationsanstrengungen machen sich besser bezahlt, wenn die Patentschutzdauer verlängert wird. Anders gesagt: Eine Verlängerung der Patentschutzdauer macht dann viel mehr aus, wenn der Grenzertrag zusätzlicher Innovationsanstrengungen hoch ist.

$$R_T := \partial R / \partial T > 0\,,\; R_{IT} = R_{TI} := \partial^2 R / \partial I\, \partial T > 0\,.$$

Eine Verstärkung der Innovationsanstrengungen (*I*) hat also keine eindeutige Wirkung auf den Barwert der Gewinne. Einerseits versprechen zusätzliche Innovationen *I* mehr Erlöse *R*, doch auch die Kosten *C* nehmen mit *I* zu.

Die **Entscheidungsvariable** des Innovators ist die Innovationsanstrengung *I*, während die Patentbehörde die Patentschutzdauer *T* festlegen wird (vgl. auch Tab. 10.1). Der erste Schritt besteht nun darin, eine Reaktionsfunktion des Innovators herzuleiten, die anzeigt, wie er optimal mit seinem *I* auf Veränderungen von *T* reagieren wird. Zu diesem Zweck wird zuerst die notwendige Optimalbedingung bezüglich *I* hergeleitet, wobei R_I nach wie vor von T abhängt:

$$\Pi_I = R_I(T) - C_I = 0 \tag{10.4}$$

Dieses Optimum soll nun durch eine Veränderung der Patentschutzdauer dT gestört werden. Damit nach dieser Störung die notwendige Optimalbedingung wieder erfüllt ist, muß die optimale Anpassung des Innovators der Bedingung genügen

$$R_{II}dI + R_{IT}dT - C_{II}dI = 0 \tag{10.5}$$

Indem man nach dI/dT auflöst, erhält man die Steigung der Reaktionsfunktion des Innovators:

$$\frac{dI}{dT} = -\frac{R_{IT}}{R_{II} - C_{II}} > 0\,. \tag{10.6}$$

Das positive Vorzeichen von (10.6) folgt aus der Annahme 10.3 und der hinreichenden Bedingung für ein Gewinnmaximum, $\Pi_{II} = R_{II} - C_{II} < 0$. Die Reaktionsfunktion des Innovators wird in der Abbildung 10-5 graphisch hergeleitet. Die drei Grenzerlösfunktionen gelten für drei Patentschutzdauern $T_1 < T_2 < T_3$; sie steigen mit *I* zuerst an und fallen dann ab. Die Kurve C_I zeigt progressiv zunehmende Grenzkosten. Der Punkt $\tilde{Q}$ kommt als Optimum nicht in Frage, weil dort die Bedingung $R_{II} - C_{II}$ noch nicht erfüllt ist. Wegen der Konvexität der Grenzkostenfunktion ($C_{III} > 0$, vgl. Annahme 10.2) legt die Folge von Optima $\{Q^*, Q^{**}, Q^{***}\}$ eine Folge von Werten der Innovationsanstrengungen $\{I^*[T_1], I^*[T_2], I^*[T_3]\}$ fest, die in T zunimmt, doch mit einer abnehmenden Zuwachsrate. Dieser Expansionspfad erscheint als g(*T*) in der Abbildung 10-5.

Abb. 10-5: Iso-Gewinnkurven, Grenzraten der Innovationsanstrengungen und Reaktionsfunktion des Innovators

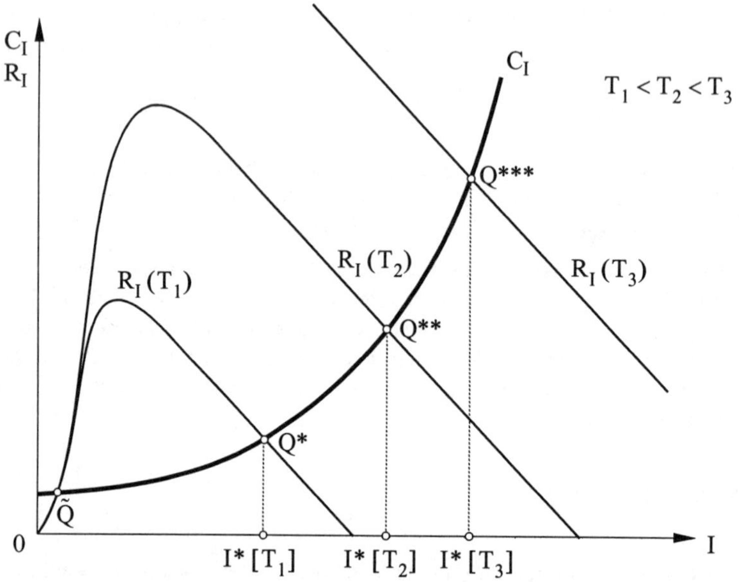

10.4.3 Die Patentschutzdauer aus der Sicht der Behörde

Jetzt soll der Gesichtspunkt einer staatlichen Behörde übernommen werden, die kein Eigeninteresse verfolgen, sondern die gesamtwirtschaftliche Wohlfahrt im Auge haben soll. Ihr Eigeninteresse dürfte wohl in Richtung einer **langen Patentschutzdauer** *T* gehen: Die Anmelder sind dann bereit, den Weisungen des Patentamtes bis in die Einzelheiten zu genügen, weil ja für sie so viel auf dem Spiel steht. Dieses Eigeninteresse soll jedoch im folgenden als zweitrangig gegenüber dem grundlegenden Auftrag betrachtet werden, dem Rest der Wirtschaft die Vorteile einer Innovation möglichst rasch verfügbar zu machen. Der Wohlfahrtsgewinn (W) aus einer Innovation, die im Markt eingeführt ist, besteht aus zwei Komponenten: Zum einen gibt es die soziale Komponente (S), deren Barwert mit zunehmenden Anstrengungen des Innovators (I) anwächst, mit zunehmender Patentschutzdauer (T) hingegen abnimmt. Zum Wohlfahrtsgewinn gehört zweitens auch die private Produzentenrente (P), deren Barwert mit zunehmender Innovationsanstrengungen zunächst ansteigt, dann aber zurückgeht (vgl. Teilabschnitt 10.4.2), während eine Verlängerung der Patentschutzdauer P durchweg erhöht. Die zu maximierende Größe aus der Sicht des Patentamtes lautet demnach (vgl. auch Tab. 10.1)

$$W = S(I, T) + P(I, T) \tag{10.7}$$

An dieser Stelle werden zwei weitere Annahmen eingeführt:

Annahme 10.4: Der Barwert der sozialen Komponente des Wohlfahrtsgewinns nimmt mit den Innovationsanstrengungen zu, doch mit der effektiven Patentschutzdauer ab.
$S_I > 0, \quad S_T < 0.$

Annahme 10.5: Der Barwert der privaten Komponente des Wohlfahrtsgewinns nimmt zunächst mit zusätzlichen Innovationsanstrengungen zu, dann aber ab. Hingegen nimmt er mit der effektiven Patentschutzdauer stets zu.

$$P_I \begin{cases} > 0 & \text{für kleine Werte von I} \\ < 0 & \text{für große Werte von I} \end{cases}$$

$$P_T > 0.$$

Aus der Zielfunktion (10.7) läßt sich eine Iso-Wohlfahrtskurve durch totale Differenzierung herleiten:

$dW = S_I dI + S_T dT + P_I dI + P_T dT = 0$, so daß

$$\frac{dI}{dT} = -\frac{S_T + P_T}{S_I + P_I}, \tag{10.8}$$

wobei $(S_T + P_T) < 0$ gilt.

Die Vorzeichenbedingung bezüglich der Summe von $(S_T + P_T)$ folgt aus dem Argument, daß eine Zunahme von T die sog. **tote Last** (engl. deadweight loss) erhöht, indem der Verlust an Konsumentenrente nie vollumfänglich in zusätzliche Produzentenrente überführt werden kann. Einmal mehr ist die Steigung der Kurve nicht eindeutig. Bei kleinem Innovationsaufwand ist der marginale Effekt von I sowohl auf die Konsumenten- wie auch die Produzentenrente positiv. In diesem Bereich verlaufen die Iso-Wohlfahrtskurven in der Abbildung 10-6 steigend. Wie schon für den Gewinn des Innovators, so gilt auch für die Produzentenrente, daß zusätzliche Innovationsanstrengungen früher oder später kontraproduktiv wirken. Die Kurve biegt dort zurück, wo der Verlust an Produzentenrente durch den Zugewinn an Konsumentenrente gerade aufgewogen wird.

Könnte die Patentbehörde T frei wählen, ohne die Reaktion der Innovatoren berücksichtigen zu müssen, so würde sie einen Punkt wie I_0^* als **absolutes Optimum** anstreben, um die tote Last auf Null zu senken. Positive Innovationsanstrengungen trotz Entfallen des Patentschutzes sind aber nicht realisierbar, wie in Teilabschnitt 10.4.1 dargelegt wurde. In der Abbildung 10-6 liegt denn auch der Punkt I_0^* nicht auf der Reaktionsfunktion des Innovators, kann also von der Patentbehörde nicht erreicht werden.

Der in Abbildung 10-6 eingetragene Gleichgewichtspunkt R^* beruht auf der Vorstellung, daß die Behörde die Reaktionsfunktion des Innovators als gegeben annimmt und darauf ihr Optimum suchen kann[4].

Annahmegemäß wird sie die höchste erreichbare Iso-Wohlfahrtskurve W_2 ($> W_0$) anstreben, was eine Patentschutzdauer von T^* mit sich bringen würde. Diese Modellvor-

Abb. 10-6: Optimale Patentschutzdauer im Gleichgewicht

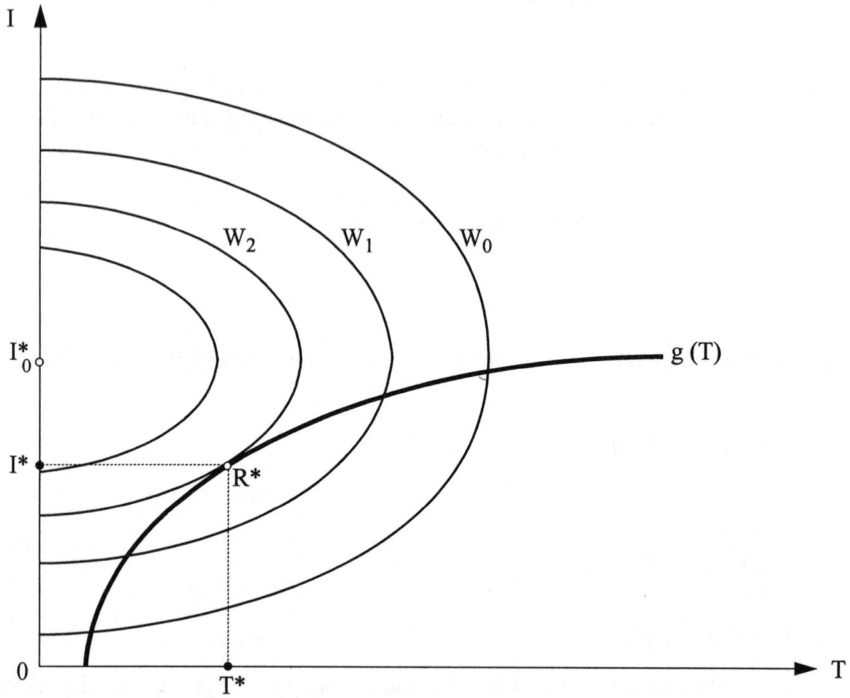

Quelle: *DeBrock* (1985)

stellungen lassen sich zusammenfassen in der

Folgerung 10.5: Die optimale Patentschutzdauer kann dargestellt werden als Ergebnis eines nichtkooperativen Spiels zwischen Patentbehörde und Innovator. Ihr Wert liegt in einem Bereich, wo eine Intensivierung der Innovationsanstrengung bei konstanter Patentschutzdauer netto immer noch wohlfahrtssteigernd wäre.

10.4.4 Anpassung der Patentschutzdauer an veränderte Rahmenbedingungen

Da neue Substanzen gerade nach der Synthetisierung, also sehr früh im Forschungs- und Entwicklungsprozeß zum Patent angemeldet werden, hat die Verlängerung der klinischen Phase seit 1960 zu einem Schrumpfen der sog. effektiven Patentschutzdauer geführt.

4. Dieses Gleichgewicht entspricht der Duopollösung von Stackelberg mit einem unabhängigen und einem abhängigen Anbieter. Die Rolle des unabhängigen Entscheidungsträgers fällt hier der Patentbehörde zu [vgl. *Schumann (1981)*, Kap. IV.D].

Darunter wird jener Zeitraum verstanden, während dessen die Innovation auf dem Markt ist und nicht nachgeahmt werden darf. Die Reduktion der effektiven Patentschutzdauer wird von *Walker und Parrish (1988)* für alle wichtigen Pharmamärkte dokumentiert (vgl. Abb. 10-7).

Tab. 10.1: Innovationsaufwand und Patentschutzdauer als simultan zu bestimmende Entscheidungsvariablen

$\Pi = \underset{(+)}{R}(\underset{(+)}{I}, T) - C(\underset{(+)}{I}) \rightarrow max.$	Zielfunktion des Innovators	(10.3)
$W = S(\underset{(+)}{I}, \underset{(-)}{T}) - P(\underset{(+/-)}{I}, \underset{(+)}{T}) \rightarrow max.$	Zielfunktion des Patentamtes	(10.7)
Π:	Barwert der Gewinne aus Innovationen	
I:	Innovationsanstrengungen; Entscheidungsvariable des Innovators	
C:	Barwert der Kosten von Innovationen	
R:	Barwert der Einnahmen aus Innovationen	
P:	Barwert der (privaten) Produzentenrente nach der Markteinführung	
S:	Barwert der (sozialen) Konsumentenrente nach der Markteinführung	
T:	Patentschutzdauer; Entscheidungsvariable des Patentamtes	
W:	Gesamtwirtschaftlicher Wohlfahrtsgewinn aus der Innovation	

Anmerkung: Die Vorzeichen in Klammern geben die partiellen Ableitungen nach dem betroffenen Argument an.

Implizit wird bei der Diskussion dieser Änderungen die Forderung erhoben, **die nominale Patentschutzdauer sei anzuheben**, damit die effektive Patentschutzdauer ihren früheren Wert wieder erreiche. Diese Forderung läßt sich im Rahmen des soeben vorgestellten Modells auf ihre gesamtwirtschaftliche Optimalität prüfen. Dabei soll unter T die effektive Patentschutzdauer verstanden werden, weil sie für das Entscheidungskalkül sowohl des Innovators wie auch der Patentbehörde die zentrale Größe darstellt.

Die Verlängerung des Registrierungsverfahrens für neue Arzneimittel hat wohl den Effekt, daß eine Verstärkung der innovativen Anstrengung mehr als früher mit zusätzlichen Kosten der klinischen Prüfung und Dokumentation verbunden ist. Die Größe C_I in der Gleichung (10.4) hat also in den vergangenen Jahrzehnten zugenommen. Dies läßt sich durch eine neue Störung der Bedingung (10.4) durch eine Veränderung $dA > 0$ abbilden, die nur die Kosten betrifft ($C_{IA} := \partial^2 C / \partial I \partial A > 0$), nicht aber die Erlöse. Die Aufrechterhaltung von (10.4) verlangt also

$$R_{II}dI - C_{II}dI - C_{IA}dA = 0 \qquad (10.9)$$

Aufgelöst nach dI/dA ergibt dies

$$\frac{dI}{dA} = \frac{C_{IA}}{R_{II}-C_{II}} < 0.$$

Dies bedeutet, daß bei einer gegebenen Patentschutzdauer T die Innovationsanstrengungen I infolge erhöhter Anforderungen an klinische Prüfung und Dokumentation zurückgegen müßte. Dies wird in der Abbildung 10-8 durch die Verschiebung der Reaktionsfunktion von $g(T)$ auf $g'(T)$ angezeigt. Um die Grundlage für die nachstehende Argumentationskette zu legen, werden an diesem Punkt nochmals zwei Annahmen eingeführt.

Annahme 10.6: Das Ausmaß der Verschiebung $g(T)$ nach $g'(T)$ der Abbildung 10-8 hängt nicht von der effektiven Patentschutzdauer T ab. Dies verlangt

$$\frac{\partial}{\partial T}\left[\frac{dI}{dA}\right] = 0.$$

Annahme 10.7: Die Zielfunktion W der Behörde ist homothetisch.

Die Annahme 10.7 besagt, daß in der Abbildung 10-8 die Iso-Wohlfahrtskurve W_0 im Punkt R'' die gleiche Steigung hat wie W_2 in R^*. Sie muß demnach im Punkt R' (bei unveränderter Patentschutzdauer T^*) eine niedrigere Steigung haben als im Ausgangsoptimum R^*. Zugleich ist aber die Steigung der modifizierten Reaktionsfunktion $g'(T)$ aufgrund der Parallelverschiebung im Punkt R' gleich groß wie in R^*. In der Umgebung von Punkt R' ist mithin die Steigung von $g'(T)$ größer als jene von W_0. Eine Gleichheit der Steigungen von Iso-Wohlfahrtskurve und Reaktionsfunktion läßt sich demnach nur bei einem **höheren Wert** von T erreichen, z.B. bei T^{**} im neuen Optimum R^{**}.

Allerdings geht diese Argumentation von einer **unveränderten Einschätzung der gesamtwirtschaftlichen Vorteile** pharmazeutischer Innovation aus. Sollte sich demgegenüber die Überzeugung durchgesetzt haben, daß die Konsumentenrente durch Innovationsanstrengungen nicht mehr so stark gesteigert werden kann wie früher, so müßte der Parameter S_I in der Gleichung (10.8) mit einem kleineren Wert berücksichtigt werden. Dann würde in der Abbildung 10-8 der steigende Ast der Iso-Wohlfahrtskurve steiler verlaufen und rascher zurückbiegen, was für sich genommen zu einer Reduktion der optimalen Patentschutzdauer führen müßte. Das beobachtete Absinken der effektiven Patentschutzdauer wäre demnach als Ausdruck einer skeptischen Einschätzung der sozialen Nützlichkeit intensivierter Innovationsanstrengungen durch die pharmazeutische Industrie aufzufassen.

Diese zweite Interpretation scheint jedoch zumindest auf die amerikanische Regierung und die EU-Kommission nicht zuzutreffen. So haben die USA die Patentschutzdauer für Arzneimittel im Jahre 1984 (Drug Price Competition and Term Patent Restoration Act) auf maximal 22 Jahre angehoben, während ähnliche Bestrebungen in der EU noch im Gange sind.

10.5 Der Preiswettbewerb bei Arzneimitteln

Im Gefolge der Thalidomid-Katastrophe wurde die pharmazeutische Industrie in den USA von der Kefauver-Kommission des Senats untersucht. Dabei stellte sich heraus, daß die Produktionskosten in vielen Fällen nicht mehr als 15% des Verkaufspreises ausmach-

Abb. 10-7: Effektive Patentschutzdauer in Großbritannien, Deutschland und in den USA

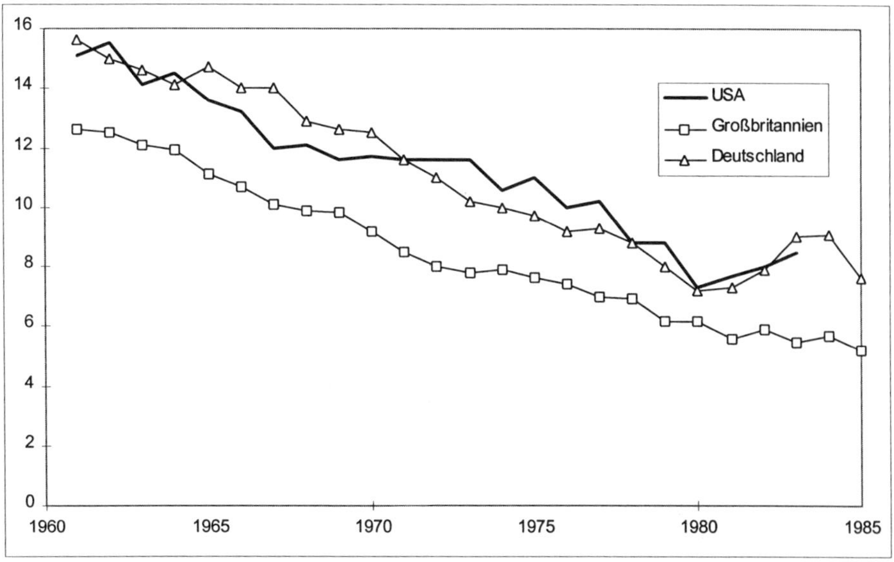

ten. Setzt man diese Produktionskosten den Grenzkosten in der Gleichung (10.2) gleich, so läßt die Diskrepanz auf einen beträchtlichen Monopolgrad (gemessen am sog. **Lerner-Index**, = $1/|\eta|$) schließen [vgl. *Steele (1962)*; vgl. Gleichung (10.2)]. Der Lerner-Index eignet sich allerdings nur für eine Branche mit stabiler Technologie. Sobald eine Produktionsausweitung infolge von Produktinnovationen mit einer neuen Technologie zustandekommt, gehören die Aufwendungen für die Entwicklung und Einführung dieser neuen Technologie mit zu den Grenzkosten. In diesem Zusammenhang ist auch an die Tatsache zu erinnern, daß das erfolgreiche Präparat (und nur solche können auf dem Markt beobachtet werden) nicht typisch ist für die Produktepalette eines Unternehmens; man läuft Gefahr, die vergleichsweise seltenen Gewinner einer Lotterie herauszugreifen [vgl. *Comanor (1986)*]. Die Frage der Intensität des Preiswettbewerbs kann demnach nur im Zusammenhang mit der Produktinnovation abgeklärt werden.

10.5.1 Preiswettbewerb trotz Versicherungsdeckung und Marktabschottung

Was den deutschen Markt für Arzneimittel betrifft, so scheinen dem Preiswettbewerb zumindest bis 1989 enge Grenzen gesetzt zu sein. Wie zuvor im Zusammenhang mit der Abbildung 10-1 gezeigt, spielen für vollversicherte Patienten lediglich Qualitätsunterschiede, nicht aber Preisunterschiede eine Rolle. Darüber hinaus sind die nationalen Arzneimittelmärkte voneinander weitgehend abgeschottet. Deutsche und schweizerische Hersteller bieten zwar ihre Produkte zu deutlich niedrigeren Preisen in Ländern mit Preisregulierung (vor allem Frankreich, Italien und Spanien) an, was zu beträchtlichen Arbitragemöglichkeiten führen müßte. Diese Arbitrage wird jedoch durch ein sogenanntes **Reimport-Verbot** unterbunden, das in der Schweiz gegenüber den Apotheken nach wie

Abb. 10-8: Verlängerung der Patentschutzdauer zum Ausgleich erhöhter Grenzkosten der Innovation

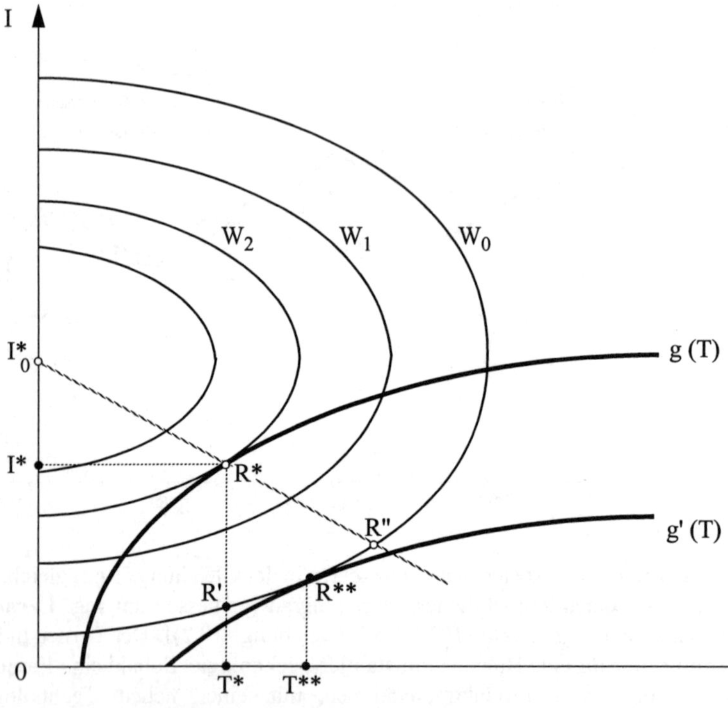

vor durchgesetzt, in Deutschland aber immer mehr unterlaufen wird.

Zur Marktabschottung tragen aber auch die im Teilabschnitt 10.3.3 genannten hohen Forschungs- und Entwicklungsaufwendungen für ein neues Präparat bei. Diese Marktzugangsschranke könnte durch den Kauf von Lizenzen anderer Unternehmen umgangen werden. Doch zur Lizenzvergabe kommt es sehr selten, möglicherweise deshalb, weil die Innovatoren sich das Recht vorbehalten wollen, sich selber nachzuahmen, um den Goodwill ihres Markenzeichens ausnützen zu können.

Aus den späten siebziger Jahren gibt es einige eindrückliche Beispiele für **Preisdifferentiale zwischen Innovator und Imitator**, die auf dem deutschen Markt über Jahre hinweg bestehen bleiben konnten. So wurde mit dem Auslaufen des Patentschutzes des Tranquilizers "Valium" von Hoffmann-LaRoche im Jahre 1978 der Marktzugang frei für verschiedene Nachahmer, die allerdings zumindest in den ersten paar Jahren keinen nennenswerten Marktanteil gewinnen konnten - dies obschon ihre Preise etwa 70% unter demjenigen des Originalproduktes lagen. Zwar sank der Absatz von "Valium" ab 1976, doch nahmen gleichzeitig die Verkäufe von "Lexotanil" des gleichen Herstellers zu, das in mehreren Dimensionen einen Qualitätsverbesserung darstellte. Außerdem machte Hoffmann-LaRoche dem eigenen Präparat durch die Einführung des preisgünstigeren "Librium" Konkurrenz. Wenn also auf den ersten Blick der Eindruck entsteht, daß hier ein

Verkaufspreis ohne Rücksicht auf Konkurrenten gehalten werden konnte, so trifft dies letztlich doch nicht ganz zu, indem sich der Innovator veranlaßt sah, ein wesentlich billigeres Alternativprodukt auf den Markt zu bringen. Die Frage stellt sich allerdings, weshalb nicht der **Preis des Originalproduktes reduziert** wurde [vgl. *Oberender (1984*), S. 276].

Zu deutlich anderen Resultaten kam *Reekie (1978)* bei seiner Untersuchung über die Preise neu eingeführter Substanzen in den USA zwischen 1958 und 1975. Im ersten Jahr kosteten die Neueinführungen im Durchschnitt 62% mehr als die bisher vorhandenen Präparate der gleichen therapeutischen Gruppe (vgl. Tab. 10.2, Teil A). Vier Jahre nach der Markteinführung betrug der Preiszuschlag nur noch 29%. Von besonderer Bedeutung ist auch die Tatsache, daß die Varianz des Preisverhältnisses im Verlauf der Zeit statistisch signifikant zurückging. Die Innovation muß sich offenbar innerhalb weniger Jahre immer mehr in das von den bereits vorhandenen Substanzen gebildete Preisband einfügen.

In einer zweiten Untersuchung verfolgte *Reekie (1981)* die Entwicklung der relativen Preise neuer Substanzen im holländischen Markt von 1970 bis 1977. Die Innovationen waren dort im ersten Jahr nach der Markteinführung durchschnittlich 108% teurer als die Wettbewerbsprodukte, im vierten Jahr immer noch 61% (vgl. Tab. 10.2, Teil B). Auch hier ist also eine Abnahme zu konstatieren, allerdings von einem höheren Ausgangswert aus und in **langsamerem Tempo** als in den USA. Die Varianz der Preisverhältnisse sinkt ebenfalls ab, obschon die teuerste Innovation nach vier Jahren immer noch zwölfmal teurer war als die bereits vorhandenen Präparate. Diese Beobachtungen geben Anlaß zur

Folgerung 10.6: Pharmazeutische Innovationen werden zu Preisen lanciert, die ein Vielfaches über dem Preisniveau bestehender Präparate liegen. Der Preiszuschlag nimmt aber im Verlauf der Zeit ab, und auch die Streuung der Preise geht zurück.

Die Unterschiede zwischen den USA und den Niederlanden lassen darauf schließen, daß die Ausgestaltung der Krankenversicherung von entscheidender Bedeutung für die Entwicklung der Preise im Zuge des Produktwettbewerbs ist. Denn in den USA bezahlen die Versicherten die Medikamente selber oder tragen eine bedeutende **Kostenbeteiligung**, während das Arzneimittel in den Niederlanden für ungefähr 70% der Bevölkerung, die gesetzlich versichert sind, zum Leistungspaket gehören. Auch in der Bundesrepublik Deutschland genossen die Mitglieder der gesetzlichen Krankenversicherung, d.h. etwa 90% der Patienten, bis zur Inkraftsetzung des Gesundheitsreformgesetzes im Jahre 1989 fast vollständigen Versicherungsschutz. Wie im Teilabschnitt 10.2.1 gezeigt wurde, geben unter solchen Umständen allein die Produkteigenschaften und nicht der Preis den Ausschlag für den Markterfolg.

10.5.2 Fallstudie: Die Festbeträge des Gesundheitsreformgesetzes 1989 in Deutschland

Die Gesetzliche Krankenversicherung Deutschlands (GKV) wurde bis zum 31.12.1988 durch die sog. Reichsversicherungsordnung (RVO) geregelt. Ab 1969 hatte in der RVO eine Kostenbeteiligung von 20% auf Arzneimittel gegolten, die allerdings auf 2,50 DM je Krankenschein limitiert war. Diese Gebühr wurde 1977 durch eine feste Beteiligung in Höhe von 1 DM je Verordnung ersetzt, die 1982 auf 1,50 DM und später auf 2 DM und

Tab. 10.2: Preisverhältnis von neuen und bisherigen Wirkstoffen

	1. Jahr	2. Jahr	3. Jahr	4. Jahr
	nach der Markteinführung			
A. USA, 1958-75				
Maximum	15.516	11.969	5.128	5.449
Mittelwert	1.618	1.519	1.345	1.287
Variationskoeffizient	1.169	0.936	0.626	0.549
Zahl der Beobachtungen	105	176	163	146
Verhältnis der Varianzen				
2. Jahr / 1. Jahr		0.565		
3. Jahr / 1. Jahr			0.198	
4. Jahr / 1. Jahr				0.140
B. Niederlande, 1970-77				
Maximum	24.873	27.190	11.732	12.559
Mittelwert	2.084	1.785	1.544	1.61
Variationskoeffizient	1.764	1.641	0.994	1.082
Zahl der Beobachtungen	94	100	98	87
Verhältnis der Varianzen				
2. Jahr / 1. Jahr		0.797		
3. Jahr / 1. Jahr			0.174	
4. Jahr / 1. Jahr				0.224

Quelle: *Reekie (1978, 1981).*

weiter auf 3 DM angehoben wurde. Während all dieser Jahre schlugen sich demnach für die allermeisten Verordnungen Preisunterschiede **nicht in einer unterschiedlichen Belastung des Versicherten** nieder. Dennoch gab es bereits sog. Generika auf dem deutschen Markt, d.h. chemisch gleichartige Nachahmerprodukte, die zu einem niedrigeren Preis als das Originalpräparat angeboten werden. Der Grund dafür dürfte darin liegen, daß der Arzt durch die Verschreibung von Generika gegenüber der Krankenkasse sein Bemühen um eine wirtschaftliche Behandlung glaubhaft machen kann.

Auf den 1.1.1989 trat das Gesundheitsreformgesetz (GRG) in Kraft, womit die RVO in das fünfte Buch des Sozialgesetzbuches (SGB V) überführt wurde. Mit § 31.II SGB V trägt die Kasse neuerdings die Kosten eines Arzneimittels bis zu einem Festbetrag, der zwischen dem Bundesausschuß der Ärzte und den GKV-Kassen vereinbart wird. Übersteigt der Preis des Arzneimittels diesen Festbetrag, so hat der Versicherte die Differenz in vollem Umfang zu tragen. Bis 1990 wurden insgesamt 43 Wirkstoffe mit einem Gesamtumsatz von 4,3 Mia. DM von der Festbetragsregelung erfaßt, das entspricht ungefähr 1/5 der GKV-Aufwendungen für Arzneimittel [vgl. *Zerche (1990)*].

Damit ergibt sich für Arzneimittel, deren Preis den Festbetrag übertrifft, mit einem Schlag eine **marginale Kostenbeteiligung des Versicherten von vollen 100%**. Die Situation entspricht somit der in Abbildung 10-2 gezeigten, wo auch Durchbruch-Innovationen in Preiskonkurrenz mit Produkten stehen, denen sie technologisch überlegen sind. Die Preiskonkurrenz wird für Originalpräparate, deren Patentschutzdauer abgelaufen ist, durch die Generika verschärft. In der Darstellung der Abbildung 10-2 würden also Original und Imitat im Extremfall auf den gleichen Fahrstrahl der Konsumtechnologie zu liegen kommen, wobei aber das Imitat dank seines niedrigeren Preises **wirtschaftlich dominiert**. Damit wird der Originalhersteller gezwungen, seinen Preis auf die Höhe der Generika abzusenken, um massive Marktanteilseinbussen zu vermeiden.

Im folgenden sollen **drei Beispiele** herausgegriffen werden. Ab 1.9.1989 wurde die sog. erste Festbetragstranche (gleiche Wirkstoffe) in Kraft gesetzt. Bayer ist der Originalhersteller eines sog. Calcium-Antagonisten, der bei der Behandlung von Herz-Kreislauf-Erkrankungen eingesetzt wird. Sein Präparat "Adalat" (mit verzögerter Freisetzung des Wirkstoffs) kostete vor dem September 1989 110,55 DM und erreichte einen Verordnungsanteil von etwa 25%, obschon 14 Generika mit bis zu 60% niedrigeren Preisen auf dem Markt waren [vgl. *Litsch, Reichelt und Selke (1990)*, S. 126/127]. Bereits im September 1989 senkte Bayer den Preis von Adalat auf 75,75 DM bei einem vereinbarten Festbetrag von 66,95 DM, was also eine Zuzahlung des Patienten in Höhe von 8,80 DM bedingte.

Der Verordnungsanteil von Adalat betrug im September 1989 noch 14% und fiel in den folgenden Monaten auf 10%. Der Hauptgewinner war aber interessanterweise keiner der Generika-Anbieter (obschon ihre Preise durchwegs unter dem Festbetrag blieben), sondern ein Re-Importeur von "Adalat", der seinen Preis ab Oktober 1989 auf 71,96 DM festlegte, was immer noch eine Zuzahlung von 5 DM durch den Versicherten bedeutet.

Ein zweites Beispiel aus der 1. Tranche ist "Lexotanil" von Hoffmann-LaRoche, ein Medikament zur Dämpfung von Angst und Spannungszuständen. Wie viele Psychopharmaka kann es den Patienten abhängig machen, was sich in einer (im Absolutwert) **reduzierten Preiselastizität der Nachfrage** ausdrücken müßte. Das Arzneimittel wurde vor und nach dem 1.9.1989 für 26,55 DM angeboten, während der Festbetrag auf 19 DM festgesetzt wurde. Die Zuzahlung von 7,55 DM dürfte dazu beigetragen haben, daß der Verordnungsanteil von "Lexotanil", der zwischen April 1988 und August 1989 zwischen 78% und 67% gelegen hatte, noch vor Jahresende 1989 auf 40% zurückging [vgl. *Litsch, Reichelt und Selke (1990)*, S. 52/53]. Hauptsächlicher Gewinner war die Nr. 2, deren Verordnungsanteil von rund 15% auf 32% anstieg. Der Preis dieses Substituts liegt 1 DM unter dem Festbetrag, während andere Gewinner den Preis sogar bis zu 4 DM unter dem Festbetrag ansetzten. Da der Nettopreis durch ein Umsteigen auf die Nr. 2 von 7,55 DM auf Null (also um 100%) gesenkt werden konnte, ist die Nachfragereaktion mit rd. -45% (von rd. 72% auf 40% Marktanteil) vergleichsweise gering. Die geschätzte Preiselastizität von lediglich $\eta = -0.45$ entspricht den oben formulierten Erwartungen.

Ein drittes Beispiel, diesmal aus der 2. Festbetragstranche (in Kraft seit 1.1.1990), ist "Trental" von Albert Roussel (Hoechst). Der Marktanteil dieses durchblutungsfördernden Mittels war seit 1984 durch das Aufkommen von Generika bereits auf 40% bis Ende 1989 zurückgegangen, ohne daß der Originalanbieter seinen Preis nach unten angepaßt hätte -

ein Verhalten, das in Teilabschnitt 10.5.1 als typisch für den deutschen, doch eher selten für den amerikanischen und holländischen Markt dargestellt wurde. Der Preis für "Trental" wurde im Januar 1990 auf 63,69 DM gesenkt - genau auf den Festbetrag. Seither ist der Verordnungsanteil des Originalherstellers auf 45% angestiegen [vgl. *Litsch, Reichelt und Selke (1990*), S. 206/207].

Insgesamt geben die drei Beispiele (die für ein Dutzend andere ähnliche stehen) Anlaß zur

Folgerung 10.7: Seit sich Preisdifferenzen zwischen Arzneimitteln in Kostenunterschieden für den Versicherten niederschlagen, wird eine erhebliche Preiselastizität der Nachfrage auch auf dem deutschen Markt erkennbar.

Die Preiselastizität läßt sich kaum genau beziffern, weil der Geldpreis der meisten Präparate für den Patienten Null ist. Dessen Interessen scheinen sich auch nicht in allen Fällen durchzusetzen; für ihn besteht insbesondere kein Anlaß, Präparate, deren Preis den Festbetrag nicht erreicht, zu bevorzugen. Dennoch bleiben eine Reihe von Anbietern seit dem 1.9.1989 mit ihrem **Preis unter dem Festbetrag**, wahrscheinlich um dem Interesse des behandelnden Arztes entgegenzukommen. Wie schon zuvor durch die Verwendung von Generika kann der Arzt auch jetzt sein Bemühen um Wirtschaftlichkeit durch die Verordnung eines Arzneimittels unter Festbetrag dokumentieren und so der Überprüfung seiner Verordnungspraxis durch GKV und Kassenärztliche Vereinigung entgehen.

10.6 Übungsaufgaben

Übungsaufgabe 10.1

Anhand der Abbildung 10-4 wurde argumentiert, die Konsumentenrente werde wegen des Versicherungsschutzes bei der Bestimmung der sozialen Rendite von Arzneimittelinnovationen überschätzt.

Überlegen Sie sich, welche anderen Elemente der Abbildung 10-4 sich bei einem Wegfall des Versicherungsschutzes ändern würden. Können Sie Aussagen über die Auswirkungen auf die soziale Rendite machen?

Übungsaufgabe 10.2

Statt wie in Teilabschnitt 10.4.3 angenommen, könnte sich die Patentbehörde wie der Innovator passiv verhalten und ihrerseits mit der Patentschutzdauer auf die Innovationsanstrengungen reagieren.

Versuchen Sie, eine Reaktionsfunktion $h(I)$ für die Behörde herzuleiten; beachten Sie dabei, daß $P_T + S_T < 0$ für alle Werte von T gilt. Bestimmen Sie das sog. Cournot-Gleichgewicht als Schnittpunkt der beiden Reaktionsfunktionen $g(T)$ und $h(I)$. Was für eine Auswirkung hat die Verteuerung der Innovation in diesem Modell?

10.7 Literaturhinweise

Zu Abschnitt 10.1:

Berg, H. (1984), Automobilindustrie, in: Oberender, P. (Hrsg.), *Marktstruktur und Wettbewerb*, München: F. Vahlen, 169-216.

MPS Medizinische Pharmazeutische Studiengesellschaft (o.D.), *Alle Folgen beachten. Ein Gebot der Vernunft und der Verantwortung*, Bonn.

Oberender, P. (1984), Pharmazeutische Industrie, in: Oberender, P. (Hrsg.), *Marktstruktur und Wettbewerb*, München, F. Vahlen, 245-310.

OECD (1987), *Financing and Delivering Health Care. A comparative Analysis of OECD Countries, Paris*: OECD.

Pharma Information (1989), *Das Gesundheitswesen in der Schweiz. Leistungen, Kosten, Preise*, Basel.

Sachverständigenrat für die Konzertierte Aktion im Gesundheitswesen (1987), Medizinische und ökonomische Orientierung. *Jahresgutachten 1987*, Baden-Baden: Nomos.

Schwabe, U. und Paffrath, D. (1989, Hrsg.), *Arzneimittelverordnungs-Report 89*, Stuttgart: Gustav Fischer.

Zu Abschnitt 10.2:

Becker, G.S. (1965), A Theory of the Allocation of Time, in: *Economic Journal*, 75, 493-517.

Lancaster, K. (1966), A new Approach to Consumer Theory, in: *Journal of Political Economy*, 74, 132-157.

Lancaster, K. (1971), *Consumer Demand: A New Approach*, New York: Columbia University Press.

Ruhr, P.-A. (1978), *Markttransparenz auf dem Arzneimittelmarkt. Ein konsumtheoretischer Ansatz*, Frankfurt (M): Lang.

Stigler, G.J., Becker, G.S. (1977), De Gustibus Non Est Disputandum, in: *American Economic Revue*, März, 76-90.

Weber, H. et al. (1981), Probleme des Rheumakranken in Beruf, Familie und Umwelt, in: *Verhandlungen der deutschen Gesellschaft für Rheumatologie*, 7, 250-258.

Zu Abschnitt 10.3:

Baily, M. (1972), Research and Development Costs and Returns: The U.S. Pharmaceutical Industry, in: *Journal of Political Economy*, 80, (Jan./Feb.), 78-85.

Bartling, D. und Hadamit, H. (1982), *Development of a Drug; It's a Long Way from Laboratory to Patient*, Darmstadt.

DiMasi, J.M., Hansen, R.W., Grabowski, H.G. und Lasagna, L. (1991), Cost of Innovation in the Pharmaceutical Industry, in: *Journal of Health Economics*, 10(2), 107-142.

Hansen, R.W. (1979), The Pharmaceutical Development Process: Estimate of Current Development Cost and Times and the Effects of Regulatory Changes, in: Chien, R.I. (Hrsg.), *Issues in Pharmaceutical Economics*, Lexington MA: Lexington Books, 151-187.

Joglekar, P. und Paterson, M.L. (1986), A Closer Look at the Returns and Risks of Pharmaceutical R&D, in: *Journal of Health Economics*, 5(2), 107-193.

Peltzman, S. (1973), An Evaluation of Consumer Protection regulation: the 1962 Drug Amendment, in: *Journal of Political Economy*, 81 (Sept./Oct.), 1049-1091.

Reis-Arndt, E. (1993), *Neue pharmazeutische Wirkstoffe 1961-1990*, in Pharmazeutische Industrie, 55(1), 14-21

Vane, J.R. (1964), A Plan for Evaluating Potential Drugs, in: Laurence, D.R. und Bacharach, A.L. (Hrsg.), *Evaluation of Drug Activities: Pharmacometrics*, London: Academic Press, 23-41, zitiert in Walker und Parrish.

Virts, J.R. und Weston, J.F. (1981), Expectations and the Allocation of Research and Development Resources, in: Helms, R.B. (Hrsg.), *Drugs and Health*, Washington DC: Enterprise Institute.

Walker, S.R., Parrish, J.A. (1988), Innovation and New Drug Development, in: Walker, B.C. und Walker, S.R. (Hrsg.), *Trends and Changes in Drug Research and Development*, Dordrecht: Kluwer, 1-28.

Wardell, D.M., DiRaddo, J. und Trimble, A.G. (1980), Development of New Drugs Originated and Acquired by US-Owned Pharmaceutical Firms 1963-1976, in: *Clinical Pharmacology and Therapy*, 28(2), 270-277, zitiert in Walker und Parrish.

Wiggins, S.N. (1987), *The Cost of Developing a New Drug, Washington: Pharmaceutical Manufacturers' Association*, zitiert in Walker und Parrish.

Wu, S.Y. (1984), Social and Private Returns Derived from Pharmaceutical Innovations: Some Empirical Findings, in: Lindgren, B. (Hrsg.), *Pharmaceutical Economics*, Malmö: Liber, 217-254.

Zweifel, P. (1984), Technological Change in Health Care: Why Are Opinions so Divided?, in: *Managerial and Decision Economics*, 5(3), 177-182.

Zweifel, P. und Pedroni, G. (1985), *Innovation und Imitation. eine wirtschaftspolitische Gratwanderung*, Studien zur Gesundheitsökonomie 7, Basel: Pharma Information.

Zu Abschnitt 10.4:

Arrow, K. (1962), Economic Welfare and the Allocation of Resources for Invention, in: Arrow, K. (Hrsg.), *The Rate and Direction of Inventive Activity*, Princeton NJ: Princeton University Press.

DeBrock, L.M. (1985), Market Structure, Innovation and Optimal Patent Life, in: *Journal of Law and Economics*, XXVIII (April), 223-44.

Nordhaus, W.D. (1969), *Invention, Growth and Welfare*, Cambridge MA: MIT Press.

Walker, S.R., Parrish, J.A. (1988), Innovation and New Drug Development, in: Walker, B.C. und Walker, S.R. (Hrsg.), *Trends and Changes in Drug Research and Development*, Dordrecht: Kluwer, 1-28.

Zu Abschnitt 10.5:

Comanor, W.S. (1986), The Political Economy of the Pharmaceutical Industry, in: *Journal of Economic Literature*, XXIV (Sept.), 1178-1217.

Litsch, M., Reichelt, H. und Selke, G.W. (1990), *Auswirkungen der Arzneimittel-Festbeträge*, Bonn,: Wissenschaftl. Institut der Ortskrankenkassen.

Oberender, P. (1984), Pharmazeutische Industrie, in: Oberender, P. (Hrsg.), *Marktstruktur und Wettbewerb*, München, F. Vahlen, 245-310.

Reekie, W.D. (1978), Price and Quality Competition in the United States Drug Industry, in: *Journal of Industrial Economics*, 26, 223-237.

Reekie, W.D. (1981), Price and Quality Competition in the Drug Markets: Evidence from the U.S. and the Netherlands, in: Helms, R.B. (Hrsg.), *Drugs and Health*, Washington DC: Enterprise Institute, 123-139.

Steele, H. (1962), Monopoly and competition in the Ethical Drug Market, in: *Journal of Law and Economics*, 5(Okt.), 131-163.

Zerche, J. (1990), *Die Festbetragsregelung für Arzneimittel nach dem Gesundheitsreformgesetz - theoretische Grundlagen und empirische Befunde*, Beitrag zur Sitzung des Ausschusses für Gesundheitsökonomie des Vereins für Socialpolitik vom 21.-23.11.1990.

KAPITEL 11 Zukünftige Herausforderungen an das Gesundheitswesen

11.1 Fragestellung

Die Akteure auf den verschiedenen Märkten stehen immer wieder unter Anpassungsdruck: Geschmacksänderungen der Konsumenten führen zu Nachfrageeinbrüchen, neue Technologien verschaffen Konkurrenten Wettbewerbsvorteile, Wirtschaftsbeziehungen mit Partnern aus bestimmten Ländern werden vom Staat behindert oder sogar verboten. Dieser Anpassungsdruck äußert sich zu einem beträchtlichen Teil in veränderten Preissignalen auf der Absatz- wie der Beschaffungsseite von Unternehmen, die sie zu Umstellungen im Vertrieb und der Produktion ihrer Leistungen veranlassen. Im Gesundheitswesen dagegen kommen fluktuierende Marktpreise z.B. für medizinische Leistungen von vorneherein nicht in Betracht, weil sie sich mit der zentralen Sachwalterbeziehung zwischen Patient und Arzt schlecht vereinbaren lassen (vgl. dazu das 8. Kapitel). Eine Möglichkeit, fluktuierende Preise zu vermeiden, besteht im Aushandeln von Tarifwerken, womit dem Einfluß von Verbänden und staatlichen Instanzen das Feld bereitet wird.

Diese Abkehr vom preisgesteuerten Allokationsmechanismus vermindert aber die **Reaktionsgeschwindigkeit** des Systems; so dauern strukturelle Anpassungen eines Tarifwerks wie der Gebührenordnung der Ärzte (GOÄ) und des Einheitlichen Bewertungsmaßstabs (EBM) in Deutschland oder eines kantonalen Krankenkassentarifes in der Schweiz jeweils Jahre. Diese Trägheit verhindert zwar, daß Ärzte, Zahnärzte und Krankenhäuser auf Grund eines vorübergehenden Preisvorteils mit einem bestimmten Krankenversicherer Vertragsbeziehungen aufnehmen und dann nach kurzer Zeit wieder aufkündigen, was für viele Kranken von Nachteil wäre. Andererseits hat sie jedoch zur Folge, daß Veränderungen im Umfeld des Gesundheitswesens nur mit erheblichen Verzögerungen zu Anpassungen im Gesundheitswesen führen. So kommt es immer wieder zu Entwicklungen, die als Herausforderungen an das Gesundheitswesen empfunden werden. Gegen Ende des zwanzigsten Jahrhunderts zeichnen sich auf vier verschiedenen Gebieten solche Herausforderungen ab.

1. ***Die demographische Herausforderung:*** Sie scheint insbesondere darin zu bestehen, daß immer mehr Leute immer älter werden. So betrug in Deutschland der Anteil der über 75-jährigen um 1980 rund 6%, wird aber bis zum Jahr 2025 auf 10% ansteigen. Einen höheren Anteil von Betagten wird zu jenem Zeitpunkt unter den Industrielän-

dern voraussichtlich nur noch Japan mit 10,5% aufweisen [vgl. *Heller et al. (1986)*]. Gemeinhin wird höheres Alter mit einer verstärkten Nachfrage nach medizinischen und insbesondere pflegerischen Leistungen in Verbindung gebracht, und es stellt sich die Frage, zu welchen Bedingungen diese Nachfrage gedeckt werden kann.

Bei genauerem Hinsehen erweist sich aber auch eine andere demographische Veränderung von erheblicher Bedeutung. Innerhalb von nur zwanzig Jahren hat der Anteil von **Einpersonen-Haushalten** in Deutschland von 20% auf 30% in den frühen achtziger Jahren zugenommen, in der Schweiz beträgt er nach einer Verdoppelung ebenfalls 30% [vgl. *Roussel (1986)*]. Alleinlebende Personen können aber im Krankheitsfall weniger auf Unterstützung und Pflege durch Angehörige zurückgreifen und nehmen deshalb eher Leistungen des Gesundheitswesens in Anspruch.

2. ***Die technologische Herausforderung:*** Im Gesundheitswesen der Industrieländer "...findet eine Explosion des Machbaren statt. Allein im Jahr 1980 stellte das Nachrichtenmagazin Newsweek die folgenden medizinischen Neuerungen vor: Ein neues und in seiner Bedeutung dem Computertomographen vergleichbares Gerät zur Sichtbarmachung von Gehirnströmen, revolutionäre chirurgische Techniken zur Beseitigung von Kurzsichtigkeit und Unfruchtbarkeit bei Frauen, neue Drogen gegen Gelbsucht, Geschlechtskrankheiten und Gicht, verschiedene neue Krebstherapien, eine Operation zum problemlosen Einpflanzen eines künstlichen Busens nach der Amputation der weiblichen Brust, neue lebensrettende Techniken der Herzoperation bei Säuglingen und eine neuartige Elektroschockbehandlung zur Regeneration von Muskel- und auch Nervengewebe. Sogar Querschnittsgelähmte sollen eines Tages dadurch wieder laufen können" [*Krämer (1982)*, S. 37/38].
   Diese Neuerungen sind fast alle Produktinnovationen, d.h. sie retten Leben oder tragen zur Verbesserung der Lebensqualität bei, allerdings zu (viel) höheren Kosten: "Als Christiaan Barnard am 3. Dezember 1967 das erste menschliche Herz verpflanzte, stiegen im gleichen Augenblick die Kosten einer derartigen Therapie von Null auf 200.000 Mark" [*Krämer (1982)*, S. 92]. Prozeßinnovationen, die es erlauben, eine bestimmte Leistung zu niedrigeren Kosten herzustellen, sind demgegenüber selten. Noch seltener scheinen **organisatorische Innovationen** zu sein, die Produktionsprozesse neu bündeln und über Synergieeffekte Kostensenkungen ermöglichen. So droht technologischer Wandel in der Medizin zum Motor zukünftiger "Kostenexplosionen" zu werden.

3. ***Die Herausforderung durch das sog. Sisyphus-Syndrom:*** Die Erfolge der modernen Medizin erinnern an den Helden der griechischen Sagenwelt, der dazu verdammt war, einen Felsbrocken den Berg hinaufzurollen, wobei ihm der Brocken kurz vor Erreichen des Gipfels jedesmal entglitt. Insofern der technologische Wandel in der Medizin die Lebenserwartung der Menschen verlängert, erhöht er die Zahl derjenigen, die das Gesundheitswesen überdurchschnittlich beanspruchen. Auf Grund ihres erhöhten politischen Gewichts ist aber die Altersbevölkerung immer mehr in der Lage, ihre Wünsche im öffentlichen Gesundheitswesen durchzusetzen, insbesondere die Finanzierung weiterer kostspieliger medizinischer Innovationen durch Steuergelder. Infolge dieses Prozesses würden sich demnach die Erfolge der Medizin in eine zunehmende Belastung von Wirtschaft und Gesellschaft verwandeln.

4. ***Die Herausforderung durch den internationalen Wettbewerb:*** Diese oft übersehene Herausforderung an das Gesundheitswesen hat ihren Ursprung in der zunehmenden wirtschaftlichen Integration der Länder. Wenn in Zukunft Arbeitskräfte innerhalb der Europäischen Gemeinschaft frei wandern können, so werden sie nicht nur das erzielbare Arbeitseinkommen, sondern unter anderem auch das Kosten-Leistungsverhältnis der Gesundheitsversorgung in ihren Vergleich mit einbeziehen. Ärzte und medizinisches Hilfspersonal werden in Zukunft ebenfalls leichter wandern können, und schließlich wird vermehrt mit internationalen **Direktinvestitionen** in privaten Krankenhäusern zu rechnen sein. Insgesamt wird sich das nationale Gesundheitswesen von einem hochgradig geschützten in einen nur teilweise geschützten Sektor verwandeln.

Diese vier Herausforderungen sollen in den folgenden Abschnitten der Reihe nach zur Sprache kommen.

11.2 Die demographische Herausforderung

11.2.1 Alterung der Bevölkerung

11.2.1.1 Verbesserte Kontrolle über den Gesundheitszustand als Aufgabe der Medizin?

Wie im 4. Kapitel dargelegt wurde, nimmt die Lebenserwartung in den Industrieländern immer noch zu, aber seit einigen Jahren deutlich verlangsamt (vgl. Tab. 4.1). Diese Tatsache wird oft dahingehend interpretiert, daß die moderne Medizin mit **sinkenden Grenzerträgen** zu kämpfen habe. Angenommen, dies treffe zu, dann müßte die marginale Zahlungsbereitschaft für einen solchen Faktor, der mit abnehmender Grenzproduktivität zur Gesundheit beiträgt, zurückgehen. Gerade in Ländern, wo sich die individuelle Zahlungsbereitschaft für medizinische Leistungen am ehesten durchsetzen kann (etwa die USA, die Niederlande, die Schweiz), bleibt jedoch der Anteil der Gesundheitsausgaben am Sozialprodukt unverändert hoch. Um diesen Widerspruch aufzulösen, nehmen viele Beobachter zur Hypothese der anbieterinduzierten Nachfrage Zuflucht (vgl. Abschnitt 7.2).

Eine alternative Erklärung dafür, daß medizinische Leistungen unverändert stark nachgefragt werden, könnte in der **Risikoaversion der Menschen in Bezug auf ihre Gesundheit** liegen. Für ein risikoaverses Individuum besteht die Leistung der Medizin möglicherweise nicht so sehr in einer Steigerung der Lebenserwartung oder des Erwartungswerts der *QALYs* (vgl. Abschnitt 2.4), sondern in einer Reduktion der Schwankungen dieser Größen. Die Medizin hätte in dieser Sicht die Wirkung einer Versicherung, die statt des Risikos von Vermögensschwankungen das Risiko von Schwankungen des Gesundheitszustandes mindert. Diese Risikominderung ist risikoaversen Individuen eine Prämie wert. Sie würden im Extremfall eine vollkommene Kontrolle über ihren Lebenslauf anstreben, um bis in ein hohes Alter vollkommen gesund zu bleiben und dann sozusagen tot umzufallen.

Würde eine ganze Bevölkerung mit Erfolg eine solche Kontrolle über ihren Gesundheitszustand anstreben, so müßte auf aggregierter Ebene eine "Rektangularisierung der Überlebenskurve" zu beobachten sein: Im Verlauf der Zeit würden die Kohorten bis in ein fortgeschrittenes Alter immer weniger ihrer Mitglieder durch vorzeitigen Tod verlieren.

Dafür würden die Todesfälle sehr konzentriert in der Umgebung einer biologisch bestimmten Lebenserwartung auftreten, deren Wert sich kaum mehr nach oben verschiebt [vgl. *Fries (1980)*].

Auf der Ebene der Gesamtbevölkerung, die sich in jedem Zeitpunkt aus verschiedenen Kohorten zusammensetzt, kann man eine durchschnittlich gültige Überlebenskurve konstruieren, indem man das erreichte Alter der Verstorbenen ermittelt. Diese Überlebenskurve müßte im Verlauf der Jahre wegen des zunehmenden Gewichts von Kohorten mit günstiger Absterbeordnung immer mehr einen **rechteckigen Verlauf** nehmen (Rektangularisierung), d.h. immer mehr waagrecht verlaufen und dann sehr steil auf Null fallen.

Tatsächlich hat sich auch in Deutschland die Überlebenskurve seit Bismarcks Zeiten diesem Ideal angenähert (vgl. Abb. 11-1a und b). Während die in den siebziger Jahren des vergangenen Jahrhunderts Verstorbenen noch einer Kohorte ähnelten, deren Mitglieder im Alter von 40 zur Hälfte verstorben waren, erinnern die Verstorbenen der Jahre 1977/79 an eine Kohorte, die im Verlauf der ersten vierzig Jahre kaum Mitglieder verloren hat. Die Rektangularisierung scheint also im Bereich der ersten 40 Lebensjahre bei beiden Geschlechtern weitgehend abgeschlossen zu sein, mit einem leichten Vorsprung der Frauen. Es gibt Anzeichen dafür, daß sie sich in den Bereich zwischen 40 und 70 Jahre verlagert hat. So weist die senkrechte Distanz zwischen den Überlebenskurven der Abbildungen 11-1a und b darauf hin, daß von 1949/50 bis 1977/79 die größten Gewinne an Überlebenswahrscheinlichkeit bei den Männern in den Altersgruppen um 65 Jahre und bei den Frauen um 70 Jahre erreicht wurden. Eine Verbesserung der Kontrolle über den Gesundheitszustand scheint demnach immer noch möglich und könnte sich in ein fortgeschrittenes Alter erstrecken. Diese Beobachtungen sprechen für die

Folgerung 11.1: Die fortschreitende Rektangularisierung der Überlebenskurve läßt sich als Ergebnis von Anstrengungen interpretieren, den Gesundheitszustand besser unter Kontrolle zu halten. Insofern medizinische Leistungen zum Erfolg dieser Anstrengungen besonders beitragen, wird eine hohe Zahlungsbereitschaft für solche Leistungen aus der Risikoaversion der Menschen erklärbar.

Die Frage, ob die moderne Medizin tatsächlich zur Rektangularisierung der Überlebenskurve beigetragen hat, wird im Abschnitt 11.4 genauer untersucht. An dieser Stelle sei nur auf die Konsequenz der Folgerung 11.1 in einem Extremfall hingewiesen. Ein erheblicher Anteil der medizinischen Aufwendungen scheint nämlich Menschen zugute zu kommen, deren restliche Lebenserwartung ein Jahr oder weniger beträgt. So haben *Lubitz und Prihoda (1984)* anhand von Daten der Medicare-Verwaltung der USA herausgefunden, daß etwa die Hälfte der Medicare-Aufwendungen eines Jahres an Personen erbracht wurden, die ein Jahr später nicht mehr am Leben waren[1].

Offenbar kommen in hohem Maße Menschen in den Genuß der Aufwendungen im Gesundheitswesen, bei denen in der Mehrzahl der Fälle vermutet werden konnte, daß sich

1. Dieser Anteil liegt allerdings auch deshalb so hoch, weil Medicare die Krankenversicherung der Rentner ist. In dieser Bevölkerungsgruppe liegt der Anteil derer, die sich in ihrem letzten Lebensjahr befinden, weit über dem Durchschnitt.

Abb. 11-1a: Veränderung der Überlebenskurve am Beispiel Deutschlands*) (Männer)

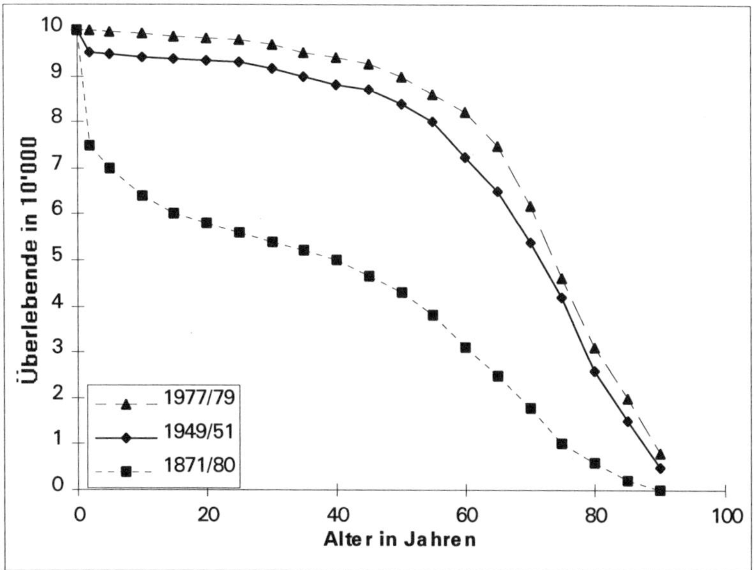

*) Überlebende von 100.000 Personen bei Alter *X*, Deutsches Reich 1871/80, Bundesgebiet 1949/51, Bundesrepublik Deutschland 1977/79.

Quelle: *Schwartz (1991).*

ihre restliche Lebenserwartung auf Monate und nicht Jahre beziffern würde. Würde man die Grenzproduktivität dieser Aufwendungen lediglich an der Verlängerung der Zeit messen, die in "guter" bzw. "besserer" Gesundheit verbracht wird (wie dies vereinfachend in Abschnitt 3.5 erfolgte), so wäre man versucht, von einer **Verschwendung der Mittel** zu sprechen, von der höchstens die Ärzte im Krankenhaus aufgrund ihrer Forschungsinteressen etwas haben, nicht aber die Patienten selbst [vgl. *Zweifel (1990a)*]. Die Folgerung 11.1 erinnert demgegenüber daran, daß auch sehr betagte Patienten eine erhebliche Zahlungsbereitschaft für medizinische Leistungen aufweisen könnten, die ihnen zwar keine Verbesserung des Gesundheitszustandes, doch immerhin eine verbesserte Kontrolle über ihren Gesundheitszustand versprechen.

11.2.1.2 Umverteilungswirkungen der Alterung

Jedes System der Krankenversicherung, das den Versicherten altersunabhängige Beiträge trotz altersabhängiger Gesundheitskosten garantiert, erhält Eigenschaften einer umlagefinanzierten Altersvorsorge und "erbt" damit auch deren Probleme [vgl. *Breyer (1990)*, besonders Kap. 1]. Hier wie dort entrichtet die Generation der Erwerbstätigen Beiträge, welche die empfangenen Leistungen mehr als decken. Dieser Überschuß wird in der deutschen Gesetzlichen Krankenversicherung dazu verwendet, das Defizit aus der Versorgung der Kinder und Rentner auszugleichen (vgl. Abb. 11-2).

Abb. 11-1b: Veränderung der Überlebenskurve am Beispiel Deutschlands*) (Frauen)

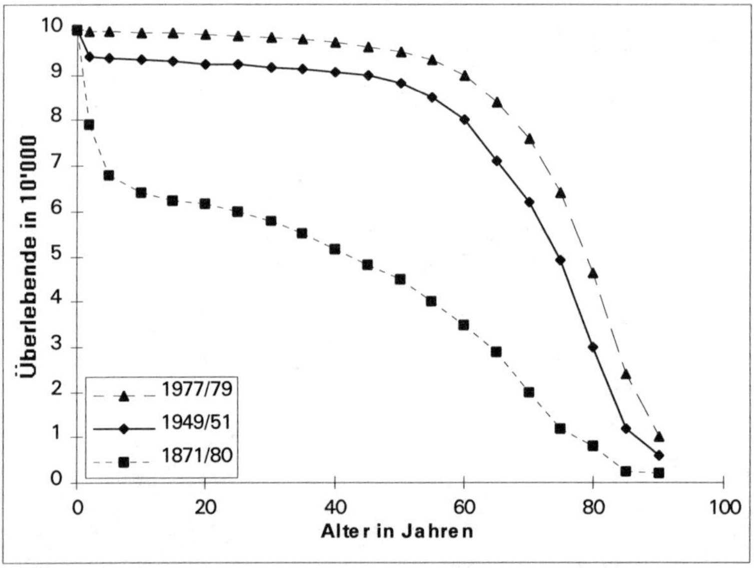

*) Überlebende von 10.'000 Personen bei Alter *X*, Deutsches Reich 1871/80, Bundesgebiet 1949/51, Bundesrepublik Deutschland 1977/79.

Quelle: *Schwartz (1991).*

Nimmt nun die Zahl der Versicherten im Rentenalter zu, so vervielfacht sich das Defizit, und die Beiträge der Erwerbstätigen müssen angehoben werden, um das finanzielle Gleichgewicht der Gesetzlichen Krankenversicherung zu wahren. Die Wahrung des finanziellen Gleichgewichts bedingt also bei einer Alterung der Bevölkerung **eine sich verschärfende Umverteilung** von den Erwerbstätigen zu den Rentnern. Das gleiche Problem stellt sich z.B. auch in der Schweiz, wo zwar Kinder im Unterschied zu Deutschland überwiegend nicht gratis mitversichert werden, andererseits aber die Beiträge von den Krankenkassen lediglich nach dem Eintrittsalter und nicht dem laufenden Alter abgestuft werden dürfen.

In einer Phase der Alterung der Bevölkerung kann demnach die Mitgliedschaft in einer sozialen Krankenversicherung für die Angehörigen ganzer Generationen zu einer ungünstigen Investition werden, indem sie als Erwerbstätige für viele kostspielige Rentner in der Versicherung aufkommen müssen, selber aber im Alter nur einmal die Leistungen des Systems "konsumieren" können. Sie würden mithin feststellen, daß der Barwert ihrer Beitragszahlungen den Barwert der Leistungen übersteigt, die sie im Verlaufe ihres Lebens von der Krankenversicherung empfangen werden: Sie leisten einen sog. **Lebensnettotransfer an die Überlebenden früherer Kohorten** (in der Tabelle 11.1 mit positiven Werten eingetragen). Berücksichtigt man neben der Bevölkerungsentwicklung auch die Auswirkungen bereits eingetretener und zukünftiger Kostensteigerungen im Gesundheitswesen (Variante II der Tabelle 11.1), so scheint die Kohorte der im Jahre 1960 Geborenen bereits einen positiven Lebensnettotransfer zu leisten. Diese unfreiwilligen Übertragungen

Abb. 11-2: Kinder, Erwerbstätige und Rentner in der deutschen Gesetzlichen Krankenversicherung

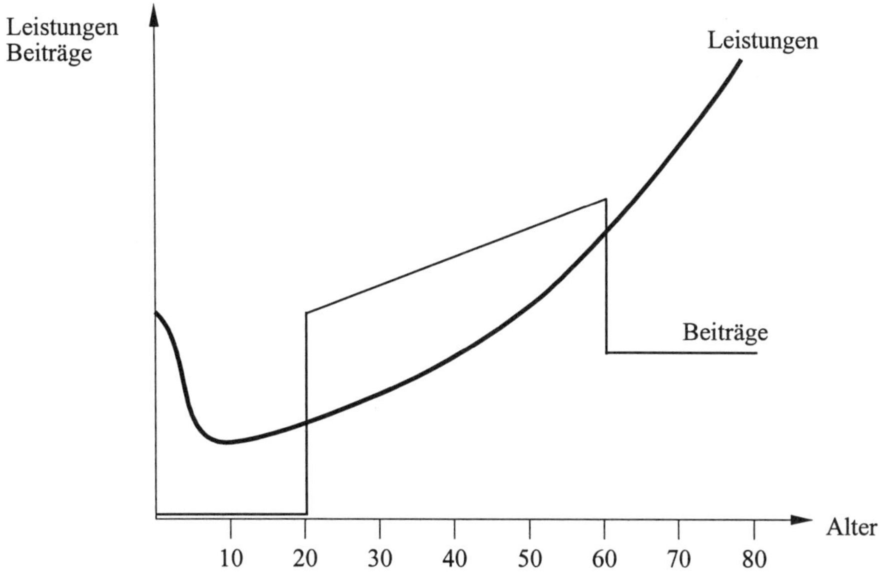

Quelle: *von der Schulenburg (1989)*, p. 286.

werden in Zukunft noch erheblich ansteigen und ein Ausmaß annehmen, das die Akzeptanz der sozialen Krankenversicherung in ihrer heutigen Ausgestaltung ernsthaft untergraben könnte. Diese Gedankengänge lassen sich zusammenfassen in der

Folgerung 11.2: Die Alterung der Bevölkerung gefährdet das finanzielle Gleichgewicht einer Krankenversicherung mit altersunabhängigen Beiträgen. Die Beitragsanpassungen zur Wahrung des Gleichgewichts lassen die Mitgliedschaft in einer solchen Versicherung für die jetzige und mehrere zukünftige Generationen von Erwerbstätigen zu einer verlustbringenden Investition werden.

11.2.2 Veränderte Familienstruktur

Nicht nur die Altersstruktur der Bevölkerung ist im Begriff, sich zu verändern, sondern auch die Familienstruktur hat sich in den Industrieländern erheblich gewandelt. Während noch zu Beginn der sechziger Jahre Einpersonen-Haushalte die Ausnahmeerscheinung darstellten, machen sie heute bis gegen ein Drittel aller Haushalte aus (vgl. Tab. 11.2). Zum einen Teil ist diese Zunahme eine Folge gesunkener Eheschliessungsraten sowie erhöhter Scheidungsquoten, die nicht von einer Zunahme der Wiederverheiratungen begleitet waren. Zum andern Teil hat sich auch die Lebenserwartung nach Geschlechtern unterschiedlich entwickelt. Um 1950 konnte eine 40-jährige Frau mit 35 zusätzlichen Lebensjahren rechnen, ihr gleichaltriger Mann mit 32 Jahren. Um 1980 dagegen betrug

Tab. 11.1: Durchschnittlicher Lebensnettotransfer der Mitglieder der Gesetzlichen Krankenversicherung seit 1900 (Modellrechnungen), in konstanten DM

Geburtenjahrgänge	**Variante I** (rein demographischer Effekt)	**Variante II** (demographischer Effekt und Kostensteigerungseffekt)
1900	-10.653	215
1920	-10.882	-1.280
1940	-5.755	-2.648
1960	-3.983	361
1980	14.640	14.627
2000	15.114	34.132
2020	19.318	98.102
2040	13.254	151.606
2060	5.367	138.742
2080	541	33.867
2100	0	0

Anmerkungen: Bei Variante I werden konstante Gesundheitsausgaben für den gesamten Betrachtungszeitraum unterstellt. Bei Variante II wird angenommen, daß die Gesundheitsausgaben bis 1960 um 1% p.a., von 1960 bis 1990 um 10% p.a. und ab 1990 um 5% p.a. (wegen zu erwartender forcierter Kostendämpfungsbemühungen) steigen. Die unterstellte Diskontrate beträgt bis 1960 2% und ist ab 1960 gleich der Kostensteigerungsrate. Der Lebensnettotransfer konvergiert gegen Null, da ab 2030 eine konstante Geburtenzahl unterstellt wird.

Quelle: *von der Schulenburg (1989*, S. 296).

ihre restliche Lebenserwartung 39 Jahre, seine 33 Jahre [vgl. *OECD (1987*), S. 38]. Die Wahrscheinlichkeit, die letzten Lebensjahre allein verbringen zu müssen, hat für die Frauen offenbar erheblich zugenommen.

Die Relevanz dieser Tendenz zum Einpersonen-Haushalt kann an einem einfachen Wahrscheinlichkeitsargument illustriert werden. Mit einer Wahrscheinlichkeit $\pi(A)$ werde eine bestimmte Person A krank und nehme damit auch Leistungen des Gesundheitswesens in Anspruch. Lebt sie hingegen mit einer andern Person B zusammen, so soll der gesunde Partner jeweils den kranken pflegen. Es kommt also in Zweipersonen-Haushalten nur dann zu einer Inanspruchnahme von Leistungen des Gesundheitswesens, wenn **beide Mitglieder** des Haushalts krank sind. Diese Wahrscheinlichkeit der Inanspruchnahme medizinischer Leistungen ist auf Grund der Formel für die bedingte Wahrscheinlichkeit gegeben durch

$$\pi(A, B) = \pi(A|B) \cdot \pi(B) = \pi(B|A) \cdot \pi(A) \tag{11.1}$$

$\pi(A, B)$: Wahrscheinlichkeit, daß A und B gleichzeitig krank sind (und deshalb Leistungen des Gesundheitswesens in Anspruch nehmen).

$\pi(A \mid B)$: Wahrscheinlichkeit, daß A krank ist, gegeben, daß B krank ist.

Aus dieser Gleichung geht unmittelbar hervor, daß $\pi(A, B) \leq \pi(A)$ und $\pi(A, B) \leq \pi(\mathrm{B})$, weil die bedingten Wahrscheinlichkeiten $\pi(A \mid B)$ und $\pi(B \mid A)$ höchstens den Wert Eins annehmen können. Die Wahrscheinlichkeit, daß beide Mitglieder eines Zweipersonen-Haushaltes gleichzeitig krank sind, liegt deshalb in aller Regel **unter** dem Krankheitsrisiko des einzelnen Mitglieds für sich genommen. Das Zusammenleben in einem Familienverband kann demnach zu einer Entlastung des Gesundheitswesens führen.

Tab. 11.2: Anteil von Einpersonen-Haushalten in ausgewählten Industrieländern (Angaben in %)

	um 1960	um 1980
Bundesrepublik Deutschland	20	30
Frankreich	20	24
Großbritannien	11	22
Niederlande	12	22
Schweden	20	33
Schweiz	14	29
USA	13	23

Quelle: *Roussel (1986).*

Wie groß dieser Entlastungseffekt ausfällt, hängt Gleichung (11.1) zufolge von den bedingten Wahrscheinlichkeiten $\pi(A \mid B)$ bzw. $\pi(B \mid A)$ ab, die sich als Ausdruck der Ansteckungsgefahr interpretieren lassen. Gehen diese Wahrscheinlichkeiten gegen Eins, so bedingt die Erkrankung des einen Partners fast zwangsläufig die Erkrankung des anderen.

Wenn also ein Land von Epidemien heimgesucht wird, ist das Zusammenleben in Haushalten kaum von Vorteil für das Gesundheitswesen. Seitdem jedoch die Infektionskrankheiten ganz erheblich an Bedeutung verloren haben, sind diese Effekte zumindest für die heutigen Industrieländer nicht mehr ausschlaggebend. Diese Überlegungen münden in die

Folgerung 11.3: Die Ausbreitung von Einpersonen-Haushalten verstärkt ceteris paribus die Tendenz, bei Gesundheitsstörungen Leistungen Dritter in Anspruch zu nehmen. Ihr Beitrag zur Eindämmung von Epidemien fällt in der heutigen Zeit, wo ansteckende Krankheiten auf dem Rückzug sind, weniger ins Gewicht.

11.3 Die technologische Herausforderung

11.3.1 Die drei Arten von Innovation

In der ökonomischen Literatur werden die folgenden Arten von Innovation unterschieden:

- ***Prozeßinnovationen:*** Sie erlauben es, ein in der Art gleichbleibendes Produkt zu geringeren Kosten herzustellen. Ein Beispiel im Gesundheitswesen sind Analyseautomaten, die in der gleichen Zeit eine Blutprobe auf die doppelte Zahl von Parametern im Vergleich zu früher untersuchen.

- ***Produktinnovationen:*** Sie erlauben es, ein Produkt mit neuen Eigenschaften oder zumindest neuen Kombinationen bisheriger Eigenschaften zu versehen, allerdings in der Regel zu erhöhten Produktionskosten. Neue Arzneimittel, aber auch Therapien für bisher nicht behandelbare Krankheiten sind Beispiele dafür.

- ***Organisatorische Innovationen:*** Sie stehen für die Möglichkeit, mit neuartigen Kombinationen von Produktionsprozessen oder auch von ganzen Unternehmen Kostenvorteile zu erzielen. Beispiele im Gesundheitswesen sind Gruppenpraxen, die Ausgliederung der Geriatriepflege aus der Abteilung für Innere Medizin eines Krankenhauses, oder der Aufbau einer Health Maintenance Organization.

In diesem Abschnitt soll die optimale Allokation dieser drei Innovationsarten im Gesundheitswesen aus der Sicht des Einzelnen untersucht werden. Dem Individuum soll es durch einen Verzicht auf Konsum in der laufenden Periode möglich sein, Innovationsanstrengungen zu finanzieren, die in der Folgeperiode seinen Gesundheitszustand verbessern.

Um die Untersuchung möglichst einfach zu gestalten, wird eine "langfristige, durchschnittliche" Nutzenfunktion für jede Periode unterstellt, deren Form nicht vom jeweiligen Gesundheitszustand abhängig sein soll. Zwischen Konsumleistungen und Konsumgütern wird (im Gegensatz zum 3. Kapitel) ebenfalls nicht unterschieden, so daß die Nutzenfunktion unmittelbar die Konsumausgaben (X_1, X_2) und Gesundheit (G_1, G_2) der beiden Perioden als Argumente enthält. Einfachheitshalber sollen die beiden Periodennutzen (u_1, u_2) additiv sein, und von einer Diskontierung wird abgesehen [vgl. *Lyttkens (1990)* für eine analoge makroökonomische Formulierung]:

$$u = u_1(X_1, G_1) + u_2(X_2, G_2) \ . \qquad (11.2)$$

Im folgenden werden schrittweise die drei Innovationsarten in die Produktionsfunktion für Gesundheit aufgenommen.

Nur Prozeßinnovation: Die Aufwendungen zugunsten von Prozeßinnovationen erfolgen in der ersten Periode, werden aber einfachheitshalber durch R^Z ohne Subskript für die Periode symbolisiert. Sie sollen sich in der zweiten Periode so auswirken, wie wenn ein Vielfaches h^Z an medizinischen Leistungen zur Verfügung stehen würde. Dieser Multiplikator ist Eins, wenn keine Prozeßinnovation vorgenommen wird ($h^Z[0] = 1$), und steigt mit zunehmenden Werten von R^Z an[2]. Die Produktionsfunktion für Gesundheit lautet entsprechend wie folgt:

$$G_2 = g_2(\tilde{m}_2) , \quad \text{mit} \quad \tilde{m}_2 = h^Z(R^Z) \cdot M_2 , \quad h^Z[0] = 1 , \quad \frac{\partial h^Z}{\partial R^Z} > 0 . \tag{11.3}$$

Ein bestimmter Gesundheitszustand läßt sich also dank Prozeßinnovation kostengünstiger erreichen: In der zweiten Periode entfalten die medizinischen Leistungen eine Wirkung wie $h^Z \cdot M_2$ Einheiten, so daß M_2 selbst einen niedrigeren Wert annehmen kann. Damit gehen aber auch die Gesundheitsausgaben zurück, weil der Preis von M_2 auf Eins normiert ist [vgl. die Budgetrestriktion (11.6)]. Einen zusätzlichen Multiplikatoreffekt hat die organisatorische Innovation R^O; sobald er berücksichtigt ist, wird $\tilde{m}_2$ durch m_2 ersetzt (s.u.).

Prozeß- und Produktinnovation: Eine erfolgreiche Produktinnovation im Gesundheitswesen soll es den Individuen ermöglichen, einen mit den übrigen Mitteln erreichbaren Gesundheitszustand $g_2(.)$ noch zu übertreffen. Diese Verbesserung wird analog zur Gleichung (11.3) mit einem Multiplikator ausgedrückt, dessen Wert von den Aufwendungen für Produktinnovation R^D in der ersten Periode abhängt. Die entsprechend ergänzte Produktionsfunktion (11.4) lautet damit

$$G_2 = h^D(R^D) \cdot g_2(\tilde{m}_2) , \quad \text{mit} \quad h^D[0] = 1 , \quad \frac{\partial h^D}{\partial R^D} > 0 . \tag{11.4}$$

Prozeß-, Produkt- und organisatorische Innovation: Für organisatorische Innovationen sind Synergieeffekte charakteristisch. Statt um Synergieeffekte zwischen Produktionsprozessen oder Unternehmen soll es sich hier um Synergieeffekte **zwischen den Perioden** handeln[3]. Dieser Definition zufolge bewirkt organisatorische Innovation, daß medizinische Leistungen nicht erst in der zweiten, sondern bereits in der ersten Periode einen größeren Beitrag zur Gesundheit leisten. Außerdem fallen organisatorische Innovationen umso mehr ins Gewicht, je größer der Ressourceneinsatz ist. Die Produktionsfunktionen könnten dementsprechend lauten

2. Das Vorzeichen der zweiten Ableitung soll hier und in den analogen Formulierungen (11.4) und (11.5) negativ sein, d.h. es werden abnehmende Grenzerträge der Innovationsaufwendungen unterstellt.
3. Statt einer Betrachtung von Synergieeffekten durch die Unterteilung von Arbeit in "Produktionseinheit Nr. 1" (z.B. ambulante Behandlung) und "Produktionseinheit Nr. 2" (z.B. stationäre Behandlung) wird die Effektivität von "Behandlung in Periode 1" und "Behandlung in Periode 2" erhöht. Damit erspart man sich die Erweiterung des Modells um eine räumliche Dimension, die viel zusätzliche Notation, aber kaum zusätzliche Einsichten mit sich bringen würde.

$$G_1 = g_1(m_1) \quad , \quad \text{mit} \quad m_1 = h^O(R^O) \cdot M_1$$

$$G_2 = h^D(R^D) \cdot g_2(m_2) \, , \quad \text{mit} \quad m_2 = h^O(R^O) \cdot \tilde{m}_2 = h^O(R^O) \cdot h^Z(R^Z) \cdot M_2,$$

$$\text{und} \quad h^O[0] = 1 \, , \quad \frac{\partial h^O}{\partial R^O} > 0 \, . \tag{11.5}$$

Das Einkommen für die beiden Perioden zusammen sei mit $\bar{Y}$ fest vorgegeben. Es muß für den Kauf von Konsumgütern (X_1, X_2), medizinischen Leistungen (M_1, M_2), aber auch für die verschiedenen medizinischen Innovationen (R^Z, R^D und R^O) ausreichen. Die **Budgetrestriktion** läßt sich mithin schreiben als

$$X_1 + M_1 + R^Z + R^D + R^O + X_2 + M_2 = \bar{Y} \, . \tag{11.6}$$

Die Gleichungen (11.2) bis (11.6) beschreiben zusammen ein Optimierungsproblem, das mit Hilfe der nachstehenden Lagrange-Funktion untersucht werden kann (vgl. Tab. 11.3):

$$\begin{aligned} L = {} & u_1 \{X_1 \, ; g_1 [h^O(R^O) \cdot M_1]\} \\ & + u_2 \{X_2 \, ; h^D(R^D) \cdot g_2 [h^O(R^O) \cdot h^Z(R^Z) \cdot M_2]\} \\ & - \lambda \{X_1 + M_1 + R^Z + R^D + R^O + X_2 + M_2 - \bar{Y}\} \, . \end{aligned} \tag{11.7}$$

Das Individuum stehe in Periode 1 vor der Aufgabe, durch die Wahl von X_1, M_1 und insbesondere R^Z, R^D und R^O diese Funktion zu maximieren.

11.3.2 Kriterien für eine optimale Allokation der Innovation

In diesem Teilabschnitt sollen meßbare Kriterien hergeleitet werden, die einen optimalen Umfang der Innovationsanstrengungen aus der Sicht des Individuums anzeigen. Diese Kriterien laufen auf eine geforderte marginale Verbesserung des Gesundheitszustandes in der zweiten Periode hinaus. Vorab kann mit einer Differenzierung der Funktion (11.7) bezüglich der Konsumausgaben X_1 der Wert des Lagrangemultiplikators λ bestimmt werden:

$$\frac{\partial L}{\partial X_1} = \frac{\partial u_1}{\partial X_1} - \lambda = 0 \quad \rightarrow \quad \lambda = \frac{\partial u_1}{\partial X_1} \, . \tag{11.8}$$

Der optimale Umfang der Aufwendungen für **Prozeßinnovationen R^Z** muß demnach der Bedingung genügen

Tab. 11.3: Die drei Innovationsarten in einem Zweiperioden-Modell

$u = u_1(X_1, G_1) + u_2(X_2, G_2)$	Nutzenfunktion	(11.2)
$G_2 = g_2(\tilde{m}_2)$, mit $\tilde{m}_2 = h^Z(R^Z) \cdot M_2$, $h^Z[0] = 1$, $\frac{\partial h^Z}{\partial R^Z} > 0$	Gesundheitsproduktion mit Prozessinnovation	(11.3)
$G_2 = h^D(R^D) \cdot g_2(\tilde{m}_2)$, mit $h^D[0] = 1$, $\frac{\partial h^D}{\partial R^D} > 0$	Gesundheitsproduktion mit Prozess- und Produktinnovation	(11.4)
$G_1 = g_1(m_1)$, mit $m_1 = h^O(R^O) \cdot M_1$ $G_2 = h^D(R^D) \cdot g_2(m_2)$, mit $m_2 = h^O(R^O) \cdot \tilde{m}_2 = h^O(R^O) \cdot h^Z(R^Z) \cdot M_2$ $h^O[0] = 1$, $\frac{\partial h^O}{\partial R^O} > 0$	Gesundheitsproduktion mit Prozess-, Produkt- und organisatorischer Innovation	(11.5)
$X_1 + M_1 + R^Z + R^D + R^O + X_2 + M_2 = \bar{Y}$	Budgetrestriktion	(11.6)
$L = u_1\{X_1 ; g_1[h^O(R^O) \cdot M_1]\}$ $+ u_2\{X_2 ; h^D(R^D) \cdot g_2[h^O(R^O) \cdot h^Z(R^Z) \cdot M_2]\}$ $- \lambda\{X_1 + M_1 + R^Z + R^D + R^O + X_2 + M_2 - \bar{Y}\}$	zu maximierende Lagrange-Funktion	(11.7)

X_1: Konsumausgaben in der 1. Periode (X_2: in der 2. Periode)

G_1: Gesundheitszustand in der 1. Periode (G_2: in der 2. Periode)

λ: Lagrange-Multiplikator zur Budgetrestriktion

M_1: Medizinische Aufwendungen in der 1. Periode (M_2: in der 2. Periode)

R^Z: Aufwendungen für Prozessinnovation, nur in der 1. Periode

R^D: Aufwendungen für Produktinnovation, nur in der 1. Periode

R^O: Aufwendungen für organisatorische Innovation, nur in der 1. Periode

$\bar{Y}$: Gesamtes Einkommen der Perioden 1 und 2

$$\frac{\partial L}{\partial R^Z} = \frac{\partial u_2}{\partial G_2} \cdot \frac{\partial G_2}{\partial g_2} \cdot \frac{\partial g_2}{\partial m_2} \cdot \frac{\partial m_2}{\partial h^Z} \cdot \frac{\partial h^Z}{\partial R^Z} - \lambda$$

$$= \frac{\partial u_2}{\partial G_2} \cdot h^D \cdot \frac{\partial g_2}{\partial m_2} \cdot h^O \cdot M_2 \cdot \frac{\partial h^Z}{\partial R^Z} - \frac{\partial u}{\partial X_1} = 0 \qquad \text{[vgl. Gleichung (11.5)].} \qquad (11.9)$$

Die zusätzlichen gesundheitlichen Vorteile, die in der 2. Periode dank der Innovation erzielt werden können, müssen offensichtlich die Opportunitätskosten decken, die ihrerseits durch den Nutzen gegeben sind, der aus zusätzlichem Konsum in der 1. Periode gezogen werden könnte.

Die notwendige Optimumbedingung für den Fall der **Produktinnovation R^D** lautet auf Grund der Gleichungen (11.7) und (11.8)

$$\frac{\partial L}{\partial R^D} = \frac{\partial u_2}{\partial G_2} \cdot g_2 \cdot \frac{\partial h^D}{\partial R^D} - \frac{\partial u_1}{\partial X_1} = 0\,. \qquad (11.10)$$

Durch eine Steigerung der Aufwendungen zugunsten der Produktinnovationen kann der Gesundheitszustand g_2, der mit Hilfe medizinischer Leistungen und ggf. anderer Innovationen erreicht würde, verbessert werden. Dieser Vorteil muß im Optimum wiederum den Opportunitätskosten entsprechen, die sich aus dem Konsumverzicht ergeben.

Aus der Funktion (11.7) läßt sich schließlich für die **organisatorische Innovation** die Bedingung herleiten

$$\frac{\partial L}{\partial R^O} = \frac{\partial u_1}{\partial G_1} \cdot \frac{\partial G_1}{\partial g_1} \cdot \frac{\partial g_1}{\partial m_1} \cdot \frac{\partial m_1}{\partial h^O} \cdot \frac{\partial h^O}{\partial R^O} + \frac{\partial u_2}{\partial G_2} \cdot \frac{\partial G_2}{\partial g_2} \cdot \frac{\partial g_2}{\partial m_2} \cdot \frac{\partial m_2}{\partial h^O} \cdot \frac{\partial h^O}{\partial R^O} - \frac{\partial u_1}{\partial X_1}$$

$$= \frac{\partial u_1}{\partial G_1} \cdot \frac{\partial g_1}{\partial m_1} \cdot M_1 \cdot \frac{\partial h^O}{\partial R^O} + \frac{\partial u_2}{\partial G_2} \cdot h^D \cdot \frac{\partial g_2}{\partial m_2} \cdot h^Z \cdot M_2 \cdot \frac{\partial h^O}{\partial R^O} - \frac{\partial u_1}{\partial X_1}$$

$$= 0\,. \qquad (11.11)$$

Der Vergleich der Bedingungen (11.9) bis (11.11) erfolgt so, daß jedesmal die für ein Optimum erforderliche marginale Wirksamkeit der jeweiligen Innovationsaufwendung in Bezug auf den Gesundheitszustand festgestellt wird. Eine kurze Umformung der Gleichungen (11.9), (11.10) und (11.11) ergibt

$$\frac{\partial g_2}{\partial m_2} \cdot \frac{\partial h^Z}{\partial R^Z} \cdot h^D \cdot h^O \cdot M_2 = \frac{\partial u_1 / \partial X_1}{\partial u_2 / \partial G_2} \qquad \text{(Prozeßinnovation)} \qquad (11.12a)$$

$$\frac{\partial h^D}{\partial R^D} \cdot g_2 = \frac{\partial u_1 / \partial X_1}{\partial u_2 / \partial G_2} \qquad \text{(Produktinnovation)} \qquad (11.12b)$$

$$\frac{\partial g_2}{\partial m_2} \cdot \frac{\partial h^O}{\partial R^O} \cdot h^Z \cdot h^D \cdot M_2 = \frac{\partial u_1 / \partial X_1}{\partial u_2 / \partial G_2} - \frac{\partial u_1 / \partial G_1}{\partial u_2 / \partial G_2} \cdot \frac{\partial g_1}{\partial m_1} \cdot \frac{\partial h^O}{\partial R^O} \cdot M_1 \qquad (11.12c)$$

(organisatorische Innovation).

Diese drei Bedingungen lassen sich wie folgt interpretieren:

- Die drei Kriterien haben ein gemeinsames erstes Element. Es besagt, daß die in der zweiten Periode zu erzielende Verbesserung des Gesundheitszustandes unabhängig von der Art der Innovation um so größer sein muß, je schwerer der durch den Konsumverzicht herbeigeführte **Nutzenverlust** in der ersten Periode wiegt ($\partial u_1/\partial X_1$ groß). Umgekehrt genügt eine geringe Verbesserung des Gesundheitszustandes, wenn sie nutzenmäßig stark ins Gewicht fällt ($\partial u_2/\partial G_2$ groß).

- Je zusätzlich aufgewendete Geldeinheit müßten Prozeßinnovation und Produktinnovation die **gleiche Wirkung** auf die Gesundheit haben [die linke Seite von (11.12a) ist gleich der linken Seite von 11.12b)].

- Das zu erreichende Grenzprodukt, ausgedrückt als Verbesserung des Gesundheitszustandes in der zweiten Periode, ist im Falle der organisatorischen Innovation grundsätzlich **geringer** als bei den anderen Innovationsarten. Der Unterschied ist um so größer, je höher die medizinischen Aufwendungen in der ersten Periode (M_1) sind. Er existiert aber nur dann, wenn die organisatorische Innovation bereits in der ersten Periode Wirkung zeitigt [$\partial g_1/\partial h^O > 0$ in der Gleichung (11.12c)].

- Die Anforderung an die Prozeßinnovation in der Gleichung (11.12a) hängt u.a. vom (optimalen) Umfang der Produktinnovation h^D ab. Der Wert von h^D liegt aber wegen des Auftretens von $\partial h^D/\partial R^D$ in der Gleichung (11.12b) erst dann fest, wenn g_2, der Gesundheitszustand nach den Beiträgen von Prozeßinnovation und organisatorischer Innovation, feststeht. Damit wird die **Interdependenz** der drei Kriterien unterstrichen.

Diese Ergebnisse geben Anlaß zur

Folgerung 11.4: Die Anforderungen an die drei Innovationsarten im Gesundheitswesen können als meßbare Beiträge an die Verbesserung des Gesundheitszustands ausgedrückt werden. Aus der Sicht eines (nicht versicherten) Individuums liegen diese Anforderungen grundsätzlich gleich hoch für Prozeß- und Produktinnovationen, jedoch niedriger für organisatorische Innovationen.

Die Folgerung 11.4 macht keine unmittelbare Aussagen über die **Höhe von R^Z, R^D und R^O**. Dies ist nicht zufällig, sondern kommt daher, daß der Rückschluß von den in den

Gleichungen (11.12) bestimmten Grenzproduktivitäten auf die jeweiligen Innovationsaufwendungen nur bedingt möglich ist. Insbesondere folgt aus einem hohen geforderten Grenzprodukt der Produktinnovation nicht zwingend, daß das Individuum den Umfang der Produktinnovation unter denjenigen z.B. der Prozeßinnovation senken möchte. Dies würde nur dann zutreffen, wenn der funktionale Zusammenhang zwischen den Ausdrücken auf der linken Seite der Gleichungen (11.12) und R^Z, R^D und R^O dreimal derselbe wäre. Die Gleichungen (11.3) bis (11.5) enthalten aber keine Gleichheitsbedingungen von der Art $\partial h^Z/\partial R^Z = \partial h^D/\partial R^D = \partial h^O/\partial R^O$.

11.3.3 Verzerrungen der Kriterien auf aggregierter Ebene

Im vorhergehenden Teilabschnitt wurden Kriterien hergeleitet, die ein "durchschnittliches" Individuum an verschiedene Arten der Innovation im Gesundheitswesen anlegen würde, wenn es z.B. als Käufer eines (patentgeschützten) Medikaments oder als Steuerzahler für Innovationsaufwendungen aufzukommen hätte. Die in den Gleichungen (11.12) präsentierten Ergebnisse lassen vermuten, daß ein solches Individuum je zusätzlich ausgegebene Geldeinheit (*GE*) jeweils eine Verbesserung der Gesundheit in ungefähr gleichem Ausmaß fordern würde.

Die z.B. im britischen Gesundheitsdienst erzielten Gesundheitsverbesserungen je GE entsprechen diesen Erwartungen jedoch **nicht**. Mißt man die Gesundheitswirkung in qualitätsbereinigten Lebensjahren (*QALYs*, vgl. Abschnitt 2.5), so gehen die Schätzungen von 5,88 *QALYs* je 1.000 £ bis zu 0,068 *QALYs* je 1.000 £ (vgl. Tab. 11.4). Die Entscheidungen im britischen Gesundheitsdienst fallen offensichtlich so, daß von der Dialyse im Krankenhaus nur gerade 0,068 *QALYs* je 1.000 £ verlangt werden, während von einer Nichtraucherkampagne (die zwar von außerhalb des Gesundheitswesens kommt, aber dennoch medizinische Leistungen einspart und deshalb in Tabelle 11.4 als Prozeßinnovation eingetragen ist) hohe 5,88 je 1.000 £ gefordert werden.

Zudem scheint es, daß allgemein **Prozeßinnovationen schärferen Kriterien** genügen müssen als Produktinnovationen. Jedenfalls stellen diese Diskrepanzen ein Indiz dafür dar, daß individuelle Präferenzen bezüglich Innovationen im Gesundheitswesen auf der Ebene der Aggregate verfälscht werden könnten. Drei mögliche Gründe stehen im Vordergrund: der Einfluß der Krankenversicherung (moral hazard), ein medizinischer Imperativ auf der Ebene der Ziele und ein Imperativ auf der Ebene der Mittel[4].

- ***Auswirkungen der Krankenversicherung:*** Wenn jemand durch eine soziale Krankenversicherung gedeckt ist, muß er für Innovationen im Gesundheitswesen nicht gesondert bezahlen. Der Krankenhausaufenthalt kostet gleichviel (bzw. gar nichts) unabhängig davon, ob das Haus einen neu eingerichteten Operationssaal hat oder nicht, und wenn das soeben auf den Markt gekommene Arzneimittel doppelt so teuer ist wie die herkömmlichen, ist auch das Mitglied einer schweizerischen Krankenkasse nur mit höchstens 10% an der Kostendifferenz beteiligt.

---

4. Der Begriff des "technologischen Imperativs in der Medizin" ist von *Fuchs (1968)* geprägt worden. Er beschreibt die rasante Verbreitung von Produktinnovationen nicht nur im Gesundheitswesen der USA sondern der Industrieländer überhaupt, die auf ärztliche, vom Rest der Gesellschaft übernommene Normen zurückgehen.

Tab. 11.4: Gewonnene *QALYs* je 1.000 £, verschiedene Innovationen

Therapie bzw. Innovation	Typ der Innovation[a)]	*QALYs* je 1.000 £[b)]
Nichtraucherkampagne	Z	5.88
Schrittmacherimplantation	Z	1.43
Hüftgelenkprothese	D	1.33
Bypass bei schwerer Angina pectoris	D	0.96
Kontrolle des Serum-Cholesterols	D	0.59
Nierentransplantation	Z	0.33
Brustkrebs-Reihenuntersuchung	Z	0.29
Herztransplantation	D	0.20
Bypass bei leichter Angina pectoris	D	0.079
Dialyse im Krankenhaus	D	0.068

a) D: Produktinnovation, Z: Prozeßinnovation. Unter einer Produktinnovation werden insbesondere lebensrettende Therapien verstanden, zu denen es im Zeitpunkt ihrer Einführung keine Alternativen gab.

b) Barwert aller zukünftigen Kosten, zu Preisen von 1983/84.

***Quelle:** Williams (1985).*

Sobald also das Individuum als betroffener Kranker entscheidet, muß es nicht mehr die vollen Opportunitätskosten der Innovationsaufwendungen tragen. Sein Opfer an Konsumgütern X_1 (und mithin seine Nutzeneinbuße $\partial u_1/\partial X_1$ zugunsten des verbesserten Gesundheitszustandes) werden durch die Krankenversicherung reduziert. Dies wirkt sich auf die an die Innovationen gestellten Anforderungen aus: Der gemeinsame erste Term $(\partial u_1/\partial X_1)$ / $(\partial u_2/\partial G_2)$ in den Gleichungen (11.12) geht zurück, und **alle drei Arten** von Innovationen werden **begünstigt**. Der Einfluß des "moral hazard" beschränkt sich also nicht darauf, daß in der laufenden Periode mehr medizinische Leistungen nachgefragt werden (vgl. Abschnitt 6.5), sondern bewirkt auch eine Beschleunigung des technologischen Wandels in der Medizin.

Die Krankenversicherung verzerrt darüber hinaus das Verhältnis zwischen gewünschter Prozeßinnovation und Produktinnovation, indem sie auch die Inanspruchnahme medizinischer Leistungen verbilligt. Für jeden einzelnen Versicherten werden die Gesundheitsausgaben durch die Versicherung im Zeitpunkt der Inanspruchnahme gesenkt. Damit geht in der Gleichung (11.12a) der Wert von M_2 (das sind Ausgaben zum Preise von 1) zurück, und $\partial h^Z/\partial R^Z$ müßte ceteris paribus einen höheren Wert annehmen[5]. Bei abnehmenden Grenzerträgen der Innovation bedingt dies einen niedrigeren Wert von R^Z. Insofern wird die Prozeßinnovation von der Krankenversicherung nicht im gleichen Umfang begünstigt wie die **Produktinnovation**.

- ***Medizinischer Imperativ auf der Zielebene***: Dieser Imperativ bedeutet, daß es unter dem Einfluß der Ärzte zur gesellschaftlichen Norm wird, Krankheiten soweit wie möglich zu bekämpfen. Bei ihren Entscheidungen könnten sich die Ärzte auf den Grundsatz berufen, daß der Gesundheitszustand eines (behandlungsbedürftigen) Menschen auf einen bestimmten Wert gebracht werden müsse[6]. Wenn also G_2 einen bestimmten Wert mindestens erreichen soll, so läßt sich dieser Imperativ im vorliegenden Zusammenhang am besten durch die Bedingung

$$\partial u_2 / \partial G_2 \leq \bar{u}'_2 \qquad (11.13)$$

wiedergeben, d.h der Grenznutzen der Gesundheit darf einen Grenzwert $\bar{u}'_2$ nicht überschreiten. Auf Grund der Gleichungen (11.12) scheint diese Bedingung die Anforderungen an alle drei Arten der Innovation zu erhöhen, weil der Nenner $\partial u_2/\partial G_2$ des ersten Terms reduziert wird. Dabei ist jedoch zu berücksichtigen, daß ja ein erhöhter Wert von G_2 erreicht werden soll, was gemäß Gleichung (11.5) **erhöhte Werte** von h^D, h^Z, M_2 und auch h^O nach sich zieht. Deshalb dürfte letztlich von einem medizinischen Imperativ auf Zielebene eine **beschleunigende Wirkung** auf die Rate der Innovation im Gesundheitswesen ausgehen.

- ***Medizinischer Imperativ auf der Mittelebene:*** Eine solche Norm würde verlangen, daß medizinische Leistungen in genügendem Umfang zur Verfügung stehen, d.h. bis zu einem Punkt, wo ihre Grenzproduktivität nicht mehr sehr groß ist, also z.B. unten dem Grenzwert $\bar{G}'_2$ bleibt. Beschränkt man sich einfachheitshalber auf die Betrachtung der zweiten Periode, so lautet dieser Imperativ auf Grund der Gleichung (11.5)

$$\partial G_2 / \partial M_2 = (\partial g_2 / \partial m_2) \cdot h^D \cdot h^Z \cdot h^O \leq \bar{G}'_2 \,. \qquad (11.14)$$

Die Implikationen eines solchen Imperativs sind bedenklich. Je mehr nämlich medizinische Leistungen M_2 eingesetzt werden, desto geringer ist bei gegebenem Wert von h^Z die Grenzproduktivität $\partial g_2/\partial m_2$, desto höhere Werte können h^D, h^Z und h^O(und damit R^D, R^Z und R^O) annehmen, ohne die Restriktion (11.14) zu verletzen. Der medizinische Imperativ auf der Ebene der Mittel begünstigt also nicht nur den Mehreinsatz medizinischer Leistungen während der laufenden Periode, sondern auch Aufwendungen zugunsten aller drei Innovationsarten [wohingegen nach den Gleichungen (11.12) die organisatorischen Innovationen gefördert sollten].

Diese Erkenntnisse lassen sich zusammenfassen in der

---

5. Die ceteris paribus-Klausel wird in der Regel verletzt, weil die Krankenversicherung über die Gleichung (11.12b) einen Rückgang von $\partial h^D/\partial R^D$ und damit eine Zunahme von h^D in der Gleichung (11.12a) bewirkt - es sei denn, der Gesundheitszustand vor Produktinnovation g_2 verbessere sich.
6. Die Vorgabe quantifizierter Gesundheitsziele (z.B. Reduktion der Sterblichkeit infolge von Herz-Kreislauf-Erkrankungen um 50% bis zum Jahr 2000), wie sie im Rahmen der Annual Health Reports in den USA üblich geworden ist, kann als Ausfluß eines Imperativs auf der Zielebene gedeutet werden.

Folgerung 11.5: Beim Übergang von der individuellen zur aggregierten Ebene werden die Anforderungen an Innovationsaufwendungen für alle drei Innovationsarten im Gesundheitswesen nach unten verzerrt. Versicherungsinduzierter moral hazard und medizinische Imperative auf der Ziel- und Mittelebene begünstigen durchweg die Produktinnovation, jedoch nur bedingt die Prozeßinnovation und die organisatorische Innovation.

11.4 Die Herausforderung des "Sisyphus-Syndroms"

Im Abschnitt 11.2 wurde einerseits die Rektangularisierung der Überlebenskurve vorgestellt und dabei auf die Gewinne an Lebenserwartung in den oberen Altersklassen hingewiesen. Andererseits ergab sich im Abschnitt 11.3 ein Überwiegen von Produktinnovationen im Gesundheitswesen, die i.d.R. mit erhöhten Behandlungskosten verbunden sind. Aus dem Zusammenspiel dieser beiden Sachverhalte könnte sich ein Prozeß ergeben, der an ein "Sisyphus-Syndrom im Gesundheitswesen" erinnert: Fortschritte in der Medizin verbessern als Produktinnovationen die Überlebenschancen vor allem im fortgeschrittenen Alter. Damit steigt das Gewicht der Altersbevölkerung bei politischen Abstimmungen, welche die soziale Krankenversicherung und die medizinische Infrastruktur (Ausbildung von Ärzten und Pflegepersonal, Krankenhäuser) betreffen. Es kommt zu einer Neuzuteilung der öffentlichen Mittel zugunsten des Gesundheitswesens, wovon die Produktinnovationen besonders profitieren. Damit werden die Grundlagen für weitere Erfolge der modernen Medizin geschaffen, die jedoch nur zu einer weiter wachsenden Altersbevölkerung und zunehmender Hypertrophie des Gesundheitswesens führen. Das Ergebnis ist ein stetig zunehmender Anteil des Sozialproduktes, der ins Gesundheitswesen fließt, durch die der Handlungsspielraum der Politiker mehr und mehr eingeschränkt wird..

11.4.1 Ein einfaches dynamisches Modell

Das Sisyphus-Syndrom soll im folgenden anhand eines Systems zweier dynamischer Beziehungen dargestellt werden. Dabei soll die Zeit in Perioden von etwa 30 Jahren gemessen werden, was einerseits einer Generation und andererseits ungefähr der maximalen Restlebensdauer eines Rentners entspricht [die mittlere Restlebensdauer beträgt z.Z. etwa 14 Jahre für Männer und 18 Jahre für Frauen in der BR Deutschland, vgl. *OECD (1987*, S. 38)]. Der mittlere Bestand der Altersbevölkerung B_t^a in einer so definierten Periode t ist dann gegeben durch den Bestand an Erwerbstätigen in der Vorperiode B_{t-1}^e, fortgeschrieben mit der Überlebenswahrscheinlichkeit (1 - π_t), wobei die Sterblichkeit π_t vom Einsatz medizinischer Leistungen in der Vorperiode M_{t-1} abhängig gemacht wird (vgl. auch die Tabelle 11.5 für eine Übersicht):

$$B_t^a = ([1-\pi_t(M_{t-1})] \cdot B_{t-1}^e), \quad \frac{\partial \pi_t}{\partial M_{t-1}} < 0 . \tag{11.15}$$

Die zweite Gleichung des Systems soll in einfachster Weise das Argument wiedergeben, daß der Umfang der medizinischen Leistungen positiv vom Alterskoeffizienten β_t, d.h. dem Verhältnis der Altersbevölkerung zur erwerbstätigen Bevölkerung in der gleichen Periode, abhängen dürfte. Für einen solchen Zusammenhang spricht zum einen das in Abbildung 11-2 gezeigte Altersprofil der Inanspruchnahme medizinischer Leistungen. Der **Alterskoeffizient** widerspiegelt aber auch den Stimmenanteil der Altersbevölkerung und damit ihre Macht im politischen Prozeß, wo über die Aufteilung der öffentlichen Mittel entschieden wird. Je größer der Alterskoeffizient, desto mehr Steuergelder fließen dieser Hypothese zufolge in die medizinische Forschung und die Infrastruktur des Gesundheitswesens:

$$M_t = M_t(\beta_t) \, , \quad \text{mit} \quad \frac{\partial M_t}{\partial \beta_t} > 0 \quad \text{und} \quad \beta_t \equiv \frac{B_t^a}{B_t^e} \; : \; \text{Alterskoeffizient.} \tag{11.16}$$

Tab. 11.5: Modell des Sisyphus-Syndroms im Gesundheitswesen

$$B_t^a = ([1 - \pi_t(M_{t-1})] \cdot B_{t-1}^e) \, , \quad \frac{\partial \pi_t}{\partial M_{t-1}} < 0 \, . \tag{11.15}$$

$$M_t = M_t(\beta_t) \, , \quad \text{mit} \quad \frac{\partial M_t}{\partial \beta_t} > 0 \quad \text{und} \quad \beta_t \equiv \frac{B_t^a}{B_t^e} \, . \tag{11.16}$$

$$dB_t^a = \left[\frac{-\partial \pi_t}{\partial M_{t-1}}\right] B_{t-1}^e \cdot dM_{t-1} \, . \tag{11.17}$$

$$dM_t = \frac{\partial M_t}{\partial \beta_t} \cdot \frac{\partial \beta_t}{\partial B_t^a} \cdot dB_t^a = \frac{\partial M_t}{\partial \beta_t} \cdot \frac{1}{B_t^e} dB_t^a \, . \tag{11.18}$$

$$dM_t = \underset{(+)}{\left[-\frac{\partial \pi_t}{\partial M_{t-1}}\right]} \cdot \underset{(+)}{\left[\frac{\partial M_t}{\partial \beta_t}\right]} \cdot \underset{(+)}{\left[\frac{B_{t-1}^e}{B_t^a}\right]} \cdot dM_{t-1} \, . \tag{11.19}$$

B_t^a: Altersbevölkerung in der laufenden Periode

B_t^e: Erwerbstätige Bevölkerung in der gleichen Periode, vorgegeben

β_t: Alterskoeffizient, Verhältnis zwischen Altersbevölkerung und erwerbsfähiger Bevölkerung

M_t: Aufwand an medizinischen Leistungen, Gesundheitsausgaben

π_t: Mortalitätsrate

Um die **dynamischen Eigenschaften** dieses interdependenten Modells zu untersuchen, wird es einem exogenen Anstoß ausgesetzt: Aus irgendeinem Grunde sollen in der Vorperiode die medizinischen Leistungen um den Betrag $dM_{t-1} > 0$ zugenommen haben. Gemäß der Gleichung (11.15) ist eine Zunahme der Altersbevölkerung in der Periode t die Folge:

$$dB_t^a = \left[\frac{-\partial\pi_t}{\partial M_{t-1}}\right] B_{t-1}^e \cdot dM_{t-1} \,. \tag{11.17}$$

Die Zunahme der Altersbevölkerung bewirkt aber gemäß Gleichung (11.16) eine Zunahme der Gesamtaufwendungen für medizinische Leistungen. Da die erwerbstätige Bevölkerung nach wie vor als exogen betrachtet wird, ergibt die Differenzierung der Gleichung (11.16)

$$dM_t = \frac{\partial M_t}{\partial\beta_t} \cdot \frac{\partial\beta_t}{\partial B_t^a} \cdot dB_t^a = \frac{\partial M_t}{\partial\beta_t} \cdot \frac{1}{B_t^e} dB_t^a \,. \tag{11.18}$$

Wird schließlich der Ausdruck (11.18) in die Gleichung (11.17) eingesetzt, so folgt nach einer kleinen Umstellung der Faktoren die folgende Bewegungsgleichung für den Aufwand an medizinischen Leistungen:

$$dM_t = \underset{(+)}{\left[-\frac{\partial\pi_t}{\partial M_{t-1}}\right]} \cdot \underset{(+)}{\left[\frac{\partial M_t}{\partial\beta_t}\right]} \cdot \underset{(+)}{\left[\frac{B_{t-1}^e}{B_t^e}\right]} \cdot dM_{t-1} \,. \tag{11.19}$$

Da alle drei Ausdrücke in Klammern ein positives Vorzeichen aufweisen, induziert eine Zunahme der medizinischen Aufwendungen in der Vergangenheit zusätzliche Aufwendungen in der Gegenwart, und erhöhte Aufwendungen in der Gegenwart pflanzen sich in der Zukunft fort, ganz im Sinne des Sisyphus-Syndroms. Jeder Ausdruck läßt sich als einer von drei Faktoren interpretieren, welche die Stärke dieser Übertragung bestimmen.

1. ***Der Erfolg der Medizin:*** Je mehr die Sterblichkeit in der Altersbevölkerung π_t dank zusätzlicher medizinischer Aufwendungen in der Vorperiode M_{t-1} zurückgeht, desto eher kommt es zum Sisyphus-Syndrom.

2. ***Der Einfluß der Altersbevölkerung auf die Gesundheitsausgaben:*** Dieser Faktor erscheint in der Gleichung (11.19) an zweiter Stelle. Je mehr die politischen Institutionen eines Landes dafür sorgen, daß sich eine Zunahme des Alterskoeffizienten in einer Zunahme der Gesundheitsausgaben niederschlägt, desto ausgeprägter ist das Sisyphus-Syndrom.

3. ***Die Veränderung der Erwerbsbevölkerung:*** Der dritte Faktor der Gleichung (11.19) gibt die Zahl der Erwerbsfähigen in der Vorperiode im Vergleich zur Zahl der

Erwerbsfähigen in der laufenden Periode an. Je weniger die Erwerbsbevölkerung wächst (bzw. je stärker sie schrumpft), desto größer ist dieser Faktor, und desto stärker pflanzt sich eine Zunahme der Gesundheitsausgaben in die Zukunft fort.

Der zweite Faktor weist auf Möglichkeiten hin, den Mechanismus des Sisyphus-Syndroms zu entschärfen. Auf diese gesundheitspolitische Fragestellung soll hier jedoch nicht eingegangen werden, da nicht feststeht, daß das Syndrom tatsächlich existiert. Insbesondere die beiden ersten Faktoren beruhen ja auf Hypothesen, die nicht als gesichert gelten können. Zusammenfassend gilt die

Folgerung 11.6: In demokratisch organisierten Ländern ist mit einem sog. Sisyphus-Syndrom zu rechnen, indem die gegenwärtigen Erfolge der Medizin in der Zukunft das Gesundheitswesen mit Mehrausgaben belasten. Die Stärke des Syndroms hängt davon ab, wie sehr medizinische Leistungen lebensverlängernd wirken, wie stark die Altersbevölkerung ihren politischen Einfluß geltend machen kann und wie rasch die Erwerbsbevölkerung schrumpft (bzw. wie langsam sie zunimmt).

11.4.2 Zur empirischen Relevanz des Sisyphus-Syndroms

Die Bewegungsgleichung (11.19) der Tab. 11.5 enthält drei Faktoren, die alle positiv sein müssen, damit es zu einem Sisyphus-Syndrom im Gesundheitswesen kommt. Der dritte Faktor, die Veränderung der Erwerbsbevölkerung, kann auf Eins gesetzt und damit vernachlässigt werden, weil zumindest in den OECD-Ländern die Zahl der Erwerbsfähigen sehr langsam zunimmt [vgl. *OECD (1985*), S.31]. Zu überprüfen bleiben also die beiden ersten Faktoren, wobei im Lichte der im 4. Kapitel vorgestellten Untersuchungen vor allem zweifelhaft erscheint, ob $\partial\pi_t / \partial M_{t-1} < 0$, d.h. ob medizinische Leistungen die Sterblichkeit erkennbar zu senken vermögen. Diese Frage soll deshalb als erste geklärt werden.

Das in der Tab. 11.5 vorgestellte Modell läßt sich nicht unmittelbar überprüfen, weil die Vorgabe einer festen Periodenlänge t nicht den Tatsachen entspricht. Im Modell wird mit t die maximale Restlebensdauer der Rentner und damit auch die mittlere Restlebensdauer der Altersbevölkerung fixiert. Tatsächlich hat aber die verbleibende mittlere Lebenserwartung der 65-jährigen (ein Indikator für die maximale Restlebensdauer) in den vergangenen Jahrzehnten zugenommen, und sie unterscheidet sich auch von Land zu Land. Deshalb wurde in einer empirischen Untersuchung an den Daten von 19 OECD-Ländern gerade die **Restlebenserwartung selbst an Stelle der Mortalität** π_t als abhängige Variable eingeführt (vgl. OECD 1987). Um über den Verlauf der im Abschnitt 11.2.1 diskutierten Überlebenskurve zusätzliche Aufschlüsse zu erhalten, wurde zudem nicht nur die verbleibende Lebenserwartung im Alter von 65 Jahren (*L65F*, L65*M*), sondern auch im Alter von 40 Jahren (*L40F*, L40*M*) in die Analyse einbezogen und zusätzlich zwischen Männern und Frauen unterschieden. Die vier Gleichungen wurden simultan geschätzt unter der Annahme, daß sowohl das BIP je Kopf als auch die GESUNDHEITSAUSGABEN je Kopf 10 Jahre zuvor die Restlebenserwartung beeinflussen, und zwar für beide Altersklassen und Geschlechter.

Außerdem wurden zwei Dummyvariablen ALTER und GESCHLECHT eingeführt, um der Tatsache Rechnung zu tragen, daß die Restlebenserwartung von 65- und 40-jährigen bzw. Männern und Frauen unterschiedlich sind.

Das Ergebnis einer SURE-Schätzung[7] lautet [vgl. *Zweifel und Ferrari* (1992)]:

$$\begin{bmatrix} L40F \\ L65F \\ L40M \\ L65M \end{bmatrix}_{1980} \begin{aligned} &= 34{,}9^{***} \\ &- 20{,}7^{***} \cdot (1,\ \text{falls } ALTER = 65) \\ &+ 5{,}0^{***} \cdot (1,\ \text{falls } GESCHLECHT = \text{weiblich}) \\ &- 0{,}97^{*} \cdot (BIP \text{ je Kopf in 1.000 US-\$, 1970; } e = -0{,}13) \\ &+ 13{,}2^{**} \cdot (GES.AUSG \text{ je Kopf in 1.000 US-\$, 1970; } e = 0{,}105) \\ &+ \hat{u}_1 \end{aligned} \qquad (11.20)$$

*(**,***): signifikant bei 5% (1%, 0.1%); SURE-Schätzung;
e: Elastizität, berechnet mit den arithmetischen Mittelwerten.

Dieses Ergebnis läßt sich wie folgt interpretieren.

- ***Ausmaß der Rektangularisierung:*** Im Alter von 65 Jahren hat die Bevölkerung der Industrieländer eine Lebenserwartung, die 21 Jahre geringer ist als im Alter von 40 Jahren, ceteris paribus. Dies geht aus dem Koeffizienten (-20,7) der erklärenden Variablen *ALTER* hervor, die den Wert Eins annimmt, wenn es sich um die Lebenserwartung der 65-jährigen und Älteren handelt, und sonst Null beträgt. Würde die Überlebenskurve zwischen 40 und 65 Jahren waagrecht verlaufen, so würden alle 40-jährigen bis zum Alter von 65 überleben. Der Unterschied in der Restlebenserwartung müßte dann genau 25 Jahre (statt der geschätzten 21 Jahre) betragen. Da dieses Maximum nur wenig unterschritten wird, verläuft die **Überlebenskurve in diesem Bereich beinahe horizontal**, also etwa wie in den Abbildungen 11-1a und b für Deutschland Ende der siebziger Jahre dargestellt.

- ***Geschlechtsunterschied:*** Frauen haben im Durchschnitt eine rund 5 Jahre höhere Lebenserwartung als Männer, ceteris paribus. Dies läßt sich aus dem Koeffizienten (+5,0) der Dummyvariablen *GESCHLECHT* schließen, die auf Eins springt, wenn es sich um die Lebenserwartung der Frauen handelt. Der tatsächliche Unterschied zwischen den Restlebenserwartungen liegt in der BR Deutschland und in der Schweiz etwas darunter, bei 4 Jahren.

---

7. Eine Seemingly Unrelated Regression Estimation (SURE) berücksichtigt die Tatsache, daß der Fehlerterm von (11.20) mit dem Fehlerterm einer anderen Gleichung korreliert ist. Diese Gleichung ist hier (11.21), die eine Rückkoppelung von der Restlebenserwartung auf die Gesundheitsausgaben beschreibt. Diese umgekehrte Kausalität kann im Idealfall z.B. mit einer 2SLS-Schätzung (vgl. Abschnitt 4.2.2.1) berücksichtigt werden. Es existierten aber keine brauchbaren exogenen Variablen, um die endogenen Regressoren von ihren Fehlern zu bereinigen. Wären diese Fehler wichtig, so wären die Fehler $\hat{u}_1$ und $\hat{u}_2$ hoch korreliert und die SURE-Schätzung würde von der KQ-Schätzung abweichen. Dies ist nicht der Fall [vgl. Zweifel und Ferrari (1992)] .

- ***Einfluß des Einkommens:*** Die verbleibende Lebenserwartung scheint mit erheblicher Verzögerung auf das Durchschnittseinkommen (gemessen am Bruttoinlandsprodukt je Kopf) zu reagieren. Ein um 10% höheres (von der OECD auf Kaufkraftparitäten umgerechnetes) Einkommen des Jahres 1970 ist dieser Schätzung zufolge **zehn Jahre später** mit einer um 1,3% verringerten restlichen Lebenserwartung (das sind gut 2 Monate für einen 65-jährigen) verbunden. Der mit höherem Einkommen einhergehende Lebensstil scheint also Gesundheit und Lebensdauer zu beeinträchtigen. Hier nicht gezeigte Alternativschätzungen ergaben demgegenüber keinen statistisch signifikanten Zusammenhang zwischen Restlebenserwartung um 1980 und Einkommen um 1980.

- ***Einfluß der Gesundheitsausgaben:*** Zwischen der Restlebenserwartung und den Gesundheitsausgaben (*GES.AUSG*) in der Vergangenheit besteht ein positiver, signifikanter Zusammenhang. Offenbar schlagen sich um 10% höhere Pro-Kopf-Ausgaben für die Gesundheit, getätigt im Jahr 1970, zehn Jahre später in einer um gut 1% verlängerten Restlebenserwartung (anderthalb Monate für einen 65-jährigen) nieder. Angesichts der Schwierigkeiten, eine Beziehung zwischen Inanspruchnahme medizinischer Leistungen und Gesundheit zu finden (vgl. Kap. 4), ist dies überraschend. Es ist allerdings zu beachten, daß die in Kap. 4 betrachtete Literatur nicht speziell die Restlebenserwartung im mittleren und hohen Alter untersucht. Diese Betrachtungsweise wurde durch den Prozeß der Rektangularisierung motiviert, der sich fortzusetzen scheint.

Damit ist die eine Bedingung ($\partial\pi_t / \partial M_{t-1} < 0$) **für die Existenz des Sisyphus-Syndroms erfüllt**. Die zweite empirisch relevante Bedingung besteht gemäß Gleichung (11.17) der Tab. 11.5 darin, daß ein erhöhter Anteil der Altersbevölkerung zu mehr Gesundheitsaufwendungen führt, sei es, daß die Betagten selbst mehr für medizinische Leistungen aufwenden, was sich in einem erhöhten Pro-Kopf-Wert der privaten Gesundheitsausgaben *GES.AUSGP* niederschlagen müßte, sei es, daß sie durch ihre Teilnahme an Wahlen und Abstimmungen die Verwendung der öffentlichen Mittel zugunsten des Gesundheitswesens beeinflussen, was einen Anstieg von *GES.AUSGÖ* bewirken müßte.

Beide Komponenten der Pro-Kopf-Gesundheitsausgaben erscheinen als abhängige Variable in der nachstehenden Regressionsgleichung. Um die Möglichkeit einer unterschiedlichen Einkommensabhängigkeit öffentlicher und privater Gesundheitsausgaben zuzulassen, wird aus dem Bruttoinlandsprodukt je Kopf eine zweite erklärende Variable gebildet, die den Wert des *BIP* pro Kopf annimmt, wenn es sich um öffentliche Gesundheitsausgaben handelt [$ÖFF = 1$], dagegen den Wert Null aufweist, wenn es sich um private Gesundheitsausgaben handelt [$ÖFF = 0$]. Das Ergebnis einer Kleinstquadrate-Schätzung lautet:

$$\begin{bmatrix} GES.AUSGÖ \\ \\ GES.AUSGP \end{bmatrix}_{1980} \begin{aligned} &= 8{,}8 \\ &+ 0{,}078 \cdot (BIP \text{ pro Kopf, 1984; } e = 2{,}08) \\ &+ 0{,}073 \cdot (BIP \cdot [ÖFF = 1];\ e = 2{,}14) \\ &- 0{,}19 \cdot (L65F, \text{ Lebenserwartung 65-jähriger Frauen}) \\ &- 0{,}45 \cdot (L65M, \text{ Lebenserwartung 65-jähriger Männer}) \\ &+ \hat{u}_2 \end{aligned} \tag{11.21}$$

SURE-Schätzung; e: Elastizität, berechnet mit den arithmetischen Mittelwerten.

Dazu erscheinen die folgenden Bemerkungen angebracht.

- ***Einfluß des Einkommens:*** Im Gegensatz zu Kleinstquadrate-Schätzungen, die hier nicht aufgeführt sind, hat das BIP pro Kopf keinen signifikanten Einfluß auf die Höhe der Gesundheitsausgaben. Demnach wird der Zusammenhang zwischen Einkommen und Gesundheitsausgaben weniger klar, als gemeinhin angenommen, sobald man die Korrelation der Fehlerterme $\hat{u}_1$ und $\hat{u}_2$ der Gleichungen (11.20) und (11.21) berücksichtigt. Die Schätzungen der Elastizitäten deuten dennoch darauf hin, daß Gesundheitsausgaben (speziell öffentliche Gesundheitsausgaben) Luxusgüter sind.

- ***Restlebenserwartung als erklärende Variable:*** In Übereinstimmung mit der Gleichung (11.16) müßte β_t, das Verhältnis zwischen Alters- und Erwerbsbevölkerung, als erklärende Variable erscheinen. Als Ersatzgrößen erscheinen die Restlebenserwartungen *L65F* und *L65M*, um unmittelbar an die Gleichung (11.20) anzuknüpfen und so den Gedanken der Rückkopplung zu unterstreichen. Außerdem gibt β_t seinerseits die Interessenlage der Stimmbürger nur ungenau wieder, würde doch wohl z.B. ein Sechzigjähriger in Erwartung zukünftiger Vorteile eher mit der Altersbevölkerung als mit der Erwerbsbevölkerung stimmen, wenn es um den Ausbau des öffentlichen Gesundheitswesens geht. Das Ausmaß dieser Vorteile hat wiederum viel mit der **vermuteten** Restlebenserwartung (mangels anderer Daten durch *L65F* und *L65M* dargestellt) zu tun.

- ***Mangelnde Signifikanz der Restlebenserwartung:*** Ein Zusammenhang zwischen der verbleibenden Lebenserwartung der 65-jährigen und der Höhe der Gesundheitsausgaben läßt sich jedoch überraschenderweise **nicht nachweisen**. Dieser Befund, der bereits in einer KQ-Schätzung erhalten wurde, bleibt derselbe, wenn versucht wird, den Einfluß der Altersbevölkerung mit Hilfe anderer Indikatoren abzubilden, indem man z.B. doch das Bevölkerungsverhältnis β_t verwendet (mit und ohne Gewichtung mit der verbleibenden Lebenserwartung). Damit spricht die empirische Evidenz dafür, den zweiten Faktor der Bewegungsgleichung (11.19) Null zu setzen, mit dem Ergebnis, daß sich ein **Impuls dM_{t-1} nicht auf dM_t** überträgt.

Diese Beobachtungen führen zur

Folgerung 11.7: Eine empirische Analyse anhand von OECD-Daten legt den Schluß nahe, daß zwar zusätzliche Gesundheitsaufwendungen in den mittleren und oberen Altersklassen die verbleibende Lebenserwartung erhöhen, diese Veränderung aber ihrerseits die politische Entscheidungsfindung noch nicht erkennbar zugunsten (öffentlicher) Gesundheitsausgaben verändert hat. Von einem Sisyphus-Syndrom kann deshalb zur Zeit nicht gesprochen werden.

11.5 Internationale Herausforderungen

11.5.1 Die Integration der Versicherungsmärkte

Von der Integration der Versicherungsmärkte in der Europäischen Gemeinschaft (EG) werden in Zukunft wichtige Herausforderungen für die Krankenversicherer ausgehen. Der Europäische Gerichtshof entschied im Jahre 1987, daß die Versicherungen wie andere Branchen auch dem Kartellverbot der *Römer Verträge*, Art. 85 unterstehen und daß die Kompetenz zu ihrer Regulierung grundsätzlich bei den Organen der EG liege. Gleichzeitig gestand er im Bereich der Sozialversicherung den Mitgliedstaaten eine längere Übergangsfrist zu. Auch wenn also auf absehbare Zeit die Krankenkassen vom Vollzug dieses Grundsatzentscheids ausgenommen sind, werden manche von ihnen ihre Rolle neu definieren müssen. Für einen gewinnstrebigen, multinational tätigen Versicherer wäre nämlich die Zusammenarbeit mit einer Krankenkasse von großem Vorteil:

- Die Krankenversicherung ist durch **häufige, vergleichsweise kleine Schäden** gekennzeichnet, vermittelt also häufige Kontakte zum Kunden zu vergleichsweise niedrigen Kosten.

- Die soziale Krankenversicherung umfaßt in den OECD-Ländern **mindestens 70% der Bevölkerung** (Niederlande), in manchen bis 100% (Frankreich, Schweiz).

- Die Krankenversicherung verschafft dem Versicherungsunternehmen **Informationen** über den Gesundheitszustand, die bei der Risikoeinstufung eines Nachfragers in Bezug auf andere Versicherungsprodukte (Lebensversicherung, Baukreditversicherung) von Bedeutung sein können.

- Das Krankheitsrisiko ist mit den von der privaten Lebensversicherung und der Motorfahrzeugversicherung gedeckten Risiken **negativ korreliert**: Die aufwendigen Behandlungen konzentrieren sich auf die Zeit nach dem 60. Altersjahr, wenn die meisten Lebensversicherungsverträge bereits abgelaufen sind. Liegt jemand krank im Bett, kann er keinen Verkehrsunfall verursachen. Negativ korrelierte Schäden tragen aber entscheidend zur Reduktion der Varianz des Gesamtschadens eines Portefeuilles von Versicherungsverträgen bei [vgl. *Fama (1976)*], mit offensichtlichen Vorteilen in Hinsicht auf die Kosten der Reservehaltung.

Aus diesen Gründen ist es für einen Kompositversicherer von großem Interesse, eine soziale Krankenversicherung mitzubetreiben. Diese Möglichkeit wurde z.B. in den Niederlanden und in der Schweiz bereits wahrgenommen, bisher allerdings nur von inländischen Versicherungsunternehmen [vgl. *Schut et al. (1991)*]. Sollte die Zusammenarbeit mit einem ausländischen Unternehmen von den Aufsichtsbehörden des Ziellandes untersagt werden, so kann das Versicherungsunternehmen eine Verzerrung der Wettbewerbsverhältnisse geltend machen und auf Gleichbehandlung klagen. Die in der sozialen Krankenversicherung bisher praktizierte Lösung, auf Solidarität innerhalb einer Institution zu bauen [in Deutschland z.B. innerhalb der Gesetzlichen Krankenversicherung (GKV) oder auch **innerhalb** einer Allgemeinen Ortskrankenkasse (AOK)], wird sich dann kaum mehr aufrechterhalten lassen. Denn der gewinnstrebige Partner in dieser Zusammenarbeit wird darauf drängen, die unstabilen Mischverträge durch stabile trennende Verträge abzulösen (vgl. dazu den Anhang zum 5. Kapitel).

Eine weitere Herausforderung an die sozialen Krankenversicherungen wird von der erhöhten Mobilität der Beschäftigten in einem gemeinsamen EG-Arbeitsmarkt ausgehen. Die *EG-Verordnung* Nr. 1408/71 verlangt nämlich, daß ein Arbeitnehmer seine Krankenversicherungsdeckung in ein anderes EG-Land "mitnehmen" kann. Einem Gastarbeiter aus Portugal steht es somit frei, nach einigen Jahren Aufenthalt in Deutschland Leistungen der deutschen GKV in Anspruch zu nehmen, auch wenn er seinen Wohnsitz nach Portugal zurückverlegt hat.

Einen besonders interessanten Fall stellt die holländische Versicherung für außerordentliche Krankenkosten dar [AWBZ, vgl. *van de Ven (1991)*]. Die Leistungen dieser staatlichen Institution sind vergleichsweise großzügig und könnten Arbeitnehmer aus einem andern EG-Land dazu bewegen, Beschäftigung in den Niederlanden zu suchen, um sich dort eine besonders aufwendige medizinische Behandlung bezahlen zu lassen. Offensichtlich erhält hier das **Problem der Risikoselektion** eine neue Dimension. Auf nationalem Niveau konnte es gelöst werden, indem (fast) alle Einwohner eines Landes dazu gezwungen wurden, der sozialen Krankenversicherung beizutreten. Zu einem Zwang, einer gesamteuropäischen Krankenversicherung beizutreten, wird es für die Bürger der EG-Länder so rasch nicht kommen. In der Zwischenzeit laufen jedoch die nationalen Krankenversicherungssysteme mit hohem Leistungsstandard Gefahr, schlechte Risiken aus anderen EG-Ländern an sich zu ziehen und dadurch ihr finanzielles Gleichgewicht zu verlieren.

11.5.2 Migrationen von Beschäftigten des Gesundheitswesens

Für Ärzte und Zahnärzte ist der gemeinsame Arbeitsmarkt innerhalb der EG seit einigen Jahren Tatsache, indem ihre Diplome gegenseitig anerkannt werden. Daß ein gewisser Anreiz zur Wanderung insbesondere der Ärzte gegeben ist, geht aus der Abbildung 11-3 hervor. Gegen Ende der achtziger Jahre erzielte ein Allgemeinpraktiker in der damaligen BR Deutschland ein Einkommen von rund 50.000 Dollar, zu Preisen von 1980 und auf Kaufkraftparitätenbasis umgerechnet. Sein Kollege in Frankreich dagegen mußte sich mit etwa 30.000 Dollar begnügen; durch eine Übersiedlung ins Nachbarland hätte er mithin sein Einkommen beinahe verdoppeln können. Insbesondere sprachliche Hemmnisse werden aber wohl auch in Zukunft Wanderungen größeren Ausmaßes zwischen den EG-Ländern verhindern. Die Erfahrung Kanadas legt die Vermutung nahe, daß sogar bei einem gemeinsamen Sprachraum Einkommensunterschiede von mehreren Zehntausend Dollar nicht genügen, um die Ärzte zur Wanderung zu bewegen. Wie die Abbildung 11-3 zeigt, lag das Einkommen der Allgemeinpraktiker in den USA jahrelang um die Hälfte höher, ohne daß es in nennenswertem Ausmasse zu einer Abwanderung kanadischer Ärzte gekommen wäre [vgl. *Evans (1984)*, S. 301].

Abb. 11-3: Durchschnittseinkommen von Allgemeinpraktikern in ausgewählten Industrieländern und Jahren

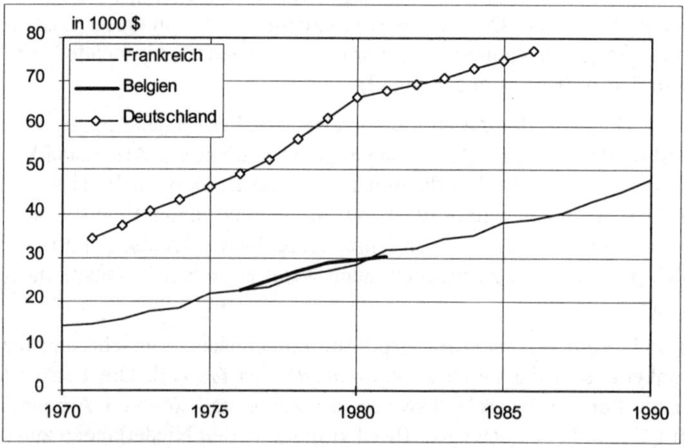

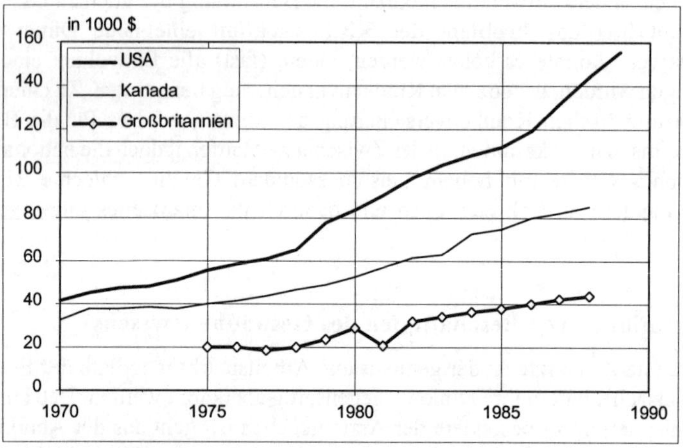

[1)] Zu Preisen und Kaufkraftparitäten von 1980.

Quelle: *OECD (1992), Sandier (1989).*

Ein Migrationsentscheid wird sich jedoch kaum auf einen Vergleich von Jahreseinkommen stützen, sondern den Verlauf des Einkommens **über die ganze Dauer der Erwerbstätigkeit** berücksichtigen. Wenn beispielsweise ein Allgemeinpraktiker im nationalen Gesundheitsdienst Großbritanniens gemäß Abbildung 11-3 ein vergleichsweise geringes Jahreseinkommen erzielt, so muß man in Rechnung stellen, daß er es in relativ jungen Jahren erhält. Die eigentlich interessierende Größe ist also nicht so sehr das Jahreseinkommen, sondern die Rendite einer gesamten medizinischen Karriere. Die Berechnung einer solchen Rendite beruht auf einer Investitionsrechnung.

Die Kosten und Erträge einer medizinischen Karriere werden mit einem Zinssatz diskontiert, so daß sich ein Nettobarwert ergibt, der je nach Höhe des verwendeten Zinssatzes positiv oder negativ sein kann. Jener Zinssatz, der zu einem Nettobarwert von Null führt, heißt **interne Ertragsrate** und entspricht der gesuchten Rendite der medizinischen Karriere. Die Kosten der medizinischen Karriere bestehen im wesentlichen aus dem entgangenen Einkommen, das der Medizinstudent in einem anderen Beruf erzielt hätte. Diese Alternative wird bei den in Tabelle 11.6 eingetragenen Berechnungen einer Bankkarriere gleichgesetzt, zur Hauptsache wegen der Verfügbarkeit von altersspezifischen Einkommensangaben.

Aus der Tabelle 11.6 gehen ganz beträchtliche Unterschiede in der Rendite der Arztkarriere hervor. In Belgien, einem Land mit weitgehend freiem Zugang zum Arztberuf, ist nur gerade die Rendite einer Karriere als Facharzt knapp positiv. Demgegenüber erzielen die deutschen Ärzte immerhin eine Rendite von knapp 9%, ihre Kollegen im Dienste des britischen Gesundheitsdienst sogar eine solche von über 10%. Die Ärzte der USA schwingen obenaus, doch wird bei ihnen aus Datengründen nicht die Karriere eines Bankmanagers, sondern jene eines durchschnittlichen High School-Absolventen zum Vergleich herangezogen, was sich in einem höheren Wert der internen Ertragsrate niederschlägt.

Die in Tabelle 11.6 ausgewiesenen Renditen geben zwar die relative finanzielle Attraktivität des Arztberufs aus der Sicht des jeweiligen Inländers an, während für den Migrationsentscheid die Sicht des bereits ausgebildeten Arztes im Ausland maßgebend ist. Wegen des allgemein hohen Lohnniveaus in der BR Deutschland und in der Schweiz geht man jedoch kaum fehl in der Annahme, daß diese beiden Länder für die Ärzte der Nachbarländer attraktiv sind.

Beim **Pflegepersonal** handelt es sich aufgrund des niedrigeren Einkommens von vorneherein um geringere Beträge, so daß sich durch einen Wechsel zu einem anderen Gesundheitswesen kaum große finanzielle Vorteile erzielen lassen. Im Vergleich zu vielen Entwicklungsländern dagegen fallen die Lohnunterschiede im Barwert groß genug aus, um auch Pflegepersonal zur Übersiedlung nach Deutschland und in die Schweiz zu veranlassen [*Gray und Phillips*, 1993)].

11.5.3 Internationale Direktinvestitionen in Krankenhäuser

Eine dritte internationale Herausforderung könnten in Zukunft "Krankenhausmultis" sein, die gezielt in Marktnischen vorstoßen, z.B. indem sie neueste, von den öffentlichen Krankenhäusern nicht angebotene Operationsverfahren einführen. Das Potential dafür ist vorhanden, verfügt doch der größte Krankenhauskonzern der USA, die Hospital Corporation of America, allein über 54.000 Betten in 364 Krankenhäusern (vgl. *Health Week* vom 1.5.1991).

Tab. 11.6: Interne Ertragsraten einer medizinischen Karriere, ohne Korrektur für Arbeitszeitunterschiede (um 1983)

	Alle Ärzte	Allg. Praktiker	Fachärzte
Belgien	< 0	< 0	1.0
USA[a)]	14,0	16,7	11,3[b)]
BR Deutschland	8,8	---	---
Großbritannien	10,5	10,7	10,3

a) Vergleich mit allen Mittelschulabsolventen
b) Nur Internisten und Chirurgen

Quelle: *Zweifel und Eichenberger (1992).*

Um die Tragweite dieser möglichen Herausforderung abzuschätzen, ist es von Vorteil, sich die **ökonomische Theorie des multinationalen Unternehmens** kurz zu vergegenwärtigen.

Grundsätzlich wird die Existenz von Unternehmen überhaupt, die ja auf Hierarchien statt Austauschbeziehungen zwischen Gleichgestellten in einem Markt beruhen, mit der **Rolle der Transaktionskosten** begründet. An die Stelle eines multilateralen, nur mit hohen Kosten durchzusetzenden Netzes von Verträgen zwischen den Mitgliedern einer produktiven Gruppe tritt je ein Vertrag zwischen dem Manager und dem jeweiligen Untergebenen. Multinationale Unternehmen verdanken dementsprechend ihre Existenz und ihren Erfolg dem Umstand, daß bei einem Austausch von Leistungen zwischen zwei Ländern die Transaktionskosten noch mehr als sonst ins Gewicht fallen, so daß durch interne Transaktionen, die in einem einheitlichen vertragsrechtlichen Rahmen abgewickelt werden, große Einsparungen möglich sind. Dies gilt insbesondere für den internationalen Transfer von Innovationen; multinationale Unternehmen sind darauf spezialisiert, eine Innovation in kürzester Frist in vielen Märkten einzuführen [vgl. *Casson (1985); Williamson (1981)*].

Im Falle einer Krankenhausbehandlung bestehen die Transaktionskosten insbesondere in dem beträchtlichen Aufwand, den der Patient und sein behandelnder Arzt betreiben müssen, um sich ein Bild über die Erfolgschancen und allgemein die Qualität der Behandlung zu machen. Diese Kosten werden häufig dadurch gesenkt, daß ein multinationales Unternehmen weltweit einen bestimmten **Qualitätsstandard garantiert** (z.B. Holiday Inn, Best Western im Falle der Hotelunterkunft). Es handelt sich dabei um eine organisatorische Innovation im Sinne des Teilabschnitts 11.3.1, die durch die Bündelung von Unternehmen unter einem gemeinsamen Standard eine Senkung nicht so sehr der Produktionskosten als vielmehr der Transaktionskosten erreicht. Diese organisatorische Innovation läßt sich leicht auf die Krankenhäuser übertragen, und tatsächlich waren innerhalb der USA Krankenhausketten während der achtziger Jahre im Vormarsch und schienen die alteingesessenen "Community Hospitals" zu verdrängen. Seither hat diese Entwicklung stagniert, und auch die Internationalisierung der Krankenhausketten erlitt Rückschläge (vgl. *Health Week* vom 1.5.1989).

Längerfristig ist aber doch damit zu rechnen, daß multinationale Unternehmen dank ihrer Fähigkeit, Produktinnovationen besonders rasch aus einem Land in ein anderes zu übertragen, auch im Krankenhausbereich Marktanteile gewinnen werden. Die sozialen Krankenversicherungen werden ihrerseits versucht sein, diese neuen Anbieter zu berücksichtigen, falls sie ein günstiges Preis-Leistungsverhältnis für ihre Mitglieder anbieten. Die Herausforderung wird darin bestehen, die Vertragsbeziehungen zwischen Versicherern und Leistungsanbietern im Gesundheitswesen neu zu gestalten, um den Versicherten die Vorteile dieser Internationalisierung zukommen zu lassen. Dabei wird ein Abwägen zwischen den Effizienzvorteilen eines multinationalen erwerbsstrebigen Unternehmens und den Vorteilen einer berufsethischen Ausrichtung, wie sie im Abschnitt 8.4 beschrieben wurden, notwendig sein. Die Überlegungen dieses Abschnitts lassen sich zusammenfassen in der

Folgerung 11.8: Die Integration der Krankenversicherung sowie des Krankenhaussektors in die internationalen Märkte wird eine Neugestaltung der Vertragsbeziehungen im Gesundheitswesen der EG-Länder bedingen. Demgegenüber stellt die Migration von Ärzten und Pflegepersonal vorderhand eine weniger drängende Herausforderung dar.

11.6 Übungsaufgaben

Übungsaufgabe 11.1:

Die im Modell der Tabelle 11.3 eingeführte Annahme, daß die Summe der Einkommen Y exogen sei, erscheint einigermaßen restriktiv.

a) Von welchen im Modell vorkommenden Größen könnte Y wie abhängen?

b) Greifen Sie die Möglichkeit $Y = Y(R^D)$, $\partial Y/\partial R^D > 0$ heraus. Wie läßt sich z.B. im Hinblick auf den Außenhandel eine solche Annahme begründen?

c) Was für Konsequenzen ergeben sich aus der in b) eingeführten Ergänzung für die optimale Allokation der Innovation? [Hinweis: modifizierte Gleichung (11.7) zum Ausgangspunkt machen].

Übungsaufgabe 11.2:

Für die Gesundheitspolitik ist die dynamische Stabilität der Bewegungsgleichung (11.19) von großer Bedeutung: Wird sich eine einmalige Zunahme der medizinischen Aufwendungen nach einiger Zeit wieder zurückbilden, oder ist im Gegenteil mit einem explosiven Prozeß zu rechnen?

a) Zur Abklärung dieser Frage ist es von Vorteil, die Faktoren der Gleichung (11.19) soweit wie möglich in Elastizitätsform zu bringen. Dividieren Sie durch M_t und formen Sie so um, daß die Elastizitäten

$$e(\pi_t, M_{t-1}) \equiv \frac{-\partial \pi_t}{\partial M_{t-1}} \cdot \frac{M_{t-1}}{\pi_t} \quad \text{und} \quad e(M_t, \beta_t) \equiv \frac{\partial M_t}{\partial \beta_t} \cdot \frac{\beta_t}{M_t}$$

erscheinen.

b) Interpretieren Sie die so erhaltene Gleichung.

c) Die Gleichung kann zusammenfassend geschrieben werden als:

$$\dot{M}_t = c \cdot \dot{M}_{t-1}, \quad \text{mit} \quad \dot{M}_t \equiv \frac{dM_t}{M_t}. \tag{11.19'}$$

c1) Wofür steht c?

c2) Verwenden Sie diese Formel, um $\dot{M}_{t+1}, \dot{M}_{t+2}, \ldots, \dot{M}_{t+k}$ zu bestimmen. Weshalb ist es wichtig zu wissen, ob $c < 1$ oder $c > 1$ ist?

c3) Versuchen Sie, auf Grund Ihres Wissens aus dem 4. Kapitel und Kenntnissen über die heutige Bevölkerungsstruktur c abzuschätzen: Ist mit $c > 1$ zu rechnen?

11.7 Literaturhinweise

Zu Abschnitt 11.1:

Heller, P.S., Heming, R. und Kohnert, P.W. (1986), *Aging and Social Expenditure in the Major Industrial Countries*, 1980-2025, Occasional Paper 47, Washington DC: International Monetary Fund, Sept. 1986.

Krämer, W. (1982), *Wer leben will, muß zahlen. Die Kostenexplosion im Gesundheitswesen und ihre möglichen Auswirkungen*, Düsseldorf: Econ.

Roussel, L. (1986), Evolution récente de la structure des ménages dans quelques pays industriels, in: *Population*, 41(6), Nov.-Déc. 1986, 913-934.

Zu Abschnitt 11.2:

Breyer, F. (1990), *Ökonomische Theorie der Alterssicherung*, München: Vahlen.

Fries, J.F. (1980), Aging, Natural Death, and the Compression of Morbidity, in: *New England Journal of Medicine*, 303 (3), July 17, 130-135.

Fries, J.F. und Crapo, L.M. (1981), *Vitality and Aging*, San Francisco: W.H. Freeman.

Lubitz, J. und Prihoda, R. (1984), Use and Costs of Medicare Services in the Last Years of Life, in: *Health Care Financing Review*, 6 (1), Spring.

OECD (1987), *Financing and Delivering Health Care. A Comparative Analysis of OECD Countries*, Paris: OECD.

Roussel, L. (1986), Evolution récente de la structure des ménages dans quelques pays industriels, in: *Population*, 41(6), Nov.-Déc. 1986, 913-934.

Schulenburg, J.M. Graf von der (1989), Gesundheitswesen (Krankenversicherung) und demographische Evolution, in: Recktenwald, H.C. (Hrsg.), Der Rückgang der Geburten - Folgen auf längere Sicht, Düsseldorf: Verlag Wirtschaft und Finanzen, 279-297.

Schwartz, F.W. (1991), Gewonnene Lebensjahre - biologische Betrachtungen und Fragen zur Nutzen- und Kostendiskussion in der Medizin aus sozialmedizinischer Sicht, in: Robert Bosch Stiftung (Hrsg.), *Entwicklungstendenzen im Gesundheitswesen und ihre ökonomische Bedeutung*, Beiträge zur Gesundheitsökonomie 12, Gerlingen: Bleicher, 113-153.

Walford, R. (1981), Immunology systems and aging, in Danon, D. et al. (Eds.) *Aging: a challenge to science and society, Vol. 1, Oxford.*

Zweifel, P. (1990a), Ageing: The Great Challenge to Health Care Reform, in: *European Economic Review* 34, 646-658.

Zu Abschnitt 11.3:

Fuchs, V.R. (1968), The Growing Demand for Medical Care, in: *New England Journal of Medicine*, 179, 190-195.

Lyttkens, C.H. (1990), Imperatives in Health Care. Implications for Social Welfare and Medical Technology, *Discussion Paper*, Lund: University of Lund (mimeo.).

Newhouse, J.P. (1981), The erosion of the medical market-place, in Scheffler, R.M. (ed.), *Advances in Health Economics and Health Services Research. A Research Annual*, Vol. 2, Greenwich, JAI Press, 1-34.

Williams, A.H. (1985), Economics of Coronary Artery Bypass Grafting, in: *British Medical Journal*, 291, 326-329.

Zu Abschnitt 11.4:

OECD (1985), *Social Expenditure 1960-1990*, Paris.

OECD (1987), *Financing and Delivering Health Care. A Comparative Analysis of OECD Countries*, Paris: OECD.

Zweifel, P. (1990b), Bevölkerung und Gesundheitswesen: Ein Sisyphus-Syndrom?, in: Felderer, B. (Hrsg.), *Bevölkerung und Wirtschaft*, Berlin: Duncker & Humblot, 373-386.

Zu Abschnitt 11.5:

Casson, M. (1985), Transaction Costs and the Theory of the Multinational Enterprise, in: Buckley, P.J. und Casson, M. (Hrsg.), *The Economic Theory of the Multinational Enterprise*, London: Macmillan.

Evans, R.G. (1984), *Strained Mercy. The Economics of Canadian Health Care*, Toronto: Butterworths.

Fama, E.F. (1976), *Foundations of Finance*, New York: Basil Blackwell.

Gray, A.M. and Phillips, V.L. (1993), Nursing in a European Labour Market: An Economic Perspective, in Norman, Ch.E.M. and Vaughan, J.P. (eds.), *Europe Without Frontiers. The Implications for Health*,Chichester: J. Wiley & Sons, 91-110.

Sandier, S. (1990), Health Services Utilization and Physician Income Trends, in: OECD (Hrsg.), *Health Care Systems in Transition*, Paris: OECD.

Schut, F.T., Greenberg, W. und van de Ven, W.M.M. (1991), Antitrust Policy in the Dutch Health Care System and the Relevance of EEC Competition Policy and U.S. Antitrust Practice, in: *Health Policy*, 17, 257-284.

Van de Ven, W.M.M. (1991), *Effects of the Single European Market on Health Insurance*, Paper presented at the European Seminar on "Health protection within the EC", Brügge, 17.-19.4.1991, Rotterdam: Erasmus University (mimeo.).

Williamson, O.E. (1981), The Modern Corporation: Origins, Evolution, Attributes, in: *Journal of Economic Literature*, XIX (Dec.), 1537-1568.

Zweifel, P. und Eichenberger, R.E. (1992), The Political Economy of Corporatism in Medicine: Self-Regulation of Cartel Management?, in: *Journal of Regulatory Economics*, 4, 89-108.

KAPITEL 12

Wirtschaftspolitische Schlußfolgerungen

12.1 Gesundheit als ökonomisches Gut

Im ersten Kapitel dieses Textes ist die Unterscheidung zwischen der "Ökonomie der Gesundheit" und der "Ökonomie des Gesundheitswesens" betont worden. Diese soll auch hier wieder aufgegriffen werden. Denn die erste unserer wirtschaftspolitischen Schlußfolgerungen bezieht sich auf die Gesundheit als solche noch ganz losgelöst von Fragen der Organisation und Finanzierung im Gesundheitswesen.

Im 2. und 3. Kapitel haben wir argumentiert, daß Gesundheit und sogar das Leben selbst keine über den "profanen" wirtschaftlichen Dingen stehende Kategorien sind, sondern daß beide als **ökonomische Güter** aufgefaßt werden können und somit einer Analyse mit dem Instrumentarium der Wirtschaftstheorie zugänglich sind. Das gilt zum einen für die positive Ökonomik, die erklärt, wie Gesundheit mit Hilfe von Inputs wie Zeit und medizinischen Leistungen produziert wird (vgl. Kap. 3). Das gilt aber auch für die normative Ökonomik, die Ansätze dafür liefert, Gesundheit und sogar menschliches Leben selbst mit dem ökonomischsten aller Maßstäbe, nämlich in Geldeinheiten zu bewerten (vgl. Kap. 2).

Die wirtschaftspolitische Empfehlung, die sich aus diesen Überlegungen ergibt, geht dahin, das dort vorgestellte Instrumentarium bei politischen Entscheidungen konsequent anzuwenden. Jegliche staatliche Maßnahme, die Auswirkungen auf die Gesundheit oder sogar das Sterberisiko von Bürgern hat, sollte erst dann vorgenommen werden, wenn eine **Kosten-Nutzen-Analyse** zumindest als Entscheidungshilfe angestellt worden ist. Diese sollte auf keinen Fall vor der Bewertung von Überleben und Gesundheit in Geldgrößen zurückschrecken oder die entsprechenden Effekte lediglich am Rande als "intangible Größen" aufführen.

Auch wenn vielen Menschen die Aufrechnung des Lebens in Geld als unethisch, ja als herzlos gilt, so muß doch vor den **Folgen eines Verzichts** auf eine solche Bewertung gewarnt werden: Diese können nämlich darin bestehen, daß entweder

a) gesundheitliche Auswirkungen bei der Abwägung von Kosten und Nutzen eines Projekts letztlich vernachlässigt werden und damit implizit so entschieden wird, als wären menschliches Überleben und Gesundheit nichts oder nur sehr wenig wert, oder

b) grundsätzlich dem Projekt der Vorzug gegeben wird, das die besseren gesundheitlichen Konsequenzen hat - koste es, was es wolle, oder schließlich

c) von Fall zu Fall entschieden und dabei wahlweise nach der in a) oder der in b) genannten Regel vorgegangen wird.

Alle drei Vorgehensweisen haben erhebliche negative Konsequenzen. Bei a) und b) ergeben sich unweigerlich Widersprüche zwischen staatlichen Maßnahmen und dem Verhalten von Individuen in ihrem privaten Entscheidungsbereich, zwischen dem Handeln des Staates und den Präferenzen seiner Bürger. Prinzip c) ist mit einer beträchtlichen Verschwendung verbunden, denn man könnte durch explizite Einbeziehung der gesundheitlichen Aspekte in die Kosten-Nutzen-Analyse Lösungen ermitteln, die den Gesellschaftsmitgliedern sowohl mehr Konsum als auch mehr Gesundheit eintragen.

12.2 Wettbewerb oder Regulierung im Gesundheitswesen?

Ein guter Teil der ordnungspolitischen Debatte in den vergangenen Jahren über das Gesundheitswesen kreiste um die Frage, ob es in diesem Sektor möglich und erfolgversprechend sei, mehr Elemente des Marktes einzuführen oder ob der Markt hier grundsätzlich ungeeignet sei und daher durch staatliche Lenkung ersetzt werden müsse. In häufig gebrauchten Schlagwörtern ausgedrückt, ging es um die Alternative zwischen "Wettbewerb" und "Regulierung".

Schränkt man den Blick auf diese beiden Alternativen ein, so wird man zunächst zu dem Schluß kommen, daß der reine Marktmechanismus aus vielerlei Gründen, die in Kapitel 5 diskutiert wurden, nicht zu einer optimalen Allokation der Ressourcen führen wird. Der wichtigste dieser Gründe ist wohl die **Unsicherheit des Ereignisses "Krankheit"**, die das Individuum zum Abschluß eines Versicherungsvertrages mit in der Regel recht umfassendem Versicherungsschutz veranlassen wird, der ihm den Anreiz zur Suche nach preisgünstigen Alternativen nimmt. Folglich fehlt eine wichtige Voraussetzung für das Funktionieren des Preismechanismus.

Nicht viel besser schneidet jedoch ein reines System der staatlichen Lenkung ab, wie es z.B. in einem Nationalen Gesundheitsdienst verkörpert ist. Da hier alle Anbieter medizinischer Leistungen fest angestellte Gehaltsempfänger sind, fehlt ihnen der Anreiz, Leistungen zu erbringen (vgl. etwa die Kapitel 7 und 9), und es kommt zu künstlichen Knappheiten und Warteschlangen der Nachfrager. Die Erfahrungen mit dem National Health Service in Großbritannien bestätigen diese theoretische Überlegung. Von besonderem Bedeutung ist aber, daß die Akteure das **Interesse an Innovationen** aller Art verlieren.

Interpretiert man dagegen die Aussagen der Wohlfahrtstheorie richtig, so kann man aus ihnen den Schluß ziehen, daß es für eine optimale Allokation der Ressourcen nicht unbedingt darauf ankommt, daß tatsächlich auf allen Ebenen ein Wettbewerbsmarkt vorliegt, sondern daß es genügt, wenn sich die Wirtschaftssubjekte so verhalten wie in einem solchen System. So betrachtet, stellen Wettbewerb und staatliche Regulierung kein Gegensatzpaar dar, sondern die staatliche Regulierung kann **Voraussetzungen** schaffen, unter denen sich die Akteure so verhalten wie im Wettbewerb.

Das Stichwort heißt hier: "Anreize"[1]. So sollte es das Ziel staatlicher Regulierung sein, dort wo der Marktmechanismus nicht funktionieren kann, **den Akteuren Anreize zu vermitteln**, sich dennoch so zu verhalten, daß Ressourcen effizient verwendet werden. Die Analyse alternativer Vergütungsformen für die Leistungen von Ärzten und Krankenhäusern (Kapitel 7 und 9) konnte dazu einige Erkenntnisse zu Tage fördern: Die erforderlichen Anreize sind umso stärker, je weniger die Honorierung an Inputgrößen (Faktoreinsätze, Istkosten) oder am Aktivitätsniveau (Einzelleistungen) und je mehr sie an Outputgrößen (Behandlungsfälle, zu versorgende Patienten) anknüpft. Vergütungssysteme einzuführen, obliegt aber - zumindest bei Existenz einer öffentlich-rechtlichen Pflichtversicherung, wie sie in Deutschland gegenwärtig existiert - dem Gesetzgeber.

Ein weiterer wichtiger Gesichtspunkt ist die **Rolle des Wettbewerbs**. Mit Wettbewerb ist regelmäßig der Versuch der Anbieter verbunden, die Nachfrager mehr oder weniger marktschreierisch auf ihre Produkte aufmerksam zu machen. Für die meisten Menschen ist die Vorstellung eines offenen Werbens einzelner Ärzte oder Krankenhäuser um Patienten mit Hilfe von Anzeigen, Fernsehspots oder Sonderangeboten anstößig. Sie sehen darin den Versuch, die Präferenzen der Patienten zu manipulieren. Daneben vermittelt Werbung jedoch auch **Information**, die das Auffinden der Alternative mit dem günstigsten Preis-Leistungs-Verhältnis erleichtert[2].

Wettbewerb kann damit zumindest dort zu besseren Allokationsergebnissen beitragen, wo Nachfrager in Ruhe, ohne den Druck der Notlage und bewußt Auswahlentscheidungen treffen können. Diese Bedingungen sind offensichtlich nicht bei einem bereits Kranken erfüllt, für den aus der Sorge um die Wiederherstellung seiner Gesundheit oft "das Beste gerade gut genug" ist. Vieleher liegen sie dagegen bei einem Gesunden vor, der für einen gewissen Zeitraum eine **Auswahl zwischen unterschiedlichen Versicherungspaketen** (vgl. Kap. 6) oder zwischen kompletten Versorgungssystemen (vgl. Kap. 8) treffen soll.

Auf der Ebene der Versorgungssysteme kann der Wettbewerb also durchaus eine sinnvolle Rolle spielen [vgl. *Enthoven (1980)*], und auch hier ist es die Aufgabe des Staates, durch Verabschiedung einer Wettbewerbsordnung die notwendigen Voraussetzungen dafür zu schaffen. Insofern als damit Elemente des staatlichen Zwangs (wie die Pflichtmitgliedschaft in einer bestimmten Krankenkasse) abgebaut werden und die Wahlfreiheit für die Individuen erhöht wird, ist dies allerdings zutreffend als ein Schritt in Richtung "Deregulierung" charakterisiert.

12.3 Gesundheitspolitische Empfehlungen im einzelnen

Vor dem Hintergrund der im Abschnitt 12.2 formulierten Grundsätze sollen abschliessend einige Empfehlungen zur Sprache kommen, die sich aus der verwendeten mikroökonomischen Theorie herleiten lassen und die sich konkret auf einzelne Bereiche des Gesundheitswesens beziehen. Dabei halten wir uns an die in der Systemanalyse des

1. So lautete das Motto des 1. Europäischen Kongresses der Gesundheitsökonomie, der im Jahre 1989 in Barcelona stattfand, "Incentives in Health Care Systems".
2. In den USA gibt es Bundesstaaten, die einen Fähigkeitsausweis für Optiker verlangen, und solche, die darauf verzichten. In der ersten Gruppe setzen die Berufskammern Einschränkungen der Werbung durch mit dem Ergebnis, daß dort die Preise für Brillen und optometrische Leistungen ohne erkennbaren Qualitätsvorsprung höher sind [vgl. *Benham und Benham (1975)*].

Gesundheitswesens (1. Kapitel) vorgezeichnete Reihenfolge. Auf die Möglichkeit einer "Radikalreform" des Gesundheitswesens insgesamt wird unten (in Abschnitt 12.4) eingegangen.

12.3.1 Versicherte und Patienten

Besonders die Vertreter der Präventivmedizin setzen sich mitunter zum Ziel, das Gesundheitsverhalten des einzelnen zu verändern. Zu diesem Zweck lancieren sie auch großangelegte Kampagnen wie beispielsweise das MRFIT-Programm (*Multiple Risk Factor Intervention Trial Research Group, 1982*), das in den siebziger Jahren in den USA zur Verhinderung von Herz-Kreislauf-Erkrankungen durchgeführt wurde. Mit dieser Untersuchung wurde u.a. der Nachweis erbracht, daß durch den Abbau von Übergewicht und den Verzicht auf Tabak die Mortalität infolge von Herz-Kreislauf-Erkrankungen wesentlich gesenkt werden kann.

Viele Kritiker des heutigen Gesundheitswesens leiten aus solchen Ergebnissen die Forderung ab, die **präventive Medizin sei zu fördern**, möglicherweise zu Lasten der kurativen. Einer solchen Forderung ist jedoch aufgrund der im 5. Kapitel angestellten Überlegungen mit großer Zurückhaltung zu begegnen. Ein Marktversagen, das Eingriffe des Staates begründen würde, liegt nämlich bei genauerer Betrachtung nicht vor (Folgerungen 5.1 und 5.2).

Essen, Trinken und Rauchen sind für manche Leute ein wichtiger Bestandteil ihrer Lebensqualität, auf die zu verzichten ein erhebliches Opfer bedeutet. Den Kosten des Verzichts steht als unsicherer Ertrag eine Verlängerung der gesund verbrachten Lebenszeit gegenüber. Dieser Ertrag geht verloren, wenn z.B. statt der befürchteten Krankheit eine andere (physische oder psychische) Krankheit eintritt oder wenn ein Unfall dem Leben ein vorzeitiges Ende setzt. Über das Gesamtbild der möglichen Bedrohung weiß aber der Betroffene selbst am besten Bescheid. Wenn es also jemand an der Gesundheitsprävention scheinbar fehlen läßt, könnte es sich dabei durchaus um rationales Verhalten handeln. In der Regel werden dadurch auch **keine negativen externen Effekte** verursacht, die ein Eingreifen Dritter rechtfertigen könnten, von einigen wohlbekannten Ausnahmen (ansteckende Krankheiten, in letzter Zeit insbesondere AIDS) abgesehen.

12.3.2 Gestaltung der Krankenversicherung

Aufgrund der Ausführungen der Kapitel 5 und 6 muß jede Versicherung mit den Problemen der Risikoselektion und des moralischen Risikos kämpfen. Was das Problem des moralischen Risikos betrifft, so kennt wohl der einzelne Versicherer die Lösungsmöglichkeiten am besten. Die Ergebnisse des 6. Kapitels weisen zwar darauf hin, daß eine gewisse **Kostenbeteiligung des Versicherten** in seinem eigenen Interesse optimal sein dürfte (Folgerungen 6.10 und 6.11). Wenn jedoch die Intensität der Behandlung nicht mehr durch den Patienten, sondern durch einen (berufsethisch ausgerichteten) Arzt festgelegt wird, kommt auch eine **Kostenbeteiligung der Leistungsanbieter** in Frage, wie sie in der Health Maintenance Organization tendenziell verwirklicht ist (vgl. das 8. Kapitel, insbesondere Folgerung 8.4).

Wenn in Zukunft die Spartentrennung in der Versicherung aufgehoben wird, können zunächst einmal die privaten Versicherungsunternehmen das Risiko der medizinischen

Behandlungskosten in Kombination mit einem beliebigen anderen Risiko abdecken. Dies würde es dem Versicherten erlauben, eine kombinierte Kostenbeteiligung zu vereinbaren, die z.B. seinen Anteil an den im Verlaufe eines Jahres insgesamt anfallenden Schäden auf einen bestimmten Prozentsatz beschränkt.

In diesem Zusammenhang erhebt sich die Frage, ob es einem Krankenversicherer gestattet sein soll, Verträge anzubieten, die allein oder im Verein mit einem anderen Vertrag (z.B. abgeschlossen mit einer Krankenkasse, die eine Kostenbeteiligung verlangt) volle Deckung gewährleisten. Das dadurch hervorgerufene **moralische Risiko** kommt aus zwei Gründen einem externen Effekt gleich. Zum einen besteht die Gefahr, daß die Versicherten ohne Kostenbeteiligung einem kostspieligen Behandlungsstil Vorschub leisten, der von den anderen Versicherten mit (prozentualer) Kostenbeteiligung gar nicht mehr bezahlt werden kann.

Zweitens beeinflußt die Versicherungsdeckung aber auch Tempo und Struktur der Innovationstätigkeit, wie im 10. und 11. Kapitel gezeigt wurde (Folgerungen 10.1 und 11.5). Insbesondere begünstigt volle Versicherungsdeckung die Produktinnovation, während ein Versicherter mit Kostenbeteiligung vergleichsweise mehr an Prozeß- und organisatorischen Innovationen interessiert ist. Diese beiden externen Effekte sprechen dafür, in Verträgen, welche das moralische Risiko nicht über die Leistungsanbieter eindämmen (wie dies Health Maintenance Organizations tun), eine minimale Kostenbeteiligung **vorzuschreiben**.

Das zweite Problem ist dasjenige der **Risikoselektion**. Es stellt ein schönes Beispiel für die im vorhergehenden Abschnitt gemachte Aussage dar, daß staatliche Regulierung nötig sein kann, um Wettbewerb zu gewährleisten. Wie im 5. Kapitel gezeigt wurde (Anhang A5.3), müssen sowohl gewinnstrebige Versicherer wie auch Krankenkassen schlechte Risiken abwehren, um ihr finanzielles Gleichgewicht zu wahren. Je stärker die Versicherer dem Wettbewerb ausgesetzt sind, desto größere Anstrengungen werden sie unternehmen, gute Risiken anzuziehen und schlechte fernzuhalten. Für schlechte Risiken, die keine Versicherungsdeckung finden, müßte eine staatliche Auffanginstitution geschaffen werden. Damit würde man jedoch ausgerechnet Behinderte und Chronischkranke der Wahlfreiheit und der Teilhabe an den durch den Wettbewerb induzierten Innovationen berauben.

Die Aufgabe des Staates könnte allerdings auch darin gesehen werden, einen **Wettbewerb um die Versicherung solcher Risikogruppen** zu organisieren. Zu diesem Zweck müßte er Subventionen bereitstellen, welche die zu erwartenden Mehrkosten abdecken, die mit der Hereinnahme eines schlechten Risikos verbunden sind. Zur Wahrung der Budgetneutralität könnten die Politiker versucht sein, darüber hinaus die Versicherer mit einem überdurchschnittlichen Anteil guter Risiken zu einer Ausgleichszahlung zugunsten der Konkurrenten mit zu vielen schlechten Risiken zu verpflichten. Dies käme der Erhebung einer Internalisierungssteuer gleich, wobei die Abwehr schlechter Risiken einem negativen externen Effekt gleichzustellen wäre. Dafür gibt es jedoch keine einleuchtende Begründung.

Der organisierte Wettbewerb um schlechte Risiken kann grundsätzlich auf alle "problematischen" Bevölkerungsgruppen ausgedehnt werden: Wenn die Aufnahme eines Arbeitslosen oder einer Person mit geringem Einkommen eine genügend hohe Subvention nach sich zieht, werden sich sogar gewinnstrebige Krankenversicherer um diese Bevölkerungsgruppen bemühen. Damit könnte auch die **Einschränkung der Wahlfreiheit** zwischen gesetzlicher und privater Krankenversicherung auf Einkommensbezieher oberhalb einer bestimmten Grenze wegfallen, so daß die Träger der privaten und der sozialen Krankenversicherung unmittelbar miteinander in Wettbewerb treten könnten. Sobald überdies die Krankenkassen vom Zwang befreit werden, mit den Verbänden der Ärzte und Krankenhäuser Verträge abzuschließen, können sie sich auch dem internationalen Wettbewerb stellen und so einer der im 11. Kapitel angesprochenen Herausforderungen annehmen (Folgerung 11.8).

12.3.3 Der Markt für ärztliche Leistungen

Eine ganze Reihe von Industrieländern steht heute vor einer paradoxen Situation, was ihre Versorgung mit Ärzten betrifft. In den sechziger Jahren wurden mit Steuergeldern die medizinischen Fakultäten ausgebaut, um dank steigender Ärztedichte den Zugang zur medizinischen Versorgung zu verbessern. Eine Generation später wird die Ärzteschwemme beklagt und versucht, dem Andrang zum Studium mit dem numerus clausus beizukommen [vgl. *Rosa (1990)* für einen internationalen Überblick]. Den Steuerzahlern werden damit ärztliche Leistungen, für die sie bereits eine Vorauszahlung geleistet haben, vorenthalten, weil sie für die Träger der sozialen Krankenversicherung zu teuer zu stehen kämen. Würde es dagegen gelingen, vermehrt auch einen **Preiswettbewerb unter Ärzten** zu organisieren, so wäre zumindest längerfristig mit einer Verbilligung der ärztlichen Leistungen zu rechnen.

Wie in den Kapiteln 7 und 8 dargelegt wurde, sind die Leistungspreise im Gesundheitswesen durch Verhandlungen fixiert. Der einzelne Arzt kann also seine Leistung nur dadurch verbilligen, daß er sich für manche Verrichtungen etwas mehr Zeit läßt und so für den Patienten das Qualitäts-Preis-Verhältnis verbessert. Zu einer finanziellen Entlastung der Krankenkasse kommt es dadurch aber nicht. Auch längerfristig bietet sich den Krankenkassen unter heutigen Bedingungen wenig Gelegenheit, ihre verstärkte Marktmacht zur Geltung zu bringen.

Auch hier kann der Staat mit einer Änderung der bisherigen Regulierung zur Stärkung des Wettbewerbs beitragen. Sowohl in der Bundesrepublik Deutschland als auch in der Schweiz sind die Krankenkassen gesetzlich verpflichtet, mit den Kassenärztlichen Vereinigungen (bzw. den kantonalen Ärztegesellschaften) Tarife auszuhandeln. Diesen **Kontrahierungszwang** gilt es aufzuheben, damit die Krankenversicherer im Interesse ihrer Mitglieder zwischen den Leistungsangeboten verschiedener Ärztegruppen auswählen können, etwa im Sinne der Folgerung 8.3.

Zugleich muß aber für die Ärzte der Zwang zur Mitgliedschaft in der Kassenärztlichen Vereinigung aufgehoben werden. Der einzelne Arzt erhält so die **Wahl zwischen konkurrierenden Interessenvertretungen** oder kann sich einer Gruppe anschließen, die wie eine Health Maintenance Organization die medizinische Versorgung der Bewohner einer Region oder der Beschäftigten eines Unternehmens gewährleistet (vgl. Kap. 8). Besonders junge Ärzte, die sonst um die Auslastung ihrer Praxis fürchten müssen, können dann entweder der Krankenkasse unmittelbar einen Nachlaß auf dem Punktwert ihres Tarifs oder auch Pauschalen für die Behandlung gewisser Krankheiten anbieten oder sich zumindest einem Verband anschließen, der bereit ist, bei den Tarifverhandlungen Flexibilität zu zeigen. Dadurch würden drei Dinge erreicht:

- Den **Studienanfängern** wird signalisiert, daß die Krankenkassen nicht dazu da sind, Ärzten eine Einkommensgarantie zu vermitteln. Die Arztkarriere wird zu einer etwas weniger vorteilhaften Investition (vgl. Kap. 11), der Ansturm auf die medizinischen Fakultäten läßt nach, und der numerus clausus kann aufgehoben werden.

- Die **Krankenversicherer** werden in die Lage versetzt, ihren Mitgliedern kostengünstigere Vertragsvarianten anzubieten, indem sie im einfachsten Fall die Ärzte mit einem besonders aufwendigen Behandlungsstil nicht in das Angebot aufnehmen.

- Die **Versicherten** erhalten mehr Wahlfreiheit, nicht zuletzt auch innerhalb der sozialen bzw. Gesetzlichen Krankenversicherung. Jene, die das wünschen, können ein Stück weit aus dem "Kostenlift" aussteigen, indem sie einen Vertrag mit Ärzten wählen, die z.B. bereit sind, sich an Empfehlungen zu halten, die aus den im Abschnitt 12.1 geforderten Kosten-Nutzen-Analysen hervorgehen.

Durch die Vergabe eines Fähigkeitsausweises auf Lebenszeit ist dem Anliegen der **Kontrolle der Qualität** ärztlicher Leistungen schlecht gedient (vgl. die Folgerung 8.7). An ihre Stelle sollten periodische Nachprüfungen treten. Überdies hat die Messung des Gesundheitszustandes große Fortschritte gemacht (vgl. die Kapitel 2 und 4), die es in Zukunft erlauben werden, die Qualität der ärztlichen Behandlung an der Entwicklung des Gesundheitszustands seiner Patienten zu beurteilen.

12.3.4 Der Markt für Krankenhausleistungen

Die europäischen Krankenhäuser befinden sich entweder in öffentlichem Eigentum oder werden vom Staat subventioniert. Ein wichtiges Ergebnis des 9. Kapitels lautet, daß Krankenhäuser für jene Leistungen honoriert werden sollen, die man von ihnen erwartet (Folgerungen 9.6 und 9.8). Zahlungen aus dem öffentlichen Budget sind demzufolge zur **Abgeltung gemeinwirtschaftlicher Leistungen** bestimmt. Das Ziel ist die Internalisierung positiver externer Effekte, hier etwa die Ausbildung von Medizinstudenten sowie der Optionsnutzen, den die bloße Existenz eines Krankenhauses für die Bevölkerung haben mag. Strenggenommen stellt die Ausbildung von Ärzten allerdings keinen externen Effekt dar, könnten doch zahlungsunwillige Studenten ohne große Kosten am Zutritt zum Krankenhaus gehindert werden.

Der Optionsnutzen läßt sich weniger leicht internalisieren: Das Vorhandensein eines Krankenhauses in der Region ist jedem Einwohner etwas wert, doch wird er sich der Zahlung seines Beitrags entziehen können, solange er die Leistungen des Krankenhauses nicht in Anspruch nimmt. Deshalb muß der Staat diesen Optionsnutzen abgelten. Dieses Argument verliert allerdings in einer Zeit, in der die ganz überwiegende Mehrheit der Bevölkerung krankenversichert ist, an Bedeutung. Der Beitrag des Versicherten kann so angesetzt werden, daß er einen **Zuschlag für die Option**, ein bestimmtes Krankenhaus jemals zu benützen, bereits enthält. Offenbar gelingt es zudem privaten Krankenhäusern bereits jetzt, in ihren Verhandlungen mit den Versicherern diesen positiven externen Effekt zu internalisieren.

Die Subventionierung der Krankenhäuser sollte vor allem deshalb **abgebaut** werden, weil sie die stationäre Behandlung im Vergleich zur ambulanten künstlich verbilligt. Krankenversicherer, die sich bemühen, die gesamtwirtschaftlich gesehen teuren Krankenhausaufenthalte abzubauen, gewinnen daraus unter heutigen Bedingungen einen zu geringen Wettbewerbsvorteil.

12.3.5 Der Markt für Arzneimittel

Von allen Märkten des Gesundheitswesens ist wahrscheinlich der Arzneimittelmarkt derjenige, der einem Wettbewerbsmarkt am nächsten kommt. Der Hauptgrund dafür liegt darin, daß Medikamente international handelbar sind, Arzt- und Krankenhausleistungen dagegen nur zu vergleichsweise hohen Kosten. Dennoch gaben die in den Kapiteln 10 und 11 angestellten Überlegungen Anlaß zur Vermutung, daß auch der internationale Wettbewerb zugunsten des **Qualitätswettbewerbs** verzerrt ist (vgl. Folgerungen 10.1 und 11.5). Ein ausländisches Präparat, dessen Qualitätsmerkmale seinem inländischen Konkurrenten nicht mindestens ebenbürtig sind, wird von den Behörden eines Industrielandes nicht zum Markt zugelassen, unabhängig von seinem Preis.

Demgegenüber ist der internationale **Preiswettbewerb** in der Bundesrepublik Deutschland und in der Schweiz über die Patentschutzdauer hinaus wegen des sog. Reimportverbots ausgeschaltet. Durch Reimporte aus einem Land wie Italien, wo dasselbe Präparat zu einem niedrigeren Preis angeboten wird als in seinem Ursprungsland, würde nämlich die internationale Preisdifferenzierung der Hersteller unterlaufen. Es ist ja eine wichtige Funktion des internationalen Handels, durch Arbitragegeschäfte eine Angleichung der Preise herbeizuführen. Die beobachteten Preisdifferenzen rühren aber zur Hauptsache daher, daß Länder wie Frankreich und Italien die Arzneimittel einer strikten Preiskontrolle unterwerfen. Insofern verhalten sich diese Länder als Trittbrettfahrer, die von den durch die Käufer in den anderen Ländern finanzierten Innovationsanstrengungen profitieren, ohne selber dafür bezahlen zu müssen.

Eine Möglichkeit, die Trittbrettfahrer vermehrt zur Übernahme der Innovationskosten zu veranlassen, besteht in der Verlängerung der gesamteuropäischen Patentschutzdauer (vgl. Kap. 11). Sollte die Patentschutzdauer ihren optimalen Umfang erreicht haben, so spricht nichts mehr für die Aufrechterhaltung von Reimportverboten, welche die europäischen Arzneimittelmärkte spalten.

12.4 Reformprogramme aus einem Guß?

Die bis zu diesem Punkt diskutierten Reformvorschläge gehen zwar im Grundsatz alle von ein und derselben Idee aus, nämlich der der allokativen Effizienz, sie beziehen sich jedoch jeweils nur auf einzelne Sektoren des Gesundheitswesens. Die Verwirklichung eines einzelnen Vorschlags würde daher auch nur begrenzte Wohlfahrtsgewinne ermöglichen. Mehr als von einzelnen dieser partiellen Änderungsvorschlägen könnte man sich von von einem Reformprogramm "aus einem Guß" versprechen. Versuche in diese Richtung sind für den Bereich der Gesetzlichen Krankenversicherung von *Gitter et al. (1988)* und für den Krankenhausbereich von der *Kommission für Krankenhausfinanzierung der Robert Bosch Stiftung (1987)* zusammen mit *Lerche et al. (1989)* unternommen worden. Das Gelingen eines umfassenden Reformprogramms ist jedoch aus mindestens drei Gründen unwahrscheinlich:

1. Die Reformvorschläge richten sich notwendigerweise an verschiedene Akteure, weil keiner von ihnen die Kompetenz oder die Macht hat, sie in ihrer Gesamtheit durchzusetzen. Dafür sorgt nur schon die für einen föderalistisch gestalteten Staat charakteristische **Aufteilung der Kompetenzen** zwischen Bund, Ländern (Kantonen) und Gemeinden.

2. Jede Änderung des status quo schafft neben Gewinnern auch Verlierer. Da es kaum institutionalisierte Mechanismen zur **Kompensation der Verlierer** durch die Gewinner gibt, die Pareto-optimalen Neuerungen zum Durchbruch verhelfen könnten, bleibt zur Hauptsache der "Kuhhandel" zwischen beteiligten Verbänden innerhalb und außerhalb des Parlaments übrig. Im Verlaufe eines solchen Kuhhandels müssen die Reformvorschläge neu kombiniert und auch modifiziert werden, damit für eine ganze Abfolge von Abstimmungen Mehrheiten gefunden werden können.

3. Abschließende Reformvorschläge lassen sich nicht mit der hier vertretenen grundsätzlichen Auffassung vereinbaren, daß das Geschehen im Gesundheitswesen vermehrt durch die (potentiellen) **Nachfrager gesteuert** werden soll. Insbesondere sind in Zukunft auch organisatorische Innovationen denkbar, die den Präferenzen dieser Gruppe vermehrt entgegenkommen.

Diese Überlegungen sprechen dafür, die oft mangelnde Konsistenz der Gesundheitspolitik nicht von vornherein als Ausdruck eines Versagens zu interpretieren; sie könnte vielmehr das Abbild einer Abfolge von Schritten sein, die zu einer Besserstellung aller am Gesundheitswesen beteiligten Parteien führen sollen. Die zentrale Aufgabe der Gesundheitsökonomie kann demzufolge auch nicht darin bestehen, Reformprogramme aus einem Guß zu entwickeln, sondern immer wieder institutionelle Regelungen und konkrete Maßnahmen zu identifizieren, die sich durch ein besonders günstiges Verhältnis von Nutzen und Kosten auszeichnen.

12.5 Literaturhinweise

zu Abschnitt 12.2:

Benham, L. und Benham, A. (1975), Regulating Through the Professions: A Perspective on Information Control, in: *Journal of Law and Economics*, 18, 421-448.

Enthoven, A.P. (1980), *Health Plan*, Reading MA: Addison-Wesley.

zu Abschnitt 12.3:

Multiple Risk Factor Intervention Trial Research Group (1982), Multiple Risk Factor Intervention Trial: Risk Factor Changes and Mortality Results, in: *Journal of the American Medical Association*, 248, 1465-1477.

Rosa, J.J. (1990), *Comparative Health Systems: The Future of National Health Care Systems and Economic Analysis. Advances in Health Economics and Health Services Research*, Suppl. 1, Greenwich CT: JAI Press.

zu Abschnitt 12.4:

Gitter, W. et al. (1988), *Strukturreform der Gesetzlichen Krankenversicherung*, Gerlingen: Bleicher.

Kommission Krankenhausfinanzierung der Robert Bosch Stiftung (1987), *Krankenhausfinanzierung in Selbstverwaltung*, Teil I, Gerlingen: Bleicher.

Lerche, P. et al. (1990), *Krankenhausfinanzierung in Selbstverwaltung*, Teil II: Verfassungsrechtliche Stellungnahmen, Gerlingen: Bleicher.

Autorenverzeichnis

Stichwortverzeichnis

Springer-Verlag und Umwelt

Als internationaler wissenschaftlicher Verlag sind wir uns unserer besonderen Verpflichtung der Umwelt gegenüber bewußt und beziehen umweltorientierte Grundsätze in Unternehmensentscheidungen mit ein.

Von unseren Geschäftspartnern (Druckereien, Papierfabriken, Verpackungsherstellern usw.) verlangen wir, daß sie sowohl beim Herstellungsprozeß selbst als auch beim Einsatz der zur Verwendung kommenden Materialien ökologische Gesichtspunkte berücksichtigen.

Das für dieses Buch verwendete Papier ist aus chlorfrei bzw. chlorarm hergestelltem Zellstoff gefertigt und im pH-Wert neutral.

Druck u. Verarbeitung: Druckerei Triltsch, Würzburg